北京文物与考古系列丛书

北京历史文化论丛

第四辑

北京市文物研究所　编

上海古籍出版社

图书在版编目(CIP)数据

北京历史文化论丛.第四辑/北京市文物研究所编
—上海:上海古籍出版社,2010.11
(北京文物与考古系列丛书)
ISBN 978-7-5325-5737-0

Ⅰ.①北… Ⅱ.①北… Ⅲ.①考古—北京市—文集
Ⅳ.①K872.104

中国版本图书馆 CIP 数据核字(2010)第 199084 号

责任编辑:吴长青 余 璇 封面设计:严克勤

北京文物与考古系列丛书
北京历史文化论丛
(第四辑)
北京市文物研究所 编
上海世纪出版股份有限公司
上 海 古 籍 出 版 社 出版
(上海瑞金二路 272 号 邮政编码 200020)
(1) 网址:www.guji.com.cn
(2) E-mail:gujil@guji.com.cn
(3) 易文网网址:www.ewen.cc
上海世纪出版股份有限公司发行中心发行经销
北京市华联印刷有限公司印刷
开本 889×1194 1/16 印张 28.75 插页 20 字数 600,000
2010 年 11 月第 1 版 2010 年 11 月第 1 次印刷
印数:1—1,500
ISBN 978-7-5325-5737-0
K·1339 定价:148.00 元
如有质量问题,请与承印公司联系

前 言

早在20世纪初,王国维先生就提出了将“纸上之材料”与“地下之新材料”相互印证的研究方法,也即“二重证据法”。从此之后,中国的历史研究工作者对考古材料的重视日胜一日,时至今日,“纸上之材料”与“地下之新材料”相互印证,取得了丰硕的成果,中国的考古学也取得了长足的发展。

北京地区,数千年以来,均是我国北方的重心。考古发掘表明,北京地区在旧石器时代就已经有人类生活了。自西周分封燕、蓟,金建中都,北京已有3 000多年的建城史和800多年的都城史。新中国成立以来,北京作为祖国的首都,其历史文化得到空前重视,学术研究进入到更为深入的阶段。

北京市文物研究所作为全市唯一的考古发掘单位,负责全市的地下考古钻探、发掘与研究工作,是全市文物保护工作的重要部门,也是北京历史文化研究的一个重要科研部门。近年来,北京市文物研究所的研究人员配合基建考古,在对北京市地下文物进行考古发掘、保护的同时,也对北京地区的历史文化作了一些相应的探索和研究,并取得了不少科研成果,这些研究成果多数都已在相关刊物发表。我们对这些科研成果进行了精选。本辑《北京历史文化论丛》共收录研究论文25篇,考古报告或简报15篇。这些文章涉及的时代,上起旧石器时代,中经汉唐,下迄明清。其中既有对六十年来北京地区考古成果的总结和对地下文物保护工作与实践的探讨;又有结合考古发掘材料,从不同侧面对北京地区的历史文化进行了新的审视,也有一部分是对不同历史朝代的政治、经济文化所作的宏观研究。结合考古发掘的成果,内容既有涉及地面建筑的,也有地下遗址、墓葬的专题研究。大致包括以下内容:

1. 对北京城的建制和沿革的研究

都城史研究是历史研究的一个重要组成部分。北京自商周时期蓟、燕建城至今,经历了从北方边疆重镇到全国政治、经济、文化和军事中心的演变过程。本辑中的部分论文对北京城及其周边区县建制沿革进行了考证,为我们了解燕、蓟古城的位置提供了重要的依据,具有很高的参考价值。对金中都,元大都,明、清北京城的规划与建筑布局的研究,也使历代城墙、宫门、宫苑及城坊、里巷的位置与走向更加明晰。

2. 对遗址、墓葬的研究

近年来,北京市文物研究所配合基本建设考古工程,对门头沟东胡林、怀柔转年、平谷上宅、房山琉璃河、军都山玉皇庙等遗址进行的考古发掘,对北京地区史前人类文化类型以及后来各历史时期的社会制度及风俗习惯进行了分类与比较研究,尤其是对历代丧葬制度进行了较为深入的研究。北京地区自汉至清的墓葬状况表现出以下特征:其一,墓主身份的多样。就目前大量的发掘资料来看,墓主身份上至皇帝、显贵,下至庶民百姓,各种等级的墓葬在北京地区都有分布。其二,北京地区位于中原文化与周边游牧文化的交界地带,丧葬风俗及制度既体现出民族融合的因素,也表现出了一定的地域性特征。其三,魏晋以后出土的大量墓志,补证了现有历史文献资料的不足和缺陷。本辑中的一些论文,虽然对这些墓志资料与历史文献进行了一些初步的探讨,但有些问题尚待进一步的深入研究。

3. 对器物形态的微观研究

器物是社会物质文明的重要表现,器物的形态紧紧体现着时代特征,每个时代都有各自时代的器物特点。这些器物,种类多样,研究价值甚高。本辑所收录的文章,既有对出土文物的形态学研究,包括青铜器、瓷器、玉器和陶器等,为考古学文化断代提供了线索;也有对雕刻工艺、铸造技术以及器物的功能、用途等方面的研究。2005 年北京市文物研究所刊印的《北京出土文物·青铜器卷》,收录了 716 件造型优美、纹饰精湛、铭款丰富的珍贵文物。同时,也发表了大量的研究性论文,这些研究成果为北京地区历史文化的研究和文物的鉴定工作都有一定的借鉴意义。

4. 文物保护与遗址研究

文物保护工作无疑是考古工作的重中之重,北京市文物研究所的领导和科研人员在长期的考古发掘工作中,一贯坚持以保护为主的方针,通过借鉴学习和不断摸索,不仅在文物保护方面有一定的理论创新和技术改进,如采用工程技术与化学处理等相结合的方法,对不可移动文物进行防潮、防漏、防火处理;对可移动文物的复原;对壁画的保护与揭取;对象牙的起取与保护等。同时也提出了许多建设性的意见受到了文物部门的重视。

本辑《北京历史文化论丛》选编的文章,本着尊重历史、尊重作者的原则,只对个别有明显错误的文字进行了修订,不对文章的观点进行改动。当然,由于研究水平有限,个别文章中的观点尚有可商榷之处,对一些问题的研究还有待深入,我们热切地希望专家学者对文章中的不足之处批评指正!

北京市文物研究所
2010 年 7 月

目　录

研 究 论 文

考古简报

研 究 论 文

关于清代园寝制度的几个问题

宋大川　夏连保

【关键词】清代园寝;园寝制度

一、清代“园寝”观念产生的历史及社会原因

中国历代封建社会中,传统的墓葬等级观念只有“陵”与“墓”两种等级的区别。皇帝的墓葬被称为“陵”(包括“陵寝”、“园寝”、“陵园”),除此之外,即使是诸侯王乃至太子的墓葬,除非朝廷特殊的恩礼,也都只能称为“墓”,而不能称“陵”。“陵”(包括“陵寝”、“园寝”、“园陵”)成为一个特殊的词语,只能特指帝王的埋葬地,普通百姓甚至是高级贵族墓葬是不能随便称为陵的。擅自称陵意味着僭越,是封建等级制度绝对不允许的,这是封建等级制发展到一定时期的产物。到了清朝以后,则把“园寝”从“陵寝”中分离出来,在“陵”与“墓”之间,加了一个“园寝”的等级,把皇帝与皇后的墓葬称作“陵”或“陵寝”,而将包括皇帝的妃嫔及皇子、公主及其他皇族中所有封授爵位的宗室贵族墓葬统称为“园寝”,这是与以往的历代封建王朝都有所不同的。

根据《清会典》卷六一和《清会典事例》卷九四九记载,清代所谓的园寝,主要有以下几个类型:(一)皇帝的妃嫔墓葬,如昭西陵贵人园寝、景陵皇贵妃园寝、景陵妃园寝、泰陵皇贵妃园寝、裕陵皇贵妃园寝、昌陵皇贵妃园寝、慕东陵庄顺皇贵妃园寝、定陵皇贵妃园寝等;(二)皇子、亲王以下所有功封、恩封、袭封、考封的宗室贵族的墓葬,如朱华山端慧皇太子园寝、皇十二子园寝、文营台荣亲王园寝、朱华山理密亲王园寝、张家庄端亲王园寝、王家庄怀亲王等园寝、妙高峰醇贤亲王园寝等等;(三)固伦公主、和硕公主及格格(郡主、县主、郡君、县君、乡君)及其额驸的墓葬,如梁各庄慧愍固伦公主园寝、许家峪端悯固伦公主园寝、陈门庄端顺固伦公主园寝等。这些不同类型的园寝,根据其墓主的身份、地位等的不同,各有其一定的规制。即使是相同身份和地位的人,由于受生前恩宠程度和血缘的远近以及其他一些因素的影响,或由于园寝所建的地理位置不同,也仍然存在着一定的差异。如有的园寝处在穷乡僻壤,周围环境十分荒凉;有的园寝则利用原有的林木,或在园寝内外周围广植松柏树,修建得风光秀丽,景色宜人,并在周围竖立界桩,严禁民人樵采,使园寝及其周边一定的区域成了无人敢靠近的准军事区。园寝内的宝顶有的高达4米多,显得肃穆而神秘威严,但也有的园寝连宝顶也没有。它们的差异不仅反映出清代严格的封建等级制度差异,也与清朝的盛兴和衰落有着一定的联系,对清代园寝进行考查和研究,可以从一

个侧面帮助人们了解清代历史和社会发展的线索。

清室将宗室有爵位的人的墓葬称为“园寝”,并不是一种简单的名称的更改,而是体现了满清统治者的一种特殊的等级制度和等级观念,是有着深刻历史根源的。清朝把园寝从陵寝中分离出来,专门用以指称宗室贵族的坟墓,从一个侧面反映了满清王朝统治者与其他历代封建王朝的等级观念间的差别。这种在丧葬上特殊等级的确定,究其原因,与清朝的政治制度有密切的联系。清朝入关后,从顺治元年开始,先后三次圈占京郊500里以内土地,以安置满洲贵族、勋臣和八旗兵丁。满旗贵族在圈占中趁机强占大量民地、良田,设置皇庄、王庄及八旗官兵田庄。失去土地的汉族农民被迫在满族贵族的庄园劳动,沦落为满人的奴隶,旗人不仅在政治、经济、文化以及受教育等方面,甚至在死亡后的丧葬制度上都与汉人有了巨大的悬殊。这种悬殊的差别当然是统治者为了其政治利益从制度上加以特殊规定的。满清统治者把宗室王公及其子孙的墓葬称为“园寝”,以示宗室贵族与普通民众的等级区别,就是为了在人们思想意识领域内进一步建立和突出其皇族贵族的特殊身份和地位,借以加强其政治统治,是对封建等级观念和制度的进一步发展。

二、清代“园寝”制度的建立

清朝园寝制度的建立,是从清廷入关以后才开始明确起来的。关于这一点,我们可以从清初“东京陵”的兴衰中,明确地看出其分离的过程。清太祖努尔哈赤在天命九年(1624年),将其祖(景祖)、父(显祖)及皇伯(礼敦)、皇叔(塔察篇古)、皇弟(舒尔哈齐)、皇子(褚英)诸陵墓都迁葬在一起,而统称之为“陵”。可见当时在努尔哈赤的意识里,“陵”与“园寝”的概念并没有形成。至皇太极登极后,在天聪三年二月太祖陵建成后,只是把努尔哈赤的大福晋叶赫那拉氏和继福晋妃富察氏从东京陵中迁出,与努尔哈赤合葬在福陵之中①。但是到了清顺治十一年(1654年),清廷才将景祖觉昌安、显祖塔克世等努尔哈赤父辈以上成员陵墓迁回故土赫图阿拉兴京陵中,其后于顺治十六年(1659年)将兴京陵改称永陵。景、显二祖墓迁出后,东京陵中就只剩下努尔哈赤的胞弟舒尔哈齐、穆尔哈齐,从弟祜尔哈齐及其长子褚英和穆尔哈齐之子大尔差等人的墓葬,自然也就完全失去了其祖陵的地位,成了名符其实的“园寝”。于是清廷不再在东京陵进行相应的帝陵规格的祭祀活动,祭典废止。而永陵的地位大大提高,“陵寝”与“园寝”的不同等级明显地区分开了。虽然后来的人们仍称东京陵为“陵”,但那只是因为这里曾经是清初的祖陵,所以人们习惯上仍沿其旧称而已。

过去学术界对于清代园寝制度一直缺乏较为系统深入的研究,而在一些研究文章或著作中,又往往把清代的“园寝”笼统地称为“王爷坟”。这种称谓其实是与清代的园寝制度完全不相符合的。这种民俗化的称谓,给人们的认识带来了一些混乱。其混乱主要有以下几个方面:一是很容易给人们造成似乎在清代,只有亲王郡王爵级的人的墓葬才称为园寝,而贝勒、贝子以下至奉思将军的宗室墓葬似乎就不是园寝了。二是模糊了爵位上的等级差别。因为清代宗室丧葬采取家族族坟制,即同一家族成员,按照封建宗法制度,基本以昭穆的形式埋葬于一个或多个茔地之中。

而清代的封爵，除了十二家“世袭罔替”的铁帽子王以外，其他恩封的爵位，都是世袭递降的袭爵。即使其始封祖是亲王，二世三世以后，其后袭者也就不能再以王来相称了，只能是贝勒、贝子等递降的爵称。这样，就很容易使人误以为凡是埋葬于同一茔地的宗室家族成员的坟墓，包括贝勒以下的宗室园寝，都是所谓的“王爷坟”，这显然不符合清朝的等级制度事实。三是混淆了“王爷坟”与“园寝”的概念。人们误以为只有“王爷坟”或宗室王公的墓地才称为园寝，而把皇帝的嫔妃、公主、格格及其额驸等的墓葬都排除在了“园寝”之外。而事实上，根据《清会典》卷六一的记载，清代被称作园寝的，并不仅仅只是那些亲王郡王的坟墓，还包括了皇帝的妃嫔、皇子及亲王以下至奉恩将军等所有受封的宗室贵族及公主、格格和额驸的墓葬。

近年来对清代园寝有过深入调查的研究著作，最具代表的是冯其利先生的《清代王爷坟》。作者通过多年的深入实地调查和走访，结合知情人的叙述和历史文献，对各地尚存或已毁的清代“王爷坟”的情况进行了细致的介绍，让更多的人对于清代的“王爷坟”有了比较具象的了解。其中很多对知情人的调查和实地访问，是具有抢救性的调查。现在一些知情人已经作古了，随着时间的推移，很多园寝的地面和地下遗存也越来越少，有的甚至已经很难再找到其遗址，幸赖有冯氏当年的细致工作，使我们还能得知其仿佛。就这一点来说，冯其利所做的工作，是现在的很多研究者都已经无法再做到的了。但是不可否认，该书也存在着许多问题和缺憾。就其缺憾来讲，首先是对某些园寝的调查缺乏考古学意义上的严格数据记录。比如书中对各个园寝的规制、布局关系、宝顶的高低以及地宫的大小等等方面的叙述，往往语焉不详，很难把握。其次是就“园寝”一词所应当包含的内容来看，它应当包含有“园”与“寝”——即墓葬与地面建筑及祭礼等几个方面的内容。《清代王爷坟》着重于对“墓葬”的介绍，而没有涉及与之相关的制度。三是在对清代园寝的介绍中，作者往往以民俗化的“王爷坟”一词来代称“园寝”，很容易给人造成认识上的混乱。

清代将“园寝”从“陵寝”中分离出来，在陵与墓之间建立起一种特殊的等级。园寝不仅有“园”（占地面积大），而且有“寝”（地面上有相应的建筑物如享殿等），有相应的祭祀制度，有看坟户等等，俨然是皇陵的一个缩影。

清代园寝是清代皇妃及其宗室子弟的一种特殊丧葬制度的产物，也是中国最后一个封建王朝遗留下来的丧葬等级形式的典型实物代表。对清代园寝及其丧葬制度的研究，从“死亡文化”的角度对清代封建等级制度作进一步的探索，不仅对这一时期的历史文化遗产和文物保护工作有着非常重要的意义，而且对我们正确认识和把握清代的政治、经济及其民族文化观念，揭示其所包含的社会意识形态，从而完整地了解中国古代文明，也是一项非常重要的工作。

三、后金时期的园寝规制

清代园寝最早保留下来的实物资料，当数东京陵里遗留下的三座园寝。如前所述，这三座园寝，现在仍然被人们称作东京陵，仅仅只是沿用旧称而已。其实，在顺治把该陵中的努尔哈赤父辈以上的祖先从这里迁到永陵另立祖陵后，东京陵的祀典就已经同时废止，并由陵降到了园寝的地位。

这三座保存较好的清代早期的园寝都建在阳鲁山上,今属辽阳市太子河区东京陵乡东京陵村。阳鲁山海拔只有200余米,地势并不太高。三座园寝的墓主身份分别为舒尔哈齐、褚英、穆尔哈齐及其子大尔差。

舒尔哈齐,明嘉靖四十三年(1564年)生,与努尔哈赤为同母兄弟。母亲是喜塔喇氏,即宣皇后。舒尔哈齐初封贝勒,在努尔哈赤统一女真的战争中,曾立下汗马功劳,因功被赐曰"达尔汗巴图鲁"。但后来在一次与乌喇贝勒布占泰的战斗中,因不援救被围的褚英、代善等人而遭到努尔哈赤的猜测,不再被重用。舒尔哈齐因此移居黑扯木,与其子阿尔通阿、扎萨克图皆有背离之心,不再接受努尔哈赤的调度。努尔哈赤一怒之下,杀了他的两个儿子,迫使舒尔哈齐回归。明万历三十九年薨,年四十八岁。顺治十年五月,追封为和硕亲王,谥曰庄。

关于舒尔哈齐死因,《清史稿》上只说他"移居黑扯木。上怒,诛其二子,舒尔哈齐乃复还。岁辛亥八月,薨"。是自然死亡还是被幽死或被其兄所杀,引起人们的普遍猜测。无论是自然死亡说,还是被幽杀说,都缺乏有力史料的支持。舒尔哈齐有九个儿子,有封爵的有阿敏、图伦、寨桑武、济尔哈朗和费扬武五位。

舒尔哈齐墓园坐落在阳鲁山岗的西南角,呈长方形,宫门不大,与现在北京的小四合院门大小相似。园寝面向东南,分为二进。前院建有碑亭,碑亭保存完好,位于前院的中心位置,距离山门才几步而已,为单檐四角亭子式建筑,青砖布瓦,四面有拱形券门,前后拱券上雕饰赶珠行龙。亭内彩绘天花藻井。内有高三米石碑一甬,龟趺座,碑文为满汉合璧镌刻,概述了舒尔哈齐一生的生平事迹。前院与后院以墙相隔,中间设一门。后院即是坟院,院里有丘冢一座,高约三米,圆柱形,圆形石灰顶,下有石砌台基,坟院内有松树数株。墓园四周绕以围墙,且坟院的围墙高于前院。

褚英是努尔哈赤的长子,母佟佳氏(元妃)。褚英生于明万历八年,在努尔哈赤统一女真的战争中,也立下了汗马功劳。明万历二十六年(1598年),赐号"洪巴图鲁"。在迎接蜚悠城新归附的部众时,被乌喇贝勒布占泰邀击于路。当时其叔舒尔哈齐带兵止于山下,却不援救。褚英与代善以寡敌众,分军夹击,力战获胜。因赐号为"阿尔哈图土门",汉语为"广略"之意,所以后来又称褚英为广略贝勒。

褚英屡有战功,颇得努尔哈赤信任,"上委以政",但是却恃功而傲,与兄弟及群臣不睦,也不体恤部众,所以大家都到努尔哈赤面前去告他的状,因此受到其父汗的冷落。褚英于是"焚表告天自诉,乃坐咀呪,幽禁"②。两年后(1615年,明万历四十三年)闰八月,被努尔哈赤处死于幽所,年三十六岁。身后有三子。

褚英的园寝在舒尔哈齐园寝的左侧,规模较舒尔哈齐园寝小,也是朝向东南。园寝四周围墙长约7米,宽约9米。前有红门,门为硬山式,青砖布瓦,拱形门券。园内建筑只有丘冢一座,高三米有余,圆柱体,周围用青砖垒砌,石灰抹顶,丘冢前有神道通向墓园外,园内有古松数株,但没有碑厅。据说当初建园寝时就没有立碑,因为褚英是获罪拘禁被处死的,所以清朝后来的皇帝也没人愿意再为他平反翻案,自然也就不屑于再为他立碑了。

穆尔哈齐，为清显祖宣皇帝塔克世之子，清太祖努尔哈赤同父异母之弟，生于明嘉靖四十年(1561年)，生母李佳氏，古鲁礼之女。初封贝勒，“骁勇善战，每先登陷阵”③。一次在跟从努尔哈赤讨伐哲哲部时，正遇上发大水。努尔哈赤将部众遣散，只留下八十个带甲兵士“行略地”。敌方发现他们只有八十人之后，遂急速集合了五城的人马前来围击，众皆失色，甚至有准备解甲授人逃跑者。关键时刻，穆尔哈齐与努尔哈赤两人“驰马近敌阵，下马奋击，射杀二十余人。敌人为兄弟二人的勇敢所慑，大乱，乃渡河而走”。穆尔哈齐又与努尔哈赤暗随其后。在半路上，遇到十五个敌兵从一条小路上过来，努尔哈赤与穆尔啥齐埋伏在路旁，以箭射之，各射死一人，敌众四散。此战大获全胜，被努尔哈赤誉为“以四人敌八百人，天助我也！”穆尔哈齐也因战功被赐号“清巴图鲁”(汉译为“诚毅”)。天命五年(1620年)九月十日卒，年60岁。顺治十年(1653年)五月，追封穆尔哈齐为多罗贝勒，谥“勇壮”。子11人，其中有爵嗣者6人。

穆尔哈齐墓园位于舒尔哈齐、褚英陵园以东约百米。处于山岗的东南角，取“向巽(东南)背乾(西北)方位”。围墙长方形，后墙为半圆形。园内两进院落。前院有墓碑三甬，其中穆尔哈齐墓碑一甬，大尔差墓碑一甬，均为康熙十年敕建，另一甬石碑为伪满康德三年穆尔哈齐的十世孙宝熙、熙洽所立。石碑均是龟趺螭首。后面的坟院与前院以墙隔开，中间有一门相通，坟院内有丘冢两座，一大一小。西侧较大的丘冢高约3米，直径大约也是3米左右，为穆尔哈齐的坟冢。丘冢略小的，埋葬的是二子大尔差。大尔差其后被追封辅国公，谥号“刚毅”。这是迄今为止所保存的清朝最早的父子同葬于一个园寝中的实例。后来清朝入关以后的宗室园寝，这种子陪父葬于同一园寝的现象也十分普遍。

穆尔哈齐的园寝在康熙四年(1665年)特旨重修过。康熙十年(1671年)五月二十日圣祖赐碑表墓。碑文曰：“自古帝王承天托世笃念宗亲，故生则赐以荣封，殁则彰以分誉，典最渥也。尔清巴图鲁穆尔哈齐，系显皇帝之子，秉性安详，居心恺悌口追封为多罗勇壮贝勒。奄逝既久，丰碑未树，朕念切本支复隆表著之恩，爰稽成宪，勒者贞珉，用传不朽，庶昭朕敦族之心，永为藩屏之懿典云尔。”同时也为大尔差赐碑。碑文曰：“自古帝王创业垂统，以贻万世，凡属宗支，皆应显号，以重懿亲也。尔大尔差系谥勇壮清巴图鲁穆尔哈齐之子。性行纯良，丰碑未树。朕笃念宗亲，爰稽成宪，勒之贞珉，有垂不朽，庶昭朕敦睦怀云尔。”

1934年，伪满皇宫内府大臣宗室熙洽、穆尔哈齐十世孙宝熙，捐资修理祖茔，并树碑。以上三座现皆完好地保存在园寝中，石碑均为龟趺螭首。碑后为隔墙，墙有中门，两边设侧门。墓院中有丘冢两座，西为穆尔哈齐墓，东为大尔差(达尔察)墓。丘高各约为九尺，直径为一丈有余，墓下无台基。此墓在20世纪三四十年代依然存在，惜今已不存。

据说在20世纪60年代之前，舒尔哈齐陵墓的左边，还有巴雅喇和雅尔哈齐墓园，“文化大革命”中被毁平，碑石也被砸碎。据记载，原墓园四周缭墙，在嘉庆十九年立有碑文。巴雅喇是努尔哈赤的庶弟，卒于天命九年二月，年四十三岁。雅尔哈齐是努尔哈赤的胞弟。

从这三座园寝实物中我们可以看出，早期的园寝规模都比较小，地面建筑也都比较简单。外面既没有月牙河、平桥等建筑遗迹，园内也未发现有享殿、班房等建筑遗址。这可能与当时后金的国力状况有关，也可能与当时的祭祀制度不无关系。从理论上说，墓上建筑一般都总有与之相关的实际用途。如果这种不建享殿的情况在当时并不是个例的话,那么只能说明后金时期的祭祀活动,更多地采用了女真族原始的萨满教的祭祀礼仪和方式,与后期受传统的汉族祭祀观念影响所形成的祭祀制度有较大的差别。

四、清入关后的宗室王公园寝规制

作为推崇封建皇权的一种手段,清廷入关后,在传统的"陵"与"墓"两种等级的墓葬名称之间,又增加了一种新的墓葬等级的名称——即所谓的"园寝"。园寝从设计、备料、选址、施工,都花费了大量的人力、物力和数以万计的银两。但朝廷对园寝的建造有严格的规定,所以一般园寝的地面建筑除规模大小会因其身份的差异有所不同外,模式则都大体相同,不外乎神桥、碑楼、宫门、享殿、月台、宝顶及围墙等建筑。据《清会典》卷六一及《大清会典事例》卷九百四十九记载,其规定主要包括以下几个方面的内容:

(一)对园寝的管理。清代的陵寝与宗室园寝由工部统一掌管。工部下设屯田清吏司,有郎中、员外郎、主事等官员。其中,屯田清吏司一人,有郎中满四人、汉一人,员外郎满洲五人、汉一人,主事宗室一人、满洲二人、汉二人。其职责中的一项,就是"掌陵寝修缮之事,凡供薪炭皆覈焉。……凡园寝皆附焉"④。

(二)对宗室园寝建造方面的拨款。宗室王公以下园寝的建造费用,由国家划拨。划拨的款项数量,每个朝代虽有所不同,但都分两种名目。一种是造坟工价银,另一种是碑价银。在顺治十年时,"亲王给造坟工价银五千两,世子四千两,郡王三千两,贝勒二千两,贝子一千两,镇国公五百两,辅国公同"。"亲王给碑价银三千两,世子二千五百两,郡王二千两,贝勒千两,贝子七百两,镇国公四百五十两,辅国公同"。两项合计,顺治时期国家针对不同规制的园寝要拨付的银两为:亲王8 000两,亲王世子6 500两,郡王5 000两,贝勒3 000两,贝子1 700两,镇国公950两,辅国950两。

到顺治十八年,规定给镇国将军和辅国将军碑价银一款,分别为500两和400两。但没有造坟工价银。至康熙十四年,方议准镇国将军和辅国将军也同样给造坟工价银,镇国将军为500两,辅国将军为400两。但将镇国将军碑价银改为350两,辅国将军碑价银改为300两。

乾隆四十年,清廷对拨付的建造园寝的款项,又作出了一些调整。此次调整主要是因为当时的封爵制度发生了一些变化。乾隆十三年,将顺治时所定的十二等爵改成了十四等,即将原镇国公和辅国公两个品级分成了四个,依次变成了奉恩镇国公、奉恩辅国公、不入八分镇国公、不入八分辅国公。随着对封爵等级的调整,等级制度便有了新的变化,表现在"经济待遇"上,自然也需要作出相应的调整。这次调整的结果是,镇国公以上的待遇未变,自镇国公以下的品级,"造坟工价"变为"入八分公五百两,未入八分公三百两,其镇国将军以下,给价之例停止"。在调整造坟工价的同时,也调整了碑价,"议准镇国公辅国公碑价,入八分公四百五十两,未入八分公二百五十两。其镇国将军以下,给价之例停止"。也就是说,乾隆四十年以后,镇国将军以下,国家不再对其园寝建造支付专门的款项。

(三) 对不同等级的园寝碑制的规定。顺治十年,对亲王以下至辅国公不同等级的园寝碑制,从碑身、碑首、碑座等三个方面,对其高度、宽度以及雕刻的类型作了细致的规定。至康熙十四年,又从以上几个方面补充了镇国将军和辅国将军的碑制。这一制度一直到清末没有改变。为了方便对比,根据《清会典事例》卷九四九的记载,列表如下:

表一 清代宗室王公园寝碑制

碑制 / 爵级	碑高(尺)	碑宽(尺)	碑首(尺)	碑趺	
				类型	高度
亲王	9	3.87	4.5	蛟龙首龟趺	称之
亲王世子	9	3.8	3.9	蛟龙首龟趺	4.3
郡王	9	3.8	3.9	蛟龙首龟趺	4.3
贝勒	9	3.73	3.6	蛟龙首龟趺	4.1
贝子	9	3.66	3.4	蛟龙首龟趺	4
镇国公	9	3.63	3.3	蛟龙首龟趺	3.9
辅国公	9	3.63	3.3	蛟龙首龟趺	3.9
镇国将军	8.5	3.4	3	螭首龟趺	3.6
辅国将军	8	3.2	2.8	麒麟首龟趺	3.4

(四) 对园寝坟茔等地面建筑的规定。亲王飨堂五间,门三,饰朱红油,绘五彩金花,茶饭房左右各三间,碑亭一座,围墙百丈;世子、郡王及固伦公主养堂三间,门三,饰朱红油,绘五彩小花,茶饭房三间,碑亭一座,围墙八十丈;贝勒、贝子及和硕公主、郡主养堂三间,门三,饰朱红油,不绘彩,茶饭房三间,碑一通,围墙七十丈;镇国公、县主、郡君飨堂门制与贝勒、贝子同。碑一通,围墙六十丈;镇国、辅国将军,碑一通,围墙三十五丈。这一规定到道光二十四年有所改变。道光二十四年规定:"亲王茔制飨堂五间,亲王世子至辅国公皆三间。亲王、亲王世子、郡王门三,贝勒以下门一。亲王绘五彩,饰以金,覆以绿琉璃瓦,亲王世子、郡王、止绘五彩,皆覆以绿琉璃瓦。贝勒以下施朱不绘,用瓻瓦。亲王坟园周百丈,亲王世子、郡王八十丈,贝勒、贝子七十丈,镇国、辅国公六十丈,镇国、辅国将军三十五丈,奉国、奉恩将军均三十丈。"

(五) 对不同等级的园寝守坟户数量的规定。园寝在建造完成后,为了对园寝进行保护,还配有专门的看坟人户,对园寝进行看管。清代的宗室贵族园寝和茔地,一般也与皇陵一样,将周围一定范围的土地划成了严禁民人樵采的"准军事区",周围树立界桩,除了府中人员和看守的坟户以外,普通民人不许靠近。这种专门的守坟户,在当时被称作"守冢人户",世代相沿,成了一种专门的职业。按照清代的园寝制度,一般亲王园寝置守冢人十户,世子、郡王、固伦公主园寝置八户,贝勒、贝子以及和硕公主为六户,镇国公、辅国公以及县主、郡君置四户,镇国将军、辅国将军置二户。⑤而园寝比较集中的地区,如天津蓟县黄花山、朱华山,河北易县张各庄、王各庄,涞水县水东村等,都是利用军队守卫。涞水县的怡贤亲王允祥墓,更是"设立守备一员、千总一员、把总二员、兵丁五十员。永远守护”[⑥]。雍正八年(1730年)“怡贤亲王金棺安葬,庄亲王奏准续添千、把总各一员,马步兵五十名,由镇标中军核转归镇统辖与左右两营并入三营”。并在园寝附近设立营房,盖造衙署及执事人房屋等,易县张各庄二所四十间,王各庄一所二十间。

注释:

①《清史稿》卷二《太宗本纪一》。

②《清史稿》卷二百十五《诸王一》。

③ 同注②。

④ 本节中所有引文,均引自《清会典事例》卷九百四十九《园寝坟茔》。以下不再一一标出。

⑤ 见《清会典事例》卷九百四十九《园寝坟茔》。

⑥《清世祖实录》卷九五。

(原载于社会科学文献出版社《明长陵宫建600周年学术研讨会论文集》,2010年2月)

划定北京市第四批地下文物埋藏区实践中的几点体会

郭京宁　张　立

【关键词】划定；第四批；地下文物埋藏区

在推进城市化进程中，现代城市建设与历史文化保护之间的碰撞无处不在。为协调工程建设与地下文物保护工作间的矛盾，保护好北京市的地下文物，根据《中华人民共和国文物保护法》及 1993 年国务院公布的《北京城市总体规划（1991—2010）》的有关规定，北京市文物局委托北京市文物研究所和北京市城市规划设计研究院城市设计所，负责实施北京市第四批地下文物埋藏区的名单提交工作。

依据《中华人民共和国文物保护法》第九条规定："……城乡建设规划部门和其他有关国家机关，应当依法认真履行所承担的保护文物的职责，维护文物管理秩序。"

第十六条规定："各级人民政府制定城乡建设规划，应当根据文物保护的需要，事先由城乡建设规划部门会同文物行政部门商定对本行政区域内各级文物保护单位的保护措施，并纳入规划。"

第二十九条规定："进行大型基本建设工程，建设单位应当事先报请省、自治区、直辖市文物行政部门组织从事考古发掘的单位在工程范围内有可能埋藏文物的地方进行考古调查、勘探。"

据此法律依据，北京市文物研究所和北京市城市规划设计研究院城市设计所于 2007 年4—6 月，进行了北京市第四批地下文物埋藏区的划定工作。北京市城市规划设计研究院城市设计所首先负责查找各地点的电子地形图并最后对划定范围的地图进行电子化；北京市文物研究所负责界定埋藏区四至范围的界定及文化内涵的核实。共划定大兴区亦庄等地下文物埋藏区 20 处（表一；图一）。

在此将工作过程中的一些具体方法，并结合参加 2007 年 7 月在内蒙古呼和浩特市"中国大遗址保护研讨会"的心得体会进行介绍，希望能为今后的工作提供可借鉴的经验。

一

地下文物埋藏区的划定是为了解决建设工程与地下文物间的矛盾，以能更好地保护地下文物。据笔者的理解，地下文物埋藏区有以下几点特征。

首先，地下文物埋藏区的概念不完全等同于文物保护单位，不是特指某处具体遗址、古墓葬群或古建筑，而是“可能埋藏文物的地方”。因为区、市级的文保单位有着明确的保护范围及建控地带，而地下文物的分布又具有不确定性。因此，地下文物埋藏区的保护范围往往较大。第二，地下文物埋藏区并不意味着禁建，可以破土动工，但要先期对地下文物进行保护。地下文物埋藏区公布后，该区域的建设工程均要先进行考古先期勘探、发掘。第三，地下文物埋藏区的保护对象是该区域内的全部地下遗存，本次提交的名单中，如金中都和顺义的古城，地表上仍有金代和汉代夯土城墙，也应当属保护范畴。第四，通过考古发掘在地下文物埋藏区获得的文化遗存是研究城市沿革（特别指历史久远、文化积淀深厚的历史文化名城而言）的宝贵资料，是研究城市史的无字天书。

二

从既往的工作经验看，前三批 36 处地下文物埋藏区被市政府公布后，全社会文物保护意识明显加强。遇有基本建设工程队在此区域内施工，文物部门能扭转工作被动的局面，第一时间通过土地联席制度先期对地下文物进行勘探及抢救性发掘，从而对其进行有利的保护。

如昌平区的张营地下文物埋藏区，因配合昌平区卫星城的修路工程，市文物研究所于 2004、2006 年二次对该遗址进行发掘。获得了大量夏、商、汉、辽、清等时期遗存，避免因单方施工造成的破坏。延庆的南菜园地下文物埋藏区，自划定之后，相继发掘了延庆气象局、颖泽洲小区、延庆法院等建筑工地，清理了总量达数百座的汉、唐、辽、金时期墓葬，取得了重要成果。其他类似情况者还有房山的坟庄，门头沟的龙泉务、东胡林，海淀恩济庄，石景山鲁谷等地下文物埋藏区。

无独有偶，地下文物埋藏区这种作为城市文物保护的有效模式，受到越来越多地区的关注与推行。

江苏省通过公布《江苏省文物保护条例》、《江苏省历史文化名城名镇保护条例》等法规政策，明确规定“根据本地区历史发展沿革及地下文物分布的状况，市、县级人民政府可以组织文物等行政部门经过勘查核实后划定地下文物埋藏区，并予以公布”。“历史文化名城、名镇和历史文化保护区所在地人民政府，应当组织文物等行政主管部门对保护范围内的地下文物埋藏情况进行普查，划定不宜安排大中型建设项目的地下文物埋藏区，其经费由同级人民政府统筹解决。”这实际上意味着地下文物埋藏区的划定不需要同规划部门会商。同时要求，“土地使用权出让涉及地下文物埋藏区，有关行政部门在办理相关批准手续前，应当征求同级文物行政部门的意见”。“在地下文物埋藏区内进行工程建设，建设单位在取得建设项目选址意见书后，应当向省文物行政部门或者其委托的设区的市文物行政部门申请考古调查、勘探。”“在地下文物埋藏区内以外占地面积五万平方米以上的建设工程应当按照前款规定的程序申请考古调查、勘探。”南京市据此条例划定了四片地下文物埋藏区。

1997 年，沈阳市规划局、沈阳市文化局联合发布了《关于划定沈阳市文物考古勘探范围的通知》。在大量调研论证的基础上,在市内划定了21片文物考古范围,总面积约32平方公里。辽宁省则在2005年公布了《沈阳市地上不可移动文物和地下文物保护条例》,规定市内进行5万平方米以上的工程,开工前必须进行考古勘探。

浙江省2006年起实施了《浙江省文物保护管理条例》,规定县级以上人民政府可以根据勘查发现地下文物的情况和有关史料记载,确定并公布地下文物区。在地下文物埋藏区内进行工程建设,必须先勘探、考古;在地下文物埋藏区以外进行3万平方米以上的大型基本建设工程,建设单位在建设项目划定设计红线前,必须报请文物主管部门在工程范围内有可能埋藏文物的地方,进行考古调查、勘探。

甘肃省2005年公布《甘肃省文物保护条例》,规定市(州)、县级人民政府可以组织文物等行政部门对本行政区域内有可能集中埋藏文物的地区进行勘查,经核实后划定公布为地下文物埋藏区。

长沙市在城市发展建设中,划定了45处地下文物埋藏区。

南昌市制定了《城市紫线规划》,对各类文物保护单位分别划定保护范围。

此外,一些地区的大遗址之下埋藏着丰富的地下文物。例如西安的汉长安城、洛阳的汉魏故城、广州的南越国宫署、吉林省集安的高句丽遗址等,当地政府通过在此范围内采取建立大遗址公园或整体搬迁的办法保护地下文物,协调了规划、城建、文物三方部门,成为一种新的思路。

三

各区、县对本辖区内的文物埋藏及土地开发情况较为熟悉,因此,工作伊始,先由各区、县文化委员会、文物管理所提交本辖区拟上报文物埋藏区的名单。城市规划院城市设计所根据上报名单查找该地点万分之一的电子地形图。

由于各区、县上报埋藏区的材料不尽一致,有的较为详细,有的则略显粗放,包含信息的多寡也不一。根据划定工作信息量的需求,文物研究所制作了《北京市第四批地下文物埋藏区信息表》,统一了记录要点。

在界定各埋藏区四至范围、文化内涵材料阶段,主要依据各区、县文物登记档案及历年工作情况逐一核实。组织人力对遗址初步踏查、采集地表遗物。清理较为理想的断崖剖面并对文化层进行记录。若有内涵、四至不清者,进行简单勘探。

在电子化过程中,采用地物法与坐标法相结合的方式,遗址的中心区域均采用GPS进行卫星定位。最大限度地避免参照物或控制点改变或不存在的情况,并为最终建立数据库打下良好基础。

考虑到新城是本市未来发展的重点地区,未开发用地较多,存在地下文物可能性较大。第四批市级地下文物埋藏区的划定工作重点适度倾向于新城。最终从26处提交名单中甄选出20处地下文物埋藏区上报北京市文物局。

四

划定北京市第四批地下文物埋藏区有以下三点重要意义。

首先,地下文物埋藏区的划定体现了《中国人民共和国文物保护法》的宗旨,贯彻了文物保护工作保护为主、抢救第一、合理利用、加强管理的方针,是实践2005年底《国务院关于加强文化遗产保护的通知》的具体体现。其次,地下文物埋藏区的划定工作列入了《北京城市近期建设规划(2006—2010)》,对于确保完成北京市文物局2007年工作目标,市文物保护"十一五"规划目标具有重要意义。第三,地下文物埋藏区的划定较好地协调了地下文物与基本工程建设间的矛盾,有利地保护了地下文物,形成历史与现实、考古与工程的和谐。

一些埋藏区较为偏僻,如密云的黄家坟、昌平的半壁店等。考虑到土地开发的轻重缓急程度,暂不列为本次的地下文物埋藏区,而建议作为下次工作的备选。

受五国联合申报丝绸之路为世界文化遗产、京杭大运河途经六省整体公布为一个国家重点文物保护单位的启发,北京的旧城区这次整体作为一个大的地下文物埋藏区提出。在这一区域内,有世界文化遗产故宫、北海、恭王府等各类地下、地上全国重点文物保护单位约40处,另有大量市、区级文物保护单位。广安门外大街以南一带曾为金中都城址所在地,至今仍有夯土城墙屹立。北京四中、西城毛家湾胡同、故宫筒子河等地近年都曾发现大量的元、明、清瓷器(片),数量甚多,品种丰富。该区域内文保单位密度之大、文化内涵之丰富(时代上跨越了金、元、明、清等),为全国仅见。表现出文化上的多元性与兼容性,承载了北京千余年来的建城史。不管最后的审批结果如何,但作为整体保护这种新思路的尝试,是值得提倡的。

受划定工作的时间和条件——更主要的是调查者本身的学识水平有限,未能对本次上报地下文物埋藏区进行埋深分析、对工程建设干扰程度研究、给建筑工程学提供依据。这或许是今后应该注意的一个方向。

表一 上报的北京市第四批地下文物埋藏区统计表

编 号	区、县	地 点	时 代	埋藏类型
1	大兴	亦庄	汉、唐、辽	墓葬
2	大兴	青云店	辽、金	墓葬
3	房山	南正	战国、汉	遗址、墓葬
4	房山	丁家洼	战国	遗址
5	房山	南广阳城	汉	城址、墓葬
6	平谷	云峰寺	明、清	墓葬
7	平谷	兴谷—山东庄	汉	墓葬、窑址
8	顺义	北府村	汉	墓葬

续表

编　号	区、县	地　点	时　代	埋藏类型
9	顺义	古城村	汉	墓葬、城址
10	通州	南屯村	金、元	墓葬
11	通州	坨堤村	汉、唐	墓葬
12	密云	苍头	元	墓葬
13	密云	太子务	元	墓葬
14	密云	檀营	金	墓葬
15	昌平	桃林	元	墓葬
16	延庆	南菜园	汉、唐	墓葬
17	延庆	杨户庄	商、战国、汉	遗址、墓葬
18	石景山	古城	唐	墓葬
19	海淀	双塔	汉、辽、金	遗址
20	东、西、崇、宣	北京旧城	金、元、明、清	遗址(城址)、墓葬

（在第四批地下文物埋藏区划定工作中，各区、县文委、文物管理所予以通力配合，特此致谢！）

（原载于《北京文博》2008年第1期）

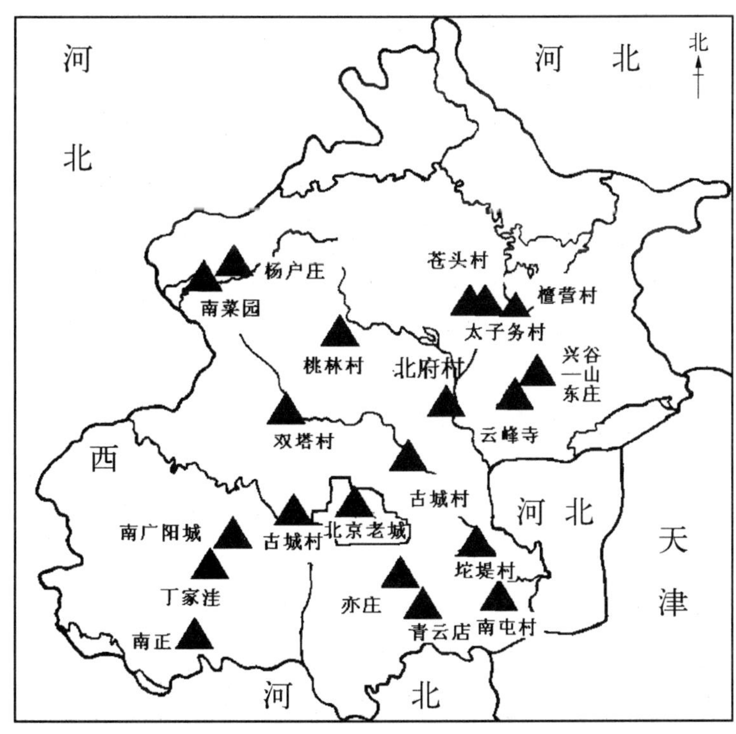

图一　上报的北京市第四批地下文物埋藏区分布位置示意图

考古发掘现场的保护棚

刘乃涛

【关键词】文物保护;保护棚

前　　言

考古发掘现场的文物保护是文物保护工作的第一步,它的作用效果会对日后的修复、保护工作产生最直接、最重要的影响。考古发掘现场的文物保护对考古遗址的现场保护十分重要。

在考古发掘现场,为了防止风沙、粉尘、昆虫等有害物的侵蚀和破坏,防止温湿度的剧烈变化等自然环境因素对考古遗址现场保存的文物的不利影响,有必要在遗址现场搭建保护棚,以更好地保护珍贵的人类文化遗产。

在国内,由于发掘工期等诸多因素的限制,绝大多数考古遗址在考古发掘阶段都没有保护棚,而在发掘结束后,会根据对象不同的保护、利用目的,或回填,或向公众开放,建立临时的或永久的保护棚,对遗址的保存、保护是十分重要的。同世界上一些考古现场发掘工作比较到位的国家相比,我国还有一定的差距,临时保护棚只能起到临时保护的作用,可以防止阳光、降水等对遗址的直接侵蚀;永久性的保护建筑,则可以为遗址和文物的保护提供更加优越的条件。

因此,将国外先进的考古现场发掘保护经验和技术与国内实际情况相结合,加强国内考古人员现场保护性发掘意识,可以使大量的珍贵文物在出土发掘过程中得到良好的保护,为考古研究提供充足的信息资料,是目前国内考古界亟待解决的问题。

一、国外考古现场保护棚的应用

目前,意大利是国际上文物保护工作较强的国家,该国在考古发掘现场的保护方面,尤其是搭建保护棚这方面尤为突出:

首先他们在发掘前期会根据考古现场的具体情况如地理位置、光照、降水、温度等情况,制订搭建保护棚的方案,严格按照科学合理的保护方法,选取质量较好、容易获得且廉价的产品用于保护棚的搭建。同时,材料的选择对保护棚内外支撑结构和稳定性、空气的流通、排水、防火、防震等相关问题有着紧密的联系(图一)。

保护人员会根据所要发掘现场的具体状况(面积、土质情况、天气变化等),设计保护棚的大小,并选择适当的建筑材料(包括支撑、保温、防水、防火、防震抗压等材料),以防止一些不可预见因素对考古发掘工作造成的意外影响。

其次,保护棚的安装和拆卸要简便,不宜繁琐,要便于发掘过程中进行拓方,内部尽量减少安装较多的支撑构件,以便为考古发掘工作留有充足的空间,从而保证多学科现场发掘保护工作的顺利进行(图二)。

对于保护棚内部环境也要有一定的要求,鉴于考古发掘过程中出土文物材质的多样性,特别是有机材料类文物由于先前的埋藏环境与出土后的环境有着极大的差异,破坏了其先前保存环境的平衡状态,对温湿度和有害光线的敏感性又极为强烈,很容易受到影响,而环境突变产生新的病变,又进一步加快了文物损坏的速度。所以,将保护棚内的环境控制在一定的范围内,对于出土文物的发掘工作会有很大的帮助(图三)。然而,控制内部环境的方法和手段是多种多样的,根据保护棚和考古发掘现场的实际状况,采用相应的办法对保护棚内部环境加以控制(图四)。

因此,维持一个相对稳定的考古现场发掘的环境条件,阻止或延缓文物的损坏过程,是文物保护的首要任务。

二、国内考古现场保护棚的应用

根据国内考古遗址现场的保护棚的情况,我们大致把国内的考古遗址分成以下三种情况:

1. 没有任何保护棚的考古遗址

这类情况主要出现于正在进行考古发掘的遗址现场。目前国内的很多考古遗址,包括墓葬、遗址等,在发掘的初期阶段是没有保护大棚的。在下面的几个考古发掘现场的实例中,可以很直观地看到这一问题的存在。

2. 建有临时性保护棚的考古遗址

这种情况主要是在考古遗址发掘结束后,没有修建永久性建筑结构之前。考古发掘现场的临时性保护棚,可以在一定程度上起到调节现场温湿度,防止日光、降水、风沙等自然因素对遗址的直接破坏。通常在这一阶段,临时保护棚的形状、材质、结构、建筑方法等,往往是多种多样、五花八门。最常见有以下几种情况:

1) 金属—玻璃钢结构

这是临时保护棚中比较好的一种。主体框架结构为钢架,或脚手架用钢管材料搭建主体结构,棚顶用石棉瓦等覆盖,四周开放,石棉瓦不透明,采光差。这种类型的保护棚,可根据考古发掘工作的需要,向四周扩展。这也是目前国内临时保护棚中最常见、最容易搭建的,价格便宜。

2) 金属—帆布结构临时保护棚

这种保护棚的局限性很大,不能随考古发掘面积的扩大向四周延伸。以北京大房山金陵遗址的临时保护棚为例(图五),保护棚的框架结构是钢结构,棚顶的覆盖材料是帆布,将整个遗址覆盖,完全封闭。

3)纯钢结构临时保护棚

这种临时性保护棚成本高,在国内使用的很少,以北京老山汉墓遗址的临时保护棚为例,有一定的灵活性,可根据实际情况需要,搭建多个连续的拱棚,向四周扩展。

同样的例子还有红山文化的典型代表之一,辽宁的牛河梁遗址现场的临时保护棚。与老山汉墓的保护棚所不同的是,牛河梁遗址的保护棚四周是开放的。

4)其他材料结构的临时保护棚

洛阳南市遗址考古发掘现场的临时保护棚。洛阳南市遗址是2004年8—11月,为配合中意合作文物保护修复培训班的实习,由中国社会科学院考古研究所洛阳隋唐遗址考古工作队发掘的隋唐南市遗址,发掘现场共有两个探方。其中T1探方的临时保护棚,是用当地农村种植大棚蔬菜所用的温室大棚的材料和制作方法搭建而成的。

框架结构用水泥预制的拱梁搭建而成,棚顶内部覆盖苇帘子,外面的防水层是塑料薄膜。保护棚跨度为8米,内部没有支撑柱,覆盖面积640平方米,长度可以根据发掘情况的需要,向前延伸,但不能向两侧延伸(图六)。

T2探方的临时保护棚与T1略有不同,棚顶的覆盖材料是相同的,所不同的是保护棚的框架结构,T2临时保护棚的框架结构是用脚手架用钢管材料搭建成的。T2探方的临时保护棚覆盖面积约600平方米,保护棚内有7根支撑柱,直接立在遗址面上(图七)。

洛阳南市考古发掘现场的两个临时性保护棚的最大优点就是结构简单、易搭建、搭建速度快、灵活性好、采光好、造价低,所使用的材料轻便,可以根据考古发掘现场的需要,快速地安装、拆卸,甚至向四周扩展(图八)。

在看到这种简易大棚的优点的同时,我们还要看到它所存在的缺陷。

首先,所使用的轻便材料的强度小,决定了它不能承受很大的重量,因此,要建大跨度的临时保护棚,就需要在遗址内增加支撑柱,但这会对遗址造成一定的影响。

其次,选用塑料薄膜大棚顶部的覆盖材料,透气性差,遗址内的湿气挥发不出来,在塑料膜上凝结,严重时会造成棚内"降雨"。

5)竹、木结构临时保护棚

棚的框架结构用竹、木搭成,顶部覆盖材料有多种,可以用木板、石棉瓦,也可以用塑料布简单覆盖。

除了上面所能列出的几种类型的临时保护棚,在国内还有许多其他结构类型的考古遗址临时保护棚,只是由于财力等因素的限制,许多考古发掘现场的临时保护棚条件十分简陋,所能起到的对遗址的保护作用也是十分有限的。

汉阳陵遗址博物馆:1999年建简易大棚遮挡从葬坑发掘现场与"汉阳陵考古陈列馆",同时向中外游客开放。由于坑上只有简易大棚遮挡,不能有效防止风沙、粉尘、昆虫等有害物的侵蚀和破坏。

由于国内还没有对考古发掘现场的临时保护大棚的专门研究，我们所能查到的资料也十分有限，在实际工作中还有许多遗址现场都有临时保护棚，但其具体的材质、规格、建造方法都缺乏相关资料。

里耶古城遗址：经过两年的考古发掘，里耶古城内先后发掘出了战国到秦汉时期的古城墙、城壕和遗物，面积达7 000平方米。由于保护设施的相对落后，目前当地文物部门仅仅在古城上方搭建了临时的保护棚。里耶地区多雨，保护棚又存在着漏水、排水不畅等众多严重问题。古城内的城壕、作坊和古井等多处遗址已出现了大量积水甚至产生霉变的现象。

3. 建有永久性建筑结构的遗址博物馆

这是许多考古遗址最终的保护形式，也是目前国内最多的一种。根据我们的调查，考古发掘现场的临时性保护大棚，在国内的应用还不是很普及。没有任何保护性建筑的考古发掘现场极不利于考古遗址及遗址内文物的保护，所以对国内的文物工作而言，应该重视和提倡在考古发掘现场建立文物保护大棚，降低阳光、风沙、降水等自然因素对遗址及文物的直接破坏（图九）。

结　　语

在此次中意合作文物保护修复培训期间，作为考古现场文物保护修复专业的学员，我们深入了解了意大利科学的文物保护修复理念，掌握了现场保护技术的理论和方法。通过比较，我们看到了目前国内考古现场保护修复领域的不足和缺陷。加强和提高我国考古现场保护的意识，增进与国际在文物保护领域的交流与合作，经过此次培训使我国珍贵的文化遗产得到有效的保护是我们共同的愿望。

（原载于《文物保护与修复的问题·卷二》，文物出版社，2009年7月）

图一　考古挖掘现场临时性保护棚

图二　建筑保护棚修缮工地

图三　保护棚内部环境

图四　与周边环境的协调

图五　金陵帆布临时保护棚

图六　保护棚内部和外部

图七　探方上部临时保护棚

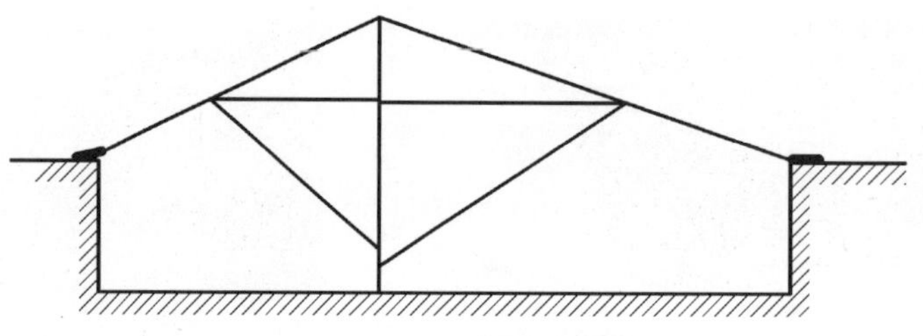

图八　保护棚侧视图

图九　永久性建筑结构

灰堆小议

郭京宁

【关键词】 灰堆;史前;用火遗迹

灰堆(亦有称之烧火堆、火塘),为古人烧制食物、取暖、保存火源之所在,部分灰堆可能还有加工器具、抵御野兽侵扰的功能①。

作为一种较为独特的遗迹现象,灰堆往往包含较丰富的遗物,体现了古人丰富的生活信息,反映出遗迹和遗物之间完整的功能系统链。灰堆内的堆土以人为的烧土为主,还包含有灰烬、烧骨、木炭等其他烧灼物,底部铺以扁平的石块。灰堆一般中间堆积较厚,边缘相对薄,与中心区域是最主要的燃烧区有关。一些灰堆的顶部还往往用稍大的石块盖住,以保存火种。同灰烬层、灶坑一样,灰堆亦属人类用火遗迹的一种。古人起初平地用火,后学会了围石起火。进入新石器时代后,由于定居房屋的出现、人口的繁衍、对食物要求的提高等多种因素,人类对于火的使用有了进一步的要求,灰堆逐渐被灶坑、陶窑等更为进步的燃火方式所替代。

早在旧石器早期,就曾在周口店第一地点发现成堆的灰烬。尽管尚没有充分的证据说明这些成堆灰烬是原本在此烧火形成的还是仅在此倾倒烧完的灰烬而形成。但不论是哪一种情况,都表明当时的人类已有控制和管理火的能力。此后在比周口店第一地点时代略晚的营口金牛山人洞穴中发现了灰堆。

在金牛山人保存的同一层位上有两处灰堆,其中一处由三个直径约 50 ~ 60 厘米的圆形小灰堆连在一起。灰堆中有烧土、炭屑以及烧过的动物骨骼②。这是目前国内发现的最早的灰堆。另外在本溪庙后山遗址③也出有灰堆。

宁夏灵武水洞沟 2 号地点已发现 7 处火塘遗迹和 5 处与火塘有关的遗迹。7 处火塘直径 30 ~ 80 厘米,底部为发红的烧土,其上为木炭和灰烬,间或有烧裂的河卵石。另外 5 处遗迹中都有木炭、灰烬、动物化石和石制品等,但没有明显的边界,分布较散乱,可能是被破坏了的火塘或是火塘中的木炭等的再次堆积④。

旧石器晚期,山西朔州南磨遗址共发现灰堆 3 处,平面呈椭圆形,面积分别为 42 × 36 厘米、39 × 35 厘米、68 × 61 厘米。火塘内有大量的木炭颗粒,以及细石核、细石器、烧骨、烧石、动物牙齿和破碎骨片等。在火塘周围有较完整的马、羊的牙床及破碎肢骨等⑤。泥河湾盆地的虎头梁 73101 地点⑥和马鞍山遗址⑦都曾发现灰堆。马鞍山遗址发现的灰堆由大的砾石或石块围摆成圆或近圆形,底面烧结较硬。灰堆多不规则,长、宽多在20~70厘米之间,其内可见烧过的残骨和灰烬[8]。

目前看来,中国旧石器时代的灰堆均于北方地区出现。南方地区仅见最新报道在云南富源大河遗址有发现[9]。史前的灰堆最早出现于北方地区也许不是偶然的,而是反映了北方地区气候寒冷、冬季漫长,对于火有着更为迫切的需要。正是在这样的环境背景中,激发了古人类对生存环境的适应性的创新,导致了旧石器文化向新石器文化的转变。

新、旧石器的过渡阶段,灰堆在中国南北方地区都有发现。北方有北京门头沟东胡林遗址[10]、河北徐水南庄头遗址[11]、山西吉县柿子滩遗址[12]等;南方地区有广西甑皮岩[13]、湖南道县玉蟾岩[14]、贵州开阳哨上[15]等,江西万年仙人洞洞穴遗址中更是先后发现了二十多个灰堆[16]。可见,灰堆在这一时期达到其被使用的顶峰。

吉县柿子滩S14地点发现的火塘呈不规则椭圆形,最大直径约70厘米,炭粒与灰烬呈点状、条状和块状,缺乏一定面积的集中堆积。南端则有明显的黄褐、灰色烧土块和焙烧面。

直至进入新石器时代中期后,由于人类控火技术、燃火设施的进步,例如出现专门化的灶、以陶器储存火种等,灰堆的作用方逐步淡化。从目前的资料看,只有云南[17]、福建[18]等华南地区在新石器时代晚期还有灰堆的使用(图一)。这或许是因为南方地区自然条件相对较好——气候温暖、食物资源丰富,以至于并没有激发起当地人们改善用火方式的强烈欲望。

国外的材料也大体相似,据杨建华先生介绍,属中石器时代的西亚贝哈(Beidha)遗址也有烧烤坑,即灰堆[19]。美国华盛顿州哥伦比亚河上游发掘的一个早期印第安人遗址,就见到了蚌壳化石和龟裂的烧石堆积,烧过的石块成为1万多年前人类石烹活动的证据[20]。可见灰堆在中外人类生活发展史中均发挥着重要作用。

灰堆在新、旧石器过渡阶段被广泛使用主要有两方面原因。一方面,其时人们由于取食、保暖、制陶等各项活动的进行,对火有着一种普遍需求;同时对火温、火力提出了更高的要求,而不仅满足于普通的燃火行为。另一方面灰堆具有当时其他燃火方式所不能比拟的优越性。

灰堆的优点有以下几点。一是可长时间保存火种。据顾玉才等人在营口金牛山洞穴中所做的模拟实验表明,以石块垒砌起来的灰堆,由于封火条件好,因此,保存火种的时间要远超过普通浅坑所保存的时间[21]。二是取材方便。灰堆所用的石块,多为遗址附近的大块砂岩。砂岩在广大地区覆盖率广,随手可拾,同时易受热。至今一些地区的桑拿浴室中还在烧热的砂岩上淋水以产生蒸气。三是由于有石块环砌垫底,使得火力集中,温度较高,从而可以更为便捷地进行烧烤、制陶等活动。四是石头本身在导热性方面较有优势。

史前灰堆集中于华南及华北两大区域内,又以华北平原最为集中。受居住方式的影响,南方灰堆更多存在于洞穴之中。

作为一种形相似而实不同的遗迹,与新石器时期遗址中常见的灰坑开口于某一文化层下不同,灰堆一定是营建于地面之上或打底在地面之中。因此,灰坑的开口平面对发掘者而言,意味着进入新的文化层;而灰堆则不然,若在平面清理出灰堆的顶面,却不一定能断定进入新的文化层,可能依然处于老文化层中(图二)。灰堆的形状可分两种,一般是顶小底大;但也有些灰堆由于用火范围的不断扩充,灰烬的覆盖面积会逐步扩展。因此,这类灰堆呈顶大底小状。

灰坑(或窖穴)作为一种遗迹现象,代表了一个时间单位。而灰堆不仅可以反映出使用的时段,其本身的大小、规格还为研究当时的社会组织结构提供了某种线索[22]。如法国西南部旧石器时代晚期的阿布瑞·帕托德(Abri Pataud)遗址在奥瑞纳时期居住范围内的若干灶坑,说明其为一个很小的居住单位所拥有[23]。北京东胡林遗址同时期的数个灰堆向心内聚,表明人们在用火时可能分成数个不同的组织单位。同时,灰堆的大小还从另一角度说明当时人类控制火,不使其随地蔓延能力的掌握程度。

灰堆的使用在民族志记载中不乏其例。如南太平洋新爱尔兰岛的土著诸族常用一堆烧制的石子来焙熟芋头等食物[24]。澳大利亚的土著人和巴西境内的克林—阿卡洛列印第安人在炊煮食物时,将肉类或其他食物放在炽热的石块之间烙烤[25]。时至今日,华北地区的农村中还有人用灰堆的方式进行用火。

灰堆的使用,至少给人类生活带来三方面的变化。一是灰堆的出现,使得火力集中向心,因而可以产生较高的温度,不啻一种技术上的巨大进步。从灰烬层(地面用火遗迹)→灰堆→灶坑的不断发展,反映了人类对取火、控火能力的不断熟练。随着人类进入火食时代,火在人类社会生活中扮演着一种更积极的角色。这不仅标志着人类征服自然能力的重大进步,也为文化的大步前进创造了条件[26]。

二是灰堆在团结人类方面可能也有一定作用。由于人们围火而栖,成员之间的亲和力也因之不断增强,从而有利于加强社会组织的凝聚力。

三是灰堆的使用,使得人类定居式生活趋势加强。由于人类意识到灰堆在长时间保存火种方面的优越性,也就有可能将自己的活动范围与灰堆的地点紧密联系——甚至以其为核心,从而迁徙、流动性大大减弱。以至于有学者提出人类在旷野营建较为固定居所的行为应是人类在旷野构筑灶坑行为的发展[27]。

注释:

① 贾兰坡等:《人类用火的历史和火在社会发展中的作用》,《历史教学》1956年第12期。

② 苏秉琦主编:《中国通史·远古时代》,上海人民出版社,1994年,第27页。

③ 报告用火遗迹中所谓的7层中的灰烬层,由其情况看,应为一处灰堆。见辽宁省博物馆等:《庙后山》,文物出版社,1986年8月,第30页。

④ 高星、李进增,D. B. Madsen, P. J. Brantingham, R. G. Elston, R. L. Bettinger:《水洞沟的新年代测定及相关问题讨论》,《人类学学报》2002年第21卷第3期。

⑤ 陈哲英等:《朔州发现原始火塘》,《中国文物报》1995年12月17日;陈哲英等:《朔州南磨细石器遗址》,《中国考古学年鉴(1996)》,文物出版社,1998年。

⑥ 盖培等:《虎头梁旧石器时代晚期遗址的发现》,《古脊椎动物与古人类》1977年第15卷第4期。

⑦ 泥河湾联合考古队:《泥河湾盆地考古发掘获重大成果》,《中国文物报》1998年11月15日。

⑧ 谢飞等:《泥河湾旧石器文化》,花山文艺出版社,2006年4月。

⑨ 本报讯:《云南富源大河发现具有莫斯特文化特征的旧石器遗址》,《中国文物报》2005 年 5 月 4 日,1 版。

⑩ 本报讯:《北京东胡林新石器时代早期遗址获重要发现》,《中国文物报》2003 年 5 月 9 日,1 版;本报讯:《北京新石器早期考古的重要突破》,《中国文物报》2003 年 11 月 7 日,1 版。

⑪ 保定地区文物管理所:《河北徐水县南庄头遗址试掘简报》,《考古》1992 年第 11 期。

⑫ 柿子滩考古队:《山西吉县柿子滩旧石器时代遗址 S14 地点》,《考古》2002 年第 4 期,第 17 页。其行文中,呈“不规则的椭圆形”的用火遗迹当为灰堆。

⑬ 中国社会科学院考古研究所等:《桂林甑皮岩》,文物出版社,2003 年 11 月。

⑭《玉蟾岩获水稻起源重要新物证》,《中国文物报》1996 年 3 月 3 日;《道县玉蟾岩石器时代遗址》,《中国考古学年鉴(1996)》文物出版社,1998 年。

⑮ 本报讯:《贵州开阳发现新旧石器过渡时代遗址》,《中国文物报》2004 年 1 月 30 日,1 版。

⑯ 江西省文物管理委员会:《江西万年大源仙人洞洞穴遗址试掘》,《考古学报》1963 年第 1 期,第 1－16 页;江西省博物馆:《江西万年大源仙人洞洞穴遗址第二次发掘报告》,《文物》1976 年第 12 期,第 12－23 页。

⑰ 云南省博物馆:《元谋大墩子新石器时代遗址》,《考古学报》1977 年第 1 期,第 43－72 页;云南省博物馆:《云南宾川白羊村遗址》1981 年第 3 期,第 349－368 页;云南省文物考古研究所等:《云南永仁菜园子、磨盘地遗址 2001 年发掘报告》,《考古学报》2002 年第 3 期,第 263－296 页。

⑱ 福建省博物馆:《闽侯昙石山遗址第六次发掘报告》,《考古学报》1976 年第 1 期,第 83－117 页。

⑲ 杨建华:《社会考古学与聚落考古》,北京大学古代文明研究中心:《古代文明研究通讯》(总第二十五期)。

⑳ 王仁湘:《史前饮食考古四题》,《中国历史文物》2004 年第 2 期,第 32－45 页。

㉑ 顾玉才:《金牛山遗址发现的用火遗迹及相关的几个问题》,韩国忠北大学校等:《东北亚旧石器文化国际学术讨论会论文集 1996》,第 273－287 页。

㉒ 严文明:《中国新石器时代聚落形态的考察》,《庆祝苏秉琦考古五十五年论文集》,文物出版社,1989 年 8 月。

㉓ 张光直:《考古学——关于其若干基本理论的再思考》,辽宁教育出版社,2002 年 2 月,第 39 页。

㉔ 陈国强主编:《简明文化人类学词典》,浙江人民出版社,1990 年 8 月,第 122 页。

㉕［苏］C. A. 托卡列夫等编著:《澳大利亚和大洋洲各族人民》,三联书店,1980 年,第 140 页;刘达成等编绎:《当代原始部落漫游》,天津人民出版社,1982 年,第 234 页。

㉖ 宋兆麟:《从生食到熟食的飞跃——兼谈取火技术》,《史前研究》(2000 年辑刊)。

㉗ 朱乃诚:《中国新石器时代几种主要特征的起源兼论中国新石器时代开始的标志》,中国社会科学院考古研究所编著:《21 世纪中国考古学与世界考古学——纪念中国社会科学院考古研究所成立 50 周年暨 21 世纪中国考古学与世界考古学国际学术研讨会论文集》,中国社会科学出版社,2002 年 12 月;朱乃诚:《论中国新石器时代的开始》,中国社会科学院考古研究所:《华南及东南亚地区史前考古》,文物出版社,2006 年 1 月。

(原载于《考古与文物》2007 年增刊《先秦考古》)

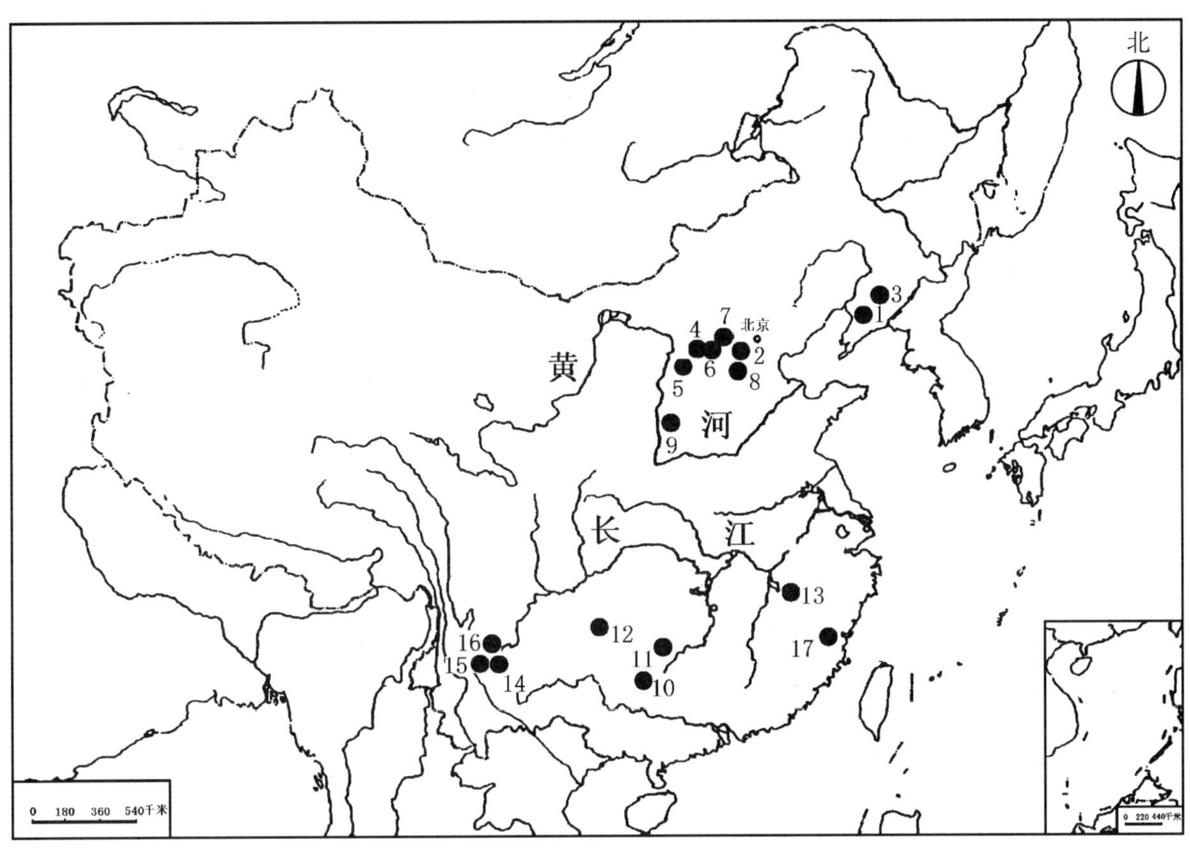

图一 中国史前灰堆遗迹分布示意图(●代表遗址位置)

1. 金牛山 2. 周口店 3. 庙后山 4. 虎头梁 5. 南磨 6. 马鞍山 7. 东胡林 8. 南庄头 9. 柿子滩 10. 甑皮岩 11. 玉蟾岩 12. 哨上 13. 仙人洞 14. 大墩子 15. 白羊村 16. 磨盘地 17. 昙石山

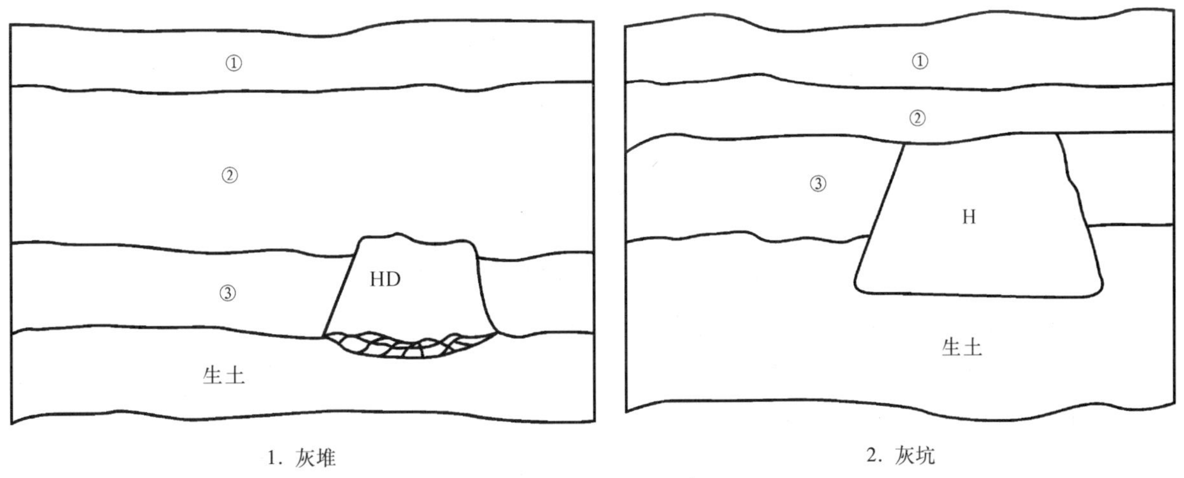

1. 灰堆 2. 灰坑

图二 灰堆与灰坑示意图

试论甘青地区史前时期的洞室墓

张中华　陈洪海

【关键词】甘青地区；史前时期；洞室墓；葬俗

这里所说的甘青地区是指甘肃省大部、青海省东部和宁夏回族自治区南部，其史前时期是指新石器时代、青铜时代和早期铁器时代。经过八十多年来的考古调查和发掘，在甘青地区已发现了大量的史前时期洞室墓。谢端琚先生称之为“早期洞室墓”，根据平面形状将其分为凸字形墓和曰字形墓两种类型，认为其分布特点是东西向呈长条形发展的，最早在黄河上游及其支流湟水等地区首先发源，然后再影响到其他地区；关于我国早期洞室墓的起源，谢先生认为是仿自史前窑洞式居室①。高滨侑子对中国古代洞室墓的发生和发展，从新石器时代至汉代也作了系统的考察，指出洞室墓是在中国西北部发生和发展的②。韩小忙对宁夏境内的从新石器时代到西夏时期的洞室墓也作了研究，探讨了洞室墓的渊源、与自然环境的关系、发展变化的特点及其地区、民族特点③。笔者也曾经对甘青地区史前时期的洞室墓作过一些研究，并提出了一些较新的论点④。近年来又有一些新发现，发表了一批新资料，本文拟结合笔者参与洞室墓发掘的经历，对洞室墓的概念、分类和时空分布及与其他葬俗之间的关系进行讨论，或对甘青地区的考古学研究有所裨益。疏漏之处，敬请方家指正。

一、洞室墓的发现及其分类

已有的报告和论述对洞室墓的称谓可以说是多种多样，诸如竖穴洞室墓、土洞墓、洞室墓、偏洞墓、偏洞室墓、偏洞式墓、偏室墓、土坑偏洞墓和侧室墓等等。凡此种种，没有统一的称谓，也为相关研究增加了困难。本文为了写作上的方便，将其一律称为洞室墓。所谓洞室墓，就是在墓道一端或侧面掏成洞式或仿洞式墓室以安放死者的一种墓葬形制。根据甘青地区已经发现的史前时期洞室墓的墓葬结构和平面形状，可以将它们分为A、B、C三大类。下面进行分类介绍。

（一）A类

谢端琚先生将A类洞室墓称为凸字形墓。其特点是：墓底平面多呈凸字形。分墓道和墓室两部分，墓道形状不确定；墓室多系横掏式土洞，穹隆顶，在墓道和墓室之间封堵以成排的木棍或

木板,也有竖立若干块石块或石板的,用以封门。A 类洞室墓主要发现在以下地点:

兰州土谷台墓地共发掘墓葬 84 座,其中洞室墓 59 座,占 70.2%(图一,1;图三,3)⑤。甘肃兰州焦家庄和十里店及皋兰糜地岘两地的墓葬遭到扰乱,但从平面形状以及与陶器同出石板的情况看,推测这批墓葬属于 A 类洞室墓,石板当作封门之用⑥。青海乐都柳湾墓地有 435 座洞室墓,占总数之 29%(图一,3、4)⑦。青海民和马牌墓地 62 座墓葬中有 28 座洞室墓,占 45.1%(图一,5)⑧。

宁夏海原菜园林子梁遗址的 3 座墓葬中有 1 座洞室墓(报告称为竖穴侧龛墓),这类墓葬平面也呈凸字形,但与甘肃、青海的相比,其墓道范围要大,以开于墓道一端的小龛为墓室,如 LM1(图二,1)⑨。菜园切刀把墓地共发掘 59 座墓葬,有 14 座竖穴洞室墓(报告称之为竖穴侧龛墓),占 23.7%(图二,2)⑩。菜园瓦罐嘴墓地发掘了 44 座墓葬,报告根据现存形状将它们分为筒状竖穴土坑和袋状竖穴土坑墓两类,但考虑到其平面形状与 A 类洞室墓类似(图三,1)以及后代耕种和水土流失的破坏,绝大部分应该归入洞室墓的范畴⑪。菜园村寨子梁清理的 9 座墓葬中有 6 座属于 A 类洞室墓,据其平面形状并对比简报⑫和报告,ZM3、ZM7 应该是所谓的竖穴侧龛墓;ZM8 应该是报告所谓的洞室侧龛墓,由墓道、洞室和龛室三部分组成,洞室内放随葬品,龛室内葬人骨(图三,2);ZM4 由墓道、过洞、洞室三部分构成;而 ZM5(图一,2)和 ZM9 都由隧洞式墓道和洞室两部分组成⑬。菜园二岭子湾墓地形制清楚的 2 座墓葬中 1 座为所谓的竖穴侧龛墓⑭。

宁夏固原县彭堡于家庄共发掘墓葬 28 座,主要为凸字形洞室墓(图二,3),另外还有刀把形以及双洞室的凹字形洞室墓⑮。固原杨郎马庄 49 座墓葬中有 28 座洞室墓,与于家庄墓地一样有双洞室的凹字形(图四,1)、刀把形(图四,2)以及凸字形等三种洞室墓⑯。这两地的凸字形洞室墓与切刀把、瓦罐嘴墓地的洞室墓相似,但前者的墓道与墓室要比后者规整。所谓的刀把形洞室墓则是由于洞室掏在墓道的一角而与洞室掏在墓道正中的凸字形洞室墓有所区别罢了,所以仍归入 A 类。凹字形洞室墓则是在同一个墓道两端各掏一个洞室用来埋葬不同的个体,在本质上与凸字形洞室墓是相同的。

(二) B 类

谢端琚先生据其平面形状成为曰字形墓。B 类洞室墓的特点是:一般先从地表下挖一长方形竖穴土坑墓道,然后在墓道长侧掏一与墓道平行的洞室作为墓室,平面呈曰字形。墓室与墓道的长度接近或相等,墓道深度大于墓室高度,墓道空间大于墓室空间。有的墓道底部高于墓室底部,形成生土二层台。洞室一般为弧形顶。除了使用石板封门外,也有使用木板或木棍的,亦有不封门的。人骨多葬于洞室之中或部分位于洞室之内,也有少数由于洞室较小而置于墓道之中的。现将有关墓地介绍如下:

甘肃永昌西岗墓地共清理 452 座墓葬,其中 B 类洞室墓 281 座,占总数的 62%。该墓地存在一种形制特殊的双人合葬墓,即在一个封堆下存在两种墓穴,分为异穴和同穴合葬两种形式,但都是竖穴土坑墓室和 B 类洞室墓室并存(图五,1、2),共 5 组。另外,还有 12 座墓葬即报告所谓的双竖井过洞墓,它是在相距 4~5 米之间的两端各挖一个圆坑,两圆坑至 1.1 米左右深时,底部相互挖通,形成过洞式墓室,停放人骨,有的圆坑底部还留有二层台,这种墓葬应当是B类洞室墓的变通形式之一(图六,1)[17]。距离西岗墓地380米,与其隔一条古代河流相望的柴湾岗墓地清理了113座墓葬,其中B类洞室墓45座,竖穴土坑墓室和B类洞室墓室并存者3组,双竖井过洞墓1座,它们的形制与西岗相同。M3被称为单竖井偏洞墓,系圆竖井墓道,底部南侧留有二层台,西南侧挖偏洞,葬尸体[18]。由上述情况可知,M3其实也是B类洞室墓的一种,只不过其墓道平面是圆形的,而不是多见的长方形。

甘肃永昌鸳鸯池墓地已发掘的189座墓葬中仅有个别B类洞室墓[19]。甘肃玉门火烧沟墓地共312座墓葬,绝大多数是洞室墓(发掘者称为竖井带台的侧穴墓)[20]。青海民和核桃庄小旱地墓地的342座墓葬中有25座洞室墓[21]。青海互助总寨墓地17座墓葬中仅1座洞室墓[22]。青海循化苏呼撒墓地共116座墓葬,其中洞室墓2座即M33(图六,2)和M115,两墓中都出有半山时期陶器[23],可能是卡约人在某个时期发现而后来埋入其中的。青海大通上孙家寨墓地的报告至今未见发表,但从有关文章中我们得知,截至1980年底共发掘1 111座史前墓葬,辛店文化有202座墓葬,其中136座为洞室墓,占67%;219座卡约墓葬中有152座,占69%[24]。青海湟中下西河墓地以B类洞室墓居多[25]。甘肃永昌蛤蟆墩墓地20座墓葬中有12座,占60%(图六,3)[26]。

宁夏同心倒墩子,共27座墓葬,其中洞室墓6座,占22.2%[27]。

(三) C类

除了上述两类外,甘青地区还有一类墓葬也应归于洞室墓的范畴,即所谓的侧室墓。其特点是:从整体上来看其形制与竖穴土坑墓极其相似,但规模相对较大,人骨及随葬品集中于墓穴一侧,与另一侧中间或隔以木板;较多的是在墓穴底部留有单面二层台,将之分为高低不一的左右两侧,低侧置人骨及随葬品。这样墓穴两侧便分别具有了墓道和墓室的含义,而木板就起了象征性的封门作用。虽说这类墓葬没有真正意义上的洞室,但从埋葬思想上来说,C类墓葬与B类洞室墓是一致的。下面是有关墓地的发现:

比较典型的是青海同德宗日遗址,C类墓葬开始引起注意就是因为这个遗址的发掘,简报也提出比较明确的概念(图七)[28]。宗日遗址共发掘墓葬341座,其中齐家文化墓葬3座中有1座C类墓葬,宗日文化中有2座,另有近百座卡约文化的。其特点是,总体来说是竖穴,单面二层台,有的二层台较浅,像是顶部遭到破坏的偏洞墓,所以不是真正的单面二层台而称为侧室墓更为合适[29]。

永昌西岗墓地竖穴土坑墓中的3座Ⅱ式墓葬以及M227和柴湾岗墓地竖穴土坑墓的1座B型墓葬及5座C型墓葬都是在墓穴一侧留有所谓的单面二层台,而人骨及随葬品置于低侧[30],无疑也都属于C类墓葬了。

青海民和核桃庄山家头墓地共有33座墓葬,有的墓葬规模比其他墓葬大,人骨及随葬品葬于一侧(图八),应当属于C类墓葬[31]。

青海大通黄家寨墓地的M5和M16规模都比较大,人骨也都是在墓穴北部,发掘者曾怀疑为B类洞室墓,但清理过程中没有发现洞室坍塌痕迹[32],我们暂且算为C类墓葬。

二、洞室墓的时空分布情况

讨论和研究一个考古学文化，其背后人群的活动时间和活动区域需要对应起来，如果有历史记载的话，三者之间应该是一致的，否则容易造成张冠李戴的错误。甘青地区文化面貌复杂，所以有必要对这个洞室墓的时空分布进行系统的梳理，以方便对其分布情况及规律加以探讨。

半山类型的洞室墓主要发现在兰州土谷台、兰州焦家庄与十里店和青海循化苏呼撒等墓地。三者在半山时期都为A类洞室墓，可见这个时期以A类洞室墓为主。苏呼撒位于黄河上游南岸，而兰州土谷台、焦家庄与十里店的位置更加重要，它们距湟水与黄河交汇地带不远，可以看作一个中心区，即兰州区。

宗日文化是新近命名的[33]，它大致与东部的马家窑文化相始终。目前发现的宗日文化的洞室墓只存在于宗日遗址，共2座，属于C类墓葬。它位于黄河上游北岸的青海海南州共和盆地。

菜园文化[34]的洞室墓只发现在宁夏海原菜园村的林子梁遗址以及切刀把、寨子梁、瓦罐嘴、二岭子湾等墓地，属于A类墓葬。它们地处宁夏南部的黄河上游支流清水河流域。

洞室墓在马厂时期主要分布在兰州土谷台、甘肃皋兰糜地岘、甘肃永昌鸳鸯池、青海乐都柳湾和青海民和马牌等墓地，其中土谷台、糜地岘、柳湾和马牌等地为A类洞室墓，数量近五百座；而鸳鸯池墓地只有个别B类墓葬。可见这个时期仍然流行A类洞室墓，B类洞室墓开始出现。土谷台、糜地岘属兰州区；柳湾、马牌则属湟水流域；鸳鸯池位于河西走廊东端的永昌盆地。

目前发现的齐家文化的洞室墓只有两处即乐都柳湾和同德宗日遗址，其中柳湾48座为A类洞室墓，而宗日仅一座且是C类墓葬，齐家文化时期A类洞室墓仍是主流。

四坝文化的洞室墓仅有玉门火烧沟一处，为B类墓葬，数量较多，所占比例也较高。火烧沟位于河西走廊的西端。

在青海互助总寨、民和核桃庄小旱地、大通上孙家寨和民和核桃庄山家头等四处墓地都发现了辛店文化的洞室墓，其中前三者都是B类洞室墓，为数较多，而后者为C类墓葬且数目较小。可见这个时期流行B类洞室墓，而A类洞室墓已经消失。总的来说，它们都属于湟水流域。

卡约文化各墓地的洞室墓数量较多，且比例也高。已有发现为青海循化苏呼撒、大通上孙家寨、青海湟中下西河潘家梁、大通黄家寨和同德宗日等地，前三者主要是B类洞室墓，后两者为C类墓葬。这个时期不见A类洞室墓。前四者处于湟水流域。

目前发现的沙井文化的洞室墓主要是在永昌蛤蟆墩墓地和永昌西岗、柴湾岗等墓地。这几处墓地都位于永昌盆地之内、河西走廊的东端。

与沙井文化基本上同时期的洞室墓还发现在固原于家庄和固原马庄墓地，这些洞室墓都属于A类墓葬。这两地都位于黄河上游支流清水河流域。

比较晚的有相当于西汉时期的同心倒墩子墓地，属于B类洞室墓。该地同样地处清水河流域。

根据以上信息来考察,我们可以看出,甘青地区史前时期的洞室墓分布范围是东起陇山清水河流域,西讫河西走廊西端的东西向长条地带(图九)。又可以分为几个大区:清水河流域、兰州区、湟水流域、共和盆地区、永昌盆地区和玉门地区。在半山、菜园、马厂和齐家文化时期,A类洞室墓是主流,B类洞室墓在马厂时期已经出现。四坝、辛店、卡约和沙井文化分布区内则已不见A类洞室墓,流行的是B类和C类墓葬。清水河流域和共和盆地内的宗日遗址似可视为独立的系统,但肯定与兰州区有一定的联系。永昌盆地在马厂时期开始出现少量竖穴偏洞墓,但其后一段时间似乎绝迹了,直到沙井文化时,竖穴偏洞墓就像雨后春笋似地突然繁荣起来。固原于家庄、马庄和同心倒墩子墓地的发现值得注意,本文第四部分将会提到,此不赘述。

三、洞室墓与其他葬俗之间的关系

影响考古学文化形成的原因主要有三个方面,即自然环境、人文环境和共同的文化传统,而这三者都是客观存在的[35]。我们以往对甘青地区史前文化的研究多集中于陶器之上[36],我们知道,陶器作为一种生活用具,虽说有相对的稳定性,但容易受到外来因素的影响,因此在廓清文化面貌的时候,便失之复杂了,造成"公说公有理,婆说婆有理"的局面。而有时候传统的东西是根深蒂固的,一个文化哪怕被迫逃亡、被征服乃至被消灭,但只要还有其文化的载体即人还存在,传统的东西都有可能保留下来并有所表现,比如埋葬习俗。

埋葬习俗一般包括墓穴形制、葬具方向和随葬品,还有入葬者的次数、人数、性别和年龄等因素[37]。墓穴形制是本文探讨的主要问题,但它与其他葬俗之间存在什么样的关系呢?

通观存在A类洞室墓的墓地,固原于家庄和马庄以仰身直肢葬为主,乐都柳湾除少数侧身屈肢葬外大部分是仰身直肢葬,其他都毫无例外地流行侧身屈肢葬,而B类和C类墓葬都以仰身直肢葬为主。A类洞室墓中,侧身屈肢葬的尸骨多垂直于墓道,墓室一般是横宽型;而在乐都柳湾和固原于家庄、马庄,仰身直肢葬尸骨多与墓道长轴平行,墓室一般是纵长型(图一)。各墓地基本以单人葬为主,但A类洞室墓墓地都或多或少存在同穴合葬墓,而B类和C类墓葬则少有合葬现象,即使有也是异穴合葬,这大概与墓葬规模大小有关,即A类洞室墓规模较大,提供了合葬的空间。A类洞室墓多用木棍或石板封门,使用木棺、椁等葬具,而B类和C类墓葬多使用木棍封门,少用棺椁等葬具。棺椁的使用状况大约与墓穴规模以及观念有关。永昌西岗、柴湾岗墓地的合葬墓中,左侧墓室全部为洞室,死者全部为女性,右侧男性全部葬于竖穴土坑墓室中,这是值得注意的现象。

四、洞室墓的发生、发展及演变

关于洞室墓的起因,谢端琚先生已作过推测[38],即"土洞墓与窑洞居室在时间与构筑形式、规模大小等方面基本上是相同的,因此,我们推断土洞墓是仿自人们居住的窑洞形式而建造的"。目前发现的时代最早的窑洞式建筑是在仰韶晚期,即甘肃宁县阳坬遗址的房屋建筑,其平面呈凸字型[39],仰韶之后窑洞式建筑的发现就更多了。A类洞室墓的出现,大概是当时的人们出于祖先崇拜的原因,事死如事生,仿生前居室而构筑墓穴,这也许是洞室墓的直接来源吧。尤其是在宁夏菜园的洞室墓,其形制在本地发现的窑洞式建筑中都可以找到其原型。如林子梁遗址发现的窑洞式建筑有一部分在室内就有壁龛(图一〇,1),所谓的竖穴侧龛墓大概就仿于此。ZM4由墓道、过洞、洞室三部分构成,而林子梁遗址的大部分窑洞式建筑都有门道、门洞和居室三部分,如LF12(图一〇,2)。ZM8(图三,2)的墓道、洞室和龛室三部分则分别与LF13(图一〇,3)的门道、居室和套窑相对应。ZM5(图一,2)和ZM9有隧洞式墓道和洞室两部分,就其位于斜坡上的地势而言,在掏挖隧道时必先清理出类似于ZM4墓道的空间,而这个空间应该在后来被破坏掉了,其所谓的隧洞式墓道的功能则应与ZM4的过洞一样。从事死如事生的意义上来说,该地洞室墓的埋葬思想与甘肃、青海是一致的。但洞室墓的发生可能还有利用地势以求方便的因素在内,这在民和马牌墓地的发掘中已注意到[40]。通观各墓地,A类洞室墓大多分布于山坡之上,而且规模较大,随葬品较多。对于这类规模较大的墓葬,先挖一较小墓道再掏洞室比在山坡上先取平再挖竖穴墓室取土量要小得多,而小型墓葬当以直接挖竖穴土坑更容易。比较典型的是民和马牌墓地M61,系先在山坡上挖出长方形箕状墓道,然后向内掏成椭圆形弧顶墓室(图一,5)[41]。

而B类洞室墓的发生应与A类洞室墓有关,即兰州土谷台墓地的竖穴洞室墓结构上表现为墓道还不规范。有的是标准的长条墓道后面掏出洞室,总的平面呈凸字形(图三,3);有的就是一个圆形或者长方形竖穴土坑,然后向侧面掏出洞室,这里或许是B类洞室墓的源头[42];有的甚至墓道与墓室平面形状和规模相近(图一,1)。从这一点上来说,B类洞室墓与A类洞室墓的埋葬思想是一致的。另外,随着人类开发自然环境与适应能力的提高,其活动地点由高处移到低处,在平地上再掏挖A类洞室墓就要麻烦得多。B类洞室墓的产生或许与使用这种墓葬形制人群的势力和迁徙有关,这在后文将会提到。齐家文化之后A类洞室墓的衰亡与B类洞室墓的流行,可能与环境和生活方式的变化相关。大约距今4 000年左右,也就是齐家文化时期世界范围内的气温下降,使甘青地区的自然环境发生变化,农业文化衰退,农业居民逐渐转为游牧[43]。出于迁移的便利,体积较大的陶器走向衰落,生活用具减少,随葬品也就变得较少,从而摆放随葬品所要求的空间变小,墓葬规模也就不用像A类洞室墓那么大了。但由于传统的影响,在采用洞室墓形制的同时就选择了规模相对较小的B类洞室墓。同时由于工具的限制,采用取土量比较少的B类洞室墓可能性也就加大了。我们在牧区发掘时就注意到,牧民的生活用品和工具简单而少,当牧民到夏牧场去的时候,冬窝子往往人去房空。

至于C类墓葬,从宗日遗址的95TZM179可以看出,在一侧留出二层台,这样在墓坑内就形成了高低不同的两侧,低侧置尸体及随葬品而具有了墓室的功能,另一侧则形同墓道,中间更是立有木棍作象征性的封门(图七)[44]。其建造和埋葬思想与B类洞室墓更可能是一致的,只是形式简化了而已。更有力的证据是永昌西岗墓地的M227,它与M225在同一个长方形竖穴土坑内,中间留隔梁,M225为带二层台的B类洞室墓,M227为有单面二层台的C类墓葬(图五,1),这肯定不是心血来潮之作。因而,我们可以说,C类墓葬具有B类洞室墓的内涵。C类墓葬出现的另外一个原因,推测与墓地的土质有关。如宗日墓地所分布的台地边沿部分是沙砾,内部则是次生黄土堆积[45]。土的直立性不强,掏出的土洞容易坍塌,但当时的人们既要遵守传统,又要顾虑到实际,就使用了这种变通之法即不求形似但求神似。笔者在伊犁河流域参加B类洞室墓发掘的时候,由于当地的土质问题,就经常遇到洞室在清理过程中坍塌的情况。

综上,B、C类墓葬实际上是A类洞室墓的衍生型,是各方面因素综合作用的产物。

上文已提到目前发现的时代最早的窑洞式建筑是在仰韶晚期,而发现的最早的洞室墓是在半山时期,在这之间是不是已经有了洞室墓还不清楚。为此,高滨侑子指出:"使用窑洞式居住而没有洞室墓伴出的遗址也存在。因此,对这个问题很有必要进行探讨。"在没有新资料的情况下,我们只能以土谷台墓地作为洞室墓的发源地,而且从它们的墓道与洞室还不规整的情况可以看出其原始性,加上兰州焦家庄与十里店的发现,那兰州地区就可算作洞室墓的中心区了,而创作洞室墓文化的则应当是当时的侧身屈肢葬者,其向东在马厂时也不过是到了皋兰,可能是受到了东部仰身直肢葬者的抵制。至于在马厂之后这个中心区洞室墓的消失,则是因为齐家文化时仰身直肢葬者在这里取得了优势。这些仰身直肢葬者可能的来源有两个,一是西面湟水谷地和河西地区的仰身直肢葬群体,一是东面陇东地区仰身直肢葬群体。被征服的侧身屈肢葬人群或许一部分迁徙,一部分部分或完全改变了原来的葬俗而融入征服者人群中[46]。由于征服者的到来,被迫迁移部分的一支可能到了柳湾(表现为柳湾齐家时的洞室墓),但之前两地之间肯定存在交流或者是侧身屈肢葬人群的西迁(表现为柳湾和马牌马厂时期的洞室墓,尤其是在柳湾可能部分西迁者已经接受仰身直肢葬而保留了洞室墓传统)。柳湾墓地的侧身屈肢葬者应该是处于从属地位,表现为其比例小于仰身直肢葬者,没有或者是仅有少量的随葬品,没有仰身直肢葬者所使用的木制葬具。

可以肯定地说,在半山、马厂时期,侧身屈肢葬人群已经承受了仰身直肢葬群体的巨大压力,表现为迁徙和B类、C类墓葬的产生。由于本身实力、势力的削弱,和人力、物力、财力的限制,在惶惶不可终日的情况下,在遵循传统的同时又不得不用变通的方法而采取较为简便的后两类形制。一支从东部地区迁到了海南州共和盆地的黄河沿岸[47],在中途则留下了循化苏呼撒B类洞室墓遗存,在宗日遗址留下了C类墓葬。一支进入湟水谷地,在齐家时还没有越过西宁,齐家之后才到了西宁以西,但这时其文化面貌几乎发生了根本改变,其葬式大多改为仰身直肢,墓葬形制也变为更加简单的B类和C类墓葬。在湟水谷地辛店文化时我们还可以见到在B类洞室墓中有侧身屈肢葬的遗留,如小旱地的M331[48];但还有一个可能是这些人的势力有所壮大,而他们的墓葬形制为当地的仰身直肢葬者接受。一支沿河西走廊往永昌进发,在马厂时就创造了B类洞室墓(鸳鸯池墓地)并为它在沙井文化时在此地的复兴埋下了伏笔,其中的一部分更是到了河西走廊的西端玉门地区而创造了四坝文化,但这支人群也不可避免地接受了仰身直肢葬式或者是他们的洞室墓传统影响了当地人。

B类洞室墓到沙井文化时在永昌盆地似乎迎来了他们的复兴,它突然繁荣起来,表现如下:(1) 竖穴偏洞墓变化为多种形式,偏洞从较规则到仅具象征性甚至消失,还有C类墓葬、双竖井过洞墓、单竖井偏洞墓、同穴或异穴合葬下的B类洞室与竖穴墓室或C类墓室并存等形式。其形式多样化、由盛而衰在这个墓地淋漓尽致地表现出来。(2)蛤蟆墩墓地与西岗、柴湾岗墓地在墓葬形制和葬式上都是一致的,它们之间肯定有着密切的亲缘关系。总之,沙井文化时永昌盆地的洞室墓形式多样化,形制完备,技术完善,是洞室墓的集大成者,也是其由盛转衰的表现者和见证者。

对于宁夏南部海原菜园A类洞室墓的出现,推测有以下原因。一是兰州地区有竖穴洞室墓传统的侧身屈肢葬人群向东北到达或影响到此地,导致洞室墓的发生。为什么这样说呢?这是因为菜园文化在墓葬形制(洞室墓)、葬式(侧身屈肢葬为主体)、陶器上都与半山文化有着太多的一致。但在当地还没有发现菜园文化的源头,而半山文化的源流则已比较清楚。所以菜园文化与半山文化有着比较密切的关系,二者的对立不是主流,长期的和平与联盟才是大势。二是在A类洞室墓的启发下,又受本地窑洞式建筑的影响,创造了报告所说的竖穴侧龛墓和洞室侧龛墓。

较晚的固原于家庄和马庄墓地的洞室墓,则可能是被征服的菜园文化的遗民在固守传统的同时,又不得不接受了仰身直肢葬式后作出了较大的改变,形制上已经与原来的有很大区别,但我们还是可以在菜园遗址找到部分原型的,如所谓的刀把形洞室墓,与林子梁LF5相似。而同心倒墩子的B类洞室墓显得那么突兀和孤伶,则有可能是被征服的B类洞室墓使用者的孑遗。高滨侑子则认为墓主人是降汉的匈奴人[49]。

五、余 论

甘青地区之外也有洞室墓的发现,它们之间是否存在联系呢?在陕西地区,长武碾子坡已发现2座先周晚期的洞室墓[50],扶风刘家的15座洞室墓也属先周时期[51],在沣西大原村[52]和长安张家坡[53]的发现则为西周时的洞室墓。陕西地区的洞室墓与甘青地区的洞室墓有共同点但也存在不小的差异,表现为墓道和墓室没有甘青地区的规整,很难说出他们与A类和B类洞室墓哪个更像一些。

从年代上讲,先周和西周的洞室墓出现比甘青地区晚,在形制上二者有很大的相似性,所以前者有可能是受到了后者的影响,或者二者本身就存在为同一个人群的可能性,因为前者也是有一部分屈肢葬的。当然,陕西地区的洞室墓也存在单独起源的可能性,因为本地也有窑洞式建筑[54]。

到战国中期,秦的领地出现了洞室墓,高滨侑子指出,这是明确地受到中国西北部少数民族葬制的影响,随着秦的势力扩大,战国晚期至秦代洞室墓普及开来[55]。

往西,则是新疆的一些发现了。陈戈先生曾经对新疆的洞室墓作过相关研究[56]。之后,又有若干新的发现,除了陈戈先生提到的巴里坤湾沟[57]、木垒四道沟[58]、鄯善苏巴什[59]、吐鲁番雅尔湖沟北[60]、阿斯塔那及哈喇和卓[61]、乌鲁木齐阿拉沟[62]、新源七十一团一连渔塘遗址[63]、新源铁木里克[64]、和静察吾乎沟三号墓地[65]和若羌米兰[66]之外,新发现主要在伊犁地区,它们是察布查尔县索墩布拉克[67]、尼勒克穷科克一号墓地[68]、特克斯恰甫其海墓地[69]、尼勒克加勒格斯哈因特墓地[70]、奇仁托海墓地[71]和巩留县山口水库墓地[72]。从形制上看,这些发现大部分与甘青地区B类洞室墓相似,尤其是伊犁地区。察吾乎沟三号墓地的M2是同一封堆下一个B类墓穴和一个C类墓穴共存,这倒与西岗墓地的M225和M227相似;其A墓室即C类墓穴采用土坯封门,和宗日遗址的95TZM179有异曲同工之妙。特克斯恰甫其海A区XV号墓地M54在圆角长方形竖穴土坑右侧有一生土二层台,尸体及随葬品置于墓坑低侧,与二层台中间隔以两块较大的长条形卵石,可能是象征性的封门[73]。这些都证明了我们前面的推测,即C类墓葬的建造和埋葬思想与B类墓葬是一致的。

从时间上看,新疆洞室墓的年代最早在公元前1000年前后。如果说新疆地区的洞室墓是由甘青地区传入的,推测是沿河西走廊由玉门进入新疆的。但是,正如陈戈先生所指出的那样,在中亚地区以西的咸海、里海、黑海北岸和东欧南部的广阔的草原地带也分布有洞室墓,其中年代以甘青地区和黑海北岸地区为最早,中间地带即新疆地区和中亚、伊犁河流域及中部天山等地最晚[74]。那么我们可否据此提出下列设想:甘青地区和黑海北岸在相似的生活条件(草原游牧)下不约而同地兴起了洞室墓文化,但文化面貌略有差异(体现在类型上),而后随人群迁徙或文化交流而分别向东、向西传播,在中间地带交汇,并呈拉锯似地相互影响?陕西、甘青地区、河西走廊、新疆、中亚和欧洲南部这一个弧形地带在其中扮演了一个什么角色呢(图一一)?而关于这个问题的研究似乎又可为张骞凿空西域之前的东西方交通、交流路线及方式和民族变迁的研究提供某些借鉴。

注释:

① 谢端琚:《试论我国早期土洞墓》,《考古》1987年第12期。

② [日]高滨侑子,韩钊译:《中国古代洞室墓》,《文博》1994年第1期。

③ 韩小忙:《略论宁夏境内发现的土洞墓》,《考古》1994年第11期。

④ a. 陈洪海:《宗日遗存研究》,北京大学博士研究生学位论文,2002年5月。

b. 陈洪海:《甘青地区史前墓葬中的葬式分析》,《古代文明》(第2卷),文物出版社,2003年。

⑤ 甘肃省博物馆、兰州文化馆:《兰州土谷台半山——马厂文化墓葬》,《考古学报》1983年第2期。

⑥ a. 甘肃省博物馆文物工作队:《甘肃兰州焦家庄和十里店的半山陶器》,《考古》1980年第1期。

b. 陈贤儒、郭德勇:《甘肃皋兰糜地岘新石器时代墓葬清理记》,《考古通讯》1957年第6期。

⑦ 青海省文物处考古队、中国社会科学院考古所:《青海柳湾》,文物出版社,1984年。

⑧ 青海文物管理处:《青海民和马牌马厂类型墓葬发掘简报》,《史前研究》1990年、1991年合刊。

⑨ 宁夏文物考古研究所、中国历史博物馆考古部:《宁夏菜园》,科学出版社,2003年。

⑩ 同注⑨。

⑪ 同注⑨。

⑫ 宁夏文物考古研究所:《宁夏海原县菜园村遗址切刀把墓地》,《考古学报》1989年第4期。

⑬ 同注⑨。

⑭ 同注⑨。

⑮ 宁夏文物考古研究所:《宁夏固原于家庄墓地发掘简报》,《华夏考古》1991年第3期。

⑯ 宁夏文物考古研究所、宁夏固原博物馆:《宁夏固原杨郎青铜文化墓地》,《考古学报》1993 年第 1 期。
⑰甘肃省文物考古研究所:《永昌西岗、柴湾岗》,甘肃人民出版社,2001 年。
⑱ 同上。
⑲ a. 甘肃省博物馆文物工作队、武威地区文物普查队:《永昌鸳鸯池新石器时代墓地的发掘》,《考古》1974 年第 5 期。
b. 甘肃省博物馆文物工作队、武威地区文物普查队:《永昌鸳鸯池新石器时代墓地》,《考古学报》1982 年第 2 期。
⑳ 甘肃省博物馆:《甘肃省文物考古三十年》,《文物考古工作三十年》,文物出版社,1979 年。
㉑ 青海省文物管理处:《青海民和核桃庄小旱地墓地发掘简报》,《考古与文物》1995 年第 2 期。
㉒ 青海省文物考古队:《青海互助土族自治县总寨马厂、齐家、辛店文化墓葬》,《考古》1986 年第 4 期。
㉓ 青海省考古研究所:《青海循化苏呼撒墓地》,《考古学报》1994 年第 4 期。
㉔ a. 青海文物管理处考古队:《青海省文物考古工作三十年》,《文物考古工作三十年》(1949—1979),文物出版社,1979 年。
b. 许新国:《试论卡约文化的类型与分期》,《青海文物》1988 年第 1 期、1989 年第 2 期。
㉕ a. 和正雅:《从潘家梁墓地的发掘试探对卡约文化的认识》,《青海考古学会会刊》1981 年第 3 期。
b. 许新国:《试论卡约文化的类型与分期》,《青海文物》1988 年第 1 期、1989 年第 2 期。
㉖ 甘肃省文物考古研究所:《永昌三角城与蛤蟆墩遗存》,《考古学报》1990 年第 2 期。
㉗ a. 宁夏文物考古研究所、中国社会科学院考古所宁夏考古组等:《宁夏同心倒墩子汉代匈奴墓地发掘简报》,《考古》1987 年第 1 期。
b. 宁夏文物考古研究所、中国社会科学院考古所宁夏考古组等:《宁夏同心倒墩子匈奴墓地》,《考古学报》1988 年第 3 期。
㉘ 青海省文物管理处、海南州民族博物馆:《青海同德县宗日遗址发掘简报》,《考古》1998 年第 5 期。
㉙ 陈洪海:《宗日遗存研究》,北京大学博士研究生学位论文,2002 年 5 月。
㉚ 甘肃省文物考古研究所:《永昌西岗、柴湾岗》,甘肃人民出版社,2001 年。
㉛ 青海省文物管理处:《青海民和核桃庄山家头墓地清理简报》,《文物》1992 年第 11 期。
㉜ 马兰、刘杏改:《大通黄家寨及杨家湾墓地清理简报》,《青海文物》1989 年第 2 期。
㉝ 陈洪海、格桑本、李国林:《试论宗日遗址的文化性质》,《考古》1998 年第 5 期。
㉞ 同注⑨。
㉟ 严文明:《关于考古学文化的理论》,《走向 21 世纪的考古学》,三秦出版社,1997 年。
㊱ 见严文明、俞伟超、张忠培、李水城、张弛、李伊萍、袁靖、水涛等先生的相关论述。
㊲ 陈洪海:《甘青地区史前墓葬中的葬式分析》,《古代文明》(第 2 卷),文物出版社,2003 年。
㊳ 谢端琚:《试论我国早期土洞墓》,《考古》1987 年第 12 期。
㊴ 庆阳地区博物馆:《甘肃省宁县阳坬遗址发掘简报》,《考古》1983 年第 10 期。
㊵ 青海文物管理处:《青海民和马牌马厂类型墓葬发掘简报》,《史前研究》1990 年、1991 年合刊。
㊶ 同注㊵。
㊷ 陈洪海:《宗日遗存研究》,北京大学博士研究生学位论文,2002 年 5 月。
㊸ 水涛:《论甘青地区青铜时代文化和经济形态转变与环境变化的关系》,《环境考古研究》(第二辑),科学

出版社,2000 年。

㊹ 青海省文物管理处、海南州民族博物馆:《青海同德县宗日遗址发掘简报》,《考古》1998 年第 5 期。

㊺ 同注㊲。

㊻ 陈洪海:《甘青地区史前墓葬中的葬式分析》,《古代文明》(第 2 卷),文物出版社,2003 年。

㊼ 陈洪海、格桑本、李国林:《试论宗日遗址的文化性质》,《考古》1998 年第 5 期。

㊽ 青海省文物考古研究所、青海省文物管理处、西北大学文博学院:《民和核桃庄》,科学出版社,2004 年。

㊾ [日] 高滨侑子, 韩钊译:《中国古代洞室墓》,《文博》1994 年第 1 期。

㊿ a. 胡谦盈:《论碾子坡与岐邑、丰邑先周文化遗址(墓葬)的年代分期》,《考古学研究——纪念陕西省考古研究所成立三十周年》,三秦出版社,1993 年。

b. 胡谦盈:《南郊碾子坡先周墓葬和西周墓葬》,(中国社会科学院考古研究所,《中国考古学论丛——中国社会科学院考古研究所建所 40 年纪念》),科学出版社,1993 年。

51 陕西周原考古队:《扶风刘家姜戎墓地发掘简报》,《文物》1984 年第 7 期。

52 中国社会科学院考古研究所沣西发掘队:《1984 年沣西大原村西周墓地发掘简报》,《考古》1986 年第 11 期。

53 中国社会科学院考古研究所沣西发掘队:《长安张家坡 M183 西周洞室墓发掘简报》,《考古》1989 年第 6 期。

54 胡谦盈、张孝光:《论窑洞》,《考古学文化论集》(三),文物出版社,1993 年。

55 [日] 高滨侑子,韩钊译:《中国古代洞室墓》,《文博》1994 年第 1 期。

56 陈戈:《新疆发现的竖穴洞室墓》,(中国社会科学院考古研究所,《中国考古学论丛——中国社会科学院考古研究所建所 40 年纪念》),科学出版社,1993 年。

57 伊弟利斯 · 阿不都:《巴里坤弯沟古墓》,《中国考古学年鉴》,文物出版社,1985 年。

58 新疆维吾尔自治区文管会:《新疆木垒县四道沟遗址》,《考古》1982 年第 2 期。

59 吐鲁番地区文管所:《新疆鄯善苏巴什古墓葬》,《考古》1984 年第 1 期。

60 黄文弼:《高昌陶集》,西北科学考察团丛刊。

61 a. 新疆维吾尔自治区博物馆:《新疆吐鲁番阿斯塔那北区墓葬发掘简报》,《文物》1960 年第 6 期。

b. 新疆维吾尔自治区博物馆:《新疆吐鲁番阿斯塔那——哈拉和卓古墓群发掘简报(1963—1965 年)》,《文物》1973 年第 10 期。

c. 新疆维吾尔自治区博物馆:《新疆吐鲁番阿斯塔那——哈拉和卓古墓群清理简报(1966—1969 年)》,《文物》1972 年第 1 期。

d. 新疆维吾尔自治区博物馆、西北大学历史系考古专业:《1973 年吐鲁番阿斯塔那古墓群发掘简报》,《文物》1975 年第 7 期。

e. 新疆区博物馆考古队:《吐鲁番哈喇和卓古墓群发掘简报》,《文物》1978 年第 6 期。

62 陈戈:《新疆发现的竖穴洞室墓》,中国社会科学院考古研究所《中国考古学论丛——中国社会科学院考古研究所建所 40 年纪念》,科学出版社,1993 年。

63 新疆博物馆文物队:《新源县七十一团一连渔塘遗址》,《新疆文物考古新收获》,新疆人民出版社,1995 年。

64 新疆文物考古研究所:《新疆新源铁木里克古墓葬》,《文物》1988 年第 8 期。

⑥⑤ 新疆文物考古研究所:《新疆察吾乎大型氏族墓地发掘报告》,东方出版社,1999 年。
⑥⑥ 陈戈:《新疆米兰古灌溉渠道及其相关的一些问题》,《考古与文物》1984 年第 6 期。
⑥⑦ 新疆文物考古研究所:《新疆察布查尔县索墩布拉克古墓群》,《考古》1999 年第 8 期。
⑥⑧ 新疆文物考古研究所:《尼勒克县穷科克一号墓地发掘报告》,《新疆文物》2002 年第 3、4 期合订本。
⑥⑨ 新疆文物考古研究所、西北大学文化遗产与考古学研究中心:《新疆特克斯恰甫其海 A 区 XV 号墓地发掘简报》,《文物》2006 年第 9 期。其余资料现存新疆文物考古研究所和西北大学考古系。
⑦⓪ 资料未发表,现存新疆文物考古研究所和西北大学考古系。
⑦① 新疆文物考古研究所:《伊犁州尼勒克县奇仁托海墓地发掘简报》,《新疆文物》2004 年第 3 期。
⑦② 新疆文物考古研究所:《2005 年度伊犁州巩留县山口水库墓地考古发掘报告》,《新疆文物》2006 年第 1 期。
⑦③ 资料未发表,现存新疆文物考古研究所和西北大学考古系。
⑦④ 陈戈:《新疆发现的竖穴洞室墓》,(中国社会科学院考古研究所,《中国考古学论丛——中国社会科学院考古研究所建所 40 年纪念》),科学出版社,1993 年。

(原载于《考古与文物》2007 年《先秦考古》增刊)

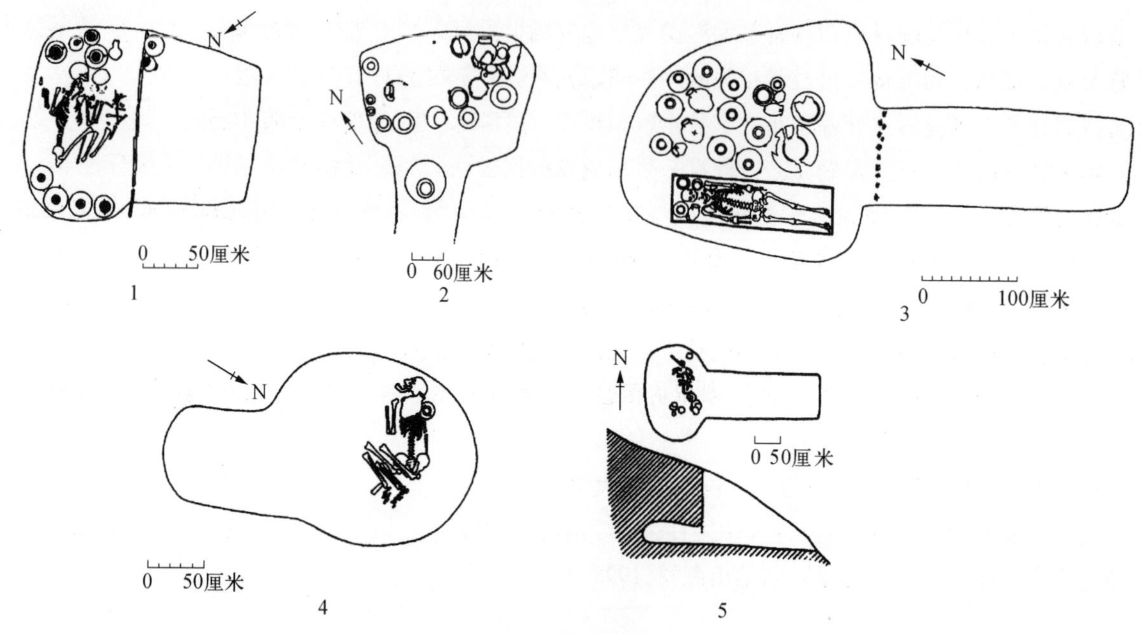

图一　A类洞室墓(一)

1. 土谷台M49　2. 寨子梁M5　3. 柳湾M408　4. 柳湾M1247　5. 马牌M61

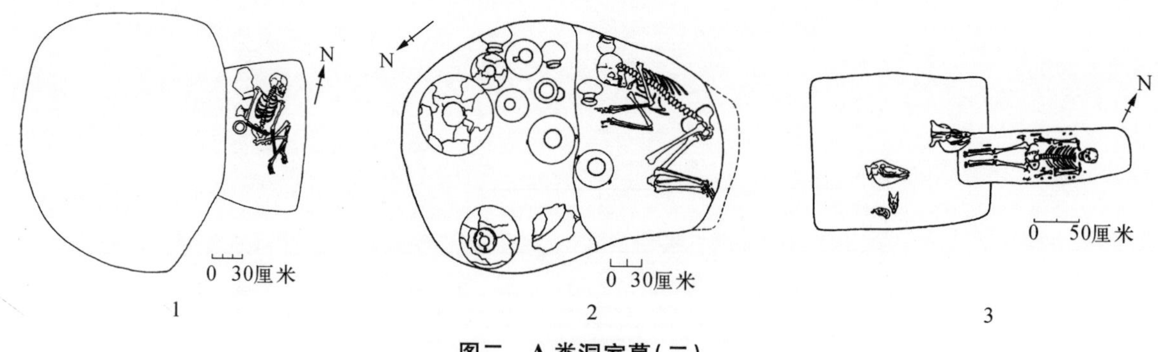

图二　A类洞室墓(二)

1. 林子梁M1　2. 切刀把M38　3. 于家庄M17

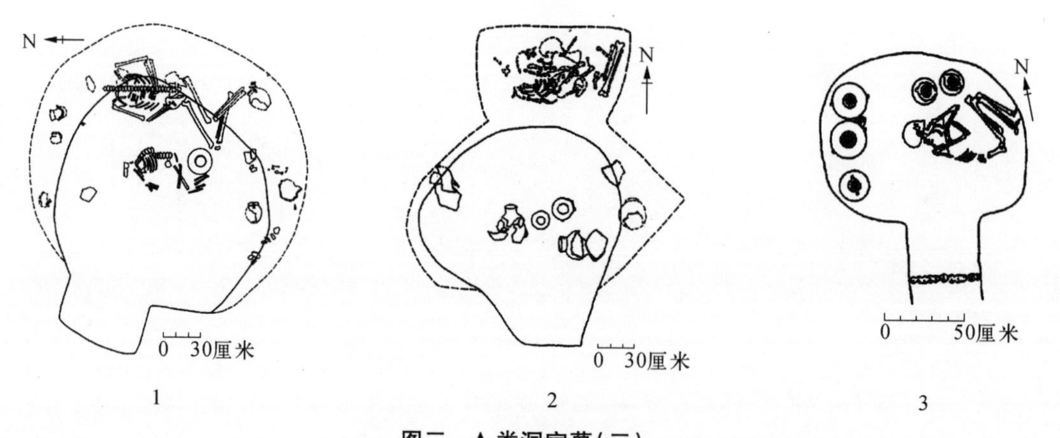

图三　A类洞室墓(三)

1. 瓦罐嘴M34　2. 寨子梁M8　3. 土谷台M16

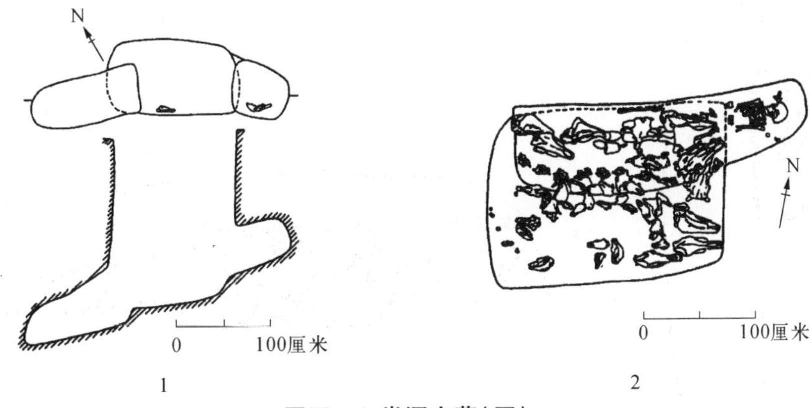

图四 A类洞室墓(四)

1. 杨郎ⅡM10 2. 杨郎ⅢM4

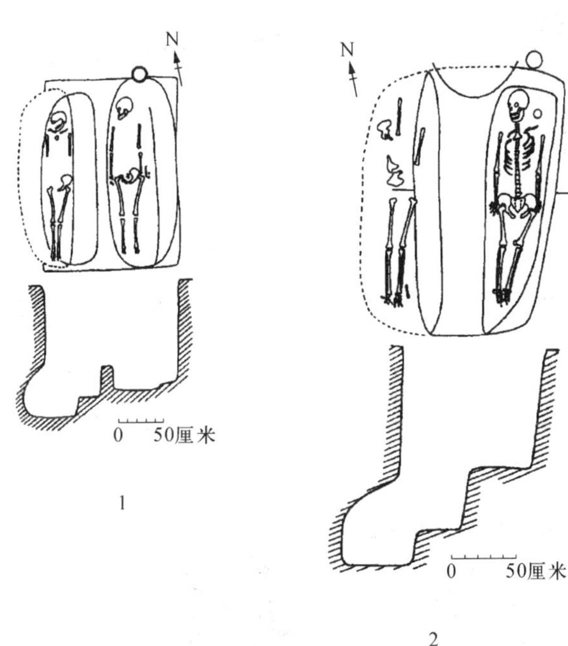

图五 B类洞室墓(一)

1. 西岗M225、M227 2. 西岗M314、M313

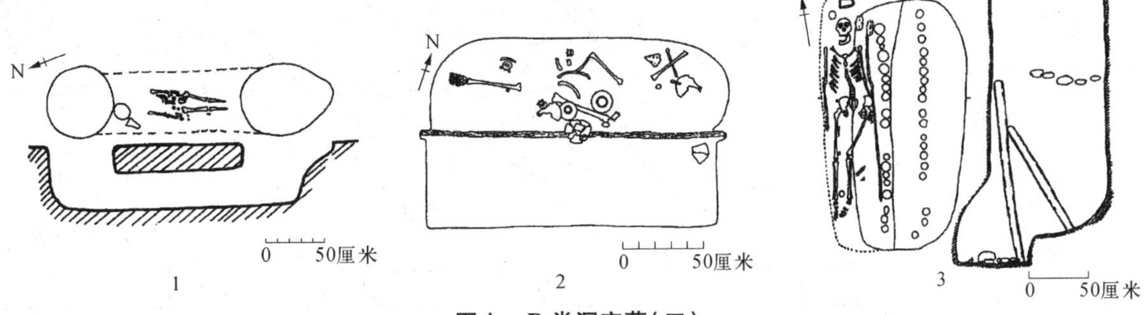

图六 B类洞室墓(二)

1. 西岗M442 2. 苏呼撒M33 3. 蛤蟆墩M15

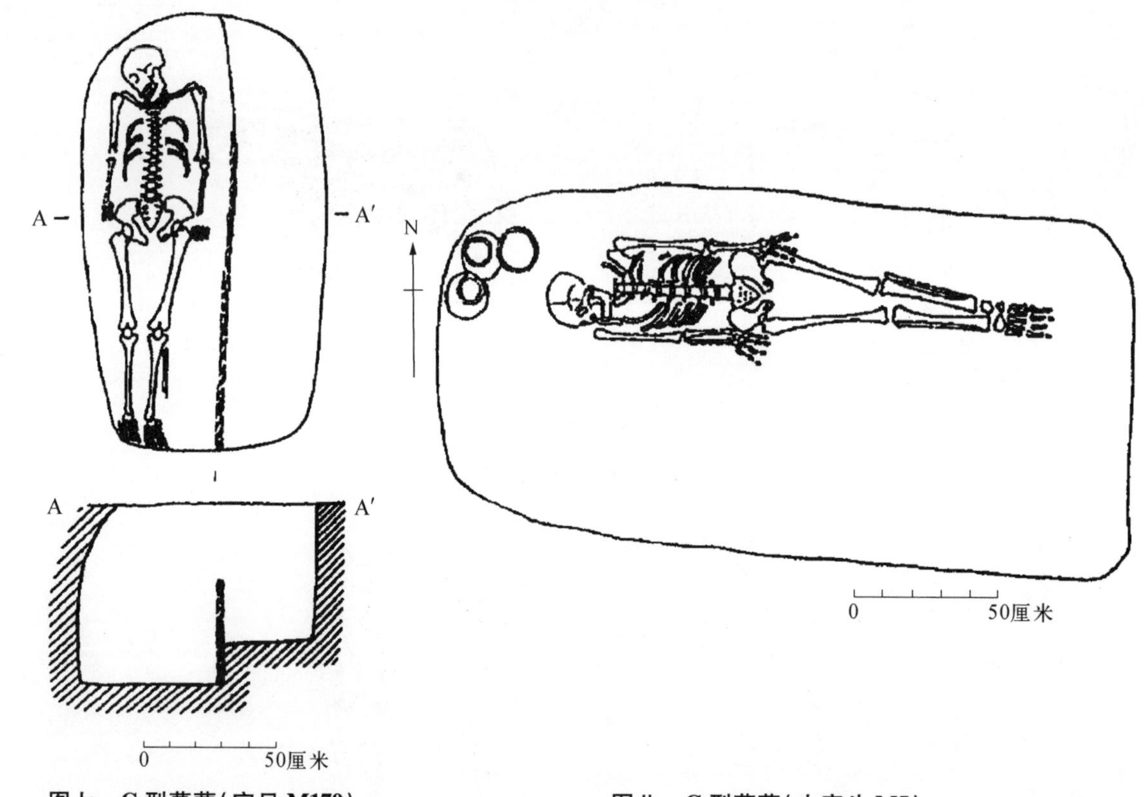

图七　C 型墓葬（宗日 M179）

图八　C 型墓葬（山家头 M5）

a. 兰州区
b. 清水河流域
c. 湟水流域
d. 共和盆地
e. 永昌盆地
f. 玉门地区

0　22 856 000

图九　甘青地区史前时期洞室墓分布图

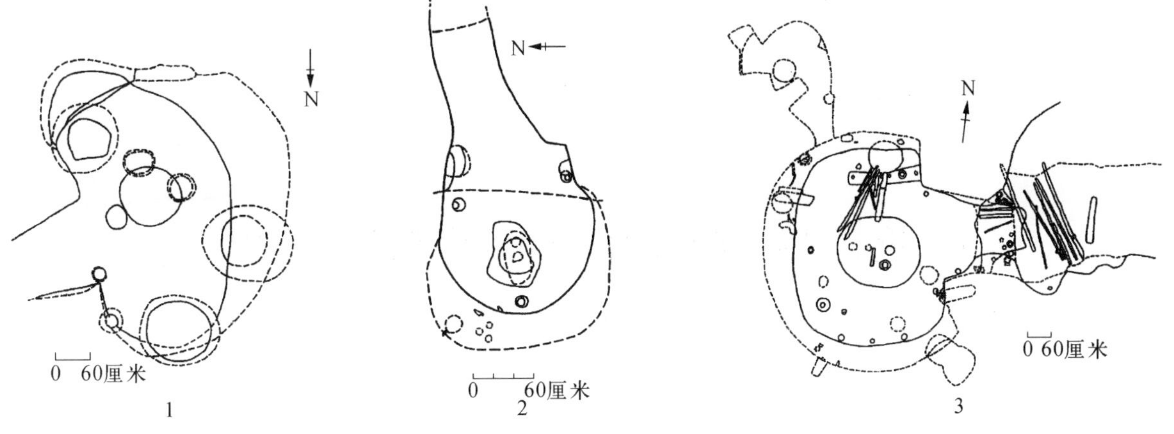

图一〇 宁夏菜园窑洞居址

1. 林子梁 F8 2. 林子梁 F12 3. 林子梁 F13

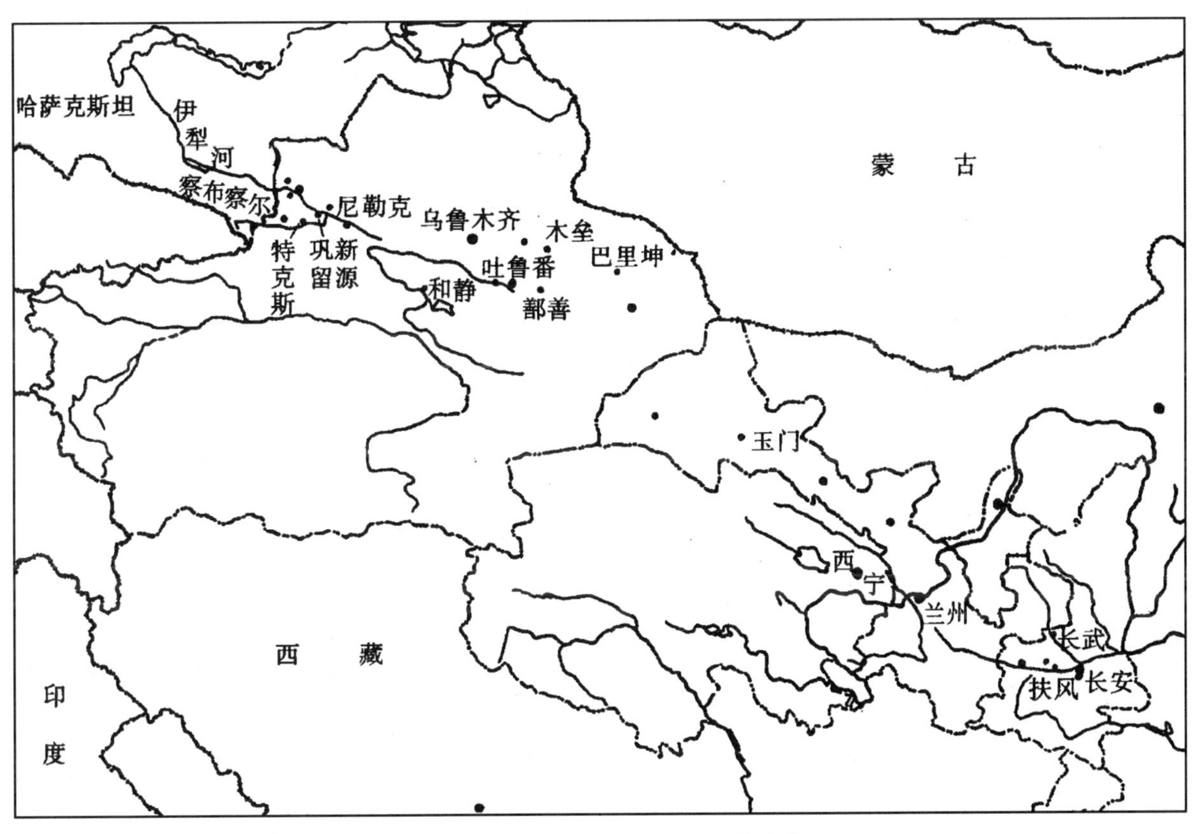

图一一 陕西、新疆发现的洞室墓地点

东北地区直銎铜斧的类型与分期

张智勇

【关键词】东北地区；直銎铜斧；分布；类型；分期

本文所讲的东北地区主要是指东北三省黑、吉、辽和内蒙古东南部以及燕山南部的河北北部地区。直銎铜斧是东北地区青铜时代具有代表性的器物之一，在东北诸多青铜文化中广为使用，分布地域广，延续时间长，出土数量众多，不同地区出现的形制也有所不同。对于东北地区直銎铜斧的讨论研究，不仅是探索东北地区与其他地区古代文化及其联系的重要资料，而且对于深入了解和研究这一地区的古代民族、文化特征和年代分期都具有重要意义。

关于这种青铜器国内学者早有关注，发表了一些有关这方面的资料或文章，对其有所论及或初步研究。本文拟在原有研究的基础上，进一步搜集资料，就东北地区直銎铜斧的分布、类型和分期三个方面进行讨论。

一、发现与分布情况

东北地区的直銎铜斧，斧身顶端具有方形、长方形或椭圆形空銎，銎与刃成直角，正锋，无耳；一般在靠近銎口处或斧身部饰一道或几道凸棱，有的在斧身有由凸线构成的三角纹、菱形网格纹等几何纹，有的斧身则素面无纹。

根据目前已经发表的资料统计，东北地区发现的直銎铜斧共有127件，即内蒙古38件，辽宁56件，吉林25件，黑龙江1件，河北北部7件。这些直銎铜斧除少数属收集品外，大部分有明确的出土地点，本文将它们统一编号如下（表一）：

表一　东北地区直銎铜斧一览表

序号	原编号（出土单位）	地　点	型式	测量项目（厘米）			资料来源
				身长	刃宽	銎径	
1		内蒙古宁城南山根		7.3			①
2		同上	CⅢ	8.5	6.1		①
3	M101:42	同上	BaⅡ	6.5			②

续表

序号	原编号（出土单位）	地　　点	型式	测量项目(厘米)			资料来源
				身长	刃宽	銎径	
4	M101:43	同上	BbⅡ	8.8			②
5	M101:44	同上	BbⅡ	9.3			②
6	M101:45	同上	CⅢ	7.3			②
7	M101:46	同上	CⅣ	7.4			②
8	M101:48	同上		4.5			②
9	M102	同上	CⅢ				③
10		内蒙古宁城小黑石沟	BbⅡ	8	4.5		④
11		同上	CⅣ	7.7	5.8	4×1.9	⑤
12		同上	BaⅠ	7.3	4.5		⑤
13		同上	BaⅠ	8.4	4.8		⑤
14		同上	BbⅡ	9.2	5		⑤
15		同上	BbⅡ	12.2	5.5		⑤
16		同上	AbⅡ	8.3	4.9		⑤
17		同上	AbⅡ	9.2	4.7		⑤
18		同上	AbⅡ	8	5.3		⑤
19		同上	AbⅡ	8.4	4.4		⑤
20		同上	AbⅡ	8.4	4.7		⑤
21		同上	BbⅡ	12.6	5.5		⑤
22		同上	BbⅡ	12.4	4		⑤
23		同上	BbⅡ	10			⑤
24		同上	AbⅡ	8.3			⑤
25		同上	AbⅡ				⑤
26		同上	BaⅠ				⑤
27		同上	BaⅡ				⑤
28		同上	BaⅡ				⑤
29		同上	CⅢ				⑤
30		同上	CⅢ				⑤
31	M791	内蒙古宁城瓦房中	AbⅡ	7.9		3.8×1.7	⑥
32	M8071	内蒙古宁城梁家营子	BaⅡ	7	4.5	3.2×1.4	⑥
33	铜器58	内蒙古宁城苏家窝铺	AaⅢ	6.9	3.3	4.1×2.1	⑥

续表

序号	原编号(出土单位)	地　点	型式	测量项目(厘米)			资料来源
				身长	刃宽	銎径	
34	M1:6	内蒙古克什克腾旗龙头山	AaⅡ	5.2	3.6		⑦
35	M6:1	同上	AaⅠ	5.2	3		⑧
36		内蒙古敖汉旗热水汤	AaⅢ	5.5	3		⑨
37		内蒙古敖汉旗东井	BaⅢ	5.9	4.3		⑨
38		内蒙古敖汉旗千斤营子	AaⅡ				⑨
39	87SFJ1:34	辽宁绥中冯家村	AbⅠ	7.15	3.2	3×1.7	⑩
40	87SFJ1:37	同上	AbⅠ	8.8	3.9	3×1.9	⑩
41	87SFJ1:35	同上	AbⅠ	8.5	3.6	3.2×1.8	⑩
42	87SFJ1:38	同上	AbⅠ	7	3.1	3×1.9	⑩
43	87SFJ1:41	同上	BbⅠ	7.9	3.3	2.8×1.8	⑩
44	87SFJ1:42	同上	AbⅠ	8	4	3.1×1.8	⑩
45	87SFJ1:36	同上	BbⅠ	7.9	3.5	3.2×1.8	⑩
46	87SFJ1:43	同上	AbⅠ	8	4.6	3×1.7	⑩
47		同上					⑩
48		同上					⑩
49		同上					⑩
50		同上					⑩
51		同上					⑩
52	M7701:4	辽宁建平水泉城子	CⅠ	5.8	4.2		⑪
53	M751:2	辽宁建平大拉罕沟	BaⅡ	7.1	4.25	4.4×2.1	⑪
54	朝地博总 119	辽宁建平	CⅠ	7.1	5.2	3.6×1.6	⑪
55	朝地博总 120	同上	AbⅢ	8.4	4.2	3.9×1.5	⑪
56	建平铜斧 01 号	同上	BaⅡ	6.4	3.9	3.4×1.5	⑪
57	建平铜斧 02 号	同上	AbⅣ	7.7	3.4	4×2.4	⑪
58	建平铜斧 03 号	同上	AaⅢ	6.2	3.3	3.6×2.5	⑪
59	建平铜斧 04 号	同上	BaⅢ	8.4	4.8	3.9×1.3	⑪
60	M851:3	辽宁建平大拉罕沟	BcⅠ	4.8	4	3.1×1.6	⑫
61	M881:6	辽宁建平炮手营子	BaⅢ	6.9	4	3.5×1.8	⑫
62	M901:4	辽宁建平栾家营子	BaⅢ	6.1	4.1	3.6×1.8	⑫
63	M8	辽宁建平	CⅠ	5.7	3.9		⑬

续表

序号	原编号（出土单位）	地　点	型式	测量项目(厘米)			资料来源
				身长	刃宽	銎径	
64		辽宁建平喀喇沁					⑭
65	M1	辽宁朝阳十二台营子	BbⅢ	9.3	5.8		⑮
66	M2	同上	BbⅢ	7.7	5.2		⑮
67	M1:5	同上	CⅣ	5.2		3.7×2	⑯
68		辽宁锦西乌金塘	BbⅢ	6.5	3.8		⑰
69		同上	BbⅢ	6	5.5		⑰
70		同上	BbⅢ	8.5	4.5		⑰
71		辽宁凌源三官甸	BbⅣ	9	4.2	3.7×1.8	⑱
72		同上	BbⅣ	9	4.2	3.7×1.9	⑱
73	M1:6	辽宁凌源五道河子		10	3.5		⑲
74		同上					⑲
75		同上					⑲
76		辽宁沈阳郑家洼子	BbⅢ	6.5	4.7		⑳
77	M6512	同上	BbⅢ	7.15	4.2		㉑
78		辽宁沈阳新乐第一地点	DⅠ	5.2	4		㉒
79		辽宁铁岭					㉓
80		辽宁辽阳二道河子	BbⅡ	7	4.3		㉔
81		辽宁西丰和隆阜丰屯	DⅠ	5.4	4.8		㉕
82		辽宁西丰和隆忠厚屯	BbⅣ	9.2	6		㉕
83		辽宁抚顺大伙房	BcⅡ	6	5		㉖
84	M1:1	辽宁抚顺大伙房水库	BcⅡ	6.2		2.8×2	㉗
85		辽宁					㉘
86		辽宁清原门脸	DⅠ	5.7	4.5		㉙
87		辽宁旅顺后牧城驿	BbⅣ	8.8	4.7		㉚
88		同上		7	4.2		㉚
89		辽宁旅顺牧羊城		4.9			㉛
90		同上	DⅣ	3.5			㉛
91		同上	DⅣ	3.7			㉛
92		辽宁大连金州卧龙泉	DⅡ	3.5			㉜
93		辽宁大连长海县	DⅤ	3.4	3.9	3.8×2	㉝

续表

序号	原编号(出土单位)	地点	型式	测量项目(厘米)			资料来源
				身长	刃宽	銎径	
94		同上	BbⅤ	10	5		㉝
95	乙 M4:1	吉林磐石吉昌小西山	BcⅢ	6.5	3		㉞
96	82YKHM1:2	吉林永吉红旗东梁岗	BcⅢ	4.9	5.1	3.2×2.05	㉟
97	80 南采:1	吉林永吉杨屯大海猛	EⅠ	6.2	6		㊱
98	M2	吉林东丰山里七队	EⅡ	5	4.5		㊲
99		吉林东丰大阳镇一面山			6.5		㊳
100		吉林公主岭猴石村	DⅢ	4.5	3.2		㊴
101	57F4:25	吉林长蛇山	EⅡ	8.2	8.8		㊵
102	79 西 M88:1	吉林猴石山	CⅥ	8.4	8	4.4×3	㊶
103	79 西 M19:2	同上		7.6	6.6	5.6×4.8	㊶
104		同上		9.4	7.9		㊶
105	79M43:2	同上	CⅥ	6.1	5.7		㊶
106	83jjLM101:13	吉林狼头山	BcⅢ	6.8	8.9	4.2×2.2	㊷
107	570	吉林骚达沟平顶山	DⅥ	4.8	5.7		㊸
108		同上					㊹
109		同上					㊹
110		同上					㊹
111		同上					㊹
112	1133 号	吉林桦甸二道甸子	DⅥ	4	3.9		㊺
113		吉林集安五道岭沟门		11.7	5		㊻
114		同上	EⅣ	7.1	6.4	3.1×6.6	㊻
115		同上	EⅣ	6	6	5.6×2.2	㊻
116		同上	EⅣ	6.4	5.8	4×2.8	㊻
117		同上	EⅣ	5.8	5.6	4.6×2.7	㊻
118		吉林辑安	EⅡ	8	5.8	3×1.8	㊼
119		吉林白山苇沙河	EⅢ	7.7	7.7	4.5×1.2	㊽
120	M140:1	黑龙江泰来县平洋砖厂		3.2	1.9		㊾
121	M16	河北滦平苘子沟	CⅤ				㊿
122	M18	同上	AaⅣ				㊿
123		河北滦平虎什哈炮台山	CⅤ	8.9	5.4	4.6×2.4	(51)

续表

序号	原编号（出土单位）	地　点	型式	测量项目(厘米)			资料来源
				身长	刃宽	銎径	
124		河北宣化小白阳	BaⅣ				㊾
125		同上	BaⅣ				㊾
126		同上	BaⅣ				㊾
127		同上	BaⅣ				㊾

东北地区的直銎铜斧分布地域广泛,出土地点包括内蒙古、辽宁、吉林、黑龙江及河北北部(图一)。分布范围,西部至内蒙古境内西拉木伦河流域的克什克腾旗、老哈河上游及其支流坤都河的宁城等地,东部至吉林境内的鸭绿江流域之集安一带,南部达辽东半岛南部的旅大地区,北部抵第二松花江流域的吉长地区。较为集中的地区是包括内蒙古东南部在内的辽西地区、辽东地区和吉长地区。

二、类型学研究

东北地区的直銎铜斧一般由斧身顶端的空銎、斧身及刃部三部分构成,从考古类型学的角度对其进行型式划分,各部位形制的异同应该作为基本要素。本文首先根据斧身、刃部及銎口特征,作型和亚型的划分;其次对同型或同一亚型器物根据形制特征,结合共存关系或组合关系按时序排比,找出各序列演变规律。

A型　斧身两侧竖直或稍内收,呈近似长方形或梯形,銎沿外有凸棱或纹饰,平直刃或弧刃,刃与器身等宽或稍窄。

Aa型　斧身较短。

Ⅰ式　斧身较厚,长方形銎口,弧刃较平。龙头山M6出土1件(图二,1)。

Ⅱ式　斧身两侧竖直微凹,长方形銎口,刃微外弧。龙头山M1(图二,2)、敖汉旗千斤营子(图二,3)各出土1件。

Ⅲ式　斧身两侧竖直或微凹,椭圆形銎口,刃微外弧。敖汉旗热水汤、宁城苏家窝铺(图二,4)各出土1件,建平(图二,5)收集1件。

Ⅳ式　斧身斜直呈梯形,长方形銎口,弧刃较平。滦平营子沟76M16出土1件(图二,6)。

Ab型　斧身稍长。

Ⅰ式　斧身两侧竖直,椭圆形銎口,弧刃较平。绥中冯家村出土6件(图三,1、2)。

Ⅱ式　斧身略窄,两侧平直或微凹,近刃端微外展,刃外弧。宁城瓦房中M791出土1件(图三,3),小黑石沟M8501出土7件(图三,4)。

Ⅲ式　斧身两侧微凹,近刃端外展,刃外弧。建平收集1件(图三,5)。

Ⅳ式　斧身上宽下窄,两侧微呈束腰,刃微外弧。建平收集1件(图三,6)。

B型　斧身两侧上部较直,下部略作弧线外展成刃,宽弧刃,刃宽超出器身宽度,弧刃两端出尖角。

Ba 型　斧身略短。

Ⅰ式　斧身两侧较直,近刃端外展,弧刃两端出尖角。小黑石沟 M8501 出土 3 件(图四,1)。

Ⅱ式　斧身两侧上段较直,下段明显外展,刃两端出尖角。小黑石沟 M8501 出土 2 件(图四,2),南山根 M101、梁家营子 M8071、大拉罕沟 M751(图四,3)各出土 1 件,建平收集 1 件。

Ⅲ式　斧身两侧下段外展,弧刃较宽,两侧尖角明显。敖汉旗东井墓(图四,4)、建平炮手营子 M881、建平栾家营子 M901(图四,5)各出土 1 件,建平收集 1 件。

Ⅳ式　斧身两侧内凹下伸,至刃部外展,弧刃两端出尖角。宣化小白阳出土 4 件(图四,6)。

Bb 型　斧身稍长。

Ⅰ式　斧身两侧较直,近刃端外展,弧刃两端略出尖角。绥中冯家村出土 2 件(图五,1)。

Ⅱ式　銎口端窄,刃端较宽,多在銎口铸凸棱,斧身沿垂直方向内凹延伸,近刃段外展,尖角明显。小黑石沟 M8501 出土 5 件(图五,2),南山根 M101 出土 2 件,宁城小黑石沟、辽阳二道河子(图五,3)各出土 1 件。

Ⅲ式　斧身两侧自銎部起逐渐内凹,至腰部渐渐外展,弧刃略宽于銎部。朝阳十二台营子 M1、M2(图五,4),沈阳郑家洼子第一地点(图五,5)、第三地点各出土 1 件,锦西乌金塘出土 3 件。

Ⅳ式　斧身扁长,两侧自銎部起内凹下伸,至刃部外展,弧刃较宽。西丰和隆忠厚屯(图五,6)、旅顺后牧城驿各出土 1 件,凌源三官甸子出土 2 件(图五,7)。

Ⅴ式　斧身扁长方形,两侧内凹至刃部外展,弧刃较宽。大连长海县出土 1 件(图五,8)。

Bc 型　斧身宽扁

Ⅰ式　斧身两侧内凹成束腰,弧刃较宽。建平大拉罕沟 M851 出土 1 件(图六,1)。

Ⅱ式　斧身两侧束腰显著,弧刃突出。抚顺大伙房水库 M1、大伙房东石棺墓各出土 1 件(图六,2、3)。

Ⅲ式　斧身两侧自銎部内凹,束腰显著,至刃部渐外展,弧刃宽大突出。吉林狼头山 M101、永吉红旗东梁岗 M1、磐石小西山 M4 各出土 1 件(图六,4～6)。

C 型　斧身两侧较直或内凹下伸,至刃部外展,弧刃,刃两端外卷呈倒钩状。

Ⅰ式　斧身稍宽,上部较直或微鼓,下部内凹至刃部外展,外弧刃,弧刃两侧刃角上翘或微呈钩状,銎口下有凸棱纹。建平水泉 M7701、水泉村遗址 M8(图七,1)各出土 1 件,建平收集 1 件(图七,2)。

Ⅱ式　斧身宽扁,两侧平直或微凹,弧刃两侧尖角向上微翘。南山根 M101(图七,3)、M102(图七,4)各出土 1 件,小黑石沟 M8501 出土 2 件。

Ⅲ式　斧身稍宽或较长,上部较直,下部内凹至刃部外展,弧刃两端刃角上卷,呈钩状。宁城南山根 M101、小黑石沟 M8501(图七,5)、南山根东区石椁墓各出土 1 件。

Ⅳ式　斧身两侧微凹,刃部两侧尖角上翘。朝阳十二台营子 M1 出土 1 件(图七,6)。

Ⅴ式　斧身稍长,自銎口逐渐内凹,束腰显著,刃部两侧尖角上翘,微呈钩状。滦平虎什哈炮台山墓地(图七,7)、苘子沟 78M18 各出土 1 件。

Ⅵ式　斧身两侧内凹显著,至刃部外卷,弧刃宽大锐利。吉林猴石山遗址 79 西 M88(图七,

8)、M43 各出土 1 件。

D 型 斧身多较粗短,銎部铸有宽凸棱,刃角多圆钝。

Ⅰ式 器身略宽,束腰,弧刃宽大,刃部较钝。西丰和隆阜丰屯(图八,1)、清原门脸、沈阳新乐第一地点各出土 1 件。

Ⅱ式 器形较小,束腰,弧刃稍宽,刃部较钝。金州卧龙泉出土 1 件(图八,2)。

Ⅲ式 器身较窄,束腰,弧刃较宽,刃部稍钝。吉林猴石山出土 1 件(图八,3)。

Ⅳ式 器身略宽,束腰,弧刃较宽,刃部稍钝。旅顺牧羊城出土 2 件(图八,4)。

Ⅴ式 斧身两侧内凹微呈束腰,弧刃较宽。长海大长山岛出土 1 件(图八,5)。

Ⅵ式 斧身自銎部起逐渐加宽,刃部较宽,弧刃更为突出。吉林骚达沟(图八,6)、桦甸二道甸子各出土 1 件。

E 型 整体似钺,刃部较宽呈半圆形。

Ⅰ式 斧身和斧刃部各占 1/2,斧身一侧斜直,至刃部外弧,另一侧稍内凹,至刃部外展略出尖角。永吉杨屯大海猛出土 1 件(图九,1)。

Ⅱ式 斧身和斧刃部各占 1/2,斧身两侧斜直或稍内凹。长蛇山 57F4(图九,2)、东丰山里七队(图九,3)、辑安各出土 1 件。

Ⅲ式 斧身和斧刃部各占 1/2,斧身两侧内凹呈束腰,弧刃宽大,刃两端上翘。白山苇沙河遗址征集 1 件(图九,4)。

Ⅳ式 斧身两侧内凹明显,椭圆形銎,銎口部有棱,弧刃宽度几乎与銎口部相等或稍宽于銎口。集安五道岭沟门出土 4 件(图九,5、6)。

东北地区出土的直銎铜斧除以上型式外,还有少数铜斧因形制比较特殊,不能纳入到以上型式划分体系中去,本文也将它们一并列出:

标本 1 宁城南山根 M101:48,斧身较长,一侧较直,另一侧微凹,刃作半圆形,两端略出尖角(图一〇,1)。

标本 2 凌源五道河子 M1:6,斧身上宽下窄,两侧微凹呈束腰,长方形銎口,刃微外弧,銎上部外有一周箍状棱,斧身上有长条形、圆形小孔各一(图一〇,2)。

标本 3 旅顺牧羊城铜斧,斧身扁长,两侧自銎部起内凹下伸,弧刃稍钝(图一〇,3)。

标本 4 泰来县平洋 M140:1,斧身平面近梯形,侧边平齐,方銎直刃,器身有铸造时留下的气孔(图一〇,4)。

三、年代与分期

经以上对东北地区直銎铜斧的类型学排比,结合伴出器物的共存关系,对其进行年代的推断,在此基础上可将直銎铜斧在我国东北地区存续的时间划分为五个阶段。

第一阶段:本阶段所见直銎铜斧有 AaⅠ式、AaⅡ式、AbⅠ式、BbⅠ式。出于辽宁绥中冯家村及内蒙古克什克腾旗龙头山。绥中冯家村与 AbⅠ式铜斧共出的銎内戈在辽西地区与河北北部地区多与商代青铜器共存。龙头山 M1 所出的 AaⅡ式直銎铜斧刃部微外弧,并装饰有倒三角纹,同典型的商式斧比较接近,参照碳十四测定数据,报道者将其年代为西周早期[53]。综上推断,本阶段直銎铜斧的年代为商代晚期或西周早期。这一时期的直銎铜斧斧身宽扁,两侧竖直或稍内收,呈梯形或近似长方形;弧刃较平或微外展;长方形或圆角长方形銎口,銎沿外有凸棱;斧身素面或饰倒三角纹;其中敖汉旗千斤营子出土的一件 AaⅡ式铜斧靠近銎口凸棱下有一圆形穿孔,这些构成了东北地区早期直銎铜斧的基本特征。本阶段的直銎铜斧不仅数量较少,而且形态也显得略为原始,如斧身宽扁较厚,装饰简单等,分布上也仅限于辽宁西部的绥中冯家和内蒙古东南部夏家店上层文化的几个地点。这是目前所知东北地区发现最早的直銎铜斧。

第二阶段：本阶段所见直銎铜斧有 CⅠ式。建平水泉 M7701,报道者根据与 CⅠ式铜斧共出的双翼柱脊有铤式铜镞的特点,将其年代推断为西周中期前后[54]。建平收集的 CⅠ式铜斧,斧身正面铸有阳文"π",与北京昌平白浮木椁墓[55]出土的一件铜戟铭"π"字族徽完全相同,据林沄先生考证,白浮墓"其实际年代应改定在西周中期或更晚"[56]。据此推断,本阶段直銎铜斧的年代为西周中期左右。这一时期的直銎铜斧虽然发现的数量较少,也仅见于夏家店上层文化,但其在形态方面已发生了较大变化,铜斧斧身变得稍宽,两侧上部较直,下部略作弧线外展,弧刃两端出尖角或尖角上翘,刃角上卷成钩状。这些较第一阶段形态上的变化,具有鲜明的时段特征。

第三阶段：本阶段所见直銎铜斧有 AaⅢ式、AbⅡ式、AbⅢ式、AbⅣ式、BaⅠ式、BaⅡ式、BaⅢ式、BbⅡ式、BbⅢ式、BcⅠ式、BcⅡ式、CⅡ式、CⅢ式、CⅣ式、DⅠ式及标本 1。分布在内蒙古东南部的敖汉、宁城,辽宁西部的建平、朝阳、锦西及辽东地区的辽阳、沈阳、抚顺、西丰、清原等地。宁城南山根 M101、小黑石沟 M8501、梁家营子 M8071 均出有中原式青铜礼器及兵器,属于夏家店上层文化,三座墓葬的年代相当于西周晚期至春秋早期。宁城苏家窝铺出土的 AaⅢ式铜斧,与北京延庆县西拨子村窖藏铜器[57]中的铜斧形制相同。与朝阳十二台营子 M1 CⅣ式铜斧、建平大拉罕沟 M751 BaⅡ式铜斧、M851 BcⅠ式铜斧、炮手营子 M881 BaⅢ式铜斧、南山根东区石椁墓 CⅢ式铜斧共出的曲刃短茎式青铜短剑与南山根 M101 出土者相近。抚顺大伙房水库 M4 与 BcⅡ式铜斧共出的铜矛仍作曲刃,报道者据此判断其年代可能已至春秋中期[58]。清原门脸与 DⅠ式铜斧共出的短剑特点近同于辽西地区细茎柄曲刃短剑。综上分析,本阶段直銎铜斧的年代为西周晚期至春秋中期。这一时期的直銎铜斧出土数量显著增多,分布地域扩大,形式多样,已划分的八型或亚型除 E 型外均有发现。与前两个时期相比较,本阶段的直銎铜斧斧身上部较直、下部外展或两侧逐渐内凹呈束腰,弧刃逐渐变得宽大。刃两端出尖角或尖角上翘,刃角上卷成钩状的形式继续存在。出现了斧身粗短、弧刃圆钝的新形制。

第四阶段：本阶段所见直銎铜斧有 AaⅣ式、BaⅣ式、BbⅣ式、BcⅢ式、CⅤ式、DⅡ式及标本 2。分布在辽宁西部的凌源,辽东地区的西丰、旅顺及河北北部的滦平、宣化等地。滦平苘子沟 76M16 与 AaⅣ式直銎铜斧共出的器物有双环首剑、刀、凿、蹲踞虎形牌饰等,年代约当春秋中晚期。旅顺口后牧城驿与铜斧共出的青铜短剑剑身作柳叶形,两边的刃在中部收束形成弧度,剑面的中突起长脊的形制,其年代当为春秋晚期至战国初期。滦平虎什哈山戎墓与 CⅤ式铜斧共出有中原系统风格的早期青铜器和陶礼器。宣化小白阳墓地与 BaⅣ式铜斧共出的柱脊青铜短剑、两翼铜镞等器类形态,与洛阳中州路第三期、第四期[59]同类器非常接近,年代也应大致相当。吉林狼头山 M101:13 属西团山文化,年代大体应在春秋晚期至战国初期。凌源五道河子墓从与铜斧(标本2)共出的铜戈形制来看,其年代大致应在战国早期偏晚阶段前后。综上分析比较,本阶段直銎铜斧的年代为春秋中晚期至战国早期。总体看来,这一时期的直銎铜斧除保留斧身两侧竖直或内凹呈束腰,弧刃稍平或外展宽大,尖角上翘等特点外,在形态上也发生一定的变化:束腰显著,弧刃更为宽大。本阶段的直銎铜斧虽然在数量上较前一阶段大为减少,但其分布地域已从辽西、辽东地区扩展到吉长地区及河北北部地区,并且在形态上与前一阶段相比也有所变化。

第五阶段:本阶段所见直銎铜斧有 BbⅤ式、CⅥ式、DⅢ式、DⅣ式、DⅤ式、DⅥ式、EⅠ式、EⅡ式、EⅢ式、EⅣ式及标本3、标本4。分布在辽东地区的旅顺、大连,吉长地区的吉林、公主岭、永吉、辑安、东丰、集安及黑龙江地区的泰来。大连市长海县徐家沟积石墓根据与BbⅤ式铜斧共出的燕式青铜直刃剑,年代当为战国中晚期或战国晚期。旅顺牧羊城遗址官屯子右岸"塱州墓"出土的青铜短剑形制,年代可至战国中晚期而稍晚[60]。骚达沟平顶山山顶大棺墓中的DⅥ式铜斧,有研究者根据共出的连珠状铜饰,推断其年代应在战国晚期[61]。吉林猴石山墓葬DⅢ式铜斧、长蛇山遗址EⅡ式铜斧、永吉杨屯大海猛遗址EⅠ式铜斧,经对墓葬或遗址的碳十四测定,其年代在战国中期左右。集安五道沟门积石墓与EⅣ式铜斧共出的青铜短剑,从其形制看年代较晚,约为战国晚期或者略晚。潘玲等认为黑龙江平洋墓葬的年代下限应晚到西汉,平洋墓葬就是汉书二期文化的墓葬[62]。综上推断,本阶段直銎铜斧的年代为战国中期至战国晚期或稍晚。这一时期的直銎铜斧除保留上一阶段斧身束腰,刃部宽大或斧身粗短,刃部圆钝的特点外,还出现了斧身整体似钺,刃部较宽呈半圆形的新形制。本阶段的直銎铜斧虽在数量上相对较少,但其在形态上已发生了较大变化,型式较多,并且出现了E型。分布地域不仅包括辽东地区、吉长地区,甚至黑龙江地区也有出土,但包括内蒙古东南部在内的辽西地区则没有发现。

概之,东北地区各型式直銎铜斧年代对应关系如表二所示。

表二　东北地区各型式直銎铜斧年代对应关系表

	商代晚期或西周早期	西周中期	西周晚期至春秋中期	春秋中晚期至战国早期	战国中期至战国晚期略晚
Aa	Ⅰ、Ⅱ		Ⅲ	Ⅳ	
Ab	Ⅰ		Ⅱ、Ⅲ、Ⅳ		
Ba			Ⅰ、Ⅱ、Ⅲ	Ⅳ	
Bb	Ⅰ		Ⅱ、Ⅲ	Ⅳ	Ⅴ
Bc			Ⅰ、Ⅱ	Ⅲ	
C		Ⅰ	Ⅱ、Ⅲ、Ⅳ	Ⅴ	Ⅵ
D			Ⅰ	Ⅱ	Ⅲ、Ⅳ、Ⅴ、Ⅵ
E					Ⅰ、Ⅱ、Ⅲ、Ⅳ
特殊形制			标本1	标本2	标本3、4

四、小　　结

直銎铜斧是东北地区青铜时代具有代表性的器物之一,在东北诸多青铜文化中广为使用,分布地域广泛,出土地点包括内蒙古、辽宁、吉林、黑龙江及河北北部,较为集中的地区是包括内蒙古东南部在内的辽西地区、辽东地区和吉长地区。

对东北地区直銎铜斧的类型学分析,依各部位形制的异同,将其分为 A 型、B 型、C 型、D 型、E 型五型,其中 A 型可分 Aa、Ab 二亚型,B 型可分 Ba、Bb、Bc 三亚型。

通过对东北地区直銎铜斧的类型学排比,结合伴出器物的共存关系,对其进行年代上的推断,在此基础上将直銎铜斧在东北地区存续的时间划分为五个阶段,即商代晚期或西周早期、西周中期、西周晚期至春秋中期、春秋中晚期至战国早期、战国中期至战国晚期或稍晚。各段之间直銎铜斧的总体特征差别显著,反映了东北地区直銎铜斧在不同时期形制上的差别。

注释:

① 李逸友:《内蒙古昭乌达盟出土的铜器调查》,《考古》1959 年第 6 期。

② 辽宁省昭乌达盟文物工作站、中国科学院考古研究所东北工作队:《宁城南山根的石椁墓》,《考古》1973 年第 2 期。

③ 中国社会科学院考古研究所东北工作队:《宁城南山根 102 号石椁墓》,《考古》1981 年第 4 期。

④ 项春松:《小黑石沟发现的青铜器》,《内蒙古文物考古》1984 年第 3 期。

⑤ 赤峰市博物馆、宁城县文物管理所:《宁城小黑石沟石椁墓调查清理报告》,《文物》1995 年第 5 期。

⑥ 宁城县博物馆、中国社会科学院研究生院东北考古专业:《宁城县新发现的夏家店上层文化墓葬及其相关遗物的研究》,《文物资料丛刊》第九辑。

⑦ 内蒙古自治区文物考古研究所、克什克腾旗博物馆:《内蒙古克什克腾旗龙头山遗址第一、二次发掘简报》,《考古》1991 年第 8 期。

⑧ 齐晓光:《内蒙古克什克腾旗龙头山遗址发掘的主要收获》,《内蒙古东部区考古学文化研究文集》,海洋出版社,1991 年。

⑨ 邵国田:《内蒙古敖汉旗发现的青铜器及有关遗物》,《北方文物》1993 年第 1 期。

⑩ 王云刚等:《绥中冯家发现商代窖藏铜器》,《辽海文物学刊》1996 年第 1 期。

⑪ 建平县文化馆、朝阳地区博物馆:《辽宁建平县的青铜时代墓葬及相关遗物》,《考古》1983 年第 8 期。

⑫ 李殿福:《建平孤山子、榆树林子青铜时代墓葬》,《辽海文物学刊》1991 年第 2 期。

⑬ 辽宁省博物馆、朝阳市博物馆:《建平水泉遗址发掘简报》,《辽海文物学刊》1986 年第 2 期。

⑭ 辽宁省博物馆文物工作队等:《辽宁建平县喀喇沁河东遗址试掘简报》,《考古》1983 年第 11 期。

⑮ 朱贵:《辽宁朝阳十二台营子青铜短剑墓》,《考古学报》1960 年第 1 期。

⑯ 靳枫毅:《朝阳地区发现的剑柄端加重器及相关遗物》,《考古》1983 年第 2 期。

⑰ 锦州市博物馆:《辽宁锦西乌金塘东周墓调查记》,《考古》1960 年第 5 期。

⑱ 辽宁省博物馆:《辽宁凌源县三官甸青铜短剑墓》,《考古》1985 年第 2 期。
⑲ 辽宁省文物考古研究所:《辽宁凌源县五道河子战国墓发掘简报》,《文物》1989 年第 2 期。
⑳ 沈阳市文物工作组:《沈阳地区出土的青铜短剑资料》,《考古》1964 年第 1 期。
㉑ 沈阳故宫博物院、沈阳市文物管理办公室:《沈阳郑家洼子的两座青铜时代墓葬》,《考古学报》1975 年第 1 期。
㉒ 沈阳市文物管理办公室:《沈阳新乐遗址试掘报告》,《考古学报》1978 年第 4 期。
㉓ 孟庆忠:《试述铁岭地区新石器文物和青铜文化遗存》,《辽宁考古博物馆学会成立大会会刊》1981 年。
㉔ 辽阳市文物管理所:《辽阳二道河子石棺墓》,《考古》1977 年第 5 期。
㉕ 裴跃军:《西丰和隆的两座石棺墓》,《辽海文物学刊》1986 年创刊号。
㉖ 孙守道、徐秉琨:《辽宁寺儿堡等地青铜短剑与大伙房石棺墓》,《考古》1964 年第 6 期。
㉗ 佟达等:《辽宁抚顺大伙房水库石棺墓》,《考古》1989 年第 2 期。
㉘ 辽宁省博物馆中国通史陈列室 1981 年展品(图据展出实物摹绘)。
㉙ 清原县文化局:《辽宁清原县门脸石棺墓》,《考古》1981 年第 2 期。
㉚ 旅顺博物馆:《旅顺口区后牧城驿战国墓清理》,《考古》1960 年第 8 期。
㉛ 陈振中:《先秦青铜生产工具》,厦门大学出版社,2004 年。
㉜ 中国社会科学院考古研究所:《双砣子与岗上》,科学出版社,1996 年。
㉝ 许明纲:《大连市近年来发现青铜短剑及相关的新资料》,《辽海文物学刊》1993 年第 1 期。
㉞ 吉林省文物工作队:《吉林磐石吉昌小西山石棺墓》,《考古》1984 年第 1 期。
㉟ 吉林市博物馆:《吉林口前蓝旗小团山、红旗东梁岗石棺墓清理简报》,《文物》1983 年第 9 期。
㊱ 吉林市博物馆:《吉林永吉杨屯大海猛遗址》,《考古学集刊》第五集,中国社会科学出版社,1987 年。
㊲ 洪峰:《吉林东丰县南部古遗迹调查》,《考古》1987 年第 6 期。
㊳ 吉林省考古研究所等:《1985 年吉林东丰县考古调查》,《考古》1988 年第 7 期。
㊴ 武保中:《吉林公主岭猴石古墓》,《北方文物》1989 年第 4 期。
㊵ 吉林省文物工作队:《吉林长蛇山遗址的发掘》,《考古》1980 年第 2 期。
㊶ 吉林省文物考古研究所、吉林市博物馆:《吉林市猴石山遗址第二次发掘》,《考古学报》1993 年第 3 期。
㊷ 吉林市博物馆:《吉林市郊二道水库狼头山石棺墓地发掘简报》,《北方文物》1989 年第 4 期。
㊸ 吉林省博物馆、吉林大学考古专业:《吉林市骚达沟山顶大棺整理报告》,《考古》1985 年第 10 期。
㊹ 佟柱臣:《吉林的新石器时代文化》,《考古通讯》1955 年第 2 期。
㊺ 康家兴:《吉林省桦甸二道甸子发现石棺墓》,《考古》1956 年第 5 期。
㊻ 集安县文物保管所:《集安发现青铜短剑墓》,《考古》1981 年第 5 期。
㊼ 1992 年 9 月中国历史博物馆,中国通史陈列室展品(图据展出实物拍摄)。
㊽ 张殿甲:《白山市原始社会遗址调查述略》,《博物馆研究》2000 年第 3 期。
㊾ 杨志军等:《平洋墓葬》,文物出版社,1990 年。
㊿ 郑绍宗:《中国北方青铜短剑的分期及形制研究》,《文物》1984 年第 2 期。
(51) 河北省文物研究所等:《滦平县虎什哈炮台山山戎墓地的发现》,《文物资料丛刊》第七辑,1983 年。
(52) 张家口市文物事业管理所、宣化县文化馆:《河北宣化县小白阳墓地发掘报告》,《文物》1987 年第 5 期。
(53) 内蒙古自治区文物考古研究所、克什克腾旗博物馆:《内蒙古克什克腾旗龙头山遗址第一、二次发掘简报》,《考古》1991年第8期。

(54) 建平县文化馆、朝阳地区博物馆:《辽宁建平县的青铜时代墓葬及相关遗物》,《考古》1983年第8期。

(55) 北京市文物管理处:《北京地区的又一重要考古收获》,《考古》1976年第4期。

(56) 林沄:《早期北方系青铜器的几个年代问题》,《内蒙古文物考古文集》第一辑,中国大百科全书出版社,1994年。

(57) 北京市文物管理处:《北京市延庆县西拨子村窖藏铜器》,《考古》1979年第3期。

(58) 佟达等:《辽宁抚顺大伙房水库石棺墓》,《考古》1989年第2期。

(59) 中国科学院考古研究所:《洛阳中州路》,科学出版社,1959年。

(60) 朱凤瀚:《古代中国青铜器》,南开大学出版社,1995年。

(61) 瑜琼:《扇面形铜斧初论》,《北方文物》1993年第2期。

(62) 潘玲、林沄:《平洋墓葬的年代与文化性质》,《边疆考古研究》第一辑,科学出版社,2002年。

(原载于《文物春秋》2009年第4期)

图一　东北地区直銎铜斧发现地点示意图

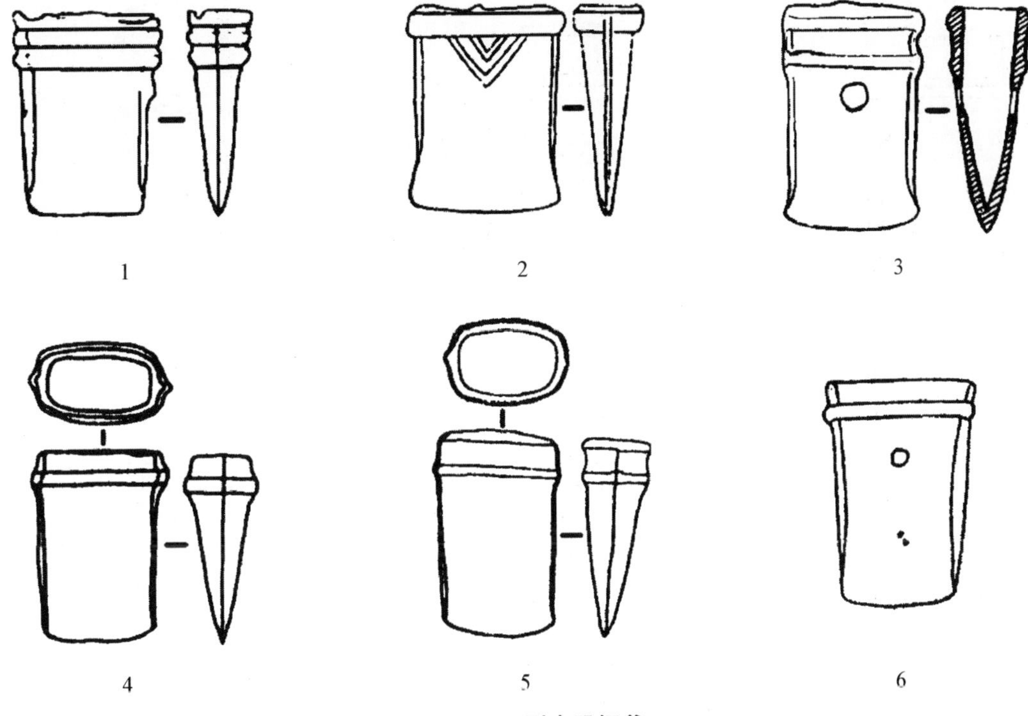

图二　Aa 型直銎铜斧

1. 龙头山 M6:1(Ⅰ式)　2. 龙头山 M1:6(Ⅱ式)　3. 敖汉旗千斤营子(Ⅱ式)　4. 宁城苏家窝铺(Ⅲ式)　5. 建平(Ⅲ式)　6. 滦平苘子沟 76M16(Ⅳ式)

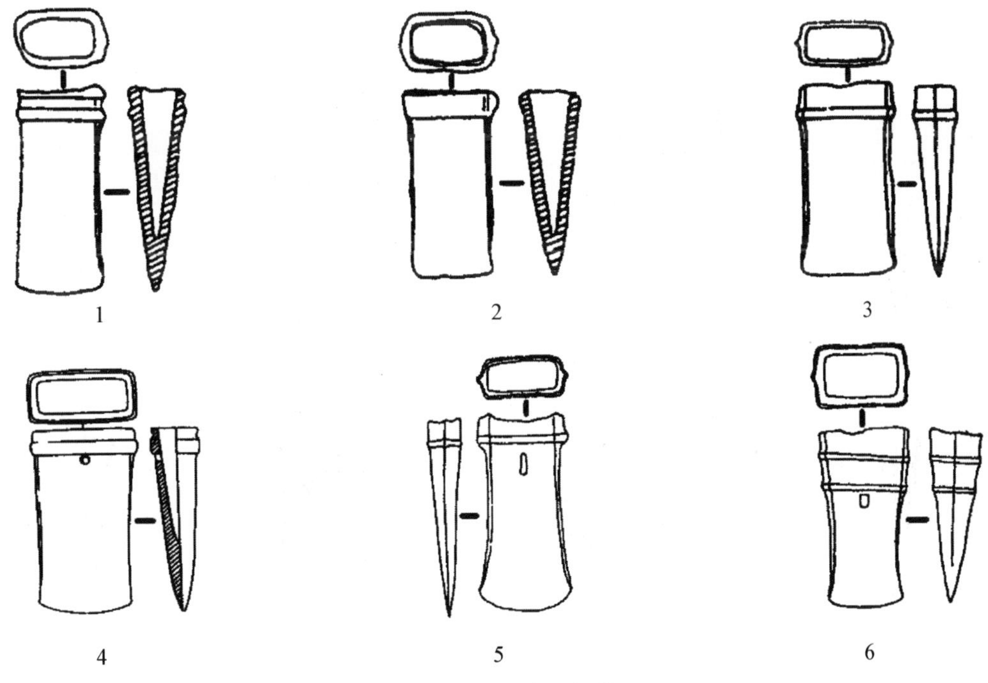

图三　Ab 型直銎铜斧

1、2. 绥中冯家村(Ⅰ式)　3. 宁城瓦房中 M791(Ⅱ式)　4. 宁城小黑石沟 M8501(Ⅱ式)　5. 建平(Ⅲ式)　6. 建平(Ⅳ式)

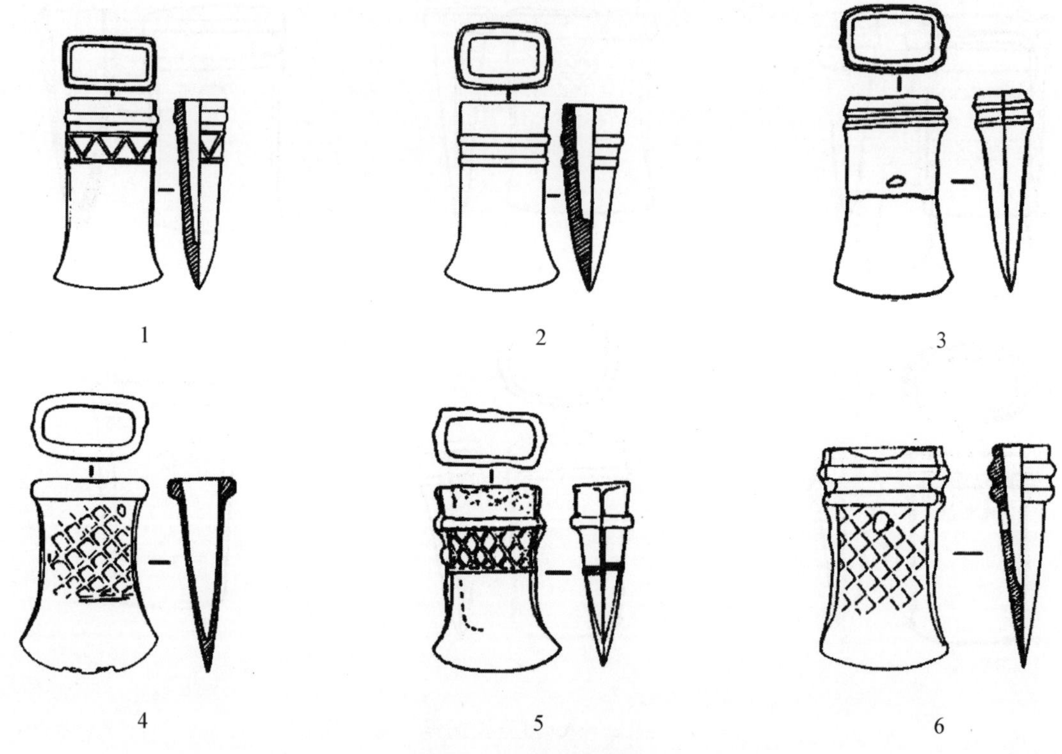

图四　Ba 型直銎铜斧

1. 宁城小黑石沟 M8501(Ⅰ式)　2. 宁城小黑石沟 M8501(Ⅱ式)　3. 建平大拉罕沟 M751:2(Ⅱ式)　4. 敖汉旗东井墓(Ⅲ式)　5. 建平栾家营子 M901(Ⅲ式)　6. 宣化小白阳(Ⅳ式)

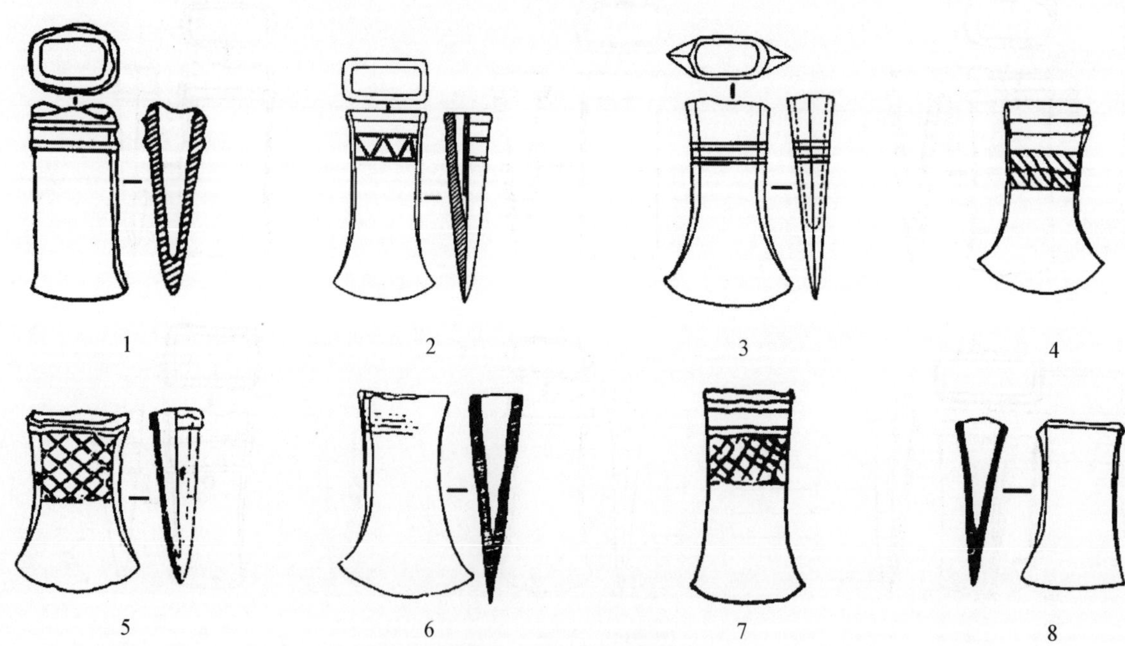

图五　Bb 型直銎铜斧

1. 绥中冯家村(Ⅰ式)　2. 宁城小黑石沟 M8501(Ⅱ式)　3. 辽阳二道河子(Ⅱ式)　4. 朝阳十二台营子 M2(Ⅲ式)　5. 沈阳郑家洼子第一地点(Ⅲ式)　6. 西丰和隆忠厚屯(Ⅳ式)　7. 凌源三官甸子(Ⅳ式)　8. 大连长海(Ⅴ式)

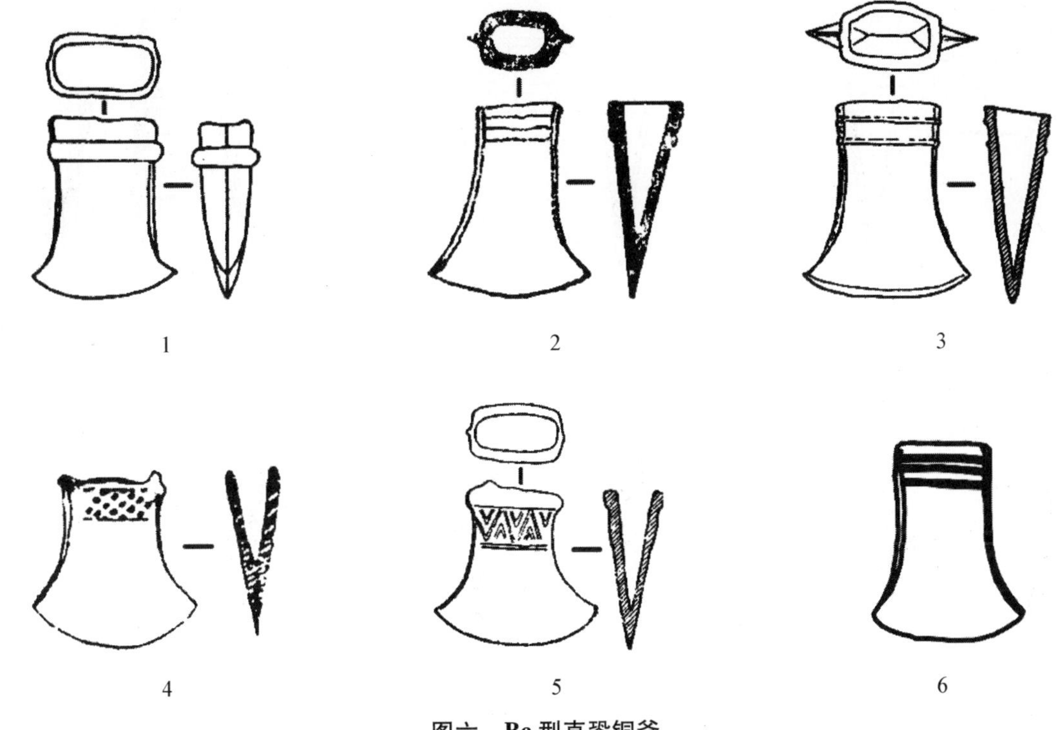

图六 Bc 型直銎铜斧

1. 建平大拉罕沟 M851:3（Ⅰ式） 2. 抚顺大伙房水库 M1:1（Ⅱ式） 3. 抚顺大伙房东石棺墓（Ⅱ式） 4. 吉林狼头山 M101:13（Ⅲ式） 5. 永吉红旗东梁岗 M1:2（Ⅲ式） 6. 磐石小西山 M4:1（Ⅲ式）

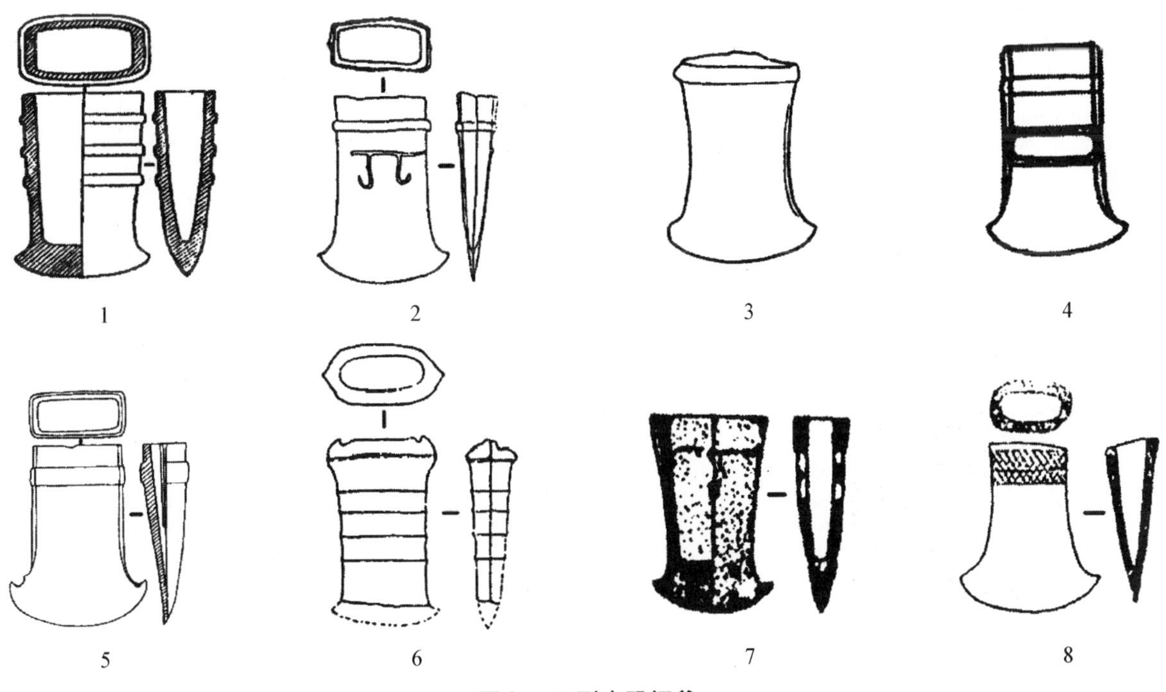

图七 C 型直銎铜斧

1. 建平水泉遗址 M8（Ⅰ式） 2. 建平（Ⅰ式） 3. 宁城南山根 M101:45（Ⅱ式） 4. 宁城南山根 M102（Ⅱ式） 5. 宁城小黑石沟 M8501（Ⅲ式） 6. 朝阳十二台营子小木头沟 M1（Ⅳ式） 7. 滦平虎什哈炮台山（Ⅴ式） 8. 吉林猴石山 79 西 M88:1（Ⅵ式）

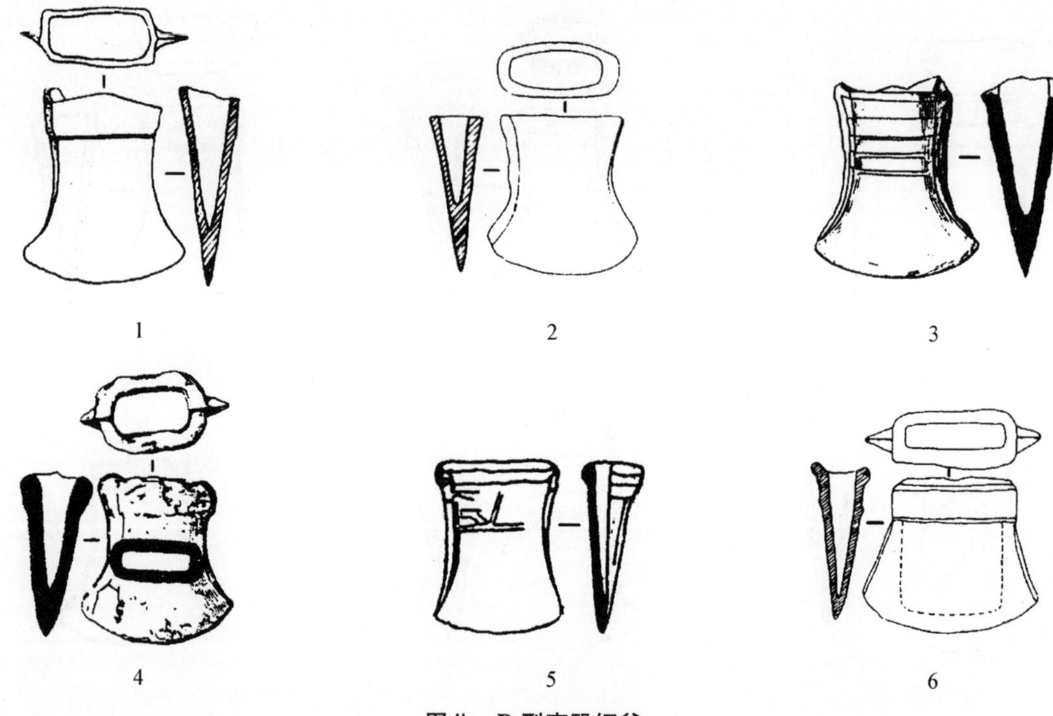

图八　D型直銎铜斧

1. 西丰和隆阜丰屯(Ⅰ式)　2. 大连金州卧龙泉(Ⅱ式)　3. 吉林猴石山(Ⅲ式)　4. 旅顺牧羊城(Ⅳ式)　5. 大连长海(Ⅴ式)　6. 吉林骚达沟(Ⅵ式)

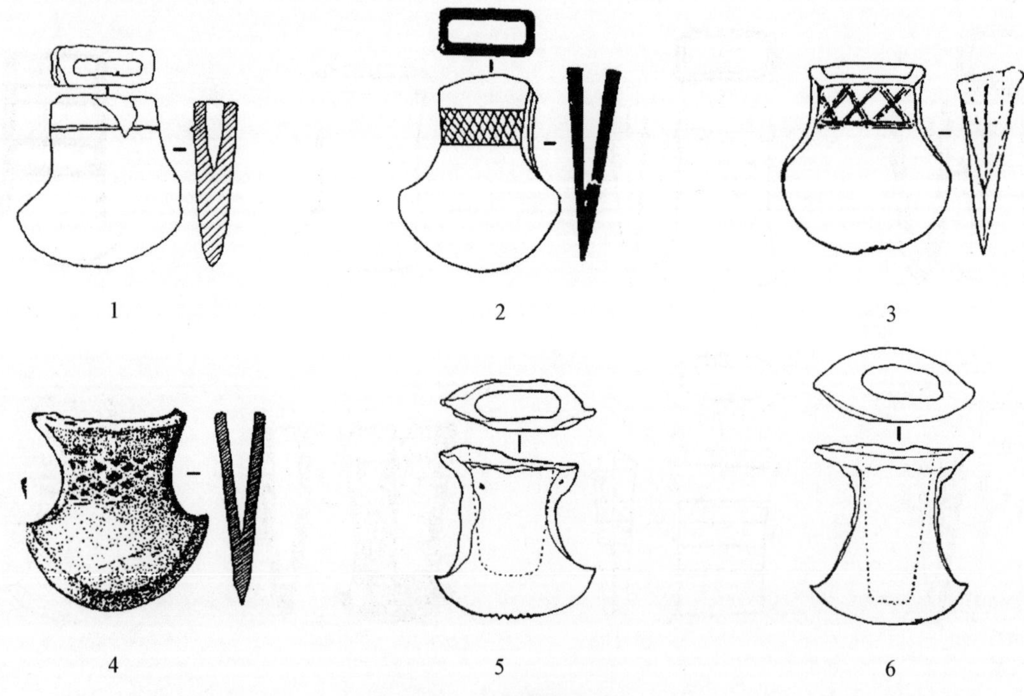

图九　E型直銎铜斧

1. 永吉杨屯大海猛(Ⅰ式)　2. 吉林长蛇山57F4:25(Ⅱ式)　3. 东丰山里七队(Ⅱ式)　4. 白山苇沙河(Ⅲ式)　5、6. 集安五道岭沟门(Ⅳ式)

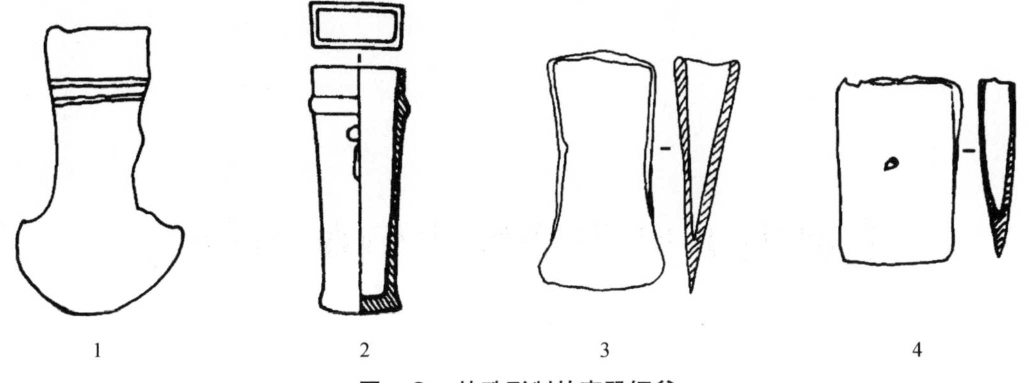

图一〇　特殊形制的直銎铜斧

1. 宁城南山根 M101:48　2. 凌源五道河子 M1:6　3. 旅顺牧羊城　4. 泰来县平洋 M140:1

军都山玉皇庙墓地青铜削刀研究

王继红

【关键词】军都山;玉皇庙墓地;青铜削刀

目　　次

一、引　　言

青铜削刀是用于刮削和切割的工具,是古代游牧和畜牧部族日常必需、必备,并随身携带的最主要的生活器具之一。所以,青铜削刀的发现,在古代草原文化诸种工具中,总是型式和数量最多的一种。据初步统计,自20世纪60年代以来,仅军都山和冀北山地十余处属于玉皇庙文化的墓葬和窖藏遗存中[①],就出土青铜削刀近250件(还包括征集品和传世品)。

虽然青铜削刀的发现量较大,但囿于各处遗存的规模和发现背景的局限(其中大多数遗存现场已遭破坏,发掘、清理或回收工作往往都是在被动情况下进行的),所获资料多缺乏完整性和系统性,这就在客观上影响了该领域对青铜削刀的专项研究。

令人欣慰的是,自1985年至1991年由北京市文物研究所考古工作者主动开展的延庆军都山考古调查与发掘工作,终于在玉皇庙墓地获得了重要突破。玉皇庙墓地规模宏大,面积约2万平方米，共发现并发掘春秋时期大、中、小型八种规格级别的墓葬400座，出土文物十分丰富，共出土金、铜、陶、玉、石、骨、蚌、竹、革等大小器物6万余件，所获资料系统而完整，是迄今冀北山地一带所发现的同类文化遗存中最具代表性和有重要学术价值的一批资料，其文化面貌属于中国北方地区一支古代游牧和畜牧部族的文化，即属于北方草原文化，明显不同于燕和中原文化，但也不同于同时期的分布于辽西地区的夏家店上层文化及时代略晚、分布于蒙古沙漠草原地带的鄂尔多斯青铜文化，发掘者特命名为"玉皇庙文化"，并从地望、时代、文化内涵与埋葬制度，以及经济形态特点，结合历史文献记载对其进行考证。该文化分布于军都山及冀北山地一带，以含直刃匕首式青铜短剑为主要文化特征，以青铜削刀为主要生活器具，其族属应为司马迁所著《史记·匈奴列传》中记载的居于"燕北"的"山戎"。

在玉皇庙墓地6万余件随葬品中，其中青铜削刀有137件，超过迄今已发现的玉皇庙文化遗存青铜削刀出土总量的一半。这137件青铜削刀在墓中绝大多数都不是孤立出土的，它们往往都与陶器和青铜短剑等器物同出，或有的与中原青铜礼器或青铜戈伴存，这就为该墓地青铜削刀的断代，提供了佐证和参考依据。尤其难得的是，在该墓地北、南两大墓区交界处及西区，发现了可区分墓葬早晚的地层关系，这就为解决该墓地北、南两大墓区和西区墓葬年代的早晚及其随葬器物群的分期断代问题，其中包括青铜削刀的分期断代问题，提供了可靠、有力的地层根据。

本文以玉皇庙墓地上述考古发现资料为基础，拟对该墓地出土的青铜削刀的分型分式与分布、分期断代、凸环首与扣环首削刀的特点、青铜削刀形式发展的早晚变化规律等相关问题，进行分析与研究。限于个人的学识和认识水平，不知能否实现这一初衷，还望同行师友不吝指正。

二、玉皇庙墓地的分区与分期断代

（一）分区

玉皇庙墓地分为三大墓区，即北区、南区和西区。北区有墓葬194座，南区有174座，西区有32座，总计400座。在北区内又划分为北Ⅰ区和北Ⅱ区；在北Ⅰ区中，又细分为北Ⅰ区北部、中部、南部和西部四个小区；在北Ⅱ区中，又细分为北Ⅱ区北部、中部和南部三个小区；在南区中，又细分为南区北部、中部和南部三个小区。

（二）分期断代

从地层上看，玉皇庙墓地北区墓葬，均开口于更新世晚期的黄土质砂质黏土层，而南区和西区墓葬则均开口于叠压在黄土质砂质黏土层之上的淤积夹砂层（即第一期泥石流形成的堆积层），这就从地层上总地区分出玉皇庙墓地北区墓葬的年代早于南区和西区墓葬。

再从部分具有代表意义的器物特征看，北Ⅰ区中的YYM2和YYM18都出有成组中原式青铜礼器，YYM2的重环纹铜鼎、垂鳞纹加勾云纹的铜盘，还有铜敦与铜匜的形制特点，都与洛阳中州路东周第一期墓葬M2415出土的同类器物基本一致；YYM18所出铜罍、铜敦的形制与YYM2出土者一致,所出勾云纹铜钅和,也与洛阳中州路 M2415 出土者一致。还有 YYM34 所出铜戈的形制也与洛阳中州路 M2415:10 号铜戈较为相近。故有理由推断 YYM2、YYM18、YYM34 等墓葬的年代,应与洛阳中州路第一期墓葬 M2415 的年代相当②。此外,在玉皇庙北Ⅰ区,还有位置更偏北侧、坡度更高一些的墓葬(如 YYM22 等),虽未出土青铜礼器和铜戈,但却随葬有成组的陶器、青铜短剑、青铜削刀等青铜工具,以及各种青铜装饰品等,其陶器、青铜短剑、青铜削刀的形制作风,显然具有早期特点,其年代要比 YYM2、YYM18 和 YYM34 要偏早一些。因此,以 YYM22 为代表的一部分墓葬,可作为玉皇庙北Ⅰ区早期墓葬的代表。故发掘者将玉皇庙墓地北Ⅰ区墓葬的上限,推定在春秋早期。

北Ⅱ区 YYM250 也出土一组青铜礼器和铜戈等具有断代参考意义的器物,其铜戈形制与洛阳中州路第二期墓葬第 4 号和第 6 号墓出土的铜戈,以及中州路同期墓 M213:15 号铅戈的形制,十分近似,而较中州路同期墓 M216:2 号铜戈显得略早;此外,YYM250 所出铜罍的形制,也较中州路 M4:36 号铜罍显得稍早。洛阳中州路第二期墓葬断为春秋中期,据此,发掘者将 YYM250 的年代推定在春秋早中期。这一年代界限,既是玉皇庙北Ⅰ区多数墓葬年代之下限,也是北Ⅱ区墓葬年代之上限。

北Ⅱ区墓葬年代的下限,即指北Ⅱ区南部偏晚的墓葬年代,因这时该地发生了第一期泥石流,将北Ⅰ区和北Ⅱ区所有的墓葬全部覆盖。据地质专家勘查结果,认为此期泥石流应在距今约 2 500 年至 2 600 年之间发生的;另外,观察北Ⅱ区南部墓葬出土的陶器、青铜短剑和青铜削刀等器物群的形制,也的确表现出由春秋中期向春秋晚期过渡的特点。据此,发掘者推断北Ⅱ区墓葬年代下限应在春秋中晚期,这既是第一期泥石流发生的年代,也可作为玉皇庙墓地南区墓葬年代的上限。

南区墓葬的年代下限,此区墓葬均开口在第一期泥石流堆积层“淤积夹砂石层”,在地层上已明确地晚于北Ⅰ区和北Ⅱ区墓葬,该区器物群(如陶器、青铜短剑、青铜削刀、青铜马衔等)特征,较北Ⅰ区和北Ⅱ区发生了一系列显著变化,并在 7 座墓葬中出现尖首刀币和尖首刀币柄形坠,但绝无铁器。据此发掘者将南区墓葬的下限推定在春秋晚期。

西区墓葬的年代,因该区墓葬的地层堆积和器物群特征与南区基本一致,故可判定其相对年代应与南区相当,亦属春秋晚期。

总之,玉皇庙墓地北Ⅰ区早期墓葬年代上限可到春秋早期,南区和西区晚期墓葬年代下限可延至春秋晚期,中间未曾间断,上未入西周,下未进战国,前后相延了约 300 年左右。

三、青铜削刀的分型分式与分布及相对年代

从造型、结构考察,青铜削刀可分为刀首、刀柄和刀身三部分,依据这三部分形制特点,可将玉皇庙墓地 137 件青铜削刀中形状完整可辨的 130 件标本进行分型分式,共可分为 14 型 24 式。同时联系每件青铜削刀所归属的墓葬在墓地的分布,及前述各墓区早、晚地层关系的区别和各墓区具有代表意义的墓葬所伴存的器物群形制特点的差异,可初步判定这 14 型 24 式青铜削刀的相对年代。

Ⅰ型　柄首一体，有穿孔。共8件，占可分型分式削刀总数的6.15%。其形制特点是，柄、首连为一体，末端有一穿孔。根据刀身形状，可分3式。

Ⅰ式　弧背挑尖，刀首为三角形穿孔。共2件，占Ⅰ型削刀总数的25%。标本YYM22:3分布于北Ⅰ区中部，属春秋早期；YYM283:3分布于北Ⅱ区北部，属春秋早中期。

Ⅱ式　凹背翘尖，刀首为三角形穿孔。共2件，占Ⅰ型削刀总数的25%。标本YYM13:3分布于北Ⅰ区中部，属春秋早期；YYM227:3分布于北Ⅱ区北部，属春秋早中期。

Ⅲ式　弧背平尖，刀首为三角形或不规则形穿孔。共4件，占Ⅰ型削刀总数的50%。标本YYM300:3分布于北Ⅰ区西部，属春秋早期；YYM229:3分布于北Ⅱ区北部，属春秋早中期；YYM234:3分布于北Ⅱ区中部，属春秋中期；YYM192:3分布于北Ⅱ区南部，属春秋中晚期(图一,1)。

Ⅱ型　单兽目形穿孔。共3件，占可分型分式削刀总数的2.31%。其形制特点是，刀首为单孔兽目形，向下弧垂。根据刀首的型式，可分2式。

Ⅰ式　圆形兽目形刀首。共2件，占Ⅱ型削刀总数的66.67%。标本YYM20:3分布于北Ⅰ区中部，属春秋早期；YYM275:3分布于北Ⅱ区北部，属春秋早中期(图一,1)。

Ⅱ式　三角兽目形刀首，1件，占Ⅱ型削刀总数的33.33%。标本YYM48:3，分布于北Ⅱ区中部，属春秋中期(图一,2)。

Ⅲ型　凸环首。共62件，占可分型分式削刀总数的47.69%。根据环首、柄、身的特点，可分为5式。

Ⅰ式　短形体，阔柄小环首。共36件，占Ⅲ型削刀总数的58.06%。标本YYM35:3、2:18、3:3、5:3分布于北Ⅰ区中部，属春秋早期；YYM 281:3、280:3、37:3、250:8、282:3、230:3、233:3、228:3、276:3、226:3、252:3分布于北Ⅱ区北部，属春秋早中期；YYM 41:3、46:3、256:3、49:3、247:3、95:3、260:3、51:3、190:3、52:3分布于北Ⅱ区中部，YYM 297:3、293:3分布于北Ⅰ区北部，YYM 7:3分布于北Ⅰ区南部，以上13例标本，均属春秋中期；YYM 57:3、86:3、71:3分布于北Ⅱ区南部，属春秋中晚期；YYM 182:3、199:3、178:3、153:3分布于南区北部，YYM 312:3分布于西区，以上5例标本，均属春秋晚期前段。

Ⅱ式　长形体，窄柄大环首。共13件，占Ⅲ型削刀总数的20.97%。标本YYM 11:3分布于北Ⅰ区中部，属春秋早期；YYM 257:3、188:3分布于北Ⅱ区中部，YYM 36:3分布于北Ⅰ区北部，YYM 23:3分布于北Ⅰ区中部，YYM 102:3分布于北Ⅰ区南部，以上5例标本，均属春秋中期；YYM 186:3、61:3、148:3分布于北Ⅱ区南部，属春秋中晚期；YYM 213:3、117:3分布于南区北部，YYM 131:3分布于南区中部，YYM 314:3分布于西区，以上4例，均属春秋晚期前段。

Ⅲ式　靠近上沿有横向血槽。共3件，占Ⅲ型削刀总数的4.84%。标本YYM 236:3分布于北Ⅱ区中部，属春秋中期；YYM 217:3分布于南区北部，YYM 122:3分布于南区中部，以上2例标本，均属春秋晚期前段(图一,2)。

Ⅳ式　高拱背。共7件，占Ⅲ型削刀总数的11.29%。标本YYM 83:3分布于北Ⅱ区南部，属春秋中晚期；YYM 203:3、220:3、179:3、177:3分布于南区北部，YYM 315:3、313:3分布于西区，以上6例标本，均属春秋晚期前段。

Ⅴ式　柄末端以箍或棱的形式予以加固。共 3 件,占Ⅲ型削刀总数的 4.84%。标本 YYM158:3、111:3 分布于南区中部,属春秋晚期前段;YYM348:3 分布于南区南部,属春秋晚期后段(图一,3)。

Ⅳ型　菱形凸环首。1 件,占可分型分式青铜削刀总数的 0.77%。标本 YYM32:3 分布于北Ⅰ区中部,属春秋早期(图一,3)。

Ⅴ型　单面刃,刀首与柄的分界不明显,联环首。共 2 件,占可分型分式青铜削刀总数的 1.54%。标本 YYM34:3 分布于北Ⅰ区中部,属春秋早期;YYM 42:3 分布于北Ⅱ区中部,属春秋中期(图一,3)。

Ⅵ型　双孔兽目形刀首。共 2 件,占可分型分式青铜削刀总数的 1.54%。标本 YYM19:3(图一,4)、17:3,形制基本相同,均分布于北Ⅰ区中部,属春秋早期。

Ⅶ型　实心椭圆刀首。1 件,占可分型分式青铜削刀总数的 0.77%。标本 YYM18:9(图一,4),分布于北Ⅰ区中部,属春秋早期。

Ⅷ型　柄首一体,无穿孔。1 件,占可分型分式青铜削刀总数的 0.77%。标本 YYM82:3(图一,4),分布于北Ⅰ区西部,属春秋早期。

Ⅸ型　刀柄前端有齿突。1 件,占可分型分式青铜削刀总数的 0.77%。标本 YYM386:3(图一,4),分布于北Ⅰ区西部,属春秋早期。

Ⅹ型　凸环首,凸棱柄。共 7 件,占可分型分式青铜削刀总数的 5.38%。形制特点是,刀首呈凸环状,柄带横向凸棱。根据刀身、柄分界的形式上的差异,可分为 2 式。

Ⅰ式　身、柄间无棱线。共 4 件,占Ⅹ型削刀总数的 57.14%。标本 YYM385:3、384:3 分布于北Ⅰ区西部,属春秋早期;YYM 264:3 分布于北Ⅱ区北部,属春秋早中期;YYM 271:3 分布于北Ⅱ区中部,属春秋中期。

Ⅱ式　身、柄以棱线分界。共 3 件,占Ⅹ型削刀总数的 42.86%。标本 YYM 26:3、295:3、299:3皆分布于北Ⅰ区北部,均属春秋中期(图一,5)。

Ⅺ型　平环首。共 4 件,占可分型分式青铜削刀总数的 3.08%。根据刀身与柄夹角的形状,分为 2 式。

Ⅰ式　柄、身夹角呈钝角。1 件,占Ⅺ型青铜削刀总数的 25%。标本 YYM383:3,分布于北Ⅰ区西部,属春秋早期。

Ⅱ式　柄、身夹角呈直角。共 3 件,占Ⅺ型青铜削刀总数的 75%。标本 YYM212:3 分布于北Ⅱ区南部,属春秋中晚期;YY205:3 分布于南区北部,属春秋晚期前段;YYM373:3 分布于南区南部,属春秋晚期后段(图一,5)。

Ⅻ型　方形凸首。共 2 件,占可分型分式青铜削刀总数的 1.54%。标本 YYM285:3、99:3 皆分布于北Ⅱ区北部,均属春秋早中期(图一,6)。

XⅢ型　刀首与柄连为一体,末端有月牙形或半圆形穿孔。共 2 件,占可分型分式青铜削刀总数的 1.54%。根据穿孔的形状,可分为 2 式。

Ⅰ式　刀首有月牙形穿孔。1 件,标本 YYM261:3,分布于北Ⅱ区中部,属春秋中期。

Ⅱ式 刀首有半圆形穿孔。1件,标本YYM210:3,分布于南区北部,属春秋晚期前段(图一,6)。

ⅩⅣ型 扣环首。共34件,占可分型分式青铜削刀总数的26.15%。根据扣环的形式、柄部的特点和身与柄夹角的差异,可分为8式。

Ⅰ式 首部扣环与凸环结合,此为凸环首向扣环首的过渡形式。1件,占ⅩⅣ型青铜削刀总数的2.94%,标本YYM54:3(图一,6),分布于北Ⅱ区中部,属春秋中期。

Ⅱ式 柄部有加强筋,未及扣环部。1件,占ⅩⅣ型青铜削刀总数的2.94%,标本YYM58:3,分布于北Ⅱ区南部,属春秋中晚期。

Ⅲ式 柄部无加强筋,末端饰一带箍。共5件,占ⅩⅣ型削刀总数的14.71%,标本YYM224:3、214:3、209:3、105:3分布于南区北部,属春秋晚期前段;YYM127:3分布于南区南部,属春秋晚期后段。

Ⅳ式 延长加强筋,身、柄间以直棱分界,夹角呈小钝角或直角。共15件,占ⅩⅣ型削刀总数的44.12%。柄部加强筋延至扣环首内沿,身、柄间有凸棱,夹角大于90°。标本YYM151:3、145:3、74:3、112:3分布于南区北部,YYM168:3、124:3、171:3分布于南区中部,以上7例标本均属春秋晚期前段;YYM160:3、175:3、161:3、29:3、174:3、334:3、344:3、YYM349:3皆分布于南区南部,属春秋晚期后段。

Ⅴ式 延长加强筋,身、柄间无棱线分界,夹角呈小钝角或直角。共4件,占ⅩⅣ型削刀总数的11.76%。标本YYM142:3分布于南区北部,YYM134:3分布于南区中部,这2例标本均属春秋晚期前段;YYM358:3分布于南区南部,YYM325:3分布于西区,这2例标本均属春秋晚期后段(图一,7)。

Ⅵ式 延长加强筋,身、柄以直棱分界,夹角呈锐角。共5件,占ⅩⅣ型削刀总数的14.71%,标本YYM143:3分布于南区北部,YYM108:3分布于南区中部,这2例标本均属春秋晚期前段;YYM345:3、376:3、370:3皆分布于南区南部,属春秋晚期后段。

Ⅶ式 柄以细棱带与环首相扣。1件,占ⅩⅣ型削刀总数的2.94%。标本YYM156:3,分布于南区中部,属春秋晚期前段。

Ⅷ式 柄部无加强筋,身、柄交接处无直棱线的扣环首形式。共2件,占ⅩⅣ型削刀总数的5.88%。标本YYM303:3分布于西区,属春秋晚期前段;YYM110:3分布于南区南部,属春秋晚期后段(图一,8)。

综上所述,青铜削刀在玉皇庙墓地各墓区均有分布,年代自春秋早期一直延续至春秋晚期后段。

四、各型青铜削刀的兴衰消长趋势

上述情况表明,玉皇庙墓地诸型青铜削刀的发展过程及其兴衰消长趋势,不尽一致,有些型式之间的差异甚至相当显著。如Ⅳ型、Ⅵ型、Ⅶ型、Ⅷ型、Ⅸ型刀,仅见于春秋早期;Ⅱ型、Ⅴ型、Ⅹ型刀始于春秋早期,延续至春秋中期;Ⅰ型刀始于春秋早期,延续至春秋中晚期;Ⅲ型和Ⅺ型刀,始于春秋早期,一直延续至春秋晚期后段;Ⅻ型刀,仅见于春秋早中期;XIII型刀,始于春秋中期,延续至春秋晚期前段;XIV型刀,则始于春秋中期,延续至春秋晚期后段。其中以凸环首的Ⅲ型刀出土数量最多,从早到晚延续使用的年限最长;其次为扣环首XIV型刀,其出土数量也较其他型式为多,从春秋中期一直延续至春秋晚期后段,且越到晚期数量越大,凸显出其后来居上、占据了青铜削刀主导地位的态势。这种现象和发展趋势,当绝非偶然。

上述诸型青铜削刀的兴衰消长,皆受其内在发展规律的支配与检验,即青铜削刀自身形制与铸造工艺特点能否与实用功能达成最佳的协调与统一。适者胜出,不适者被淘汰,这是自然选择规律的必然结果。

五、凸环首青铜削刀的特点

凸环首青铜削刀在玉皇庙墓地中出土数量最多,共69件,占该墓地可分型分式削刀总数(130件)的53.08%;分布区域最广,在四大墓区11个分区内均有出土;且在每个墓区中所占比例也最高;延续时间最长,从春秋早期至春秋晚期后段一直未有间断过。

论形制特点,凸环首削刀可分作两型,即Ⅲ型和Ⅹ型。

Ⅲ型削刀共62件,占凸环首形削刀总数的89.86%,可分为5式。

Ⅰ式为小凸环首,其环首最大环外径与柄平均宽度之比值在1.25至2.3之间,共36件,占凸环首削刀总数的52.17%,其中春秋早期者4件,春秋早中期者11件,春秋中期者13件,春秋中晚期者3件,春秋晚期前段者5件,各段所占该式削刀总数的百分比分别为:11.11%、30.56%、36.11%、8.33%和13.89%。春秋晚期后段不见。以春秋早中期和中期所占比例较高。从刀体长度考察,春秋早期至春秋中晚期阶段,刀体一般较长,多在16~20厘米之间,而到春秋晚期前段,则普遍变短,多在13.8~15厘米之间,表明刀体逐渐变得小巧,是该型削刀的主要发展趋势。

小凸环首形削刀在形制特征上保持有其他形制的削刀所不具备或不能充分具备的几条优点:(1)小环首既可穿绳佩挂又不妨碍行动;(2)体长有82.86%在20厘米以下,便于携带;(3)从早期到晚期,最大环外径与柄均宽的比值变化不大,均小于大凸环首型刀,这样既可节省铜料,又可减少或避免柄与环首连接部位容易折断的可能性;(4)微弧背的形制,在使用时比较省力;(5)简单的造型,使其铸造工艺易于掌握和操作。基于上述优点,人们便十分钟爱这种形制,更在生活实践中不断地改进它,因此使小凸环首型削刀从春秋早期一直延续到春秋晚期前段,成为诸多型式的青铜削刀中延续使用年限最长的一种型式。

Ⅱ式为大凸环首,其环首最大环外径与柄平均宽度之比值在2.6至3.76之间,刀背呈弧形,共13件,占凸环首削刀总数的18.84%,其中春秋早期者1件,春秋中期者5件,春秋中晚期者3件,春秋晚期前段者4件,以上各段所占该式削刀总数的百分比分别为:7.69%、38.46%、23.08%和30.7%。春秋晚期后段不见。以春秋中期和春秋晚期前段所占比例较高。该式刀在春秋早期已属成熟形制,至春秋中期又有进一步发展,到春秋晚期前段即进入尾声阶段。

Ⅲ式为刀身、刀柄上部带有凹槽者，仅有3件，占凸环首削刀总数的4.35%，所占比例很小，属春秋中期者1件，属春秋晚期前段者2件。

Ⅳ式为高拱背形，共7件，占凸环首削刀总数的10.14%，其中1件属春秋中晚期，余者均属春秋晚期前段。此式刀除了高拱背的突出特点之外，还有另外两个特点，即刀身长与柄长之比值一般在1.86~2之间；刀身与刀柄之间的夹角近似直角。

Ⅴ式为刀体较短、柄后段有带状套箍或凸棱线，仅有3件，所占比例很小（同Ⅲ式），属春秋晚期前段者2件，属春秋晚期后段者1件。

X型为柄带棱线者，共7件，占凸环首削刀总数的10.14%，可分为两个式别。

Ⅰ式，4件，特点是柄部饰不很规整的粗棱线，刀体上沿微弧，大凸环首，最大环外径在3.2~3.4厘米之间，形体较大，通长在20.5~21.6厘米之间。属于春秋早期和春秋中期者各2件。

Ⅱ式，3件，特点是柄部两面均饰不规整棱线，刀身上沿出肩，与柄分界处有界棱，环首和刀体略小于Ⅰ式，其最大环外径在2.4~2.9厘米之间，通长在19.6~20.7厘米之间。3件标本均属春秋中期。

从分期时段考察，凸环首青铜削刀在玉皇庙墓地从春秋早期到春秋中晚期这四个分期时段都占有较高的比例，充分显示出此种类型削刀在玉皇庙文化整个青铜削刀发展过程中的重要地位。如属于春秋早期的可分型分式青铜削刀19件，其中凸环首型有7件，占36.84%；属春秋早中期者18件，其中凸环首型有12件，占66.67%；属春秋中期者28件，其中凸环首型有23件，占82.14%；属春秋中晚期者10件，其中凸环首型有7件，占70%；属春秋晚期前段者38件，其中凸环首型有19件，占50%；属春秋晚期后段者17件，其中凸环首型有1件，占5.88%。由此可见，凸环首型青铜削刀在春秋早期阶段就已达1/3强的比例，春秋早中期迅速上升接近2/3，在高度发展的春秋中期到达巅峰状态，占据绝对优势，春秋中晚期仍居高不下，春秋晚期前段居半数，春秋晚期后段比例骤然下跌，急剧衰落。

综上所述，凸环首形青铜削刀是玉皇庙占主导地位的刀形。因其刀首孔径呈圆形，在穿绳佩带上，较三角孔首、菱形孔首、方形孔首等刀形，更灵便、更自如。因此，其实用功能便胜过其他刀型。这当是凸环首削刀自春秋早期始至春秋晚期前段，在一个较长的历史发展阶段中，在总体数量上，一直占据统治地位，远远超过其他刀形，并能一直延续到春秋晚期后段，其主导地位才最终被扣环首型削刀取而代之的主要原因。而其刀首孔径呈圆形这一基本结构特点，却仍旧被扣环首刀型所承继，这其中的缘故，也盖因这圆形孔径，在穿挂佩带上，较其他任何形状的孔径刀型，都更便利，更少障碍和麻烦，其实用功能更强，因此，造型、工艺已经进步了的扣环首削刀，也还是要继承这一结构上的优点，而未能废弃，或在这一基本结构特点上，再作重大改进或突破。凸环首削刀环首孔径呈圆形这一结构特点，非但为春秋晚期和时代更晚的扣环首削刀所继承，而且还为春秋晚期尖首刀币和战国“匽”刀币所继承。这样一种承继逻辑，当绝非偶然。

六、扣环首青铜削刀的特点

扣环首削刀在玉皇庙青铜削刀中,也占有相当重要的地位,数量仅次于凸环首削刀,共34件,占青铜削刀总数的24.82%。最早出现于北Ⅱ区中部(YYM54:3),属春秋中期。这时的扣环首刀还处于萌芽状态,环首似扣似凸,扣环首的特点尚不明显。之后,扣环首的形式逐步得到完善,人们又尝试在削刀柄部加铸两条平行加强筋,但最初的加强筋是不完美的,还没有延伸到扣环部位,这种形式出于北Ⅱ区南部(YYM58:3),属于春秋中晚期。到春秋晚期前段,人们将凸环首削刀刀柄末端加铸带箍的形式,用作扣环首(如YYM224:3、214:3、209:3、105:3、127:3等)。此时,加强筋的设计也越来越完美,由扣环部位起,贯穿柄部,有的一直延伸至刀身尾端,有的刀身与柄以直棱线分界的形式,加强了刀身与柄衔接部位的强度(如YYM151:3、145:3、143:3、74:3、112:1、156:3、168:3、124:3、171:3、108:3、160:3、175:3、161:3、129:3、174:3、334:3、345:3、344:3、349:3、376:3、370:3、142:3、112:3、134:3、168:3、171:3、174:3、344:3、358:3、325:3等)。春秋晚期前段,扣环首开始逐渐取代凸环首,偶尔也出现反复。YYM156:3墓出土的青铜削刀刀身与柄以直棱线相隔,柄部饰两条平行加强筋,但环首部位并未以整个柄部的宽度相扣,而是以柄上、下沿延长出两条带状棱线与环首相扣,环首与柄衔接部位凸起,尚有凸环首的痕迹。春秋晚期前段到春秋晚期后段的过渡阶段,出现柄部无加强筋的刀型(如YYM303:3、110:3等),这恐怕是当时人们为简化铸造程序,或为节省铜料而采取的措施,但并未流行起来,之后柄饰加强筋的扣环首青铜削刀,成为玉皇庙青铜削刀占主导地位的重要形式。刀形向纤细形发展,刀身与柄夹角偶尔还出现锐角(如YYM345:3、370:3、376:3等)。

扣环首青铜削刀从春秋中期开始出现,与凸环首型削刀并行发展,到春秋晚期后段完全取代凸环首削刀的绝对统治地位。这主要是因为到春秋晚期,这支文化虽然开始走向衰落,经济水平下降,但作为实用工具的削刀并未迅速衰败,而是在原有基础上继续发展,因为削刀是游牧部族日常生活中必备、每天都离不开的工具。因此,对其形制不断要求改进,对其制作工艺不断追求精益求精,这是理所当然的事。

综合考察扣环首青铜削刀,在形式设计和结构特点方面、实用功能方面,以及使用铜料方面,都较其他类型的青铜削刀,有胜出的几个突出优点:(1)刀身、刀柄、刀首三部分比例、结构更为合理,刀柄变窄,体形变得纤巧;铸造工艺普遍精细,外观更加精致、美观。(2)以扣环首的形式作为刀柄与刀首间的衔接方式,从青铜削刀工艺发展史的角度考察,是其预防刀柄与刀首衔接部位发生断裂,在铸造工艺和性能质量上的一次技术创新和进步。因为早期的凸环首形式,为一次浇铸成型,常在刀柄与刀首交接处发生断裂。改为扣环首衔接方式,其铸造工艺变为两次浇铸成型,即先铸环首,然后再将刀首与刀柄连铸成一个整体平面,这就加强了结合部的拉力和强度,使之变得牢固,能承受更大的力而不易折断。(3)扣环首削刀的柄部又特别铸出直贯环首的两条规整的平行凸棱线作为加强筋,起到辅助扣环首工艺、再度加强和加固刀柄与刀首间衔接部位的强度与力度,以预防断裂。这两条加强筋,集装饰功能与实用功能于一身,既美观同时又在预防断裂方面发挥了有效的作用。这是扣环首削刀在铸造工艺上的又一个创新和进步。(4) 经实测,晚期扣环首XIV型削刀的体重,多比早期其他型式的青铜削刀要轻,即扣环首削刀在使用铜料方面比较节省。这一点,对于当时生产力水平并不很高、铜料资源较为匮乏的玉皇庙文化部族来说,无疑也是很重要、很有意义的。(5) 扣环首削刀由于刀背呈弧形,用来切割和刮削比较省力;由于刀柄变瘦、刀体轻巧,使用起来十分灵便;由于刀柄与刀身之间的夹角绝大多数呈直角,对于握刀的手能起到阻隔作用,不至于前移而造成划伤;又由于刀首为圆形环首,易于穿绳佩挂,方便携带等。基于这些优点,所以扣环首削刀最终以自身的多项优势取代了其他形式的削刀,而成为玉皇庙文化晚期阶段青铜削刀的主要和主导形式,到春秋晚期后段,几乎成为唯一形式。

七、青铜削刀形式发展的变化规律

1. 刀首由多元化向一元化——环首形演变

玉皇庙青铜削刀中,刀首形式明确者共有128件,刀首形式有12种: 1) 柄首相联,横向穿孔形;2) 蜷兽形;3) 柄首相联兽头形;4) 单兽目形;5) 双兽目形;6) 菱形;7) 联环首形;8) 平环首;9) 方凸首;10) 柄首相联,纵向穿孔;11) 凸环首形;12) 扣环首形(图二)。

春秋早期有9种刀首形式,占玉皇庙刀首形式总数的75%。包括柄首一体横向穿孔形3件(YYM22:3、13:3、300:3),单兽目形1件(YYM20:3),凸环首形7件(YYM35:3、2:18、3:3、5:3、11:3、385:3、384:3),菱形1件(YYM32:3),单面刃联环首形1件(YYM34:3),双兽目形2件(YYM19:3、17:3),实心椭圆形1件(YYM18:9),柄首相联兽头形1件(YYM82:3),平环首形1件(YYM383:3)。其中非环首形刀首有6种(柄首一体横向穿孔形、单兽目形、菱形、双兽目形、实心椭圆形、柄首相联兽头形),占66.7%;环首形刀首形式有3种(凸环首形、联环首形、平环首形),占33.3%。

春秋早中期有4种刀首形式,占玉皇庙刀首形式总数的33.3%。包括柄首一体横向穿孔形3件(YYM283:3、227:3、229:3),单兽目形1件(YYM275:3),凸环首形12件(YYM281:3、280:3、37:3、250:8、282:3、230:3、233:3、228:3、276:3、226:3、252:3、264:3),方凸首形2件(YYM285:3、99:3)。其中非环首形刀首有3种(柄首一体横向穿孔形,单兽目形,方凸首形),占75%;环首形刀首仅1种(凸环首形),占25%。

春秋中期有6种刀首形式,占玉皇庙刀首形式总数的50%。包括柄首一体横向穿孔形1件(YYM234:3),单兽目形1件(YYM48:3),凸环首形23件(YYM41:3、46:3、256:3、49:3、247:3、95:3、260:3、51:3、190:3、52:3、297:3、293:3、7:3、257:3、188:3、36:3、23:3、102:3、236:3、271:3、26:3、295:3、299:3),单面刃联环首形1件(YYM42:3),柄首一体纵向穿孔形1件(YYM261:3),扣环首形1件(YYM54:3)。其中非环首形刀首有3种(柄首一体横向穿孔形,单兽目形,柄首一体纵向穿孔形),占50%;环首形刀首有3种(单面刃联环首形、凸环首形、扣环首形),占50%。

春秋中晚期有 4 种刀首形式,占玉皇庙刀首形式总数的 33.3%。其中柄首一体横向穿孔形 1 件(YYM192:3),凸环首形 7 件(YYM 57:3、86:3、71:3、186:3、61:3、148:3、83:3),平环首形 1 件(YYM212:3),扣环首形 1 件(YYM58:3)。其中非环首形刀首有 1 种(柄首一体横向穿孔形),占 25%;环首形刀首形式有 3 种(凸环首形、平环首形、扣环首形),占 75%。

春秋晚期前段有 4 种刀首形式,占玉皇庙刀首形式总数的 33.3%。包括凸环首形 19 件(YYM 182:3、199:3、178:3、153:3、312:3、213:3、117:3、131:3、314:3、217:3、122:3、203:3、220:3、179:3、177:3、315:3、313:3、158:3、111:3),平环首形 1 件(YYM205:3),柄首一体纵向穿孔形 1 件(YYM210:3),扣环首形 17 件(YYM224:3、214:3、209:3、105:3、151:3、145:3、74:3、112:3、168:3、124:3、171:3、142:3、134:3、156:3、303:3、143:3、108:3)。其中非环首形刀首形式有 1 种(柄首一体纵向穿孔形),占 25%;环首形刀首形式有 3 种(凸环首形、平环首形、扣环首形),占 75%。

春秋晚期后段有 3 种刀首形式,占玉皇庙刀首形式总数的 25%,包括凸环首 1 件(YYM348:3),平环首 1 件(YYM373:3),扣环首 15 件(YYM127:3、160:3、175:3、161:3、129:3、174:3、334:3、344:3、349:3、358:3、325:3、110:3、345:3、376:3、370:3),全部为环首形刀首,占 100%。

以上统计显示,非环首形刀首形式在春秋早期所占比例很高,达 60% 以上,到春秋早中期更超过 70%,春秋中期便开始下降至 1/2,春秋中晚期和春秋晚期前段下滑至 1/4,春秋晚期后段绝迹,总的趋势是从高到低,从占据显要地位到彻底消失。而环首形刀首形式恰恰相反,从春秋早期和春秋早中期的所占比例只有 1/3、1/4,到春秋中期已达 1/2,春秋中晚期和春秋晚期前段至 3/4,春秋晚期后段独占鳌头,成为唯一的刀首形式。以上变化揭示出玉皇庙墓地出土青铜削刀刀首由多元化逐渐演变为单一环首形式的发展历程。

环首削刀环首孔径呈圆形这一结构特点,还为春秋晚期尖首刀币和战国“匽”刀币所继承。这样一种承袭逻辑,当绝非偶然。可以说环首青铜削刀应是尖首刀币和“匽”刀币的始祖,尖首刀币和“匽”刀币就起源于青铜环首削刀。

2. 环首形式由凸环首向扣环首演变

凸环首在春秋早期就已出现,且已处于成熟阶段,共有 7 件。到春秋早中期得到发展,共 12 件。到春秋中期到达鼎盛时期,共有 21 件之多。这时候出现了由凸环首向扣环首形式过渡的削刀形态(YYM54:3)。到春秋中晚期,凸环首削刀走向衰落,数量只有 7 件,这时扣环首已初具形态(YYM58:3)。春秋晚期前段,凸环首削刀进入第二个发展高峰,数量达 19 件之多。扣环首数量也陡然增加,共有 17 件。到春秋晚期后段,凸环首只余 1 件(YYM348:3),而扣环首尚处于发展态势,有 15 件之多。

凸环首和扣环首削刀是玉皇庙青铜削刀演变的主线,贯穿着玉皇庙墓地的主人在制作青铜削刀的过程中的不断探索、不断总结、不断提高的发展历程。其余形式的削刀最多不超过 8 件,分布在各时期,也只是零散出现,没有明显的规律和发展脉络可寻。从凸环首到扣环首的演变,反映了这支部族的审美情趣、实用观念的变化及发展,是由朴拙、简洁、庄重向纤巧、秀丽转变,在节省铜料的前提下,同样保证牢固耐用。

3. 刀柄与刀身夹角由钝角向直角演变

玉皇庙墓地出土的可分型分式的130件青铜削刀,刀身与刀柄夹角均明确可辨,从早期到晚期变化规律明显。我们将夹角分成五类:

大钝角:≥120°,小钝角:100°~119°,近直角96°~99°,直角:90°~95°,锐角:<90°。

因在制作、绘图、测量过程中都会有误差,所以将直角规定在一定范围内,才能更准确地表达创作者的真实意图,减少误差带来的混淆。

属于春秋早期的可分型分式青铜削刀有19件,其中大钝角者14件(YYM22:3、32:3、17:3、386:3、383:3、5:3、20:3、34:3、13:3、300:3、384:3、19:3、3:3、82:3),占该其可分型分式青铜削刀总数的73.68%;小钝角者3件(YYM18:9、2:18、35:3),占15.79%;近直角者1件(YYM11:3),占5.26%;直角范围者1件(YYM385:3),占5.26%;无锐角者。

属于春秋早中期的青铜削刀有18件,其中大钝角者14件(YYM281:3、285:3、282:3、233:3、226:3、280:3、37:3、230:3、228:3、276:3、283:3、250:8、229:3、275:3),占77.78%;小钝角者3件(YYM264:3、252:3、99:3),占16.67%;近直角者1件(YYM227:3),占5.56%;直角范围内者及锐角者缺略。

属于春秋中期的青铜削刀有28件,其中大钝角者18件(YYM234:3、46:3、261:3、247:3、190:3、54:3、42:3、236:3、49:3、260:3、188:3、293:3、41:3、48:3、51:3、52:3、295:3、7:3),占64.29%;小钝角者(YYM95:3、297:3、256:3)、近直角者(YYM36:3、257:3、26:3)、直角范围内者(YYM299:3、271:3、23:3)各3件,各占10.71%;锐角者1件(YYM102:3),占3.57%。

属于春秋中晚期的青铜削刀有10件,其中大钝角者3件(YYM71:3、57:3、86:3),占30%;小钝角者4件(YYM 148:3、192:3、61:3、83:3),占40%;近直角者1件(YYM58:3),占10%;直角范围内者2件(YYM212:3、186:3),占20%;锐角者缺略。

属于春秋晚期前段的青铜削刀有38件,其中大钝角者6件(YYM217:3、182:3、210:3、153:3、111:3、312:3),占15.79%;小钝角者9件(YYM224:3、214:3、213:3、199:3、178:3、105:3、158:3、168:3、303:3),占23.68%;近直角者5件(YYM112:3、314:3、209:3、145:3、124:3),占13.16%;直角范围内者15件(YYM203:3、220:3、205:3、177:3、151:3、142:3、74:3、117:3、134:3、156:3、131:3、122:3、171:3、315:3、313:3),占39.47%;锐角者3件(YYM143:3、179:3、108:3),占7.89%。

属于春秋晚期后段的青铜削刀有17件,其中大钝角者(YYM127:3、348:3)和近直角者(YYM110:3、373:3)各2件,各占11.76%;直角范围内者10件(YYM160:3、175:3、161:3、129:3、174:3、334:3、344:3、349:3、358:3、325:3),占58.82%;锐角3件(YYM345:3、370:3、376:3),占17.65%;未见小钝角者。

综上所述可以看出,刀身与刀柄夹角为大钝角的削刀,从春秋早期到春秋晚期后段,其比例基本呈递减状态;小钝角削刀发展处于不稳定状态,其比例升降无序,前期阶段升降幅度小,后期阶段升降幅度大;近直角削刀的发展比较稳定,早中期前略低,中期之后保持在 1/5 或略多;直角范围内削刀比例基本处于上升态势,后期阶段上升幅度较大;锐角削刀在春秋中期出现,数量较少,没有形成规模。由此可见玉皇庙青铜削刀从春秋早期到春秋晚期后段,其刀身与刀柄的夹角发展变化经历了从钝角到直角的过程。这同人们对实用功能的追求分不开。刀身与刀柄夹角呈直角在使用过程中,刀身尾部起到阻隔作用,使握刀的手不易被划伤。

4. 环首削刀最大环外径与柄均宽的比值由小变大

玉皇庙环首形青铜削刀环首的发展有由小变大的趋势,但这不是绝对数值,而是就最大环外径与柄均宽的比值而言的相对数字。现将最大环外径与柄均宽的比值称为 Z/B,将该值分为 6 类:

Ⅰ类: 1≤Z/B<2; Ⅱ类: 2≤Z/B<3; Ⅲ类: 3≤Z/B<4;

Ⅳ类: 4≤Z/B<5; Ⅴ类: 5≤Z/B<6; Ⅵ类: 6≤Z/B<7

这里所指环首形刀即Ⅲ型、Ⅹ型、Ⅺ型和ⅩⅣ型,共 107 件。

春秋早期的 8 件环首刀中,有Ⅰ类 2 件、Ⅱ类 5 件、Ⅲ类 1 件,分别占 25%、62.5% 和 12.5%。Ⅳ类、Ⅴ类、Ⅵ类均无。

春秋早中期的 12 件环首刀中,有Ⅰ类 2 件、Ⅱ类有 10 件,各占 16.67% 和 83.33%。Ⅲ类、Ⅳ类、Ⅴ类、Ⅵ类均无。

春秋中期的 24 件环首刀中,Ⅰ类和Ⅲ类各 4 件,各占 16.67%,Ⅱ类 16 件,占 66.67%。Ⅳ类、Ⅴ类、Ⅵ类均无。

春秋中晚期的 9 件环首刀中,有Ⅰ类 1 件、Ⅱ类 3 件、Ⅲ类 5 件,各占 11.11%、33.33% 和 55.56%。Ⅳ类、Ⅴ类、Ⅵ类均无。

春秋晚期前段的 37 件环首刀中,有Ⅱ类 16 件、Ⅲ类 21 件,各占 43.24% 和 56.76%。Ⅰ类、Ⅳ类、Ⅴ类、Ⅵ类均无。

春秋晚期后段的 17 件环首刀中,有Ⅱ类 3 件、Ⅲ类 7 件、Ⅳ类 5 件,分别占 17.65%、41.18% 和 29.41%,Ⅴ类和Ⅵ类各 1 件,均占 5.88%。Ⅰ类空缺。

Ⅰ类削刀共 9 件,集中于春秋中晚期以前。其中春秋中期数量最多,有 4 件,占 44.44%。Ⅱ类削刀贯穿于整个春秋时期,是数量最多的类型,共 53 件,将近占环首刀的一半,集中于春秋中期和春秋晚期前段,各有 16 件,均占 30.19%;其次是春秋早中期,有 10 件,占 18.87%。Ⅲ类削刀仅春秋早中期空缺,共 38 件,集中于春秋晚期前段,有 21 件,占 55.26%;其次是春秋晚期后段,有 7 件,占 18.42%;此类削刀是春秋晚期的典型类别。Ⅳ类、Ⅴ类、Ⅵ类均只属于春秋晚期后段,前 5 期未见。

综上所述,玉皇庙环首刀的环首最大环外径与柄均宽的比值从春秋早期到春秋晚期后段的发展趋势是递增的,即刀柄日趋变窄,而环首越变越大(参见表一)。

表一 玉皇庙墓地青铜削刀最大环外径与柄均宽比值统计表

墓号 年代 类别	春秋早期	春秋早中期	春秋中期	春秋中晚期	春秋晚期前段	春秋晚期后段	合计
Ⅰ类 1≤Z/B<2	35、2	276	41、46、297、7	71			8
Ⅱ类 2≤Z/B<3	3、385、383、384、5	281、280、37、282、230、233、228、264、252、226	282、256、49、247、271、260、51、190、188、52、54、26、293、295、299	57、83	182、220、214、209、199、179、153、117、105、124、111、312、315	127、373	47
Ⅲ类 3≤Z/B<4	11		257、36、23	212、58、186、61、148	217、224、203、213、205、177、151、142、145、143、74、112、156、134、131、122、171、108、314、313、303	110、160、129、334、349、370	36
Ⅳ类 4≤Z/B<5						161、174、345、344	4
Ⅴ类 5≤Z/B<6						175、358	2
Ⅵ类 6≤Z/B<7						325	1
分布区域	北Ⅰ区中部、西部	北Ⅱ区北部	北Ⅱ区中部 北Ⅰ区北部、南部	北Ⅱ区南部	南区北部、中部 西区部分	南区南部 西区部分	
合 计	8	11	22	8	34	15	98

注：为简明起见，表中以墓号代替器物号。

八、青铜削刀的纹饰及其演变规律

玉皇庙墓地出土的分型分式的130件青铜削刀中，有57件在刀身上沿、柄部和刀首进行装饰，占可分型分式青铜削刀总数的43.85%。纹饰共16种：横向锯齿纹、水波纹、绹纹、回纹、直线纹、蜷兽纹、横向凸棱线纹、圆点纹、方格纹、三角纹、人字纹、界棱纹、加强筋纹、纵向锯齿纹、倒“U”字纹和纵向凸棱线纹。

春秋早期纹饰有横向锯齿纹、水波纹、绹纹、回纹、直线纹、蜷兽纹、横向凸棱线纹、圆点纹，共8种纹饰6件削刀，分别占纹饰种类总数和有纹饰削刀总数的50%和10.53%。

春秋早中期的纹饰有横向锯齿纹、绹纹、横向凸棱线纹、圆点纹、方格纹、三角纹，共6种纹饰

8 件削刀,分别占纹饰种类总数和有纹饰削刀总数的 37.5% 和 14.04%。

春秋中期纹饰有横向锯齿纹、水波纹、直线纹、横向凸棱线纹、方格纹、三角纹、界棱纹,共 8 种纹饰 11 件削刀,分别占纹饰种类总数和有纹饰削刀总数的 50% 和 19.3%。

春秋中晚期的纹饰有横向锯齿纹、水波纹、方格纹(YYM57:3)、加强筋纹,共 4 种纹饰 3 件削刀,分别占纹饰种类总数和有纹饰削刀总数的 25% 和 5.26%。

春秋晚期前段的纹饰有水波纹、直线纹、方格纹、界棱纹、加强筋纹、纵向锯齿纹、倒"U"字纹,共 7 种纹饰 15 件削刀,分别占纹饰种类总数和有纹饰削刀总数的 43.75% 和 26.32%。

春秋晚期后段的纹饰有界棱纹、加强筋纹、纵向凸棱线纹,共 3 种纹饰 14 件削刀,分别占纹饰种类总数和有纹饰削刀总数的 18.75% 和 24.56%。

从以上情况可以看出,纹饰种类最多的是春秋早期和春秋中期,其次是春秋晚期前段,再次为春秋早中期,最少的是春秋晚期后段。从装饰纹样削刀数量上看,最多的是春秋晚期前段,其次是春秋晚期后段,再次是春秋中期,最少的是春秋中晚期。

从另一组统计数字中,同样显示了削刀纹饰变化的一些规律。在这 130 件青铜削刀中,春秋早期共 19 件,其中 6 件有纹饰,占 31.58%;春秋早中期共 18 件,其中 8 件有纹饰,占 44.44%;春秋中期共 28 件,其中 11 件有纹饰,占 39.29%;春秋中晚期共 10 件,其中 3 件有纹饰,占 30%;春秋晚期前段共 38 件,其中 15 件有纹饰,占 39.47%;春秋晚期后段共 17 件,其中 14 件有纹饰,占 82.35%。可见,春秋早期虽然纹饰种类最丰富,但装饰的普遍率不是很高,纹饰集中于 1/3 的削刀;随着青铜削刀的发展人们越来越重视纹饰的装饰作用,春秋早中期和春秋中期装饰之风盛行,超过 2/5 的削刀装饰纹饰;到春秋晚期后段,纹饰的种类虽然不多,但 4/5 强的削刀都加以装饰,纹饰风格趋向简单、统一。

(一) 各类纹饰分布年代及其与型式关系

1. 横向锯齿纹

这是玉皇庙墓地最早出现的纹饰,属于春秋早期 1 例(YYM32:3),春秋早中期 4 例(YYM281:3、282:3、233:3、228:3),得到了发展,一直延续到春秋中期 2 例(YYM41:3、52:3)和春秋中晚期 1 例(YYM86:3)。共有 8 件,占施纹削刀总数的 14.04%。集中于春秋早中期(50%)。分别属于Ⅲ型Ⅰ式(YYM281:3、282:3、233:3、228:3、41:3、52:3、86:3)和Ⅳ型(YYM32:3),共 2 个型别,占型别总数的 14.29%。

2. 水波纹

出现于春秋早期(YYM34:3),春秋中期出现 1 例(YYM42:3),春秋中晚期出现 1 例(YYM86:3),春秋晚期前段又偶然出现(YYM210:3),之后便消失了。共 4 件,占施纹削刀总数的 7.02%。分别属于Ⅲ型Ⅰ式(YYM86:3)、Ⅴ型(YYM34:3、YYM 42:3)和ⅩⅢ型Ⅱ式(YYM210:3),共 3 个型别,占型别总数的 21.43%。

3. 绹纹

出现于春秋早期(YYM19:3),只延续到春秋早中期(YYM280:3)。共2件,占施纹削刀总数的3.51%。分别属于Ⅲ型Ⅰ式(YYM280:3)和Ⅵ型(YYM19:3),共2个型别,占型别总数的14.29%。

4. 回纹

仅存在于春秋早期(YYM19:3、18:9),共2件,占施纹削刀总数的3.51%。分别属于Ⅵ型和Ⅶ型,共2个型别,占型别总数的14.29%。

5. 直线纹

出现于春秋早期(YYM19:3),春秋中期和春秋晚期前段各1例(YYM41:3、210:3),共3件,占施纹削刀总数的5.26%。分别属于Ⅲ型Ⅰ式(YYM41:3)、Ⅵ型(YYM19:3)和ⅩⅢ型Ⅱ式(YYM210:3),共3种型别,占型别总数的21.43%。

6. 蜷兽纹

仅存于春秋早期(YYM18:9),1件,占施纹削刀总数的1.75%。属Ⅶ型,占型别总数的7.14%。

7. 横向凸棱纹

出现于春秋早期(YYM385:3、384:3),春秋早中期有1例(YYM264:3),春秋中期数量最多(YYM271:3、26:3、295:3、299:3),春秋中晚期终止,共7件,占施纹削刀总数的12.28%。分别属于Ⅹ型Ⅰ式(YYM385:3、384:3、264:3、271:3)和Ⅱ式(YYM 26:3、295:3、299:3),仅1个型别,占型别总数的7.14%。

8. 圆点纹

出现于春秋早期(YYM18:9),春秋早中期有2件(YYM282:3、233:3),春秋中期消失,共3件,占施纹削刀总数的5.26%。分别属于Ⅲ型Ⅰ式(YYM282:3、233:3)和Ⅶ型(YYM18:9),共2个型别,占型别总数的14.29%。

9. 方格纹

出现于春秋早中期(YYM226:3),春秋中期数量最多,有3件(YYM 256:3、49:3、260:3),春秋中晚期和春秋晚期前段各1件(YYM57:3、105:3),以后便不复存在,共6件,占施纹削刀总数的10.53%。分别属于Ⅲ型Ⅰ式(YYM226:3、256:3、49:3、260:3、57:3)和ⅩⅣ型Ⅲ式,共2个型别,占型别总数的14.29%。

10. 三角纹

出现于春秋早中期(YYM250:8),春秋中期1例(YYM49:3),共2件,占施纹削刀总数的3.51%。均属于Ⅲ型Ⅰ式,仅1个型别,占型别总数的7.14%。

11. 人字纹

仅存在于春秋中期(YYM46:3、256:3),共2件,占施纹削刀总数的3.51%。分别属于Ⅲ型Ⅰ式(YYM46:3、256:3),仅1个型别,占型别总数的7.14%。

12. 界棱纹

出现于春秋中期(YYM 26:3、295:3、299:3),春秋中晚期间断,春秋晚期前段数量大增(YYM151:3、145:3、143:3、74:3、112:3、156:3、168:3、124:3、171:3、108:3),春秋晚期后段达到高峰(YYM160:3、175:3、161:3、129:3、174:3、334:3、345:3、344:3、349:3、376:3、370:3),共24件,占施纹削刀总数的42.11%,87.5%集中于春秋晚期。分别属于Ⅹ型Ⅱ式(YYM 26:3、295:3、299:3)和ⅩⅣ型Ⅳ(YYM151:3、145:3、74:3、112:3、168:3、124:3、171:3、160:3、175:3、161:3、129:3、174:3、334:3、344:3、349:3)、Ⅵ式(YYM 156:3)、Ⅷ式(YYM 143:3、108:3、345:3、376:3、370:3),共2个型别,占型别总数的14.29%。

13. 加强筋纹

出现于春秋中晚期(YYM58:3),春秋晚期前段迅速发展(YYM151:3、142:3、145:3、143:3、74:3、112:3、156:3、168:3、134:3、124:3、171:3、108:3),春秋晚期后段数量处最高值(YYM160:3、175:3、161:3、129:3、174:3、334:3、345:3、344:3、349:3、358:3、325:3、376:3、370:3),共26件,占施纹削刀总数的45.61%。分别属于ⅩⅣ型Ⅱ式(YYM58:3)、Ⅳ式(YYM151:3、145:3、74:3、112:3、168:3、124:3、171:3、160:3、175:3、161:3、129:3、174:3、334:3、344:3、349:3)、Ⅴ式(YYM142:3、134:3、358:3、325:3)、Ⅵ式(YYM 156:3)、Ⅷ式(YYM 143:3、108:3、345:3、376:3、370:3),仅1个型别,占型别总数的7.14%。

14. 纵向锯齿纹

仅存于春秋晚期前段,1件(YYM214:3),占施纹削刀总数的1.75%。属于ⅩⅣ型Ⅲ式,占型别总数的7.14%。

15. 倒"U"字纹

只在春秋晚期前段出现1例(YYM105:3),占施纹削刀总数的1.75%。属于ⅩⅣ型Ⅲ式,占型别总数的7.14%。

16. 纵向凸棱线纹

仅在春秋晚期后段出现1例(YYM348:3),占施纹削刀总数的1.75%。属于Ⅲ型Ⅴ式,占型别总数的7.14%。

综上所述表明,50%的纹饰是在春秋早期形成的,春秋早中期、春秋中期和春秋晚期前段各增加2种纹饰,中晚期和春秋晚期后段各增加1种纹饰。春秋早期比较重视削刀纹饰的设计,偏早阶段的凸环首削刀装饰纹样有10种之多,占纹饰种类的62.5%。尤其是小凸环首形削刀装饰了50%的纹样(8种),囊括了所有设计形式:折线、曲线、直线和点。而晚期出现的扣环首形削刀只以直线进行装饰,但削刀纹样装饰的普及率大大高于早期。

(二)青铜削刀纹饰装饰部位及表现形式

青铜削刀纹饰大多数装饰在刀柄上。57件削刀中,有56件柄部有装饰,占有纹饰削刀总数的98.25%,惟有YYM280:3只在刀身上沿饰纹,仅占有纹饰削刀总数的1.75%。在柄部饰纹的削刀中,除YYM18:9另在首部饰纹外,有24件削刀(YYM 26:3、295:3、299:3、151:3、145:3、143:3、74:3、112:3、156:3、168:3、124:3、171:3、108:3、160:3、175:3、161:3、129:3、174:3、334:3、345:3、344:3、349:3、376:3、370:3)在刀身末端,或说柄前端饰纹,占有纹饰削刀总数的42.11%。

玉皇庙墓地青铜削刀的施纹方式有2种:单一式和复合式,即同一削刀只施一种纹饰或两种以上纹饰,其中复合式又分一刀双纹和一刀三纹两种形式。

单一式削刀共23件(YYM32:3、34:3、385:3、384:3、281:3、280:3、250:8、228:3、264:3、226:3、42:3、46:3、271:3、260:3、52:3、58:3、57:3、214:3、142:3、134:3、348:3、358:3、325:3),占有纹饰削刀总数的40.35%。

复合式削刀中,一刀双纹者共32件(YYM282:3、233:3、41:3、256:3、49:3、26:3、295:3、299:1、86:3、210:3、151:3、145:3、143:3、105:3、74:3、112:3、156:3、168:3、124:3、171:3、108:3、160:3、175 :3、129:3、161:3、174:3、334:3、345:3、344:3、349:3、376:3、370:3),占有纹饰削刀总数的56.14%。一刀三纹者2件(YYM19:3、18:9),占有纹饰削刀总数的3.51%。

可见,复合式削刀占优势,在所占有纹饰削刀的比例中接近60%,其中又以一刀双纹者为主,在复合式削刀中占94.12%。

(三)纹饰的演变规律

1. 由繁入简,由斜线、曲线、折线向直线转化

春秋早期出现8种纹饰,即横向锯齿纹、水波纹、绹纹、回纹、直线纹、蜷兽纹、横向凸棱线纹、圆点纹,分别属于折线形(横向锯齿纹、回纹),曲线形(水波纹、蜷兽纹、圆点纹),斜线形(绹纹)和直线形(直线纹、横向凸棱纹)等4个类型,各占该期纹饰类别总数的25%、37.5%、12.5%、25%,比例最高的是曲线形纹饰,最低的是斜线形纹饰。

春秋早中期出现6种纹饰，即横向锯齿纹、绹纹、横向凸棱线纹、圆点纹、方格纹、三角纹，分别属于折线形(横向锯齿纹、方格纹、三角纹)，曲线形(圆点纹)、斜线形(绹纹)和直线形(横向凸棱线纹)等4个类型，各占该期纹饰类别总数的50%、16.7%、16.7%、16.7%，比例最高的是折线形纹饰，其余比例相当。

春秋中期出现8种纹饰，即横向锯齿纹、水波纹、直线纹、横向凸棱线纹、方格纹、三角纹、人字纹、界棱纹，分别属于折线形(横向锯齿纹、方格纹、三角纹、人字纹)，曲线形(水波纹)，直线形(直线纹、横向凸棱线纹、界棱纹)等3个类型，各占该期纹饰类别总数的50%、12.5%、37.5%。

春秋中晚期出现4种纹饰，即横向锯齿纹、水波纹、方格纹和加强筋纹，分别属于折线形(横向锯齿纹、方格纹)，曲线形(水波纹)和直线形(加强筋纹)等3个类型，各占该期纹饰类别总数的50%、25%、25%。

春秋晚期前段出现7种纹饰，即水波纹、直线纹、方格纹、界棱纹、加强筋纹、纵向锯齿纹、倒"U"字纹，分别属于折线形(方格纹、纵向锯齿纹)，曲线形(水波纹、倒"U"字纹)，直线形(直线纹、界棱纹、加强筋纹)等3个类型，各占该期纹饰类别、总数的28.6%、28.6%、42.9%。

春秋晚期后段出现3种纹饰，即界棱纹、加强筋纹、纵向凸棱线纹，全部属于直线形1个类别，达100%。

从上述情况看，折线形纹饰持续时间较长，从春秋早期到春秋晚期前段，其类别所占比例经历了由较低到最高、持续最高、最低、完全消失的过程。曲线形纹饰总的发展趋势是递减的，春秋早期其类别所占比例最高，春秋早中期即跌入最低谷，春秋中期持续低迷，春秋中晚期再现，春秋晚期前段回升，但仍是在最低谷徘徊，直到春秋晚期后段再度消失。斜线形纹饰持续时间最短，只存在于春秋早期和春秋早中期，且均为类别所占比例最低者。直线形纹饰持续时间最长，囊括6个阶段，总的发展趋势是递增的，其类别所占比例经历了较高、最低、再度升高、与折线形纹饰持平、占据主导地位、完全取代其他类型成为唯一纹饰类型等阶段。纵观纹饰发展历程，直线形纹饰取代折线形、曲线形和斜线形纹饰有一个从不自觉、无序到自觉、有序发展的过程，最终，复杂、繁缛的折线形、曲线形纹饰被简洁的直线形纹饰所代替。

2. 由单纯装饰功能向兼有装饰与实用功能的转化

春秋早期阶段出现的折线形、曲线形和斜线形纹饰属于装饰性纹饰，不具备或较少具备实用功能，至多能有在柄部增大摩擦力的作用。早期出现的直线形纹饰有增大摩擦力的作用，但主要是起装饰作用。而春秋中晚期出现的直线形纹饰中的加强筋纹、界棱纹却有加固刀体的作用。后期的加强筋纹延伸至刀身末端，使刀柄与刀身的整体性更强，不易折断。界棱纹则有加厚刀身尾端的作用，使折角部位不易磨损。就直线形纹本身来讲，也由装饰性为主向装饰与实用功能兼而有之的方向转化。春秋早期出现的凸棱纹(YYM384:3、385:3)并无加固作用，刀柄本身已很厚重结实，以凸棱纹加固无实际意义，而脱胎于该式凸棱纹，出现在春秋中晚期的加强筋纹则不同。这时的刀柄与早期相比，轻薄而纤细，节省了大量铜料，这样加强筋的运用就至关重要了。这种装饰兼实用的加强筋及界棱纹经过实践的检验，是切实可行的，因此，在春秋晚期后段占有绝对优势。

实用而美观,二者兼备,缺一不可,这是该文化主人的哲学理念,同时也是该文化生产工具和青铜兵器等器具形式的发展在实践中遵循的自然法则。

在凸环首型削刀向扣环首型削刀的过渡阶段,曾出现一种柄部有带箍的削刀形式,共有9件,只占可分型分式的凸环首和扣环首削刀数之和(100件)的9%,其中既有凸环首3件(YYM158:3、111:3、348:3),还有扣环首6件(YYM74:3、224:3、214:3、105:3、209:3、127:3)。所谓带箍,即在刀柄的末端与刀首衔接部位,加铸一段比刀柄更厚、更宽的加固带。最早的1件,是春秋中晚期出现的YYM74:3,最晚的1件是春秋晚期后段的YYM348:3,与此年代大体相当的还有1件是YYM127:3,其余6件标本均属春秋晚期前段。这表明此种带箍的青铜削刀在该墓地出现的时间较晚,延续发展的时间较短,主要在春秋晚期前段,到春秋晚期后段已处于萎缩衰退阶段。这是该支文化的主人在探索如何加固刀柄与刀首的衔接部位的过程中的作品,通过这9件标本,我们看到这支文化的主人,曾在如何加固刀首与刀柄的衔接部位强度这一铸造工艺方面作出过探索和努力。在使用实践中也确曾起到过加固的作用。但在体现实用功能的同时又明显表现出它的缺陷,加固带在刀柄部分的凸棱在使用过程中,不可避免地磨、硌手掌和手指,这给使用者带来一定的麻烦。另外,加固凸棱带外观粗拙,不美观,同时,还需耗费更多的铜料。从实用与美观两方面考察,这种刀柄形式均不够理想,因此,这种刀柄带箍的青铜削刀到春秋晚期后段没有得到继续发展。与此相反,扣环首、柄部施加强筋的青铜削刀,在春秋晚期后段数量剧增,得到了充分普及和发展。因为这种带加强筋的扣环首刀柄,光滑、轻巧、美观,在使用中不再磨、硌手部,且耗费铜料少,恰恰克服了前者的缺点,在实用与美观两方面均胜柄部带箍的青铜削刀一筹,因此加强筋削刀得到迅速发展就是理所当然的了。

3. 由单一式向复合式的转化

春秋早期有6件施纹削刀,其中施单一纹饰者4件(YYM 32:3、34:3、385:3、384:3),施复合纹饰者2件(YYM19:3、18:9),各占该期施纹削刀总数的66.7%和33.3%。

春秋早中期有8件施纹削刀,其中施单一纹饰者3件(YYM 281:3、280:3、250:8、228:3、264:3、226:3),施复合纹饰者4件 (YYM 282:3、233:3),各占该期施纹削刀总数的75%和25%。

春秋中期有11件施纹削刀,其中施单一纹饰者5件(YYM 42:3、271:3、52:3、260:3、46:3),施复合纹饰者5件(YYM41:3、295:3、299:3、26:3、49:3、256:3),各占该期施纹削刀总数的45.5%和54.5%。

春秋中晚期有3件施纹削刀(YYM57:3、58:3、86:3),前2者为施单一纹饰者,后者为施复合纹饰者,各占该期施纹削刀总数的66.67%和33.3%。

春秋晚期前段有15件施纹削刀,其中施单一纹饰者3件(YYM142:3、134:3、214:3),施复合纹饰者12件(YYM210:3、105:3、151:3、145:3、143:3、74:3、112:1、156:3、168:3、124:3、171:3、108:3),各占该期施纹削刀总数的20%和80%。

春秋晚期后段有14件施纹削刀,其中施单一纹饰者3件(YYM 358:3、325:3、348:3),施复合纹饰者 11 件(YYM160:3、175:3、161:3、129:3、174:3、334:3、345:3、344:3、349:3、376:3、370:3),各占该期施纹削刀总数的 21.4% 和 78.6%。

综上所述不难看出,在春秋早期,单一纹饰削刀达 2/3,占具优势地位,复合式处于劣势,只 1/3。到春秋早中期和中期,单一式与复合式纹饰削刀处于拉锯状态,复合式已略占上风。春秋中晚期施纹削刀数量骤减,在仅有 3 件的情况下,复合式仍占 1/3。之后,在春秋晚期前段和后段,单一式便一蹶不振,把绝对优势地位让给了复合式削刀。可见,玉皇庙青铜削刀纹饰由单一式纹饰向复合式纹饰转化也是其发展演变的规律特点之一。

九、从刀身与刀柄长度的比值看玉皇庙青铜削刀的实用功能

直观考察玉皇庙墓地的青铜削刀,发现春秋早晚期削刀的身长与柄长的比例是有变化的。以 S/B 代表削刀身长与柄长的比值,将玉皇庙墓地出土的削刀中可统计该值者 116 件标本分为 4 类:

Ⅰ类: S/B≥2.5;Ⅱ类: 2≤S/B<2.5;Ⅲ类: 1.5≤S/B<2;Ⅳ类: S/B<1.5

春秋早期可测 S/B 值的削刀共有 16 件,占玉皇庙墓地可测 S/B 值削刀总数的 13.79%。其中Ⅰ类削刀有 1 件(YYM 34:3),占该期可测 S/B 值削刀数的 6.25%;Ⅱ类削刀有 4 件(YYM 32:3、19:3、18:19、11:3),占 25%;Ⅲ类削刀有 10 件(YYM 22:3、20:3、35:3、3:3、13:3、82:3、385:3、383:3、384:3、5:3),占 62.5%;Ⅳ类削刀有 1 件(YYM 300:3),占 6.25%。

春秋早中期的可测 S/B 值削刀共有 17 件,占玉皇庙墓地可测 S/B 值削刀总数的 14.66%。其中Ⅰ类削刀有 1 件(YYM 276:3),占该期可测 S/B 值削刀数的 5.88%;Ⅱ类削刀有 8 件(YYM 280:3、285:3、250:8、282:3、233:3、228:3、226:3、275:3),占 47.06%;Ⅲ类削刀有 5 件(YYM 281:3、37:3、230:3、264:3、252:3),占 29.41%;Ⅳ类削刀有 3 件(YYM 283:3、229:3、227:3),占 17.65%。

春秋中期的可测 S/B 值削刀共有 25 件,占玉皇庙墓地可测 S/B 值削刀总数的 21.55%。其中Ⅰ类削刀有 1 件(YYM42:3),占该期可测 S/B 值削刀数的 4%;Ⅱ类削刀有 15 件(YYM 41:3、236:3、49:3、257:3、271:3、48:3、260:3、51:3、188:3、52:3、36:3、293:3、295:3、23:3、7:3),占60%;Ⅲ类削刀有 8 件(YYM 46:3、256:3、247:3、95:3、190:3、26:3、297:3、102:3),占 32%;Ⅳ类削刀有 1 件(YYM 234:3),占该期可测 S/B 值削刀数的 4%。

春秋中晚期的可测 S/B 值削刀共有 10 件,占玉皇庙墓地可测 S/B 值削刀总数的 8.62%。其中Ⅱ类削刀有 4 件(YYM 212:3、71:3、83:3、148:3),占该期可测 S/B 值削刀数的40%;Ⅲ类削刀有 5 件(YYM 58:3、186:3、57:3、86:3、61:3),占 50%;Ⅳ类 1 件(YYM192),占 10%。Ⅰ类削刀没有出现。

春秋晚期前段的可测 S/B 者削刀共有 35 件,占玉皇庙墓地可测 S/B 值削刀总数的 30.17%。其中Ⅱ类削刀有 6 件(YYM 205:3、199:3、153:3、168:3、312:3、214:3),占该期可测 S/B 值削刀数的

17.14%；Ⅲ类削刀有26件(YYM 178:3、213:3、117:3、314:3、131:3、217:3、122:3、203:3、220:3、179:3、177:3、315:3、313:3、158:3、111:3、224:3、214:3、209:3、105:3、142:3、112:3、134:3、171:3、151:3、303:3、143:3)，占74.29%；Ⅳ类削刀有3件(YYM 182:3、210:3、108:3)，占8.57%。Ⅰ类削刀没有出现。

春秋晚期后段的可测S/B值削刀共有13件，占玉皇庙墓地可测S/B值削刀数的11.21%。其中Ⅱ类削刀有3件(YYM 127:3、348:3、325:3)，占该期可测S/B值削刀数的23.08%；Ⅲ类削刀有9件(YYM 110:3、160:3、344:3、174:3、345:3、349:3、358:3、376:3、370:3)，占69.23%；Ⅳ类削刀有1件(YYM 129:3)，占该期可测S/B值削刀数的5.88%。Ⅰ类削刀没有出现。

由以上统计可以看出，Ⅰ类削刀均出现于春秋中期以前，而且数量很少，每期只有1件；这种具有超长形刀身的削刀力臂不稳，不实用，因此未能得到发展。Ⅳ类削刀从春秋早期到春秋晚期后段的发展过程中，每一阶段数量都较少，所占比例也很低，可以说这种短刀身形的削刀，是处于次要地位的刀形。贯穿玉皇庙文化发展的始终，且居主导地位的刀型是Ⅱ类和Ⅲ类削刀，即刀身处于偏长和中长形的削刀。在春秋早中期和中期Ⅱ类削刀居优势地位，Ⅲ类削刀在春秋早期已占龙头，从春秋中晚期开始又恢复王者之席，到春秋晚期前段更是遥遥领先，春秋晚期后段也当仁不让，表明此类削刀的刀身与刀柄的长度是最合适的，已达到了相对最优比值，其力臂合理，使用起来灵便自如，因而最具实用性。这也正是此类削刀能久经历史检验而长盛不衰并一直延续到最后的根本原因所在。

一〇、晚期型式青铜削刀与尖首刀币的关系

在已发掘的北京市军都山玉皇庙、葫芦沟两处墓地，还有河北省张家口市庞家堡白庙墓地，在文化性质属于玉皇庙文化的墓葬中，都曾发现有尖首刀币随葬的现象。在玉皇庙墓地，有3座墓随葬尖首刀币(YYM164、172、380)，有4座墓随葬尖首刀币柄形坠(YYM138、358、381、375)，共7座，除YYM138分布于南区北部，年代属春秋晚期前段以外，其余6座皆分布于南区南部，年代均属春秋晚期后段。在葫芦沟墓地，有6座墓随葬尖首刀币(YHM44、61、87、97、114、151)，有5座墓随葬尖首刀币柄形坠(YHM152、100、181、179、130)，共11座，这11座墓皆分布于葫芦沟墓地南区，年代约当春秋晚期后段至战国早期。在张家口市庞家堡白庙墓地，有2座墓随葬尖首刀币(白庙M57、M91)，年代约当春秋晚期③。看来，一部分尖首刀币和尖首刀币柄形坠与大量的青铜削刀共存于同一墓地，在玉皇庙文化墓葬中随葬尖首刀币和尖首刀币柄形坠，已不属偶然现象(图三)。

尖首刀币在玉皇庙文化出现的时间，从玉皇庙YYM138的发现实例可以判定，应不晚于春秋晚期前段。其存在和延续的年代，从延庆玉皇庙、葫芦沟和张家口白庙的发掘资料看，应在春秋晚期至战国早期。

从尖首刀的形制和铸造工艺特点考察，其脱胎于玉皇庙文化晚期青铜削刀的痕迹甚为明显，即尖首刀可能是从玉皇庙文化晚期扣环首形青铜削刀(玉皇庙XⅣ型Ⅳ式和Ⅴ式)演化出来的轨

迹十分清晰。玉皇庙XIV型IV式和V式青铜削刀所具有的弧背、环首、刀身与刀柄间的夹角呈90度、柄与环首的衔接方式为扣环首,以及柄部正、背两面均铸饰两条凸棱线(即两道加强筋)等五项形制特点,在出土的尖首刀币身上均完全体现出来,唯尖首刀币不开刃,其体长较实用的晚期青铜削刀(玉皇庙XIV型IV式和V式)略短,体重略轻薄一些(为进一步节省铜料),有的刀面上铸有铭文或符号,仅有货币职能或装饰功能(如作铜坠饰使用)而不具实用功能而已。

根据以上考察与认识,发掘者早在葫芦沟墓地发掘刚结束、玉皇庙墓地发掘工作尚在继续进行时就明确指出:"由于青铜削刀和尖首刀币共存于同一墓地,二者之间在型式演进轨迹上,又有序可循,而且并非孤例,故有理由推测燕国及其邻近地域最早出现的刀币——尖首刀币,很可能源于山戎文化日常必备的生活工具青铜削刀。"④这一认识,已得到越来越多的研究者的认同。

据此,有理由推断,玉皇庙文化墓葬中出土的尖首刀(或尖首刀币柄形坠),还有燕国境内及其邻近地域最早出现的尖首刀,均应源于玉皇庙文化晚期的青铜削刀。

虽然尖首刀的形制来源于玉皇庙文化晚期的青铜削刀,但因玉皇庙文化规格级别高的大、中型墓葬并不随葬尖首刀,随葬尖首刀和尖首刀币柄形坠的墓葬均属规格级别较低的小型墓,墓主人的身份普遍较低,这表明尖首刀在玉皇庙文化部族中还没有被真正确立为他们普遍认可的主要的和重要的财富与价值的标志或信物;另外,尖首刀上多铸有单字铭文或符号,而据历史文献记载,玉皇庙文化的主人——以游牧和畜牧为生的山戎部族,是没有文字和姓氏的,他们只有乳名,办事只"以言语为约束"而已。从以上两点看,作为货币形式的尖首刀,不可能为山戎部族所研发,其真正的研发者当为燕国人,即尖首刀币应为燕国所首创,应是燕国人想主动与山戎部族进行商品交换、开展边贸活动的产物。

总之,军都山玉皇庙墓地出土青铜削刀资料较为完整和系统,形式发展脉络较为清晰,其中蕴含的历史信息甚为丰富,重视和加强这一课题的研究,不但对解决玉皇庙文化青铜削刀的断代分期和发展演变规律,以及尖首刀币的起源问题等,具有决定性意义,而且对于深入探讨玉皇庙文化的其他相关问题,也具有积极的促进意义。

注释:

① 郑绍宗:《长城地带发现的北方青铜刀子及有关问题》,《文物春秋》1994年第4期。

② 中国科学院考古研究所编:《洛阳中州路》(西工段),《中国田野考古报告集》考古学专刊丁种第四号,科学出版社,1959年1月。

③ 林沄:《从张家口白庙墓地出土的尖首刀币谈起》,中国钱币学会编《中国钱币论文集》第四辑,中国金融出版社,2002年9月第1版。

④ 北京市文物研究所山戎文化考古队:《北京延庆军都山东周山戎部落墓地发掘纪略》,《文物》1989年第8期。

(原载于《鄂尔多斯青铜器国际学术研讨会论文集》,科学出版社,2009年12月)

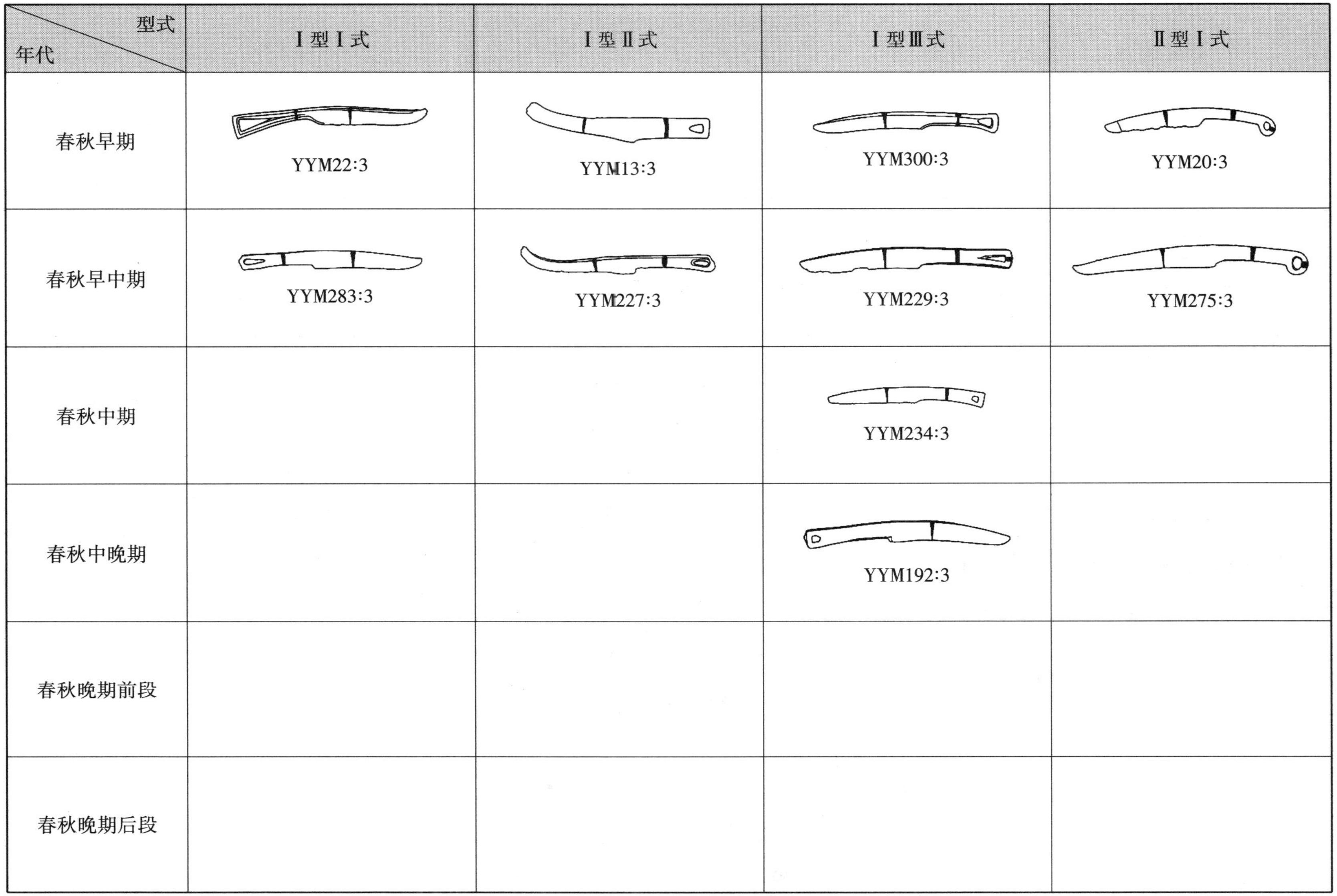

型式 / 年代	Ⅰ型Ⅰ式	Ⅰ型Ⅱ式	Ⅰ型Ⅲ式	Ⅱ型Ⅰ式
春秋早期	YYM22:3	YYM13:3	YYM300:3	YYM20:3
春秋早中期	YYM283:3	YYM227:3	YYM229:3	YYM275:3
春秋中期			YYM234:3	
春秋中晚期			YYM192:3	
春秋晚期前段				
春秋晚期后段				

图一,1　玉皇庙墓地青铜削刀型式演变图

年代＼型式	Ⅱ型Ⅱ式	Ⅲ型Ⅰ式	Ⅲ型Ⅱ式	Ⅲ型Ⅲ式
春秋早期		YYM35:3	YYM11:3	
春秋早中期		YYM230:3		
春秋中期	YYM48:3	YYM95:3	YYM36:3	YYM236:3
春秋中晚期		YYM71:3	YYM148:3	
春秋晚期前段		YYM178:3	YYM314:3	YYM217:3
春秋晚期后段				

图一,2　玉皇庙墓地青铜削刀型式演变图

年代＼型式	Ⅲ型Ⅳ式	Ⅲ型Ⅴ式	Ⅳ型	Ⅴ型
春秋早期			 YYM32:3	 YYM34:3
春秋早中期				
春秋中期				 YYM42:3
春秋中晚期	 YYM83:3			
春秋晚期前段	 YYM315:3	 YYM158:3		
春秋晚期后段		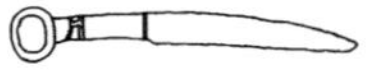 YYM348:3		

图一,3　玉皇庙墓地青铜削刀型式演变图

型式/年代	Ⅵ型	Ⅶ型	Ⅷ型	Ⅸ型
春秋早期	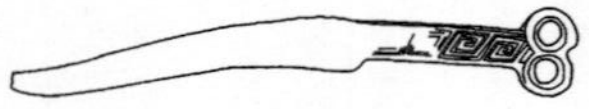 YYM19:3	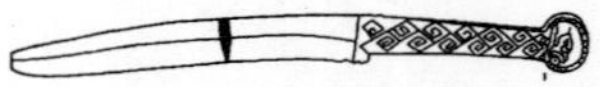 YYM18:9	 YYM82:3	 YYM386:3
春秋早中期				
春秋中期				
春秋中晚期				
春秋晚期前段				
春秋晚期后段				

图一,4　玉皇庙墓地青铜削刀型式演变图

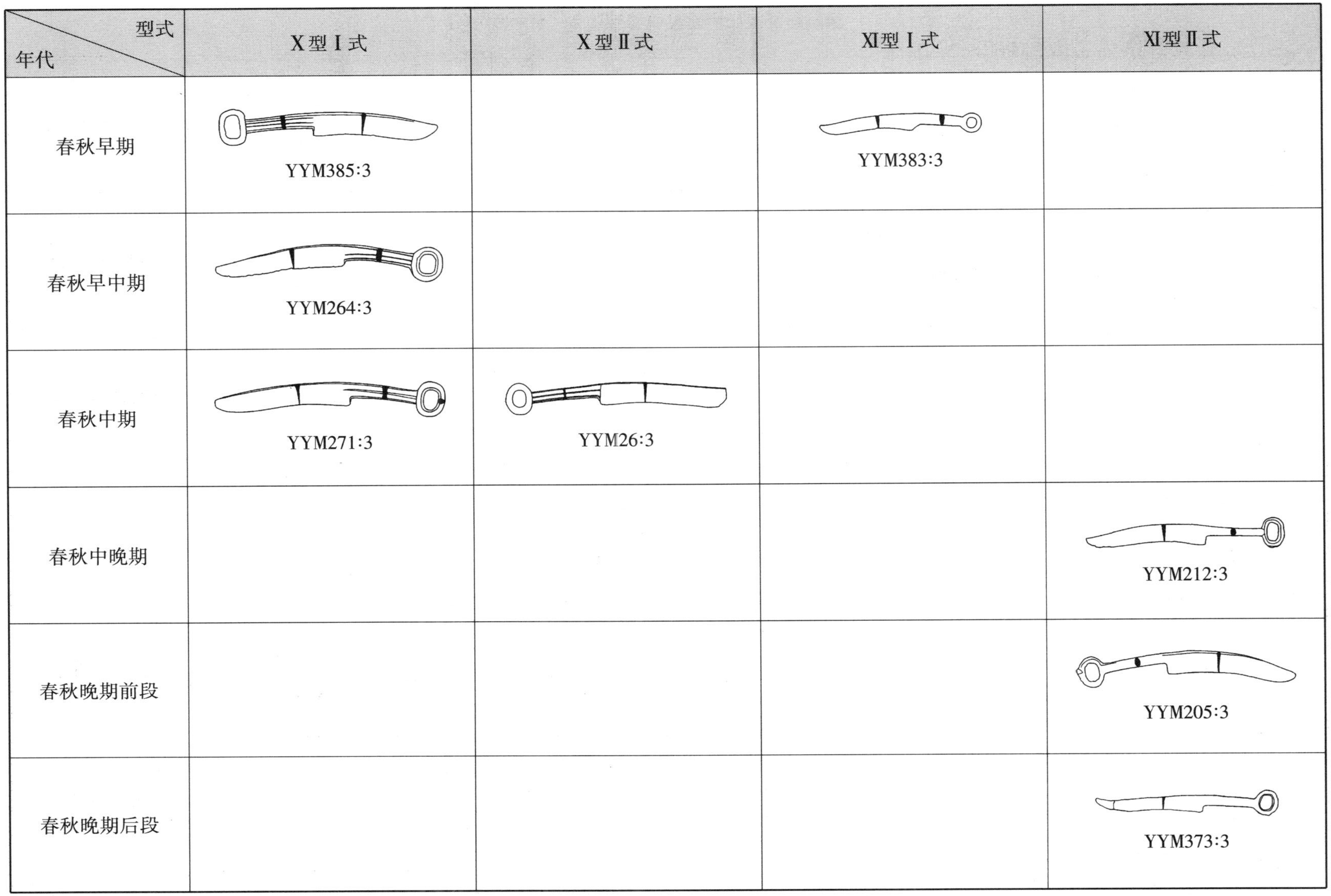

型式 年代	X型Ⅰ式	X型Ⅱ式	XI型Ⅰ式	XI型Ⅱ式
春秋早期	YYM385:3		YYM383:3	
春秋早中期	YYM264:3			
春秋中期	YYM271:3	YYM26:3		
春秋中晚期				YYM212:3
春秋晚期前段				YYM205:3
春秋晚期后段				YYM373:3

图一,5 玉皇庙墓地青铜削刀型式演变图

年代＼型式	XII型	XIII型I式	XIII型II式	XIV型I式
春秋早期				
春秋早中期	 YYM285:3			
春秋中期		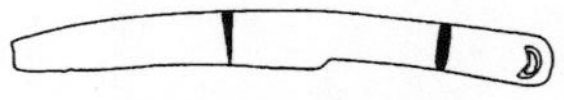 YYM261:3		 YYM54:3
春秋中晚期				
春秋晚期前段			 YYM210:3	
春秋晚期后段				

图一,6　玉皇庙墓地青铜削刀型式演变图

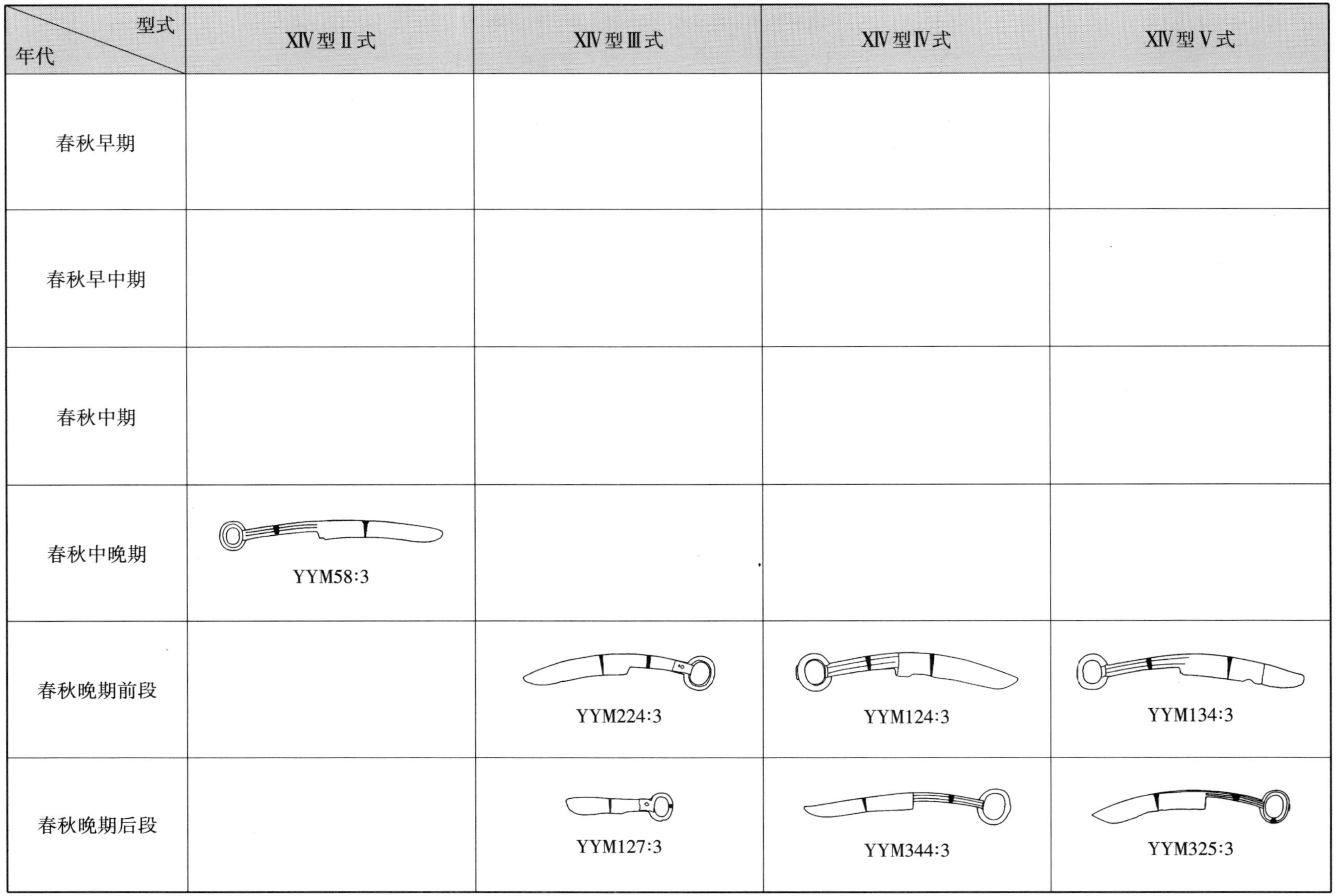

年代＼型式	XIV型Ⅱ式	XIV型Ⅲ式	XIV型Ⅳ式	XIV型Ⅴ式
春秋早期				
春秋早中期				
春秋中期				
春秋中晚期	YYM58:3			
春秋晚期前段		YYM224:3	YYM124:3	YYM134:3
春秋晚期后段		YYM127:3	YYM344:3	YYM325:3

图一,7　玉皇庙墓地青铜削刀型式演变图

年代 \ 型式	XIV型VI式	XIV型VII式	XIV型VIII式
春秋早期			
春秋早中期			
春秋中期			
春秋中晚期			
春秋晚期前段	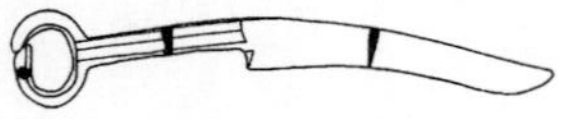 YYM143:3	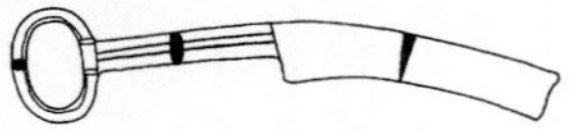 YYM156:3	 YYM303:3
春秋晚期后段	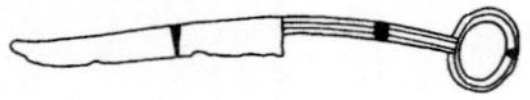 YYM376:3		 YYM110:3

图一,8　玉皇庙墓地青铜削刀型式演变图

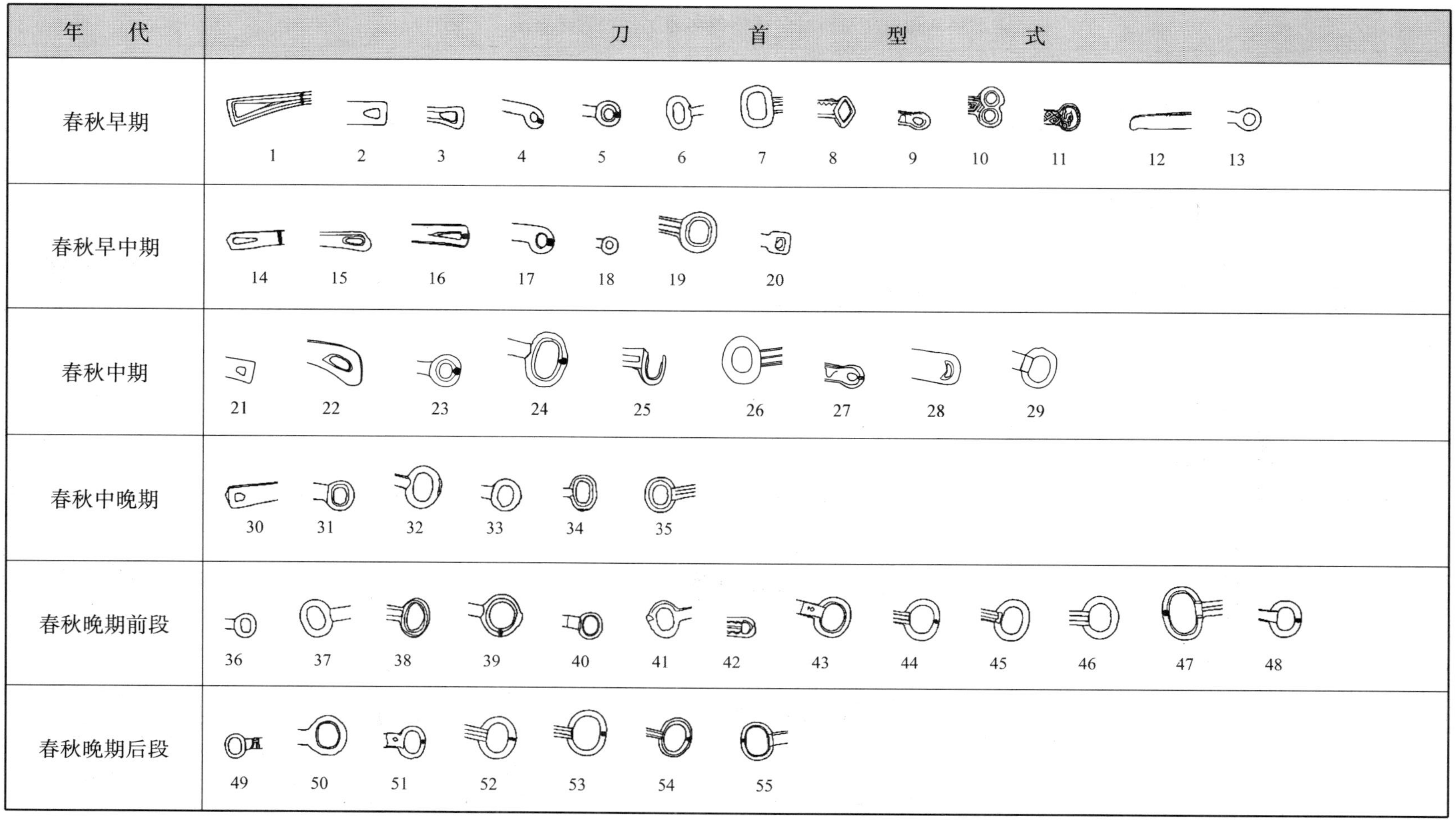

年代	刀首型式
春秋早期	1 2 3 4 5 6 7 8 9 10 11 12 13
春秋早中期	14 15 16 17 18 19 20
春秋中期	21 22 23 24 25 26 27 28 29
春秋中晚期	30 31 32 33 34 35
春秋晚期前段	36 37 38 39 40 41 42 43 44 45 46 47 48
春秋晚期后段	49 50 51 52 53 54 55

图二　玉皇庙墓地刀首型式图

1、14. Ⅰ型Ⅰ式(YYM22:3、283:3)　2、15. Ⅰ型Ⅱ式(YYM13:3、227:3)　3、16、21、30. Ⅰ型Ⅲ式(YYM300:3、229:3、234:3、192:3)　4、17. Ⅱ型Ⅰ式(YYM20:3、275:3)　5、18、23、31、36. Ⅲ型Ⅰ式(YYM3:3、280:3、95:3、71:3、182:3)　6、24、32、37. Ⅲ型Ⅱ式(YYM11:3、36:3、148:3、213:3)　7、19. Ⅹ型Ⅰ式(YYM385:3、264:3)　8. Ⅳ型(YYM32:3)　9、27. Ⅴ型(YYM34:3、42:3)　10. Ⅵ型(YYM19:3)　11. Ⅶ型(YYM18:9)　12. Ⅷ型(YYM82:3)　13. Ⅺ型Ⅰ式(YYM383:3)　20. Ⅻ型(YYM285:3)　22. Ⅱ型Ⅱ式(YYM48:3)
25、38. Ⅲ型Ⅲ式(YYM236:3、217:3)　26. Ⅹ型Ⅱ式(YYM26:3)　28. XⅢ型Ⅰ式(YYM261:3)　29. XⅣ型Ⅰ式(YYM54:3)　33、39. Ⅲ型Ⅳ式(YYM83:3、315:3)　34、41、50. Ⅺ型Ⅱ式(YYM212:3、205:3、373:3)　35. XⅣ型Ⅱ式(YYM58:3)　40、49. Ⅲ型Ⅴ式(YYM158:3、348:3)　42. XⅢ型Ⅱ式(YYM210:3)　43、51. XⅣ型Ⅲ式(YYM224:3、127:3)　44、52. XⅣ型Ⅳ式(YYM168:3、161:3)　45、53. XⅣ型Ⅴ式(YYM142:3、358:3)　46、54. XⅣ型Ⅵ式(YYM108:3、376:3)　47. XⅣ型Ⅶ式(YYM156:3)　48、55. XⅣ型Ⅷ式(YYM303:3、110:3)

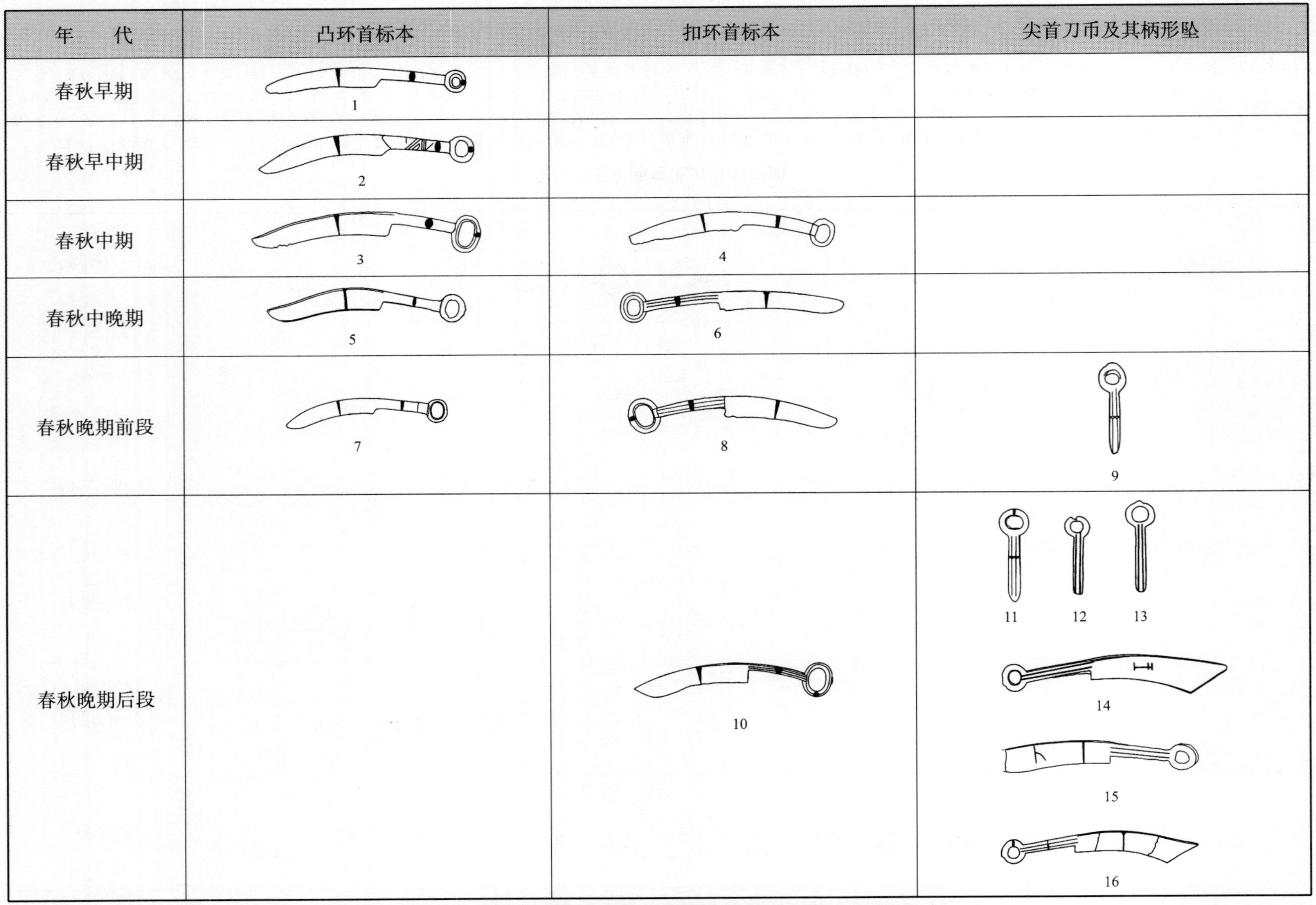

年　代	凸环首标本	扣环首标本	尖首刀币及其柄形坠
春秋早期	1		
春秋早中期	2		
春秋中期	3	4	
春秋中晚期	5	6	
春秋晚期前段	7	8	9
春秋晚期后段		10	11 12 13 14 15 16

图三　玉皇庙及葫芦沟墓地青铜削刀与尖首刀币型式演变图

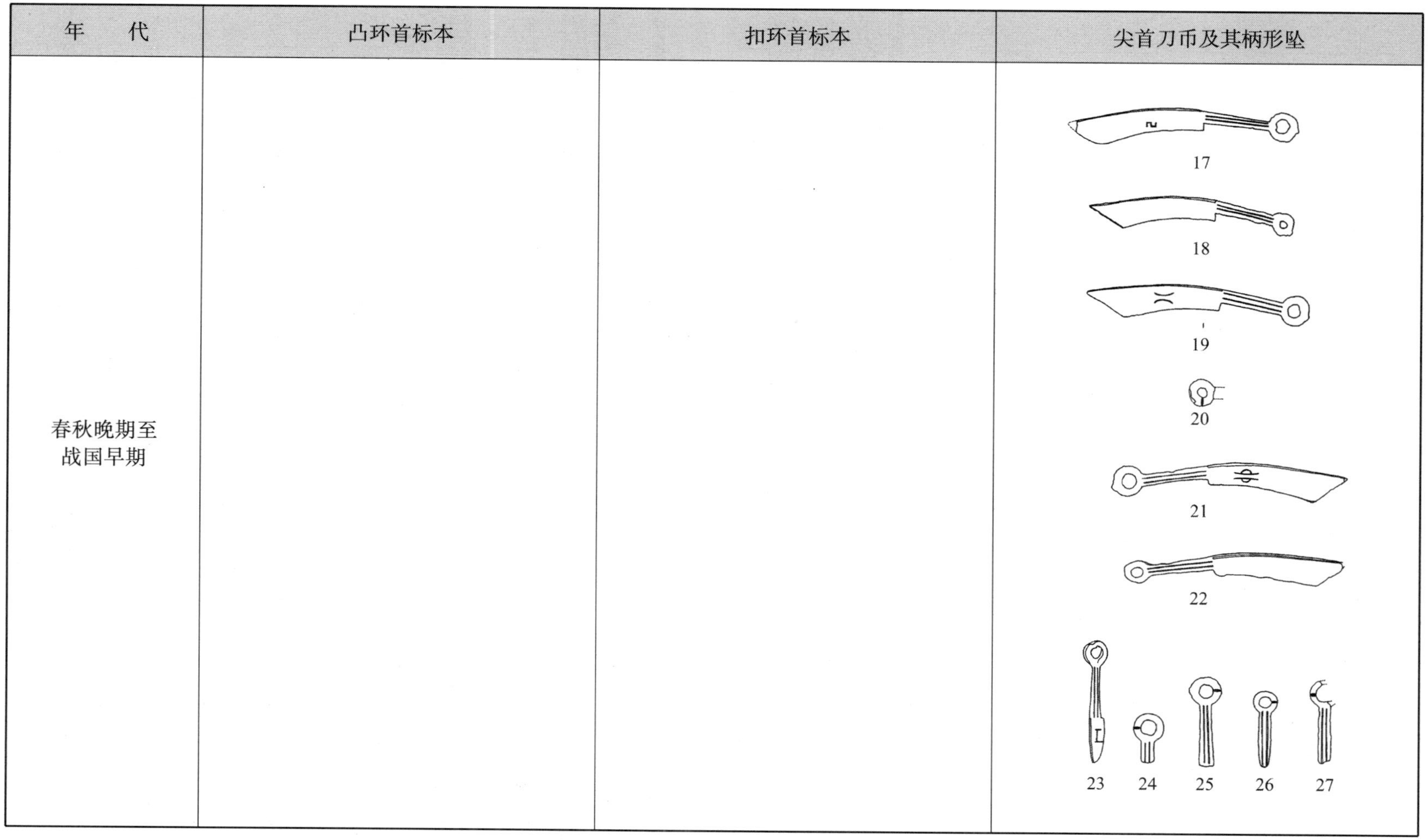

年　代	凸环首标本	扣环首标本	尖首刀币及其柄形坠
春秋晚期至战国早期			17 18 19 20 21 22 23 24 25 26 27

续图三　玉皇庙及葫芦沟墓地青铜削刀与尖首刀币型式演变图

1～3、5、7. 凸环首削刀(Ⅲ型Ⅰ式 YYM3:3、250:8、Ⅱ式 YYM36:3、Ⅳ式 YYM83:3、Ⅴ式 YYM158:3)　4、6、8、10. 扣环首削刀(ⅩⅣ型Ⅰ式 YYM54:3、Ⅱ式 YYM58:3、Ⅳ式YYM151:3、Ⅴ式 YYM325:3)　9、11～13、23～27. 尖首刀币柄形坠(YYM158:6、358:5、381:6、375:6、YHM152:5、100:5、181:5、179:9、130:6)　14～22. 尖首刀币(YYM164:3、172:3、380:2、YHM114:4、151:5、44:5、97:5、87:4、61:6)

试论北京地区西周时期的燕文化

刘乃涛

【关键词】燕文化;西周;北京地区

一、引　　言

考古学是一门通过古代遗存来研究古代文化及文化史的学科①,从中我们可以看出考古学研究与文化的密切关系。文化从本质上来说是人类社会实践的产物,它几乎涵盖了人类社会各方面的现象和特征。但是在不同的社会科学领域,或者同一学科的不同学派,乃至在不同的具体语境中,文化的概念和内涵都是不尽相同的。与其他任何社会科学都不一样,考古学必须通过由人类曾经制造过的器物和保留下来的遗存来研究人类的历史。考古学的方法和理论是与发掘出土的古代物质遗存相适应的,同时与其他学科,尤其是历史学和人类学的发展有着密不可分的关系。在考古学中,文化并不是一个抽象的哲学概念,而是一些可以观察的现象。它是基于一系列器物和遗存形制的分类而对特定人群的划分。考古学文化是考古学基本的也是核心的概念②,是考古学研究的一项重要内容,许多方法和理论都是围绕这一概念展开论述的,或者是与之密切相关的。

燕文化指西周分封伊始至秦统一之前,生息于今河北中北部,辽宁西南部的燕人所创造的艺术、科学、意识等物质和精神财富的总和③。本文仅对北京地区西周时期的燕文化做一讨论,限于对燕文化有关材料的认识能力,错误在所难免,希望抛砖引玉,得到批评指正。

西周时期是燕文化的初创和形成时期,北京地区作为沟通中原与北方草原的中间地带,毫无例外地受到周邻地区同时期文化的影响,多种文化的融合和消长使北京地区的考古学文化面貌显得丰富而复杂。从历史文献记载来看,燕国不是孤立的,在它的周边,国家、部族林立,并且相互之间有着较为密切的联系。从目前所知燕国及其邻近地区的考古学文化格局来看,虽不能将诸文化尽与史载国家、族属一一对应,然其各自存在时代、分布地域以及相互间的交流与影响,则显示出一幅相当生动的社会格局④。因此,对北京地区燕文化的分析,对于把握这一历史时期该地区考古学文化演变轨迹,认识这一时期历史发展面貌具有积极的意义。

二、燕文化主要遗迹

北京地区已经发现的属于西周文化的遗迹种类较多,有城址、居址、灰坑、墓葬、窑址等。

城址以董家林古城为代表,该城北墙长约829米,东西墙残存北段长约300米。墙体直接坐落在生土上,系用版筑法以夯棍分层夯筑而成[⑤]。墙体分为主墙和内、外护坡,厚约10米左右。墙体内发现有用鹅卵石构筑的排水沟,城外有护城河。城内中部偏北分布着一些夯土台基和祭祀坑,应为宗庙或宫殿区所在。城址构筑方法和布局总体上与中原地区筑城技术一致,只有墙体内用卵石建筑排水沟和筑版对接放置方法颇具地方特色。

居址除以夯土台基和瓦所代表的大型宫殿建筑外,其他多见简陋的半地穴式房基,一般作圆形,有柱洞,面积约数平方米。

灰坑以不规则圆形口、坡底浅坑常见,亦有圆形口直壁平底或袋状平底坑和长方形口直壁平底坑。

墓葬主要分为两种情况。宗族墓地指位于董家林古城址东墙外的两片墓地。这两片墓地相距不远,时代均为西周初年至西周晚期。根据两区墓地出土陶器造形和组合特征比较,我们认为两墓区均属姬周族墓地,不同的是南区墓地属于邦墓区,北区墓地属于公墓区[⑥]。

墓葬规模可以区分为大型墓、中型墓和小型墓,一般都呈正南北方向,长方形竖穴土坑墓。中型墓和大型墓有棺椁,附有车马坑,有的还有墓道。墓主人头向北,仰身直肢葬式。随葬有铜器、玉器、陶器和漆器,其组合总体风格同于中原地区周人葬俗。有些特点,如有的墓葬四角出墓道,鬲、簋、罐陶器组合一直沿用至西周晚期,则不见或不同于中原地区西周文化。

家族墓地有董家林古城址东墙外两片宗族墓地内均可划分出若干小群墓葬,这些墓葬群体亦显示出一定的时代跨度。

目前北京地区发现属于西周时期的文化遗物数量较多。种类计有陶器、铜器、漆器、玉器、甲骨、石器、骨器、蚌器等。

陶器以夹砂陶居多。以灰色为主,红褐陶数量显著。主要纹饰是绳纹。器类中最常见者为鬲、簋、罐、豆、壶、尊等,其中鬲依颈的不同可分为两类。第一类:矮颈鬲,依裆的不同又分两型,分裆鬲和联裆鬲。此类鬲见于西周时期,变化趋势是由高变矮,足渐高。此类鬲在周人墓葬中居多。第二类:高颈鬲,多为夹砂红褐陶,主要见于西周早期。时代特征表现为直口渐侈的变化。此类鬲在周人墓葬中不见,在遗址中亦居于少数。簋依口部造形不同分三类。第一类:侈口,出现于西周早期。第二类:直口,出现于西周早期。第三类:敛口,有盖,主要见于西周晚期。在周人墓葬中以鬲、簋、罐组合最常见,持续到西周晚期。次为鬲、簋、豆、罐组合。

铜器主要出土于墓葬。礼器有鼎、鬲、尊、卣、爵、觯、盘、壶;兵器有戈、矛、戟、剑、镞、盾、刀等;工具有锛、凿等;乐器有铃等;另外有大量的车马器。

三、燕文化分析

燕文化与所有的考古学文化一样,其形成和发展,既有对其先行文化的变革与继承,又有对同时期周围其他文化的借鉴、吸收和融合。尽管整体面貌基本相同,但局部特征又会有这样那样的差别⑦;就其形成渊源而言,更不会单一化,而往往极为复杂。

北京地区西周时期的燕文化以琉璃河遗址为代表,既以中原西周文化为主要特征,又表现出强烈的自身特点,其中有的是商文化因素的遗留,有的则明显吸收了北方民族的文化因素后形成的地方风格。

北京地区西周时期燕文化主要是以这一历史时期分封到此的姬姓贵族为主体创造的物质文化遗存。与此同时也不排除燕文化构成中包括了其他民族所创造的物质文化遗存,燕文化还体现了分封到此的姬姓贵族对当地及其周邻地区其他文化的承继和吸收。

北京地区西周时期燕文化特征有的同于中原地区西周文化。具体表现为遗迹如居址构造、灰坑形制、墓葬结构、棺椁制度和随葬品的组合。遗物如陶器中的联裆鬲,圆唇簋,敛口有盖簋,罐,豆,壶。铜器中所有的礼乐器,兵器中如戟、戈、矛、镞、盾,工具如刀、锛、凿,以及车马器的造形。其他再如玉器、漆器、卜骨的制作技术等等。

北京地区西周时期燕文化含有商文化的因素。一是由周王赏赐给初封燕侯的殷商遗民携带而来的商文化因素,二是原本即已在燕山以南长期立国的殷系诸方国的后裔创造的商文化因素⑧。在琉璃河墓地北区,墓葬在葬俗和陶器上保留有大量商文化遗风,这些都是殷文化因素进一步延续的证明。

商末周初甚至史前远古的时候就在燕山南北地区出现了活跃的北方式青铜文化的因素。如琉璃河墓葬中出土的伯矩鬲,通体以牛头纹覆盖,在鬲的三个袋足部位满铸三个两角翘起的牛头,鬲盖平面及盖钮也分别以两个相背的角部立雕起翘的牛头组成,这种以平雕、半浮雕及浮雕巧妙配合的方式使整件器物显得端庄、强劲。其铸造技术可能来源于北方青铜文化中传统的动物立雕技法。此外,尚应当包括远古即已迁居并融合于幽燕地区的东夷等族的文化因素。

北京地区西周时期燕文化特征有属于地方性的文化特点。如城墙筑造技术中版筑对接放置方法和用鹅卵石筑排水沟,墓葬中公墓位于邦墓的南面,四角出四条墓道的大墓,随葬陶器中鬲、簋、罐组合的延续使用直至西周晚期,为其他地域同期文化少见或不见。

北京地区西周时期燕文化遗存早期陶器种类丰富,墓葬中陶器群体组合多样,多种文化因素共存。其中除居主导地位的周文化因素外,殷墟晚商文化因素也十分引人注目。至中、晚期,陶器种类较早期减少,墓葬中陶器群组合趋于一致,殷墟晚商文化因素基本不见。这一现象表明西周早期与西周中期是燕文化的形成时期,表现出分封到此的周文化对当地文化以及周边文化的兼容并蓄。西周中期时燕文化开始形成,表现为一方西周文化将当地文化影响日益排出此地,扩大了周文化在该地域及其周边地区的影响。另一方面在受到当地文化和其他文化浸染后也日益展露出自己的特色,以区别于其他地区的西周文化。

关于西周时期燕文化的渊源，可以说主要来源于中原地区的西周文化；其次是殷商文化；再次是代表了当地土著文化以及本地区西部、北部同期其他青铜文化。可见西周时期燕文化是中原地区西周文化向周边地区传播的结果，是西周初年封藩建卫的产物。

总之，北京地区西周时期的燕文化是以周、商文化因素为主，包含北方其他异族文化因素的组合状态文化。燕国作为一种特定的历史环境，聚集了诸多不同种文化，并由诸文化因素的渗透形成燕文化。

参考文献

① 张光直著，曹兵武译：《考古学：关于其若干基本概念和理论的再思考》，辽宁教育出版社，2002 年。
② 张全民：《考古学文化的理论与方法》，《中国社会科学院研究生院学报》，2004 年第 1 期。
③ 陈光：《燕文化研究的历史与现状》，《燕文化研究论文集》，1995 年 7 月。
④ 胡传耸：《东周燕文化与周边考古学文化的关系研究》，《文物春秋》，2007 年第 1 期。
⑤ 李维明：《北京地区夏商西周时期考古学文化浅议》，《首都师范大学学报》，1999 年第 1 期。
⑥ 刘绪、赵福生：《琉璃河遗址西周燕文化的新认识》，《文物》，1997 年第 4 期。
⑦ 李伯谦：《论文化因素分析法》，《中国青铜文化结构体系研究》，科学出版社，1998 年。
⑧ 张星德：《与燕文化起源相关的两个问题》，《文化学刊》，2007 年第 4 期。

（未刊）

河套地区汉代陶明器类型学及分期、分区研究

丁利娜

【关键词】河套地区;汉代陶明器;类型学研究;历史背景

本文所言之河套地区,主要是指内蒙古中南部鄂尔多斯高原北部地区,北起阴山南麓,南抵晋陕,东至乌兰察布草原,西迄阿拉善荒漠。行政区划主要包括内蒙古阴山以南的呼和浩特市、包头市、巴彦淖尔市、鄂尔多斯市和乌海市。河套地区在汉代属朔方刺史部的朔方郡和五原郡、并州刺史部的云中郡和定襄郡以及西河郡的部分地区。

河套地区因其特殊的地理位置和自然条件,自古便是农耕文化与游牧文化交互发生、冲击碰撞的地区,成为历史上中原王朝与少数民族政权的必争之地,该地区在中国北方文化带上具有举足轻重的地位。汉代是一个陶明器快速发展、极度发达的时期,其在关中、中原地区的使用可谓达到极致。缘于汉王朝大规模的移民屯垦等活动,河套地区这一时期更多表现出的是文化传播的客体,陶明器的使用已经边缘化,从而具有独特的地域特征。

一、陶灶、仓、井的类型学研究

本文根据河套地区汉代墓葬出土陶明器的实际情况,主要研究陶灶、仓、井三个内容。资料收集主要来源于河套地区已发表的385座汉代墓葬①,共计明器用灶75件,其中陶灶70件,铜灶5件(附表一);明器用仓46件,全部为陶仓(附表二);明器用井51件,全部为陶井(附表三)。

(一)陶灶的类型学分析

明器用灶在河套地区汉代墓葬陶明器中占有重要的位置,数量较多,型式复杂,分布地域较广,在河套地区的四个区域均有发现。按照灶面的形状,大致可将其分为圆形、椭圆形、半椭圆形、船头形、多边形、长方形、梯形、心形、抹角方形等九类。分析如下:

圆形灶

灶面圆形,灶底较灶面稍大,三火眼呈品字形排列,灶尾有烟囱,前壁有长方形灶门。该型灶数量较少,主要发现于蹬口县,形制相差不大,可分为两式。

Ⅰ式,灶前壁开竖方形灶门,灶尾圆形烟囱插孔。上配有小釜、甑等炊具。标本:沙金套海M28:13(图一,1)。

Ⅱ式,长方形灶门,圆柱穿轮状烟囱。灶门两侧及所对处各有一盔形人面。上配有甑、小盆等炊具。标本:纳林套海M12:2(图一,2)。

圆形陶灶形制演变不十分明显,主要表现在灶门两侧出现盔形人面装饰的变化。

半椭圆形灶

灶面呈半椭圆形,灶前端较圆。发现数量较多,除补隆淖尔M18:3一件为两眼灶外,余均为三眼灶,分三式。

Ⅰ式,灶面平,三釜眼,素面,一烟道孔,扁长方形灶口,灶面山置釜。标本:包尔陶勒盖M15:12(图一,3)。

Ⅱ式,灶面平,三釜眼,一烟道孔,长方形灶门,灶面山置釜。灶面出现炊具及餐饮器具等浮雕图案,灶前侧壁出现烧火者的形象。包尔陶勒盖M19:12,灶面浮雕刀、瓢、盘、叉、钩、勺、几等用具。灶门两侧各刻一人作烧火状(图一,4)。

Ⅲ式,灶面平,三釜眼,长方形灶门,接地。三釜眼各置一釜,与灶面连为一体。灶面图案更加复杂,出现浮雕食物图案,并且灶面边缘出现网格纹装饰。三段地M10:10,灶前壁两侧、上沿,以及灶面边缘装饰有一周菱形浅浮雕图案,灶门左右两侧各有一跪姿炊者形象,左侧为女性,右侧似为男性。灶面沿弧线一端装饰一周锯齿纹条带,灶面浮雕有盘、杯、壶、瓢、钩及摆放于盘中的鱼等图案(图一,5)。

半椭圆形陶灶的形制演变,主要表现在灶面和灶前壁的装饰上,从素面到出现浮雕炊具、餐饮器具及炊者形象,再到出现食物、网格纹等图案。

椭圆形灶

灶面近椭圆形,灶面有两个或三个灶眼。发现数量不多,主要发现于磴口县和包头地区,分两式。

Ⅰ式,灶面平,两釜眼,龙头烟囱,灶前壁较直,中部有长方形灶门。上配有小盆、甑、勺等炊具。标本:补隆淖尔M18:11(图一,6)。

Ⅱ式,灶面平,三釜眼,矮圆柱状烟囱,长方形灶门,接地,门两侧各有一道突棱。上配有三个大小不等的陶釜,釜与灶面连为一体。标本:召湾M98:9(图一,7)。

椭圆形陶灶的形制演变,主要表现在灶眼数量的增加和烟囱形制的简化上。

船头形灶

该型灶发现较多,按照灶面火眼的多少,可以将其分为五眼和三眼两型。

A型:灶面五釜眼,灶门两侧均有挡板,分为四式。

Ⅰ式,灶面较低,呈斜平状,长方形灶门,柱状喇叭式或塔式烟囱。召湾M86:19,五釜眼以近烟囱端者最大,中间的两个次之,靠灶门处的两个最小,釜眼上各置一釜,烟囱与灶身相连,呈塔形。长方形灶门,两侧有风挡(图一,8)。

Ⅱ式,灶面微鼓,稍高,长方形灶门,椭圆形烟囱眼。下窝尔吐壕M1:1,灶门两侧各有风挡,灶门边及灶边有细绳纹(图一,9)。

Ⅲ式,灶台较高,灶面隆起,弧度更大,长方形灶门,筒状烟囱。召湾 M77:2,黄釉陶,筒状烟囱,中部有隆起,长方形灶门两侧有挡板(图一,10)。

Ⅳ式,器形变得简单,挡板简化,灶面微鼓。召湾 M93:1,灶门长方形,两侧有较短风挡(图一,11)。

B 型:灶面三釜眼,根据有无挡板,可将其分为两个亚型。

Ba 型,有挡板,分三式。

Ⅰ式,灶面较平,灶壁向下斜收,长方形灶门,矮柱状烟囱。土城子 M7:1,三火眼,前端较宽,有扁长方形灶门(图一,12)。

Ⅱ式,灶面略鼓,灶前缘较尖,长方形灶门,筒状烟囱。召湾 M65:4,圆形烟囱眼,束腰形筒状烟囱(图一,13)。

Ⅲ式,灶面较Ⅱ式更加隆起,灶头前伸,长方形灶门,圆形烟囱孔。标本:下窝尔吐壕 M3:1(图一,14)。

Bb 型,无挡板。召湾 M40:18,三灶眼,灶面较平,左右两壁略带外弧,方形灶门接地(图一,15)。

船头形陶灶的形制演变,首先是灶面由低而平逐渐变得高而鼓,到东汉晚期,灶出现简化趋势,挡板几近消失。

多边形灶

该型灶发现不多,集中于巴彦淖尔盟磴口县的大型砖墓葬中。根据灶面釜眼多少,可将其分为两型。

A 型:三釜眼,分两式。

Ⅰ式,三釜眼,灶面无其他装饰,灶前壁模印有烧火者形象。纳林套海 M31:3,灶面六边形,灶门所在边最宽。灶门长方形(图一,16)。

Ⅱ式,三釜眼,灶面边缘出现刀、叉等炊具。沙金套海 M23:2,前壁平直,中间横开长方形灶门,两侧模印有庖厨杂役形象,手持火叉,跪姿烧火状。灶面模印有叉、瓢等用具(图一,17)。

B 型:五釜眼,灶面装饰图案复杂,不分式。纳林套海 M20:8,灶呈八边形,五釜眼,灶门所在边最宽。灶面平,模印有刀、叉、钩、几、瓢、盖等图案,覆斗状烟囱,长方形灶门(图一,18)。

多边形陶灶基本发现于第三期,形制演变也主要表现在灶面装饰上。

长方形灶

灶面呈长方形,均为三眼灶。发现数量较少,根据灶前侧壁有无檐,及有无挡墙等,将其分为三型。

A 型:灶前壁无檐,灶面无装饰,均为接地灶门,分为两式。

Ⅰ式,灶面平,三釜眼,长方形灶门接地。新地 M11:8,灶面竖长方形,素面(图一,19)。

Ⅱ式,灶面平,三灶眼,梯形灶门接地。上窝尔吐壕 M2:1,灶面竖长方形,素面,平台状(图一,20)。

B 型：灶前壁有檐，灶面有较复杂的装饰图案，多为拱形灶门。召湾 M62:4，灶呈竖长方形，灶面模印鱼鹤纹，拱形灶门，上有平檐，檐上印网格纹（图一，21）。

C 型：灶面边缘有直立围墙。

仅在张龙圪旦发现一例。M1:6，绿釉陶，釜与灶面连为一体。灶门长方形，上有直立风挡。灶门所对边及左侧边有高出灶面的直立围墙，墙顶出檐，上有瓦棱纹，两墙直角拐弯收边，边作阶梯状（图一，22）。

长方形陶灶的形制演变，主要表现在灶门上部无檐→有檐→灶周围有挡墙。另外，灶面装饰由素面发展到食物、炊具装饰。

梯形灶

此型灶仅在包头召湾墓葬发现四件。均为三眼灶，按照灶前侧壁有无檐，将其分为两型。

A 型：灶前侧壁无檐。灶面上有炊具、餐饮等器具的图案，分两式。

Ⅰ式，三灶眼，拱形灶门接地，无出烟孔。召湾 M41:1，灶面有双鱼、瓢、耳杯、案、勺、叉等浮雕印纹（图一，23）。

Ⅱ式，三灶眼，长方形灶门位于灶前侧壁中部，方形烟囱。召湾 M64:4，灶面模印有几、刀、鱼及小饼状物（图一，24）。

B 型：灶前侧壁有檐，灶面图案简化，基本为素面或灶边缘装饰网格纹。召湾 M67:4，灶面除三灶眼外无其他装饰，方形灶门上方有长方形竖立檐，方形烟囱（图一，25）。

梯形灶出现和流行年代较晚，灶门上部由无檐发展到有檐，灶面图案逐渐简化为素面或网格纹。

心形灶

数量较少，仅发现三件。根据灶眼多少分为两型。

A 型：两灶眼。补隆淖尔 M2:8，灶面平直，两灶眼，柱状烟囱，长条形灶门位于灶前侧壁靠下位置（图一，26）。

B 型：三灶眼。纳林套海 M19:7，烟囱所在位置稍尖，长方形接地灶门（图一，27）。

抹角方形灶

数量少，仅发现两件。根据灶眼多少，分为两型。

A 型：五灶眼。包尔陶勒盖 M1:5，灶面平，灶门所对边为弧形两角，前侧壁有扁长方形灶门（图一，28）。

B 型：三灶眼。沙金套海 M24:11，灶面平，三灶眼，前侧壁中部有扁长方形灶门（图一，29）。

（二）陶仓的类型学分析

河套地区发现陶仓的数量也较多，在上述五个地区均有分布。按照仓身形状，可以分为长方形、方形和圆形三大类。

长方形仓

仓体长方柱状，截面呈长方形，仓两面近方形，两面坡式顶，仓身正面模印图案。根据有无足,将其分为两型。

A 型:仓体平底,无足,分两式。

Ⅰ式,仓身正面有“Ⅱ”形门的形象,两侧模印有执戟武士把门图案。两面坡顶,上饰瓦棱状。标本:纳林套海 M10:16(图二,1)。

Ⅱ式,仓身“Ⅱ”形门中央模印有兽面辅首衔环,门楣上方模印菱形网格纹。标本:沙金套海 M1:8(图二,2)。

B 型:仓体底部有四足,分三式。

Ⅰ式,仓底有四个方形扁足,正面无图案,为素面。标本:纳林套海 M45:2(图二,3)。

Ⅱ式,仓底有四个长方形扁足,仓正面出现“Ⅱ”形门,两侧模印执戟武士。标本:包尔陶勒盖 M19:16(图二,4)。

Ⅲ式,仓底有四个曲尺状角足。沙金套海 M16:8,器形较大,三角形起脊顶盖,坡面有竖条瓦棱(图二,5)。

长方形陶仓的演变特征主要为,其一,装饰由简单到复杂,后期出现网格纹;其二,由平底→方足→曲尺形足。

圆形仓

仓身呈圆筒状,截面为圆形。根据仓底有无足,分为两型。

A 型:仓体底部有三足。根据仓身是否出檐,分为两亚型。

Aa 型,平底接三个柱状足,仓身无檐,分两式。

Ⅰ式,敛口,仓身呈斜直状,底部平,有三柱状足。纳林套海 M45:14,圆形盖,盖中央有一小乳钉,周围有六个较大乳钉,以下饰辐射状瓦棱带(图二,6)。

Ⅱ式,敛口,仓身中部出现折棱,平底接三兽状足。沙金套海 M16:5,器形较高。腹作腰鼓状,口微敛,上下折腹处有一周凸沿,形似系箍,平底外缘接三兽状足(图二,7)。

Ab 型,底部有三兽足,仓身有檐。纳林套海 M13:7,仓体有重檐,小圆形盖,中间有塔式钮,顶饰辐射状瓦棱纹。敛口,平底,底部有三兽足(图二,8)。

该型陶仓的形制演变,其一,梯形仓身→仓身中部有折棱→仓身出檐;其二,小方足→兽足。

B 型:仓体底部无足。根据仓体形状及特征,将其分为三亚型。

Ba 型,仓身直筒状。发现数量较多,分为两式。

Ⅰ式,平底,无肩,敛口。包尔陶勒盖 M16:13,方唇,圆形伞盖上制成放射状瓦棱纹(图二,9)。

Ⅱ式,平底,无肩,敞口,仓身前壁上部开有方形仓孔。纳林套海 M3:10,仓盖圆形,伞状,顶部有一圆钮,钮下盖面“十”字四分(图二,10)。

该型陶仓的形制演变,主要表现在仓身由下大上小的梯形演变为直筒形或上大底小的梯形。

Bb 型,仓身呈直筒罐形,折肩,分两式。

Ⅰ式,纳林套海 M45:23,仓体呈罐形,矮直颈,小口,素面。圆形盖,表面带四乳四蒂(图二,11)。

Ⅱ式,沙金套海 M23:7,仓体罐形,束颈,小口,器表绘月牙形红色彩绘图案(图二,12)。

该型陶仓的演变，颈部变高，仓身由素面变为月牙装饰的表面。

Bc 型，仓体有斜肩，肩部出棱。

Ⅰ式，三段地 M27:4，小直口，方唇，矮直沿，斜肩出棱，下腹斜收，平底，素面(图二，13)。

Ⅱ式，新地 M4:3，直筒形腹，腹与顶相接出有一周凸棱，方形仓孔位于腹上部(图二，14)。

该型陶仓的演变特征是，仓体变高，肩部凸棱由明显变得圆滑，仓顶部的直口消失，而在仓身中部出现方形仓孔。

方形仓

仓体四棱柱状，截面呈方形，平底。除了补隆淖尔一件为圆形顶盖外，余均为四阿顶盖。发现数量少，分两式。

Ⅰ式，四阿式顶盖，盖中间有一圆钮，上有辐射状纹，盖顶饰瓦棱纹。补隆淖尔 M18:13，四棱柱状，壁带一方形孔(图二，15)。

Ⅱ式，四阿式顶盖中央作正方形小平顶，四面斜坡状，各面模印竖条瓦棱。沙金套海M32:4，仓身方形筒状，仓身瘦高，内残留有谷黍朽壳(图二，16)。

方形仓的形制演变不是十分明显，仓身由瘦长逐渐变粗壮，仓盖中心由圆钮发展到小平顶。

（三）陶井的类型学分析

河套地区汉代墓葬发现陶井明器的数量也较多。大体可以分为两类。

方柱状井

该型井井体呈方柱状，截面方形，依井栏情况，分为两型。

A 型："#"形井栏，据其有无井座，分为两亚型。

Aa 型，无井座，井内壁向下或呈阶梯状内收。有的"#"形井栏两侧有对称小孔，用来插井架，可分两式。

Ⅰ式，纳林套海 M24:8，井内壁斜直，井体较矮(图三，1)。

Ⅱ式，召潭 M3:1，黄釉陶，井栏窄而规整，内壁向下呈阶梯状内收(图三，2)。

Ab 型，出现多边形井座。纳林套海 M20:7，八边形井座，井内有小罐等(图三，3)。

B 型："口"形井栏，无井座。从西汉晚期到东汉早期形制基本没有变化。土城子 M7:2，直壁，井内壁有凸棱(图三，4)。

方柱状井的演变主要表现在，内壁斜收→阶梯状下内收，平底无座→多边形井座。

圆筒状井

井体圆筒形或亚腰形，截面呈圆形，根据有无陶质井架，将其分为两型。

A 型：无陶质井架。依井栏情况又可分为四个亚型。

Aa 型，无井栏，敛口，平底，分两式。

Ⅰ式，纳林套海 M27:2，井沿平，口稍内敛，平底(图三，5)。

Ⅱ式，补隆淖尔 M9:2，井沿平，上有插木质井架的对称小孔。平底，井体稍高(图三，6)。

Ab 型，"#"形井栏，上或有对称两小孔，用于插木质井架，分两式。

Ⅰ式,无井座。纳林套海 M10:3,两侧井框对称有两小孔(图三,7)。

Ⅱ式,井身与圆角方形井座连为一体,井底大于井身。沙金套海 M13:13,井框边沿有对称井架插孔(图三,8)。

Ac 型,“Ⅱ”型井栏,井体瘦长,敛口,平底。纳林套海 M23:1,井体深,上小下大,无底(图三,9)。

Ad 型,圆形井栏,敞口,平底。

新地 M4:7,宽沿外折,沿面有两对称长方形孔,浅斜腹(图三,10)。

B 型:有陶质井架。依井体和井架形状分为四个亚型。

Ba 型,没有井体,圆形井栏上有梯形井架,再上为小井亭,分两式。

Ⅰ式,井栏与井体连为一体,之间有明显凸棱。标本:召湾 M40:34,已残,不见井体(图三,11)。

Ⅱ式,井栏与井体相套成一体,两者可以分开。标本:召湾 M60:7(图三,12)。

Bb 型,亚腰形井体,圆形井栏上有梯形井架,井栏与井架之间有明显的凸棱分界,井架上有小井亭。召湾 M62:3,井口部作凸棱状,平底(图三,13)。

Bc 型,井体呈盆形,敞口,无井栏,井体之上有梯形井架,再上有井亭。召湾 M72:6,井体浅,呈盆状,梯形井架,上有井亭(图三,14)。

Bd 型,较大的歇山顶井亭,下有辘轳装置。标本:城麻沟 M1:14,顶下支架间装一圆饼状滑轮,下残(图三,15)。

陶井架出现的年代较晚,东汉晚期开始盛行,形制多样,演变不明显。

二、陶灶、仓、井流行年代分析

根据以上对陶明器的类型学分析,并通过对墓葬共存器物(图四)、墓葬形制的考察以及与周边地区同类器物的综合比较分析,我们将河套地区汉代陶明器大致分为五期,即西汉中期、西汉晚期、西汉末至东汉初、东汉早中期、东汉后期,其中西汉晚期又分为早、晚两段。

第一期:该期出土陶明器数量较少,主要有Ⅰ式圆形灶,尚未出现明器用仓和井。出土陶明器的代表性墓葬单位有沙金套海 M28、M34,新地 M1、M7 等,年代大致为武帝至宣帝时期。

第二期早段:该期段出土模型明器较多,灶主要流行Ⅱ式圆形灶、Ⅰ式半椭圆形灶、AⅠ式和BⅠ式船头形灶、AⅠ式长方形灶,以及 A 型心形灶等;仓主要流行 AⅠ式和 BⅠ式长方形仓,AaⅠ式、BaⅠ式 BbⅠ式、BcⅠ式、BdⅠ式圆形仓,以及方形仓。井主要流行 AaⅠ式、B 型方柱状井,Aa 型、AbⅠ式圆筒状井。出土陶明器的代表性墓葬单位主要有纳林套海 M12、M45,新地 M5,包尔陶勒盖 M15,下窝尔吐壕 M6,土城子 M6 等,年代大致为元帝、成帝时期。

晚段:该期段出土的模型明器所占陶器的比重仍较大。灶主要流行Ⅱ式半椭圆形,AⅡ式、BaⅡ式船头形,仍旧沿用上期段出现的 AⅠ式长方形灶、A 型心形灶等。仓、井与前段流行形制基本相同。出土陶明器的代表性墓葬单位主要有纳林套海 M23、M27,包尔陶勒盖 M18、M19,沙金套海 M12,召湾 M65 等,年代大致为哀帝、平帝时期。

第三期：该期段出土陶明器数量较多，组合丰富，仓、灶、井成组出现。Ⅰ式椭圆形灶继续存在，主要流行Ⅲ式半椭圆形，AⅢ式、BaⅢ式船头形灶，多边形灶，Ⅱ式心形灶以及抹角方形灶等。仓在该期流行的形制最复杂，主要有AⅡ式、BⅢ式长方形仓，AaⅡ式、Ab型、BaⅡ式、BbⅡ式、BcⅡ式圆形仓，以及Ⅱ式方形仓等。井主要有AaⅡ式、Ab型方柱状，AbⅡ式、Ac型、Ad型圆筒状等，B型方柱状以及Aa型圆筒状井继续存在。出土陶明器的代表性墓葬单位主要有三段地M10，纳林套海M3、M13、M20、M31，召湾M77，补隆淖尔M12，包尔陶勒盖M1，沙金套海M1、M13、M16、M23、M24、M32，召谭M3，新地M4等，年代大致为新莽至光武帝时期。

第四期：出土陶明器数量很少，仓几乎消失，灶和井形制简单，只有少量Bb型船头形灶和A型梯形灶，Bb型和Bd型圆筒状井。出土陶明器的代表性墓葬单位主要有召湾M40、M41、M73、M74等，年代大致为东汉早中期。

第五期：该期出土明器用灶形制变化较大，主要流行长方形和梯形灶，灶边缘出现围墙；船头形灶仍存在，但是形制简化。仓不存在。陶质井架形制复杂多样，此前流行的方柱状井基本消失。出土陶明器的代表性墓葬单位主要有召湾M60、M62、M64、M67、M93、M98，上窝尔吐壕M2，张龙圪旦M1等，年代大致在东汉后期。

三、陶灶、仓、井的分区研究

河套地区较详细发掘资料的汉代墓葬中，材料最多的是巴彦淖尔和包头地区。其次，鄂尔多斯地区也有较多发现。呼和浩特地区发现汉代墓葬数量很少，陶明器数量更少，其特征与包头地区相似。通过以上对陶灶、仓、井进行的较为细致的类型学分析，以及对墓葬形制、共存陶器的大致考察，我们看到，河套地区汉代陶明器在各区表现出一定的差异性。下面主要从陶灶、仓、井的组合及流行特征对巴彦淖尔、包头、鄂尔多斯三个地区加以考察。

巴彦淖尔地区

陶明器种类复杂，形制多样。

主要流行的陶灶有：Ⅰ式、Ⅱ式圆形灶，Ⅰ式椭圆形灶，Ⅰ式、Ⅱ式半椭圆形灶，A、B型心形灶，A、B型圆角方形灶，AⅠ式、AⅡ式、B型多边形灶等。

主要流行的陶仓有：AⅠ式、AⅡ式、BⅠ式、BⅡ式、BⅢ式长方形仓，AaⅠ式、AaⅡ式、Ab型、BaⅠ式、BaⅡ式、BbⅠ式、BbⅡ式圆形仓，Ⅰ式、Ⅱ式方仓等。

主要流行的陶井有：AaⅠ式、Ab型方柱状井，Aa型、AbⅠ式、AbⅡ式、Ac型圆筒状井等。

包头、呼和浩特地区

主要流行的陶灶有：Ⅱ式椭圆形灶，AⅠ式、AⅡ式、AⅢ式、AⅣ式、BaⅠ式、BaⅡ式、BaⅢ式、Bb型船头形灶，AⅠ式、AⅡ式、B型梯形灶，AⅡ式、B、C型长方形灶等。

主要流行的陶井有：AaⅠ式、AaⅡ式、B型方柱状井，Ba型、BbⅠ式、BbⅡ式、Bc型、Bd型圆筒状井等。

陶仓几乎不见,只发现个别的BcⅡ式圆形釉陶仓。

鄂尔多斯地区

主要流行的陶灶有：AⅠ式长方形灶，Ⅰ式、Ⅱ式、Ⅲ式半椭圆形灶。主要流行的陶仓有：BcⅠ式、BcⅡ式圆形仓等。主要流行的陶井有：Ad型圆筒状井等。

综上,陶明器在上述三个地区的分布是有一定差异的。其中,巴彦淖尔地区陶明器的种类和数量均较多,包头地区陶灶和陶井也有较多分布,但是几乎不见陶仓,而鄂尔多斯地区发现的陶灶、仓、井数量均较少,形制单一,除了与该地区发现的汉代墓葬数量有限外,在一定程度上也体现了该地区的地域性特征。

河套地区汉代墓葬出土的陶灶种类和数量均较多,其中圆形、多边形、心形、圆角方形陶灶仅发现于巴彦淖尔地区;船头形灶、梯形灶绝大多数在包头地区发现,而其他地区少见;半椭圆形灶分布于巴彦淖尔和鄂尔多斯地区,而不见于包头;椭圆形灶分布于巴彦淖尔和包头,不见于鄂尔多斯;长方形灶大量发现于包头地区,仅在鄂尔多斯地区有少量发现(表一)。

表一　各型式明器灶在各区的分布

型式 / 地区	圆形	半椭圆形	椭圆形	船头形		多边形		长方形			梯形		心形		抹角方形	
				A型	B型	A型	B型	A型	B型	C型	A型	B型	A型	B型	A型	B型
巴彦淖尔	ⅠⅡ	ⅠⅡ	Ⅰ			ⅠⅡ	√						√	√	√	√
包　头			Ⅱ	ⅠⅡ ⅢⅣ	BaⅡ BaⅢBb			Ⅱ	√	√	ⅠⅡ	√				
鄂尔多斯		ⅠⅡⅢ						Ⅰ								
呼和浩特					BaⅠ											

河套地区汉代墓葬出土的陶仓数量较少,其中在巴彦淖尔地区的分布占绝对优势,包头和鄂尔多斯地区仅有个别发现,形制单一,只有Bc型圆形仓,且这种陶仓不见于巴彦淖尔地区(表二)。

表二　各型式明器仓在各区的分布

型式 / 地区	长方形		圆形					方形
	A型	B型	A型		B型(无足)			
			Aa型	Ab型	Ba型	Bb型	Bc型	
巴彦淖尔	ⅠⅡ	ⅠⅡⅢ	ⅠⅡ	√	ⅠⅡ	ⅠⅡ		ⅠⅡ
包　头							Ⅱ	
鄂尔多斯							ⅠⅡ	
呼和浩特								

陶井的数量也较少,且流行的年代较前两者稍晚。形制多样的陶质井架可谓是包头地区的一种特色明器,在东汉后期大量出现,而几乎不见于其他两个地区(表三)。

表三　各型式明器井在各区的分布

型式/地区	方柱状			圆筒状							
	A型		B型	A型				B型			
	Aa型	Ab型		Aa型	Ab型	Ac型	Ad型	Ba型	Bb型	Bc型	Bd型
巴彦淖尔	Ⅰ	√		√	Ⅰ Ⅱ	√					
包　头	Ⅰ Ⅱ							√	Ⅰ Ⅱ	√	
鄂尔多斯							√				
呼和浩特			√								√

综上,汉代墓葬随葬品的一个重大变化就是出现了大量的模型明器,礼乐类明器几乎消失。河套地区自古便是中原农耕民族与北方游牧民族交汇、融合的地带。汉武帝开边以来,多次移民屯垦,来自中原地区的屯民在河套地区的生产、生活中,自然带来中原地区的埋葬习俗。然而,毕竟是移民,丧葬等习俗也难免受到当地或许是北方民族的影响,从而形成了北方边塞地区自身的一些文化特色。在墓葬随葬品中占重要地位的陶明器自然不例外。

综合以上对陶明器的类型学以及分期、分区研究,大致可以将河套地区汉代墓葬随葬陶明器的特征总结如下:

第一,陶明器种类多样,数量较多,尤其是陶灶,形制多达九类,这在其他地区较少见。

第二,陶明器的分布表现出较明显的地域性。巴彦淖尔地区以半椭圆形和多边形灶为主,并且流行不见于其他两区的圆形、心形和圆角方形陶灶以及少量的椭圆形灶;包头、呼和浩特地区流行船头形灶和长方形灶,并且随葬不见于其他两区的梯形陶灶以及少量的椭圆形灶;鄂尔多斯地区仅发现有数量较多的半椭圆形灶和长方形灶。

河套地区的汉代墓葬,因同处阴山山脉以南这一特定的地理范围之内,故在其文化面貌上表现出诸多一致性的因素。但是就这一地区内部而言,由于当时所处不同的历史和地理环境,并分属不用的行政建制,又兼当时各地居民不同的组成成分和由此带来的不同文化传统,因而几个地区在墓葬文化面貌上存在一定的差异,陶明器的地域差异性很好地说明了这一点。

第三,陶明器在各期的分布变化较明显。西汉中期陶明器几乎不见,仅发现极个别的圆形和半椭圆形陶灶,视为使用明器的萌芽阶段;西汉晚期至东汉初期,陶明器的种类和数量大大增加,为使用明器的发展和鼎盛阶段;东汉早中期,使用明器数量开始急速衰减,尤其是陶仓的使用在各区几乎消失,为使用明器的衰退阶段;东汉后期,陶明器的种类和数量较早中期有所增加,但是种类和数量远不及西汉晚期至东汉初期,为使用明器的回升阶段(表四)。

表四　河套地区汉代墓葬随葬明器

	西汉中期	西汉晚期	西汉末东汉初	东汉早中期	东汉后期	合　计
统计墓葬数量	12	114	115	11	28	280
出土陶明器的墓葬数量	3	72	71	8	21	175

续表

		西汉中期	西汉晚期	西汉末东汉初	东汉早中期	东汉后期	合　计
所占比例		25%	63.2%	61.7%	72.7%	75%	62.5%
随葬各类明器的墓葬数量和明器的件数	灶	3 座 4 件	64 座 65 件	57 座 59 件	8 座 10 件	17 座 18 件	146 座 156 件
	仓	0	33 座 58 件	43 座 64 件	1 座 1 件	0	77 座 123 件
	井	0	40 座 41 件	29 座 29 件	5 座 5 件	14 座 15 件	88 座 90 件
	猪圈厕、池塘	0	1 座 2 件	5 座 5 件	0	0	6 座 7 件
	人俑	0	7 座 11 件	21 座 35 件	1 座 2 件	2 座 6 件	31 座 54 件
	动物俑	0	2 座 3 件	7 座 21 件	0	2 座 7 件	11 座 31 件

河套地区汉代墓葬陶明器的使用在不同时期的表现,与河套地区汉代墓葬的总体特征演变是一致的,也应与汉代史实相吻合。我们认为,汉代在北部边塞地区的开发经历了一个拓展→收缩→恢复的过程,这在河套地区汉代墓葬中有较多体现,如墓葬数量的多少、规格的大小、合葬墓所占的比例以及随葬品的多少等在各期都有着较为明显的变化。本文讨论的陶明器在各期的分布变化也正是一个很好的例证(图五)。

注释:

① 魏坚编著:《内蒙古中南部汉代墓葬》,中国大百科全书出版社,1998 年。《内蒙古乌拉特前旗清理古墓一座》,《文物参考资料》1954 年第 4 期。张郁:《临河县黄羊木头汉墓》,《内蒙古文物资料选辑》,内蒙古人民出版社,1964 年。郑隆:《内蒙古磴口县陶生井附近的古城古墓调查清理简报》,《考古》1965 年第 7 期。侯仁之:《乌兰布和沙漠的考古发现和地理环境的变迁》,《历史地理学的理论与实际》,上海人民出版社,1984 年。李逸友:《内蒙古西部地区的匈奴和汉代文物》,《文物参考资料》1957 年第 4 期。崔睿:《秦汉广衍故城及其附近的墓葬》,《文物》1977 年第 5 期。伊克昭盟文物工作站:《杭锦旗乌兰陶勒盖汉墓发掘报告》,《内蒙古文物考古》1991 年第 1 期。李君平:《伊盟发现杜四圪旦墓地》,《中国文物报》1997 年 1 月 12 日,第 1 版。《包头市郊汉墓》,《内蒙古文物资料选辑》,内蒙古人民出版社,1964 年。陆思贤:《包头市古城湾村的古城与古墓》,《包头文物资料》(第一辑)。李逸友:《包头市郊孟家梁清理汉墓十座》,《文物参考资料》1956 年第 8 期。李逸友:《包头市窝尔吐壕汉墓清理简况》,《文物》1960 年第 2 期。包头市文物管理处:《召湾和边墙壕清理的四座汉墓》,《内蒙古文物考古》2000 年第 1 期。内蒙古自治区文物考古研究所、包头市文物管理处:《包头市麻池三队遗址发掘简报》,《内蒙古文物考古文集》(三),科学出版社,2004 年。内蒙古自治区文物考古研究所、包头市文物管理处:《包头市张龙圪旦汉墓第二次发掘简报》,《内蒙古文物考古文集》(三),科学出版社,2004 年。张郁:《1959 年呼和浩特美岱古城发掘简报》,《文物》1961 年第 9 期。内蒙古自治区文物工作队:《和林格尔县土城子试掘纪要》,《文物》1961 年第 9 期。内蒙古自治区博物馆文物工作队:《和林格尔汉墓壁画》,文物出版社,1978 年。内蒙古博物馆:《内蒙古呼和浩特市郊格尔图汉墓》,《文物》1997 年第 4 期。张文平、陈永志:《城嘴子古城遗址发掘重要收获》,《中国文物报》1999 年 3 月 31 日,第 1 版。内蒙古自治区文物考古研究所、托克托县博物馆:《托克托县黑水泉汉代墓葬清理简报》,《内蒙古文物考古文集》(三),科学出版社,2004 年。

(原载于《文物研究》2009 年)

附表一　河套地区汉代墓葬发表明器灶统计表

单　位		质地	形　制	尺寸(厘米)	分期
纳林套海	M3:1	陶	椭圆形	宽 21.9,高 24.2	三
	M5:8	铜	船头形	长 23.6,宽 12.8,高 7	二
	M10:2	陶	半椭圆形	宽 22,高 9.6	二
	M12:2	陶	圆形	直径 30.4,高 16.8	二
	M19:7	陶	心形	宽 19.8,高 6.4	二
	M20:8	陶	八边形	宽 28,高 8	三
	M23:2	釉陶	半椭圆形	宽 19,高 8	二
	M30:10	铜	船头形	长 2,宽 15.6,高 6.4	二
	M31:3	陶	六边形	宽 18.4,高 11.4	三
	M33:7	釉陶	半椭圆形	宽 16, 高 6	二
包尔陶勒盖	M1:5	陶	长方形	长 23.2,宽 21.6,高 14.8	三
	M15:12	陶	半椭圆形	长 20.4,宽 18.5,高 8.8	二
	M19:12	陶	半椭圆形	长 21.2,宽 20.8,高 14.5	二
沙金套海	M2:1	陶	半圆形	底边长 24.8,高 22	二
	M12:13	陶	半椭圆形	长 24,宽 27,高 8.5	二
	M17:14	铜	船头形	长 22.8,宽 16,高 14	一
	M20:1	陶	半椭圆形	长 23.2,宽 26.8,高 8.4	二
	M23:3	陶	六边形	长 22.4,宽 20,高 9.6	三
	M24:11	陶	六边形	长 23.2,宽 23.2,高 9.6	三
	M27:6	釉陶	半椭圆形	长 18.5,宽 13.5,高 5.6	二
	M28:13	陶	圆形	面径 26,底径 28,高 9.5	一
补隆淖尔	M2:8	陶	圆角三角形	宽 21,高 10.2	二
	M7:2	陶	六边形	宽 17.6,高 9.2	三
	M8:3	陶	半椭圆形	宽 18.8,高 9.6	三
	M8:11	陶	长方形	宽 21.2,高 20.4	三
	M11:1	陶	半椭圆形	宽 18.8,高 11.6	三
	M12:2	陶	圆角弧边三角形	宽 19.6,高 6	三
陶生井	M1	铜	船头形	长 21.5,宽 15,高 6.5	四
	M2	陶	六边形	高 9.5	四
三段地	M10:10	陶	半圆形	长 20,宽 19.6,高 7	三
凤凰山	M10:2	陶	半圆形	长 18.5,宽 18.5,高 10	三

续表

单　位		质地	形　制	尺寸(厘米)	分期
新地	M2:7	陶	长方形	长 18.7,宽 18.7,高 8.1	二
	M3:5	陶	半椭圆形	长 19.9,宽 16.6,高 6.5	三
	M4:10	陶	半椭圆形	长 17.7,宽 18.2,高 9.4	三
	M5:3	陶	半椭圆形	长 21.9,宽 17,高 8.6	二
	M11:8	陶	长方形	长 32.2,宽 22.5,高 11.1	二
	WXC:6	陶	椭圆形	长 21,宽 20.2,高 14.4	
乌兰陶勒盖	M7:7	陶	长方形	宽 26.3,高 29.3	二
	C:8	陶	半椭圆形	长 19.6,宽 21,高 16	
	C:9	陶	半椭圆形	长 21.5,宽 20.5,高 9.8	
八垧地梁		陶	长方形	长 27,宽 25.5,高 10	
召湾	M40:18	陶	船头形	长 39,宽 35,高 1.5	四
	M41:1	陶	梯形	长 31,前宽 18,后宽 20,高 10	四
	M42:16	陶	船头形	长 33,高 19	二
	M51 乙:269	陶	船头形	长 34,高 24.8	二
	M59:17	釉陶	船头形	长 29.2,高 12	三
	M60:8	陶	长方形	长 40.4,宽 32,高 14.4	五
	M62:4	陶	长方形	长 40,宽 28.8,高 12	五
	M63	陶	船头形	长 33.2,前高 16,后高 22	五
	M64:4	陶	长方形	长 29,宽 21.6,高 7.2	五
	M64:5	陶	长方形	长 28.4,宽 19.4,高 10.4	五
	M65:4	陶	船头形	长 24,高 12.8	二
	M67:4	陶	长方形	长 30.2,宽 24,高 9.6	五
	M67:5	陶	长方形	长 35.2,宽 23.6,高 10.8	五
	M71:4	陶	船头形	长 22.4,高 12	二
	M77:2	釉陶	船头形	长 25.6,高 20.8	三
	M77	釉陶	船头形	长 24,前高 12,后高 14.7	三
	M79	陶	船头形	长 21.4,最宽 19.4,高 9.2	五
	M84:3	釉陶	船头形	长 25.2,高 12	三
	M85:4	陶	船头形	长 23.4,高 20.8	二
	M86:19	陶	船头形	长 36,高 23.2	二

续表

单　位		质地	形　制	尺寸(厘米)	分期
召湾	M92:3	陶	长方形	长36.8,宽23.2~24.8,高16.4	五
	M93:1	陶	船形	长22.8,宽16,高12.4	五
	M98:9	陶	椭圆形	长32.5,宽29.5,高9	五
	BZC:3	铜	船形	长21,高7.2	
张龙圪旦	M1:6	釉陶	长方形	长60,宽46.2,高55.2	五
召潭	M2:11	陶	船头形		五
观音庙	M3:1	釉陶	船头形	长23,高16.4	三
下窝尔吐壕	M1:1	陶	船头形	宽18.87,高16.8	二
	M3:1	陶	船头形	宽17.6,高12.2	三
	M6:1	陶	船头形	宽19.2,高20.8	二
上窝尔吐壕	M2:1	陶	长方形	长33.2,宽24.8,高10.8	五
土城子	M6:10	陶	船头形	长23,宽20.5,高20.4	二
	M7:1	陶	船头形	长20.4,宽18.5,高5.2	二
格尔图	M1	陶	船头形	长40.5,宽28.5,高40	二

附表二　河套地区汉代墓葬发表明器仓统计表

单　位		质地	形　制	尺寸(厘米)	分期
纳林套海	M3:10	陶	圆形	口径16,高27	三
	M3:13	陶	方形	口径15.2,高29.2	三
	M10:9	陶	圆形	口径10.3,高18.2	二
	M10:16	陶	长方形	面宽17.6,高21	二
	M13:7	陶	圆形	口径8,高22.8	三
	M14:1	陶	长方形	面宽16.8,高18.4	二
	M19:4	陶	方形	口径11.2,高20.7	二
	M27:21	陶	长方形	宽22.4,高27.2	二
	M45:2	陶	长方形	宽17.2,高27.2	二
	M45:14	陶	圆形	口径12.3,高21	二
	M45:23	陶	圆形	口径9.6,高18	二
包尔陶勒盖	M13:9	陶	圆形	口径11.2,底径15.3,高23.7	二
	M16:13	陶	圆形	口径12,底径14.4,高20.5	二

续表

单　位		质地	形　制	尺寸(厘米)	分期
包尔陶勒盖	M19:4	陶	圆形	口径 11.6,底径 15.4,高 23.6	二
	M19:16	陶	长方形	长 17.6,宽 10.2,高 23.6	二
	M20:14	陶	圆形	口径 12.2,底径 13.2,高 19.8	三
	M24:16	陶	长方形	长 19.2,宽 9.6,高 25.2	三
沙金套海	M1:4	陶	束颈直筒形,直壁平底	口径 8,底径 8.8,高 16.8	三
	M1:5	陶	直筒形,平底	口径 12,底径 12.8,高 20.7	三
	M1:8	陶	长方形,平底	长 20.8,宽 12.4,高 19.2	三
	M2:7	陶	束颈直筒形,直壁平底	口径 9.6,底径 12.8,高 20	二
	M2:8	陶	圆筒形,敛口,平底,三方形足	口径 12.4,底径 14.8,高 23	二
	M2:12	陶	长方形,平底,四扁足	长 27.2,宽 16, 高 27.2	二
	M6:8	陶	圆筒形,敛口,平底,三柱状足	口径 14,底径 17.2,高 26.5	三
	M13:8	陶	长方形,平底	长 20,宽 11.2,高 18	三
	M16:5	陶	圆筒形,敛口,平底,三兽状足	口径 13.2,底径 16,高 29	三
	M16:8	陶	长方形,平底,曲尺状足	长 32,宽 20, 高 33.6	三
	M19:8	陶	长方形,平底	长 22.8,宽 12,高 24	二
	M23:7	陶	束颈直筒形,直壁平底	口径 6.4,底径 9.6,高 12.8	三
	M27:8	陶	方形,四阿式顶	边长 16.8,高 6	二
	M32:3	陶	圆筒形,敛口,平底,三柱状足	口径 4,底径 16.8,高 17.5	三
	M32:4	陶	方仓	边长 11,高 20.5	三
	M32:10	陶	圆筒形,敛口,平底,三柱状足	口径 8,底径 9,高 14.8	三
补隆淖尔	M2:10	陶	方仓,圆形盖	边长 11.2,高 18.8	二
	M8:2	陶	圆形	口径 9.6,高 12.4	三
	M9:11	陶	圆形	口径 9.3,高 17.8	三
	M18:13	陶	方仓,四阿式顶	边长 6,高 23.6	二
	M18:15	陶	圆形	口径 13.6,高 18.4	二
三段地	M7:3	陶	圆形,平底	口径 5.6,底径 14.4,高 20	三
	M27:4	陶	原系国内,平底	口径 6.8,底径 11,高 18	三

续表

单位		质地	形制	尺寸(厘米)	分期
新地	M4:3	陶	直筒形腹,半圆形顶	高 20.5	三
乌兰陶勒盖	M6:14	陶	圆形		二
召湾	M77:7	釉陶	圆形	高 18.4	三
	M77:8	陶	楼	底径 9.7,高 12.5	三
	M77	釉陶	圆形	腹径 14.5,底径 14.5	三
张龙圪旦	M1:15		楼	宽 47.6,高 50.4	五

附表三　河套地区汉代墓葬发表明器井统计表

单位		质地	形制	尺寸(厘米)	分期
纳林套海	M10:3	陶	圆筒状	井框边长 12.8,井高 9.6	二
	M20:7	陶	方柱状	边长 10,井高 8	三
	M23:1	陶	圆筒状	井框边长 8,高 14.3	二
	M24:8	陶	方柱状	边长 1,井高 8.5	二
	M27:2	陶	圆筒状	口径 11.5,高 7.5	二
	M34:3	陶	圆筒状	井框边长 10.8,井高 8.8	二
包尔陶勒盖	M6:1	陶	圆筒状	口径 10.4,底径 11.2,高 6.8	二
	M6:18	陶	圆筒状	口径 12,底径 11.2,高 6	二
	M13:13	陶	圆筒状	口径 11.2,底径 12,高 8	二
	M18:1	陶	圆筒状	宽 12.8,底径 9.6,高 5.6	二
	M24:1	陶	圆筒状	宽 9.2,底径 7.2,高 5.2	三
补隆淖尔	M9:2	陶	圆筒状	口径 7.2,高 6.6	三
	M11:5	陶	圆筒状	口径 13.8,高 12.4	三
	M13:3	陶	圆筒状	口径 7.3,高 10.5	三
	M18:7	陶	圆筒状	口径 11.2,高 8.4	二
凤凰山	M10:6	陶	圆筒状	口径 14,底径 11,高 10	三
新地	M4:7	陶	盆形腹,平底	口径 14.8,高 8.4	三
	WXC:7	陶	长方形井框,平底	长 13.1,宽 6.1,高 12.4	
	WXC:9	陶	筒形腹,平底	口径 11.5,高 9.9	
乌兰陶勒盖	M6:30	陶	圆筒状	口径 10,底径 10.5,高 12.3	二
	C:7	陶	圆筒状	口径 14,底径 10.7,高 9.8	

续表

单　位		质地	形　制	尺寸(厘米)	分期
召湾	M40:34	陶	"开"形井架	口长 13,宽 12	四
	M51 乙:279	陶	方形井框,平底	长 12.6,高 10.8	二
	M59:5	陶	方口井	边长 12,高 7.6	三
	M60:6	陶	圆口井	口径 16.4,高 22.8	五
	M60:7	陶	圆口井	口径 18,高 28.4	五
	M61:3	陶	圆口井	口径 16.4,高 22.8	五
	M62:3	陶	圆口井	口径 11.2,高 20.4	五
	M63:10	陶	方柱状	边长 12.8,高 13.8	二
	M63	陶	圆筒状	直径 12.3,底径 10,高 14	五
	M64:3	陶	圆口井	口径 14.4,高 20	五
	M71:3	陶	方口井	边长 12.8,高 8.4	二
	M72:6	陶	圆口井	口径 27.2,高 25.6	五
	M77	釉陶	圆筒状	口径 11.7,底径 6.5,高 8.5	三
	M79	陶	圆筒状	底径 6.5,高 7	五
	M84:2	陶	方口井	边长 12.4,高 5.6	三
	M85:3	陶	方口井	边长 0.4,高 6.8	二
	M86	釉陶	圆筒状	口径 6.7,底径 8,高 8	二
	M93:3	陶	圆形	口径 16,高 10	五
	M98:3	陶	"开"形井架	口径 12.5,底径 12.6,高 23.3	五
召潭	M1:6	釉陶	"井"形框,平底	宽 11.4,高 7.2	三
	M2:8	陶	"井"形框,方台状,平底	宽 18,高 14.8	二
	M3:1	釉陶	"井"形框,平底	宽 11.4,高 7.3	三
观音庙	M2:3		井框方柱状,平底	边长 12.5,高 9	三
下窝尔吐壕	M1:5		"井"字形	宽 11.6,高 6.2	二
	M3:3		"井"字形	宽 9.2,高 6	三
	M6:2		"井"字形	宽 12.8,高 6.8	二
上窝尔吐壕	M1:5		"井"形框,方柱状,平底	边长 12.4,高 9.2	二
土城子	M6:11		方形	长 7.8,高 9.3	二
	M7:2		方形	长 9,高 9.5	二
张龙圪旦	M4:7	陶	"开"字形	口径 11.6,底径 19.2,高 23.9	五

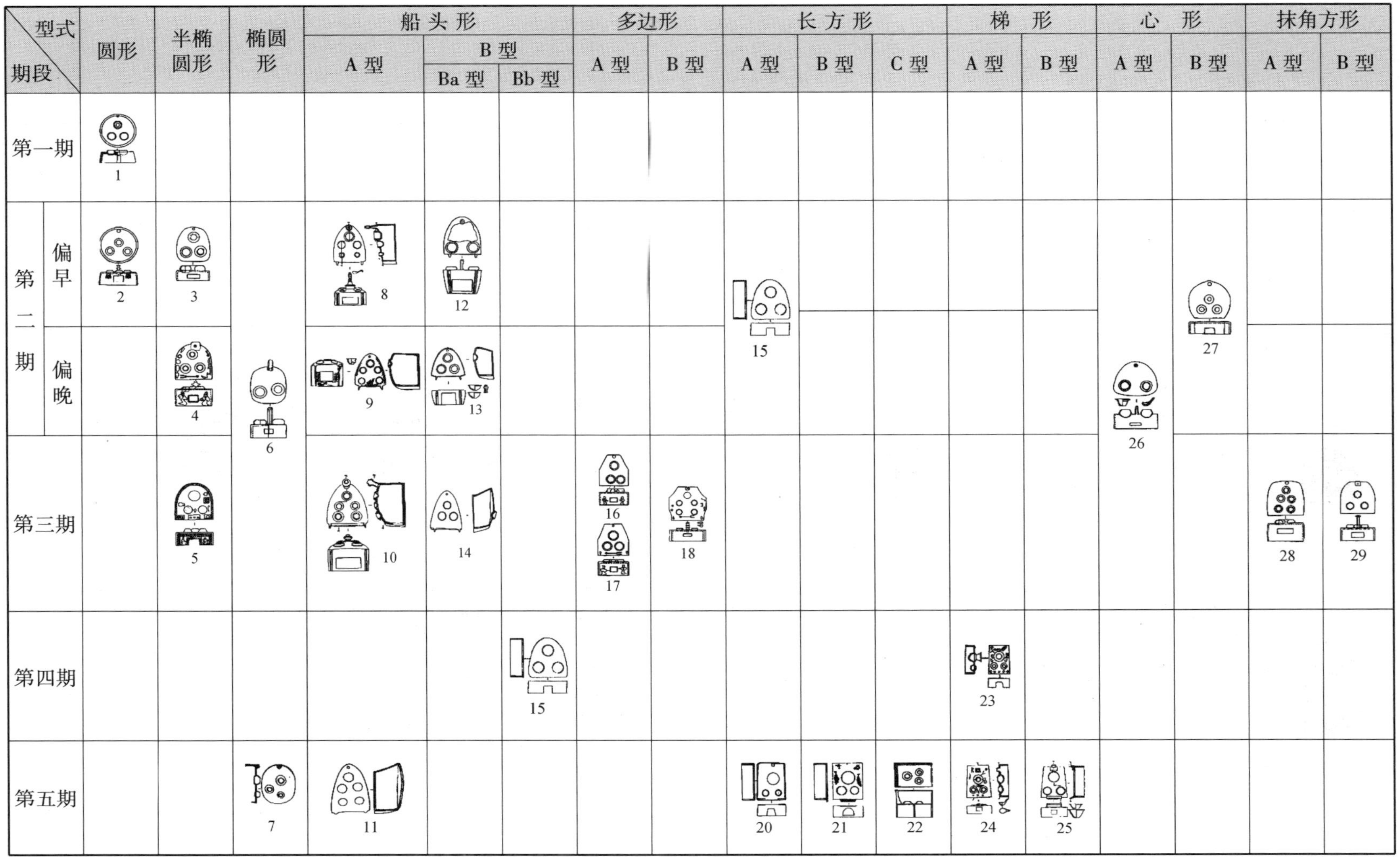

型式/期段		圆形	半椭圆形	椭圆形	船头形			多边形		长方形			梯形		心形		抹角方形	
					A型	B型		A型	B型	A型	B型	C型	A型	B型	A型	B型	A型	B型
						Ba型	Bb型											
第一期		1																
第二期	偏早	2	3	6	8	12				15					26	27		
	偏晚		4		9	13												
第三期			5		10	14		16、17	18								28	29
第四期							15						23					
第五期				7	11					20	21	22	24	25				

图一　陶灶形制演变图

1. 沙金 M28:13　2. 纳林 M12:2　3. 包尔 M15:12　4. 包尔 M19:12　5. 三段地 M10:10　6. 补 M18:11　7. 召湾 M98:9　8. 召湾 M86:19　9. 下窝 M1:1　10. 召湾 M77:2　11. 召湾 M93:1　12. 土城子 M7:1　13. 召湾 M65:4　14. 下窝 M3:1　15. 召湾 M40:18　16. 纳林 M31:3　17. 沙金 M23:2　18. 纳林 M20:8　19. 新地 M11:8　20. 上窝 M2:1　21. 召湾 M62:4　22. 张龙 M1:6　23. 召湾 M41:1　24. 召湾 M64:4　25. 召湾 M67:4　26. 补 M2:8　27. 纳林 M19:7　28. 包尔 M1:5　29. 沙金 M24:11

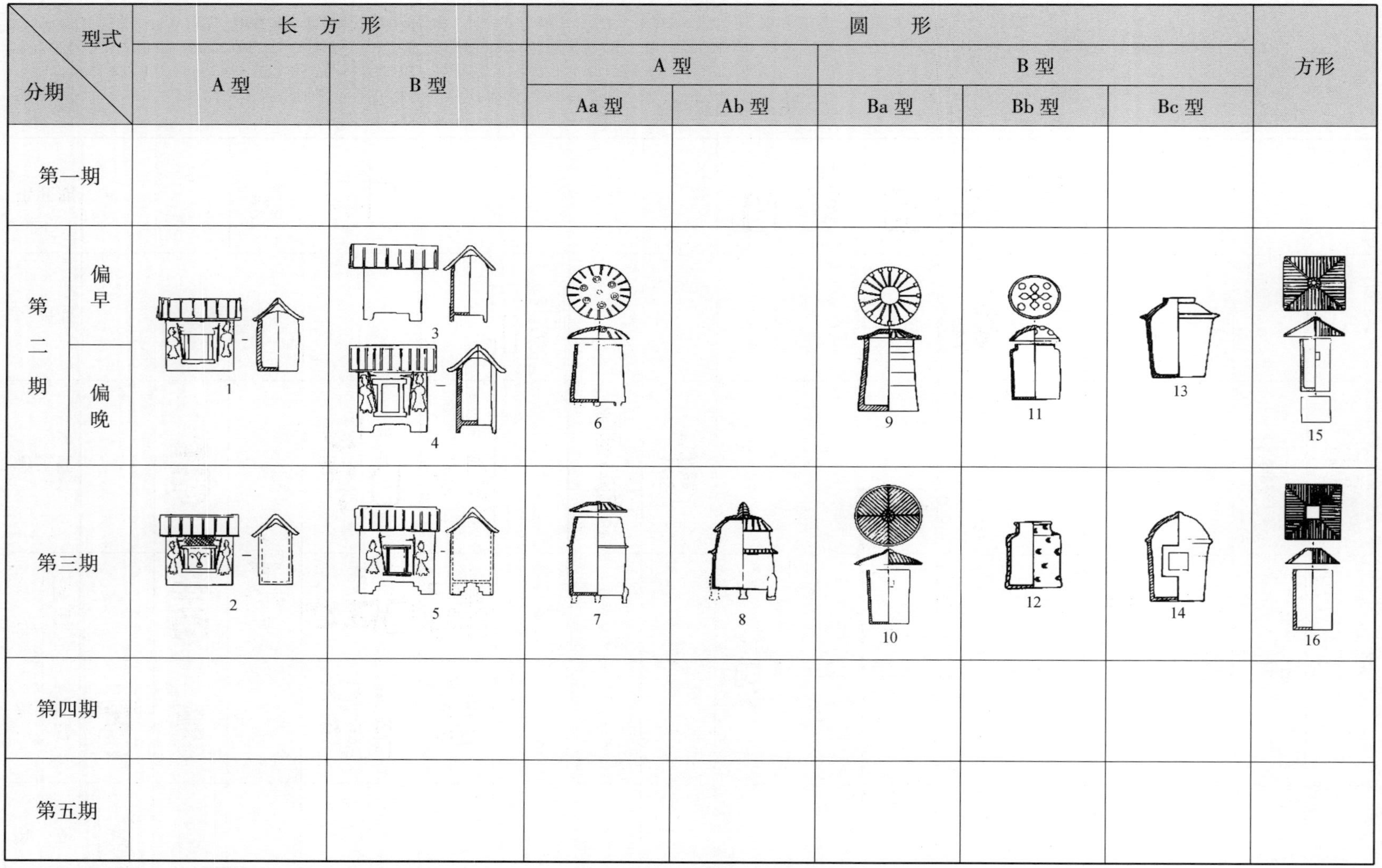

分期＼型式	长方形		圆形					方形
	A型	B型	A型		B型			
			Aa型	Ab型	Ba型	Bb型	Bc型	
第一期								
第二期 偏早	1	3	6		9	11	13	15
第二期 偏晚		4						
第三期	2	5	7	8	10	12	14	16
第四期								
第五期								

图二　陶仓形制演变图

1. 纳林 M10:6　2. 沙金 M1:8　3. 纳林 M45:2　4. 包尔 M19:16　5. 沙金 M16:8　6. 纳林 M45:14　7. 沙金 M16:5　8. 纳林 M13:7　9. 包尔 M16:13　10. 纳林 M3:10　11. 纳林 M45:23　12. 沙金 M23:7　13. 三段地 M27:4　14. 新地 M4:3　15. 补隆 M18:13　16. 沙金 M32:4

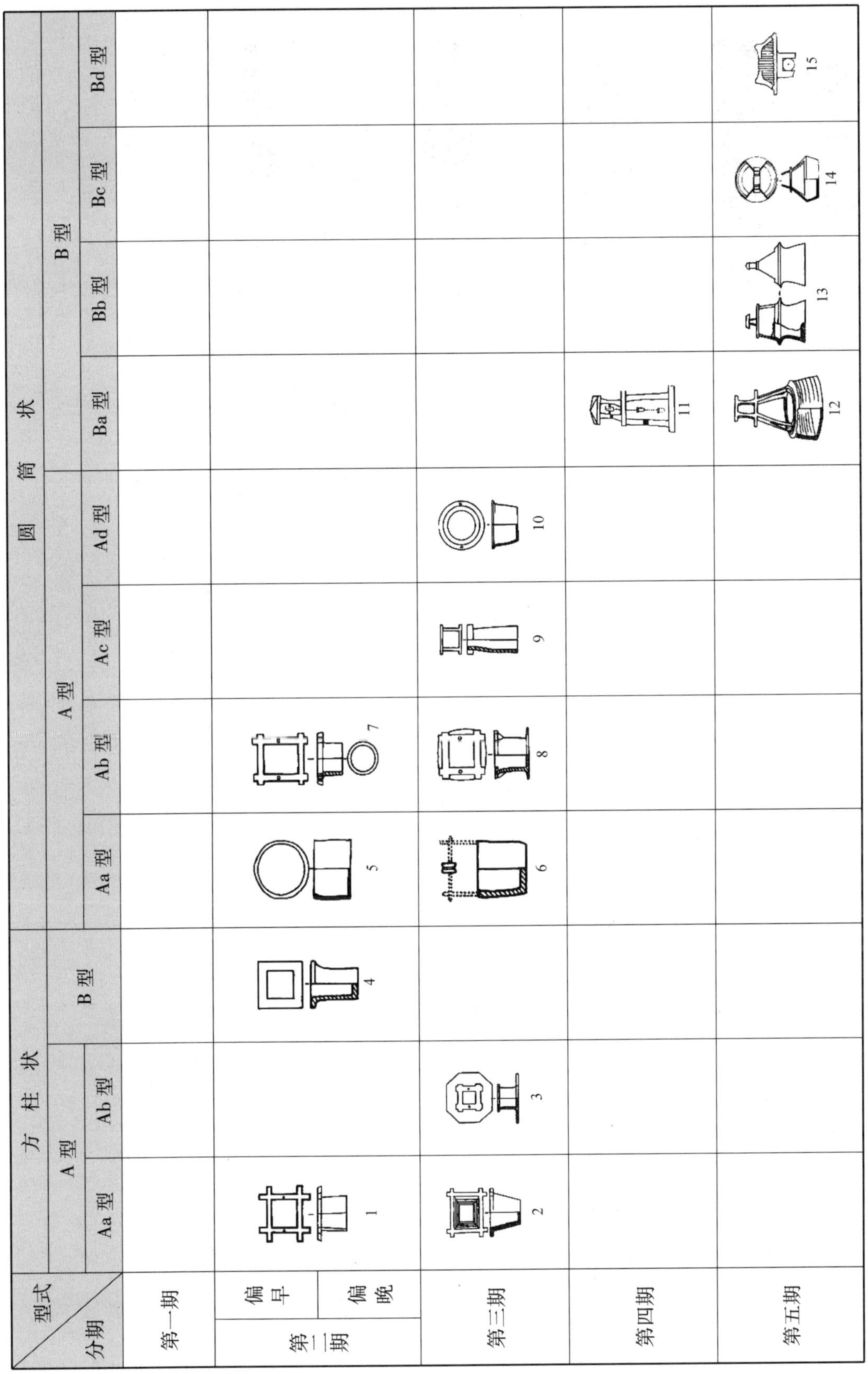

型式 / 分期	方柱状			圆筒状							
	A型		B型	A型				B型			
	Aa型	Ab型		Aa型	Ab型	Ac型	Ad型	Ba型	Bb型	Bc型	Bd型
第一期											
第二期（偏早、偏晚）	1		4	5	7						
第三期	2	3		6	8	9	10				
第四期								11			
第五期								12	13	14	15

图三　陶井形制演变图

1. 纳林 M24:8　2. 召谭 M3:1　3. 纳林 M20:7　4. 土城子 M7:2　5. 纳林 M27:2　6. 补隆 M9:2　7. 纳林 M10:3　8. 沙金 M13:13　9. 纳林 M23:1　10. 新地 M4:7　11. 召湾 M40:34　12. 召湾 M60:7　13. 召湾 M62:3　14. 召湾 M72:6　15. 城麻沟 M1:14

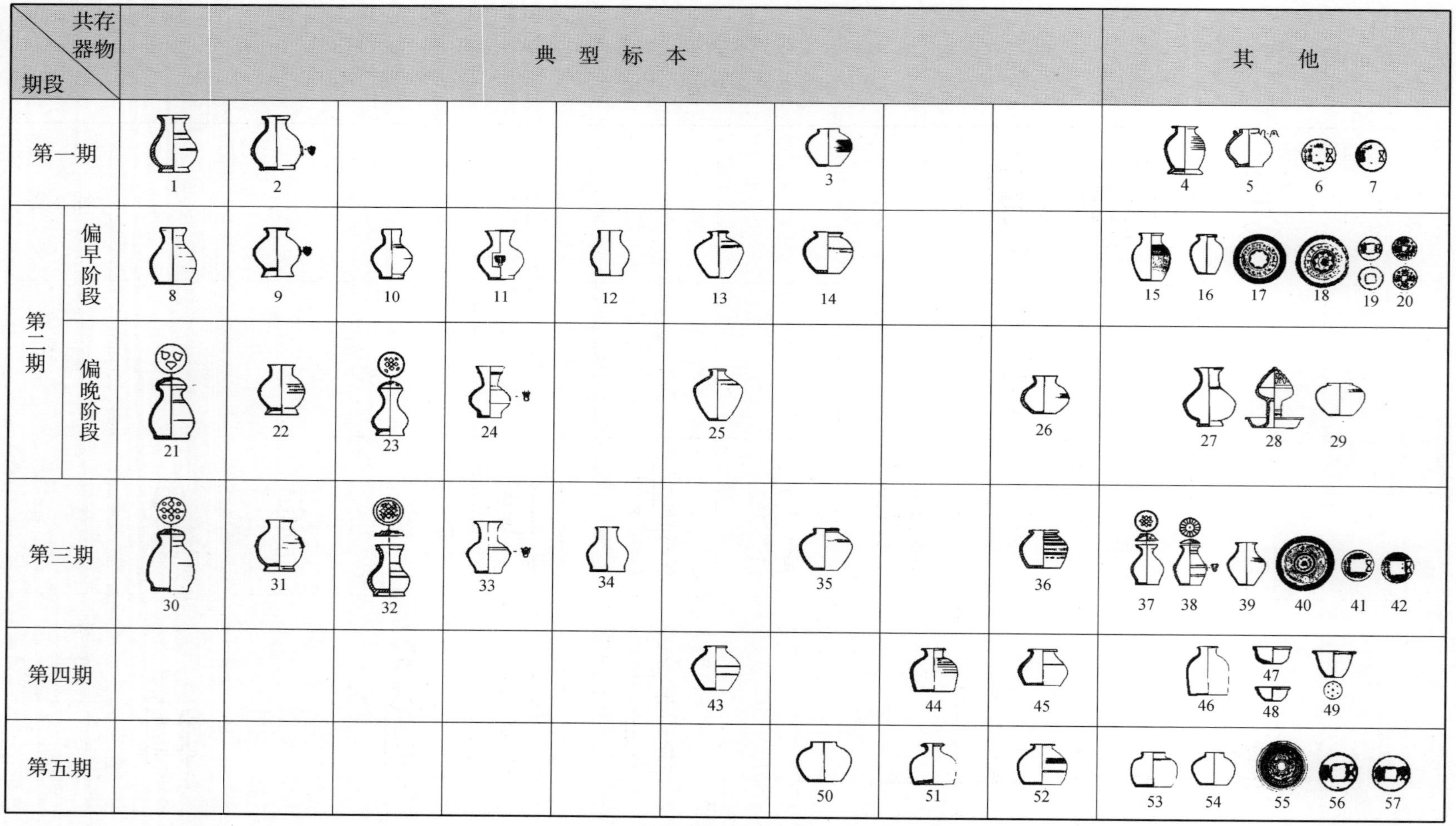

共存器物 / 期段		典型标本									其他
第一期		1	2					3			4　5　6　7
第二期	偏早阶段	8	9	10	11	12	13	14			15　16　17　18　19　20
	偏晚阶段	21	22	23	24		25			26	27　28　29
第三期		30	31	32	33	34		35		36	37　38　39　40　41　42
第四期							43		44	45	46　47　48　49
第五期								50	51	52	53　54　55　56　57

图四　与陶明器共存器物举例

1. 沙金 M34:3　2. 沙金 M34:1　3. 沙金 M34:12　4. 沙金 M28:16　5. 沙金 M28:15　6. 沙金 M28:17　7. 沙金 M34:16　8. 纳林 M45:21　9. 纳林 M12:6　10. 纳林 M12:6　11. 土城子 M6:2　12. 新地 M5:6　13. 纳林 M45:6　14. 土城子 M6:2　15. 下窝尔吐豪 M6:7　16. 包尔 M15:1　17. 土城子 M6:9　18. 下窝尔吐豪 M6:9　19. 下窝尔吐豪M6:18　20. 下窝尔吐豪 M6:20　21. 包尔 M19:6　22. 纳林 M27:9　23. 包尔 M18:9　24. 召湾 M65:1　25. 沙金 M12:21　26. 纳林 M23:7　27. 纳林 M23:5　28. 纳林 M23:9　29. 纳林M27:7　30. 包尔 M20:6　31. 包尔 M1:2　32. 沙金 M32:12　33. 召湾 M77:1　34. 纳林 M31:2　35. 沙金 M13:1　36. 纳林 M3:15　37. 沙金 M1:1　38. 沙金 M16:1　39. 新地M4:5　40. 纳林 M13:33　41. 纳林 M13:19—1　42. 纳林 M13:19—2　43. 召湾 M73:4　44. 召湾 M73:3　45. 召湾 M73:3　46. 召湾 M73:2　47. 召湾 M40:8　48. 召湾 M40:9　49. 召湾 M40:19　50. 张龙 M1:1　51. 召湾 M62:1　52. 召湾 M72:1　53. 召湾 M72:3　54. 张龙 M1:3　55. 召湾 M62:7　56. 召湾 M62:17　57. 召湾 M72:16

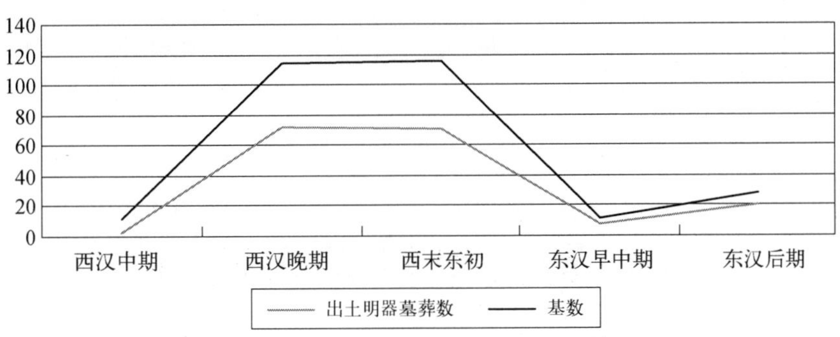

图五　河套地区各期汉墓出土陶明器数量变化图

为何蜀汉皇权无人抢争

——兼论魏、吴官员政治型惩治事件远比蜀汉频繁之因

董坤玉

【关键词】蜀汉;皇权;抢争

三国时期政治中的一个突出现象,就是国家政权或皇权交接呈现多层面。在曹魏,第一层面是汉魏的禅代,然后有魏晋禅代;第二层面是在曹魏内部,权力转移出现交接的难题:表现为曹操对选定接班人的困惑。在蜀汉,权力交接的矛盾比较小,却存在着三个集团的矛盾——刘备的新东州人、刘焉父子带去的旧东州人、蜀地土著三者权力分配的问题。在吴,权力交接主要表现为孙权废立太子,以及由此而带来的一系列继发的政治集团内争问题。因此,三国时期,受政治型惩治①的官员数量甚多,远比非政治型惩治②严重。这是该时期的政治动荡与权力争夺的必然结果。不过,相对而言,蜀汉在政治型惩治案件的数量上、程度上都远比曹魏、孙吴逊色,成为这一时期突出的政治现象。

一、曹魏与孙吴因皇权等原因引起多次政治型屠杀惩治

政治型惩治的基本目的,一是争夺皇权或保护皇权。夺取皇权或保护皇权,也就是说有人想夺皇权,有人怕皇权被夺。二是争夺中央中枢大权。因此,政治型惩治的重要前提之一,是有人想夺皇权,有人怕皇权被夺;或有人想夺中枢大权。如果没有这个前提,政治型惩治的事件就会大大减少了。三国时期,魏、吴二国曾因皇权等原因引起多次政治型屠杀惩治事件。

先看曹魏。在曹魏政权内部,政治斗争激烈,皇帝或权臣时常对一些官员加上"谋反类大罪"进行惩治。可分为三个阶段:

一是曹操当政阶段。这一时期的政治型惩治,主要围绕禅代展开,同时也存在着曹操称王后继承人即世子的问题。在魏建立的前后,对触犯谋反类大罪官员的惩治,曹操与拥汉官僚集团有过多次较量。曹操集团中的拥汉势力,多次发动针对曹操的政变和暗杀,但一一为曹操化解。真正因谋反而被曹操所杀的官员主要有:董承、马腾(其子马超反)、伏完、金祎、耿纪、韦晃、吉本、魏讽等。而因有拥汉情绪或对曹操政权抱有敌意,被曹操逼死或加以罪名杀害的官员有:荀彧、

杨修、孔融、许攸、娄圭等。

二是曹丕时代和曹睿时代。曹丕为维护帝权，杀了忠于曹植的丁仪、丁廙兄弟，正直的杨俊、鲍勋，还施毒杀害了勇猛的兄弟曹彰，并数贬曹植。明帝曹睿当政阶段，对大臣交游结党，宗室封王与京都人交往极为在意，废锢诸葛诞、邓飏等结党者。

三是齐王芳当政至魏亡阶段。皇权之争，主要围绕司马氏集团与曹氏集团展开。在高平陵事变中，司马懿父子以谋反的罪名将曹爽一党一网打尽。曹爽的一些属官也受到牵连。但是，忠曹的势力依然大有人在。司马懿亡故之后，在中央有李丰等人组织的反抗集团，在地方又先后有“淮南三叛”反抗集团，但一一为司马师、司马昭兄弟歼灭。与高贵乡公一同讨伐司马昭的大臣还有尚书王经，也被诛杀③。司马昭为掩人耳目，又将直接杀害魏帝的成济，“夷济三族”④。司马懿父子在消灭“淮南三叛”的三个集团中，惩罚涉及多人。及灭蜀之时，又有钟会之叛。钟会为乱兵所杀，后因司马昭又追究责任，其家族也受到一定的株连。同时，名将邓艾父子也被冤杀。

再看孙吴。孙吴的政治内争激烈程度与曹魏有相似之处，不同的是，孙吴政权没有出现过皇族为异族觊觎引发的血腥事件。

孙权当政的时间甚长，因维护江东大族政治权利曾严惩张温、暨艳、徐彪。田余庆先生曾说：“孙权严惩暨艳并及张温，正是为了维护江东大族特别是吴姓四族的仕宦特权”⑤。而与孙权继承人问题牵连者，是孙吴政治惩治的重点和难点。孙权为帝，不能妥善解决太子和与鲁王霸之间的矛盾，结果在政府内部形成太子和与鲁王霸两大集团。孙权对两大集团均采取了打击的政策：“全寄、吴安、孙奇、杨竺等，阴共附霸，图危太子。谮毁既行，太子以败，霸亦赐死。流竺尸于江，兄穆以数谏戒竺，得免大辟，犹徙南州。又诛寄、安、奇等”。因太子问题而为孙权惩治的还有顾谭、顾承、张休、吾粲、朱据、陆胤、陆逊、陈正、陈象、屈晃等多名高官。

太元二年(252年)，孙权死，孙亮、孙休先后继立。二人称帝期间，吴国的政治内争依然比较多。因政治型原因而被惩治者有：孙弘、诸葛恪、孙仪、滕胤，孙宪、朱异、吕据、孙綝、全氏家族、孙英等。尤以诸葛恪被灭族影响巨大。

孙休死(264年)，孙皓被迎立为帝，残暴之极。不少大臣皆死于非命，甚至诛及子孙。这时候吴国对官员的惩治，已谈不上官员是否犯罪了。

总之，曹魏的政治型惩治事件极为复杂，孙吴的政治型惩治事件也相当复杂，两国的皇权之争与国家权力内争引发了多次的血腥事件。

二、蜀汉皇权无人抢争的原因

蜀汉的政治内争与魏、吴不同。在刘备与诸葛亮执政时期，政府惩治的官员有张裕、彭羕等。张裕、彭羕语涉谋反，却没有行动，依然被杀。诸葛亮死后(234年)，又有魏延被灭族、杨仪自杀等案件，也只是因为权力之争。总之，蜀汉因政治原因而被惩治的官员人数很少。而且，蜀汉未出现皇族内部成员争夺皇权事件，也未出现权臣想抢皇权的事件。这与魏、吴两国因争夺皇权的惩治事件，让不少官员卷入其中、死于非命，形成了鲜明的对比。为何蜀汉皇权无人抢争？其因

有五:

1. 蜀汉不具备皇族成员争皇权的基本条件

一个国家皇族内部出现权力斗争,必须有三个前提:一是皇室内部除太子之外,还有其他皇子或皇族成员有做储君的可能条件,或有做皇帝之心。二是宗室中出现权力过强者,可因此危及皇权而产生皇权内争。三是大臣分群,形成不同的对抗性政治集团,各拥一皇子或皇族,以争夺皇权为目标进行对抗。

蜀汉不具备魏、吴两国皇族成员争皇权的基本条件。这是因为:

其一,刘备的出身与曹操、孙权完全不同。从父祖的官位上看,刘备不如曹操、孙权。史称刘备少孤,与母贩履织席为业。刘备的其他亲人,史书记载有其叔父,再记有同宗德然。德然父元起曾资助刘备读书并称:"吾宗中有此儿,非常人也。"[1](P871)这就是刘备的家族情况,是地道的寒士出身。虽然刘备是帝室之胄,但是早已过了五服,与当时的汉皇室已没有任何血缘上的关联了。史称刘备:"少语言,善下人,喜怒不形于色。好交结豪侠,年少争附之。中山大商张世平、苏双等赀累千金,贩马周旋涿郡,见而异之,乃多与之金财。先主由是得用合徒众"[1](P872)。由此可见,刘备年轻时因无家庭同胞血亲的相助,只好靠结交豪侠以壮大力量。

而曹操、孙权却不同。曹操出身于重要官员家庭。"桓帝世,曹腾为中常侍大长秋,封费亭侯,养子嵩嗣,官至太尉,莫能审其生出本末。嵩生太祖。""年二十,举孝廉为郎,除洛阳北部尉,适顿丘令"[1](P1)。虽然出身并不光彩,却并不能因此而降低其参政的起点。因此,曹操可凭借其父祖的关系,轻而易举地进入汉朝政界。孙权之父兄,均为汉朝高官,其父孙坚,参加过讨伐董卓的行动。"(袁)术表坚行破虏将军、领豫州刺史"[1](P1096)。其兄孙策,曹操表为讨逆将军,"封为吴侯"[1](P1104)。到了孙权,已历三世,国险而民富。因此,诸葛亮对刘备陈述隆中之策时,要求以其为援而不可图之。说明孙权称霸称帝的基础,也比较好。因此,从父祖出身上讲,刘备是无法与曹、孙二人相比的。由于出身贫寒,刘备年轻时不可能广置妻妾,而妻妾多寡是后嗣多少的重要条件。

其二,刘备不但子女数量少,而且也无亲近的同族人,这与曹、孙也有较大差别。史书没记载刘备的兄弟姐妹情况,说明刘备无同胞兄弟,其家庭是小族。再者,刘备仅有三子:刘禅、刘永、刘理。刘禅为太子,刘永封鲁王,刘理为梁王,且三人非同母。

而曹魏、孙吴皇权都有强大的宗室支撑。曹操妻妾成群,共生了25男,其中成年者十多人。这十多人中,有数人才华出众,远比刘备儿子的能力强,成为曹操的得力助手。同时也使得继承人多了人选,也就多了竞争皇权的对手。曹丕也有9子。曹魏宗室著名者有曹仁、曹莼、曹洪、曹休、曹真等,这些人都具备治国带兵之才,为曹操父子代魏立下了汗马功劳。还有夏侯氏——夏侯惇、夏侯渊等,也系宗亲,才能出众。在曹操时代,这些人多掌控国家军政大权,成为曹操政府中的核心阶层。曹操虽然唯才是举,但是,他最重用的人,还是以曹氏、夏侯氏血亲为主。曹魏政权中异姓人才,虽然有一流者,在曹操和曹丕时代,却少有掌握国家军事大权者。

孙权有7个儿子,其中,孙登、孙和、孙霸、孙休、孙亮等人才华明显高于刘备之子。孙权的宗室有孙河、孙静、孙贲、孙辅、孙绍、孙翊、孙匡、孙绍、孙桓、孙峻、孙綝等。这些人中,多握兵权,成为孙吴政权中的要员。

其三,刘备三子,皆为中材之人。这三子在刘备争夺天下时,年纪甚小,根本帮助不了父亲。刘禅弟刘永、刘理二人,无做皇帝之欲。史书未记二人在政府中担任官职。刘永因痛恨黄皓,与刘禅关系不好:“建兴八年(230 年),改封为甘陵王。初,永憎宦人黄皓,皓既信任用事,谮构永于后主,后主稍疏外永,至不得朝见者十余年”[1](P906)。刘理,“建兴八年(230 年),改封理为安平王。延熙七年(244 年)卒,谥曰悼王”[1](P908)。二人对蜀汉政权没有什么影响。

由此可知,刘备要兴复汉室,没有同胞兄弟、儿子或宗室之人可依。故,刘备要建功立业,就只能求助异姓之人。刘备早年与关羽、张飞“恩若兄弟”[1](P939),也正好说明他无同姓兄弟时,只好求得异姓兄弟,通过这种无血缘的情谊,以加强自己力量的心思。刘备后来以刘丰为其假子,也说明其家族势小力弱,欲以同宗而强己之心理。

而曹操从没有结交异姓兄弟,因为曹操族大势强,无须结交异姓兄弟。孙权也是族大势强,“(孙)坚四子:策、权、翊、匡”[1](P1101)。坚、策二人,又爱结交江东豪杰,故及孙权掌握江东政权时,其可依靠之人除了同宗,还有其父兄结交的人才。因此,孙权也不用像刘备那样,以结交异姓兄弟来壮大自己的力量。相比而言,曹操、孙权二人的儿子,多有才华出众者,如曹操的儿子曹丕、曹植、曹彰,孙权的儿子孙亮、孙霸等。儿子才华出众本是好事,却又是帝制时代的一把双刃剑。兄弟团结,则可兴国;兄弟相争,则可弱国,甚至于亡国。因此,曹操与孙权二人,儿子们才能杰出,反而成了帝位强有力的竞争者,儿子们为了争夺继承之位,都要拉拢大臣,从而在朝廷中形成不同的政治集团。竞争的结果,必然是一方失败或两败俱伤,大批的官员也因此受到毁灭性的惩治。

魏国曹丕与曹植争夺太子地位的斗争,直接影响了曹魏后来的国策制订和政治走向,一批大臣因此受到不同程度的打击。吴国孙权后期,鲁王霸对太子地位的争夺,导致了前太子孙和被废和鲁王霸被赐死,同时一批重臣受到牵连。唯有蜀,却不存在这一现象。因此,曹魏、孙吴皇帝之子多,且多有才华之子,竟成内乱之源!

总之,刘备家族人少,子孙又少才华,这就使得蜀汉政权中缺少争夺皇权的人选。这反而成为蜀汉无皇权内争、国家安定的基本原因。

2. 蜀汉不具备皇权外争(异姓人争皇权)的基本条件

皇权外争,指的是异姓人(即权臣)争皇权,或欲掌控国家大权。前者是改朝换代,后者是图谋大权在握。异姓人要想做到这一点,基本的条件:一是要有一个较为强大的血亲集团,即家族势力要强大;二是已经掌握了国家的大权,尤其是军权。从这两点来看,在魏国,有多个社会大家族即士族的存在,他们中的司马氏是觊觎曹魏皇权者的代表。这也是曹魏后期政治型惩治个案频频出现的基本之因。在吴国,虽然无异姓觊觎皇权者,但权臣却在不断地干预着国家政权的走向,这也是吴国内部一直存在政治抢争的基本原因。

刘备集团成员,多是社会中下层成员,少有士族大家存在。外来者中:诸葛亮,虽为权臣,却非大族;其他,如关羽、张飞、赵云、黄忠、魏延等重要官员,皆为小族。这些人的后代也不多。黄忠无后,魏延被夷三族;诸葛亮、关羽、张飞、赵云等有后,但均无高才,也未成为国家权臣。也就是说,他们只有一代人富于才华。蜀本地中的成员,也无极大势力的大族;刘璋系人物,大族也少见。因此,刘备集团成员的构成,没再出现一个为官者众多、势力超强,又有数名杰出人才的家族。因此,在蜀汉政权中,不存在夺取皇权的异姓大族。这也是蜀汉缺少官员政治型惩治个案的基本原因。

3. 蜀汉集团官员之政治人格高尚

刘备及其集团成员的政治人格——从总体上说,比魏、吴二国官员高尚。

首先,刘备集团的高尚政治人格由刘备的用人方略而奠定。清人赵翼说:“人才莫盛于三国,亦惟三国之主各能用人,故得众力相扶,以成鼎足之势。而其用人亦各有不同者,大概曹操以权术相驭,刘备以性情相契,孙氏兄弟以意气相投。后世尚可推见其心迹也。”⑥曹操以权术相驭,指的是曹操其削平群雄、势位已定后对谋臣的不同态度:此前,曹操可倾心利用各种人才,此后,对有才者多杀之或黜之。这与刘备有质的不同。刘备以心待人,故所用之人,人格多高尚者。像关羽、张飞、赵云、麋氏兄弟等人,都是在刘备寄人篱下时或事业受挫时倾心跟随者,忠诚之心不必细论。人格卑劣者,刘备也看不起。史载:“(建安)十九年,进围成都,璋蜀郡太守许靖将逾城降,事觉,不果。璋以危亡在近,故不诛靖。璋既稽服,先主以此薄靖不用也。”后在法正劝说下,刘备“于是乃厚待靖”[1](P960)。刘备以诚待人,及其死时,告诫其子:“勿以恶小而为之,勿以善小而不为。”[1](P891,《蜀书·先主传》注引《诸葛亮集》)也可证明其做人的准则。并告诫其子,敬重诸葛亮等人。

其次,刘备集团的高尚政治人格由诸葛亮等人巩固而完备。刘备虽死,但其任用者,多诚信之人,对后主忠贞不贰。诸葛亮在刘备死后掌握蜀汉大权以后,培养的一批忠贞人才,如蒋琬、费祎等。诸葛亮死时,魏延、杨仪争权,引起一场内乱,但影响范围都较小。对蜀汉的政治无太大的影响。这些人不像曹操强迫出仕之人或猜忌用之者,如司马懿等,对曹魏心存反心。虽然一时被迫出仕,后来“三马同槽”,夺了曹魏的政权。

第三,刘备集团的高尚政治人格由后主刘禅巩固。建兴十二年(234 年),诸葛亮虽死,蒋琬、费祎、姜维等人,都能忠于后主。刘禅虽然愚笨,却很忠厚,政府内部,不像曹魏和孙吴那样,形成水火不容的政治集团。到后来,刘禅信任宦官黄皓,蜀的内政虽然有点乱,但没有出现政治上的屠杀大臣现象。刘备集团的成员政治人格主要体现在忠、廉、公、勤等方面。蜀汉官员的政治人格,直接影响了他们的从政行为。因此,蜀汉官员很少有贪污犯罪受惩现象。这也是诸葛亮等官员以身作则而起到的典范效应。蜀汉官员政治人格高尚,也使蜀汉官员非政治型惩治个案量远远小于其他国家。

4. 刘备预除了唯一可能争夺皇权的养子刘封

刘备养子刘封,在刘备死前被除掉,是一重要的事件。刘封因与孟达交恶,造成孟达降魏,失掉房陵、上庸、西城三郡。“诸葛亮虑封刚猛,易世之后终难制御,劝先主因此除之。于是赐封死,使自裁”[1](P994)。刘封刚猛,是唯一可对刘禅造成潜在皇位威胁的人。史称:“刘封者,本罗侯寇氏之子,长沙刘氏之甥也。先主至荆州,以未有继嗣,养封为子。及先主入蜀,自葭萌还攻刘璋,时封年二十余,有武艺,气力过人,将兵俱与诸葛亮、张飞等溯流西上,所在战克。益州既定,以为副军中郎将。”[1](P991)可知刘封比刘禅能力要高了许多。而且其年纪才二十余岁,即在建安十九年(214年)仅二十余岁,且有战阵经验。因刘封是随诸葛亮一起入蜀,诸葛亮当熟悉他的为人和能力,这才劝刘备除之。

刘封被杀,也不是无故,更不是欲加之罪。而是他犯了一个重要错误,即不救关羽,也就是对失荆州负有责任。当然,他即便出兵,也未必能救荆州。但这毕竟是他为诸葛亮劝刘备除之提供了机会。孟达曾有书给刘封,称:“今足下与汉中王,道路之人耳,亲非骨血而据势权,义非君臣而处上位,征则有偏任之威,居则有副军之号,远近所闻也。自立阿斗为太子已来,有识之人相为寒心。”[1](P992)孟达的话,不可全信,但也不是空穴来风,说明有识之人已看到了刘封之强与刘禅之弱。因此,刘封被除,不过是早晚之事。除刘封,为蜀汉后来皇权无内争扫除了一大隐患。

5. 蜀汉的弱小令诸葛亮等人重视团结官僚集团

三国中,蜀与魏、吴两国实力比较:其一,人口最少。蜀汉人口,在其被灭时,仅百万左右。而吴国人口,在其被灭时,有二百余万,魏却有四百四十余万人口⑦。其二,领土范围。蜀仅占一州之地。吴占二州并有荆州一部分。魏却占有中国当时大部分州郡。其三,国家财政与军事实力,蜀最弱,吴次之,魏最强。这可说明两点:其一,蜀民少,官也就少;官少,受惩治的官也可能少。其二,蜀汉国小民弱,兵少将寡,且又在不断北伐。如果发生内争,可能出现立刻亡国的危险。这是蜀汉上下都看得很清楚的。诸葛亮也看出了这种危局,他对后主上表时说道:“益州疲敝,此诚危急存亡之秋也。”[1](P919)因此,在这种形势下,蜀汉上下一心,团结对外,减少了官员内争引起的惩治个案,相应地也就增强了实力。

三、蜀汉皇权无人抢争的意义

就整个魏晋南北朝来说,各朝政治型惩治的个案和人数一般都甚多,像蜀汉这样较少者,皇权没有内争者,在其他国家是见不到的。曹魏、孙吴不用再说,两晋、南朝北朝,或者十六国,都没有做到这一点。这也许是中国历史上少有的现象。蜀汉皇权无人抢争意义重大:

第一,蜀汉虽小,但因无人觊觎皇权,统治集团内部团结,自下而下政治稳定,少有血腥屠杀式的政治型惩治事件,有利于在三国鼎立局势中长期生存。蜀汉在对魏的长期战争中,多处于主动地位,其因固多,但基本的一点,就是其内部的稳定。它使得蜀汉以弱小之国与魏吴鼎足抗衡立四十余年之久。而同时期的魏、吴二国,却因为皇权争夺,使不少官员受到惩治,国力消耗严重,在相当长的一段时期内,不能聚集全部国力,对外进行有效的战争。

第二,蜀汉的政治成为三国时期最为温和的政治,官员因政治原因而死者,在三国中最少,这有利于当时社会的稳定。

第三,蜀汉君臣关系成为后世效仿榜样。蜀汉虽小,却因君臣关系和谐,政治温和存在了四十余年。蜀汉的君臣关系,受到了后代君主的重视,并形成了榜样效应。后世的帝王,多有以刘备与诸葛亮建立起来的信任关系为榜样者。

注释:

① 政治型惩治:指政府以谋反、叛国等危及皇权行为对官员进行的惩治。其中多有围绕皇权内争无罪受惩现象。

② 非政治型惩治:官员因经济罪、职务罪、军事罪、非职务的"私罪",或一些其他行为以及为人以经济罪、职务罪、军事罪、非职务的"私罪"等陷害受到的惩治。

③ 陈寿:《三国志》,北京:中华书局,1982 年。

④ 房玄龄:《晋书》,北京:中华书局,1991 年。

⑤ 田余庆:《秦汉魏晋史探微(重订本)》,北京:中华书局,2004 年。

⑥ 赵翼:《廿二史札记》,王树民校证,北京:中华书局,2001 年。

⑦ 杜佑:《通典》,北京:中华书局,2003 年。

(原载于《中国政法大学学报》2008 年第 6 期)

汉代画像中的孔子像

叶　芷

【关键词】汉代;画像;孔子像;壁画像;老子问礼图

在记载西汉的绘事中,不见有画孔子的,到了东汉初年,才见孔子及其故事入画的记载。例如《历代名画记》载:"汉明帝雅好图画,别立画官,诏博洽之士班固、贾逵辈,取诸经史事,命尚方画工图画。"用儒家典籍作绘画题材,大约就包含孔子的故事了。东汉末年,孔子的形象已到处皆是。据《后汉书 · 蔡邕传》: 灵帝光和元年(178 年),置鸿都门学,画孔子及七十二弟子像。另据《玉海》记述: 汉献帝时立的成都学,有"益州刺史张收画盘古三皇五帝,三代君臣及仲尼七十弟子于壁间"。这都是文献的记载,后来发现的汉画像石、壁画也印证了文献的记载。

在造型艺术中大量描绘孔子形象,盛行于东汉时期。汉武帝时"罢黜百家,独尊儒术",孔子作为儒家学派的创始人,日益受到汉统治者的崇奉。东汉时期出土的一些汉墓中,其画像石和壁画中都有孔子的形象。迄今为止,国内已陆续发现孔子见老子的画像十七、八处之多,其中仅在山东嘉祥县就发现了 14 处。同样题材的还有四川新津的崖墓石刻。

山东省嘉祥县武氏祠中近百幅画像,为东汉晚期的恒帝至灵帝时期(147—189 年)的作品,其中有 40 余幅为历史故事类题材。内有孔子见老子图(见图)画面左中所刻人物,头戴进贤冠,身着长袍衣,手中似捧一鸟者为孔子,其左上有"孔子也"隶书题记。其前一儒童当为孔子高足颜回。其后一人为孔子侍者。左刻一双马安车,上座一御者,马上有"孔子车"隶书题记。右中所刻人物为老子,其上有"老子"题记。其后一辎车,上乘一御者,马上有题记,此即孔子见老子图。二人间有鹊鸟翔至。《史记 · 孔子世家》云:"鲁南宫敬叔言鲁君曰:'请与孔子适周。'鲁君与之一乘车,两马,一竖子俱,适周问礼,盖见老子云。辞去,而老子送之曰:'吾闻富贵者送人以财,仁人者送人以言,吾不能富贵,窃仁人之号,送子以言,曰: 聪明深察而近于死者,好议人者也。博辩广大危其身者,发人之恶者也。为人子者毋以有己。'为人之臣者毋以有己。孔子自周反于鲁,弟子稍益进焉。"孔圣人求教的故事,遂成为虚心好学的典范。

20 世纪 70 年代在内蒙古和林格尔出土的东汉时期壁画墓中,也出现了孔子问礼图。和林格尔汉墓壁画中的孔子向老子问礼图,孔子左向执礼,老子向右相迎。中间为竖子。孔子之后是他的弟子。孔子形象高大,老子较矮。这幅壁画的构图和四川新津的崖墓石刻、山东嘉祥武宅山的壁画构图极像,似出于同一稿本。而武梁祠的画像石,则老子在右,孔子在左,位置刚好相反,孔子与老子的修短也相若。虽然有这些不同,但反映的内容仍然是差不多的。

特别是2007年10月山东东平县境内发现大批汉代古墓壁画,其中一幅孔子见老子问礼图的彩色壁画更是备受瞩目。该彩色壁画共描绘了两幅场景,展示了孔子向老子问礼的过程。第一个场景是孔子双手合揖向老子躬身作虚心问礼状,老子则微微侧首看孔子,似有回避之意。两人之间距离较远。第二幅则是二人相距较近,相谈甚欢。这组壁画中的孔子形象描绘得细致传神,满额皱纹,鼻翼长而高挺,根根胡须清晰,体态丰隆,其气质的体现也很传神,与历史记载中"温而厉,威而不猛,恭而安"的形象相符。

礼是道德规范。在日常生活中,"礼"又表现为人与人之间的一定关系的仪式。孔子在这方面是很讲究的,在《论语·乡党》里,有很形象的描述:他上朝的时候,跟下大夫说话,眉飞色舞,滔滔不绝;跟上大夫讲话,谦虚谨慎,不多言多语;见到国君,恭恭敬敬,低着头,屏住气,好像话也说不出来了。老子虽不一定就是孔子的师长,可是既向老子请教,就得"恂恂如也"十分恭敬。而在这福画里,孔子只是向老子拱手,微微欠身。山羊须像一口利剑直往下戳。似笑非笑,冷然木楚。

孔子与老子的关系,有人以为老子是孔子之师,有人以为只是孔子请教过老子,并没有跟随老子学习。这两种说法,大抵都本于《史记》的记载。不管孔子是否师事过老子,或是只向老子求教过,这在孔门弟子看来应该是颂扬他们老师的好材料。奇怪的是,这事既不见于直接记述孔子言行的《论语》,也不见于称述孔子嫡传弟子子思、孟轲的著作。如果追踪这事,在先秦的文献中怕只有《庄子》。

《庄子·天下篇》、《礼记·曾子问》、《史记·孔子世家、老聃传》等都说到孔子去周都洛阳的事,虽未言孔子问礼。《史记·孔子世家》对这事的始末有记载:"鲁南宫敬叔言鲁君曰:'请与孔子适周。'鲁君与之一乘车,两马,一竖子俱,适周问礼,盖见老子云。"

《礼记·曾子问》有四处地方说到孔子向老子问礼,老子回答了他周朝庙主、葬礼等制度,具体而微,似乎很像有那么回事。可是,《礼记》一书据史家们研究,其中十之八九为汉人依托,不足凭信。又据史家们研究,老子的生卒年代虽不可考,但从许多材料看,略早于庄子,大约生活于战国早期或中期,绝不会在春秋与孔子同时。

因此,孔子师事老子,问礼于老子的事,很早就为研究者怀疑了。从不少材料看,孔子到周都洛阳问礼可能是事实,向老子问礼的事实是真是伪,则是有疑问的。

其实孔子问礼于老子的史实是真是伪,对于这类题材画的制作者来说并不重要。重要的是孔子问礼这个题材,它宣扬了儒家的思想,而用刻刀、彩笔塑造孔子的形象,宣传了孔子的事迹。我们且撇开该图的真实性不谈,而就其故事本身蕴涵着丰富的观念内容即独特的礼教意义去研究探讨。单从孔子与老子作为儒家和道家的代表人物这一点来说,汉代孔子的及其问礼的图像似乎还暗含了儒家与道家两大思想体系的交流与沟通。

(原载于2009年《文史知识》第六期)

北京地区汉代墓葬初步研究

胡传耸

【关键词】北京汉墓;分期断代

一、发现与研究概况

(一) 考古发现概况

就已公布的资料粗略统计,自20世纪50年代以来,北京地区发现的汉代墓葬,已逾千座,时代历西汉、东汉,跨越四百余年。发现汉代墓葬的区域包括西城区、海淀区、朝阳区、丰台区、石景山区、房山区、大兴区、通州区、顺义区、怀柔区、平谷区、密云县、延庆县等区县,分布区域较为广泛。下文以发现或考古发掘的年代顺序略述其概况:

1957年9月,北京丰台区三台子出土若干件汉代画像石①。

1959年,北京市文物工作队在平谷西柏店、唐庄子两地发掘了15座砖室墓,发掘者认为,这批墓葬的年代属东汉至西晋,而个别墓的年代则应属于北朝②。

1959年到1960年2月,北京市文物工作队在昌平白浮村清理了46座汉墓,均为中小型墓葬,据发掘者判断,这批汉墓跨西汉初期、西汉中期和王莽前后三个时期③。

1959年冬到1960年春,北京市文物工作队在怀柔城北发掘了两汉墓葬30座,据发掘者判断,其中西汉墓有21座,年代皆当西汉中期;其余9座墓葬的年代历新莽时代、东汉中期到东汉晚期④。

1960年,北京市文物工作队在昌平半截塔村发掘两汉墓葬21座,发掘者将其年代分别定于西汉早中期和东汉晚期⑤。

1960年3月至5月间,北京市文物工作队在昌平区史家桥村发掘了48座汉代墓葬,发掘者将其分为三期,分别相当于西汉初期、西汉中期、新莽时期至东汉早期⑥。

1962年冬,北京市文物工作队在永定路清理了一座小型的土坑墓,发掘者认为该墓的年代应在东汉早期⑦。

1964年6月在西郊石景山上庄村东,因采石工程发现一批汉代石刻,其中有石表、石柱、石柱础、石阙顶等,石柱柱额上书“汉故幽州书佐秦君之神道”⑧。

1974 年 6 月至 1975 年 4 月,北京市古墓发掘办公室在丰台区郭公庄南隅大葆台发掘了西汉广阳王刘建及其夫人墓[9]。

1975 年 4 月,北京市文物管理处在顺义县平各庄公社临河村发掘清理了一座东汉墓,发掘者将其年代定在东汉晚期[10]。

1982 年 1 月,北京东南郊朝阳区三台山基建施工过程中发现两座多室砖室墓,北京市文物工作队对其进行了发掘,发掘者认为其年代当东汉中后期[11]。

1982—1984 年第二次文物普查期间,在平谷区北张岱村、放光村均发现东汉大型砖室墓,其中北张岱村汉墓墓门上还刻有画像;在马各庄村还发现清代嘉庆元年据旧碑改制的“东汉全椒侯马成之墓”墓碑[12]。

1983 年在通县永乐店畜牧场发现一座东汉中晚期多室砖室墓;1985 年在昌平县沙河镇辛力屯村南岗子清理了 5 座汉墓[13]。

1991 年 11 月,北京市文物研究所、西城区文物管理所在北京教育学院发掘了一座东汉墓,墓葬前室南壁出土一块“永平元年三月三日”刻铭砖,墓内出土少量铜器和陶器[14]。

1991 年 12 月,北京市文物研究所、海淀区文物管理所在海淀区上地村发掘了 5 座东汉砖室墓[15]。

1998 年 3 月,北京市文物研究所、密云县文管所在密云县河南寨镇提辖村西北发掘了 10 座墓葬,发掘者将这批墓葬的年代定在东汉晚期[16]。

1999 年春,北京市文物研究所、顺义文物管理所在顺义田各庄村南发掘清理了 45 座汉代砖室墓,发掘者认为这批墓葬的年代当东汉中晚期[17]。

2000 年前后,北京市文物研究所在海淀区上地高科技信息产业基地发掘战国至汉代墓葬 1 000余座;在延庆颖泽洲住宅区建设施工过程中发现汉至辽时期墓葬 72 座;在北京地铁八通线的施工过程中发掘了汉至明清时期墓葬百余座,这些资料目前均尚未发表[18]。

2000 年 2 月,北京医科大学第一附属医院第二住院部在基建施工时,发现一座东汉砖室墓葬[19]。

2000 年,石景山区老山发掘汉代大型岩坑木椁墓一座,目前详细资料尚未公布[20]。

2002 年 7 月,延庆县妫河南岸配合基本建设施工中清理了 2 座东汉时期的砖室墓[21]。

2003 年 10 月至 2004 年 7 月,为配合北京市亦庄经济开发区工程建设,北京市文物研究所在亦庄经济技术开发区 79 号地、80 号地、西环南路、兴业街、博兴路、新凤河路等 6 处地点进行了多次发掘,据已公布的资料来看,共发掘清理了 55 座东汉时期的墓葬[22]。

2004 年至 2005 年间,北京市文物研究所在海淀区复兴路的五棵松篮球馆工程占地范围内发掘汉代墓葬 7 座[23];在棒球馆工程占地范围内发掘汉代砖室墓 1 座,发掘者将其年代定在东汉中晚期[24]。

2005 年出版的《平谷文物志》公布了大旺务、大辛寨、园田队、夏各庄、西寺渠、东西鹿角、西沥津、东高村、太平庄、塔山等数个汉代墓葬区,其中的多数墓葬区内都曾经发现过汉代墓葬或者文物[25]。

2005年11月至2006年5月，配合南水北调北京段工程建设，北京市文物研究所在房山区南正遗址发掘了23座东汉中晚期砖室墓葬[26]。

2006年5—7月，配合南水北调北京段工程建设，北京市文物研究所在房山区长沟镇南正村西北的岩上墓葬区发掘了11座东汉砖室墓葬[27]。

2006年10—11月，配合通州区武夷花园小区工程建设，北京市文物研究所在通州潞城镇发掘了10座东汉砖室墓葬[28]。

2006年12月至2007年1月，为配合当地基本建设，北京市文物研究所在平谷区杜辛庄村东北发掘汉代墓葬17座，年代当西汉中晚期至东汉晚期，参见本报告第二、三章。

2007年7—9月，配合当地基本建设，北京市文物研究所在延庆县延庆镇南辛堡村东，发掘了22座汉代砖室墓葬，目前这批资料还在整理中尚未公布[29]。

2007年4—6月，配合当地基本建设，北京市文物研究所在大兴区亦庄开发区10号地鹿圈镇鹿圈村发掘了59座两汉时期的墓葬[30]。

2007年5月，配合当地基本建设，北京市文物研究所在平谷区东高村南清理了一座西汉土坑木椁墓，目前该墓资料还在整理中，详细资料尚未发表。

2007年7—8月，为配合大兴新城北区8号地建设，北京市文物研究所在大兴区黄村镇前高米店村发掘了5座东汉中晚期砖室墓葬[31]。

2007年12月至2008年1月，配合当地基本建设，北京市文物研究所在丰台区王佐镇银河星座居住小区内发掘了37座两汉时期墓葬[32]。

2008年6月，配合综合市政工程，北京市文物研究所在大兴区亦庄镇博兴七路发掘了4座汉代砖室墓，发掘者认为墓葬年代为王莽前后至东汉初[33]。

2008年11月，配合卡拉克汽车检测技术中心工程，北京市文物研究所在亦庄经济开发区西南部发掘了9座汉代墓葬[34]。

建国以来至今北京地区汉代墓葬的发现情况，即如上文所述。从已公布的相对明确的资料统计，北京地区已经发现的汉代墓葬数量已有1 700余座，其余各区县汉代遗址或墓葬埋藏区的零散发现尚未统计在内，其中已经发表了简报或详细报告的墓葬约有200余座，尚不及已知汉代墓葬数量的十分之二。更多、更详细的资料整理及发表，对未来北京地区汉代考古的研究，有着非常重要的意义。

（二）研究简史

对于北京地区汉代墓葬的研究，就目前情况而言，是比较薄弱的。20世纪五六十年代发表的昌平、怀柔等地汉墓的发掘报告中，报告作者对北京地区汉代墓葬的分期、年代等问题曾经作过论述，尤其以《怀柔城北东周两汉墓葬》较为深入，该文总结了西汉、新莽时期、东汉中期、东汉晚期等四个时期北京地区墓葬的一般特征，唯因当时汉墓资料发现有限，使得这一时期汉墓的研究受到限制而显得粗略。

1974年大葆台汉墓的发现成为北京汉代考古的大事，随之发表了一批有关墓主考证以及汉代诸侯王葬制研究的文章[35]。

1990 年出版的《北京考古四十年》[36],对 1950 年至 1988 年间北京地区发现的汉代墓葬资料进行了较为详细的综述。

吉林大学考古系郑君雷博士在对东北汉墓全面梳理并与周边汉墓进行比较研究的基础上,提出东北、北京、冀东、平壤同属于汉幽州文化区的观点[37];在之后的一篇文章中,提出“汉墓幽州分布区”的概念[38],被认为是“对汉代考古学墓葬分区的一次成功性尝试”[39]。

2004 年发表的《北京市考古工作的回顾与展望》一文,也对北京既往汉代墓葬的发现与研究情况进行了回顾和总结[40]。

姜佰国对京、津、冀地区发现的汉代墓葬进行了系统的研究,将这一地区的墓葬划分为西汉早期至曹魏时期等八个时期;并在进行文化因素分析的基础上,将京津冀地区汉代墓葬划分为五个墓葬文化分布区,北京地区大致属于其中的“西汉墓幽州南部分布区”和“东汉墓幽州南部分布区”[41]。

上文即是北京地区既往汉代墓葬发现与研究的大致情况,限于笔者所识,难免会有遗漏,不过主要的情况应该即如上述。从上文的叙述来看,北京地区汉代墓葬发现的数量已经相当多,只是对于这些资料的发表还极为有限,尤其欠缺的是对已发现中小型墓葬的资料信息的发表,而早期发表的昌平、怀柔等地汉墓资料,由于时代的局限,透露的信息在一定程度上还很模糊和不完备。以上这些情况大大制约了学界对于北京汉代墓葬考古的研究,这就可以解释为什么在前述的研究中,北京汉墓往往仅被捎带论及,而专门性的研究则迟迟不能出现。近几年北京地区汉代墓葬屡有发现,数量不断增多,为进一步的研究增添了丰富的资料,诸多问题可以进行再讨论。本文拟在前人研究的基础上,对北京地区既往发现的汉代墓葬的分期和年代问题略作探讨,不揣浅薄,就教于方家。

本文所讨论的北京汉墓资料,涉及怀柔城北汉墓、昌平半截塔汉墓、昌平白浮汉墓、昌平史家桥汉墓、海淀五棵松篮球馆汉墓、房山岩上汉墓、顺义田各庄汉墓、顺义临河村汉墓、平谷西柏店和唐庄子汉墓、房山南正汉墓、亦庄汉墓、平谷杜辛庄汉墓的,下文会在一些文字部分分别简称为怀 M、半 M、白 M、史 M、篮 M、岩 M、田 M、临 M、平 M、南 M、亦 M、杜 M,特此说明。

二、墓葬形制分析

北京地区发现的汉代墓葬,根据墓葬构筑形式的不同,大致可以分为六类:瓮棺葬墓,砖椁墓,画像石墓,竖穴土坑墓,竖穴岩坑墓,砖室墓。这六类形式的墓葬中,土坑墓和砖室墓为较常见,也是发现数量较多的两类,瓮棺葬墓数量次之,而砖椁墓、画像石墓、岩坑墓数量则较少。随着时代的发展以及不同文化因素的汇入,各类墓葬的形制结构也不断发生着变化。为了准确把握北京地区汉代墓葬的情况,本文首先将以往发现的汉代墓葬按其形制分类叙述如下:

(一) 瓮棺葬墓

瓮棺葬墓形制较单一,一般先于地上直接挖掘墓坑,规模不大,平面形制也不规则,其次在墓坑内葬置瓮棺葬具和人骨。北京地区是瓮棺葬分布的主要区域之一，东周、秦汉时期的瓮棺葬墓在以往的考古工作已发现较多，其中多数是战国时期燕文化的瓮棺葬，两汉时期的瓮棺葬数量不多。瓮棺葬墓结构均较简单，所用葬具一般为日常生活用陶釜、盆、罐等常见器类，其中陶釜是京、津、冀、辽地区最为常见的瓮棺葬具，用陶釜组合作为瓮棺，是东周燕文化及其波及地区的特点，这个特点一直延续到西汉时期[42]。瓮棺葬墓中葬人多为幼儿或儿童，墓中很少有随葬器物。鉴于瓮棺葬的形制结构较为简单，本文暂不多加讨论。

（二）砖椁墓

砖椁墓是指在地下挖出长方形墓坑后，在墓坑周壁及墓底用砖砌出椁室，再于椁室内葬置木棺葬具和死者。从已公布的资料来看，北京地区发现的汉代砖椁墓数量不多，仅有数座见于北京亦庄经济开发区[43]和丰台区王佐镇[44]。与同时期的其他类墓葬相比，砖椁墓均为小型墓葬。根据椁室的构筑情况暂时可以看到三种类型的砖椁墓：

A 型，长方形单砖壁砖椁墓，椁室壁以单行砖错缝砌筑，椁壁较薄。如亦庄 79 号地 M11，平面长方形，南北长 2.84、东西宽 0.86 米，椁室壁用青砖顺砌而成，厚 0.11 米，墓底用青砖铺地，墓内葬一人，头北脚南，未见葬具痕迹，墓主骨架头端出土 3 件陶壶（图一，1）。

B 型，“刀”形单砖壁砖椁墓，墓室结构形制与 A 型砖椁墓近似，只是墓室前部挖出一条近长方形的墓道，墓道中轴线偏于墓室中轴线一侧，所以墓葬整体平面近似“刀”形。如房山南正 M24，由墓道、墓门、墓室组成，墓道后端与墓门之间有土洞甬道，墓葬通长 7.4、宽 2 米，墓室四壁均用单砖斜向错缝砌筑，每两层砖呈斜置“人”字形，墓室底部用单层砖铺底。墓内合葬成年男、女二人，葬具不明，随葬品中残存陶罐 1、陶盆 1、陶瓮 1 件（图一，3）。

C 型，长方形双砖壁砖椁墓，椁室以平砖和竖砖砌筑，椁壁较厚。如亦庄西环南路 M8，该墓平面呈长方形，南北长 4.4、东西宽 1.6 米，椁室壁用青砖两平一竖砌筑，厚约 0.3 米，墓底用青砖铺地，墓内发现少量残骨，不见葬具。由于早期破坏严重，墓内随葬品仅残存 1 枚铜钱和 1 件小陶釜（图一，2）。

（三）画像石墓

北京地区尚未发现过完整的画像石墓，只发现过一些构筑墓葬的画像石构件，这些简单的发现，截至目前，也还只有两例：一为 1957 年在丰台区右安门外三台子出土的 2 块画像石墓门，正反两面刻朱雀、玄武等四神像以及禹遇伏羲神话故事等[45]（图一，4）；另一例为平谷区北张岱汉墓，该墓为 1983 年第二次文物普查中发现，发现时墓上还残存 3 米高的坟丘，墓葬平面呈“凸”字形，由墓门、甬道、墓室和回廊四部分组成，其中墓门为石质，由门框、门楣、门扇（缺一扇）、门槛组成，高 1.2、宽 1.1 米，门上刻有门吏像和朱雀、兽面衔环铺首。甬道口内两侧壁也有刻石，宽 0.4、高 1.2 米，只是发表的资料内未透露这些刻石上是否也有画像。墓室主体部分用砖砌筑，南北长 6.3、东西宽 2.3 米。回廊宽 1 米，东、西、北三面与墓室相通[46]（图一，5）。

1957 年右安门外的发现，仅报道了两块画像石墓门的情况，具体有关出土这两块墓门的墓葬的情况,就不得而知了。从平谷区北张岱汉墓的结构来看,这类带有画像石墓门的墓葬与山东、河南、陕西、山西所见的画像石墓葬还有很大的差异——北京地区所见的两例画像石墓很可能只有墓门为画像石,而墓室部分则为砖室。

(四)竖穴土坑墓

竖穴土坑墓,是指直接于地下挖掘墓坑,并于其中葬置木质棺、椁。按其形状可以分为三类:

A 型,长方形竖穴土坑墓,一般平面呈长方形,四壁较直,底部平整,口、底同大或略有不同。按照埋葬形式可以分为单人葬、合葬墓、并葬墓三类:

单人葬墓,墓坑内仅埋葬一人,这是土坑墓中最为常见也是发现数量最多的一类墓;规模均较小,长度短者略近于 2 米,长者可近 4 米;宽度窄者略小于 1 米,宽者近 4 米;葬具一般为一木棺,部分为一棺一椁,就已发表的资料而言,单棺墓与一棺一椁墓规模方面无明显差别;所见葬式以仰身直肢葬为主,还有少量侧身直肢葬和仰身屈肢葬;单人葬墓内随葬品一般放于墓主骨架头部上方,单棺墓内随葬品均位于棺外前端,如篮球馆 M13(图二,1),带木椁的墓一般于椁内辟出头箱、棺室两部分,随葬品尤其是陶器置于头箱内,如怀柔城北 M63(图二,4)。

合葬墓,墓坑内合葬二人,少量合葬三人,规模较单人葬墓略大,长度在 3～5 米、宽度在 2～3 米间;二人一般分别葬于独立的木棺,无木椁或共用一个木椁;葬式以仰身直肢为主,也见少量侧身屈肢;就所见墓例而言,随葬品一般堆于一处,位置大致位于墓主头上方,如史家桥 M2(图二,2)、杜 M14(图二,7)。

并葬墓,又称同坟异穴墓,是指将两个墓主分别葬于并列相邻的两座墓坑中,而这两座墓坑可能共用一座坟丘。并葬墓的规模与合葬墓近似,长度在 2～5 米、宽度在 2～4 米之间;每个墓主均有独立的葬具,为单木棺或一椁一棺;葬式以仰身直肢葬为主;每个墓主均有各自的随葬品,随葬品一般放于棺外一侧或头部上方,如怀柔城北 M61、M62(图二,3);有的木椁内隔出头箱和棺室,那么随葬品则放入头箱内,如史家桥 M39、M40(图二,5)。史家桥 M16、M17 西侧墓主葬具为瓮棺,是比较特殊的现象(图二,6)。

B 型,“刀”形竖穴土坑墓,是指在墓室的前端挖掘一条平面近长方形的墓道,而墓道的位置一般偏于墓室中轴线的一侧或者墓道一侧壁与墓室一侧壁位于同一条直线上;“刀”形墓的墓室部分均为长方形竖穴土坑,与前述 1 类墓形制近似。“刀”形墓发现数量不多,其总长度一般在 5～8米之间,宽度在 1～3 米间;包括单人葬墓、合葬墓两类,所见墓例葬具一般为单棺;随葬品尤其是陶器一般出土于墓主头部上方棺外位置,即使是二人合葬墓,随葬品也均堆于一处,如篮球馆 M15(图三,1)。怀柔城北 M110 封门、墓室四壁及墓底均用河卵石砌成,是较为少见的现象,原报告根据其竖井墓道推断该墓可能为洞室墓,可备一说,因原报告公布资料有限,尚见不到其为洞室墓的有力证据,故本文暂将其系于“刀”形土坑墓一类以下(图三,2)。

C 型,“甲”字形竖穴土坑墓,是指在墓室的前端一条平面近长方形的墓道,而墓道和墓室的中轴线基本靠近或处于同一条直线上。北京地区所见“甲”字形墓均为大型墓,如大葆台 M1、M2,墓葬规模大,等级高,墓室内均筑黄肠题凑等等(图三,3)。大葆台 M1、M2 有详细的报告[47],

兹不详说。

（五）竖穴岩坑墓

目前这种类型的墓葬仅发现老山汉墓1座，位于北京市石景山区，墓葬依山体而建，平面为“甲”字形，由封土、墓道、墓坑和墓室四部分组成，方向355°。封土呈覆斗形，墓道位于墓室的南侧正中，残长约24米，墓坑平面为长方形，南北长24.5～26、东西宽22～23.5米。墓室位于墓坑的底部略偏西，平面亦呈长方形，南北长16、东西宽13米，由外回廊、题凑和内回廊三部分组成。由内回廊围起的墓室中间部又分为前后两室，南部为前室，南北长3、东西宽6米，北部为后室，南北长7、东西宽6米，葬具为两椁三棺。随葬品主要放置在前室和内外回廊，由于早期被盗，很多遭到破坏。发掘者根据出土陶器等随葬品判断，该墓的年代应该为西汉中期，墓主人为女性，应为一代燕王的王后[48]。

（六）砖室墓

是指于土坑墓圹内用砖砌筑墓室，墓室的主体部分如墓门、墓壁、墓顶、墓底均用砖砌筑。这类墓葬前端一般挖出一条长方形墓道，墓道底部或为斜坡状，或于墓道前端设置几步台阶。砖室墓葬具、人骨一般腐朽较严重，所透露的信息自然也就受到限制，保存完整的砖室墓不多，墓室内随葬品大部分曾被扰动，鉴于此，下文不再述及各类砖室墓的葬具、葬式以及随葬品出土情况等等。砖室墓按照其墓室的多寡、形状规模可以分为如下六种类型：

A型，“刀”形单室墓，平面形制近似前述“刀”形土坑墓，但也有少量墓葬的墓道与墓室中轴线接近，兹不单列出。墓室平面均为长方形，墓门偏于墓室前端一侧，墓顶一般应为拱形券顶，但是不排除少量墓葬的墓室顶部可能为四角攒尖顶。怀柔、昌平等地发表的“刀”形砖室墓未见墓道相关信息，其墓室的长度在2.7～4、宽度在0.9～3米间；房山岩上墓地发现“刀”形单室砖室墓7座，资料发表较为完备，可知此批“刀”形墓总体长度（含墓道长度在内）在7～12、宽度在1.4～3米之间；房山区南正遗址发现“刀”形单室砖室墓15座，资料发表亦较为完备，这批刀形单室墓墓室的长度在2.95～7.95、宽度在1.7～4.15米之间。另外，房山区岩上、南正两处遗址所见“刀”形单室墓葬中，多数墓葬的墓室后部有一个横长方形台，这类方台一般为生土台，台前缘和表面用砖镶面，这类方台，或者认为是器物台，或者认为是棺床[49]（图四，1）。

B型，“甲”字形单室墓，结构与前述A型“刀”形单室墓近似，只是墓室较“刀”形墓墓室要宽出许多，平面近似方形或呈横宽长方形，即墓室面宽与进深相似或略大于进深。部分墓葬的墓室内部有砖砌棺床，棺床平面呈长方形或曲尺形。所见“甲”字形砖室墓葬数量不多，较为明确的仅有亦庄经济开发区发现的2座，即亦庄博兴路M7、新凤河路M4。博兴路M7，方向184°，由墓道、墓门、墓室三部分组成，通长5.1米；墓道为长方形竖穴式，后经墓门通入墓室，墓室南北长3、东西宽3.72米；棺床平面呈长方形，位于墓室西半部，棺床上残存少量骨骼，残存随葬器物均发现于棺床下墓室东半部（图四，2）。新凤河路M4，方向194°，由墓道、墓门、墓室三部分组成，通长5.1米；墓道为长方形竖穴式，后经墓门通入墓室，墓室南北长2.42、东西宽3.4米；墓室内西北侧有曲尺形棺床,棺床表面青砖铺砌,残存器物皆位于墓门内棺床前的位置(图四,3)。

C 型,前、后双室墓,墓室纵向布局大致可以分为两部分,一般包括前、后两进墓室,两进墓室前后相接,之间由甬道联通。部分墓葬前室一侧或两侧会开辟出 1 ~ 2 个小型的耳室,但这类耳室规模一般较前、后主室小。典型的前后双室墓有临河村东汉墓、怀柔城北 M48 等。临河村东汉墓,由墓道、甬道、前室和东西耳室、后室组成,南北长 11.7、东西宽 11.1 米;墓道为斜坡式,后接砖筑甬道通前室,前室平面为横长方形,长 4.8、宽 3 米;左右皆开一耳室,前室和西耳室内放置大量随葬器物,后室为长方形,长 6.3、宽 3.5 米(图四,4)。怀柔城北 M48 形制与之近似(图四,5)。

D 型,前横堂后双室墓,墓葬主体包括三个墓室,平面形制一般为横长方形前室后接两个长方形后室,两个后室之间一般留有生土隔墙。前室一般面宽大于进深或与进深相近,典型的前横堂后双室墓如平谷 M103、篮 M9。平谷 M103,由墓道、甬道、前室、双后室组成,前室为横长方形,面宽远大于进深;前室西部还用砖筑出器物台,西侧后室内后部砌出宽大棺床;棺床上见双棺、人骨痕迹,东侧后室情况不明(图五,1)。五棵松篮球馆 M9,由墓道、前室、双后室组成,通长 11.8 米,最宽处为 5.04 米;长方形墓道前端带有台阶,前室平面近方形,面宽 2.76 米,进深 2.74 米,面宽、进深极其相近;前室后部接双后室,两室并列接于前室后壁,两室墓门处于同一条东西线上,两室之间有一道宽 0.50 米的生土隔梁,东后室南壁较西后室南壁向南凸出: 东后室面宽 1.54 米,进深约 2.36 米;西后室面宽 1.58 米,进深 2.36 米(图五,2)。

E 型,前、中、后三进布局多室墓。这类墓葬的墓室纵向布局可以分为前室、中室、后壁三部分,一般中室一侧或两侧会辟出 1 ~ 2 个侧室,中室后部接 1 ~ 2 个后室。典型前、中、后三进布局多室墓如房山南正 M2,该墓方向 280°,由墓道、甬道、墓门、前室、中室、双后室及北耳室组成,墓葬总体长度为 19.55 米,最宽 9.7 米;前室紧接墓道后端,平面近方形,东西长 2.88 ~ 3 米,南北宽 2.76 ~ 2.8 米;前、中室间有短甬道相连,中室面积较大,平面为横长方形,面宽 4.2 米,进深 3.5 米;中室北侧开辟出一间侧室,由短甬道联通;中室后部南北并列两座后室,两座后室与中室间均有甬道联通,墓室长 3.7、宽 2.15 米。前、中、后室及侧室内均发现随葬陶器,但仅在侧室内发现部分骨架(图五,4)。

F 型,多室墓,所见多室墓不多,资料发表较为详细的而且较为典型的有三台山 M1、M2,两座墓葬形制极为相近,均有较为明显的一个特点,即均有一个长方形或近似方形的主室,这个主室位于整座墓葬的中心位置,而且其面积往往较其他的墓室略大,其他墓室均位于主室的周围,与主室之间有略长的甬道相通。三台山 M1、M2 结构近似,均是由墓道、前室、主室、后室、东西侧室组成,推测前、主室顶或均为四隅券进式穹窿顶,侧室顶部当为券顶,墓道平面均为长方形,前室平面均近正方形,前室后有甬道通主室。M1 主室近方形,面宽 3.15、进深 3.1 米;M2 主室平面为长方形,面宽 4.55、进深 2.78 米。主室后部均接两个长方形后室,东西两侧接 1 ~ 2 个侧室,后室的面积均较侧室的面积大。由于均受盗扰,埋葬原状不明,但各室内均见有残碎的头骨、肢骨及零碎器物残片。简报从头骨出土情况推测,M1 的西后室、M2 的两座后室内各葬一人。清理时,随葬器物残片散布在室内各处,但主要出于墓的主室内(图五,3)。另外,2007 年配合延庆县南菜园小区工程建设的过程中,发现过与 F 型多室墓形制相近的墓葬,目前这批资料尚在整理中,详细情况不明。

由于资料发表有限,上文仅对较为常见而且图文资料发表较为完备的墓葬进行了简略的讨论。实际工作中发现的汉代墓葬形制是多种多样的,它们之间既有共通性的特征,也或多或少的存在自己独特的地方,上文论述简略,自然难免存在疏漏,尚待以后新资料的发现予以丰富、充实。

三、分期与年代研究

(一) 常见出土陶器的类型学研究

北京地区汉代墓葬出土器物以陶器为主,从陶器的类型学入手研究汉墓的分期,无疑是一个较好的途径。北京汉墓出土陶器门类丰富,数量亦较多。本文即选择其中较为常见,形制演变比较清楚,具有分期意义的14类陶器进行分类排比。基本的方法如下:首先对成组合出土的陶器进行排比,找出其发展的规律;继而参照目前已经发现的部分纪年墓以及既有汉墓分期断代成果推断各器类的大致年代。对各类型器物形制分析如下。

1. 鼎,可以分为三型。

A型 撇耳鼎,可以分为五式。

Ⅰ式 覆钵式盖,附耳基部位于口沿外缘,微起子母口,腹较浅,腹部最大径偏上,圜底,三足较矮,如篮M18:1(图六,1)。

Ⅱ式 覆钵式盖,盖顶三环钮,附耳基部位于口沿外缘略下移,子口凸出,腹较深,腹部最大径居中,圜底,三足较高,如怀柔原Ⅰ式鼎(怀M110)(图六,2)。

Ⅲ式 博山式盖,耳部形态如Ⅱ式,子母口,深腹,圜底,三足较高,如大葆台M1:1(图六,3)。

Ⅳ式 推测亦为覆钵式盖,附耳基部位于腹部中间略偏上,微起子母口,腹部较深,腹部最大径居中,圜底,足一般较矮,如篮M12:5(图六,4)。

Ⅴ式 附耳基部位于腹部中间略偏上,小口,子母口不明显,腹部较深,腹部最大径居中,圜底,三足较矮,如白浮Ⅱ式鼎(图六,5)。

撇耳鼎的演变趋势为:覆钵式盖由博山炉式盖取代,附耳基部由口沿外两侧向腹上部两侧下移,口由大到小,腹部由浅到深。

B型 活耳鼎,所见可分为二式。

Ⅰ式 覆钵式盖,盖近扁平,活耳插于口缘外两侧,微起子母口,浅腹,腹部最大径偏上,下腹斜收,底小近平,三足矮而略折,如怀柔原Ⅳ式鼎(怀M112)(图六,6)。

Ⅱ式 覆钵式盖,盖略隆起,活耳插于口缘外下部两侧,子口凸出,深腹,腹部最大径位于中部略偏上处,圜底,三足矮而略折,如怀柔原Ⅱ式鼎(怀M105)(图六,7)。

活耳鼎的演变趋势为:盖由扁平而变为隆起,耳基部由口沿外两侧向腹上部两侧下移,由微起子母口到子母口明显,腹部最大径由上向下移,腹由浅变深。

C 型　无耳矮三足鼎

一般为覆钵式盖,无耳,敛口或子母口,浅腹或腹部略深,圜底或平底,三足一般较矮或略折。器体或饰彩绘,如怀柔原Ⅲ式鼎(怀 M6)(图六,8)。

另外,白浮Ⅰ式鼎(图六,9),就发表的线图所见形制而言,此种形制的鼎自春秋时期就已存在,与本文 AⅠ式鼎相比,也当为较早的形式,但从白浮墓地此类鼎共出的器物来看,此类鼎的年代恐怕可以晚到西汉晚期。

2. 壶,目前所见可分为四型。

A 型　侈口壶,可以分为两个亚型。

Aa 型　所见可以分为三式。

Ⅰ式　口较大,唇外侈,内缘略内敛,颈粗较短,圆鼓腹,最大腹径居中,圈足较矮,如篮M3:3(图七,1)。

Ⅱ式　侈口,短颈,最大腹径偏上,圈足较矮,通体彩绘,如篮 M18:4(图六,2)。

Ⅲ式　侈口,唇略外翻,颈略细,溜肩,腹较浅,最大腹径偏上,圈足较高,如半截塔原Ⅰ式壶(图七,3)。

Aa 型壶演变趋势为:由微侈口向到侈口略外翻,腹部最大径逐渐上移,由圆鼓腹到下腹部斜收,圈足由矮到高。

Ab　所见可以分为三式。

Ⅰ式　侈口,颈粗,腹瘦长椭圆,腹部最大径居中略偏下,圈足较矮,如怀柔原Ⅰ式壶(怀 M102)(图七,4)。

Ⅱ式　侈口,曲颈较细,圆鼓腹,腹部最大径居中,圈足较矮,如怀柔原Ⅱ式壶(怀 M105)(图七,5)。

Ⅲ式　侈口,颈部略直或较细,腹变浅,最大腹径偏上,圈足较高或折圈足,如怀柔原Ⅳ式壶(怀 M63)(图七,6)。

Ab 型壶的演变趋势为:颈由粗变细,腹部由椭长形到圆鼓腹以致下腹部略斜收,圈足由矮到高或折圈足。

B 型　盘口壶,可以分为四个亚型。

Ba 型　所见可以分为四式。

Ⅰ式　浅盘口,颈较粗,圆腹,最大腹径居中或略偏上,圈足较矮,如篮 M3:5(图八,1)。

Ⅱ式　浅盘口,颈较粗,最大腹径偏上,下腹略斜收,圈足较矮,如篮 M15:3(图八,2)。

Ⅲ式　盘口略深,颈较细,耸肩,最大腹径靠上,下腹斜收较甚,圈足略高,如大葆台 M1:2(图八,3)。

Ⅳ式　盘口较深,盘口外有弦纹,颈细,较短,腹扁圆,最大腹径居中,圈足较高,折圈足,如篮 M12:3(图八,4)。

Ba 型壶演变趋势为:盘口由浅到深,颈部由短粗到细长进而细短,腹部由圆鼓到下腹斜收再到扁平,圈足由矮到高,器形整体由口颈、腹、足线条连贯向口颈、腹、足分界明显的三段式发展。

Bb　所见可以分为四式。

Ⅰ式　覆钵式盖，盘口略深，颈较粗，圆鼓腹，腹部最大径居中，圈足略矮，下部竖折，如怀柔原Ⅷ式壶（怀M55）（图八，5）。

Ⅱ式　博山式盖，盘口壁略外斜，颈较Ⅰ式略长，圆鼓腹，腹部最大径居中，圈足较高，下部斜折，如杜M8:4（图八，6）。

Ⅲ式　盘口略深，颈细长，腹部最大径上移，下腹部略斜收，喇叭形高圈足，如杜M21:2（图八，7）。

Ⅳ式　浅盘口，颈部细长，微曲颈，或近乎直颈，颈腹分界明显，扁圆腹，腹两侧或做出兽面衔环形铺首，圈足较高，如临M:45（图八，8）。

Bc型　斜直颈壶，所见可分三式。

Ⅰ式　直口，颈斜直，腹部瘦长，腹部最大径位于中部偏上，圈足较矮，如史家桥原Ⅰ式壶（图九，1）。

Ⅱ式　覆钵式盖，直口，口沿处略厚，似微起盘口，颈部斜直，腹部变矮，腹部最大径居中部偏上，圈足较矮，如篮M3:6（图九，2）。

Ⅲ式　口沿略外折，微起盘口，颈部斜直，腹圆鼓，腹部最大径位于中部偏上，腹下部饰绳纹，圈足较矮，如怀柔原Ⅶ式壶（怀M46）（图九，3）。

Bc型壶演变趋势为：由近直口到微起盘口，由近椭长腹到腹部变矮或圆鼓腹。

Bd型　壶体与圈足分离式壶，所见可以分为二式。

Ⅰ式　盘口略浅，粗颈，扁圆腹，腹壁缓折，腹部最大径居中，小平底近似圜底，圈足较矮，斜直壁筒形，与壶体分离，如杜M14:5（图九，5）。

Ⅱ式　器体较大，盘口略深，粗颈近直，扁圆鼓腹，腹部最大径居中，近圜底，圈足较高，直壁中空，下部折壁，与壶体分离，如田M31:9（图九，6）。

C型　平底壶，壶体整体较小，盘口，细颈，圆鼓腹，平底，如亦庄79号地M11:1（图九，7）。

D型　假圈足壶，腹下部束收如同圆柱形，外视如同圈足，平底，所见可以分为三式。

Ⅰ式　侈口，颈略粗，腹部矮扁，假圈足部位较高，如亦庄80号地M75:4（图九，9）。

Ⅱ式　盘口略浅，曲颈略粗，腹部矮扁或略鼓，似圈足部位略矮，如南正M10:20（图九，10）。

Ⅲ式　盘口较深，曲颈较细，溜肩，腹部矮扁，假圈足部位略矮，如临M:5（图九，11）。

E型　长颈平底壶，所见有盘口、侈口两类，一般为直颈，颈部较长而粗，或有菱形镂空，腹部圆鼓，平底，如临M:79（图九，4）、杜M12:3（图九，8）。

3. 盒，可以分为三型。

A型　所见大部分为覆钵式盖，可以分为三式。

Ⅰ式　平沿或微子口，口较大，腹部或浅或深，腹部最大径位于口缘下，平底，如篮M3:7（图一〇，1）。器身或饰彩绘，如篮M18:5（图一〇，2）。

Ⅱ式　覆钵式盖，或盖与盒体形制近似，子母口，口较大，腹部或浅或深，腹部最大径位于口缘下，平底，如怀柔原Ⅰ式盒（怀M110）（图一〇，5）。

Ⅲ式　小口,微起子母口,腹部较深,腹部居中或略偏上,平底,如篮 M12:2(图一〇,3)。

A 型盒的演变趋势为:口由大到小,子母口由轻微到显著,腹部最大径由口缘下侧向腹中部略偏上处下移。

B 型　即怀柔城北墓地、史家桥墓地所谓“豆”者,覆钵式盖,盖扁平或略隆起,敛口或子母口,腹部均较深,腹部最大径一般位于口缘略下处,圈足或矮或略高,如怀柔原Ⅰ式豆(图一〇,4)。

C 型　方盒,所见形制均较近似,多数为长方形,少量近似方形,盖作盝顶式,直壁,器身亦直壁,一般为平底,如临 M:21(图一〇,6)。

4. 罐　陶罐出土数量较多,形制也最为复杂多样,限于资料,此处仅举常见、共存器物组合较明确最为常见的五个类型如下。

A 型　高领长腹罐,方唇,平折沿或外翻,高领近直,溜肩,肩部一般有弦纹,椭长腹或微鼓,腹部最大径居中,下腹部一般饰绳纹,平底,如史家桥原Ⅰ式罐、白浮原Ⅰ式罐(图一一,1、2)。

B 型　弦纹大腹罐。侈口近直或外折沿,矮领,微束颈,圆鼓腹,腹部施多周弦纹,下腹部近底处饰绳纹,底略内凹或平底,如大葆台 M2:32、篮 M12:1(图一一,3、4)。

C 型　矮领大腹罐,所见可以分为二式。

Ⅰ式　近直口,矮直领,微折肩,腹部最大径居中略偏上,腹部有轮制痕迹,腹底相接处施绳纹,底部略内凹,如大葆台 M1:11、篮 M15:1(图一一,5、6)。

Ⅱ式　侈口或近直口,矮直领或微束颈,圆鼓腹,腹部最大径居中,肩上一般饰一周水波纹或圈点纹,小平底或近圜底,如田 M31:1(图一一,7)。

D 型　扁腹平底罐,侈口尖圆唇或叠唇,束颈,溜肩,扁腹,大平底,肩腹部有较为明显的轮制痕迹,如岩 M40:10(图一一,8)。

E 型　折沿大腹罐,折沿外翻,束颈,颈部一般较短,略显耸肩,腹部最大径靠上,下腹部弧收,一般为平底,或略近圜底,多数肩部有方格纹或斜线纹宽带,少量通体素面,如岩 M38:4(图一一,9)。

5. 仓,可以分为三型[50]。

A 型　直筒罐形仓,所见可以分为三型。

Aa 型　可以分为二式。

Ⅰ式　推测为覆钵式盖,近直口,矮直领,折肩,腹壁竖直,平底,如篮 M13:3(图一二,1)。

Ⅱ式　推测为覆钵式盖,近直口,矮直领,折肩,腹壁斜直,下部较上部窄,底略内凹,如篮 M12:7(图一二,2)。

Ab 型　无盖,折沿,直筒形腹,平底,器身有明显的轮制痕迹,如岩 M28:2(图一二,3)。少量略束颈,微鼓肩,腹壁斜直,如岩 M28:11(图一二,4)。

Ac 型　盘口,直筒形腹,平底,器身较长,如南正 M5:7(图一二,5)。

B 型　房形仓,有圆体和方体两种:

Ba 型　圆体仓。仓盖作四阿式顶,仓体平面椭圆形,仓向内收敛成折肩,正面肩下开一方形仓门,平底,如怀柔原Ⅱ式仓(怀 M48)(图一二,6)。

Bb 型 方体仓。整体如木结构房形,一般有两面坡顶或四阿式顶盖,顶盖直接盖于仓体上或由仓体伸出的斗拱承托,仓体为长方体,单或双层,仓体一般中空,上部或中部有方形仓眼,下部无底或有平底。如杜 M10:9(图一二,10)、岩 M57:12(图一二,11)。

C 型 圆顶仓,仓顶为圆形,与仓体或连为一体,或者分离如覆钵式盖,所见可以分为三个亚型。

Ca 型 仓顶与器身连为一体,顶部或隐做出瓦、脊等仿木结构,顶部一侧开三角形仓门,门上覆三角形盖,盖上或有圆钮,仓体圆形,上粗下细,下部近底处开一圆形孔,平底,如杜 M5:24(图一二,7)。

Cb 型 数量不多,仓顶与器身分离,筒形仓体,中空,无底,如平谷原Ⅲ式灰陶仓(平 M101)(图一二,8)。

Cc 型 数量不多,仓顶与器身分离,仓体为圆筒形,口大于底,仓体上粗下细,方形仓门开于上部近顶处,平底,底下有矮三足支撑,如怀柔原Ⅰ式仓(图一二,9)。

6. 灶,可以分为三型。

A 型 圆头灶,一般灶的后端为圆形,前端为方形或圆角方形,整体平面近似三角形,灶台上开 2~3 个灶眼。所见可以分为三式。

Ⅰ式 方形灶门,门下缘及地,灶面近似前大后小的椭圆,底部较灶面略大,后端开有圆孔作为烟道,如东高村 M2:7(图一三,1)。

Ⅱ式 方形灶门,灶门下缘略高于地面,上缘一般做出窄长条的挡火沿,灶面开出 2~3 个灶眼,如岩 M57:14(图一三,2)、怀柔原Ⅱ式灶(怀 M43)(图一三,3)。

Ⅲ式 方形灶门,灶门下缘及地,灶面隐做出釜、扳锅等厨房用具或鱼、猪等食物,如怀柔原Ⅰ式灶(怀 M48)(图一三,4)。

B 型 长囱灶,灶体后端接较长的管状烟囱,灶台上一般开出 3 个火眼。

Ⅰ式 灶台面近似椭圆形或圆形,灶体前端为圆角方形,后端为圆形,如岩 M28:1(图一三,5)。

Ⅱ式 灶体为圆角方形,灶台面亦近似圆角方形,如岩 M48:3(图一三,8)。

C 型 方体灶,灶的前、后两端均为方形,极少量略近圆角方形,整体平面为长方形或一端略窄近梯形。所见可以分为三式。

Ⅰ式 灶整体为窄长的长方形或一端略窄近梯形,前端开有很小的方形灶门,灶门上方有矮小的挡火沿,灶面一般开有 3 个灶眼,灶面后端中部有一个小的方形斜突,可能象征烟囱,如南正 M26:8(图一三,6)。

Ⅱ式 灶体长度较Ⅰ式略短,方形灶门,灶门下缘及地或略高于地面,上缘一般做出窄长挡火沿,灶台上开出 2~3 个火眼,后端有方形烟囱,如亦庄博兴路 M2:20(图一三,9)。

Ⅲ式 整体形制与Ⅱ式近似,灶台面上一般隐做出鱼、勺等物,方形火门开于一端,如三台山 M2:15(图一三,10);或于灶台上两壁做出“L”形围屏,如平 M1 出土绿釉陶灶(图一三,7)。

7. 井,所见可分为四式。

Ⅰ式　斜直壁,中空,剖面近似梯形,如杜 M29:12(图一四,1)。

Ⅱ式　直筒罐形井。平折沿,直颈或微束颈,圆筒形井身,腹壁近直,中部或微束腰,一般为平底。如怀 M43 陶井、岩 M28:9、岩 M40:13(图一四,2 ~ 4)。

Ⅲ式　圆形井台,井体近似喇叭形,中空,井台与井体间或有支架连接,如岩上 M46:7(图一四,5)、杜 M5:46(图一四,6)。

Ⅳ式　井台上方做出井亭,一般亭顶为四阿式或两面坡式,井架支于井台上,为梯形,部分井架上部还做出辘轳,这类井一般配一个小水斗,如三台山 M2:16、临 M:14(图一四,7、8)。

8. 奁

所见形制近似,器盖、器身皆圆体,盖顶部微隆起,直壁,器身直壁,平底或底部有三乳钉形矮足。如临 M:20(图一七,6)。

9. 熏炉,所见有两种类型。

A 型　高足式,可以分为二式。

Ⅰ式　博山式盖,扁腹,喇叭形高圈足,如白浮墓地出土陶博山炉(图一五,1)。

Ⅱ式　绿釉陶炉,博山式盖,扁腹,细直柄,如三台山 M1:7(图一五,2)。

B 型　承盘式,熏炉下有承盘,炉体或做成如Ⅰ式,炉柄与承盘相连,如平 M1 釉陶博山炉(图一五,3)。

10. 灯,所见可以大致分为三种类型。

A 型　单盘豆形灯,灯整体如陶豆,只有一个灯盘,细高柄,扁圆形灯座或高圈足,如南正 M11:13(图一六,1)、三台山 M2:13(图一六,2)。

B 型　多枝灯,灯体主体部分如 A 型,主灯盘较大,灯体伸出较多辅助灯盘,辅助灯盘数量或多或少,部分多枝灯做工极尽繁复,所谓平谷九支灯是也。如南正 M7:26(图一六,3)、平 M1 九支灯(图一六,4)。

C 型　分节组合灯,灯体一般较高大,由多节组成,下部为灯座,上部有 1 ~ 3 节灯体,最上部为主灯盘,各节灯体上还设有辅助性小灯盘,灯座以及各节灯体之间或有榫卯对接,如杜辛庄陶灯(参见本报告彩版)、临 M:4(图一六,5)。

11. 魁,所见可以分二式。

Ⅰ式,龟(龙)形首柄,柄短或微曲,圆腹,腹上壁竖直,下壁微敛,底微内凹,底饰篮纹,轮制,龟(龙)首模制后安上,如大葆台 M1:24(图一七,1)。

Ⅱ式,龙形首柄,柄较长,直或上昂,圆形或圆角方形腹部,腹上壁竖直,下壁微敛,平底,如临 M:25、三台山 M2:19(图一七,2、3)。

12. 扁壶,有二型。

A 型　方体扁壶,小口,直颈,扁方体,肩上或有二钮,平底,底下扁方足,如平 M1 出土陶壶(图一七,4)。

B 型　尖圆体扁壶,小口,直颈,扁体如心形,肩上或有二钮,矮圈足,如临 M:19(图一七,5)。

13. 陶楼

所见形制较为多,一般有单层、双层、多层等几类,质地一般为陶质,也有于器体上施彩绘的,还有部分做工精致的绿釉陶楼。如怀 M1 出土陶楼、临 M:69～71(图一八)。

14. 猪圈、厕所

所见形制均较近似,一般为两层,上层为厕所,下层为猪圈,猪圈一侧有斜梯上通厕所。厕所一般为圆形顶或两面坡顶,长方形门,猪圈为长方形,圈内有陶猪模型。如怀 M1、平 M1 出土陶猪圈厕所(图二〇,1、2)。

15. 樽

所见形制均较近似,直口,腹壁竖直或略斜直,平底,底周缘有三矮足,如杜 M9:2(图一九,1)、杜 M5:15(图一九,2)。

16. 案　所见可以分为二型。

A 型　方形案,整体为长方形,周缘较案面略突起,一般为平底,部分底部四角有矮足支撑,如亦庄 80 号地 M74:12(图一九,3)。

B 型　圆形案,整体为圆形,周缘较案面略突起,一般为平底,如杜 M9:4(图一九,4),部分底部有三矮足支撑,这类矮足或与案体连于一体,如杜 M5:8(图一九,5),或者为活足,与案体上的圆孔对接使用,如杜 M13:3(图一九,6)。

另外还有一些器类,因其出土数量较少,暂不划分型式,这些器类包括三足炉与釜、陶碓、陶磨、焦壶、陶俑、虎子、唾壶等,质地包括陶质、绿釉陶质,部分陶质器体还有彩绘(图二〇,3～12)。

(二) 分期与年代

在对上述陶器的分类、排序的基础上,结合各种型、式器物间的共存关系,可以把北京汉墓分为六期,各期典型墓葬及主要器物组合见表,具体情况如下:

第一期,典型墓葬包括海淀五棵松篮球馆 M3、M16、M19,基本器物组合为 AaⅠ式壶、BaⅠ式壶、BcⅡ式壶、AⅠ式盒。本期所见墓葬形制包括长方形竖穴土坑墓和刀形竖穴土坑墓两种类型,所见埋葬形式以单人葬为主,也有少量二人合葬现象。

AaⅠ式壶与河北易县燕下都东沈村 6 号居住址内清理的 D6T31②M8:1、2 陶壶形制近似,该墓出土西汉半两钱,年代定于西汉早期[51];BaⅠ式壶盘口较浅,腹部形态圆鼓,除口部外与 AaⅠ式壶均较相似且与之共出,故其年代当与之相近;BcⅠ式壶近直口、粗颈、椭长腹,与战国中晚期北京地区燕文化墓葬内出土仿铜陶壶形制近似,这点《北京昌平史家桥汉墓发掘》[52]报告已然指出,并定其年代为西汉早期,本文从之,BcⅡ式壶形制除腹部略显矮圆外均与之较接近,时代或亦可以进入西汉早期。综上所述,本期的年代定在西汉早期。

另外,A 型高领长腹罐被认为是西汉早期的典型器物,主要的依据是 1961 年在昌平雪山发掘的汉代墓葬内发现这种罐与西汉半两钱共出,但是雪山的汉墓资料一直没有发表,后来其他墓地如昌平史家桥、半截塔、白浮等墓地也均见此类罐出土,却又不见与之共出半两钱,故其断代的主要依据还是有关雪山墓葬资料的叙述[53]。本文所划分的第二期海淀五棵松篮球馆 M15 出土一件

A 型高领长腹罐,有着较为明确的出土环境及器物组合信息,但也只能证明西汉中期存在此种器类。有鉴于此,本文暂依旧说,将 A 型高领长腹罐的年代定于西汉早、中期。

第二期,典型墓葬包括海淀五棵松篮球馆 M15、M18,平谷杜辛庄 M8,怀柔城北 M55、M61、M63、M101、M102、M105、M107、M112 等墓,基本器物组合为“AaⅡ式壶、BaⅡ式壶、AⅠ式鼎和 AⅠ式盒、A 型罐、BⅠ式罐”、“Ab 型Ⅰ~Ⅲ式壶、BbⅠ~Ⅱ式壶、B 型鼎、C 型鼎和 B 型盒”、“BaⅡ式壶、AⅡ式鼎”。本期所见墓葬形制包括长方形竖穴土坑墓和刀形竖穴土坑墓两种类型,埋葬形式以单人葬为主,也有少量二人合葬的现象,怀柔城北墓地出现了同坟异穴的并葬现象。老山汉墓的发掘者认为其年代为西汉中期,如果此说正确,那么“甲”字形竖穴岩坑墓可以作为本期高等级的一类墓葬形制。

AⅠ鼎、AaⅡ式壶与满城中山靖王刘胜墓出土彩绘鼎、壶形制极其近似,年代亦应与之相近[54];Bb 型壶颈粗、腹垂、圈足也较矮,这类形制不同于本期所见的 BaⅡ式壶,似乎较后者保留了更多早期的形制特征,与其构成组合的 B 型鼎、C 型鼎和 B 型盒也较为特殊。就目前资料而言,尚仅见于北京昌平、怀柔两地,很少见于北京其他地区或者北京周边地区,河北易县燕下都东沈村 6 号遗址西汉中期墓葬中曾发现类似形制的鼎(D6T28②M6:11)、盒(D6T26②M2:16)[55],又《北京怀柔城北东周两汉墓葬》报告中表明,此类组合与汉武帝五铢钱共出,又其壶的形制与本文所定第三期壶形制差别较大,故暂定其于西汉中期。综上所述,第二期的年代定在西汉中期。

第三期,典型墓葬包括大葆台 M1、M2,怀柔城北 M110,海淀五棵松篮球馆 M13,平谷杜辛庄 M14、M21、M29,平谷东高村 M2,基本器物组合为“AⅡ~Ⅲ式鼎、BaⅢ式壶、AⅡ盒、BⅡ式罐、CⅠ式罐”、“BdⅠ式壶、AⅡ~Ⅲ式盒”、“BbⅢ式壶、AaⅠ式仓、CⅠ式罐”、“CⅠ式罐、AⅠ式灶、Ⅰ式井”,AaⅠ式仓、Ⅰ式井均为新出现器型,数量较少,Ⅰ式魁开始出现,大葆台 M1、M2 中还出土陶钫、盘、盆、耳杯等饮食类明器。本期所见墓葬形制包括长方形竖穴土坑墓、刀形竖穴土坑墓、长方形单砖壁砖椁墓、“甲”字形竖穴土坑墓,单人葬、二人合葬均为较常见的埋葬形式,仅在平谷杜辛庄发现 1 座三合葬的墓葬。

就已发表的资料而言,C 型平底壶在北京地区以往的考古发现中很少见到,本文所划分的 C 型陶壶,仅就亦庄 79 号地 M11 所发现的 3 件陶壶而言;周临地区中,此类形制的陶壶以山西和河北阳原等地区较为常见。C 型壶的形制与河北阳原三汾沟 M5:8、M8:4 形制近似[56],与《山西朔县秦汉墓发掘简报》所划分的Ⅳa 型 3 式壶形制近似[57],三者的年代均定于西汉晚期,所以,C 型壶的年代可以定在西汉晚期。

大葆台 M1 为西汉广阳顷王刘建墓、M2 为刘建王后墓,《北京大葆台汉墓》考古发掘报告已有详细的论证,兹不赘述。刘建死于汉元帝初元四年(前 45 年),M2 下葬的时间在 M1 之后,所以这两座墓为年代明确的西汉晚期墓。鉴于此,第三期的年代定于西汉晚期。

第四期,典型墓葬包括海淀五棵松篮球馆 M12、永定路汉墓、平谷杜辛庄 M24,基本器物组合为 BaⅣ式壶、AⅣ式鼎、AⅢ式盒、CⅠ式罐、AaⅡ式仓。本期较为明确的墓葬数量较少,所见墓葬形制包括长方形竖穴土坑墓、刀形竖穴土坑墓、刀形单室砖室墓,见单人葬、二人合葬等埋葬形式。

另外,据《北京永定路发现东汉墓》[58]的叙述,该墓所出“豆”:“浅腹、粗柄、足呈喇叭形”而且“有博山炉式盖”,此“豆”或者就是A型高足熏炉[59]。昌平白浮墓地M5、M26均出高足式熏炉,与其共出壶、鼎分别与本文划分的BaⅣ式壶、AⅢ ~ Ⅴ式鼎形制近似,白浮M5、M26均可归入本期,由此看来,A型博山式盖熏炉在本期的墓已有较多出现,可以视为基本器物组合中的一个器类。

再者,昌平半截塔M1、M3、M11[60]均出AⅢ ~ Ⅴ式鼎、BaⅣ式壶、Aa型仓组合(图二一),以上三墓显然可以归入本期,而半截塔M1、M11均出奁、钵、盘、耳杯(原报告称为羽觞)、勺(M11还出土有灶、井、案等),可见灶、井等建筑类明器、耳杯、盘、案、勺等饮食类明器均承袭上一期传统继续存在,而且可能已经成为较为普遍的随葬器类。

本期鼎、盒、壶的基本器物组合与第三期相比,基本没有变化,只是壶、鼎、盒的形制尤其是壶的形制发生了较大的变化,现在所划分的BaⅢ式壶与BaⅣ式壶之间形态差别显著,恐怕二者之间还有中间过渡形态,但从总体来说,本期各器物形态大致还是紧随第三期而来的,而与第四期器物组合有较大差别,故暂将本期的年代定在紧随西汉之后的新莽时期,下限或可进入东汉初年。

第五期,典型墓葬包括岩上M28、M34、M38、M39、M40、M48,南正M15,顺义田各庄M32等,基本器物组合为D、E型罐、AⅡ式灶、BⅠ式灶、Ⅱ式井,有少量BⅡ式灶。本文划分为这个时期的墓葬,形制均为刀形单室砖室墓。

本期器物组合较为简单,基本以数量较多的折沿大腹罐、近乎椭圆或不规则圆形的灶以及形制较为简单的直筒罐形井为主要随葬器物,极少见到西汉及王莽时期所常见的鼎、盒、壶类传统器类,这是与西汉时期差别极大的地方。从岩上的几座墓葬来看,所出土的铜钱中以“五铢”钱为主,有少量的“大泉五十”、“货泉”铜钱,其中“五铢”钱文书体均较近似,“五”字字形饱满,交笔曲屈,“铢”字中“金”旁四点较长,“朱”头圆折,中间竖笔高于两侧笔画或与之持平,这类“五铢”铜钱与《洛阳烧沟汉墓》报告中划分的第三型五铢钱形制特征颇为相符,此型“五铢”钱的使用始于东汉光武帝建武十六年,主要流通于东汉早、中期[61]。另外,岩上M28还出土一件侈口外折沿陶壶,壶颈部较粗,腹部圆鼓,这种风格的陶壶与东汉中、晚期常见盘口壶、假圈足壶差别悬殊。岩上M40出土2件深腹圜底釜,这类器物常见于北京、河北等地西汉时期的遗址或者瓮棺葬墓,东汉时期所见不多。鉴于以上特征,暂将本期的年代定在东汉早期。

北京教育学院东汉明帝永平元年墓,出土铜弩机、铜戈、环首削刀、铜钱、陶猪、陶鸡、陶磨盘、灯碗等,遗憾的是该墓未公布图像资料。该墓磨盘、灯碗等器物的出土,可以说明陶磨、陶灯等类器物的出现不晚于东汉早期。另外,岩上M48出土有陶猪圈、鸟俑、猪俑、羊俑等,南正M15出土有高柄灯残件、石砚等类器物,数量不多,均为新出现的器类,东汉中、晚期大量盛行。

第六期,典型墓葬包括岩上M57,南正M5、M10、M14、M26,亦庄80号地M74、M75,亦庄博兴路M2、M6、M7,通州武夷花园M5、M7、M12、M13,怀柔城北M48,顺义田各庄M31等墓葬,本期出土器物种类开始丰富起来。基本可以概括为四类:第一类是建筑类明器,包括仓、灶、井、猪圈、厕所等,其中包括前文所划分的Ac式仓、Bb式仓、AⅡ式灶、CⅠ式灶、Ⅱ ~ Ⅳ式井等;第二类为饮食类明器,包括壶、耳杯、盘、案、魁、樽等,包括前文所划分的DⅠ ~ Ⅱ式壶、BdⅡ式壶、A型案、B型案、Ⅱ式魁;第三类为生活用器类明器,种类较少,主要为A型灯、奁、E型罐等;第四类为生产类明器,主要是陶碓、陶磨等,少量陶鸡、狗俑暂时也归入此部分。本期所见墓葬形制包括刀形单室砖室墓、“甲”字形单室砖室墓、前后双室墓、前横室后双室砖室墓等,少量前、后二进布局的双室墓在其主室一侧开辟出规模较小的耳室。

本期随葬品器类丰富,与前一期表现出较为明显的差别。D型假圈足壶是这个时期较为典型的器物,虽然出土数量不多,但是可以作为判断时代的较为明显的特征。山东地区东汉时期假圈足壶的发展演变,经历了“口部由侈口发展为盘口,又由浅盘口向深盘口变化”的过程,而侈口向盘口的转变,大致在东汉安、顺帝之间的时期[62]。河北定县北庄东汉中山简王刘焉墓,出土了一件假圈足陶壶,侈口,粗颈近直,假圈足部位较高;河北望都二号汉墓出土一件釉陶假圈足壶,深盘口,细颈较长,腹部扁圆,假圈足部位下部外撇。刘焉墓的下葬年代在东汉和帝永元二年(90年),望都二号汉墓的下葬年代在东汉灵帝光和五年(182年),对比两墓出土假圈足壶的形制——虽然两件器质地不同——明显可以看出假圈足壶的演变大致经历了与山东地区同类器物相似的轨迹。这也许为北京地区假圈足壶的年代判断提供了一些佐证。北京地区所见Ⅰ式假圈足壶为侈口,与刘焉墓所见近似,但颈部略细,是为东汉时期陶壶的通常风格,与望都二号汉墓所见假圈足壶比较,也属于较早的形式,所以可以把DⅠ的年代定于东汉中期;DⅡ已见盘口,但多数盘口尚浅,而且颈部粗细与Ⅰ式相近,而与东汉晚期深盘口、细颈的假圈足壶有差异,所以DⅡ的年代也暂定在东汉中期。除此之外,本期所见随葬器类虽然可大致分为四类,但各类中器物的类别较第七期相对来说较为贫乏,而且其中许多器物如Ac型仓、Ⅱ式井、CⅠ式灶形制均较简单,与第七期同类器物相比处于演变的初级阶段。鉴于以上情况,暂将本期年代定于东汉中期,约当东汉和帝至顺帝时。

第七期,典型墓葬包括顺义临河村墓,丰台三台山M1、M2,怀柔城北M1、M31,平谷西柏店和唐庄子M1、M101,南正M2、M7、M11、M22,亦庄79号地M3、M7、M34,亦庄新凤河路M1、M4、M7等墓葬,本期出土器物组合与前一期近似,也可以划分为建筑类明器、饮食类明器、生活用器类明器和生产类明器等四类,只是种类较前一期种类更丰富。这四类器物情况如下:第一类建筑类明器,包括楼、猪圈、厕所、仓、灶、井等,其中包括前文所划分的Bb型仓、C型仓、CⅡ~Ⅲ式灶、Ⅲ~Ⅳ式井,多层的陶楼或釉陶楼是这一时期最为显著的随葬器类;第二类饮食类明器,包括壶、扁壶、樽、案、杯、盘、魁、盆、三足炉与釜等,其中包括前文所划分的BbⅣ式壶、DⅢ式壶、E型壶、A型扁壶、B型扁壶、Ⅱ式魁、A型案、B型案;第三类生活用器类明器,包括灯、奁、熏、虎子、唾壶等,包括前文划分的C型盒、奁、A型灯、B型灯、C型灯、B型熏炉;第四类生产类明器:碓、磨、表示生产场景的人物俑,一些动物俑如鸡、狗、马俑也暂时归入此部分。本期所见墓葬形制包括“甲”字形单室砖室墓、前后双室砖室墓、前中后三进布局的多室墓、中心主室附带多个耳室的多室墓等,此外还发现少量带有画像石墓门的大型砖室墓。

包含前述四大类随葬明器的器类组合,广泛见于河南、陕西、河北、山东等地东汉晚期的墓葬中,如天津武清东汉鲜于璜墓[63]、河北望都二号汉墓[64]、河北阜城桑庄东汉墓[65]、洛阳烧沟东汉晚期墓[66]等,兹不赘述,与之比较,第七期的年代可以定于东汉晚期,约当东汉桓帝至献帝时期,部分墓葬下限或可进入魏晋时期。

（三）器物形制演变概述

鼎、壶、盒、仓、灶、井、熏炉、陶魁、案等9类器物形制演变较为复杂，兹以时代顺序略述其演变情况如下：

1. 鼎。就已发表的资料而言，西汉早期基本不见陶鼎出土；西汉中期陶鼎发现较多，种类亦较丰富，除一般撇耳灰陶鼎外，怀柔、昌平等地还流行一类活耳鼎，彩绘陶鼎也已出现，鼎的形制也由大口、浅腹向子母小口、深腹演变，而之后的陶鼎基本继承了这一演变趋势；西汉晚期绿釉陶鼎开始出现，只不过目前仅发现于像大葆台广阳王墓这样的大型墓中，一般中小型墓中则基本不见；东汉前期鼎保持着与前一期近似的形制，只是制作开始出现简化形式，如博山式盖由近乎浮雕似的风格简化成近乎平面图案，鼎腹、足的做工也开始变得粗糙；东汉中、晚期鼎发现较少，已经不再是普遍随葬的一类器物了。

2. 壶。北京地区两汉墓葬中，陶壶是出土数量很多、种类也较为丰富的一类器物。西汉早期，少量陶壶似乎还保留着战国中、晚期本地燕文化陶壶椭长腹的风格，而主流的趋势则是壶腹开始变得圆鼓，盘口壶也开始出现；西汉中期彩绘陶壶开始出现，各类壶的腹部形态依然是其演变的重点，显著的一点是其腹部最大径开始上移至肩以下，以致开始显得有些耸肩，圈足在这一时期也有增高的趋势；西汉晚期釉陶壶发现于广阳王墓，侈口壶发现数量较少，盘口壶普遍流行，这一时期，陶壶的颈部一般变得细长，腹、足部的演变承续了西汉中期的趋势；王莽时期到东汉前期陶壶风格突然出现较大转变，盘口变得极深，腹部扁圆，圈足也变得较高，整个壶身开始表现出明显的口颈、腹、足三段式，东汉中、晚期的陶壶将这一“三段式”特征发展到了极至，只是整体愈来愈变得瘦高。

3. 盒。北京地区西汉以至东汉前期墓葬中，圆体陶盒为器物组合中较为固定的一类器物。西汉时期陶盒的形制变化基本不大，新莽时期墓葬中发现的陶盒已成小口形，估计这一转变发生于西汉晚期某个时间；东汉中期以后，圆盒基本为方盒取代。

4. 仓。西汉晚期，小口直腹罐形仓开始出现，新莽时期到东汉前期是这类仓的兴盛期；东汉中期仓的形制开始向多元化方向发展，既存在形制简单的直筒形仓，又出现了仿现实木结构建筑顶的房楼形仓；东汉晚期形制复杂、模拟现实、形象逼真的房楼形仓、圆体仓囷完全占据了局面。

5. 灶。西汉晚期，陶灶就已经出现，不过发现的数量还比较少。西汉晚期的陶灶，造型简单，为整体平面近似三角形的圆头灶；从不完全的资料来看，东汉中期这种圆头灶还在流行，同时还出现了长卤圆体灶、圆角方体灶，已发现的这类陶灶造型一般不太规则，方体灶的出现，不晚于东汉中期，其最初造型可能较为简单；东汉晚期，方体灶大量盛行，灶台上部一般做出挡火沿、挡火墙，而灶面也会印出鱼、猪头等食物或厨具等仿现实生活场景。

6. 井。西汉晚期，陶井就已经出现于墓葬随葬品中。初期陶井的造型极其简单，呈口小底大的中空圆筒形；最晚从东汉中期开始，井的造型开始复杂化，先后出现井台和仿木结构井亭架等，而井台上还往往装饰有钱纹、同心圆纹等纹饰。

7. 熏炉。由于发现数量较少，目前所知，至迟王莽时期到东汉前期，博山盖高足式熏炉开始出现,东汉晚期以至魏晋时期,熏炉足下多有承盘与之相连。

8. 魁。发现数量较少,西汉晚期仅见于大型墓如广阳王墓中,造型尤其是柄部造型简单;东汉晚期魁的数量大增,成为普遍随葬的器类,造型精美,柄部龙首做工细致入微。

9. 案。西汉晚期的广阳顷王及其王后墓中,出土了两件长方形石案,但其中广阳王墓中的那件据发掘者推测可能为六博棋盘;老山汉墓中出土了一件漆案,长方形案体,下有四矮足承托,年代不晚于西汉晚期;但是陶案在墓葬随葬品中的出现,目前所知应该开始于王莽至东汉初期,不过发现数量不多,而且因为资料发表不详,陶案的最初形态也暂时不得而知;东汉中、晚期,随葬陶案的数量发现较多,这一时期的陶案包括圆形和长方形两类,案体下或有足承托;与方形陶案比较,圆形案的随葬较为普遍,而且流行的时间较长。

(四)墓葬特征述要

前文结合墓葬分期结果,已经对各器类不同时期的形制演变作了概述,这仅仅是北京汉代文化特征的一部分,下面从器物组合、墓葬形制以及一般葬俗等方面,进一步归纳总结北京两汉文化的特征。

器物组合方面,西汉早期比较明确的为壶、盒组合,还有一类墓葬仅出高领罐,也被认为是西汉早期的一种现象;西汉中期、王莽新朝以至东汉初,流行鼎、壶、盒的组合,但是从本地的传统来看,笔者相信这类器物组合的年代可以早到西汉早期,只是目前还没有发现或者还没有辨别出来而已;诸侯王一级的大型墓里,西汉中期就已出现耳杯、盘、魁、勺等饮食用具类明器,一般的中小型墓里则直到王莽新朝及东汉初期才开始出现,并在东汉中、晚期盛行;西汉晚期,陶灶、井等建筑类明器开始出现,但数量较少,而且造型简单,与之共存的随葬陶器一般为体形较大的陶罐,而且每座墓中这类陶罐的数量都出土较多,一般在 5 个左右,东汉早、中期这类陶罐可能被陶仓所取代;东汉早期的随葬品以仓、灶、井等建筑类明器为主,器类组合略显简单,而且这些器物造型均较简单;东汉中期的墓葬里,出现建筑类明器之外的饮食类、生活用器类以及生产类等新的随葬器类,而东汉晚期这四大类明器无论是在器类组合还是各类器物造型方面,均表现的繁复多样,体现了丰富的物质文化;东汉晚期的器类组合开启了本地魏晋墓葬随葬器类组合的先风。

墓葬形制方面,西汉时期及至东汉初期,长方形竖穴土坑墓一直是最为普遍的一种墓葬形制,这承续了本地东周以来的传统,应该是普通平民较常采用的一种墓葬形式;西汉早期,刀形竖穴土坑墓开始出现,西汉中、晚期数量较多,直到王莽时期和东汉初期还有少量发现;西汉晚期至东汉前期,北京地区出现了砖椁墓,这类墓葬构筑较为简单,而且数量较少,属于一种新兴的现象,应该为周边地区传播而来的文化因素,而且很可能是本地区砖室墓流行的先驱;目前资料所见,砖室墓在北京地区出现于王莽时期至东汉初这段时间内,可能由简单的砖椁墓发展而来,随即刀形单室砖室墓成为本地区最为流行的墓葬形式,一直延续使用至曹魏、西晋时期;东汉中、晚期,砖室墓的形制、规模均得到较大发展,前后双室墓、前横室后双室墓、前中后三进布局的多室墓、一个中心主室附带多个耳室的多室墓等形式纷纷出现,蔚为大观。

埋葬形式,西汉时期,各类墓里人骨架头向一般北向,但向西、向东会有些偏差;葬具一般单棺,部分墓葬具为一棺一椁,诸侯王墓里建筑黄肠题凑椁室不与此列;单人葬、二人合葬是西汉时期较为流行的形式。而东汉时期,由于砖室墓的盛行,合葬应该是最为主要的形式,从三台山M1、M2的情况来看,更大规模的合葬已经出现;至迟在西汉中期,同坟异穴的并葬墓就已经出现,而且有资料证明东汉晚期这类并葬现象依然盛行[67]。

结　　语

本文回顾了建国以来至今北京地区汉代墓葬的发现及研究状况,在参考前人所做研究的基础上,首先对北京汉墓墓葬形制做了分析,并在对常见出土陶器的类型学研究的基础上,将北京地区汉代墓葬划分为六期,分别对应的年代为西汉早期、西汉中期、西汉晚期、王莽及东汉前期、东汉中期、东汉晚期,并在分期、断代的基础上归纳总结了北京地区汉代丧葬习俗的大致演化脉络。但是,限于资料较少以及资料信息发表的不完备,本文的研究仍然尚嫌单薄,随着新资料的不断发现,期待有关北京汉代墓葬的研究能够进一步深入下去。

注释:

① 喻震:《丰台区三台子出土汉画像石》,《文物》1966 年 4 期。

② 向群:《北京平谷县西柏店和唐庄子汉墓发掘简报》,《考古》1962 年 5 期。

③ 苏天钧:《北京昌平白浮村汉、唐、元墓葬发掘》,《考古》1963 年 3 期。

④ 北京市文物工作队:《北京怀柔城北东周两汉墓葬》,《考古》1962 年 5 期。

⑤ 北京市文物工作队:《北京昌平半截塔东周和西汉墓》,《考古》1963 年 3 期。

⑥ 喻震:《北京昌平史家桥汉墓发掘》,《考古》1963 年 3 期。

⑦ 喻震:《北京永定路东汉墓》,《考古》1963 年 3 期。

⑧ 北京市文物工作队:《北京西郊发现汉代石阙清理简报》,《文物》1964 年 11 期。

⑨ 北京市古墓发掘办公室:《大葆台西汉木椁墓发掘简报》,《文物》1977 年 6 期。大葆台汉墓发掘组、中国社会科学院考古研究所:《北京大葆台汉墓》,文物出版社,1989 年。

⑩ 黄秀纯:《北京顺义临河村东汉墓发掘简报》,《考古》1977 年 6 期。

⑪ 北京市文物工作队:《北京东南郊三台山东汉墓发掘简报》,《北京文物与考古》,第一辑。

⑫ 北京市平谷区文化委员会:《平谷文物志》第 78－80 页,民族出版社,2005 年。

⑬ 文物编辑委员会:《文物考古工作十年 1979—1989》第 9 页,文物出版社,1990 年,有关通县、房山汉墓资料参见《北京通县、房山等地汉墓》,《中国考古学年鉴》(1984 年),文物出版社。

⑭ 李达、王武钰:《北京教育学院东汉墓》,《中国考古学年鉴 · 1991》,文物出版社,1992 年。

⑮ 李达:《海淀上地村东汉墓》,《中国考古学年鉴 · 1991》,文物出版社,1992 年。

⑯ 李大儒:《密云又出土十座汉墓》,《北京文物报》1998 年 7 期。

⑰ 李建林:《北京顺义田各庄汉墓发掘简报》,《北京文博》1999 年 4 期。

⑱ 宋大川:《近年来北京考古新成果》,《北京文物与考古》第 5 辑,北京燕山出版社,2002 年。

⑲ 王清林、王鑫:《2000—2002 年基建考古成果》,《北京文物与考古》第 5 辑,北京燕山出版社,2002 年;北

京市文物研究所:《厂桥地区一东汉砖室墓发掘简报》,《北京文物与考古》第6辑,民族出版社,2004年10月。

⑳ 王鑫:《北京老山汉墓》,《2000年中国重要考古发现》,文物出版社,2001年。

㉑ 北京市文物研究所:《延庆妫河南岸奇特的两座东汉砖室墓》,《北京文物与考古》第6辑,民族出版社,2004年10月。

㉒ 北京市文物研究所:《北京亦庄考古发掘报告》(2003—2005年),科学出版社,2008年。

㉓ 张智勇等:《五棵松篮球馆工程考古发掘报告》,《北京奥运场馆考古发掘报告》,科学出版社,2007年。

㉔ 胡传耸等:《五棵松棒球场工程考古发掘报告》,《北京奥运场馆考古发掘报告》,科学出版社,2007年。

㉕ 北京市平谷区文化委员会:《平谷文物志》第89-92页,民族出版社,2005年。

㉖ 北京市文物研究所:《房山南正遗址—拒马河流域战国以降时期遗址发掘报告》,科学出版社,2008年。

㉗ 孙勐等:《岩上墓葬区考古发掘报告》,《北京段考古发掘报告集》,科学出版社,2008年。

㉘ 张智勇等:《北京市通州区武夷花园二期项目遗址考古发掘报告》,《北京考古》第二辑,北京燕山出版社,2008年。

㉙ 北京市文物局:《奥运场馆、南水北调考古工作》。

㉚ 北京市文物局:《奥运场馆、南水北调考古工作》。

㉛ 于璞等:《北京市大兴新城北区8号地考古发掘报告》,《北京考古》第二辑,北京燕山出版社,2008年。

㉜ 张智勇:《北京丰台王佐遗迹考古发掘取得重要收获》,《北京文博》2008年4期。

㉝ 北京市文物研究所:《2008年文物工作年报》。

㉞ 北京市文物研究所:《2008年文物工作年报》。

㉟ 鲁琪:《试谈大葆台西汉墓的"梓宫"、"便房"、"黄肠题凑"》,《文物》1977年6期;王灿炽:《大葆台西汉墓墓主考》,《文物》1986年2期。

㊱ 北京市文物研究所:《北京考古四十年》,北京燕山出版社,1990年。

㊲ 转引自赵化成、高崇文等:《秦汉考古》第113页,文物出版社,1999年。未见郑文。

㊳ 郑君雷:《论"西汉墓幽州分布区"》,《考古与文物》2005年6期。

㊴ 姜佰国:《京津冀地区汉代墓葬研究》,《边疆考古研究》,科学出版社,2007年。

㊵ 北京市文物研究所:《北京市考古工作的回顾与展望》,《考古》2004年2期。

㊶ 姜佰国:《京津冀地区汉代墓葬研究》,《边疆考古研究》科学出版社,2007年。

㊷ 白云翔:《战国秦汉时期瓮棺葬研究》,《考古学报》2001年3期。

㊸ 北京市文物研究所:《北京亦庄考古发掘报告》(2003—2005年),科学出版社,2008年。

㊹ 张智勇:《北京丰台王佐遗迹考古发掘取得重要收获》,《北京文博》2008年4期。

㊺ 喻震:《丰台区三台子出土汉画像石》,《文物》1966年4期。

㊻ 北京市平谷区文化委员会:《平谷文物志》第78页,民族出版社,2005年。

㊼ 大葆台M1、M2墓室后端皆有较短的斜坡状短道,以致从发表的墓葬平面图来看总体近似"中"字形,但报告推测墓室后部斜坡状短道当"系造墓时为运料和出土方便而开的出口,用毕即回填封固",故本文仍称之为"甲"字形。参见大葆台汉墓发掘组等:《北京大葆台汉墓》第7页,文物出版社,1989年。

㊽ 北京市文物研究所:《北京老山汉墓》,《2000年中国重要考古发现》,文物出版社,2001年。

㊾ 从房山区岩上、南正两处遗址的发现来看,这类长方形台表面一般很少见到人骨架或葬具痕迹,而且台

的横长一般在1.5米左右，多数不足以横置一具木棺，若遇到合葬墓，台面的宽度也不足以并列放置两具木棺，所以就此两处的发现来看，可以暂时排除此类方台为棺床的可能。但是，岩上、南正“刀”形墓内出土器物也很少见到集中放置于此类方台上的例子，清理时多数方台表面无任何器物或仅仅有少量器物，而且多数随葬器物均出土于墓室内方台以外的其他部位。所以关于此类墓室后部的方台，本文虽然倾向于器物台的说法，但也不敢断言其必为器物台。当然，随着时代的变迁或者地域的差异，这类方台的用途可能会发生改变。

㊿ 圆者当称为“囷”，参见禚振西等：《论秦汉时期的仓》，《考古与文物》1982年6期；然已发表北京汉墓资料里一般均笼统称为“仓”，本文沿袭这种称谓，不独称“囷”。

(51) 河北省文物研究所：《燕下都遗址内的两汉墓葬》，《河北省考古文集》，北京燕山出版社，2001年。

(52) 喻震：《北京昌平史家桥汉墓发掘》，《考古》1963年3期。

(53) 见喻震：《北京昌平史家桥汉墓发掘》注②，《考古》1963年3期。

(54) 中国社会科学院考古研究所、河北省文物研究所：《满城汉墓发掘报告》，文物出版社，1980年。

(55) 河北省文物研究所：《燕下都遗址内的两汉墓葬》，《河北省考古文集》，北京燕山出版社，2001年。

(56) 河北省文物研究所、张家口地区文化局：《河北阳原三汾沟汉墓发掘报告》，《文物》1990年1期。

(57) 平朔考古队：《山西朔县秦汉墓发掘简报》，《文物》1987年6期。

(58) 喻震：《北京永定路发现东汉墓》，《考古》1963年3期。

(59) 二十世纪五、六十年代北京地区的考古工作者所发表的汉墓发掘报告中，其所称为“豆”者，一般为本文所划定的B型盒，B型盒的年代一般在西汉中期，晚到新莽时期到东汉前期的可能性不大；而永定路汉墓的“豆”，盖为博山炉式盖，又是粗柄、喇叭形圈足，与北京汉墓中常见的高足博山式盖熏炉形制近似，鉴于此，本文推断，永定路汉墓中所谓“豆”者应为本文所划分的A型熏炉。

(60) 北京市文物工作队：《北京昌平半截塔村东周和西汉墓》，《考古》1963年3期。

(61) 洛阳区考古发掘队：《洛阳烧沟汉墓》，科学出版社，1959年。

(62) 郑同修、杨爱国：《山东汉代墓葬出土陶器的初步研究》，《考古学报》2003年3期。

(63) 天津市文物管理处考古队：《武清东汉鲜于璜墓》，《考古学报》1982年3期。

(64) 河北省文化局文物工作队：《望都二号汉墓》，文物出版社，1959年。

(65) 河北省文物研究所：《河北阜城桑庄东汉墓发掘报告》，《文物》1990年1期。

(66) 中国科学院考古研究所：《洛阳烧沟汉墓》，科学出版社，1959年。

(67) 三台山M1、M2发掘前地面上还残留椭圆形土冢，东西长、南北短，高约5米，土冢推平后，发现东西并列的两座墓葬，据此，这两座墓明显属于同坟异穴并葬墓的范畴。参见北京市文物工作队：《北京东南三台山东汉墓发掘简报》，《北京文物与考古》，第一辑；顺义田各庄墓地，“其中有18座墓，每两座东西向排列相距比较近，在墓地北侧还有一组四座相邻的东西向排列的墓葬”，此处虽然没有述及墓葬地上部分，但从这种排列形式看，属于同坟异穴合葬的可能性非常大，而四座相邻并列的墓葬是否属于并葬的范畴，暂不能肯定。参见李建林：《北京顺义田各庄汉墓发掘简报》，《北京文博》1999年4期。

（原载于《平谷杜辛庄遗址》，科学出版社，2009年）

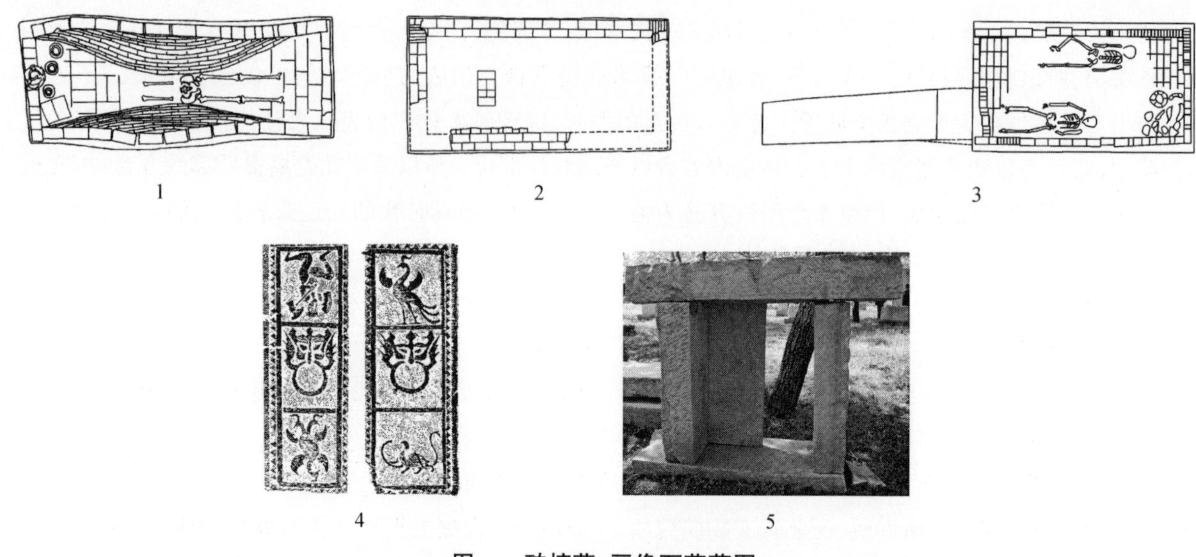

图一　砖椁墓、画像石墓葬图

1. 亦庄 79 号地 M11　2. 亦庄西环南路 M8　3. 南正 M24　4. 丰台三台子画像石　5. 平谷北张岱画像石墓门

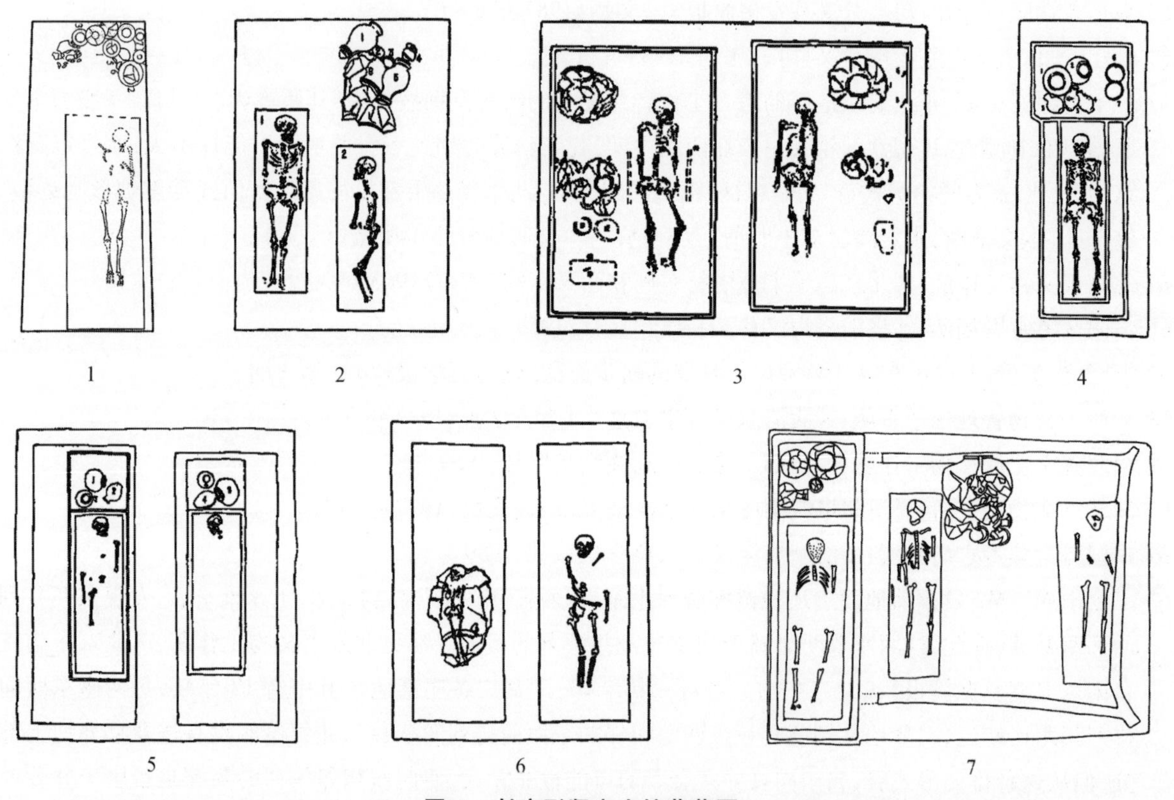

图二　长方形竖穴土坑墓葬图

1. 篮球馆 M13　2. 史家桥 M2　3. 怀柔城北 M61、M62　4. 怀柔城北 M63　5. 史家桥 M39、M40　6. 史家桥 M16、M17　7. 杜辛庄 M14

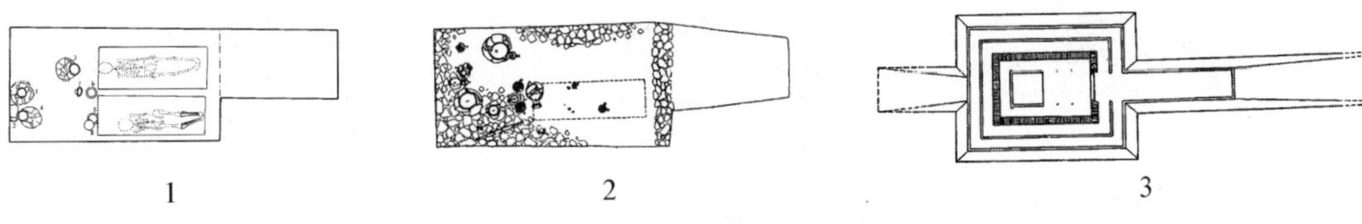

图三　刀形、“甲”字形土坑墓葬图

1. 篮球馆 M15　2. 怀柔城北 M110　3. 大葆台 M1

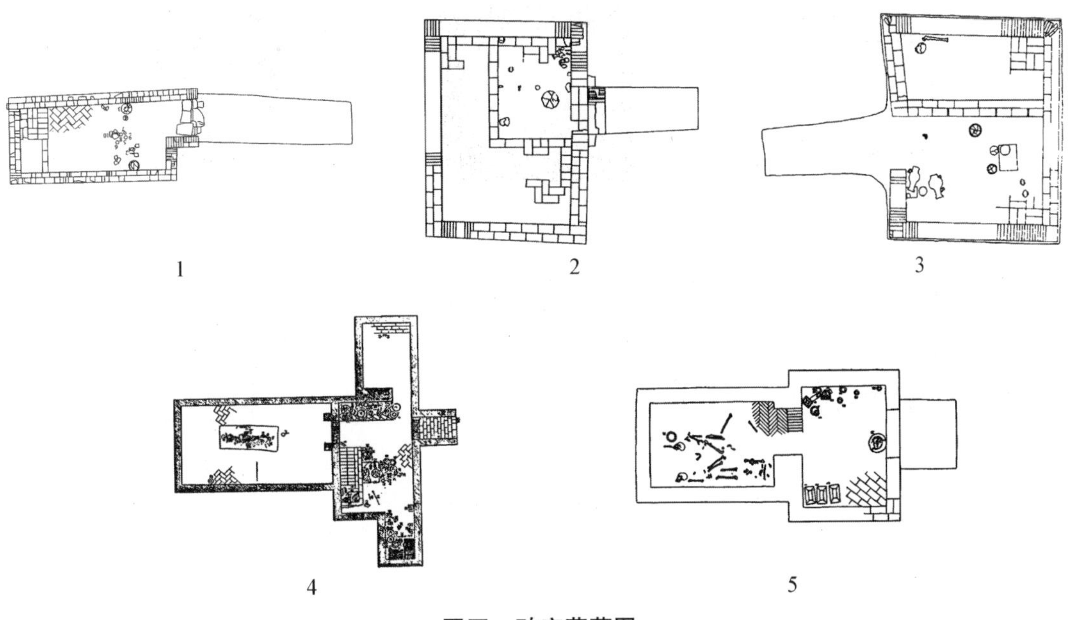

图四　砖室墓葬图

1. 岩上 M34　2. 亦庄博兴路 M7　3. 亦庄新凤河路 M4　4. 顺义临河村汉墓　5. 怀柔城北 M48

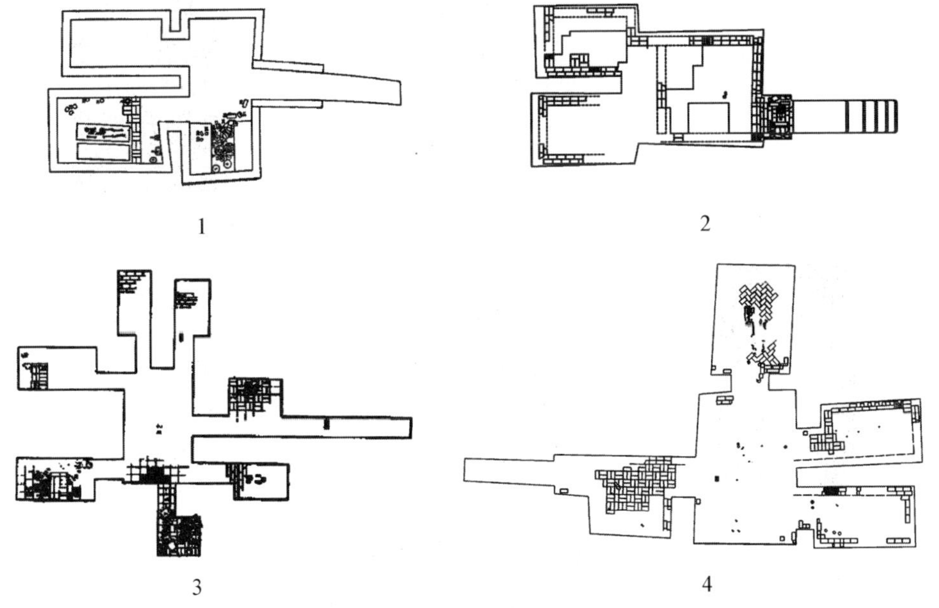

图五　砖室墓葬图

1. 平谷西柏店 M103　2. 五棵松篮球馆　3. 三台山 M2　4. 南正 M2

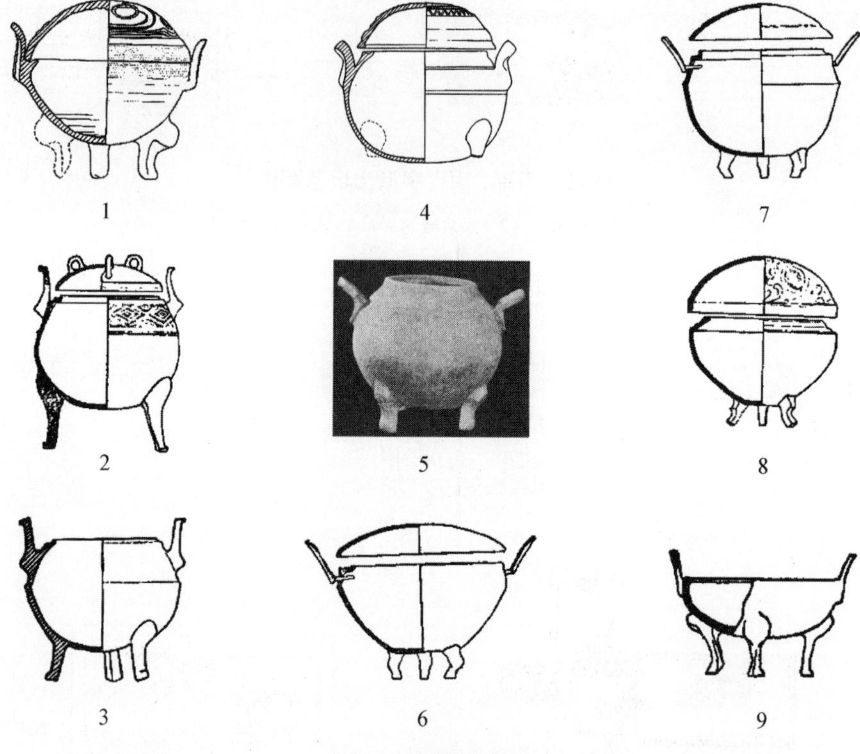

图六　陶鼎型式图

1～5. AⅠ～Ⅴ式　6、7. BⅠ～Ⅱ式　8. C 型

1. 篮 M18:1　2. 怀柔原Ⅰ式鼎　3. 大葆台 M1:1　4. 篮 M12:5　5. 白浮Ⅱ式鼎　6. 怀柔原Ⅳ式鼎　7. 怀柔原Ⅱ式鼎　8. 怀柔原Ⅲ式鼎　9. 白浮Ⅰ式鼎

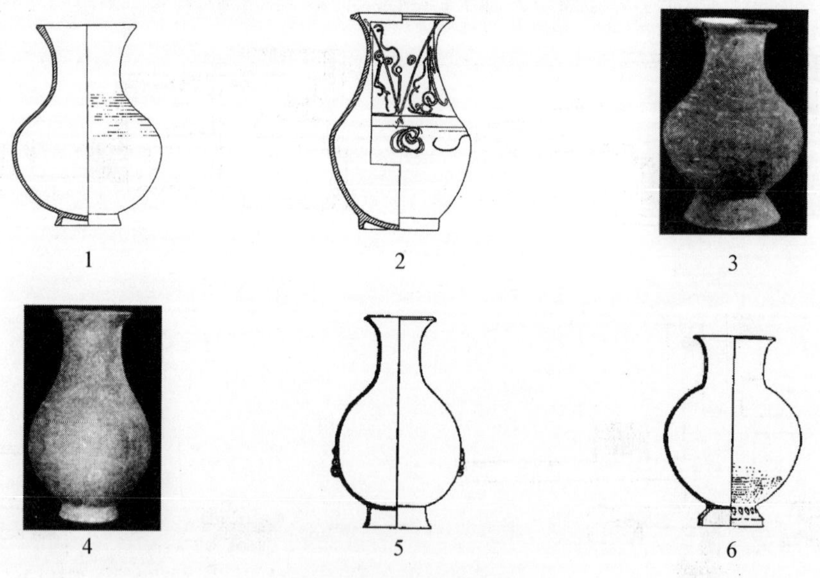

图七　侈口壶型式图

1～3. AaⅠ～Ⅲ式　4～6. AbⅠ～Ⅲ式

1. 篮 M3:3　2. 篮 M18:4　3. 半截塔原Ⅰ式壶　4. 怀柔原Ⅰ式壶　5. 怀柔原Ⅱ式壶　6. 怀柔原Ⅳ式壶

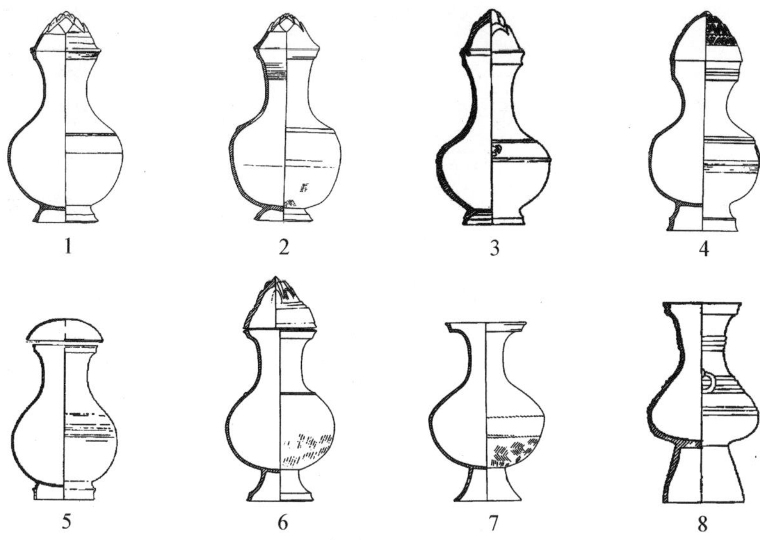

图八 Ba、Bb 型盘口壶

1~4. BaⅠ~Ⅳ式 5~8. BbⅠ~Ⅳ

1. 篮 M3:5 2. 篮 M15:3 3. 大葆台 M1:2 4. 篮 M12:3 5. 怀柔原Ⅷ式壶 6. 杜 M8:4 7. 杜M21:2 8. 临 M:45

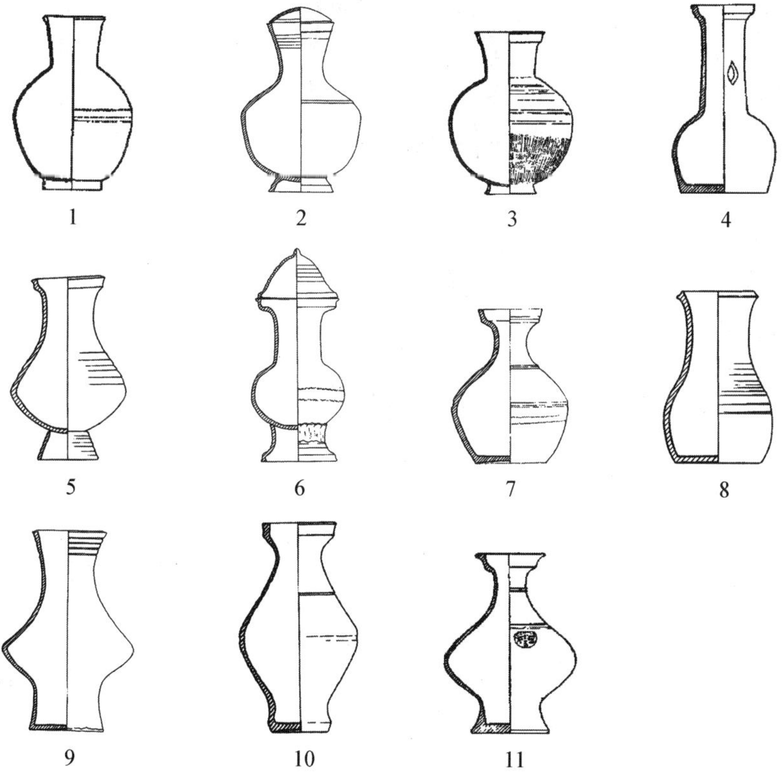

图九 B、C、D、E 型陶壶

1~3. BcⅠ~Ⅲ式 4、8. E型 5、6. BdⅠ~Ⅱ式 7. C型 9~11. DⅠ~Ⅲ式

1. 史家桥原Ⅰ式壶 2. 篮 M3:6 3. 怀柔原Ⅶ式壶 4. 临 M:79 5. 杜 M14:5 6. 田 M31:9 7. 亦庄 79 号地 M11:1 8. 杜 M12:3 9. 亦庄 80 号地 M75:4 10. 南正 M10:20 11. 临 M:5

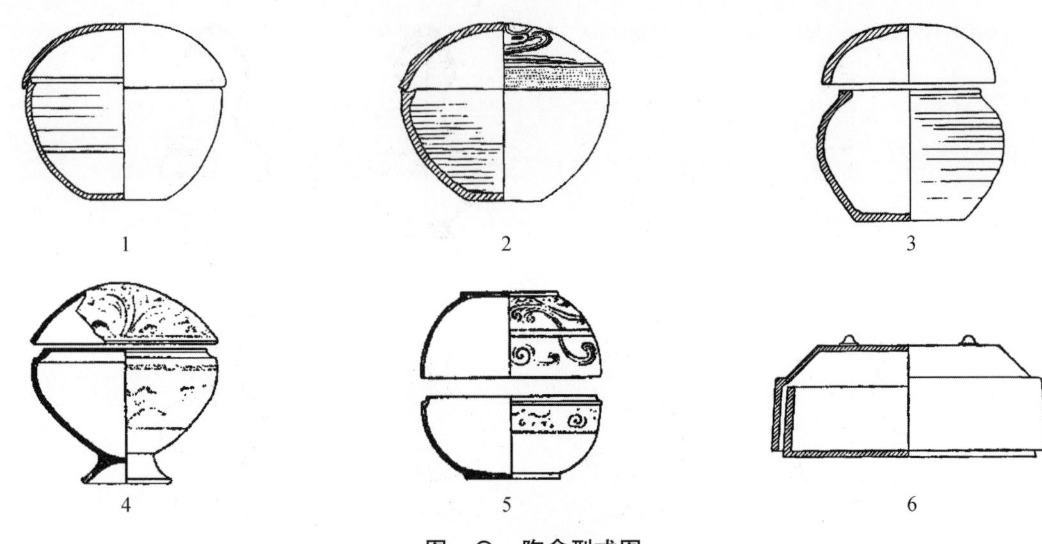

图一〇　陶盒型式图

1~2、5、3. AⅠ~Ⅲ式　4. B型　6. C型

1. 篮 M3:7　2. 篮 M18:5　3. 篮 M12:2　4. 怀柔原Ⅰ式豆　5. 怀柔原Ⅰ式盒　6. 临 M:21

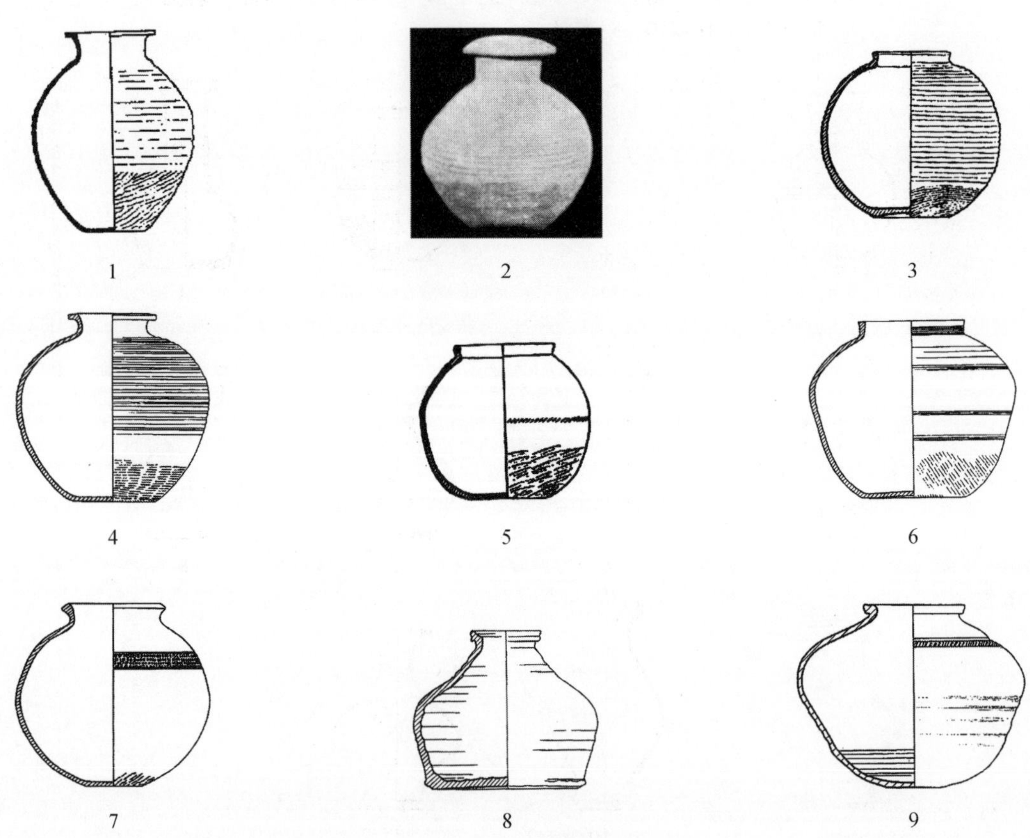

图一一　陶罐型式图

1、2. A型　3、4. B型　5~7. C型　8. D型　9. E型

1. 史家桥原Ⅰ式罐　2. 白浮原Ⅰ式罐　3. 大葆台 M2:32　4. 篮 M12:1　5. 大葆台 M1:11　6. 篮 M15:1　7. 田 M31:1　8. 岩 M40:10　9. 岩 M38:4

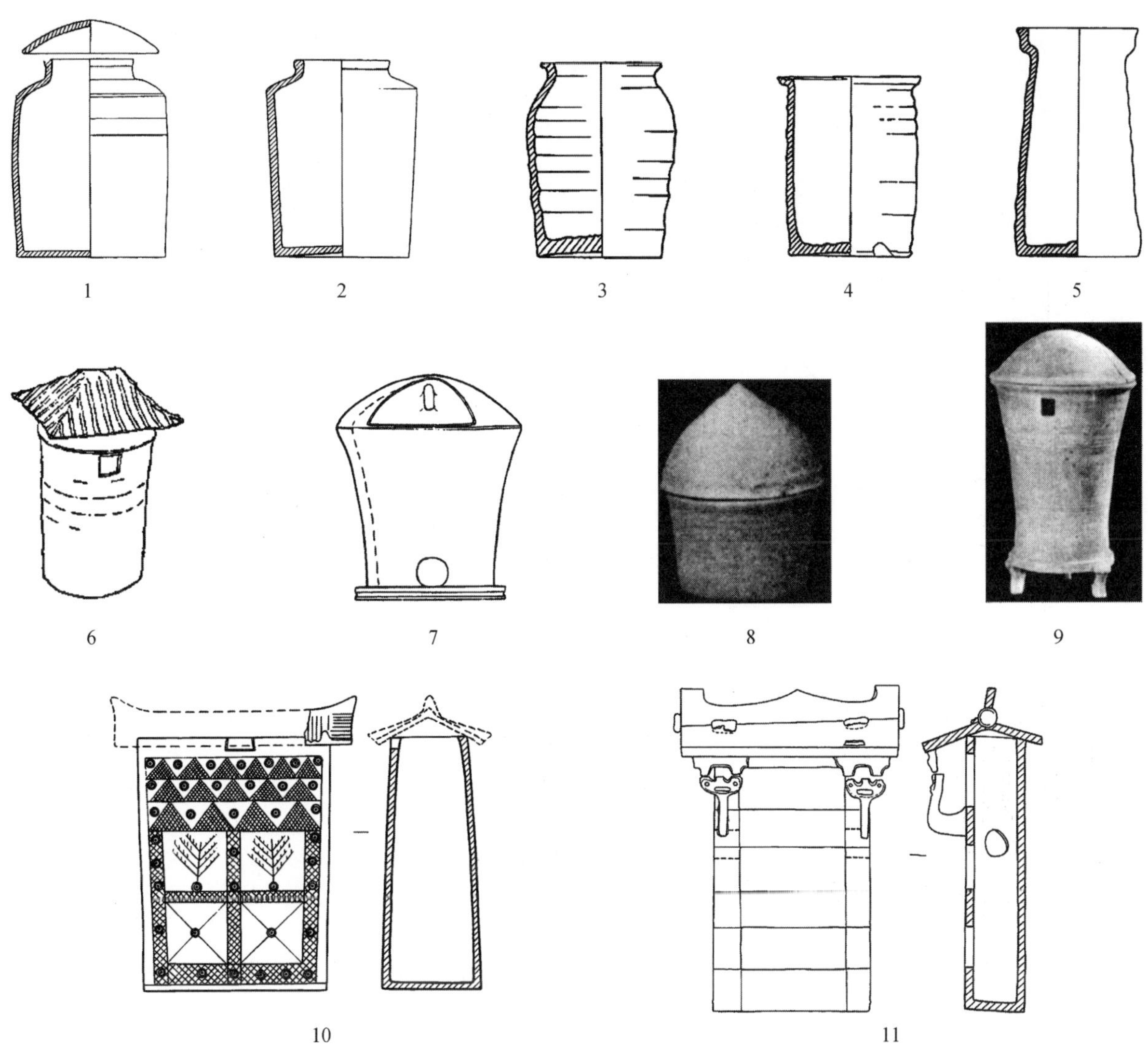

图一二　陶仓型式图

1～2. AaⅠ～Ⅱ式　3～4. Ab型　5. Ac型　6. Ba型　7～9. C型　10、11. Bb型

1. 篮M13:3　2. 篮M12:7　3. 岩M28:2　4. 岩M28:11　5. 南M5:7　6. 怀柔原Ⅱ式仓　7. 杜M5:24　8. 平谷原Ⅲ式仓　9. 怀柔原Ⅰ式仓　10. 杜M10:9　11. 岩M57:12

图一三　陶灶型式图

1～4. AⅠ～Ⅲ式　5、8. BⅠ～Ⅱ式　6、9、7、10. CⅠ～Ⅲ式

1. 东高村 M2:7　2. 岩 M57:14　3. 怀柔原Ⅱ式灶　4. 怀柔原Ⅰ式灶　5. 岩 M28:1　6. 南 M26:8　7. 平 M1 绿釉陶灶　8. 岩M48:3　9. 亦庄博兴路 M2:20　10. 三台山 M2:15

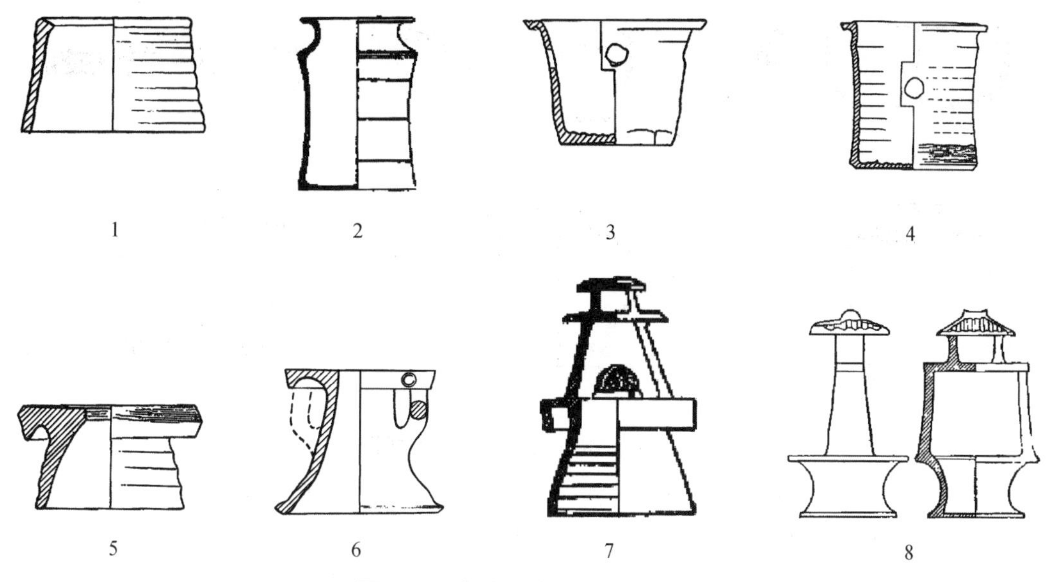

图一四　陶井型式图（Ⅰ～Ⅳ式）

1. 杜 M29:12　2. 怀 M43 陶井　3. 岩 M28:9　4. 岩 M40:13　5. 岩 M46:7　6. 杜 M5:46　7. 三台山 M2:16　8. 临 M:14

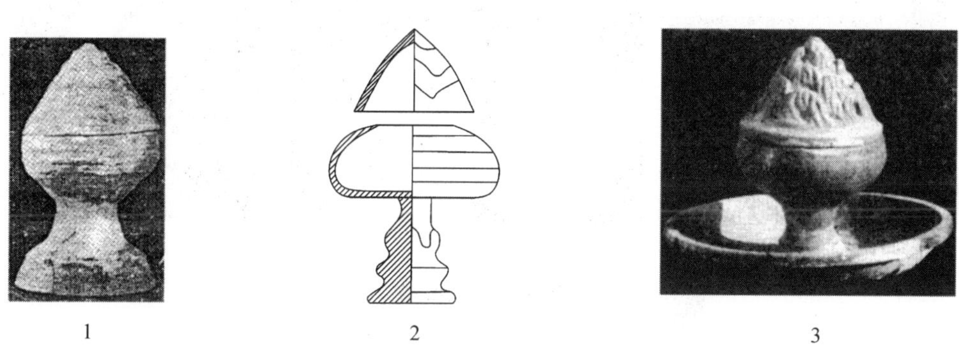

图一五　熏炉型式图

1～2. AⅠ～Ⅱ式　3. B型

1. 白浮熏炉　2. 三台山 M1:7　3. 平 M1 绿釉熏炉

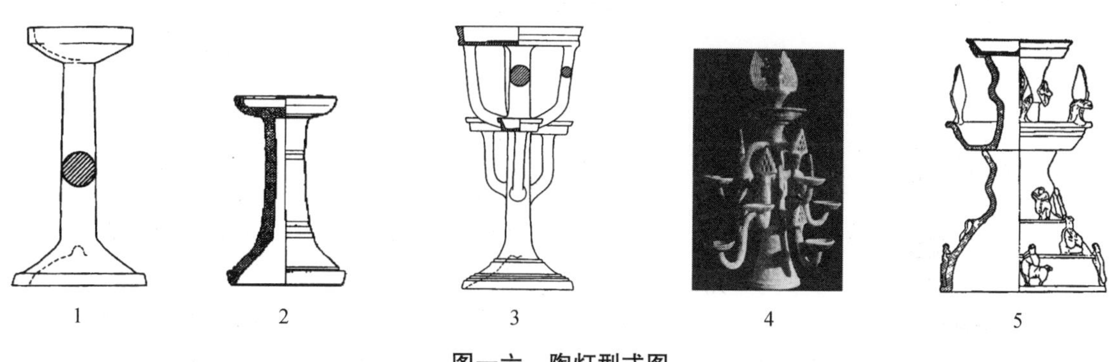

图一六　陶灯型式图

1、2. A型　3、4. B型　5. C型

1. 南正 M11:13　2. 三台山 M2:13　3. 南正 M7:26　4. 平 M1 九支灯　5. 临 M:4

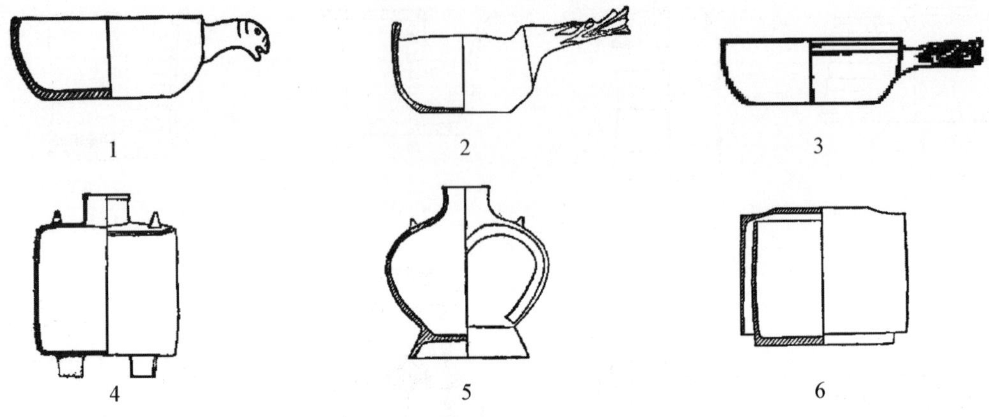

图一七　陶魁、扁壶、陶奁型式图

1. Ⅰ式魁　2～3. Ⅱ式魁　4. A型扁壶　5. B型扁壶　6. 陶奁

1. 大葆台M1:24　2. 临M:25　3. 三台山M2:19　4. 平M1方壶　5. 临M:19　6. 临M:20

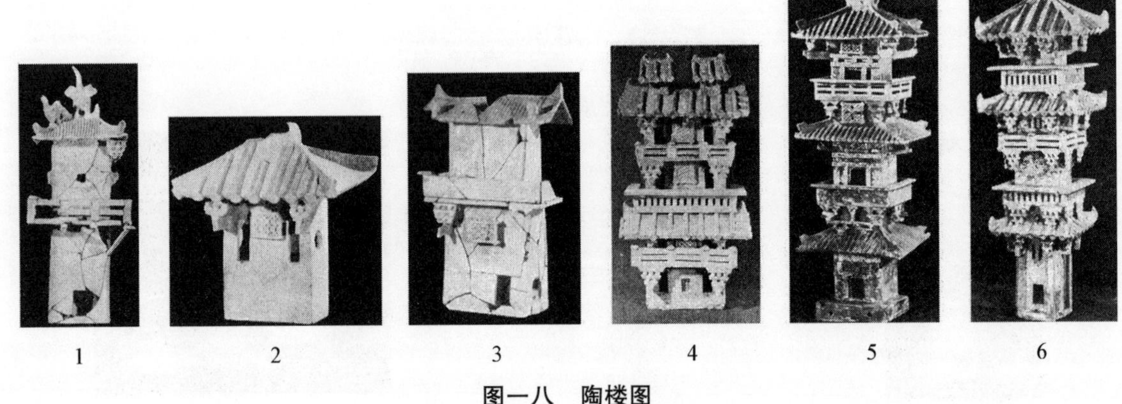

图一八　陶楼图

1～3. 怀M1陶楼　4～6. 临M:69～71

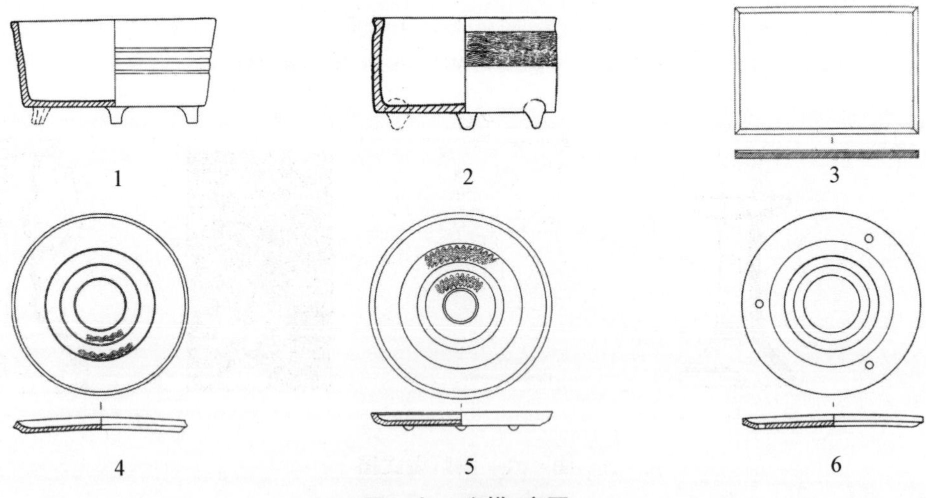

图一九　陶樽、案图

1. 杜M9:2　2. 杜M5:15　3. 亦庄80号地M74:12　4. 杜M9:4　5. 杜M5:8　6. 杜M13:3

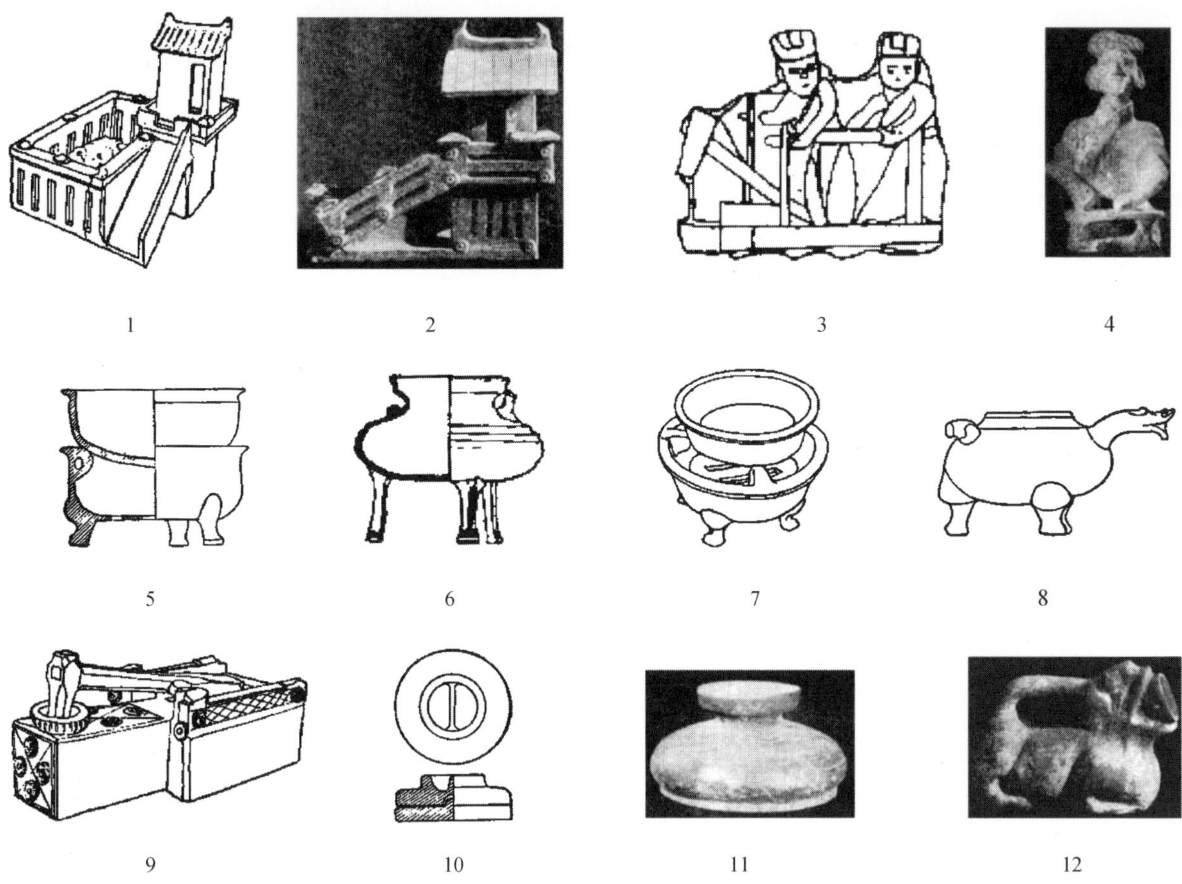

图二〇　陶厕、猪圈及其他器类图

1. 怀 M1 猪圈、厕所　2. 平 M1 猪圈、厕所　3. 三台山 M2:17　4. 平 M103 绿釉厨俑　5. 临 M:40　6. 平 M1 三足镬　7. 怀 M31 釜与炉　8. 临 M:44　9. 平 M1 绿釉碓　10. 临 M:43　11. 平 M1 唾壶　12. 平 M1 绿釉虎子

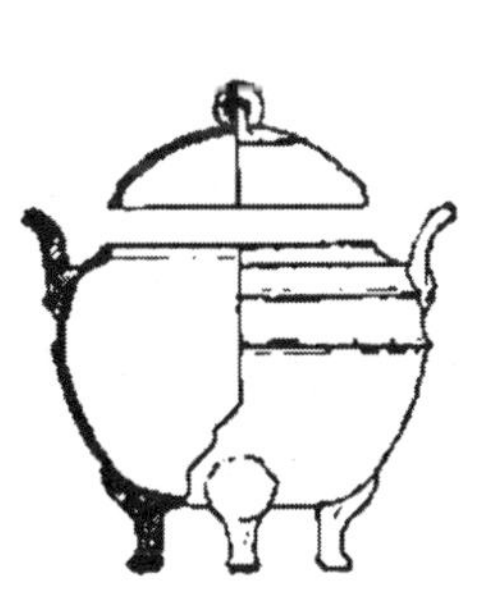

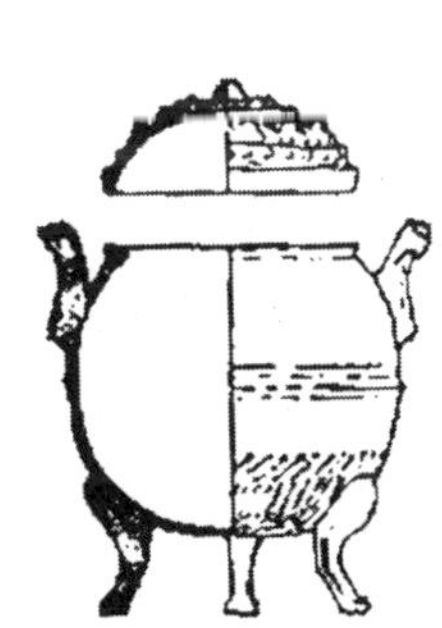

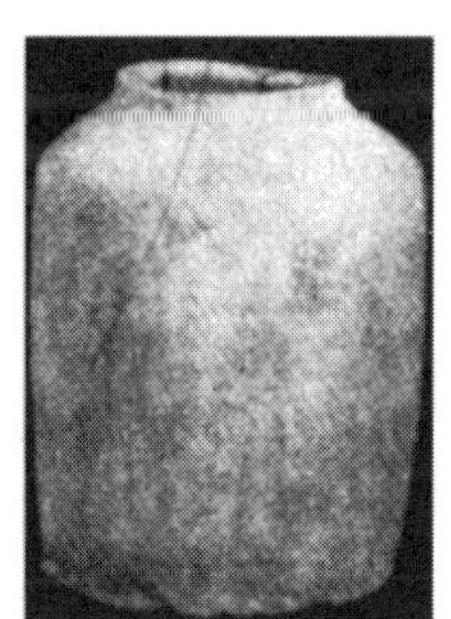

图二一　昌平新莽及东汉初期器物组合复原图

1～2. 史家桥原Ⅳ式鼎　3. 半截塔东汉壶　4. 半截塔原Ⅰ式仓

汉唐学官考

董坤玉

【关键词】学官;校舍

一、唐以前学官含义演变

学官自出现后,就存在两层含义。

第一层含义:“学官”即“学馆”,特指学校校舍。

学官最早出现在汉景帝时期,《汉书·循吏传》:“文翁,庐江舒人也。少好学,通《春秋》,以郡县吏察举。景帝末,为蜀郡守,仁爱好教化。见蜀地辟陋有蛮夷风,文翁欲诱进之,乃选郡县小吏开敏有材者张叔等十余人亲自饬厉,遣诣京师,受业博士,或学律令。……数岁,蜀生皆成就还归,文翁以为右职,用次察举,官有至郡守刺史者。又修起学官于成都市中。”①此处“学官”颜师古解释为“学之官舍”,即学校的校舍,特指郡国设立的学校校舍。后来,随着官学系统的完善,学官包括了郡国、县、道、邑、侯国、乡、聚等各个行政级别的学校。

学官指代地方校舍的含义要早于中央官学。汉武帝元朔时期,丞相公孙弘奏请为博士置弟子员,武帝采纳,此时中央官学尚未立校舍,《汉书·艺文志》“《曲台后仓》九篇”注引晋灼曰:“天子射宫也。西京无太学,於此行礼焉。”②西京没有太学校舍,故而在曲台行射礼。太学有校舍史书载在宣帝时,《汉书·王褒传》记载宣帝时,何武等“学长安,歌太学下,转而上闻。宣帝召见武等观之”,证明此时太学已经有了固定场所③。此后,官办学校的校舍均被称为学官,学官进一步引申为代指官办学校。这种含义一直到唐依然被广泛使用,《新唐书·韦弘机传》:“韦弘机,京兆万年人。……显庆中,为檀州刺史,以边人陋僻,不知文儒贵,乃修学官,画孔子、七十二子、汉晋名儒象,自为赞,敦劝生徒,繇是大化。”④这里修缮的学官是指檀州的州学校舍。开元十四年八月六日,“太子宾客元行冲等,撰《礼记义疏》五十卷成,奏上之。先是,右卫长史魏光乘上言:‘今礼记章句踳驳,故太师魏征更编次改注,堪立学传授。’上遽令行冲集学者撰义疏,将立学官。行冲于是引国子博士范行恭、四门助教施敬本、检讨刊削。”⑤由于张说反对,于是玄宗赐予行冲等修撰者“绢二百匹,留其书贮于内府,竟不得立于学官”。⑥以上两处“学官”同为学校的校舍。

第二层含义:官学内教授儒家经典的教师。

虽然早在三代之时已出现学校,且拥有较完备的学校体制,但主掌教授的官员未有学官之称谓。教师被称为学官也是在西汉景帝时期,与指代校舍的含义同时出现。前引《汉书·文翁传》的后半段资料中,有"招下县子弟以为学官弟子"、"常选学官僮子"、"益从学官诸生明经饬行者与俱"、"争欲为学官弟子"的句子,这里的"学官"均指教师,特指蜀郡学的教师——"文学",也即文学掾或文学史。

学官意指教师也是从文翁办学、地方经师成为学官开始,后来太学博士才被称为学官。《史记·儒林传》:"公孙弘为学官,悼道之郁滞,乃请曰:'丞相御史言:制曰'盖闻导民以礼,风之以乐。婚姻者,居室之大伦也。今礼废乐崩,朕甚愍焉。故详延天下方正博闻之士,咸登诸朝。其令礼官劝学,讲议洽闻兴礼,以为天下先。太常议,与博士弟子,崇乡里之化,以广贤材焉'。"⑦经查证公孙弘提出此奏请之时担任的官职是博士,时间在汉武帝时期,此时博士已经被称为学官。公孙弘是专门教授儒经的学官,是否只有儒家学者才可成为学官呢?侯外庐、赵纪彬等著《中国思想通史》讲,汉代"儒林"是和百家对立的名词,并且指出《史记·儒林列传》是专为汉代的博士作的传⑧。学官是指汉武帝独尊儒术政策实行后的博士。"博士,秦官。博者,通于古今;[士者]辩于然否"。⑨虽然博士一词早在战国时期已经出现,《战国策》卷二十《郑同北见赵王》:"郑同北见赵王。赵王曰:'子南方之传士也。'"此处"传士","姚(宏)本'传',一作'博'。　鲍(彪)本'传'作'博'。○　博士,辩博之士。补曰:秦官有博士。或战国儒士有此称。"⑩专指儒士的博士早在战国时期就已经出现,但博士被称为学官是在汉武帝之后。随着学校系统的完备,学官的适用范围逐步扩大,除了太学之外,所有教授儒家经学的博士均被称为学官。《北史·李孝伯传》:"(李)谧不饮酒,好音律,爱乐山水,高尚之情,长而弥固,一遇其赏,悠尔忘归,乃作《神士赋》。延昌四年卒,年三十二,遐迩悼惜之,其年,四门小学博士孔璠等学官四十五人上书曰……"⑪四门小学的博士也包括在学官范围。最初,汉代的博士品秩都相同,随着学校教育体制的发展,学校内部的学官在品级上出现了差别。"(晋)惠帝元康元年,以人多猥杂,欲辨其泾渭,于是制立学官品,第五品以上得入国学"。

无论地方学官还是中央学官,范围都在随着官学范围的扩大而增加。唯一不变的是其划分标准——以传授儒家经典为前提。

二、唐代学官的范围

学官的两种含义在唐代仍在沿用,第一种含义变化不大,作为教师含义发生了很大变化。唐代学校系统已经相当完善,关于学官的区分也更为复杂。目前,学术界普遍认为官学除了中央的七学二馆外,还包括中央各部门所属的学校,及其地方的府、道、州、县学等,但并非所有官学内的官员均可称为学官。学官是特指国子监七学和地方官学中传授儒经的教学及行政官员。

唐代还从狭义的角度对国子监内部的官员进行了区分,将主掌教学的博士、助教等定为学官,把专管行政的官员国子祭酒、司业等定为监官。例如《通典·皇帝皇太子视学》中规定:"前出宫三日,本司宣摄内外,各供其职。其日,应从驾文武官依时刻集朝堂,诸卫陈设仗卫。侍中版奏:'外办。'皇帝乘马,文武侍从,并如常行幸之仪。驾将至,祭酒帅监官、学官、学生等奉迎於路左。驾至大次门外,降入如常。"[12]宋代人王谠进一步提出:"(唐代)学旧六馆:有国子馆,太学馆,四门馆,书馆,律馆,算馆,国子监都领之。每馆各有博士、助教,谓之学官。国子监有祭酒、司业、丞、主簿,谓之监官。太学诸生三千员,新罗、日本诸国皆遣子入朝受业。天宝中,国学增置广文馆,在国学西北隅,与安上门相对。廊宇粗建。会十三年,秋霖一百余日,多有倒塌,主司稍稍毁撤,将充他用,而广文寄在国子馆中。寻属边戈内扰,馆宇至今不立。"[13]明确指出学官仅仅是指国子监七馆主管教学的博士、助教,而祭酒、司业、丞、主簿等主管行政的官员则称为监官。从狭义的角度对国子监官员进行了区分,但在唐代,多数情况下学官都是指广义的,不但国子监的行政官员即王谠所谓的监官——祭酒、司业等属于学官,而且地方府、州、县学的博士、助教等等,也属于学官的范畴。《通鉴》"大历元年八月条"记载:"(大历元年)秋,八月,国子监成;丁亥,释奠。"胡三省注解此条时,解释释奠礼的演变过程,讲道:"唐春、秋释奠,三献皆以学官。"[14]这是指国子监释奠礼的主祭人员,唐代规定行释奠礼的部门不仅包括国子监还包括地方州县学。贞观二十一年中书侍郎许敬宗等奏请,"今后国学释奠,令国子祭酒为初献,祝词称皇帝谨遣。仍令司业为亚献,国子博士为终献。其诸州,刺史为初献,上佐为亚献,博士为终献。县学,令为初献,丞为亚献,博士既无品秩,请主簿通为终献。若缺,并以次差摄。州县释奠,既请遣刺史县令,亲为献主,望准祭社给明衣,修附礼令,为永式。学令祭以太牢,乐用轩悬,六佾之舞,并登歌一节。与大祭祀相遇,改用中丁。州县常用上丁。无学,祭用少牢。"[15]地方州县学释奠礼虽规定刺史、县令及僚佐为主祭人员,但作为学官的州博士依然要充当终献,而县释奠礼中学官被主簿所替代,但却承认州县博士的学官身份。释奠礼是唐代儒学校都要举行的礼仪,举行释奠礼的各级学校都有学官主祭,因此,地方官学中传授儒学的教师都是学官。关于地方博士、助教等为学官的记载还有寿州刺史高智周政存宽惠,百姓安之。"每行部,必先召学官,见诸生,试其讲诵,访以经义及时政得失,然后问及垦田狱讼之事。"[16]可见作为州刺史,高智周每行部召见并令其讲授、访问经义、时政的学官,不是州的博士(后改为文学)、助教,就是州所管辖下的县学的博士和助教。

前引《唐会要》对于国子监释奠礼主祭官的规定,证实了充当初献和亚献的祭酒、司业等行政官员都是学官范畴。《唐会要》大历五年(770 年)八月皇太子于国学行齿胄之礼时,国子司业归崇敬以国学及官名不正,并请改之。他在上疏中论述道:"祭酒之职,非学官所宜,按《周礼 · 师氏》:'掌以美诏王',敢请改祭酒为大师氏,位正三品。"[17]归崇敬认为,学官不应该以祭酒为名,因为唐代祭酒名称与职掌不符合《周礼》的规定,照《周礼》祭酒的职掌应该由大师氏负责;同时也反映出尽管归崇敬认为国学的最高长官以祭酒命名不合适,在改名的要求被否决的情况下,祭酒作为国子监学官的身份依然如故。此外,史籍中多次记载唐初皇帝亲临国学,听大儒讲经之后赏赐学官、学生的史实,例如开元七年(719 年):"玄宗又令太子诣国子学行齿胄之礼,仍敕右散骑常侍褚无量升筵讲论,学官及文武百官节级加赐。"[18]既然文武百官都赏,此处受赏的学官就不应该只是博士、助教,而是包括国子监所有的教学与行政管理官员。可见唐代学官包括了国子监七学和地方官学(医学除外)所有学校的教师。

唐代以儒学为教学内容的学校还有弘文馆和崇文馆,二馆的教师被称为学士,均由他官兼任,未规定员额,其主要任务是处理朝政,唐朝人并未将他们归在学官的范畴。《太平御览》卷六百十《学部》引《唐书》曰："永徽中，上命陈王师赵弘智于百福殿讲《孝经》，召中书门下三品及弘文馆学士、国子监学官，并令预坐。"学官与学士身份不同。

唐代，中国封建社会儒学教育制度与体系基本完备，学官的含义与范围也在唐代定型。

注释：

①②③ 班固：《汉书》，中华书局1962年版。

④ 欧阳修、宋祁：《新唐书》，中华书局1975年版。

⑤⑮⑰ 王溥：《唐会要》，中华书局1955年版。

⑥⑯⑱ 魏征：《旧唐书》，中华书局1975年版。

⑦ 司马迁：《史记》，中华书局1959年版。

⑧ 详见侯外庐、赵纪彬：《中国思想通史》第二卷《秦汉》，人民出版社1957年4月第1版，第60页。（第二章"汉初百家子学的余绪及其庸俗化的倾向"《史记·儒林列传》表面上讲汉代儒林博士，而实际上则已说出这一斗争〔指儒术与黄老之术之间的斗争〕。"儒林"之名起于汉初，《史记正义》引姚承说，"儒林，谓博士为儒雅之林，综理古文，宣明旧艺"，这是和百家对立的名词。）

⑨ 孙星衍：《汉官六种》，中华书局1990年版。

⑩ 刘向：《战国策》，上海古籍出版社1998年版。

⑪ 李延寿：《北史》，中华书局1974年版。

⑫ 杜佑：《通典》，中华书局1988年版。

⑬ 王谠：《唐语林校正》，中华书局1987年版。

⑭ 司马光：《资治通鉴》，中华书局1956年版。

（原载于《社会科学论坛》2009年10期）

唐代学官政治作用评议

董坤玉

【关键词】学官;政治;教化

一、学官的社会教化功能

学官履行社会教化功能的基础是国家礼仪制度的建设,并在践行礼仪过程中体现教化功能。

(一) 参与国家的礼制建设

唐代教育官员是参与礼制建设的一支重要力量,其中尤以学士为多。弘文馆学士的职责除掌详正图籍、教授生徒外,另一任务就是参议"朝廷制度沿革、礼仪轻重"。《新唐书·礼乐志》:"唐初,即用隋礼,至太宗时,中书令房玄龄、秘书监魏征,与礼官、学士等因隋之礼,增以天子上陵、朝庙、养老、大射、讲武、读时令、纳皇后、皇太子入学、太常行陵、合朔、陈兵太社等,为《吉礼》六十一篇,《宾礼》四篇,《军礼》二十篇,《嘉礼》四十二篇,《凶礼》十一篇,是为《贞观礼》。"①"调露元年。秋七月己卯朔,诏以今年冬至有事嵩岳,礼官学士详定仪注。"《旧唐书》中多次出现的"礼官学士",应该理解为礼官与学士,而不应该像某些学者所理解的"礼官学士"是修订礼法的弘文馆学士的别称。因为朝廷修订仪注而无专门掌管礼仪的太常寺"礼官"参加,这在情理上是说不通的。前面引文中的"礼官"应该专门指以太常寺礼官为主的掌礼官员,而"学士"则应该包括所有参加礼仪修订的学士,既包括崇文馆、弘文馆等两馆学士,也包括翰林学士等等。

虽然有关国子监职责的记载中并没有明确学官参议礼仪制度的职责,但从大量的史料记载中我们仍然可以发现,学官在这方面的贡献是不容小觑的。关于这一点,廖健琦先生在《试论唐代国子监在国家文化礼制建设中的作用》②一文中,就从国子监官员参与礼法的讨论与制订角度,对于学官、监官在国家的封禅礼、禘祫礼、明堂礼、凶礼等制度建设中所起的作用进行了详尽的阐述,足以使人明确学官在国家礼仪制度建设中所发挥的作用,故而此处不再赘述。

(二) 践行礼仪的教化作用

唐代宗广德元年(763年)六月,太常少卿杨绾上疏要求进行科举制度改革,这次改革是针对安史之乱"禄山一呼而四海震荡,思明再乱而十年不复"③局面的深刻反思,并强调科举重视人才品德。当时围绕杨绾的奏议，引起一场议论。大部分官员赞同杨绾的主张。其中左丞贾至提出实现教化的一条途径，即"其国子博士等，望加员数，厚其禄秩，选通儒硕生，间居其职。十道大郡，量置太学馆，令博士出外，兼领郡官，召置生徒"。并且信心十足的保证，"朝而行之，夕见其利。如此则青青不复兴刺，扰扰由其归本矣。人伦之始，王化之先，不是过也"。把实现人伦、达到王化的希望寄托在国子博士的增加、太学馆的建立上。通过这段议论，学官的社会教化功能可见一斑，学官的品行是决定社会风气所向的界标。学官的社会教化功能具体通过下列行为来体现。

1. 学校礼仪中的教化

统治者设学的目的除了为国家培养治世之才外，还有通过儒家思想的传播达到教化臣民的意图，学校礼仪就是实现教化的重要途径。唐代的学礼有释奠礼、视学礼、束修礼和乡饮酒礼等吉礼。每一种礼仪都有一套严格的、繁琐的程序，学官在学礼中的角色与影响，体现了这种活动的目的。以释奠礼为例，国子监举行释奠礼，通常以国子祭酒为初献，司业为亚献，博士为终献。国子祭酒、司业虽然是官学的最高行政长官，但属于学官中主管行政事务的长官，其政治职能远远大于教学职能，而主管教学的博士则在其后处于终献的位置。而当太子参与释奠礼时，则由太子为初献，祭酒、司业降为亚献、终献。地方州学释奠，刺史为初献，上佐为亚献，博士为终献；县学释奠，县令为初献，丞为亚献，因为县学博士无品秩，故而以主簿代之为终献。体现着释奠礼仪中严格的等级与政治秩序，以及以行政长官为主，学官为辅的特征，以此向民众彰显国家严格的政治秩序与尊卑等级。

唐代中央官学担负着育官为主，教化为辅的责任；而州县乡里的地方官学，体现的则是以教化为主，育才为辅的特点。州县学校由刺史、县令总掌学事，而这些地方长官的一项职责即实现管辖地域内的导扬风化，在考评中有"礼义兴行，肃清所部，为政教之最"的标准。大历九年(774年)，太原王纲以大理司直兼县令，既而释奠于庙，退而叹曰："夫化民成俗，以学为本。是而不崇，何政之为?""乃谕三老主吏，整序民，饰班事，大启宇于庙垣之右，聚五经于其闲。以邑人沈嗣宗躬履经学，俾为博士。于是遐迩学徒，或童或冠，不召而至，如归市焉。……故民见德而兴行，行于乡党，洽于四境。父笃其子，兄勉其弟，其不被儒服而行，莫不耻焉。"在这则《昆山县学记》中，处处强调兴县学的目的在于使民众见德而兴行。各乡党均励德行，就能使这种行为影响遍布四境，实现了全县境内的德化。但终文之末都未曾有培育人才的夸辞。尤其代宗以后，各州县乡里学校大多有名无实，单单修缮孔子庙就成为地方长官的政绩，《全唐文》中有大量文章都以孔庙的修缮而夸耀，却少有关于招生，以及学生成才情况的赞誉[④]，进一步证实地方官学教化大于育才的职能，而学官即是教化行为的传播者。"诸州县学生专习正业之外，仍令兼习吉凶礼。公私礼有事处，令示仪式，余皆不得辄使"[⑤]。州县学生习吉凶礼仪是正业之外的另一项任务，目的是通过参与地方公私仪式，展示礼仪，这也是实现民众教化的重要途径，而礼仪的教授者就是各级学官。

2. 参与其他礼仪

通过祭祀礼仪让臣民懂得上下尊卑的社会秩序，并潜移默化的实现教化，是稳定统治秩序的有效方法。统治者都标榜以礼治天下,可见礼仪是维护封建统治秩序的重要工具。

国家对主持、参与祭祀的人员虽然没有具体要求,但仍然可以从文献记载中寻觅到某些规律。开元二十七年(739年)二月颁布的《太宗五享令宗子摄事诏》:"宗庙致敬,必先于如在。神人所依,无取于非类。深惟至理,用切因心。其应缘太庙五享,于宗子及嗣王中拣择有德望者,令摄三公行事。异性官吏不须令摄。"⑥太庙每岁"礿、祠、蒸、尝、腊"⑦称五享。虽然此条诏令是针对太庙祭祀人员的选拔而下达,但同样可以看出朝廷对于祭祀人员选用的重视,祭祀礼仪都是为了达到神人所依,以求得神灵福佑的目的,对祭祀人员的最基本要求是"无取非类"。另外,还必须内心崇敬、发于至诚的有德者才能胜任。除了学校礼仪之外,唐代学官曾经主持或参与的祭祀,还有:开元二十五年(737年)十月,派官员分祭郊庙社稷"尚书左丞相裴耀卿祭中岳,礼部尚书杜暹祭东岳,御使大夫李适之祭西岳,太子宾客王丘祭北岳,国子祭酒张说祭南岳"⑧。天宝十载(751年)二月派专使分往致祭五岳四渎及诸镇山,"遣嗣吴王祇祭东岳齐天王,嗣鲁王宇祭南岳司天王,秘书监崔秀祭中岳中天王,国子祭酒班景倩祭西岳金天王,宗正少卿李成裕祭北岳"⑨。天宝十四载(755年)三月为祈雨"令太子太师陈希烈祭玄冥,光禄卿李憕祭风伯,国子祭酒李麟祭雨师"⑩。穆宗长庆元年(821年)七月九日,"摄太尉国子祭酒韩愈,准式于太庙致斋"。⑪

学官参加的包括祭祀五岳四渎、风伯雨师,还有太庙致斋等重大祭祀。太宗时有诏令规定,太庙祭祀不允许异姓官吏参加。但是后来范围有所扩大,开元十五年(727年)二月十五日敕:"享宗庙,差左右丞相、尚书、嗣王、郡王摄三公行事。若人数不足,通取诸司三品以上长官。"至开元二十三年(735年)正月二十日,又有所变动:"自今已后,有大祭,宜差丞相、特进、少保、少傅、尚书、宾客、御史大夫摄行事。"开元二十五年(737年)七月八日敕,"太庙每至五飨之日,应摄三公,令中书门下及丞相、师傅、尚书、御史大夫、嗣王、郡王中拣择德望高者通摄,余司不在差限",将备选范围进一步扩大。至开元二十七年(739年)二月七日,又恢复了太宗时的规定,"其应太庙五享,宜于宗子及嗣王、郡王中拣择有德望者,令摄三公行事。其异姓官,更不须令摄"⑫。此后,直到元和四年(809年)才再次扩大范围,敕令"如仆射、尚书等阙,即差京师三品职事官充"⑬。国子祭酒是三品职事官,属于充任宗庙祭祀候补人员的范畴。祭酒之所以能够参与祭祀,一方面因为自身熟知各种礼仪,有利于避免在繁琐的祭祀程序中出错、亵渎神灵;更重要的一点在于他们自身具有某些特质,符合统治者的要求,那就是可以充当沟通神灵的中介,"宗庙致敬,必先于如在,神人所依,无取于非族"⑭。

除祭酒之外,其他学官参与祭祀也有制度依据。玄宗时开休元"除国子博士。属国家有巡享之礼,以君容止可观,人伦师表,特预入庙行事,制加朝散大夫"⑮。可见容止可观、人伦师表是学官特准预入庙行事的原因。开元十五年(727年)二月十五日,玄宗诏令中除了对享宗庙的人员有规定之外,还规定太庙祭祀之外的其余祭享,"差诸司长官及五品已下清官"⑯。明确规定了学官参与祭祀的权利,因为国子监大部分学官都在清官或清望官的范围之内。清望官,谓"内外三品已上官及中书·黄门侍郎、尚书左·右丞、诸司侍郎,并太常少卿、秘书少监、太子少詹事、左·右庶子、左、右率及国子司业"⑰,包括国子祭酒和国子司业。四品已下、八品已上清官,包括五品国子博士,六品太学博士、国子助教,七品四门博士、太学助教,和八品四门助教⑱,涵盖了国子监大部分主管教学的官员。

学官之所以成为国家祭祀礼仪中的重要角色,就在于统治者认为他们可以充当沟通神灵的中介。唐高宗乾封二年(667年)发布《祭圜丘明堂并以高祖太宗配帝诏》中引用《礼》曰:"化人之道,莫急于礼。礼有五经,莫重于祭。祭者,非物自外至也,自内生于心也。是以惟贤者乃能尽祭之义。"[19]封建统治者所标榜奉行的礼由儒家所制定,学官作为儒家思想的传承者,是以精通儒学、德高望重见长的,这就完全符合礼对祭祀者的要求。

二、学官在政治活动中的作用

(一)充当与外邦交往和救灾赈济的使者

1. 与外邦交往。中央对担任与外邦交往和接待工作的人员是有特殊要求的。业师黎虎先生在《汉唐外交制度史》中曾经分析了汉代有外交职能的官员——大鸿胪的选任条件:首要条件就是具有礼仪文化修养,另外还要形体容貌端庄。仪表堂堂,风度翩翩,代表了国家和政府的形象。后蜀的何光远在《鉴戒录》中记载:唐代有个人叫方干,缺唇,科举连应十余科,卒不得举。有司曰:"干虽有才,但朝廷不可与缺唇人科名,使四夷人闻之,谓中原鲜士。"体貌不端,有碍于朝廷尊严,尤其怕被外邦笑话。那么直接与外夷打交道的人,体貌要求是最基本的一个前提条件。对学官而言,能够通过吏部"身、言、书、判"的考试,体貌必然符合伟岸的条件。而且为人师表,仪表与文化修养必高常人一筹。尤其唐代学官多为博学硕儒,其儒雅的气质与高尚的礼仪修养必然使其在出使外邦的人选中占有相当强的优势。《新唐书》卷一九八《循吏·朱子奢》记载贞观十六年(642年)国子司业朱子奢曾经担任出使新罗的使者。"太宗贞观初,高丽、百济同伐新罗,连年兵不解。新罗告急,帝假子奢员外散骑侍郎,持节谕旨,平三国之憾。子奢有仪观,夷人尊畏之。二国上书谢罪,赠遗甚厚。"出使之前太宗说的一段话足以说明出使外邦学官首选的原因:"海夷颇重学问,卿为大国使,必勿藉其束脩,为之讲说。"[20]唐时高丽、百济、新罗以及日本,深受儒家文化的影响,崇尚中原文化与礼仪,因此派学官出使,是非常合适的。代宗大历初,国子祭酒萧昕持节吊回鹘。"时回鹘恃功,廷诘(萧)昕曰:'禄山、思明之乱,非我无以平定,唐国奈何市马而失信,不时归价?'众皆失色。昕答曰:'国家自平寇难,赏功无丝毫之遗,况邻国乎!且仆固怀恩,我之叛臣,乃者尔助为乱,联西戎而犯郊畿;及吐蕃败走,回纥悔惧,启颡乞和。非大唐存念旧功,则当匹马不得出塞矣!是回纥自绝,非我失信。'回纥惭退,加礼以归。"[21]可见出使外邦除了使节本身的仪表风度之外,其丰富的学识与辩驳的口才也是使者所必需的条件。

丰厚的学识,精通与外邦交往的礼节,良好的口才与机智的头脑是出使不辱使命,体现大国风采的必备条件。这些出使学官对少数民族影响极大,促使许多外邦和境内的少数民族纷纷向中原派遣留学生,到唐朝的国子监学习儒家经典。

学官在中央与藩镇发生矛盾时,还充当朝廷派往藩镇的宣慰使。《旧唐书》卷一四二《王武俊传》记载:"会兴元元年德宗罪己,大赦反侧。二月,武俊集三军,削伪国号。诏国子祭酒兼御史大夫董晋、中使王进杰,自行在至恒州宣命,授武俊检校兵部尚书、成德军节度使。”中央政府对藩镇妥协之后,派遣社会声望高的官员出使,力图通过官员的个人品行感化藩镇的骄兵悍将。而且只有品行忠贞的使者才会在敌我力量对比不利的情况下,恪守臣节,不会叛变朝廷。这一点在德宗时奸相卢杞奏请颜真卿出使宣慰李希烈军时,就已表述得十分明确,“颜真卿四方所信,使谕之,可不劳师旅。”[22]朱滔、王武俊、田悦、李纳等叛军见到颜真卿后,均恭称“闻太师名德久矣”,贼军极为崇重其品行,虽然终因反复威逼利诱不成将其杀害,但其气势也得到贼军的崇敬。可见,宣慰使个人的品行是决定出使成功与否的重要条件。对品行的要求使学官具备了充当宣慰使的条件。

2. 充当救灾赈济的使者。学官出使地方救灾赈济,体现了其淳化社会风俗、稳定社会秩序的作用。古代灾荒容易增强地方的不稳定因素,为了稳定人心,消除不稳定因素,中央常派遣使者到灾区,将朝廷的安抚与赈济带到灾区,并加强监察、加大整治贪官恶霸的力度,通过使者的行为与个人修养感化百姓。

学官是儒家思想熏陶之下的政府官员,丰富的学识与崇高的修养,使他们成为沟通百姓与皇帝的一座桥梁。《旧唐书·太宗本纪》贞观八年(634 年):“壬寅,命尚书右仆射李靖、特进萧瑀杨恭仁、礼部尚书王珪、御史大夫韦挺、鄜州大都督府长史皇甫无逸、扬州大都督府长史李袭誉、幽州大都督府长史张亮、凉州大都督李大亮、右领军大将军窦诞、太子左庶子杜正伦、绵州刺史刘德威、黄门侍郎赵弘智使于四方,观省风俗。”其中赵弘智在贞观十六年(642 年)担任四门博士,高宗时任国子祭酒。出使地方的职责主要包括以下几方面:第一,存问抚慰百姓父老;第二,举贤;第三,考察地方政绩。可见,与汉代的博士奉使职责十分相似。

学官教授外国留学生、充当使者对外交往、处理涉外事务,以及对内充当救灾赈抚的使者,本身也是达到淳化社会风俗的一种途径。

(二)特殊政治时期的重大作用

毛蕾在《唐代翰林学士》一文中指出北门学士在高宗在世、武则天尚未完全控制朝局的情况下,为武后制造政治舆论、提供宣传工具方面发挥了重要作用。学官在这一时期的作用与北门学士类似,作用同样是稳定局势,安定人心。

高宗死后,“则天居位之间,革命是怀”[23],为了收揽人心,树立个人权威,她“不惜爵位,以笼四方豪杰自为助,虽妄男子,言有所合,辄不次官之”。[24]并“诏内外文武九品已上及百姓,咸令自举”。[25]所有官爵均被她用来当做培育党羽的工具。《旧唐书·儒学上》称:“则天称制,以权道临下,不吝官爵,取悦当时。其国子祭酒,多授诸王及驸马都尉。”[26]武则天任用至亲,无非是为了培育个人势力,并未考虑学问如何,往日,孔颖达等赴上日,皆讲《五经》,“至是,诸王与驸马赴上,唯判祥瑞按三道而已”。[27]但这是在其得到皇位不久,政权不稳定时期的非常用人政策。

武力镇压反对势力之后,她就开始把精力转到对臣民进行思想控制的轨道上来。利用儒学就是通过控制儒家在中央的代表——国子祭酒而达到的。除了任命李重福、武三思等至亲为祭酒,她还任用了一些急功近利之人担任此职,如李峤。《唐诗纪事》记:“峤有三戾;性好荣迁,憎人升进;性好文章,憎人才华;性贪浊,憎人受赂。"[28]《容斋随笔五集·容斋四笔》评价说:"李峤、杨再思相唐中宗,皆以谀悦保位,为世所诋。"[29]这些人乏德可陈,但他们能为名利而不惜名节。对于李峤"则天深加接待,朝廷每有大手笔,皆特令峤为之"。所拟定诏令包括《大周降禅碑》、《代百寮请立周七庙表》、《为百寮贺日抱戴庆云见表》、《为纳言姚等贺瑞桃表》、《为百寮贺瑞笋表》等数十篇,为武周统治在制度上铺平了道路。他极尽阿谀奉承之能事,为武则天的统治歌功颂德,武则天就是利用其性好荣迁的本性,借助其文笔才气为喉舌,并赋予其祭酒的清望地位,使其言论获得最大限度的影响力。除了李峤,为武则天正位及统治起过重大作用的当数国子祭酒祝钦明、国子司业韦叔夏与国子博士郭山恽,"则天将拜洛及享明堂,(韦叔夏)皆别受制,共当时大儒祝钦明、郭山恽撰定仪注。凡所立议,众咸推服之。"[30]久视元年(700年),则天皇帝特下制曰:"吉凶礼仪,国家所重,司礼博士,未甚详明。成均司业韦叔夏、太子率更令祝钦明等,博涉礼经,多所该练,委以参掌,冀弘典式。自今司礼所修仪注,并委叔夏等刊定讫,然后进奏。"[31]越过司礼博士,把国家各项礼仪仪注,均交由这些人刊定,原因并非真正在于司礼博士对于吉凶礼仪"未甚详明",而是武则天要利用他们把礼仪制度按照有利于统治利益的方向重新制定。武则天时期不乏德高望重的国子祭酒,但往往因不能附势而遭到排挤。"重节义然诺"的国子祭酒朱敬则因"固辞不与"张易之组织的名儒团体,而被"出为郑州刺史"[32];国子祭酒郭正一甚至被酷吏周兴诬构杀害,这样,以祭酒为代表的学官群体就为一群阿谀之徒所把持。"至于博士、助教,唯有学官之名,多非儒雅之实……生徒不复以经学为意,唯苟希侥倖"。[33]"遂使讲座作俳优之场,学堂成调弄之室。啬夫利口,可以骧首先鸣"。[34]这种情况一直延续到睿宗时。

中宗复位,皇后韦氏效法武则天企图做第二个女皇帝。她继续利用祭酒在学术界的地位,让他们为自己提高声望出谋划策。此时的祭酒有挟小道以进的叶静能、匿亲丧忌日的祝钦明、为武后登基卖力的韦叔夏、性贪冒的崔挹、道士史崇恩、皇后的妹夫陆颂等,韦后效法武则天的意图十分显见。一直到睿宗景云元年(710年)十二月,祝钦明被御使倪若水弹劾,被罢为饶州刺史,国子监的这种混乱局面才告结束,学官在政治生涯中的辉煌时期也结束了。

学官在唐代草创初期至武韦时期仍然被统治者当作精神领袖、用以安定人心、稳定局势的话,那么在社会秩序稳定之后、统治者已经完全用法制工具代替精神统治的时候,学官的社会政治作用也就削弱了,玄宗以后学官被视为"闲职"、"散秩"。

余　论

对唐代学官的社会政治地位不能估计过高。他们只能在特殊的社会变革时期才能在政治上发挥比较大的作用,但这种不正常时期在唐代也就仅仅是武则天和韦氏掌权这短短几十年的时间。总的说来,学官的政治作用十分有限,只是担任对统治者进行政治辅导的角色,充其量对政治发展起到一个思想引导的作用。在其最辉煌的时期也不过是从礼仪角度对政治局势起到推动作用。他们在政治生活中从未起过决策作用,因此学官通常又被称为闲职。但是从社会发展的角度来讲,社会文化传承,实现政治教化、稳定政治统治又不能缺少学官的参与。

注释:

①㉔㉜ 欧阳修、宋祁:《新唐书》,北京: 中华书局,1975 年,页 308,页 3479,页 4218 -4220。

② 廖健琦:《试论唐代国子监在国家文化礼制建设中的作用》,《河南师范大学学报》,2005 年第 1 期。

③⑦⑳㉑㉒㉓㉕㉖㉗㉚㉛㉝ 刘昫:《旧唐书》,北京: 中华书局,1975 年,页 3433,页 4206,页 4948,页 3962,页 3595,页 2858,页 117,页 4942,页 4942,页 4964,页 4964,页 4942。

④ 此类文章众多,如《全唐文》卷六〇八《刘禹锡 · 许州文宣王新庙碑》、卷四四三《程浩 · 凤翔府扶风县文宣王新庙记》、卷一八三《王勃 · 益州夫子庙碑》、卷一九二《大唐益州大都督府新都县学先圣庙堂碑文并序》、卷一九二《杨炯 · 遂州长江县先圣孔子庙堂碑》等等,不一而足。

⑤⑪⑫⑬⑭⑯ 王溥:《唐会要》,北京: 中华书局,1955 年,页 634,页 367,页 358,页 367,页 358,页 358。

⑥⑧⑲ 宋敏求:《唐大诏令集》,上海: 商务印书馆,1959 年,页 424,页 376,页 376。

⑨⑩ 王钦若:《册府元龟》,北京: 中华书局,1960 年,页 365,页 1752。

⑮ 吴钢:《全唐文补遗》,西安: 三秦出版社,1994 年,页 132。

⑰⑱ 李林甫:《唐六典》,陈仲夫点校,北京: 中华书局,1992 年,页 33,页 33 - 34。

㉘ 计有功:《唐诗纪事》,上海: 上海古籍出版社,1987 年,页 146。

㉙ 洪迈:《容斋随笔五集》,北京: 商务印书馆,1959 年,页 158 - 159。

㉞ 徐松:《登科记考》,北京: 中华书局,1984 年,页 155。

(原载于《廊坊师范学院学报(社会科学版)》2008 年 4 期)

从李承乾的悲剧看唐太宗教育上的失误

董坤玉

【关键词】太子;教育

唐太宗是中国历史上最杰出的皇帝之一,但其诸子多有不善,尤其是长子李承乾在被立为太子17年之后,竟然走上谋反的道路,不能不令人深思。五代时期的史臣就研究过这个问题,他们认为:"承乾之愚,圣父不能移也。"①即将李承乾悲剧形成的原因,完全归之于他本人的愚笨和顽固不化。后世史家大多承袭这种观点,即认为李承乾咎由自取,完全不值得同情。英国学者霍华德·韦克斯勒则认为:"随着年龄的增长,对中国的朝廷官员来说,承乾的行为显得在某些方面不正常和有失体统;他很可能是精神失常。"②即认为这一点可能是导致他悲剧的原因之一。此外,笔者认为,唐太宗对其教育上的失误也是一个重要因素。

总括李承乾一生的发展变化,可以看出唐太宗在对他的教育方面存在以下四点失误。

(一) 没有抓住李承乾思想变化的症结,有的放矢地进行教育。

李承乾原本深得太宗宠爱。武德九年(626年)十月,他以嫡长子身份被立为皇太子,时年8岁。他"性聪敏,太宗甚爱之"③。贞观四年(630年)五月,即他十二岁时,太宗特别下诏:"皇太子承乾,宜令听讼,在兹恤隐。自今以后,诉人惟尚书省有不伏者,于东宫上启,令承乾断决。今若有固执所见,谓理不尽,然后闻奏。"④即开始让承乾"听讼",接受对尚书省判决不服的"诉人"的上诉,并作出断决;如果"诉人"还不服,再上奏皇帝裁决。显然,太宗这是在注意培养承乾的行政能力,并将其置于自己的监督之下,体现出父亲对儿子的一片爱心。

贞观九年(635年)五月,太上皇高祖李渊驾崩,太宗居于谅闇之中,"诏太子承乾于东宫平决庶政"⑤。原因是他"年过志学,识性聪敏,频年治国,理务允学",足以担当得起"知军国事"⑥的重任。这也表明年已十七岁的承乾,在五年间通过"听诉"和"断决"的锻炼,从政能力已大大提高。贞观八年(634年)九月,太宗曾对侍臣夸奖他说:"我试令作数纸书言经国大体,立成三纸,颇有可观,先论刑狱为重,深得经邦之要也。"⑦果然,李承乾不负太宗厚望,在"知军国事"期间,处理庶务,"颇识大体"。此后太宗每行幸,"常令居守监国"⑧,体现出对他的充分信任。

在此期间,李承乾对东宫师傅十分尊敬,礼貌有加。如贞观四年(630年)至五年间,前朝名臣李纲任太子少师。李纲时患脚疾,"不堪践履",承乾就"三卫舆上殿,亲拜之,访以得失,大见崇重"[⑨]。对于李纲所谈的君臣父子之道、问寝视膳之方、古来君臣名教竭忠尽节之事,承乾都能专心听纳,以至"忘倦"。李纲死后,太子亲自"为之立碑"[⑩],以示敬重。再如贞观七年(633年),名儒孔颖达任太子右庶子,承乾常与他"评论古事"[⑪],受益匪浅。承乾还令他撰《孝敬注疏》,"学者称之"[⑫]。这表明二人的关系还是比较融洽的。

关于这个时期承乾的过失,《旧唐书》卷七十六《太宗诸子·恒山王承乾传》所述最详:"及长,好声色,漫游无度,然惧太宗知之,不敢见其迹。每临朝视事,必言忠孝之道;退朝后,便与群小亵狎。宫臣或欲进谏者,承乾必先揣其情,便危坐敛容,引咎自责。枢机辩给,智足饰非,群臣拜答不暇,故在位者初皆以为明而莫之察也。"

由这段记载可以看出以下三个问题:

第一,承乾长大之后好声色玩耍,且无节制。《旧唐书·李百药传》:"颇留意典坟,然閑燕之后,嬉戏过度",也可以证明这一点。不过,由"惧太宗知之"这一点可知,他还是有是非观念的。第二,承乾好当面一套,背后一套。"每临朝视事,必言忠孝之道;退朝后,便与群小亵狎",正是他这种作风的突出表现。不过,这从反面可以看出,承乾在公开场合还是愿意给人留下一个好印象的,并没有自暴自弃,肆无忌惮。第三,承乾曾经能够纳谏。在宫臣进谏时,他"危坐敛容,引咎自责",并非如一些学者所说的"总是装作"[⑬],他能够多次倾听李纲的进言,即是明证。贞观十六年(642年)六月,承乾谏阻太宗怒杀苑西守监穆裕,太宗说道:"太子幼在朕前,每见规谏者,常心悦之,染以成性,故有今日之谏耳。"[⑭]这也可以作为承乾能够进谏、纳谏的佐证。

由上可知,贞观初年的承乾既聪敏,又有能力,深得太宗的喜爱和信任。过失虽有,但并不严重,主要就是贪玩,没有节制。不过,这对于一个生长于深宫的十几岁的皇子来说,实在算不上一个多大的问题,类似的事例举不胜举,似不应看得过重。

承乾思想的变化,大概是从贞观十年(636年)开始的。这一年发生了两件影响承乾命运的大事:

第一件大事是太宗诏授诸王为诸州都督,分赴各州上任,只留魏王李泰在京师,宠异有加。先以他"好士爱文学,特令就府别置文学馆,任自引召学士",又以他"腰腹洪大,趋拜稍难",特许他可以乘小舆上朝[⑮]。此后,太宗对李泰的这种偏爱愈演愈烈,既滋生了李泰的夺嫡念头,又深深伤害了身为太子的承乾。

第二件大事是承乾生母长孙皇后去世。长孙皇后生有三子:太子承乾、魏王李泰、晋王李治,其中承乾跛脚,行路不便,李泰、李治二人均属正常。皇后仁孝俭素,知书达礼,对身有残疾的儿子承乾格外疼爱,尽显一个慈母的天性。有一次,承乾乳母向她反映"东宫器用阙少",她答道"为太子,所患德不立而名不扬,何忧少于器物也"[⑯],体现出母亲对儿子政治前途的关心和爱护。她病重期间,承乾入侍,对她说"医药备尽,今尊体不瘳,请奏赦囚徒并度人入道,冀蒙福佑"[⑰],也表达出儿子对于母亲的一片孝心。所以,长孙皇后的早逝(年仅36岁),无疑使身有残疾的承乾(时年18岁)失去了母爱亲情,这对他的精神打击之大是可想而知的。

笔者以为,正是这两件事情的影响,才使得承乾的性格和思想发生了很大变化。其表现之一是拒不纳谏,对敢于提尖锐意见的大臣,则"往往遣人阴图害之"[⑱]。表现之二是自暴自弃,他所宠爱的太常乐童称心被太宗杀死后，他竟在东宫内构室立像祭奠，起冢葬之，赠官树碑，还“自托疾不朝参辄逾数月”[19]，公开向太宗叫阵示威。表现之三是不顾影响，常命数十百人专习伎乐，在宫中寻橦跳剑，鼓角之声，日闻于外。表现之四是不遵法度，如招亡奴盗人牛马烹食，仿突厥人分两队打斗，“大呼击刺为乐”[20]。

承乾的这些不同寻常的变化，表明他的精神状态的确有些失常。而造成他精神失常的原因，则主要有三点：一是他本身患有足疾，不能像正常人那样行动自如，从而产生自卑心理。二是太宗对于魏王李泰过分宠爱，甚至每月给李泰的“料物”都“有逾于皇太子”[21]，连大臣们都看不过去，更何况承乾呢？久而久之，难免郁积成病。三是魏王李泰凭其“多艺能，有宠于上”的优势地位，“见太子有足疾，潜有夺嫡之志，折节下士以求声誉”[22]。这也势必使承乾心理紧张，不得不经常为保住太子地位而殚精竭虑。

在以上三点原因中，最主要的还是承乾有生理缺陷（足疾）。如果没有足疾，承乾就不会有自卑心理，李泰也不会那样咄咄逼人，太宗大概也不会那样厚李泰而薄承乾了。

（二）所选东宫辅臣只知犯颜直谏，多不称教化育人之职。

东宫太子号为储君，即未来的皇帝。东宫辅臣就是培养教育未来皇帝的老师，责任十分重大，因此，历朝历代都很重视东宫辅臣的人选，唐太宗也是一样。

在承乾为太子期间，即武德九年(626年)十月至贞观十七年(643年)四月的17年间，太宗先后挑选萧瑀（太子少师、太子少傅）、李纲（太子少保、太子少师）、于志宁（左庶子、太子詹事）、李百药（右庶子）、杜正伦（右庶子）、孔颖达（右庶子）、张玄素（右庶子、太子少詹事）、赵弘智（右庶子）、令狐德棻（右庶子）、房玄龄（太子少师）、魏徵（太子太师）、张亮（太子詹事）、王仁表、崔知机等14人为东宫辅臣。依据他们在任期间履行职责的情况，大致可以分为三种类型：

第一类是履行过职责者，计有李纲、于志宁、李百药、杜正伦、孔颖达、张玄素等6人。其中李纲的情况已见前述，兹不重复。于志宁“以承乾数亏理度，志在匡救，撰《谏苑》二十卷讽之”[23]，后又三次上书，分别就承乾存在的三个问题进行严厉批评，差一点被承乾派刺客杀害。李百药看到承乾“闲燕之后，嬉戏过度”，特作《赞道赋》以讽谏之[24]。杜正伦看到承乾“好昵近群小”[25]，乃多次劝谏，不被采纳。孔颖达看到承乾“不循法度”，“每犯颜进谏”，“谏诤逾切”[26]。张玄素在看到承乾“颇以游畋废学”、“久不坐朝”、“败德日增”等问题时，均“极言切谏”[27]，不被采纳，还差一点儿被承乾派人打死。

第二类是未见履行过职责者，计有萧瑀、赵弘智、令狐德棻、房玄龄、魏徵、张亮等6人。该六人两《唐书》均有传，但未见有涉及太子的内容。

第三类是情况不详者，计有王仁表、崔知机等2人。他们在两《唐书》中无传，具体经历不明，但王仁表出自太原王氏，崔知机出自博陵崔氏，均有相当的文化底蕴，故《新唐书》将他们均记在“皆天下选”之列[28]。

由此可见，东宫辅臣对于承乾的教育方式主要是犯颜进谏，并不考虑对方是否能够接受，因此很难达到预期的目的。所以，这些大臣作为诤臣，是很称职的；但作为教育者，就算不得称职了。

而太宗不管教育效果如何,见有谏便赏,这种做法无疑会起到两个作用:一是促使不称职的教育者受到鼓励,继续采用原来的教育方式而不思改进;另一方面会使本已心生反感的太子怀疑皇帝与大臣站在同一立场,为废除自己寻找借口。其结果只能进一步加深太子与皇帝、大臣之间的矛盾。

(三) 不懂得批评艺术,教育方式简单粗暴,使承乾产生消极逆反心理。

太宗所选之臣,在教育上最大的失误就是只懂得一味地批评,而对成绩却多有忽略,太宗也存在类似的缺点。批评惩罚是制止或纠正不良行为的方法。方法得当,可以达到治病救人的目的,反之会使事与愿违,引起不满。当代英国教育家彼特斯在《伦理学与教育》一书中曾指出,教师必须不懈地忠于尊重人的原则,教师对学生错误的冒险行为,不应一味地使用粗暴方式[29]。

批评惩罚并非随时随地对任何人都适用,承乾身有残疾、心存自卑,对于这种人一味批评只会起到消极作用。太宗的做法通常是每当大臣指责之后,他又以家长的身份再次批评,如此轮番说教,不仅不会起到帮助承乾改正错误的作用,反而会引起厌烦情绪,甚至产生对抗心理,增加了承乾与老师及父亲之间的隔阂。人都有自尊心和耻辱感,谏臣不顾场合犯颜强谏,使承乾大失颜面。承乾乳母遂安夫人对此都感到难堪,曾为太子打抱不平,责问孔颖达:"太子成长,何宜屡得面折?"[30]承乾曾气愤地宣称:"我为天子,极情纵欲,有谏者辄杀之,不过杀数百人,众自定矣。"[31]表达了他被当众数落时的愤怒情绪。当太宗带领侍卫和大臣闯入东宫,当众杀掉承乾宠爱的乐童,使承乾的丑行暴露于众人面前时,这种粗暴的惩罚方式,反而使事态如同火上浇油,越弄越糟。承乾将乐童遗体在"宫中起冢而葬",并"赠官树碑","自此托疾不朝参者辄逾数月",并令户奴公开习练伎乐、穿胡服、鼓角之声日闻于外[32],以示对父亲的不满和反抗。

一味地批评可以使人灰心丧气,萎靡不振,觉得自己一无是处,也可以使人为维护自尊而产生消极的心理防御,严重的还将逐步产生不满心理。承乾从一开始的久不出见官属,不听劝谏[33],到公开地"称疾不朝谒者动辄数月"[34],发展到"邪僻是蹈,仁义蔑闻,疏远正人,亲昵群小,善无微而不背,恶无大而不及"[35]。正是一步步由逃避、反抗,到是非颠倒、爱憎不明,不再要求上进,不在乎何为羞耻,最终发展到萌生杀弟弑君之心。

尽管太宗的批评包含着"恨铁不成钢"的意思,但他不注意批评的时机和效果,不考虑不同环境下的批评惩罚可能对孩子产生的不同效果,不尊重承乾的人格,最终使结果与初衷背道而驰。

(四) 表达爱的方式不当,使承乾自暴自弃,最终走上绝路。

太宗批评承乾,并不代表他不爱自己的儿子,而是表达方式上有所失误。父母对于儿女的情感是一种体验,是行为的一种动力,没有父母之情,就谈不上教育[36]。如果父母的教育能传递出爱的信息,教育就有了成功的基础。

爱的一个表现方式是宽容。当子女受到批评时,在精神上是最脆弱的,这时父母的及时关怀和鼓励是非常必要的,否则他会感到孤独无援,会有被遗弃的感觉,会自暴自弃。每当谏臣批评承乾后,太宗只一味地表扬老师,而对承乾不予理会。这对承乾来说无疑是雪上加霜。生理上的缺陷容易使人产生挫折感,身有残疾的人比四肢健全的人更容易产生自卑。承乾内向的性格,使他更渴望得到父母的爱和肯定。太宗与长孙皇后只知道加压与训斥,这本是他们望子成龙心切的反映。但对于承乾来说,父母的压力、老师的指责、兄弟的歧视等等各方面的冷遇,都会使他缺乏安全感,在精神上处于紧张戒备状态。实际情况并不像王涣斗先生所说的那样,承乾自认为是经过正式任命的皇太子,而安然处之,不求上进[37]。其实他总是在怀疑别人都在嫌弃他,比如贞观十二年(638 年),太宗在责备群臣失礼时,竟以"人生寿夭难期,万一太子不幸"[38]为理由,告诫大臣不要轻视皇子,因为皇子在太子死后就可以晋为皇太子。如此言语让脚跛的承乾听到,又怎能不心生猜疑呢?平心而论,如果太宗是因为日理万机而疏忽了对承乾的教育,尚可勉强说得过去,那么当他得知丑闻、大闹东宫之后,仍没有把挽救太子放在心上,而听之任之,就令人费解了。他的态度只能使承乾感到万念俱灰,从而以冷漠的态度对待一切。心理学研究表明:"动之以情"是消除疑惧与对立情绪的关键,也就是说要感化品德不良的孩子,需要父母给予子女更多的爱。只有让子女体会到父母的真诚之心,他们才会得到感化,转变思想。太宗只是将承乾关在宫中,命人严加看管,任其自生自灭,这只能使他丧失进取的勇气,以致将他推上绝路。

父皇的严厉态度,左右大臣的一味极谏,使承乾心灰意冷。这时一些平常接触较多的近侍,便成为他唯一可倾诉的对象,而稍显关心之人,便被认为是瞧得起他的好人,因此极易取得他的信任。可悲的是对他关心的人,多是各自怀有险恶用心的奸佞之徒,其中最主要的有两个人,一个是在征讨高昌之役中因行为不端受处分而心怀不满的大将侯君集,另一个是对太宗的屡次训斥日益厌烦的太宗异母弟李元昌。由此可知承乾的不轨行为是事出有因的。

总的看来,自从武德九年(626 年)十月起,承乾就成为一个特殊的人——储君。当时他不过是一个 8 岁的幼童,一旦被置于这样一个地位,人们就会用一个准皇帝的标准来衡量他,要求他完美无缺。而他本身又存在跛脚这一缺陷,已心存自卑。太宗却未能设身处地的替承乾着想,一味严教;长孙皇后亦只关心太子立德扬名[39],对子女缺乏理解与关心。父母、老师的高压成为一项精神负担,殷切希望演化成暴力和伤害,最终逼得承乾走投无路。

承乾身为太子,反抗皇帝,为臣为子之道缺;而太宗身为君主,因承乾行为不端而废之,存为君之道,但作为父亲,对儿子教育不当,最终逼得儿子谋反,可见其为父之道缺。因此,承乾违臣子之道的原因,很大程度上还是源于太宗的教育失误。

注释:

①《旧唐书》卷三《太宗下·史臣曰》,第 63 页。

② 崔瑞德:《剑桥中国隋唐史》,第 235 页,中国社会科学出版社,1990 年。

③《旧唐书》卷七十六《太宗诸子·恒山王承乾传》,第 2646 页。

④《册府元龟》卷二五九《储宫部·监国》,第 3077 页。

⑤《资治通鉴》卷一九四"贞观九年五月",第 6112 页。

⑥《唐大诏令集》卷三十《太上皇崩命皇太子承乾知军国事诏》,第 111 页。

⑦《册府元龟》卷二五八《储宫部·才智》,第 3072 页。
⑧《旧唐书》卷七十六《太宗诸子·恒山王承乾传》,第 2648 页。
⑨《册府元龟》卷二六〇《储宫部·尊师傅》,第 3084 页。
⑩《旧唐书》卷六十二《李纲传》,第 2377 页。
⑪《册府元龟》卷二五八《储宫部·才智》,第 3072 页。
⑫《旧唐书》卷七十三《孔颖达传》,第 2602 页。
⑬ 袁光英等撰《唐太宗传》,第 258 页,天津人民出版社,1984 年。
⑭《唐会要》卷四《储君·杂录》,第 49 页。
⑮《旧唐书》卷七十六《太宗诸子·濮王李泰传》,第 2653 页。
⑯《旧唐书》卷五十一《后妃上·太宗文德皇后长孙氏传》,第 2166 页。
⑰《贞观政要》卷八《赦令第三十二》,第 252 页。
⑱《新唐书》卷八十《太宗诸子·常山王承乾传》,第 3564 页。
⑲《旧唐书》卷七十六《太宗诸子·恒山王承乾传》,第 2648 页。
⑳《旧唐书》卷七十六《太宗诸子·恒山王承乾传》,第 3564 页。
㉑《贞观政要》卷四《太子诸王定分》,第 114 页。
㉒《资治通鉴》卷一九六"贞观十七年三月",第 6191 页。
㉓《旧唐书》卷七十八《于志宁传》,第 2694 页。
㉔《旧唐书》卷七十一《李百药传》,第 2576 页。
㉕《旧唐书》卷七十《杜正伦传》,第 2543 页。
㉖《旧唐书》卷七十三《孔颖达传》,第 2603 页。
㉗《旧唐书》卷七十五《张玄素传》,第 2641 页。
㉘《旧唐书》卷七十六《太宗诸子·恒山王承乾传》,第 3564 页。
㉙《世界教育名著博览·伦理学与教育》,第 1677 页,湖北教育出版社,1984 年。
㉚《册府元龟》卷七〇九《宫臣部·正值》,第 8449 页。
㉛《资治通鉴》卷一九六"贞观十七年三月",第 6190 页。
㉜《册府元龟》卷二五八《储宫部·失德》,第 3975 页。
㉝《资治通鉴》卷一九五"贞观十四年十一月条",第 6161 页。
㉞《资治通鉴》卷一九六"贞观十七年三月",第 6191 页。
㉟《唐大诏令集》卷三十一《废皇太子承乾为庶人诏》,第 122 页。
㊱ 章永生等《家庭教育心理学》,第 286 页,广西人民出版社,1988 年。
㊲ 王涣斗《贞观遗迹见闻》,第 119 页,新华出版社,1986 年。
㊳《资治通鉴》卷一九五"贞观十二年正月",第 6135 页。
㊴《资治通鉴》卷一九四"贞观十年六月",第 6129 页。

(原载于《徐州师范大学学报(哲学社会科学版)》2004 年 3 期)

唐朝三省的权力格局及其地位变化

宁志新　董坤玉

【关键词】唐朝;尚书;中书;门下三省;地位变化

唐朝在确定三省体制时,基本上沿袭了隋朝三省体制的格局,但也有所改革。隋朝三省制是以尚书省为中心,包括门下、内史二省在内的其余各类政府机构均居于尚书省之下,受其节制。而唐朝尚书省的长官(尚书令、尚书左右仆射)虽仍为百官之长,但并非"事无不总"。而且,尚书、门下、中书三省在法律上是平等的,只是具体分工不同罢了。其中,中书省主管制定政策,门下省主管审议政策,尚书省主管执行政策。宋人赵升所称"中书拟定,门下进画,尚书奉行"①(卷2,《三省》)与陈振孙所称"中书造命,门下审复,尚书奉行"②(卷6,《职官类·唐六典》)的意旨大体相同。而在实际上,由于三省长官的品秩不同以及议政地点的变化和皇帝的干预等诸多因素,遂使三省的地位并不完全平等,而且出现了前后的升降变化。唐人杜佑较早注意到这个问题,他所云"大唐侍中、中书令是真宰相","尚书左右仆射亦尝为宰相"③(P120),即指明尚书省的地位前后发生了变化。宋人郑樵重复了杜佑的观点④(P1006),后世学者(包括现在)对此并无多大疑义。

关于中书省与门下省的地位变化,史学界议论颇多,分歧也较大,主要有以下六种说法。第一,司马光曾指出:"天后、中宗时,侍中疑在中书令上。"⑤(卷208,《神龙元年五月"考异"》)又云:"崔祐甫与(杨)炎皆自门下迁中书,是时中书在上也。宪宗以后,门下在上,中书在下,不知何时升改。"⑤(卷226,《大历十四年八月"考异"》)第二,"旧制两省中书在门下之上,元丰易之。"⑥(卷4)第三,"唐代宗以前,中书在上。宪宗以后,门下在上"。⑦(卷121,《历代三省》)第四,"论朝班则侍中在前","论权势则中书为要"⑧(P141)。第五,"就中书与门下两省而言,开始时门下省的地位高于中书省"。"永淳二年(683年)裴炎由侍中改任中书令,遂移政事堂于中书省,至此,中书省的地位便高于门下省"。⑨第六,中书、门下两省"职事性质一致,庶几平等",但都在尚书省之上⑩。

对于以上六说,笔者虽并不完全赞同,但亦必须指出,他们所运用的一些研究问题的角度和方法颇具启发意义。其中最主要的有两点:一是从"朝班"和"权势"等两个方面来探讨中书、门下两省地位问题;二是从动态的角度出发,深入剖析中书、门下两省地位在不同时期的升降变化。毋庸置疑,研究唐朝三省地位的变化问题时,应该吸收上述研究成果,并借鉴其研究方法。以下从班序和权力这两个方面对此展开深入探讨。

(一) 从班序上看三省地位的变化

唐朝官吏的班序是严格按照朝仪规定执行的,高品在前,低品在后,同品亦有严格的前后次序,不容有丝毫差错。由于唐朝在唐代宗大历二年(767 年)十一月九日晋升了中书、门下两省长官、副长官的官品,从而使三省的班序发生了变化。因而据此可将唐朝分成前后两个阶段来研究三省的班序问题。需要说明的是,这里所讲的班序主要是指三省长官的班序,因为他们的地位决定了三省的地位。

第一阶段始于唐初,终于唐代宗大历二年(767 年)十一月八日。在这一阶段内,就品秩而言,尚书令为正二品,左右仆射为从二品,侍中和中书令均为正三品。毫无疑问,尚书省的班序肯定排在中书省和门下省之前。不仅如此,在唐玄宗开元初年之前,连吏部尚书也排在侍中、中书令之前。《开元令》始将吏部尚书移在侍中、中书令之下[⑪(P1791)],此后便成为定制。就侍中与中书令而言,则侍中位于中书令之上,《旧唐书 · 职官一》在叙及正第三品的官员时将侍中排在中书令之前,已经说明了这一点。《唐六典》、《通典》、两《唐书》、《唐会要》等唐代典籍均将门下省排在中书省之前,也可以说明这一点。所以,这一时期三省的班序为: 尚书省第一,门下省第二,中书省第三。

第二阶段始于唐代宗大历二年(767 年)十一月九日,终于唐末。在这一阶段内,由于唐代宗大历二年(767 年)十一月九日将侍中与中书令的品秩晋为正二品,门下侍郎、中书侍郎的品秩晋为正三品,而尚书令久废不设,左右仆射的品秩仍为从二品。所以,尚书省的班序已降至门下省、中书省之下。就侍中与中书令而言,则情况与上一阶段一样,侍中仍排在中书令之前。故该时期三省的班序为: 门下省第一,中书省第二,尚书省第三。

(二) 从实际权力上看三省地位的变化

唐朝三省权力的升降变化要远比三省的班序问题复杂得多,有时与班序同步,有时与班序不同步,因时而异。为此,可以将唐朝大致划分成以下五个阶段,作一探讨。

第一阶段始于唐初,终于唐高宗永淳二年(683 年)。在这一阶段内,尚书省的权力要大于中书、门下两省。理由如次: 第一,尚书令(正二品)、左右仆射(从二品)的品秩均高于中书令(正三品)、侍中(正三品),在宰相班子集体议政时,他们自然处于位高权重的地位。第二,当时的宰相"午前议政于朝堂,午后理务于本司"[③(P135)],即尚书、左右仆射上午参加宰相议政,下午需回本单位主持工作,从而使尚书省兼有宰相机关与行政机关的双重职能,其权力自然要比不主国家行政事务的中书、门下两省大得多。第三,唐高祖时期的裴寂与唐太宗时期的房玄龄、杜如晦、长孙无忌,以及唐高宗时期的李勣、于志宁等人,都曾以尚书、仆射的身份充当宰相,地位均在同时期的中书令、侍中之上。第四,唐高祖称帝后,以裴寂为尚书右仆射,纳言(侍中)刘文静以"位居其下,意甚不平"[⑪(P2293)],并为此招致杀身之祸。唐太宗临终前,曾对太子李治(后来的唐高宗)说"汝于李勣无恩,我今将责出之。我死后,汝当授以仆射,即荷汝恩,必致其死力",并随即将李勣贬为叠州都督[⑪(P2487)]。唐高宗即位后,很快将李勣晋为仆射,果得其倾心相助。这两件事充分说明,在时人心目中,尚书、仆射的权力、地位要在中书令、侍中之上。

就侍中与中书令而言,则侍中的权力又比中书令稍大。理由如次:第一,当时宰相议政的政事堂就设在门下省,侍中自然成为宰相会议的筹备人和召集人。第二,唐高宗龙朔二年(662 年)二月,“改百司及官名”,以门下省为东台,侍中为左相;中书省为西台,中书令为右相[⑪(P1786-1787)]。按唐制,东在西上,左在右上,这也可以说明当时侍中居于中书令之上。第三,北魏、北齐以来,门下省的地位例高于中书省,隋唐初年均承袭了这一惯例。如隋文帝即位后,以权臣高颎为尚书左仆射兼纳言,虞庆则为内史监,李德林为内史令,纳言(侍中)的地位显然在内史令(中书令)之上。唐高祖即位后,以享受恕二死特权的开国功臣刘文静为纳言,而以萧瑀、窦威并为内史令,纳言(侍中)的地位也在内史令(中书令)之上。只要政事堂还设在门下省,这一惯例大概就不会改变。因此,这一阶段内三省的权力依次为:尚书省第一,门下省第二,中书省第三。

第二阶段始于唐高宗永淳二年(683 年),终于唐玄宗开元初年。在这一阶段内,尚书省的权力仍然大于中书、门下二省。理由如是:第一,《唐六典》云:“初亦宰相之职也。开元中张说兼之,罢知政,犹为丞相。自此以后,遂不知国政。”[⑫(卷1)]《通典》亦云:“开元以前,诸司之官兼知政事者,午前议政于朝堂,午后理务于本司。”[③(卷23,《吏部尚书》)]据此可知,左右仆射例为宰相的时间一直持续到唐玄宗开元初年,尚书省兼有宰相机关与行政机关双重职能的时间也一直持续到唐玄宗开元初年。第二,唐玄宗先天元年(712 年),刘幽求拜尚书右仆射、同中书门下三品,监修国史。而他自以为功在诸位朝臣之上,“志求左仆射,兼领中书令”,当窦怀贞为左仆射,崔湜为中书令之后,“心甚不平,行与言色”[⑪(P3040)]。这就表明,在时人心目中,尚书、左仆射仍是首席宰相,地位最高。至于同时期的侍中与中书令,则因唐高宗永淳二年(683 年)裴炎由侍中改任中书令,“以中书执政笔,其政事堂合在中书”[③(P1182)],遂将政事堂由门下省移到中书省,此后中书令的地位与权力便高于侍中。因此,这一阶段内三省的权力依次为:尚书省第一,中书省第二,门下省第三。

第三阶段始于唐玄宗开元初年,终于唐肃宗至德二载(757 年)。在这一阶段内,尚书、左右仆射已被摒于宰相行列之外,而中书令、侍中仍为宰相,所以,尚书省的地位自然降至中书、门下两省之下。特别是唐玄宗开元十一年(723 年),中书令张说奏改政事堂号“中书门下”,“列五房于其后:一曰吏房,二曰枢机房,三曰兵房,四曰户房,五曰刑礼房,分曹以主众务焉”[⑬(P1182)],从而又侵夺了尚书省的部分行政权。而当时的中书令不仅是宰相会议的召集人,而且多掌“执政事笔”,权力自然比同为宰相的侍中要大。唐玄宗开元末至天宝时期的李林甫、杨国忠等人正是以中书令的身份操掌朝政大权的,其余宰相拱手而已。如李林甫为中书令期间,先后有牛仙客、李适之、陈希烈等三人为侍中。其中,牛仙客“即居相位,独善其身,唯诺而已”;百司有所咨决,他只说“但依令式可也”,“不敢措手裁决”[⑪(P3196)]。李适之开始还想与李林甫争权,后在李林甫的排挤下,不得不“求为散职”,而被罢相[⑪(P3102)]。陈希烈则因“和裕易制”而被李林甫引为宰相,只知一味“佐佑唱和”[⑪(P3059)],看李林甫眼色行事;凡台司务,均“不敢参议,但唯诺而已”[⑪(P3238)]。再如,杨国忠为中书令期间,先后有陈希烈、韦见素二人为侍中。陈希烈尽管依然唯唯诺诺,但因与李林甫过从甚密,素为杨国忠所忌,不久即被罢相。继任者韦见素也因“柔而易制”而被杨国忠引为宰相,只知从心里感谢杨国忠,遂“无所是非,署字而已”⑪(P3276)。因此,这一阶段内三省的权力依次为:中书省第一,门下省第二,尚书省第三。第四阶段始于唐肃宗至德二载(757 年),大致终于唐顺宗朝。至德二载三月,唐肃宗惩于李林甫、杨国忠利用长期主掌“执政事笔”而专权的历史教训,改令“宰相分直主政事笔,每一人知十日”③(卷21,《职官三·宰相》)。到唐德宗贞元十年(794 年)五月八日,“又分每日一人执笔”③(卷21,《职官三·宰相》)。如此一来,中书令(或中书侍郎)就无法利用“中书门下”(政堂事)设在中书省的便利条件而专擅朝政,他们与侍中(或门下侍郎)的权力就大致相等、难分伯仲了。当时,一些功臣的加官变化可以证明这一点。如平定“安史之乱”的大将李光弼于唐肃宗至德二载(757 年)十二月晋为守司空;唐肃宗乾元元年(758 年)八月,迁侍中,三年(760 年)正月,加太尉兼中书令,代郭子仪为朔方节度使、天下兵马副元帅;同年三月,恳辞太尉,遂加开府仪同三司、侍中;(四月改元上元)五月,复拜太尉,侍中如故。按太尉位于三公(太尉、司徒、司空)之首,李光弼先加太尉兼中书令,后又拜太尉兼侍中,说明中书令与侍中已无高下之分。再如,平定朱泚、李怀光之叛的大将浑瑊于唐德宗兴元元年(784 年)六月晋为侍中;唐德宗贞元元年(785 年)八月,加检校司空,侍中如故;贞元十二年(796 年)二月,加检校司徒,兼中书令。浑瑊加官的变化也可以说明,中书令与侍中无高下之分。还需指出,在此阶段内,同时加过中书令与侍中的,仅此二人而已。

此外,从中书侍郎、门下侍郎的相互迁转上也可以看出这一点。如杨炎于唐大历十四年(779 年)八月晋为门下侍郎、同中书门下平章事。即改革税制,推行两税法,颇有政绩。但他公报私仇,诬杀刘晏,“朝野为之侧目”。唐德宗亦有意诛杀杨炎。“待事而发”,遂于唐德宗建中二年(781 年)二月,擢用卢杞为门下侍郎、同平章事,杨炎转中书侍郎,仍同平章事⑪(P3423)。是年七月,即将他罢相,十月,赐死。可见,杨炎由门下侍郎改任中书侍郎,绝不可能是一种升迁,而只能是平级调动。司马光以此为例,说明“是时中书在上”,是不妥当的。再如,赵憬于唐德宗贞元八年(792 年)四月与陆贽并拜中书侍郎、同中书门下平章事。是年五月,改为门下侍郎、同中书门下平章事。赵憬对这一调职很不满意,认为是陆贽欲专政而排挤自己。倒是司马光一针见血地指出:“按憬迁门下犹为宰相,又益以贾耽、卢迈,贽岂得专政!盖憬以此心疑之耳。”⑤(卷234,《贞元九年五月“考异”》)即认为赵憬是多心,并非是陆贽在排挤他。其实,当时的宰相班子中只有两个中书侍郎,而没有门下侍郎,按规制是不完善的。将赵憬改任门下侍郎,正好弥补了这一缺陷,根本不存在职务上的升降问题。还需指出,在这一阶段内,同时任过中书侍郎与门下侍郎的,仅赵、陆二人而已。由此可见,在此期间,尚书省的权力仍在中书、门下两省之下,理由与前文第三阶段所述情况基本相同。唐代宗大历二年(767 年)十一月,唐朝将中书令、侍中由正三品晋为正二品,位于左右仆射之上;又将中书侍郎、门下侍郎由正四品晋为正三品,位列吏部尚书之下,户、礼、兵、刑、工等五部尚书之上⑪(P1791)。这就进一步提高了中书、门下两省的地位。因此,这一阶段内三省的权力依次为:中书、门下两省并列第一,尚书省第二。

第五阶段大致始于唐宪宗时期,终于唐末。在这一阶段内,中书令、侍中也像左右仆射一样,变成优宠大臣和藩镇节帅的荣衔,而中书侍郎、门下侍郎则上升为中书、门下二省的实际长官,廷加“同中书门下平章事”,履行宰相职责。那么,他们之间相比,究竟孰高孰低呢?笔者认为,在这一阶段内，门下侍郎的权力要大于中书侍郎，门下省的权力要大于中书省。理由如次：第一，翰林学士较多地侵夺了中书省的权力。翰林学士始设于唐玄宗朝，是作为皇帝私人秘书的身份出现的。其职能主要有两项：一是草拟诏赦文书，参与制定政策；二是备侍从顾问，参决军国大事。不过，直至唐顺宗朝，翰林学士所起的作用均很有限，期间只有德宗朝的陆贽和唐顺宗朝的王叔文、王伾等人影响较大。这种情况在唐宪宗之后得到改变。唐宪宗即位伊始，就设置了承旨学士一职，“位在诸学士上”⑭(P2944)，并逐渐形成了翰林学士之佼佼者可晋升承旨学士，承旨学士可直接晋升宰相的制度，一直沿用至唐末。据岑仲勉统计，唐宪宗朝有承旨学士十人，七人晋升宰相；唐穆宗朝有五人，全部晋升宰相；唐敬宗朝有一人晋升宰相；唐文宗朝有八人，三人晋升宰相；唐武宗朝有四人，二人晋升宰相；唐懿宗朝有十五人，六人晋升宰相⑮(P483)。可见，唐宪宗以后，翰林学士已成为一支独立于三省之外的政治力量，在唐朝政治舞台上发挥着特殊作用。需要指出的是，翰林学士在发挥自身职能的同时会侵夺外朝三省的权力，但主要还是侵夺中书省的权力。《文苑英华》专列“中书制诰”与“翰林制诰”两大品类，其中“中书制诰”占四十卷（卷三百八十至卷四百一十九），而“翰林制诏”却占到了五十三卷（卷四百二十至卷四百七十二），可见翰林学士对中书省草拟诏书权力的侵夺是何等之大。第二，知制诰官也侵夺了中书省的权力。按唐制，中书省需草拟的诏敕文书有七种，由中书舍人具体“起草进画”，“既下，则署行”⑬(P1211)。不过，中书舍人只有六员，加之还有出使劳问、鞫审冤滞、考课官吏等公务，确实忙不过来。唐朝廷看到了这一点，便以他官兼知制诰，参与诏敕文书的草拟工作，以减轻中书舍人的负担。唐中宗神龙年间，卢藏用“累转起居舍人，兼知制诰”⑪(P3001)。这是笔者所见最早的一位“兼知制诰”者，比《新唐书·百官二》所说的“开元初”要早十余年。以后，以他官兼知制诰者逐渐多起来，但直到唐宪宗朝，似仍未形成定制。所以，当时的知制诰均属临时差遣，是为中书舍人分劳，根本谈不上对中书省权力的侵夺。唐穆宗以后情况就变了。《唐会要》云：长庆二年（822 年）七月敕，自今已后，员外郎知制诏。敕复授本官者，通计二周年。然后各依本行转，郎中亦依二周年与正除。如是中行、后行郎中，仍更转前行一周年，即与正除。如更是卑官知诰。合转员外者，亦以二周年为限。谏议大大知者，同前行郎中。给事中并翰林学上别宣，并不在此限⑯(P1111-1112)。文中的“前行”是指吏部、兵部，“中行”是指户部、刑部，“后行”是指礼部、工部。之后，唐文宗大和四年（830 年）七月，唐宣宗大中六年（852 年）六月又两次下诏重申这一制度，并作了局部调整。如此明确具体地规定知制诰者的本官迁移年限，说明这时的知制诰已成为与中书舍人并行的另一套草拟诏命文书的班子，从而直接侵夺了中书省的权力。由于翰林学士、知制诰两类官员侵夺了中书省的权力，这就打破了原来中书、门下两省均衡的状况，使门下省的权力超过了中书省。事实也是如此，唐穆宗、敬宗二朝的李逢吉，唐武宗朝的李德裕，都是以门下侍郎、同中书门下平章事而执掌朝政大权的；唐僖宗朝的王铎、郑畋、郑从谠，唐昭宗朝的韦昭度、孔纬、崔胤等人，都是以三公（司徒、司空）兼门下侍郎、同中书门下平章事而达到其权力顶峰的。由此可见，在这一时期，尽管尚书省内有众多的尚书、侍郎例加同中书门下平章事衔而进入宰相班子，参决军国大事，但由于其品秩位于中书侍郎、门下侍郎之下，因而权力仍不及后者。因此，这一阶段内三省的权力顺序为：门下省第一，中书省第二，尚书省第三。通过以上对唐朝三省地位变化问题的讨论，我们可以看出如

下两个问题:

(一)唐朝屡次调整政策,以确保三省地位的平衡及其作用的充分发挥。其中,最突出的主要有四次:第一次是唐贞观末年"同中书门下三品"名号的创立及其使用。按这一宰相名号,对于三品及其以下的官员来说,意味着地位的升高;而对于二品、一品官员来说,则意味着地位的降低。"尚书仆射,同中书门下三品"的含义应该是:从二品的仆射参加政事堂会议,要同中书、门下两省的三品官中书令、侍中一样,不可以从二品的身份凌驾于他们之上。这就可以使三省长官在议政时处于平等的地位。第二次是唐中宗以后"空除仆射,不是宰相"政策的制定及其贯彻执行。这一规定的实质是取消了尚书省所具有的宰相机关兼行政机关的特权,从而有利于三省各自独立发挥作用。第三次是唐肃宗将宰相"执政事笔"由一人独掌改为十天一换,从而避免了像李林甫、杨国忠那样因长期主掌"执政事笔"而专政的现象再度发生,也有利于各位宰相充分发挥各自的才能。第四次是唐德宗将每位宰相十天一秉笔的制度改为"每日一执笔"。应该看到,这种走马灯式的轮换制度使政事的交接过于频繁,势必影响办事效率,但对于克服宰相的擅政专权却是行之有效的。总而言之,前两次的改革是为了解决三省地位不平衡的问题,有利于三省分权及各自职能的发挥;后两次改革是为了解决各位宰相之间地位不平衡的问题,有利于调动每位宰相的主动性和工作热情。对于这一点,应予以充分肯定。

(二)离皇帝寝宫越近的机构,与皇帝接触越紧密的人,就越容易获得较大权力。就尚书、中书、门下三省而言,中书、门下两省距宫城仅一街之隔,而尚书省距宫城却有三街之隔。更重要的是,中书、门下两省各有一部分设于禁中(宫城之内),时称中书内省、门下内省。正是这个原因,中书、门下两省的地位和权力最终能超过品秩高于它们且主掌行政大权的尚书省。就翰林学士与知制诰而言,虽然二者同有草诏的职能,且都侵夺了中书省的权力,但由于翰林学士是皇帝的私人秘书,办公场所(翰林院)"密迩禁廷"[⑤(卷217,《天宝十三载正月条》)],而知制诰属朝廷官员的兼职,在中书省分担中书舍人的工作,所以它们发展的趋势就很不相同。翰林学士始设之初,地位远不如知制诰,直到唐兴元元年(784年)十二月二十九日,唐德宗才正式下令"翰林学士,朝服班序宜准诸司官知制诰例"[⑯(P1147)],即将翰林学士提高到与知制诰同等的地位。唐宪宗以后,由于承旨学士的设立,翰林学士的地位遂越来越高,最终发展成为宰相之下的一个很有权势的群体,远非知制诰所能相比了。

总之,唐朝三省地位的升降变化,最根本的原因还是出于维护封建皇权的需要,也同君权与相权之争密不可分。对于这一点,史学界已多有论及,此不赘述。

注释:

① 赵升:《朝野类要》,四库全书本。

② 陈振孙:《直斋书录解题》,上海:上海古籍出版社,1987年。

③ 杜佑:《通典》,北京:中华书局,1984年。

④ 郑樵:《通志》,北京:中华书局,1995年。

⑤ 司马光:《资治通鉴》,北京:中华书局,1956年。

⑥ 陆游:《老学庵笔记》,北京:中华书局,1979 年。
⑦ 王庆麟:《玉海》,文渊阁四库全书本。
⑧ 岑仲勉:《通鉴隋唐纪比事质疑》,香港:中华书局香港分局,1977 年。
⑨ 杨际平:《隋唐宰相制度的几个问题》,《浙江学刊》,1988 年第 3 期。
⑩ 袁刚:《隋唐三省体制析论》,《北京大学学报》,1994 年第 1 期。
⑪ 刘煦等:《旧唐书》,北京:中华书局,1974 年。
⑫《唐六典》,北京:中华书局,1992 年。
⑬ 欧阳修等:《新唐书》,北京:中华书局,1974 年。
⑭ 董诰等:《全唐文》,上海:上海古籍出版社,1990 年。
⑮ 岑仲勉:《郎官石柱提名新考订》,上海:上海古籍出版社,1983 年。
⑯ 王溥:《唐会要》,北京:中华书局,1990 年。

(原载于《河北学刊》2008 年第 5 期)

唐代病坊与医疗救助

盛会莲

【关键词】唐代;病坊;医疗救助

病坊是唐代开创的救助病残、乞丐及贫民的专门机构,宋代承袭唐代病坊之法,建立了很多政府及民间的救孤恤穷、赈残助病的机构①。

关于唐代病坊的研究,已有数篇文章。日本学者善峰宪雄《唐朝时代の悲田养病坊》②、道端良秀《中国佛教社会事业の一问题——养病坊につしつ》两文③,对唐代病坊进行了开创性研究。国内学者关注病坊研究的时间较晚,孙永如《唐代"病坊"考》一文④,主要考辨了病坊之原委。葛承雍《唐代乞丐与病坊探讨》一文⑤,从病坊收养乞丐的角度考察了唐代病坊的置废经过。杜正乾《唐病坊表征》一文⑥,探讨了病坊的设置时间、病坊的渊源及其与佛教的关系,并利用敦煌文书探讨了敦煌病坊之资产、经济来源、职事人员和医方等问题。冯金忠撰《唐代病坊刍议》⑦一文对上述论点进行了综合和更进一步的探讨。此外,王卫平在《唐宋时期慈善事业概说》中⑧,也涉及了唐代之病坊。由于唐代病坊是医疗救助的专门机构,以上论著或限于某一角度,或有缺失,故笔者认为有加以补充论述之必要,不妥处请方家不吝赐正。

(一) 病坊的产生

关于病坊的设置时间,学界倾向于武周时,日本学者善峰宪雄、道端良秀和中国学者孙永如均主此说。另外,日本学者那波利贞和中国学者王卫平更将病坊的设置时间定在武周长安年间(701—704年)⑨。主张武周说者,主要本自《太平广记》卷九五《洪昉禅师》中关于病坊的记载。《太平广记》云:"(洪)昉于陕城中,选空旷地造龙光寺,又建病坊,常养病者数百人。"⑩《神僧传》卷六《洪昉传》也载:"(洪)昉于陕城中,选空旷地造龙光寺。又建病坊,常养病者数百人。……昉曰:'讲经之事诚不为劳,然昉病坊之中,病者数百,恃昉为命。常行乞以给之。今若留连讲经,人间动涉年岁,恐病人馁死。今也固辞。'"⑪后洪昉禅师为武则天所知,被征入宫,并被尊为师,后武则天又下诏:"昉所行之处,修造功德,无得遏止。"⑫武则天于长安年间设使主持悲田养病,"悲田养病,从长安已来,置使专知"⑬。或许即是武则天基于对洪昉禅师的敬仰而采取的行动。若根据以上记载,推知病坊最早出现在武周间,似乎无可厚非。但就此将病坊产生的年代定在武周间,似乎有些晚,至少洪昉禅师在龙光寺所设的病坊并非最早。

刘俊文则根据《高昌县勘问来丰患病致死事案卷残卷》[14],将病坊的设置时间定在贞观年间。葛承雍《唐代乞丐与病坊探讨》亦沿袭此说[15]。冯金忠《唐代病坊刍议》一文反驳了刘俊文以所引文书为病坊资料的观点,但仍将时间定在贞观年间[16]。兹将刘俊文主张贞观说的主要根据——阿斯塔那九一号《高昌县勘问来丰患病致死事案卷残卷》引录如下:

(上缺)

何射门▨(陁)▨门陁辩:被问▨▨(知)委先不与▨亲,若为肯好▨仍显是▨者。谨审,但门▨得粮然▨为营饭食,恒尔看▨▨(来)丰虽非的(嫡)亲,是(见)寄▨忽收取看养在此边处,并不闲(娴)官▨见师为疗,又更不陈文记。其人先患甚风,▨是实不虚。如其不信,乞问同住人 ▨(康)▨问依实,谨辩。

贞观十七年▨

(中缺)

▨八月十二▨(日)▨射既称好▨(供) ▨▨(知)委,先不与来▨亲,若为肯好供给▨不觅医治,仍显是▨看并问坊正,来▨(丰)▨患,若为检校不 ▨致令非理▨

(中缺)

既为改更,物▨(更)▨知此。

此宜问▨节义坊正麴伯恭▨十八。一恭一一。

▨▨(恭)辩:被问来丰身▨(患)▨为检校,不申文牒,致▨理而死者。谨审:其▨(来)▨四月内,因患至此,丰▨(前)

▨赵儁处分,令与坊▨▨(置),即于何射门陁▨人至,▨即报。▨

(下缺)[17]

刘俊文根据文书记载来丰“因患至此”、“令于坊▨置”,何射门陁给来丰“为营饭食”、“恒尔看▨▨”及寻医救治的责任,认为“此似病坊之制”,此条材料可补史书之缺。冯金忠认为此条并非“病坊”的相关资料,主要原因是对“▨节义坊正麴伯恭”一句的断句不同。冯金忠将“节义坊”理解为普通之里坊,麴伯恭自然为坊正。但因此句前缺,若断作“▨节义,坊正麴伯恭”,也未尝不可。若按此断句,冯金忠列举的三个反驳刘俊文观点的理由都不能成立[18],也就不存在所谓的“节义坊”为病坊的问题。而且来丰案件中也明言非“就亲安置”,文中讲到何射门陁“得粮然▨为营饭食,恒尔看▨▨丰虽非的(嫡)亲,是(见)寄▨忽收取看养在此边处,并不闲(娴)官▨见师为疗”,说明何射门陁的看养人来丰,并非其嫡亲,谈不上“就亲安置”的原则。那么,冯金忠以“节义坊说”反驳本件非病坊文书,似乎证据不足。文书中又提到,“其人先患甚风,▨是实不虚。如其不信,乞问同住人▨(康)”。说明何射门陁不只看养了来丰一个人,还至少有与来丰同住的康某。再从来丰“因患至此”,被送到该坊安置,即于何射门陁处看养,“为营饭食”,“见师为疗”,亦说明该坊是一个收养病人的机构。此外,此件文书为高昌县司审讯何射门陁、坊正麴伯恭关于来丰死因的记录。综合以上记载,联系唐代病坊的特征,该坊应该为“病坊”无疑。

仅靠以上记载,说明贞观十七年已经存在“病坊”似乎有些证据不足。我们还可找到一些相关记载以佐证。《续高僧传》卷二〇载：僧人智严于贞观十七年还归建业，“后往石头城疠人坊住。为其说法。……永徽五年(654 年)二月二十七日，终于疠所。”[19]冯金忠认为疠人坊就是病坊的早期形态，据此推定病坊大概可追源到贞观之世[20]。疠人坊就是病坊之说，虽别无旁证，但可佐证贞观十七年(643 年)已经存在类似“病坊”的疠人坊，收养患病之人。

结合以上史料，本人又做了进一步的调查，从目前掌握的材料来看，“病坊”一词最早见于佛经的汉译本。至迟在北周天和年间，汉译佛经中已经有“病坊”一词，或类似的治病救人的场所。笔者从《中天竺舍卫国祇洹寺图经》卷下查到如下记载：

> 佛故止此院中，大院西巷门西自分六院。南第一院开于三门。……裕师又说次小巷北第二院，名圣人病坊院，开门如上，舍利弗等诸大圣人有病投中，房堂众具须皆备，有医方药库常以供给，但拟凡圣非所止。[21]

该经序题“天和元年龙集辛酉腊朔，久修园律院比丘宗觉(直)谨识”[22]。是知，在北周天和元年(566 年)，佛教文献中佛寺设“病坊”治病的思想已经传入中国。又《维摩经义疏》卷一《释会处第四》云：

> 三、病坊菩萨道，宜先破之。在病已除，方得修行，复有第二门。既修妙行，行成德满，故有第三门，就此三门。[23]

《维摩经义疏》的作者为吉藏，成书于隋仁寿四年(604 年)[24]。又义净译《根本说一切有部毘奈耶药事》卷一云：

> 所用残药，不应弃掷。若有余病，苾刍求者应与。若无求者，可送病坊，依法贮库。病者应给，不依行者得越法罪。[25]

义净译《根本说一切有部毘奈耶出家事》卷三云：

> 白言：“邬波驮耶，我身在俗，先患其病。”师曰：“汝何不告我。”……问：“邬波驮耶，何故不喜。”师即告曰：“我之住处，乃是病坊，诸有病者，皆投来此。”[26]

义净译《根本说一切有部毘奈耶杂事》卷三五云：

> 或诣病坊施乐(药)之处。此若无者当缘自业，于饮食中而为将息。[27]

义净于先天二年(713 年)去世[28]，可见在先天二年前，佛教典籍中与“病坊”相关的记载已很多。从佛教“病坊”收治病人的思想在北周天和元年已传入中国，而且在隋唐时期的佛教典籍中屡有记载的情况来看，可以肯定中国早期医疗救助组织——病坊的产生与佛教中的“病坊”思想有着密切的渊源关系，在当时的佛教寺院中应该设有类似佛典中“病坊”的医疗机构，洪昉在龙光寺创设的病坊即其一例。

南北朝时期，中国南北不同政权中也出现了类似“病坊”的救助机构。《南齐书 · 文惠太子传》云：“太子与竟陵王子良俱好释氏，立六疾馆以养穷民。”[29]此事不晚于永明中(483—493 年)。南齐太子因好佛教，所立的“六疾馆”只是在名目上与佛教典籍中的“病坊”有点差别，在功能上恐怕差不多。这很可能是南齐太子对汉译佛经中“病坊”的实践。《梁书·武帝本纪下》载：普通二年(521年)春正月辛巳,梁武帝下诏曰:“凡民有单老孤稚不能自存,主者郡县咸加收养,赡给衣食,每令周足,以终其身。又于京师置孤独园,孤幼有归,华发不匮。若终年命,厚加料理。尤穷之家,勿收租赋。”[30]《南史·武帝本纪下》记作:“诏置孤独园以恤孤幼。”[31]梁武帝于普通二年(521年)年在京师设置孤独园,收养孤儿和单身老人,开启了后世由政府开办救助机构的先河。梁武帝是出了名的佞佛者,此举也许就是受佛教中“病坊”思想的影响,当然也不能排除儒家仁政思想的影响。永平三年(510年)十月,北魏宣武帝下诏在太常寺内设一别馆,专门收养“京畿内外疾病之徒”,为其免费医疗[32]。魏宣武帝此举可作为我国最早的由政府设置的专门性的平民医疗救治机构。从以上情况看,南北朝时期中国已经存在类似印度佛教典籍中“病坊”的机构,如“六疾馆”等,此类机构似乎都和唐代病坊的内涵很接近,只是设置区域有限,往往只限于京师或太常寺。

综合前文论述,在南北朝时期汉译佛教典籍中,“病坊”一词早已出现。贞观十七年前,有医疗救治性质的病坊应该已经存在。只不过管理部门尚不明确,到武则天长安年间才“置使专知”悲田养病,并未言始设病坊或悲田养病。

(二)病坊的管理

1. 病坊与医疗救治的关系

有唐一代,病坊的所属关系较为复杂。从《唐贞观十七年高昌县勘问来丰患病致死事案卷残卷》记载的情况来看,病坊似乎受官府管理,经费也来自官府。从目前材料来看,最晚在长安年间,悲田养病,就已置使专知,宗旨是“矜孤恤穷,敬老养病”[33]。由于悲田养病由专使负责收养病人,久而久之又引发了一些社会问题。开元五年(717年)宋璟上奏悲田养病情形是:“今骤聚无名之人,著收利之便,实恐逋逃为薮,隐没成奸”,并奏请“罢之。其病患人,令河南府按此(比)分付其家。”[34]但是玄宗并未同意宋璟的建议,还于开元二十二年(734年),“断京城乞儿,悉令病坊收管,官以本钱收利给之”。[35]敦煌文书P. 3262 + P. 2626《唐天宝年代敦煌郡会计牒》记载了敦煌郡下属机构的会计牒,其中有郡草坊、阶亭坊、宴设厨、病坊、长行坊,证实了天宝年间诸州均设有病坊,而且由官府提供本利钱[36],开支由州郡统一勾检。可见,病坊在天宝年间为州的下属机构。从上述记载来看,悲田养病坊自长安年间,由朝廷置使专知,最迟到开元二十二年前后,诸州病坊由国家出资、审计。

会昌五年(844年)七月武宗毁佛之后,十一月李德裕上奏:“今缘诸道僧尼,尽已还俗,悲田坊无人主领,恐贫病无告,必大致困穷。臣等商量,悲田出于释教,并望改为养病坊,其两京及诸州,各于录事耆寿中,拣一人有名行谨信,为乡里所称者,专令勾当。”[37]从李德裕的奏文来看,会昌五年毁佛前悲田坊由僧尼主管,这与开元二十二年制有所不同。对这个问题的解释:一是,国家在诸州设置悲田坊、病坊的同时,佛教寺院也自办悲田坊、病坊救助病贫。如洪昉在陕城中,“选空旷地造龙光寺,又建病坊,常养病者数百人”。这也只是少数财力雄厚的寺院,不是每个寺院都能办得起。二是,由寺院负责具体事宜,政府资助、监督[38]。显然,从开元二十二年以后病坊明确由诸州出资办理、审计,而且李德裕也建议将悲田更为养病坊,即纳入养病坊系统,在两京和诸州均设病坊,于"子录事耆年中"选择乡闾威望高者担任,具体由州县长吏负责任免等相关事宜。因此,第二种解释比较有说服力。李德裕的建议被武宗采纳[39],但次年二月武宗崩,李德裕罢相。大中元年(847 年)三月,宣宗下诏:"应会昌五年所废寺,有僧能营葺者,听自居之,有司毋得禁止。"[40]当时宣宗君臣旨在反对会昌之政,故僧、尼之弊皆复其旧,李德裕的建议当然也无法顺利推行。懿宗《疾愈推恩敕》云:"应州县病坊贫儿,多处赐米十石,或数少处,即七石、五石、三石。其病坊据元敕各有本利钱,委所在刺史、录事参军、县令纠勘,兼差有道行僧人专勾当,三年一替。"[41]从"委所在刺史、录事参军、县令纠勘,兼差有道行僧人专勾当"一句来看,晚唐诸州县均设病坊,由刺史、录事参军、县令纠勘,由有道行僧人专门负责病坊,管理机制一仍开元、天宝之旧。

2. 病坊之经济来源

寺院"病坊"的性质当作"其诸有病者,皆投来此"之地[42]。前引洪昉在陕城中龙光寺所建病坊,常养病者数百人。后来帝释天王请洪昉讲《大涅槃经》,昉曰:"此事诚不为劳,然病坊之中,病者数百,待昉为命。常行乞以给之,今若流连讲经,人间动涉年月,恐病人馁死。今也固辞。"[43]从这一记载来看,该病坊设于僧人自建之寺院,所养病者数百,人数亦不少,养恤方式是待僧行乞募资以给。这是纯粹由僧人自办自筹的恤养病者的慈善机构。

作为官办的病坊经济来源主要靠官府提供本利钱。从《唐贞观十七年高昌县勘问来丰患病致死事案卷残卷》记载的情况来看,可以大致推测病坊经费来自官府。到开元五年宋璟指责官府设悲田养病坊为"国家小慈",由此推断其所需物品当由国家供给,其具体供给方式不详。唐前期左右金吾卫也将破旧敝幕、故毡等给病坊。《新唐书·百官志上》云:左右金吾卫条:"凡敝幕、故毡,以给病坊。"[44]

开元二十二年以后病坊由官府提供本钱。开元二十二年十月,"断京城乞儿,悉令病坊收管,官以本钱收利以给之"[45]。敦煌文书 P. 3262V + P. 2626V《唐天宝年代敦煌郡会计牒》云:

(前略)

病坊

合同前月日见在本利钱,总壹伯叁拾贯柒拾贰文。

壹伯贯文本。

叁拾贯柒拾贰文利。

合同前月日见在杂药,总玖伯伍拾斤贰拾枚。

合同前月日见在什物,总玖拾肆事。

(后略)[46]

而同卷记载"小麦一斗直钱肆拾玖文,粟一斗直钱三拾肆文"[47]。该病坊的本钱相当于 244 石小麦,353 石粟,这个数目并不小,利 73.6 石麦,106 石粟。此条关于病坊本利钱之记载,反映了唐代病坊的广泛设置及官置本钱收利以给病坊之执行状况。

武宗会昌五年一度通过给病坊授田来维持病坊的开支。武宗毁佛后，应李德裕之奏，下敕："悲田养病坊，缘僧尼还俗，无人主持，恐残疾无以取给，两京量给寺田拯济，诸州府七顷至十顷，各于本置选耆寿一人勾当，以充粥料。"[48]但此制很可能在大中元年三月废止。

懿宗《疾愈推恩敕》曰：

> 其病坊据元敕各有本利钱，委所在刺史、录事参军、县令纠勘，兼差有道行僧人专勾当，三年一替。如遇风雪之时，病者不能求丐，即取本坊利钱，市米为粥，均给饥乏。如疾病可救，即与市药理疗。其所用绢米等，且以户部属省钱物充。速具申奏，候知定数，即以藩镇所进贺疾愈物支还所司。[49]

可见，当时的病坊本利钱依然存在，由僧人勾当，州县长官纠勘。同时，由这一敕文看，此时的本利钱似乎只够遇"风雪"时用来买米，平时之病者还得求丐。病坊内之疾病可救者所需之救疗费用，需要另从户部属省钱物中支给。

病坊的另一经济来源是帝王的赏赐，懿宗曾下诏曰："应州县病坊贫儿，多处赐米十石，或数少处，即七石、五石、三石。"[50]

3. 病坊的评价

悲田养病坊设立后，于救恤自然有一定效果，但从国家安危及负担的角度讲，也引发了荫蔽人口、藏匿罪犯、贪污利钱等社会问题。因此开元五年宋璟奏曰："今遂聚无名之人，著收利之使（便），实恐逃逋为薮，隐没成奸，……国家小慈，殊乖善政，伏望罢之。其病患人，令河南府按比，分付其家。"[51]而且，病坊在当时人眼里，也成了坐以待食者的居所，《太平广记》引《两京记》曰："唐初，秘书省唯主写书贮掌勘校而已。自是门可张罗，迥无统摄官署。望虽清雅，而实非要剧。权贵子弟及好利夸侈者率不好此职。流俗以监为宰相病坊，少监为给事中中书舍人病坊，丞及著作郎为尚书郎病坊，秘书郎及著作左郎为监察御史病坊。言从职不任繁剧者，当改入此省。然其职在图史，非复喧卑，故好学君子厌于趋竞者，亦求为此职焉。"[52]此记载叙述了官场升降玄机，对病坊救助者的贬讽之意也是显而易见的，接受病坊救治者被当成吃闲饭的人。

在唐代病坊实行的过程中，收养的不全是病人，不少穷人也依靠于病坊。如唐广明元年（880年）黄巢起义军所至皆下，"朝廷以田令孜率神策、博野等军十万守潼关，富家大族纷纷出钱佣雇负贩屠沽及病坊穷人，以为战士"，结果潼关失守[53]。

从以上对病坊的梳理中可以看到，病坊初为僧办的宣扬慈悲、布施贫病之恤病机构。唐贞观末已经存在医疗救治性质的病坊，从长安年间官府始置使专知悲田养病坊，遂成为政府主管的慈善机构。开元二十二年，断京城乞儿置病坊后，政府还以本钱收利以给病坊，从经济上支持病坊，官办性质更加突出，会昌五年，一度给病坊寺田，以增强病坊的救助能力。懿宗加强了对病坊本利钱的管理，"委所在刺史、录事参军、县令纠勘，兼差有道行僧人专勾当，三年一替"。可以说，唐代病坊救治贫弱阶层的作用在不断增强。

虽然,病坊被统治阶层用来推行仁政,缓和社会矛盾,在救助社会弱势群体,尤其是社会下层的患病者方面起到了一定的作用,但对病坊的历史作用要有个正确的认识。如敦煌文书P.3262+P.2626《唐天宝年代敦煌郡会计牒》云:敦煌郡病坊,“合前月日见在本利钱,总壹伯叁拾贯柒拾贰文,壹伯贯文本,叁拾贯柒拾贰文利”。该病坊的本钱相当于244石小麦,或353石粟,这个数目并不小。利钱相当于73.6石麦,或106石粟,大概刚好够10人一年的开支。从该病坊中仅有四尺床2张、八尺床2张、被子3张、碗10枚、匙箸各10口等必需的生活用具来看,其中最多能容纳10人左右。其他州的情形与敦煌郡应该相差不大。因此,在当时的社会生产力和社会制度下,病坊根本无法解决弱势群体的伤病救治问题。但是,唐代病坊的设置是儒家仁政思想与佛教慈悲为怀精神的具体实践,它上承南北朝的六病馆,下启宋元养疾院、福田院、居养院等社会救济机构,对中国古代社会救助事业的发展有着重要意义。

注释:

① 参张文《宋朝社会救济研究》,页162-193,西南师范大学出版社2001年版。

②《龙谷大学论集》389~390号,页329-342,1969年。

③《印度学佛教学研究》第18卷第2号,页79-84,1970年。

④《中国史研究》1987年第4期,页90。

⑤《人文杂志》1992年第6期,页87-91。

⑥《敦煌研究》2001年第1期,页121-127。

⑦《西域研究》2004年第3期,页1-8。

⑧《史学月刊》2000年第3期,页95-102。

⑨ 参[日]善峰宪雄《唐朝时代の悲田养病坊》、[日]道端良秀《中国佛教社会事业の一问题——养病坊につしつ》、孙永如《唐代“病坊”考》、王卫平《唐宋时期慈善事业概说》和[日]那波利贞《唐朝政府の医疗机构と民庶の疾病に对する救济方法に就きての小考》诸文。

⑩ [宋]李昉等编《太平广记》卷九五,页633。

⑪ 大藏经刊行会编《大藏经》第50册,页990下。

⑫ [宋]李昉等编《太平广记》卷九五,页635。

⑬ [清]董诰等编《全唐文》卷二〇七,页2092。

⑭ 收入刘俊文《敦煌吐鲁番唐代法制文书考释》,页510,中华书局1989年版。

⑮《人文杂志》1992年第6期,页87-91。

⑯《西域研究》2004年第3期,页1-8。

⑰ 唐长孺主编《吐鲁番出土文书》第三册,页2-3,文物出版社1996年版。其定名为:“唐贞观十七年(643年)何射门陁案卷为来丰患病致死事”。录文中,“☐”表示所缺字数不详。“▨”表示该字无法辨识。

⑱ 第一,从病坊发展史的角度来看,节义坊不可能是病坊。第二,病坊置于居民坊中与唐制不合。第三,来丰案件为病人就亲安置的例证,并非病坊之制。

⑲《大藏经》第50册,页602下。

⑳ 冯金忠《唐代病坊刍议》。

㉑《大藏经》第45册,页894上。
㉒《大藏经》第45册,页882下。
㉓《大藏经》第38册,页918上。
㉔参[隋]吉藏《三论玄义校釋》,页3。
㉕《大藏经》第24册,页2中。
㉖《大藏经》第23册,页1034下。
㉗《大藏经》第24册,页382上。
㉘参[唐]义净著、王邦维校注《大唐西域求法高僧传校注》,页13。
㉙[梁]萧子显撰《南齐书》卷二一,页401,中华书局1972年版。[唐]李延寿撰《南史》卷四四《文惠太子长懋传》云:"太子与竟陵王子良俱好释氏,立六疾馆以养穷人。"页1100,中华书局1975版。
㉚[唐]姚思廉撰《梁书》卷三,页64,中华书局1973年版。
㉛《南史》卷七,页201。
㉜[北齐]魏收《魏书》卷八,页210,中华书局1974年版。
㉝《全唐文》卷二〇七,页2092。
㉞[宋]王溥《唐会要》卷四九,页863。
㉟《唐会要》卷四九,页863。
㊱参《敦煌社会经济文献真迹释录》第一辑,页468-478。
㊲《唐会要》卷四九,页863。
㊳参孙永如《唐代"病坊"考》、葛承雍《唐代乞丐与病坊探讨》。
㊴参[后晋]刘昫撰《旧唐书》卷一八上《武宗本纪》,页607,中华书局1975年版;《唐会要》卷四九《病坊》,页863。
㊵[宋]司马光编著《资治通鉴》卷二四八,页8029。
㊶《全唐文》卷八四,页883。
㊷参《根本说一切有部毘奈耶出家事》卷三,《大藏经》23册《律部》,页1034下。
㊸《太平广记》卷九五,页633-634。
㊹[宋]欧阳修、宋祁撰《新唐书》卷四九,页1285,中华书局1975年版。
㊺《全唐文》卷七〇四,页7224-7225。
㊻《敦煌社会经济文献真迹释录》第一辑,页476。
㊼《敦煌社会经济文献真迹释录》第一辑,页469。
㊽《唐会要》卷四九,页863。
㊾《全唐文》卷八四,页883。
㊿《全唐文》卷八四,页883。
51《全唐文》卷二〇七,页2092。
52《太平广记》卷一八七,页1405。
53《旧唐书》卷二〇〇下,页5393。

(原载于《敦煌研究》2009年1期)

北京石景山出土金代吕嗣延墓志考释

孙　勐

【关键词】辽;金;吕嗣延

2007 年 8 月,北京市文物研究所在北京市石景山区鲁谷发掘了一座金代石椁墓①,内出墓志一合。据志文记载知其墓主人为辽末金初的汉族士人吕嗣延,颇具史料价值,可补辽、金史书之佚阙。

吕嗣延墓志,青石制,志、盖兼具。志盖保存基本完整,盝顶形,上刻篆书"吕公墓铭",四面斜坡均为素面。盝顶每边长 40 厘米,杀每边斜长 18 厘米。盖底每边长 67.8、厚 8.2 厘米。志盖总厚 11.2 厘米。志盖背面有铭刻,楷书,共八行,每行 2 至 15 字不等,总计 106 字。吕造撰文。志石正方,边长 64.5、厚 7.5 ~ 10 厘米。志文楷书,共三十一行,每行 2 至 32 字不等,总计 832 字。赵摅撰文,马昺书并篆。

以下先誊录志文,后略作考释,以供学者参考,并敬请指正。

正　文

大金故太常少卿殿中侍御史吕公墓志铭并序/奉训大夫太常博士兼应奉翰林文字同知制诰赵摅撰/乡贡进士马昺书并篆/公讳嗣延姓吕氏其上世东平人也高祖讳胤当五代时避乱徙居溯阴遂为燕人/隐德不仕曾祖讳密赠太子洗马妣马氏封韩国太夫人祖讳德方辽统和中举进/士甲科官至检校司空顺州刺史妣南氏封鲁国郡太夫人父讳士安重熙中举进/士官至左散骑常侍奉陵军节度使妣赵氏封天水郡夫人公举□昌中进士历安/德州中京内省判官丰应二州观察判官中京留守推官滦河遵化二县令/皇朝天会初授西京盐铁判官四年改殿中侍御史从/王师南伐太原以劳迁太常少卿是年九月二十六日以疾卒于位享年六十有五/其次子奉公之丧与夫人权窆于先茔之北夫人南阳县君韩氏崇文公之六代女/孙也柔婉有妇道先亡生一女二男长曰岩次曰介石女适閤门祗候韩晳岩慷慨/有才干官至信武将军燕都仓使介石文行兼美有名当世举德兴进士乙科官至/中宪大夫安州刺史皆卒于官孙男七人忠节保义校尉卫州酒使忠卫忠显校尉/监中都醋使司忠美修武校尉酒房都监亦皆卒于官忠敏举天德进士高弟令为/南京路都转运副使忠翰举贞元进士第一为莫州刺史忠彦武略将军灵石尉忠/一进义校尉孙女四人一适承信校尉韩琚三为浮图氏其次以疾示灭曾孙八人/适邈并进义校尉逼未仕过乡贡进士迈造述瀛寿并幼曾孙女六人一适应奉翰/林文字赵承元一适乡贡进士王陟余尚幼玄孙二人梦授英童公为人聪明温粹/与人交久而益笃于其家尤孝

悌所得俸禄分给宗族仕官三十年不营资产自少/耆学虽老不倦居官精敏明干所至有声吕氏自公伯祖太师侍中暨祖司空以博/学为世儒宗故其子孙皆守儒学而多闻人公尤博览强记才思俊逸作为文章援/笔立成学者皆称慕之燕中为之语曰吕嗣延不是勅头是状元吕延嗣不是勅头/是第二然至五奏名始得中弟仕于辽季更考十数不过县令逮归/皇朝授以台省之任盖将大用居位日浅卒不得施其才蕴呜呼岂非其命哉公卒/后五十一年以大定十七年丁酉七月二十四日辛酉葬于先茔之次二子从葬焉/葬之前期公孙莫州以书来请铭搃与莫州昆弟游知公之世行为详因序而铭之/辞曰/吕氏三世号称文章逮我亚卿/名声益彰其位虽卑其后廼昌/有贤子孙公为不忘

志盖背面铭刻

大定丁酉岁先府通奉始葬其父祖安/州亚卿之灵于柳村先茔后六年得宛/平鲁郭之田凡百亩改卜安州之葬亚/卿子孙时有未便者不克奉迁焉又十/八年小子造始追成其先志寔泰和改/元二月丙申日也曾孙承务郎前应奉/翰林文字同知制诰造谨志诸铭石/之阴②

一、吕嗣延的家族世系及其成员的履历、官职

（一）吕嗣延的高祖和曾祖

高祖吕胤于五代时因躲避战乱，举家由山东东平迁至燕地潞阴（今北京通州一带）。曾祖吕密"赠太子洗马"，应为其后辈官至显位后获得的追封。

（二）吕嗣延的祖父、伯祖

祖父吕德方"辽统和中举进士甲科"。查阅《辽史》，统和年间共举行进士考试18次，其六年、九年③分别仅录取一人，则吕德方中举时间未在此列。吕德方"官至检校司空、顺州刺史"。顺州治今北京市顺义县④。辽代州一级政区划以节度使、观察使、团练使、防御使和刺史为长官，并以之分别州之高下，节度州的地位最高，依次而下，刺史州最低，"节度、观察、防御、团练、刺史，咸在方州，如唐制也"⑤。司空为三公之一⑥，因品级高于刺史，故加检校之名。

志文中"公伯祖太师、侍中"指吕德方之兄，据同墓地中发现的《吕士安墓志》等⑦，可知为吕德懋。

（三）吕嗣延之父

吕士安"重熙中举进士"。据《吕士安墓志》，为重熙七年进士。之后官至左散骑常侍、奉陵军节度使。

（四）吕嗣延

吕嗣延卒于天会四年（1126年），享年65岁，则生于1062年，即辽道宗清宁八年。

志文"□昌中进士",应补作"寿"。关于"寿昌"年号,《辽史》中仅《历象志中》写作"寿昌"[8],其余均为"寿隆"。"寿昌"、"寿隆"之正误,钱大昕已作澄清,"此辽史之误,不可不改正"[9],为不刊之论。寿昌年间只于元年和六年举行了科举考试[10]。结合吕嗣延"仕宦三十年"、卒于天会四年,可断定其为寿昌元年进士,时年34岁。

志文云:"历安德州中京内省判官、丰应二州观察判官。"安德州,"中京道。兴中府……安德州,化平军,下,刺史。"[11]治今辽宁朝阳市。中京内省判官,据《辽史·百官志四》:"辽有五京。上京为皇都,凡朝官、京官皆有之;余四京随宜设官,为制不一。诸京内省客省职名总目:某京某省使。某京某省副使……上京内省司。东京内省司。"[12]可知仅上京和东京设内省司,与墓志所记不符。另据《李知顺墓志》"故扬州节度使金紫崇禄大夫太傅知中京内省司事提点内库陇西县开国伯食邑九百户李公墓志铭并序……就拜中京内省使"[13];《宁鉴墓志铭》"中京内省判官"[14];《冯从顺墓志》"中、上两京内省使"[15];《王安裔墓志》"大康……九年,移授中京内省判官"[16]等,可补《辽史》官制之佚阙。

志文云:"丰、应二州观察判官。"丰州,"西京道……丰州,天德军,节度使。"[17]其城址在今呼和浩特东郊白塔村[18]。志文中丰州为观察州,而《辽史》为节度州,二者等级不同,是否因不同年代而有所变动,尚待进一步考证。应州,"西京道……应州,彰国军,上,节度。"[19]治今山西应县。《辽史》所记应州的等级与《契丹国志》相同[20],亦与墓志不同。

辽亡,吕嗣延入仕金朝,于天会初年任西京盐铁判官、殿中侍御史等。墓志云:"从王师南伐太原。"金军南伐太原始于天会三年十月。金太宗下诏,分东西两路伐宋。西路以移赉勃极烈宗翰(粘罕)兼左副元帅先锋,从西京入太原。"(天会三年十二月)戊午,宗翰围太原。"[21]次年"三月癸未,银术可围太原,宗翰还西京。八月庚子,诏左副元师宗翰、右副元帅宗望伐宋……庚戌,宗翰发西京。九月丙寅,宗翰克太原,执经略使张孝纯。"[22]九月丙寅即二日。吕嗣延卒于当年九月二十六日,即在攻占太原后不久。征伐太原是金灭北宋的重要战役,旷日持久,取胜不易。吕嗣延因此"以劳迁太常少卿"。

纵观吕嗣延的一生,虽经历辽金嬗代,社会动荡,但其仕途平稳,且子孙蕃盛。其祖吕德方、父吕士安均为进士,且"吕氏自公伯祖太师侍中暨祖司空以博学为世儒宗,故其子孙皆守儒学而多闻人",以诗书传家,可知吕嗣延有着良好的家学渊源和学术环境。加之本人自少嗜学,故墓志中记"公尤博览强记,才思俊逸,作为文章援笔立成,学者皆称慕之",应为中肯之语。据《续夷坚志》:"吕内翰造……是岁经义魁南省,词赋继擢殿元。閤门请诗,有'状头家世传三叶,天下科名占两魁',谓其大父延嗣、父忠嗣与子成俱状元也。"[23]此条史料专记吕造,把散见于诸史书中所载吕造之事与本墓志所记相验(见后文),则可知此条史料正误参半。一是名字之误:吕造父辈中中状元者只有吕忠翰(见后文),而非吕忠嗣。并且父名延嗣,子名忠嗣亦不符合古人命名习惯。二是辈分之误:吕嗣延应是吕造的曾祖,而非大父。三是史实之误:吕嗣延,而非"延嗣",且并未考中状元。关于这一纰漏,究其原因,可从本墓志中找到线索,即"燕中为之语曰:吕嗣延不是勅头是状元;吕延嗣不是勅头是弟二"。勅头即指状元[24],为当时俗语。当时燕地的人们推崇吕嗣延的学问,因有此语,流传的范围较广。《续夷坚志》虽属史料性较强的笔记,但其仍为小说家言,对采摭的异闻奇事并不注重史实的鉴别;且其作者元好问活动于金末,与吕嗣延所处的辽末金初在时间上相距较远。而本墓志的撰者赵摅与吕嗣延的后辈均有交往,则关于吕嗣延的史实,应以墓志为准。

辽金递嬗,表面上是一个少数民族政权替代另一个少数民族政权的政治变革,实际上也是一个落后征服先进、少数战胜多数的过程。因此女真贵族认识到仅依靠自身的力量,无法在这样一个地域广大、文化先进的区域内建立一个稳固的政权。如何对待和使用旧政权遗留下来的官员和知识分子,尤其是汉人当中的(其中不少人兼具官员和知识分子的双重身份),直接关系到新政权的统治能否长久。金朝女真贵族在争夺幽云地区时,就下令"诏谕燕京官民,王师所至,降者赦其罪,官仍其旧"[25]。天辅六年十二月攻破燕京,对左企弓、虞仲文、张彦忠、康公弼、刘彦宗、韩昉、韩企先等累世显贵、科举出身的辽朝官员在政治上一律加以重用。"俾复旧职,皆授金牌"[26];"诏彦宗凡燕京一品以下官皆承制注授"[27],在政治上给予优厚的待遇。此外,还在经济上保护他们的利益,辽致仕宰相张琳进降表,诏"燕京应琳田宅财物并给还之"[28]。这就使前朝士人的种种利益得到了充分保障,从而取得了他们的认同和支持。

吕氏家族发展至吕嗣延,有三代人入仕辽朝,已初具世家的规模,有了一定的政治根基和社会影响。从吕嗣延于金太宗时的入仕情况看,其对初建的金朝政权也采取了如同上述士人一样的比较合作的态度。这样随着新旧政权更替的完成,其个人和家族也相应地完成了从隶属于契丹政权到仕宦于女真政权的转变。他这种积极的、顺应当时政治形势的举动,自然也换来了金朝统治者的信任,个人得以升迁,家族的政治、经济利益得以保全,并为日后的发展奠定了良好的基础。后来金世宗对幽燕地区的世家大族做了一个不太好的评价:"燕人自古忠直者鲜,辽兵至则从辽,宋人至则从宋,本朝至则从本朝,其俗诡随,有自来矣。虽屡经迁变而未尝残者,凡以此也。"[29]虽然此语重点在于道德层面上的批判,事实上并不公允,但也道出了汉人家族生存、发展的一些事实和部分原因,这在吕氏家族的身上也有所体现。

(五) 吕嗣延的祖妣、妣及夫人

吕密夫人马氏,封韩国太夫人;吕德方夫人南氏,封鲁国郡太夫人;吕士安夫人赵氏,封天水郡夫人。关于外命妇制度,《辽史》中没有专门记载,因辽制多承袭唐,就其基本框架暂且参照唐史,并考以辽代墓志。"凡外命妇有六:王、嗣王、郡王之母、妻为妃,文武官一品、国公之母、妻为国夫人,三品以上母、妻为郡夫人,四品母、妻为郡君,五品母、妻为县君……"[30]查阅史书和墓志等,之前未见外命妇封号中有国名加郡者,疑墓志中"鲁国郡太夫人"的"郡"字误衍。

墓志云:"夫人南阳县君韩氏,崇文公之六代女孙。"崇文公为辽代开国重臣韩延徽(韩颎)。韩延徽,《辽史》有传,"赠尚书令,葬幽州之鲁郭,世为崇文令公。"[31]另见《韩谚墓志》:"韩谚,辽佐命勋臣太师崇文公颎之七世孙。"[32]《丁洪墓志》:"母即大族韩氏崇文公之五代孙也。"[33]据《秦晋国大长公主墓志》"南阳韩公绍雍夙夜襄事"[34],韩绍雍是韩延徽的曾孙。《韩资道墓志》:"韩君讳资道,其先南阳人也。"[35]韩资道是韩延徽的六代孙。可知南阳是韩氏家族的郡望之一。吕嗣延夫人韩氏的封号与之相应。

(六)吕嗣延的子女

吕嗣延与夫人韩氏有一女两男。女儿嫁给了閤门祗候韩智。閤门祗候,《辽史》未见记载。据《韩资道墓志》"次奉宣閤门祗候"[36],《清河张氏墓志》"次男庆元……閤门祗候"[37],《马直温妻张馆墓志》"选适閤门祗候、左班殿直韩秉信"[38]等,可知辽代确曾设此官。

长子吕岩,官至信武将军、燕都仓使。次子吕介石,"举德兴进士乙科"。"德兴"为北辽萧德妃的年号,于1122年六月—十二月,仅存在了约七个月的时间。此时,北辽的统治形势为仅占据燕、云、平、上京、中京、辽西六路。辽朝科举考试地点最初主要设在燕京,重熙五年时,兴宗还在燕京"御元和殿,以《日射三十六熊赋》、《幸燕诗》试进士于廷"[39]。此后则多在永安山等地的夏捺钵。德兴元年科举是辽朝的最后一次科举。

吕介石"官至中宪大夫、安州刺史"。按介石中举后,旋即辽亡,则"中宪大夫、安州刺史"应为金代官职。安州刺史,据《金史·地理志上》:"安州,下,刺史……天会七年升为安州,隶河北东路,后置高阳军……泰和四年改混泥城为渥城县,来属。"[40]可知安州于泰和时改隶中都路大兴府。而吕介石卒于泰和之前,则当时为河北东路的刺史州。

(七)吕嗣延之孙

吕忠敏"举天德进士高弟。"天德是金代科举制度发展、完善的一个重要时期。"海陵庶人天德二年始增殿试之制,而更定试期。三年,并南北选为一,罢经义策试两科,专以词赋取士。"[41]天德二年尚未开科,则始增殿试应在天德三年,"迨及海陵天德三年,亲试于上京"。[42]合并南北选在翌年的考试中并未实行,如《中州集》:"刘内翰瞻。天德三年南榜登科。"[43]真正实施是在贞元二年。据《登科记序》:"贞元二年,迁都于燕,遂合南北通试于燕。"[44]罢经义科之诏在天德二年下达,也未立即实行。"(张公)遂中天德三年甲科。时行台进士会试上京,犹用旧法试策擢第。"[45]因此,吕忠敏考试时地点设在上京会宁,尚分南北榜,且有词赋、经义之别。

吕忠敏曾官至南京路都转运副使。据《金史·百官志三》:"都转运司。使,正三品,掌赋税钱谷、仓库出纳、权衡度量之制……副使,正五品。惟中都路置都转运司,余置转运司。"[46]另据《大金国志》:"都转运司一处,中都路;转运司13处,南京路(开封府路置司)……"[47]可见其南京路转运司的官职设置与本墓志不同。另考《曹公神道碑铭》"再授南京都转运度支判官"[48],《赵公神道碑》"元光改元,升同知南京路都转运使事"[49],《中州集》"萧尚书贡。历……南京都转运使"[50]等,皆与本墓志相证,可补《金史》官制之阙。

吕忠翰"举贞元进士第一"。海陵王贞元时迁都于燕京,因此殿试地点设在了析津府[51]。吕忠翰,据《金史·文艺传上》:"杨伯仁字安道……进士吕忠翰廷试已在第一,未唱名,海陵以忠翰程文示伯仁,问其优劣,伯仁对曰:'当在优等。'海陵曰:'此今试状元也。'伯仁自以知忠翰姓名在第一,遂宿谏省,俟唱名乃出……吕忠翰草《降海陵庶人诏》,点窜再四终不能尽朕意,状元虽以词赋甲天下,至于辞命未必皆能……"[52]记述了其中状元的部分经过,并有皇帝的评价,以词赋见长,而拙于草拟政令。据《金史·张汝霖传》:"汝霖字仲泽……贞元二年,赐吕忠翰榜下进士第。"[53]可知,吕忠翰是贞元二年状元。据《族帐部曲录》:"吕宗翰字周卿,燕人,亮时状元及第,是年出《王业艰难》赋。"[54]按贞元时状元吕姓仅吕忠翰一人,参以志文,可知"宗翰"为"忠翰"之误。而《续文献通考·选举一》"海陵天德二年吕宗翰中进士第一"[55],《金史纪事本末》卷九"[考异]天德元年,胡砺第一;吕宗翰第一"[56]等也皆为误记。此外金代墓表也存在误记,如《武公墓表碑铭》记武明甫"弱冠登贞元状元及第"。按贞元年间只开科一次,且取状元一名,再结合上述,足证此墓表之误。

吕忠翰曾任莫州刺史,其事迹另见《交聘表中》:"(大定二十二年)九月,以殿前左卫将军宗室禅赤、翰林直学士吕忠翰为贺宋生日使。"[57]此事亦见于《世宗本纪下》,但未提及吕忠翰之名[58]。

孙女四人,其中三人则均为浮图士。辽金时期,幽燕地区佛教颇为盛行,各阶层中不分男女老幼出家之人习见,如《大金国志》:"浮图之教,虽贵戚、望族,多舍男女为僧尼。"[59]

(八) 吕嗣延的曾孙

曾孙男八人,其中以吕造最为显赫、杰出。吕造,字子成,金章宗承安二年状元。据《续夷坚志》:"吕内翰造,字子成,未第时,梦金龙蜿蜒自天而下,攫而食之。是岁经义魁南省,词赋继擢殿元。……"[60]可知其在省试中为经义第一,殿试为词赋状元。据《归潜志》:"章宗时……吕状元造,父子魁多士,及在翰林,上索重阳诗,造素不学诗,惶遽献诗云:'佳节近重阳,微臣喜欲狂。'上大笑,旋令外补。故当时有云:'泽民不识枇杷子,吕造能吟喜欲狂。'"[61]《中州集》所记"大节字信之……信之好奖进士类,沧州徐韪、太原王泽、大兴吕造,经其指授,卒成大名……""白字晋卿,信都人,吕造榜乙科……";"李扶风节,吕造榜进士"[62]等,均可证吕造为承安时状元。

据《金史·术虎高琪传》:"(兴定)二年……宣宗以南北用兵,深以为忧,右司谏吕造上章:'乞诏内外百官各上封事,直言无讳。或时召见,亲为访问。陛下博采兼听,以尽群下之情,天下幸甚。'宣宗嘉纳……"[63]之后,"(正大四年)八月……己巳,万年节,同知集贤院史公奕进《大定遗训》,待制吕造进《尚书要略》。"[64]另据《金史纪事本末》,吕造所进为《尚书要录》[65]。据《归潜志》:"正大初,末帝锐于政,朝议置益政院官,院居宫中,选一时宿望有学者,如杨学士云翼、史修撰公燮、吕待制造数人兼之,轮直……"[66]关于此事,金人王鹗所述更详,"正大五年设益政院,取献替有益于政之义,以翰林学士杨云翼、直学士完颜素兰、蒲察世达、裴满阿虎带、待制史公奕、吕造六人充院官。日以二员直官,或二日、或三日、或四日、或五日进讲《尚书》、《贞观政要》、《资治通鉴》,或以机事特赐访问。院官复编《尚书要略》、《大定遗训》、《万年龟镜录》三书以进,皆摘取英华切于时政者,上酷好之。又以学士兼直经筵,在仁安殿西……造字子成,承安二年词赋状元。"[67]吕造事迹,还见于《萧轩杨公墓碑》:"今焕然学为通儒,有关中夫子之目。往在京师时,宰相张信甫、侯莘卿、礼部闲闲公、卢尚书子懋、吕内翰子成、李都运执刚、李右司之纯,皆折位行与交。"[68]可见其在金宣、哀两朝颇受重用。

曾孙女六人,一人嫁给了赵承元。赵承元,字善长,河间人,大定十三年状元。据《中州集》:"大定十三年词赋第一人。"[69]《大中大夫刘公墓碑》:"百年以来,御题魁选,以赵内翰承元赋《周德莫若文王》超出伦等,有司目为'金字品'。"[70]状元例授应奉翰林文字,从七品。[71]据《金史·世宗本纪中》:“(大定十八年)十一月……戊寅,上责宰臣曰:‘近问赵承元何故再任,卿等言,曹王尝遣人言其才能干敏,故再任之……’盖承元前为曹王府文学,与王邸婢奸,杖百五十除名,而不复用也。”[72]赵承元因其行为不检,几乎结束了自己今后的仕途和前程,并使此后金朝对状元的除授发生了一些改变。“大定十八年,因赵承元无行,令榜首先取乡行可取则授应奉,否则,从常调,或与外除。”[73]《选举志二》:“(大定)十五年,敕状元除应奉,两考依例授六品。十八年,敕状元行不顾名者与外除。十九年,命本贯察其行止美恶。”[74]这一改变虽未指明缘由,但可知确由赵承元一事而起。赵承元因一时之失,便再无作为,后来事迹仅见“(承安元年)夏四月……甲戌,尚书省以赵承元言,请追上孝懿皇太后册宝,然后行谥册礼。礼官执奏尊皇太后已诏示中外,无追册礼,从之。”[75]最终“卒于临洮”。[76]赵承元仅留下寥寥可数的几首诗赋,如《探春》[77]等。

二、墓志撰者赵摅

赵摅,字子充,自号醉全老人,宛平人。[78]据《续夷坚志》:“顺天西北四十里抱阳岩宝教院,大小二青龙在寺潭中,庙曰:‘显济’……大名总管邢仲良、近代郑州刺史赵摅子充,皆尝读书于此。”[79]《中州集》卷9《状元》中其列在孟宗献之后(大定三年状元)[80],赵承元(大定十三年状元)之前,则其应是大定七年或十年状元。大定十年状元为史诏鱼[81],故赵摅可能是大定七年状元。赵摅“诗有古人句意。如《早赴北宫》诗曰:苍龙双阙郁层云,湖水鳞鳞柳色新。绝似江行看清晓,不知身是赴朝人。一时称许者甚众。”[82]大定十二年撰写《大天宫寺碑记》[83],还为赵兴祥撰写过神道碑文[84]。

三、关于地名“鲁郭”

据相关墓志记载,鲁郭在当时为里,隶属于房仙乡。韩佚及夫人王氏墓志“葬于幽都县房仙乡鲁郭里之西原”,“归葬于燕京幽都县房仙乡鲁郭里之西原”[85]。韩佚卒于辽统和十三年,当时幽都县尚未改名为宛平。至开泰元年十一月甲午朔,改幽都县为宛平县[86]。《韩资道墓志》:“其年五月十九日葬于宛平县房仙乡鲁郭里以祔先茔。”[87]韩资道卒于辽咸雍五年,县名已改作宛平。另据《李继成夫人马氏墓志》“(重熙)十三年……迁先郎中之神柩就爽垲之地于元辅乡”[88],可知房仙乡于重熙时曾改名为元辅乡。《王安裔墓志》:“今复于燕山府宛平县房仙乡万合里之原,发其故墓,以宣和六年闰三月二十三日乙时为之合葬。”[89]宣和六年即天祚帝保大四年,此时北宋收复燕京,改称燕山府,故墓志用北宋纪年,则此时又改称房仙乡了。据《吴前鉴墓志》:葬于大定七年二月十五日,与夫人合葬于“大兴府宛平县房仙乡”[90],则可知在金大定时仍为房仙乡。据本墓志“后六年得宛平鲁郭之田凡百亩”,此时距大定七年不远,应亦属房仙乡。

四、小　　结

综上所考,《吕嗣延墓志》的记载颇为丰富、完备,详述了吕嗣延其人的生平,还兼及相关诸人的事迹。元人苏天爵曾在感慨、叹息官修辽金史书的简陋时提出补正方法:“辽金大族如韩、马、赵、时、左、张、吕,其坟墓多在京畿,可模碑文已备采择。”[91]这不仅是从史料搜集的角度考虑,更是基于对辽金政治、社会深入认知的史识层面而言。但是,由于世事变迁,不仅吕氏家族的墓地在史书中无考,碑文也早已湮没,即便是最基本的家族成员的名字也无法确定,只能令后世学者茫然无措,空抱文献无征之憾。今《吕嗣延墓志》的发现,使我们对吕氏家族在辽金时期的存在、发展有了一个概观,进而可以了解其家族的分合、演变乃至以小见大地研究辽金时期的社会、政治等诸多相关问题。《吕嗣延墓志》可补两史之阙,全一族之貌,遂前人之愿,益后世之学。

注释:

① 孙勐、朱至刚、安凯:《北京石景山区鲁谷发掘金代家族墓及明清墓》,《中国文物报》2007 年 11 月 23 日。

② 志文中以“/”表示换行。

③ [元] 脱脱等撰:《辽史 · 圣宗本纪四》卷十三,中华书局,2003 年,第 142 页。

④ [清] 李慎儒撰:《辽史地理志考》,《宋辽金元明六史补编》,北京图书馆出版社,2005 年,第 361 页。

⑤ [元] 脱脱等撰:《辽史 · 百官志三》卷四十七,中华书局,2003 年,第 772 页。

⑥ [元] 脱脱等撰:《辽史 · 百官志三》卷四十七,中华书局,2003 年,第 773 页。

⑦ 待刊。

⑧ [元] 脱脱等撰:《辽史 · 历象志中》卷四十三,中华书局,2003 年,第 560 页。

⑨ [清] 钱大昕撰:《十驾斋养新录》,上海书店出版社,1983 年,第 188 页。另见[清] 钱大昕著:《廿二史考异 · 辽史》卷八十三,上海古籍出版社,2004 年,1136 页。

⑩ [元] 脱脱等撰:《辽史 · 道宗本纪六》卷二十六,中华书局,2003 年,第 308、314 页。

⑪ [元] 脱脱等撰:《辽史 · 地理志三》卷三十九,中华书局,2003 年,第 486、487 页。

⑫ [元] 脱脱等撰:《辽史 · 百官志四》卷四十八,中华书局,2003 年,第 801、802 页。

⑬ [辽] 向载言撰:《李知顺墓志》,转引自阎凤梧主编《全辽金文》,山西古籍出版社,2002 年,第 258、260 页。

⑭ [辽] 虞仲文撰:《宁鉴墓志铭》,转引自阎凤梧主编《全辽金文》,山西古籍出版社,2002 年,第 685 页。

⑮ [辽] 宋复圭撰:《冯从顺墓志》,转引自阎凤梧主编《全辽金文》,山西古籍出版社,2002 年,第 248 页。

⑯ [辽] 无名氏撰:《王安裔墓志》,转引自阎凤梧主编《全辽金文》,山西古籍出版社,2002 年,第 868 页。

⑰ [元] 脱脱等撰:《辽史 · 地理志五》卷四十一,中华书局,2003 年,第 508 页。

⑱ [清] 李慎儒撰:《辽史地理志考》,《宋辽金元明六史补编》,北京图书馆出版社,2005 年,第 368 页。

⑲ [元] 脱脱等撰:《辽史 · 地理志五》卷四十一,中华书局,2003 年,第 512 页。

⑳ [宋] 叶隆礼撰:《契丹国志》,上海古籍出版社,1985 年,第 209 页。

㉑ [元] 脱脱等撰:《金史 · 太宗本纪》卷三,中华书局,2005 年,第 53、54 页。

㉒ [元] 脱脱等撰:《金史 · 太宗本纪》卷三,中华书局,2005 年,第 54、55 页。另见[清] 毕沅编集:《续资治通鉴》,中华书局,1999 年,第 2537、2538 页。[宋] 宇文懋昭撰、崔文印校证:《大金国志校证》卷四,中华书局,1986 年,第 59 页。

㉓ [金] 元好问撰:《续夷坚志》卷三,中华书局,2006 年,第 55 页。

㉔ [宋] 宇文懋昭撰、崔文印校证:《大金国志校证》卷三十五,中华书局,1986 年,第 508 页。另见[宋] 洪皓撰:《松漠纪闻》,周光培编《宋代笔记小说》第八册,河北教育出版社,第 251 页。

㉕ [元] 脱脱等撰:《金史 · 太祖本纪》卷二,中华书局,2005 年,第 39 页。

㉖ [元] 脱脱等撰:《金史 · 列传第十三》卷七十五,中华书局,2005 年,第 1724 页。

㉗ [元] 脱脱等撰:《金史 · 列传第十六》卷七十八,中华书局,2005 年,第 1770 页。

㉘ [元] 脱脱等撰:《金史 · 列传第十三》卷七十五,中华书局,2005 年,第 1724 页。

㉙ [元] 脱脱等撰:《金史 · 世宗本纪下》卷八,中华书局,2005 年,第 184 页。

㉚ [宋] 欧阳修、宋祁撰:《新唐书 · 百官志一》卷四十六,中华书局,2003 年,第 1188 页。

㉛ [元] 脱脱等撰:《辽史 · 列传第四》卷七十四,中华书局,2003 年,第 1232 页。另见[清] 乾隆敕撰:《续通志》,浙江古籍出版社,2000 年,第 5752 页。

㉜ 齐心:《金代韩诜墓志考》,《考古》, 1984 年 8 期。

㉝ [辽] 陈汭撰:《丁洪墓志铭》,转引自阎凤梧主编《全辽金文》,山西古籍出版社,2002 年,第 634 页。

㉞ [辽] 杨佶撰:《秦晋国大长公主墓志》,转引自阎凤梧主编《全辽金文》,山西古籍出版社,2002 年,第 228 页。

㉟ 鲁琪:《北京出土辽韩资道墓志》,《文物资料丛刊》,2,1978 年,

㊱ 同上。

㊲ [辽] 杨丘文撰:《清河张氏墓志》,转引自阎凤梧主编《全辽金文》,山西古籍出版社,2002 年,第 592 页。

㊳ [辽] 张峤撰:《马直温妻张馆墓志》,转引自阎凤梧主编《全辽金文》,山西古籍出版社,2002 年,第 638 页。

㊴ [元] 脱脱等撰:《辽史 · 兴宗本纪一》卷十八,中华书局,2003 年,第 217 页。

㊵ [元] 脱脱等撰:《金史 · 地理志上》卷二十四,中华书局,2005 年,第 577 页。

㊶ [元] 脱脱等撰:《金史 · 选举志二》卷五十二,中华书局,2005 年,第 1134、1135 页。

㊷ [金] 李世弼撰:《登科记序》,转引自阎凤梧主编《全辽金文》,山西古籍出版社,2002 年,第 3757 页。

㊸ [金] 元好问辑:《中州集》,《四部丛刊初编》(三二八),上海书店出版社,1989 年。

㊹ [金] 李世弼撰:《登科记序》,转引自阎凤梧主编《全辽金文》,山西古籍出版社,2002 年,第 3758 页。

㊺ [金] 黄久约撰:《张公神道碑》,转引自阎凤梧主编《全辽金文》,山西古籍出版社,2002 年,第 1363 页。

㊻ [元] 脱脱等撰:《金史 · 百官志三》卷五十七,中华书局,2005 年,第 1317 页。

㊼ [宋] 宇文懋昭撰、崔文印校证:《大金国志校证》卷三十八,中华书局,1986 年,第 538 页。

㊽ [金] 王珣撰:《曹公神道碑铭》,转引自阎凤梧主编《全辽金文》,山西古籍出版社,2002 年,第 1404 页。

㊾ [金] 元好问撰:《赵公神道碑》,转引自阎凤梧主编《全辽金文》,山西古籍出版社,2002 年,第 2930 页。

㊿ [金] 元好问辑:《中州集》,《四部丛刊初编》(三二八),上海书店出版社,1989 年,另见[宋] 宇文懋昭撰、崔文印校证:《大金国志校证》卷二十八,中华书局,1986 年,第 404 页。

(51) [金] 李世弼撰:《登科记序》,转引自阎凤梧主编《全辽金文》,山西古籍出版社,2002 年,第 3757 页。

(52) [元] 脱脱等撰:《金史 · 文艺传上》卷一百二十五,中华书局,2005 年,第 2723、2724 页。另见[清] 乾隆官修:《续通志》,浙江古籍出版社,2000 年,第 6462 页。

(53) [元] 脱脱等撰:《金史 · 列传第二十一》卷八十三,中华书局,2005 年,第 1865 页。另见[清] 乾隆官

修:《续通志》,浙江古籍出版社,2000 年,第 5814 页。

(54) 佚名撰:《族帐部曲录》,转引自[宋] 宇文懋昭撰、崔文印校证《大金国志校证》,中华书局,1986 年,第 628 页。

(55) [清] 乾隆官修:《续文献通考》,浙江古籍出版社,2000 年,第 3149 页。

(56) [清] 李有棠撰:《金史纪事本末》卷九,中华书局编辑部编《历代纪事本末》,中华书局,1997 年,第 1849 页。

(57) [元] 脱脱等撰:《金史 · 交聘表中》卷六十一,中华书局,2005 年,第 1442 页。

(58) [元] 脱脱等撰:《金史 · 世宗本纪下》卷八,中华书局,2005 年,第 182 页。

(59) [宋] 宇文懋昭撰、崔文印校证:《大金国志校证》卷三十六,中华书局,1986 年,第 517 页。

(60) [金] 元好问撰:《续夷坚志》卷三,中华书局,2006 年,第 55 页。

(61) [金] 刘祁撰:《归潜志》卷七,中华书局,2007 年,第 72 页。

(62) [金] 元好问辑:《中州集》,《四部丛刊初编》(三二八),上海书店出版社,1989 年。另见[元] 熊梦祥著,北京图书馆善本组辑:《析津志辑佚》,北京古籍出版社,1983 年,第 138 页。

(63) [元] 脱脱等撰:《金史 · 列传第四十四》卷一百零六,中华书局,2005 年,第 2345 页。与[清] 乾隆官修:《续通志》,浙江古籍出版社,2000 年,第 5877 页;[清] 李有棠撰《金史纪事本末》,中华书局编辑部编《历代纪事本末》,中华书局,1997 年,第 1998 页。所记相同。

(64) [元] 脱脱等撰:《金史 · 哀宗本纪上》卷十七,中华书局,2005 年,第 379 页。

(65) [清] 李有棠撰《金史纪事本末》,中华书局编辑部编《历代纪事本末》,中华书局,1997 年,第 2000 页。

(66) [金] 刘祁撰:《归潜志》卷七,中华书局,2007 年,第 72 页。

(67) [金] 王鹗撰:《汝南遗事总论》,转引自阎凤梧主编:《全辽金文》,山西古籍出版社,2002 年,第 3492 页。

(68) [金] 元好问撰:《萧轩杨公墓碑》,转引自阎凤梧主编:《全辽金文》,山西古籍出版社,2002 年,第 3321 页。

(69) [金] 元好问辑:《中州集》,《四部丛刊初编》(三二八),上海书店出版社,1989 年,另见[清] 李有棠撰《金史纪事本末》,中华书局编辑部编《历代纪事本末》,中华书局,1997 年,第 2017 页。《畿辅通志》第五册,河北人民出版社,1989 年,第 109 页。[清] 乾隆官修:《续文献通考》,浙江古籍出版社,2000 年,第 3149 页。

(70) [金] 元好问撰:《大中大夫刘公墓碑》,转引自阎凤梧主编:《全辽金文》,山西古籍出版社,2002 年,第 2982 页。

(71) [元] 脱脱等撰:《金史 · 百官志一》卷五十五,中华书局,2005 年,第 1246 页。

(72) [元] 脱脱等撰:《金史 · 世宗本纪中》卷七,中华书局,2005 年,第 171、172 页。

(73) [清] 李有棠撰《金史纪事本末》,中华书局编辑部编《历代纪事本末》,中华书局,1997 年,第 1849 页。另见[元] 脱脱等撰:《金史 · 选举志一》卷五十一,中华书局,2005 年,第 1135 页。

(74) [元] 脱脱等撰:《金史 · 选举志二》卷五十二,中华书局,2005 年,第 1161 页。

(75) [元] 脱脱等撰:《金史 · 章宗本纪二》卷十,中华书局,2005 年,第 238 页。

(76) [金] 元好问辑:《中州集》,《四部丛刊初编》(三二八),上海书店出版社,1989 年,

(77) 同上。

⑱ [金] 元好问辑:《中州集》,《四部丛刊初编》(三二八),上海书店出版社,1989年,另见[元] 熊梦祥著,北京图书馆善本组辑:《析津志辑佚》,北京古籍出版社,1983年,第142页。《顺天府志》,北京大学出版社,1983年,第131、132页。

⑲ [金] 元好问撰:《续夷坚志》卷三,中华书局,2006年,第60、61页。

⑳ [金] 元好问撰:《续夷坚志》卷二,中华书局,2006年,第27页。

㉑ [金] 元好问辑:《中州集》,《四部丛刊初编》(三二八),上海书店出版社,1989年,

㉒ [元] 熊梦祥著,北京图书馆善本组辑:《析津志辑佚》,北京古籍出版社,1983年,第142页。另见《顺天府志》,北京大学出版社,1983年,第131、132页。[金] 元好问辑:《中州集》,《四部丛刊初编》(三二八),上海书店出版社,1989年,

㉓ [金] 赵摅撰:《大天宫寺碑记》,转引自阎凤梧主编:《全辽金文》,山西古籍出版社,2002年,第1633页。

㉔ [元] 王恽撰:《秋涧集》卷四十八,《文渊阁四库全书》第1205册,商务印书馆,2006年,第17页。

㉕ 北京市文物工作队:《北京西郊辽壁画墓发掘》,《北京文物与考古》第一辑,1983年,北京市文物工作队:《辽韩佚墓发掘简报》,《考古学报》1984年3期。

㉖ [元] 脱脱等撰:《辽史·圣宗本纪六》卷十五,中华书局,2003年,第171页。

㉗ 鲁琪:《北京出土辽韩资道墓志》,《文物资料丛刊》1978年2期。

㉘ 王清林、王朱、周宇:《丰台路口南出土辽墓清理简报》,《北京文博》2002年2期。

㉙ [辽] 无名氏撰:《王安裔墓志》,转引自阎凤梧主编:《全辽金文》,山西古籍出版社,2002年,第868页。

㉚ [辽] 刘仲渊撰:《吴前鉴墓志》,北京市文物研究所编《北京市文物研究所藏墓志拓片》,北京燕山出版社,2003年,第62页。

㉛ [元] 苏天爵撰:《滋溪文稿》,《文津阁四库全书》第1218册,商务印书馆,2006年,第120页。

(原载于《北方文物》2009年第3期)

北京丰台王佐遗址出土金属器的初步科学分析

杨　菊　李延祥　李建西　张智勇　韩鸿业

【关键词】金属器;丰台王佐;科学分析

一、简　　介

王佐遗址位于丰台区南部西王佐村,东邻东王佐村,西接牤牛河,南连大灰厂路,北为中国航天空气动力技术研究所。遗址中心区域的保存现状为庄稼田地。2007 年 11 月—12 月,北京市文物研究所对遗址进行正式发掘,共清理汉、隋唐、辽金、明清等各时期墓葬 80 座,窑址 8 座。出土随葬器物有陶器、瓷器、金器、银器,铜器、玉器、骨器、石器等数百件。本报告对其中的部分金、银、铜器进行了分析检测,并初步探讨了金银器的加工工艺。

二、样品和分析方法

本次科学分析涉及的金属器有金器 16 件(组),鎏金银簪 1 件(M59:1),银环 1 件(M8:4),铜镜 1 件(M21:8),共计 19 件(组)。由于这些器物大部分保存完好,为保证其完整性,对其表面合金成分的检测均采用无损分析,即将金属器物直接放在扫描电镜的样品台上,推进样品腔中进行分析,分析时尽量避开器物表面的污染物。而金属器表面及纹饰加工痕迹的观察是在光学显微镜和扫描电镜中分别进行,把观察到的有技术特征的痕迹进行照相记录。以上分析采用扫描电镜外接能谱(SEM - EDS)无标样定量分析方法(ZAF),所使用扫描电镜型号为日本电子公司的 JSM6480LV,外接能谱为美国热电公司 Noran System six 能谱色散仪,激发电压 20 千伏。对每个样品的基体成分的扫描进行 1 ~ 4 次的面分析,累计分析面积不低于 15 mm^2。

三、分 析 结 果

1. 金器成分分析结果

共分析了 16 件(组)保存状况较好的金器的基本成分,分析结果参见表一。

表一　丰台王佐出土金器扫描电镜能谱无损分析结果

样品编号	器物名称	原始编号	分析部位	成分(wt%)		
				Au	Ag	Cu
1	镯	M39:5	有花纹段	97.5	2.5	0.0
			无花纹段	97.0	3.0	0.0
2	戒指	M39:7	戒托	94.7	5.3	0.0
3	戒指	M39:8	戒托	83.4	13.9	2.7
4	镯	M39:11	有花纹段	97.4	2.1	0.5
			无花纹段	95.7	3.8	0.5
5	戒指	M39:12	戒托	93.4	6.4	0.2
6	戒指	M39:13	侧面	92.6	7.4	0.0
			连接处	91.8	6.9	1.3
			宝石底座	95.7	3.4	0.9
7	环	M39:15	侧面	97.8	1.5	0.7
8	环	M39:17	侧面	98.9	1.1	0.0
9	卍字簪	M76:2	卍字叶脉纹	96.3	2.7	1.0
			簪杆	98.6	0.7	0.7
10	簪	M76:3	簪杆	97.7	1.5	0.8
11	卍字簪	M76:4	簪杆	98.8	1.0	0.2
12	头花	M76:5	叶片	90.9	8.4	0.7
13	头花	M76:6	叶片	92.7	6.6	0.7
			枝	92.3	6.6	1.1
			网络连接处	87.2	11.4	1.4
			珠1	88.2	10.6	1.2
			珠2	86.6	10.9	2.5
			银针上缠金丝	85.2	14.3	0.5
14	头花	M76:7	叶片	95.5	3.5	1.0
			叶片	92.3	6.9	0.8
			网络连接处	83.3	15.2	1.5
			珠1	80.5	18.4	1.1
			珠2	83.6	13.8	2.6

续表

样品编号	器物名称	原始编号	分析部位	成分(wt%)		
				Au	Ag	Cu
15	环 (6枚)	M76:8	环1	96.7	2.6	0.7
			环2	97.5	1.8	0.7
			环3	97.4	2.3	0.3
			环4	98.2	1.3	0.5
			环5	97.2	1.9	0.9
			环6	97.7	1.9	0.4
			平均	97.4	2.0	0.6
16	簪	M76:9	簪杆	98.3	1.4	0.3

2. 鎏金银簪、铜镜、银环的成分分析结果

(1) 鎏金银簪(M59:1),簪体表面的背散射电子像白亮部分为覆盖鎏金层区域,粗糙不平灰黑区为鎏金层脱落后露出的厚锈层,平整灰黑区为厚锈层脱落后露出的金属银基体表面的薄锈层(图一、表二)。虽然未检测到金属银基体的成分,但通过表面锈蚀的成分仍判定鎏金银簪本体是含少量Cu的银合金。鎏金层含20%的Ag可能是鎏金过程中与银合金基体作用的结果,也可能是用于调配金汞齐的金料本身成色不高含较多Ag。鎏金层中未检测出残留的Hg,推测不是采用汞鎏金的方法制作的。银器在空气中的锈蚀产物常有硫化物、氧化物等,而此件鎏金银簪与传世银器锈蚀不同,其锈蚀产物含明显的Cl和O,其中的Cl应源于埋藏环境。鎏金过程要经过金汞齐在器表的多次涂抹、烘烤、赶压,才能在器物表面形成达到要求的金层。鎏金层表面背散射电子像显示出沿簪体方向有明显的赶压痕迹(图二)。

表二　鎏金银簪(M59:1)扫描电镜能谱无损分析结果

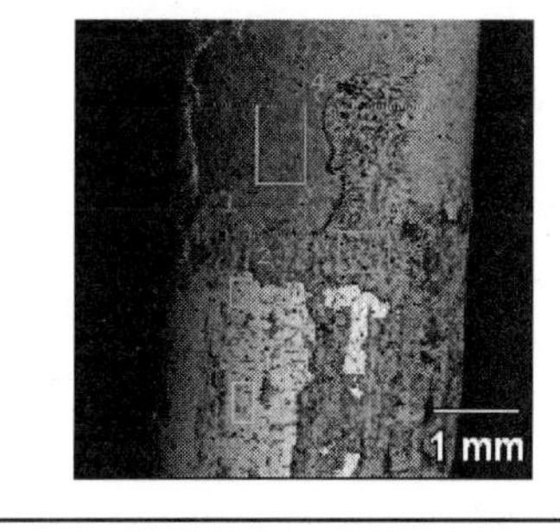	分析位置	成分(wt%)					
		O	Cl	Cu	Ag	Au	Hg
	鎏金层(区域1)	n. d.	n. d.	0.9	20.2	78.9	n. d.
	鎏金层(区域2)	n. d.	n. d.	2.1	19.1	78.8	n. d.
	厚锈层(区域3)	13.0	21.9	0.5	64.6	n. d.	n. d.
	薄锈层(区域4)	23.9	18.3	4.8	52.9	n. d.	n. d.

(2) 铜镜(M21:8)的检测,对铜镜表面无厚锈区域以牛皮纸擦拭去表面氧化层直接送入样品仓作无损分析。结果表明铜镜成分与一般汉代铜镜成分吻合,属于低Pb高Sn青铜合金,锈蚀成分含Cl,可能是有害锈,应注意保护处理(表三)。

表三　铜镜(M21:8)扫描电镜能谱无损分析结果

分析位置	成分(wt%)			
	Cl	Cu	Sn	Pb
基体(区域1)	n. d.	73.7	22.5	3.9
基体(区域2)	n. d.	61.8	29.2	9.0
基体(区域3)	n. d.	69.0	28.7	2.4
平均	n. d.	68.2	26.8	5.1
点状锈蚀	35.8	64.2	n. d.	n. d.

(3) 银环(M8:4)的检测,以细砂纸轻磨去表面氧化层露出极少金属基体,分析显示基体成分为纯银,未检测出其他微量元素(图三)。

四、结果讨论

通过器物之间以及器物不同部位之间成分的异同对比,可以对器物的制作工艺、器物之间的关系及社会背景的探讨给出依据。

1. 复杂金器不同部件间的成分特征表明金器的生产制作采用了模块式生产模式,应源于生产规模较大的商业作坊。比如两个头花(M76:6,M76:7)的网络状部分及其表面所缀金珠的成色稍低,而枝叶部分成色都较高,说明缀金珠的网络状部分和枝叶部分是使用不同批次(成色)的黄金预制,最后组装而成,应是生产规模较大的商业作坊的流水线性生产产品。个别器物背面见有商号戳记也印证了这一点。

2. 较简单的同组器物或同一器物不同部件间的成分都相近,是利用同一批金料一次性制作完成的。M39两件镯(M39:5,M39:11)都是由有花纹和无花纹两段组合成的,两段成分一致,两件镯之间成分也一致,是使用同一批次(成色)的黄金材料制作的。环(M76:8)1组6枚,平均成色97.4%,含Ag在1.3%~2.6%之间,含Cu在0.3%~0.9%之间波动,数据较集中,从成分上进一步证实6枚环属于同一组器物。M76有4件金簪,其中两件(M76:2, M76:4)为形制相同的卍字簪,明显为同组器物。两件卍字簪和另两件不同形制的金簪(M76:3, M76:9)成色都很高,从成分上不能排除是制金作坊的同一批产品的可能性。M39出土4枚戒指,其中1件成分(成色83.4%)与另外3枚戒指的主体部分成分(成色91.8%~94.7%)明显不同,可以断定不是制金作坊的同一批产品。戒指M39:13的指环和宝石底座部分成分也有一定差异,可能是用不同黄金材料预制的构件。

3. 天然黄金一般含有少量Ag、Cu,而本批金器中有超过大半成色较高(图四),含Au超过95%,可能经过了精炼提纯,精炼方法推测是通过在敞口坩埚中氧化性气氛下熔炼将Ag、Cu等杂质氧化从而与黄金分离。M39的4枚戒指和M76的头花各部件成色较低,含Ag较高,可能是为了防止在佩戴过程中的变形,而有意选用成色稍低硬度稍大的金料,而簪、镯等器物并不需要有很好的抗压性能,可以使用成色较高较软的黄金。说明当时工匠能了解不同成色金料机械性能的差异,并在制作不同器物时考虑金料成色不同引起的机械性能差异对使用性能的影响。

4. 对金器的宏观观察和显微照片的分析,判定这批金器的制作过程中使用了范铸、锤揲、掐丝、炸珠、焊接等成形工艺及錾花、镶嵌等表面装饰工艺(图五～图一〇)。

范铸是一种源自青铜铸造的加工工艺,将金银液熔化后浇入范模以成器。锤揲利用了金银的延展性能,用铁锤或木锤将金银锤打成片。焊接是在金银器部件之间浇灌金属液体以连接器物。掐丝利用金银的延展性能,用工具将金银掐成各种纹样。炸珠通常用于制作大小金银珠,即将熔化的金银液体滴入温水中,利用表面张力使其凝固为大小不等的金银珠。錾花就是用錾刀在金银器表面刻画出各种花纹图案。镶嵌则是在金银器表面嵌入珍珠、水晶、宝石等饰物以增加器物美观度。(镶嵌应该配有照片)收挑也是一种錾花工艺,不同的是,收挑时,于器物两面錾花,有收有挑,有凹有凸,使金银器表面装饰纹样的立体感更强。

五、结　　论

对于王佐遗址出土金属器的分析表明,这批金器中有超过大半成色较高,Au 含量超过 95%,可能经过了精炼提纯。同时通过对戒指、头花、簪、镯等器物的成色对比发现,当时的工匠可根据器物使用性能要求的不同,而采用不同硬度的金料。另外,金器不同部件间的成分特征也表明金器的生产制作采用了模块式生产模式,这应源于生产规模较大的商业作坊。最后,借助于宏观观察和显微照片,可判定这批金器在制作过程中使用了范铸、锤揲、掐丝、炸珠、焊接等成形工艺及錾花、镶嵌等表面装饰工艺,几乎囊括了金器加工的各种工艺方法。由此进一步证实了清代金器加工工艺的繁荣,表明其对中国传统工艺技法的发展奠定了雄厚的基础。

总之,对王佐遗址出土金属器的检测,确认了器物材质和成色,通过宏观观察、显微照片分析以及器物之间、器物构件之间成分的异同对比,推测了部分器物的制作加工工艺。综合以上可以看出清代金器的加工较为精细,在器物的造型、纹饰、材质等各方面都达到了较高的程度。

(原载于《丰台王佐遗址》)

图一　鎏金银簪(M59:1)背散射电子像

图二　鎏金银簪(M59:1)鎏金层表面背散射电子像

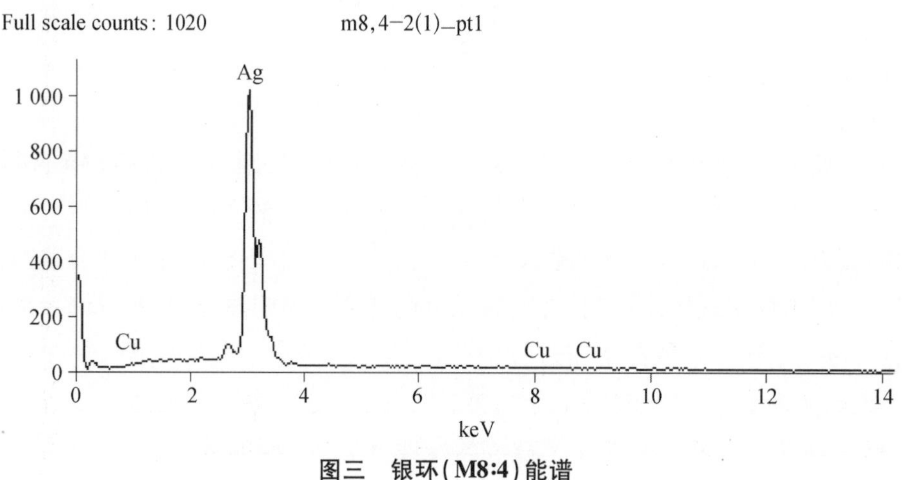

图三　银环(M8:4)能谱

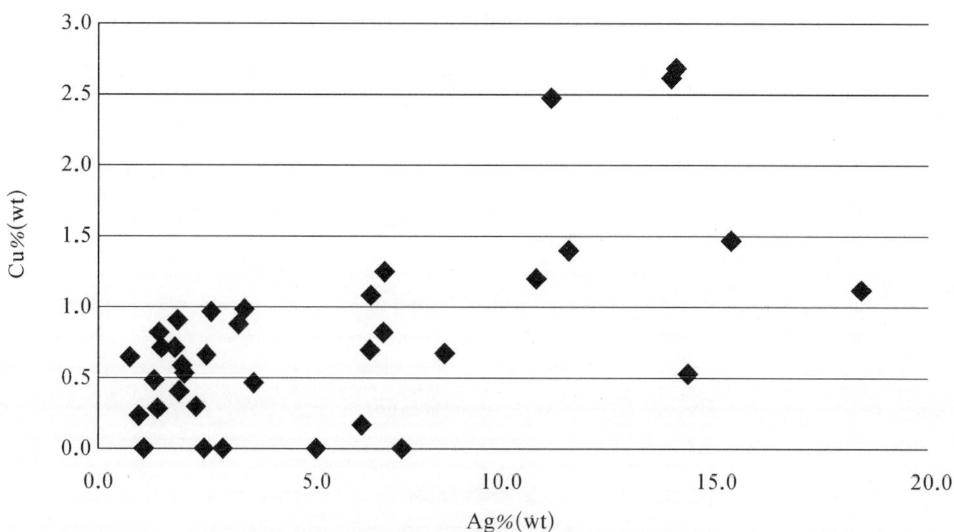

图四　金器(含不同部位)含 Ag、Cu 散点图

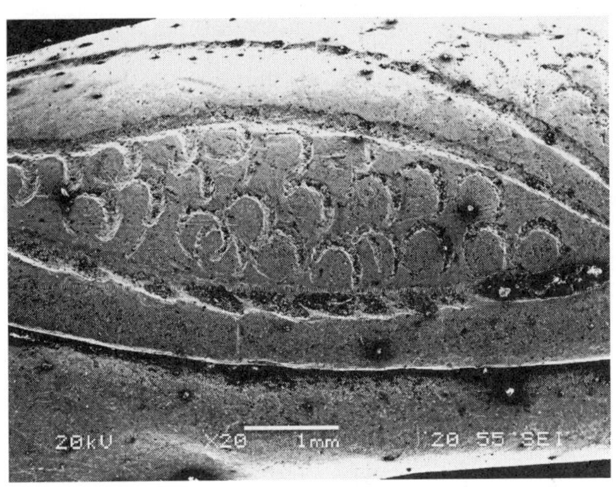

图五　镯(M39:5)二次电子像(示錾花工艺)

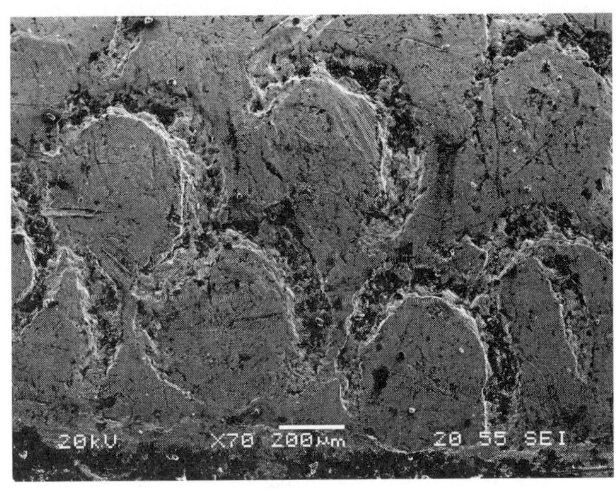

图六　镯(M39:5)二次电子像(示左上两个具有相同细部特征的錾痕)

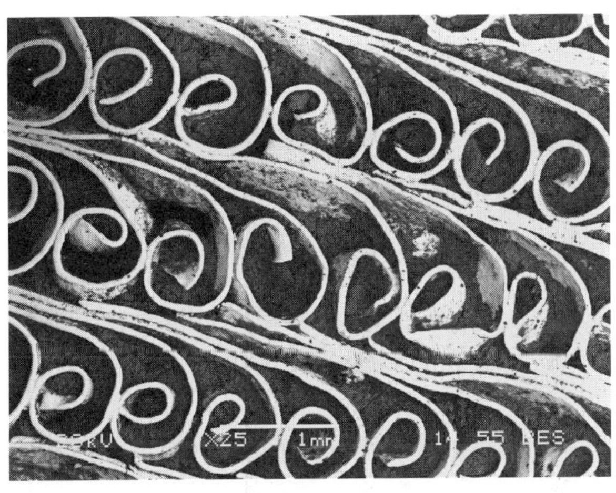

图七　卍字簪(M76:2)背散射电子像(示花丝工艺)

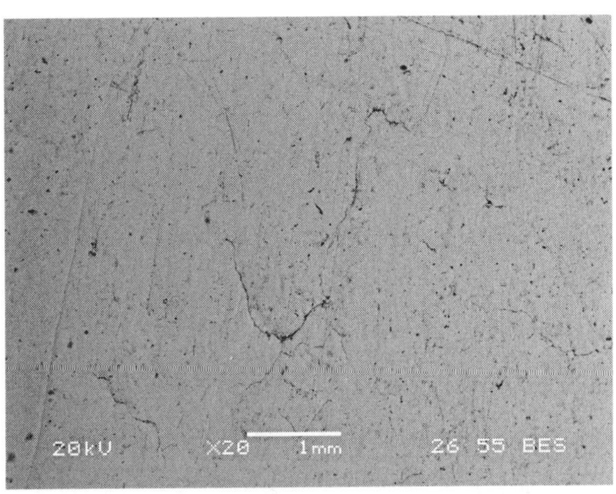

图八　簪(M76:3)背散射电子像(示锤揲痕)

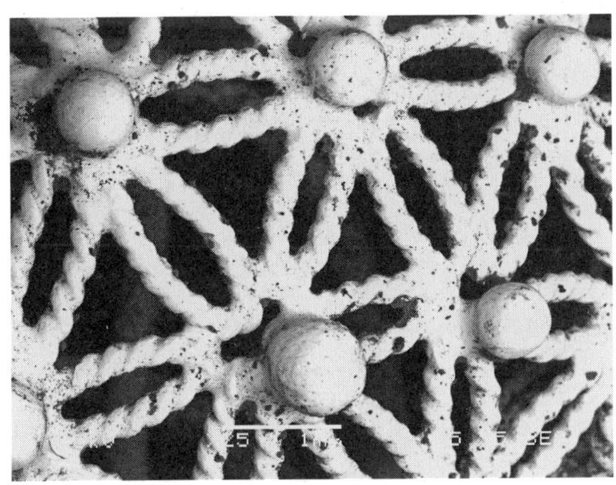

图九　头花(M76:6)背散射电子像(示网络焊缀金珠)

图一〇　头花(M76:7)背散射电子像(示枝叶细节)

北京地区金代墓葬概述

丁利娜

【关键词】北京地区;金代墓葬;形制分析

一、发现、发掘概况

北京地区金代墓葬的发掘工作大致分为以下几个阶段。

新中国成立后的十年间,发现的金代墓葬共计约9处10余座,大多是小形土坑墓,也有少数石棺墓和砖石墓。例如在石景山区庞村发现的一座砖石墓,顶部用碎石砌成,内顶上绘有祥云和仙鹤壁画。随葬品主要是一些陶罐,还有宋金时代的铜钱等。葬式多为火葬墓,如天坛金墓、百万庄金墓、北京大学院内金代石棺墓、西郊西福村金墓等①。此外,还发现有海淀区三家店金墓、碣石村金墓、张汝猷墓以及房山赵珪金墓等②。

1966年至1984年是北京市考古工作的缓慢发展阶段③,这一时期发现的金代墓葬计约19处30余座,其中以石椁(或石棺)墓占多数,葬式有火葬也有土葬。如1971年初,周口店镇坟山村曾出土6具石棺,石棺中随葬品遗有1件鎏金银面具④。1973年初,在先农坛东部育才学校内发现1座金代火葬墓,土圹竖穴,葬具有长方形石棺⑤。1974年12月,房山县长沟峪发现的一处族葬墓,5具石椁组成十字形,三座东西向,两座南北向。主墓土葬,有木棺;其他4座墓中2座为土葬⑥。这处墓群后来证实为坤厚陵⑦。1975年8月,北京市通县三间房村西发现两座金代长方形石椁墓,墓主为石宗璧夫妇,也为火葬⑧。1978年门头沟区仰山栖隐寺塔院内发现窝鲁欢墓葬,为石椁木棺墓⑨。1978年冬,在金陵主陵区内的陪葬墓中出土1件宋代三彩琉璃枕,枕面绘"萧何月下追韩信"的图案⑩。1979年海淀区香山娘娘府发现蒲察胡沙墓,为石棺墓⑪。此外,70年代于房山区石楼村发现金章宗时期杨瀛家族墓地,存留有石人、石马、石羊、石虎等像生。1980年5月—1981年9月,于丰台区王佐公社,发现乌古论窝论墓以及乌古论元忠夫妇合葬墓⑫。1984年,平谷县金属材料公司施工中,发现金代石椁墓,出土一批丰富的随葬品⑬。此外,还发现有石景山吴前鉴墓、海淀半截塔金墓、通州台湖金墓、崇文区花椒树金墓和郭庄金墓、大兴梁家务金墓以及房山南关金墓等⑭。

随着1985年北京市文物研究所的成立,北京的考古工作者进入了理性思维阶段,北京市出现了有史以来最多的带着课题发掘的考古工地,基建考古也全面铺开,构成巨大的基建网络⑮。这一时期发掘的金代墓葬共计约16处20座,多为砖室墓,也有石椁墓。1985年4月海淀区南辛庄陈贵宅院内发现一座石椁墓[16]。1990年11月,北京市门头沟区大峪育新小学建筑工地揭露一座金代墓葬,为圆形单室砖墓,墓门、墙为砖雕仿木结构[17]。1993年5月中旬,永定镇建厂施工中,发掘三座金代穹窿顶砖室墓,由北向南错落排列[18]。1993年8月27日,在通州城中帅府园胡同发现石棺一口,东西向,由6块粗凿青石板拼成。据铭文可知,石棺内墓主为保义校尉酒院使商仲良[19]。1994年,房山坨里乡沙窝村发现一座金代墓葬。该墓早年被盗,墓中遗骸和随葬品遗失,仅出土一具石棺、一方墓志和"大定通宝"、"咸平元宝"两枚铜钱[20]。此外,还发现有西城积水潭金墓、通州史氏墓、海淀金山金墓、门头沟龙泉镇金墓和何各庄金墓、大兴梁家务金墓、房山班諲墓以及延庆三里河金墓等[21]。

进入新世纪以来,配合基建的考古发掘项目越来越多,可谓进入了迅猛发展阶段。这一阶段金代考古最重要的内容是金陵遗址的发掘,主要发掘了金太祖阿骨打的睿陵,以及附近五座长方形石圹墓,可能是陪葬墓,详细情况见《北京金代皇陵》[22]一书,此不赘述。其他金代墓葬的发掘共计约11处32座。墓葬种类较多,内容丰富,其中最重要的是石景山和延庆两处壁画墓、大兴亦庄一批土坑墓以及石景山一处家族石椁墓的发掘。2002年3月,在北京西郊石景山区八角村附近发现一座金代早期砖砌壁画墓,出土赵励墓志一合。在其西南侧3米,发掘一座形制相同的金墓,墓主人可能为赵氏家族成员[23]。2005年4月,北京市文物研究所发掘清理了延庆县张山营晏家堡村北部时尚纺织品有限公司金代壁画墓,该墓为青砖砌制的圆形单室墓[24]。2003—2005年,北京市文物研究所在大兴亦庄经济开发区发掘9座金代墓葬,其中竖穴土坑墓7座,单室砖墓2座[25]。2007年8—9月,为配合石景山区银河商务二期工程的建设施工,北京市文物研究所与石景山区文化委员会在其占地范围内进行了考古发掘,共发掘金代墓葬10座。这是一处金代家族墓,均为竖穴土圹石椁墓。除1座已被破坏之外,其余9座均为火葬墓[26]。其他还有两处金墓较为重要,2000年11月14日,配合广安大街工程,北京市文物研究所对磁器口路西北侧一座金代石椁墓进行了清理。墓主为金人吕恭,官至修武校尉,死于大定元年至大定七年之间[27]。2002年4月21日,北京市文物研究所在大兴区西红门镇小营村清理了一座金代圆形单室砖壁画墓[28](图一)。另外,2005年11月—2006年5月房山南正遗址发掘中,出土金代经幢1个[29]。2007年1—3月,北京市文物研究所在密云县大唐庄发掘金代墓葬3座[30]。

近几年来,北京市文物研究所考古钻探、发掘工作中,又发现一批新的辽金时期墓葬和其他遗迹。如2004年4—5月,海淀五棵松文化体育中心分别发掘辽金墓葬3座;2006年4月,石景山射击场工程发掘辽金墓葬4座[31]。2006年12月—2007年1月昌平南邵镇张营遗址发掘金代墓葬1座[32]。2007年12月—2008年1月,丰台王佐遗址发掘辽金时期墓葬1座[33];2008年密云第七中学发掘辽金墓葬24座,密云唐庄小学发掘辽金墓葬3座[34]。此外,2006—2007年间在房山前后朱各庄遗址发掘辽金时期陶窑2座[35]。2006年10—11月,通州武夷花园二期项目发掘辽金时期水井2座[36];2008年4月,于宣武区大吉片再发掘辽金时期水井3座[37]。

二、墓葬形制简析

目前北京地区发现的金代墓葬形制主要可以分为土圹砖室墓、砖石混筑墓、土圹石椁墓以及土坑墓四大类型(附表)。其中以石椁墓和砖室墓的数量为多,前者以长方形为主,后者以圆形居多。较为特殊的墓例有金陵 2002FJLM6 的石圹石椁墓、2002FJLM9 的仿木构石室墓以及石景山鲁谷的双重石椁墓。

至于金代墓葬的分期,学者有过很多研究。此处根据北京地区金代墓葬的特点以及历史事实,从刘晓东先生的观点,将其分为三期。早期,为金朝建国到海陵王迁都以前,即公元 1115 年至 1152 年;中期,为海陵王贞元迁都到明昌以前,即公元 1153 年至 1189 年;晚期,为明昌以后至金亡,即公元 1190 年至 1234 年[38]。北京地区的金代墓葬中,占比例较大的砖室墓和石椁墓都具有一定的时代特征。其中,砖室墓年代多在辽末金初,晚期有少量发现;石椁墓在金代中期的数量可谓达到高潮,晚期也有延续。土坑墓发现数量较少,目前发现的大兴亦庄一批土坑墓年代大致在金代中期及以后。

(一) 砖室墓

北京地区的砖室墓以圆形单室为主,仅见一例八角形砖室墓,目前发现均为南北向火葬墓。此外,还发现少数几座方形或长方形砖室墓,其中一座为土葬,其他几座葬式不详(见附表)。砖室墓葬具多数有长方形或圆形棺床,既有土棺床如天坛公园金墓,也有砖砌棺床如门头沟大峪育新小学金墓、石景山八角村 M1 等。

圆形单室砖墓,一般是砖筑墓室砌在土坑内,由墓道、墓门、甬道和墓室等部分组成,顶部多为穹窿顶,底部有的铺砖,放置棺床。根据残留棺板以及板灰等推测,葬具有木棺、木匣,前者如大兴小营金墓,后者如崇文区天坛公园金墓(图二)等。仅有石景山八角村一例可能为瓮棺葬[39],该墓虽为圆形单室墓,但是圆形墓壁却被 6 根砖砌的内凸立柱分成了 6 格,与六角形墓葬颇为相似,可能代表了"六合"的意义。墓壁 6 格中,除正南被封门洞立砖占去外,顺时针方向旋转排列有侍寝图、备茶图、备宴图、散乐图、侍洗图等精美壁画[40]。圆形砖室墓的葬式多为火葬。

八角形砖室墓仅在延庆张山营晏家堡村发现一例。该墓为青砖砌制的圆形单室墓,通长 12.3米,由墓道、墓门、甬道、墓室等组成(图三)。墓道位于墓门南侧,有七级台阶。墓门位于甬道南侧,在墓门与墓道之间还留有一平面近长方形的坑,推测为建造此墓时的工作空间。甬道位于墓室南侧,平面长方形,顶部券砖,东西两壁用白灰粉墙,分别绘有壁画。内用铺地砖,青砖南北向错缝平铺。墓室位于甬道北侧,底部平面为八角形,四周砖雕斗拱立柱,斗拱之上为穹窿顶,墓顶内壁粉白灰,上零星点缀红花。墓室四壁用青砖加泥砌制。室内铺地砖,与甬道相同。室内未见骨架和葬具,只在填土中发现烧骨,应是采用火葬方式。墓志盖发现于墓室西南部,背面朝上,覆斗形,中间阴刻"故吕夫人墓志",四边刻人身兽头的十二属相,四角为云纹图案。墓室内壁原绘有壁画,现甬道及墓壁残存 4 幅壁画,分别描绘出行仪仗、侍女、鼓乐等内容。这些壁画与室内砖雕融为一体,反映出金代绘画和建筑的高超技艺。栩栩如生的各种人物,是研究金代服饰和装束不可多得的实物资料[41]。

长方形或方形单室砖墓发现较少,目前资料仅有 4 例(见附表)。以大兴亦庄 X42 号地 M12 为例介绍。该墓为长方形单室砖墓,墓向 355°。砖室长 2.1、宽 0.56 米,南北两壁用残砖拼砌,其余被破坏。墓室西部有一生土二层台,宽 1.14、高 0.14 米。墓室西南角内散落有胫骨、髋骨、股骨等[42](图四)。

(二)砖石混筑墓

北京地区发现的砖石混筑墓例不多,仅见 6 例(见附表),分别为砖石混筑和砖圹石盖两种形制,两者均为火葬。

砖石混筑墓,目前仅发现门头沟永定金墓 M2 一例。该墓坐北朝南,平面呈圆形,是用砖与自然石块合用而建造的一座穹窿顶砖室墓(图五)。墓室南壁有墓门,墓室北壁砌半圆形棺床。墓室周壁都采用砖、石并用的方法建成。最下一层平铺灰砖作为基础,之上用不规则自然石块垒砌起高 40 厘米的墓壁。墓门两侧用灰砖平铺砌成,使用砖砌与自然石块相接,形成整个墓室的周壁。墓顶的收口形成一个不规则的七角形,用四块整砖,四角相对封口。在墓室的西侧壁上,有用一块整砖,砍磨成一影作灯檠,台面凿成直径 5 厘米的圆形凹坑,便于放灯盏之用。推测东壁有与西壁相对称的灯檠设施。墓室后半部为半圆形棺床,东北边缘处放有一个灰绿色鸡腿瓶。棺床上未发现人骨,在墓门内侧的墓底发现一堆未完全烧透的骨渣和肢骨残块,应为火葬墓[43]。

砖圹石盖墓,发现较少,如丰台王佐 M2,该墓东西向,砖圹长方形,长 3.10、宽 1.92 米,由沟纹砖错缝砌成,上盖青石板。圹内置木棺,上可辨有红漆片;棺内有火化骨块[44]。

(三)石椁墓

石椁墓在北京地区的金代墓葬中占主流地位,年代主要在金代中晚期,墓主多为女真贵族。除了金陵 2002FJLM6 的石圹石椁墓外,其余均为土圹石椁墓。

石圹石椁墓的主要代表是金陵 2002FJLM6,地宫内共瘗葬 4 具石椁,M6－1、2 为两具青石素面椁,南北向放置于地宫西侧。M6－3、4 为汉白玉玉雕凤纹、龙纹石椁,东西向放置于地宫中部偏北(图六)。M6－1、M6－2 石椁由六块青石板拼合而成,分椁盖、四面椁壁和椁底。M6－3 为汉白玉雕凤纹石椁,平面长方形,通长 2.48、高 1.52、宽 1.2 米。该石椁由椁盖、椁身两部分组成,均为整石雕凿而成。椁盖为长方形盝顶式,中间雕刻双凤纹,四角雕刻卷云纹,盝顶四坡刻云纹。椁身东西长 2.48、南北宽 1.2、高 1.06 米。椁外四周均以松香匝敷,上部致密坚硬,下部松香内填塞大小不等的石块,起到防腐、防盗的作用。椁内壁均有墨线勾绘纹饰,然后阴线刻并描金粉。前、后两挡板雕刻团凤纹和卷云纹,南北两壁皆为双凤纹、卷云纹,部分尚能看见金线痕迹。石椁内放置长方形木棺一具,长 2.1、宽 0.75～0.78、高 0.68 米,可能由于漂移而偏于一侧,木棺外髹红漆,漆外饰银片鎏金錾刻凤鸟纹。棺内出土头骨及散乱的肢骨,随葬有金丝凤冠 1 件,雕凤鸟纹玉饰 3 件,以及金丝花饰 20 枚(图七、图八)。M6－4 位于 M6－3 稍南,汉白玉雕龙纹石椁,残留底部及部分椁盖和东椁板。椁盖长方形盝顶式,残长 1.1、宽 1.55、厚 0.6 米。外部剔刻团龙纹,盝顶坡面剔刻缠枝花纹。东椁板高 1.22、宽 1.52～1.54、厚 0.22 米。椁板外壁敷松香,并有火烧痕迹。椁壁正面剔刻团龙流云纹,描金,其内壁有墨线朱红地彩画。其余三面椁板已无存。椁内木棺已被毁,残留木棺痕迹长 2.1、宽 1 米。未见任何随葬器物,仅在石椁上层东南角填土内发现被扰乱的残头骨1具(图九、图一○)。[45]

土圹石椁墓又可根据葬具分为石椁木棺(木匣)墓、石椁石棺墓和双重石椁墓三类。

石椁木棺(木匣)墓,如通县三间房M1,椁室南北向,石椁以六块带榫卯的青石板构成,长1.78、宽1.10、高1.06米,呈长方形。椁石厚度不等,最薄0.06、最厚0.14米。内侧用剁斧加工成斗方形花纹,石椁合榫接缝均白灰勾抹。志盖平放于石椁盖上面,志石立于石椁内南壁西侧。椁内有骨灰痕迹,系火葬墓(图一一)。M2结构与M1基本相同。椁底四角各置鹅卵石一枚,正中有板灰痕迹及毡毯残片,系木质骨灰盒及其朽毁的袱套,长约1.4、宽约0.8米。在板灰上有瓷盘、瓷罐、铜钱、鹅卵石等器物。在一个瓷盘内放入两块鹅卵石。骨灰盒内骨灰已散于椁底,上下都撒过铜钱,且在骨灰内发现经火焚变形的银簪金饰等。

石椁石棺墓,如丰台乌古论元忠夫妇合葬墓,东西向,长方形。石椁四壁各由两块汉白玉石板构成。墓葬四角用汉白玉凿成"⌐"石柱,卡住分别置于两侧的椁板。从椁内看,椁四角分别直立四根长方形石柱。石棺位于石椁内靠南处,由汉白玉石棺床架起,高约0.2米。石棺置于床上,长方形,素面,四壁榫卯结构。石棺六面各由一块汉白玉板构成。棺内有火化骨灰碎块。

双重石椁墓,如石景山鲁谷金墓M35,有石椁两重。外椁由五块青石板组成,未见底板,椁壁以榫卯结构相连接。内椁的椁盖为覆斗形,椁身由一整块青石凿成,素面(图一二)。椁内上层放置一块长方形织物,织物下面是经火化的骨灰和木炭,其周围有木板灰和漆痕,推测其是用于盛放骨灰的木棺(图一三)。骨灰的下面放置有铜钱。在椁内底部的东侧有一块鹅卵石。在骨灰的南侧,随葬五件形制相同的双系白釉瓷罐和一件八棱双系青釉瓶。墓志一合,青石制,出土时放置于外椁盖上方。

综上,北京地区石椁墓在金代墓葬数量上占绝对优势,大多由六块即四壁立砌四块,底和盖各一块构成,这应是普通贵族阶层的石椁墓。品官较高的女真权贵的椁室,则由八块或十块,即四壁立砌四块,底和盖各两块或三块构成。石料一般是青石,也有规格较高的汉白玉石质的,如乌古论元忠夫妇合葬墓,石椁四角还有汉白玉凿成的"⌐"石柱,卡住分别置于两侧的椁板。石椁墓的墓向除了坤后陵墓群中的2座呈南北向外,其余的全都是东西向。葬式上既有土葬,也有火葬。

石椁墓的年代多为金代中晚期,墓主以女真贵族居多。既有加赠金紫光禄大夫、驸马都尉,其妻为太祖第二女毕国公主的乌古论窝论,以及其子尚书右丞相、驸马都尉、任国公,其妻为世宗长女鲁国大长公主的乌古论元忠。还有虽系汉族,但其妻都是女真贵族的,如北京通县三间房M1墓主人石宗壁,曾官定威将军,官正五品;M2为其妻墓,志文载"公聚纥石烈氏,封武威县君",系金朝统治阶级重要氏族之一。此外,还有房山沙窝村"忠显校尉班謔"墓,崇文区磁器口"修武校尉吕恭"墓等。不详族属和官品的还有先农坛一座金墓,从墓葬中随葬众多的"大定通宝"铜钱和灰绿釉鸡腿瓶推测墓主可能是女真贵族[46]。

在北京地区的女真贵族石椁墓中,除保留随葬金、银、玉器等传统习俗外,受汉、契丹等族的影响,墓中随葬有鸡腿瓶、铜镜、铜钱等遗物。北京地区发现的汉族官员石椁墓中,大多以陶瓷器、铜镜、铜钱等为主,所葬瓷器多为定窑产品,胎薄釉亮,刻花精细,器形别致,堪称佳品。此外,还随葬有小铜刀、陶砚、骨梳、剪刀等生活用具。值得一提的是，通县三间房石宗璧墓以及通县帅府胡同“保义校尉商仲良”墓中都随葬有较多的陶质明器，有盆、锅、釜、鼎、灶、铛等配套用具，是很具有地方特色的。另外，在丰台王佐 M1 和通县三间房 M2 即石宗璧妻纥石烈氏墓中，在石椁四角各置一鹅卵石，在纥石烈氏墓所葬木匣内，发现有毡毯衬套。这些显然都很具有女真葬俗特点。

（四）土坑墓

以往北京地区发现的金代土坑墓，仅据文物普查材料有少数几例，资料不详备，有火葬的方式。近年在大兴亦庄发掘的一批土坑墓为北京地区的金代墓葬补充了新材料。

大兴亦庄 7 座为土坑墓，形制基本为长方形竖穴，仅一例梯形，一例不规则形。墓穴较浅，不足 1 米，最浅的只有 0.2 米。7 座土坑墓均有木棺，呈长方形或梯形，尸骨葬。有单棺葬，也有双棺葬（图一四、图一五、图一六）。随葬品很简单，仅有一两件瓷器或铜钱等[47]。出土的“大定通宝”铜钱，大致界定了墓葬的上限，可能在金代中期以后。同时一些发饰如铜簪铜钗的出土，可能说明墓主的性别更倾向于女性。还有这批墓葬如 X42 号地 M8、M15、M16 等表现出迁葬或二次葬的痕迹，这些葬俗在金代也是很普遍的。此外，这批墓葬保留了很多汉人的丧葬特点，比如南北向、木棺、土葬等。初步推测这批墓葬为金代中期及以后的汉人平民墓葬。

三、一 点 认 识

金朝对北京地区的管辖自金帝完颜亮贞元元年（1153 年）迁都燕京，改称中都为始，至金宣宗贞祐三年（1215 年），中都被蒙古占领凡六十余年。这期间北京地区的金代考古也很有自己的特色。其中最重要的一点是，金代不仅发现了皇陵，还发现了大量的女真贵族墓葬，时代多在大定年间以后，与辽代北京很少发现契丹人墓葬形成了鲜明的对比，从一个侧面反映了女真族政治中心向北京的转移[48]。随着金中都经济的发展，人口大大增长，一统河山的气魄确不同于辽。

金代的北京地区仍然以汉人为主，但是前期和中后期的民族构成有较大的变化。金代前期北京地区的民族构成主要是对辽代的延续，女真人较少。向中原的迁徙主要有两次，分别在金太宗天会年间和金熙宗皇统初。但是，女真上层贵族的迁徙是随着金帝完颜亮迁都燕京，改燕京为中都开始的。金中都成为统治半个中国的政治中心，是金王朝的政治中枢，因而下令“征调四方之民以实京师”，一时成为北方各族人民会聚之地。中晚期以宗室贵族和高级官吏为主的女真人成批迁入中原，与汉人的融合进一步深化，并有通婚现象发生。

表现在考古学文化上，金代的北京地区墓葬特点在前期和中后期也有着较为明显的变化。就墓葬形制而言，圆形单室砖墓是前期最主要的墓葬形制，是辽代乃至是自北朝以来北方民族考古文化的一种延续，这种墓葬形制在唐代、辽代都有较为复杂的表现，有六角、八角等多边形以及双室砖砌墓。但是在金代前期则只有较为单一的圆形，仅在延庆张山营发现一例八角形单室砖墓。很明显的，到了金代中期贞元、正隆、大定年间，土坑石椁墓成为北京地区金代墓葬形制的主流,且墓主大多是女真贵族,石椁的制作也较为考究,身份地位高的则采用了汉白玉石料等。

关于女真人的丧葬习俗,史料不多。《大金国志》谓“死者埋之而无棺椁,贵族生焚所宠奴婢、所乘鞍马以殉之”,这指的应该是女真民族的旧俗。这种习俗可以上溯到靺鞨时代,如《旧唐书·靺鞨传》云“死者穿地埋之,以身衬土,无棺敛之具,杀所乘马于尸前设祭”。从金源黑龙江地区发现的金代墓葬看,土坑墓是始终存在、长期使用的一种墓葬类型。使用者主要是一般的平民,往往不用葬具,直接采用天然土圹下葬,多数仰身直肢[49]。

至于金代的火葬墓,有学者认为是海陵王迁都北京后,汉化加深,促使其埋葬形式从土坑墓发展到火葬墓的结果。我们更倾向于认为,“辽金时代的火葬墓,首先是在契丹人、女真人中出现的,而后影响到汉族人”[50]。金代火葬的出现,是与其原始宗教萨满教有一定关系的。金代到了中后期火葬墓数量的增加,可以说是这种原始信仰的火葬风俗,在佛教的影响下得到巩固和发展的结果。其实从某种程度上说,也是一种民族融合的现象。

注释:

① 苏天钧:《十年来北京市所发现的重要古代墓葬和遗址》,《考古》1959 年第 3 期。

② 参见国家文物局主编:《中国文物地图集—北京分册(下)》,科学出版社,2008 年 7 月版。

③ 参见北京市文物研究所:《北京市考古五十年》,《新中国考古五十年》,文物出版社,1999 年 9 月。

④ 参见北京市文物研究所:《北京金代皇陵》,文物出版社,2006 年。

⑤ 马希贵:《北京先农坛金墓》,《文物》1977 年 11 期。

⑥ 马先得、黄秀纯:《北京市房山县发现石椁墓》,《文物》1977 年第 6 期。

⑦ 北京市文物研究所:《北京金代皇陵》第 158 页,文物出版社,2006 年 11 月版。

⑧ 北京市文物管理处:《北京市通县金代墓葬发掘简报》,《文物》1977 年第 11 期。

⑨ 北京市文物局编:《北京辽金史迹图志》(下),北京燕山出版社,2004 年。

⑩ 北京市文物研究所编:《北京金代皇陵》,文物出版社,2006 年 11 月版。

⑪ 齐心:《金代蒲察胡沙墓志考》,《北京史论文集》第一集。

⑫ 北京市文物工作队:《北京金墓发掘简报》,《北京文物与考古》第一辑,1983 年。

⑬ 杨学林:《平谷东高村巨家坟金代墓葬发掘简报》,《北京文物与考古》第四辑,1994 年。

⑭ 参见国家文物局主编:《中国文物地图集—北京分册(下)》,科学出版社,2008 年 7 月版。

⑮ 北京市文物研究所:《北京市考古五十年》,《新中国考古五十年》,文物出版社,1999 年 9 月。

⑯ 北京市海淀区文化文物局:《北京市海淀区南辛庄金墓清理简报》,《文物》1988 年第 7 期。

⑰ 王策:《门头沟金代壁画墓》,《北京考古信息》1991 年 1 期。

⑱ 李华:《北京门头沟区永定镇金墓》,《北京文物与考古》第四辑,1994 年。

⑲ 周良:《通县发现金代石棺墓》,《北京文物报》1993 年第 10 期。

⑳ 杨亦武:《房山区沙窝村发现金代墓葬》,《北京文物报》1994 年第 7 期。

㉑ 参见国家文物局主编《中国文物地图集—北京分册(下)》,科学出版社,2008 年 7 月版。

㉒ 北京市文物研究所:《北京金代皇陵》,文物出版社,2006 年 11 月版。

㉓ 王清林等:《石景山八角村金赵励墓墓志与壁画》,《北京文物与考古》第五辑,2002 年;陈康:《石景山

出土罕见金代壁画墓》,《北京文博》2002 年第 2 期。
㉔ 李华等:《延庆县时尚纺织品有限公司壁画墓》,《北京文博》2005 年第 3 期。
㉕ 北京市文物研究所编著:《北京亦庄考古发掘报告》,科学出版社,2009 年 1 月。
㉖ 北京市文物研究所孙勐提供考古发掘新资料。
㉗ 北京市文物研究所:《磁器口出土金代石椁墓发掘简报》,《北京文博》2002 年第 4 期。
㉘ 北京市文物研究所:《大兴区小营出土金代墓葬》,《北京文物与考古》第六辑,2004 年。
㉙ 北京市文物研究所编著:《房山南正遗址》,科学出版社,2008 年 12 月。
㉚ 北京市文物研究所等:《密云大唐庄墓葬区发掘简报》,《北京文博》2007 年第 2 期。
㉛ 北京市文物研究所编著:《北京市奥运场馆考古发掘报告》,科学出版社,2007 年。
㉜ 北京市文物研究所编著:《昌平张营》,文物出版社,2007 年 11 月版。
㉝ 北京市文物研究所:《丰台王佐遗迹考古发掘简报》,《北京文博》2008 年第 3 期。
㉞ 北京市文物研究所:《2008 北京考古工作年报》,内部资料,2009 年 1 月。
㉟ 北京市文物研究所编著:《前后朱各庄遗址区考古发掘报告》,《南水北调北京段考古发掘报告集》,科学出版社,2008 年 4 月。
㊱ 北京市文物研究所:《北京市通州区武夷花园二期项目遗址考古发掘报告》,《北京考古》第二辑,北京燕山出版社,2008 年 12 月。
㊲ 北京市文物研究所:《2008 北京考古工作年报》,内部资料,2009 年 1 月。
㊳ 刘晓东等:《试论金代女真贵族墓葬的类型及演变》,《辽海文物学刊》1991 年第 1 期。
㊴ 王清林、周宇:《石景山八角村金赵励墓墓志与壁画》,《北京文物与考古》第五辑,2002 年。
㊵ 同上。
㊶ 李华等:《延庆县时尚纺织品有限公司壁画墓》,《北京文博》2005 年第 3 期。
㊷ 北京市文物研究所编著:《北京亦庄考古发掘报告》,科学出版社,2009 年 1 月版。
㊸ 李华:《北京门头沟区永定镇金墓》,《北京文物与考古》第四辑,1994 年。
㊹ 北京市文物工作队:《北京金墓发掘简报》,《北京文物与考古》第一辑,1983 年。
㊺ 北京市文物研究所编:《北京金代皇陵》第四章,文物出版社,2006 年 11 月版。
㊻ 陈相伟:《试论金代石椁墓》,《博物馆研究》1993 年 1 期。
㊼ 北京市文物研究所编著:《北京亦庄考古发掘报告》,科学出版社,2009 年 1 月。
㊽ 参见北京市文物研究所编:《北京考古四十年》第 165 页,北京燕山出版社,1990 年 1 月版。
㊾ 赵永军等:《黑龙江地区金墓述略》,《边疆考古研究》第 6 辑,2007 年 12 月。
㊿ 景爱:《辽金时代的火葬墓》,《东北考古与历史》1982 年第 1 期。

(原载于《文物春秋》2009 年第 4 期,此次略有改动)

附表：北京地区金代墓葬

墓葬名称	年代及墓主人	墓葬形制	葬具	葬式	方向	墓葬(棺、椁)装饰	主要随葬品器形	备注	资料出处
崇文区天坛二号墓	辽末金初	圆形 单室砖墓	圆形土棺床 木匣	火葬	南北		三足锅、三足盘，六錾釜、盖罐、铜钱等		《考古》 1963年第3期
门头沟大峪育新小学	金晚期	圆形 单室砖墓	长方形 砖砌棺床		南北	砖雕、壁画	白瓷碗，陶塔式罐、三足鼎、盆、水盛，铜钱等	4组斗拱、立柱	《北京考古信息》 1991年第1期
门头沟永定金墓M1	辽末金初	圆形 单室砖墓		火葬	南北			随葬品破坏、移位	《北京文物与考古》第四辑
门头沟永定金墓M3	辽末金初	圆形 单室砖墓		火葬	南北				《北京文物与考古》第四辑
石景山八角村M1	金早期 陷辽汉族士人赵励	圆形 单室砖墓	长方形砖砌棺床 瓮棺?	火葬	南北	砖雕、壁画	白瓷碗、盘、执壶，银簪，陶碗、罐、盘、执壶、鸡腿瓶等	6组立柱	《北京文物与考古》第五辑
石景山八角村M2	金早期 赵氏家族成员	圆形 单室砖墓						破坏严重	《北京文博》 2002年第2期
大兴小营金墓	金早期	圆形 单室砖墓	长方形棺床 木棺	火葬	南北	砖雕、壁画	陶执壶、鏊锅、三足鏊锅、三足盆、盘、塔式盖罐等，瓷鸡腿瓶、碗、折腹盘等	6组斗拱	《北京文物与考古》第六辑
大兴亦庄80号地M50	金中期	圆形 单室砖墓	长方形棺床	土葬	南北	仿木立柱	瓷盘、罐、器座 各1件		《北京亦庄考古发掘报告》第289页
门头沟新桥街墓	金	圆形 单室砖墓		火葬			盘、罐、碗、提斗		《中国文物地图集·北京卷(下)》第254页
门头沟龙泉镇金墓	金	圆形 单室砖墓	砖砌棺床		南北	砖雕仿木、彩绘壁画	碗、盆、塔式罐、三足鼎、铜钱		《中国文物地图集·北京卷(下)》第255页
门头沟何各庄金墓	金	圆形 单室砖墓	半圆形棺床	火葬	南北		盆、碗、瓶、铁四足炉、三足洗、鏊锅		

续表

墓葬名称	年代及墓主人	墓葬形制	葬具	葬式	方向	墓葬(棺、椁)装饰	主要随葬品器形	备注	资料出处
延庆张山营金墓	辽末金初 “吕夫人”	八角形 单室砖墓		火葬	南北	砖雕、壁画	铜人、饰物、瓷盘、骨梳、琥珀饰件等	8组立柱	《北京文博》2005年第3期
大兴亦庄X42号地M12	金中期	长方形 单室砖墓	生土二层台	土葬	南北		陶罐2件,鸡腿瓶、铜钱各1件	尸骨散乱	《北京亦庄考古发掘报告》第296页
宣武区先农坛九号墓	金	长方形 单室砖墓					鸡腿瓶、钧窑盘、陶灯、盆等		《中国文物地图集·北京卷(下)》第123页
大兴梁家务金墓	金	方形 单室砖室					铜镜、鸡腿瓶、瓷碗等		《中国文物地图集·北京卷(下)》第362页
通州南屯墓	金	方形 单室砖室墓					铜镜、梅瓶、碗、盆、盘等		《中国文物地图集·北京卷(下)》第317页
房山班谌墓	金中晚期 忠显校尉班谌	砖室墓	石棺				铜钱		《北京文物报》1994年7月
丰台王佐M2	中后期	长方形 砖圹石盖墓	漆木棺	火葬	东西			砖圹青石盖板	《北京文物与考古》第一辑
海淀区半截塔金墓	金	长方形 砖圹石盖墓		火葬			绿松石饰品等		《中国文物地图集·北京卷(下)》第214页
西城积水潭金墓	金	砖圹石盖墓		火葬	东西		瓷罐、碟、碗、鸡腿瓶等		《中国文物地图集·北京卷(下)》第58页
门头沟永定金墓M2	金中期	圆形砖石 混筑墓	半圆形 砖砌棺床	火葬	南北	墓壁影作灯檠	陶四足炉、三足洗、鋬手锅、罐、碗、盆,灰绿釉鸡腿瓶、瓷盏		《北京文物与考古》第四辑

续表

墓葬名称	年代及墓主人	墓葬形制	葬具	葬式	方向	墓葬(棺、椁)装饰	主要随葬品器形	备注	资料出处
门头金沟介石村墓	金	砖石墓				砖雕	铜镜、铜灯、瓷碗等		《北京考古四十年》第167页
石景山庞村金墓	金	砖石墓				墓顶壁画 祥云仙鹤			
金陵2002FJLM6－1	贞元三年	长方形石圹石椁墓	漆木棺	火葬	南北		玉雕海东青、梅花饰件,铜辅首	青石板	《北京金代皇陵》第四章
金陵2002FJLM6－2	贞元三年		漆木棺	尸骨葬	南北		竹节状金环	青石板	
金陵2002FJLM6－3	贞元三年 钦宪皇后纥石烈氏	长方形石圹汉白玉石椁墓	漆木棺	尸骨葬	东西	雕凤纹汉白玉石椁	金丝凤冠、雕凤鸟纹玉饰件、金丝花饰等	汉白玉	
金陵2002FJLM6－4	贞元三年 金太祖完颜阿骨打		漆木棺	尸骨葬	东西	雕龙纹汉白玉石椁		汉白玉	
金陵2002FJLM7	贞元三年 金太宗完颜晟	长方形石圹墓					石龟趺残件及刻“皇”“帝”残碑	未发掘	
金陵2002FJLM8	贞元三年 金睿宗完颜宗尧或空墓							未发掘	
金陵2001FJLM9	大定二十九年 金世宗完颜雍					仿木、石雕门楼		未发掘	
金陵2001FJLM1	金中期	长方形石圹墓			东西				
金陵2001FJL M2	金中期	长方形石圹墓			东西				
金陵2001FJLM3	金中期	长方形石圹墓	花岗岩石棺台		南北				
金陵2001FJLM4	金中期	长方形石圹墓	凹形石棺台木棺	尸骨葬	南北		铜首铁剑、石枕	尸骨散乱	
金陵2001FJLM5	金中期	长方形石圹墓	凹形石棺台木棺,有腰坑	尸骨葬	南北		腰坑内瓷罐、大碗,其内三角形铁饰和30余枚“泰和重宝”	尸骨散乱	

续表

墓葬名称	年代及墓主人	墓葬形制	葬 具	葬式	方向	墓葬(棺、椁)装饰	主要随葬品器形	备 注	资料出处
房山长沟峪墓群主墓	金 世宗元妃李氏	土坑石椁墓	漆木棺	土葬	东西	棺外涂红漆，錾银云龙纹装饰	精美玉器 11 件套 墓中水银、松香等防腐		《文物》 1977 年第 6 期
房山长沟峪墓群 4 座从墓	金世宗元妃张氏、贤妃石抹氏、德妃徒单氏、柔妃大氏	土坑石椁墓	木棺	土葬	2 东西 2 南北				《文物》 1977 年第 6 期
丰台王佐乌古论窝论墓	金中期 驸马都尉光禄大夫 乌古论窝论	土坑石椁墓	青石板棺床 长方形漆木棺	火葬	东西		鸡腿瓶、錾耳洗、碗、盘，玉饰件 石盒等	椁盖底三青石	《北京文物与考古》第一辑
丰台王佐 M1	金	土坑石椁墓	青石板棺床	火葬	东西			椁底四角各一鹅卵石	《北京文物与考古》第一辑，1983
丰台王佐元忠夫妇墓	金晚期 开府右丞相判彰德尹驸马都尉元忠与鲁国大长公主	土坑石椁墓 (汉白玉)	汉白玉棺床 汉白玉石棺	火葬	东西	石椁四角有"厂"形汉白玉石柱的榫卯	残石明器，长命富贵压胜钱，"官"字款砖等	石碑墓志各 2	《北京文物与考古》第一辑
通县三间房 M1	金中期 宣威将军石宗璧	土坑石椁墓	木匣	火葬	东西	椁板内斗方形花纹	陶鋬锅、釜、鼎、罐，瓷碗、盘、洗衣、鸡腿瓶等，铜镜、铜钱等		《文物》 1977 年第 11 期
通县三间房 M2	金中期 石宗璧妻纥克石烈氏 (女真族)	土坑石椁墓	木骨灰盒 毡毯袱套	火葬	东西	椁板内斗方形花纹	瓷瓶、玉壶春瓶、瓜棱罐、盘、杯，陶砚，金银饰件，铁剪，骨梳，铜钱	椁底四角各一鹅卵石	《文物》1977 年第 11 期
平谷巨家坟合葬墓	金晚期 忠显校尉巨君	土坑石椁墓	木棺	尸骨 2 具	东西		双鱼瓷盘、錾耳洗、盖罐、鸡腿瓶、蒜头壶、双系罐、高领罐等，玉饰件，木盒、铜带扣、铜钱等	其中一具为二次迁葬	《北京文物与考古》第四辑
海淀南辛庄 M1	金中期 宣武将军骑都尉张□震	土坑石椁墓					白瓷碗、瓜棱注子、盘、盒等	墓志	《文物》1988 年第 7 期

续表

墓葬名称	年代及墓主人	墓葬形制	葬　具	葬式	方向	墓葬(棺、椁)装饰	主要随葬品器形	备　注	资料出处
海淀南辛庄 M2	金中期 夫妇合葬	土坑石椁墓	木棺	尸骨 2具	东西		白瓷碗、葫芦注子、盒、盘、罐、盏，陶砚，铜刀、铜镜、铜钱55枚，铁棺环，木梳、木篦，纸盒等。		《文物》 1988年第7期
宣武区先农坛七号墓	金中期	土坑石椁墓	木匣	火葬	南北		盘、碟、莲瓣碗、鸡腿瓶，铜笄、铜钱88等	6块青石板拼棺	《文物》1977年第11期
门头沟完颜窝鲁欢墓	金中期 太祖大圣武元皇帝第八子窝鲁欢	土坑石椁墓	木棺					汉白玉石椁	《中国文物地图集·北京卷(下)》第255页
石景山鲁谷金墓M35	金 吕延嗣	土圹石椁墓 (双重)	木棺	火葬	东西		五件形制相同的双系白釉瓷罐和一件八棱双系青釉瓶		北京市文物研究所发掘新资料
石景山鲁谷金墓M56	金 吕□□(吕嗣延父辈)	土圹石椁墓 (双重)	木棺	火葬	东西		小玉壶春瓶一件		
石景山鲁谷金墓7座	金 吕氏家族墓	土圹石椁墓	木棺	火葬	东西		无		
石景山鲁谷金墓1座	金 吕氏家族墓	土圹石椁墓			东西			早期破坏	
海淀区蒲察胡沙墓	金晚期 女真贵族蒲察胡沙	土坑石椁墓	长方形 石棺床	火葬				6块青石板	《北京考古四十年》第166页
崇文区花椒树金墓	金	长方形 石椁墓		火葬			鸡腿瓶、小罐等		《中国文物地图集·北京卷(下)》第107页
崇文区郭庄金墓	金	石椁墓					鸡腿瓶、小陶器、铜钱等		
海淀金山金墓	金	土坑石椁墓					瓶、盘、碗、漆盒等		《中国文物地图集·北京卷(下)》第214页

续表

墓葬名称	年代及墓主人	墓葬形制	葬　具	葬式	方向	墓葬(棺、椁)装饰	主要随葬品器形	备　注	资料出处
崇文区磁器口金墓	金中期 修武校尉吕恭	土坑石椁墓			东西		白瓷碗、瓶、盒等，陶花槛，古瓦砚，石笔架，玉佩，铜钱等	椁盖、底2块石板	《北京文博》2002年第4期
通县帅府胡同	金中期 保义校尉商仲良	石棺墓			东西		瓷碗、玉壶春瓶、小杯，灰陶明器27件如灶、把铛、七鏊锅、三足盘等	6块青石板拼棺	《北京文物报》1993年第10期
宣武区先农坛八号墓	金	石棺墓					瓶、水斗、盘、鏊锅、灯等		《中国文物地图集·北京卷(下)》第123页
密云疃里墓	金	石棺墓					铜钱30余枚等		《中国文物地图集·北京卷(下)》第397页
大兴亦庄X42号地 M4	金	长方形土坑墓	长方形木棺	土葬	南北		铜钱、陶罐各1件		《北京亦庄考古发掘报告》第289页
大兴亦庄X42号地 M5	金	长方形土坑墓	梯形木棺	土葬	南北		陶罐1件		
大兴亦庄X42号地 M6	金	长方形土坑墓	梯形木棺	土葬	南北		陶罐、铜簪、铜钗各1件		
大兴亦庄X42号地 M8	金中期	梯形土坑墓	梯形木棺	土葬	南北		瓷壶、碗、铜钱各1件	尸骨散乱	
大兴亦庄X42号地 M15	金中期	不规则土坑墓	西梯形 东长方形	土葬	南北		西有瓷壶、铜钱各1件		
大兴亦庄X42号地 M16	金	梯形土坑墓	梯形木棺2具	东棺土葬	南北		铜簪、铜钗各1件		
大兴亦庄80号地M1	金中期	长方形土坑墓		土葬	南北				
昌平小汤山M1、M3	金中期	土坑墓							北京市文物研究所2008年工作简报
海淀北安河金墓	金	土坑墓		火葬					《北京考古四十年》第167页
通州大唐庄墓	金	土坑墓							

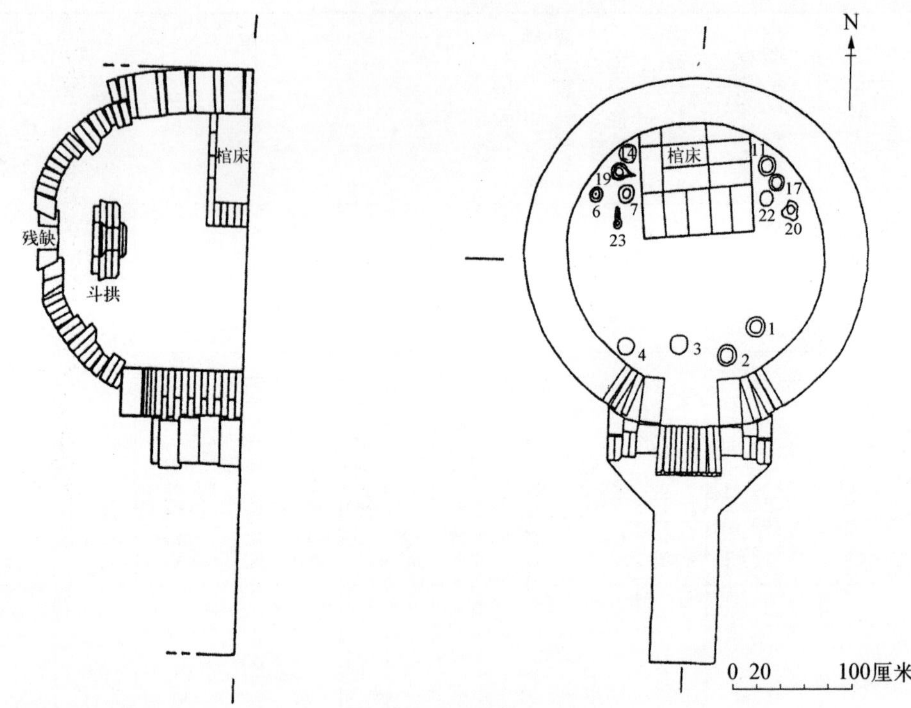

大兴区小营金墓平、剖面

图一　小营金墓

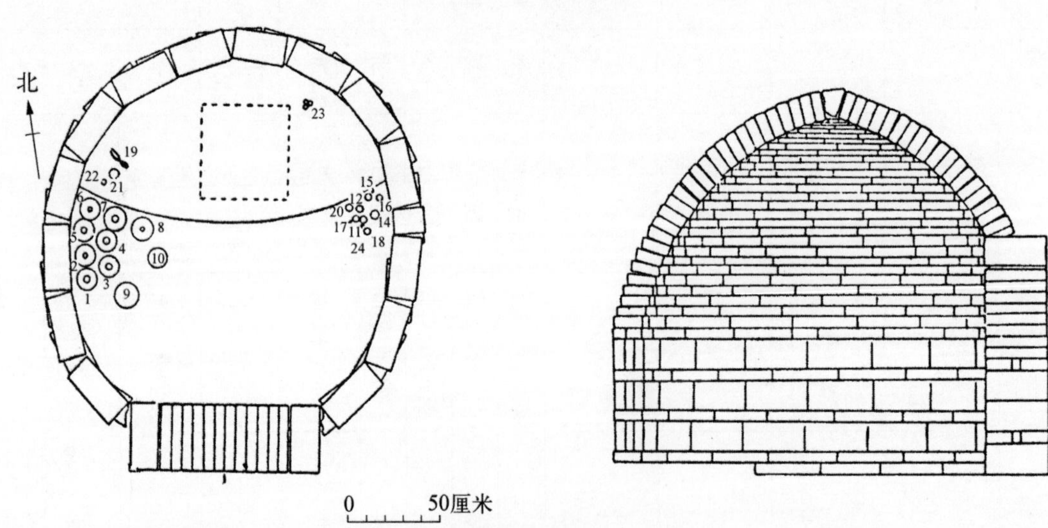

墓室平、剖面图

图二　天坛公园金墓平面图

1～8. 陶罐　9. 釉陶盘　10. 三足盘　11. 陶釜　12. 陶盆　13. 陶灯　14. 三足锅　15. 陶碗　16. 陶执壶　17. 陶碟　18. 陶三瓣器　19. 陶剪　21. 瓷水注　22. 瓷双耳罐　23. 铜钱　24. 陶勺

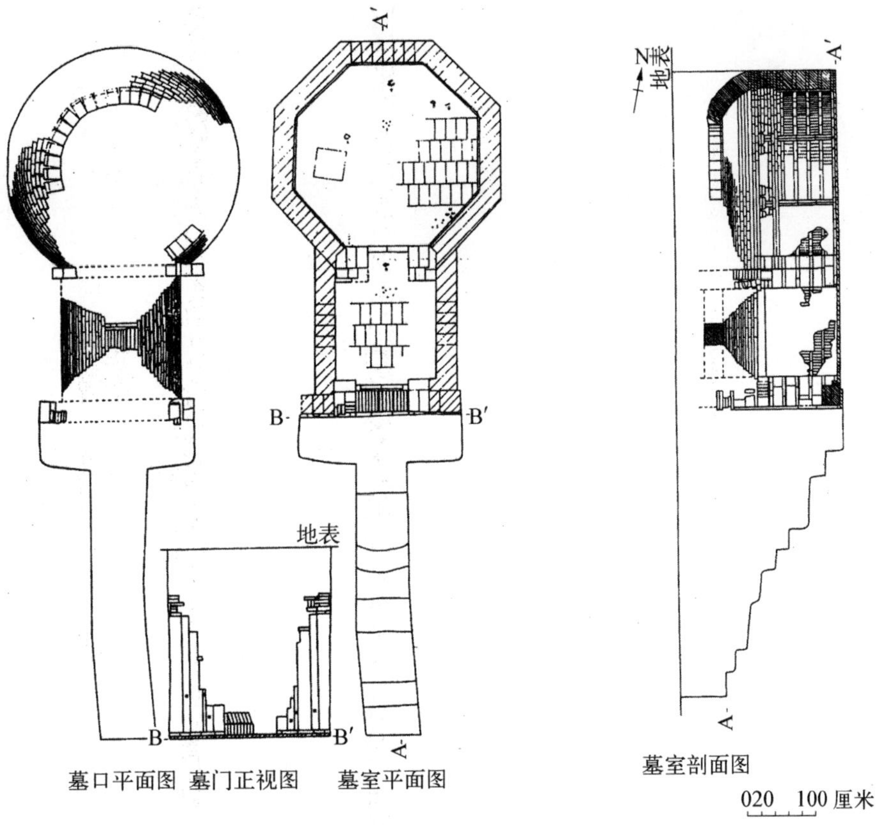

北京延庆县时尚纺织品有限公司院内金墓平、剖面图

图三 延庆张山营

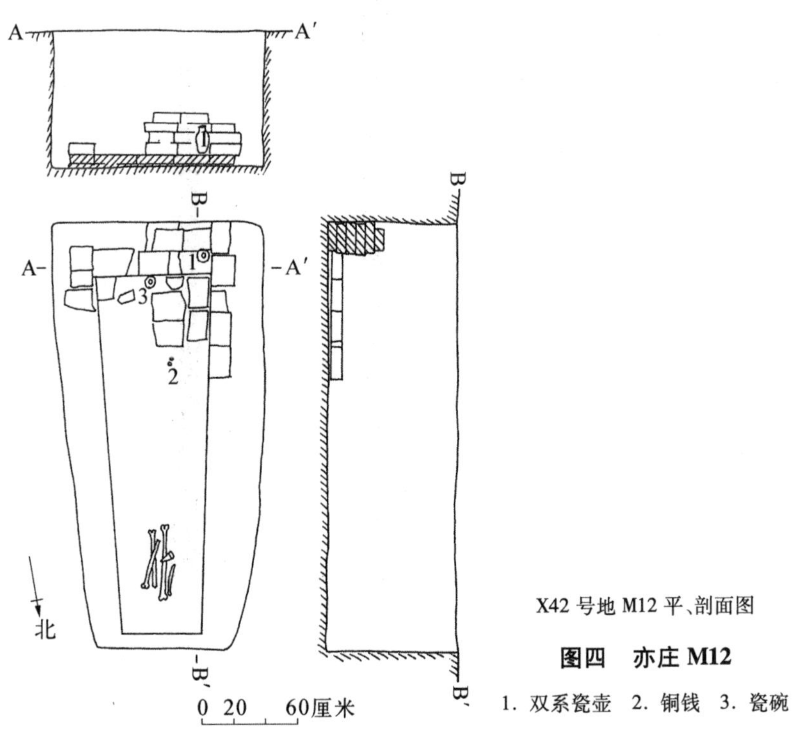

X42 号地 M12 平、剖面图

图四 亦庄 M12

1. 双系瓷壶 2. 铜钱 3. 瓷碗

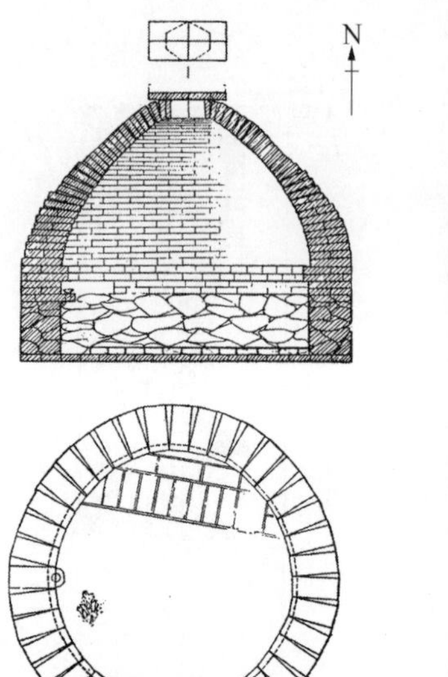

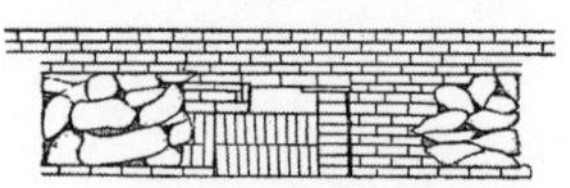

墓2平面、剖面、俯视图

图五 永定M2

图六 金陵M6地宫全貌

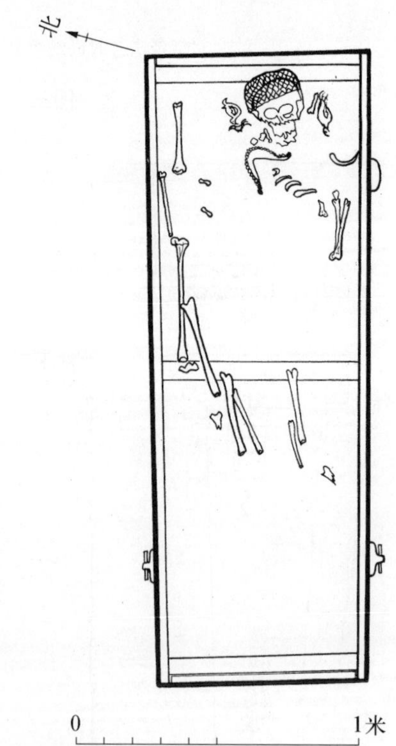

M6-3木棺及出土器物位置图

图七 M6-3木棺及出土器物图

图八　M6－3 雕刻凤纹石椁东壁拓片

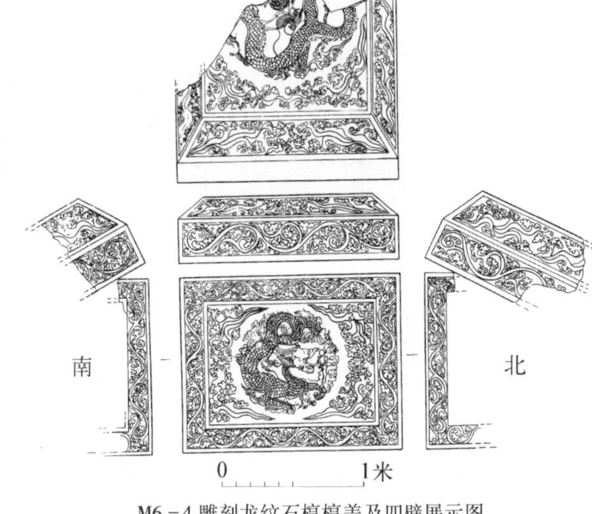

M6－4 雕刻龙纹石椁椁盖及四壁展示图

图九　M6－4 雕龙纹石椁椁盖及四壁

图一〇　团龙纹石椁拓片

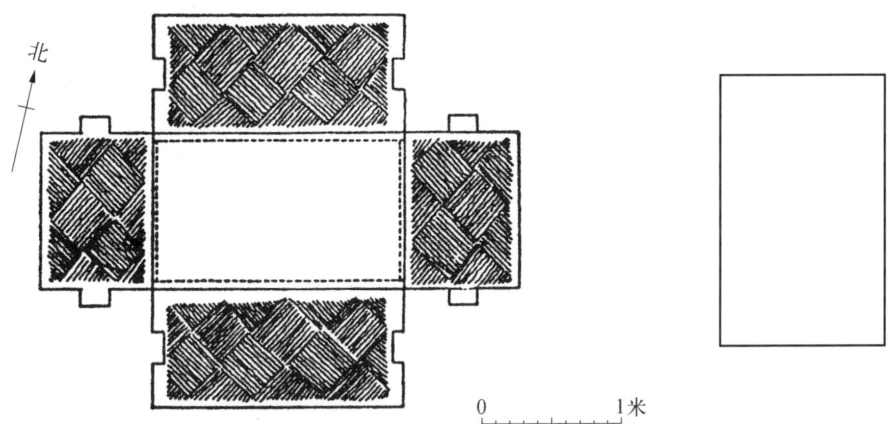

图一一　三间房 M1 平面图

图一二　鲁谷 M35 石棺椁

图一三　鲁谷 M35 丝织物

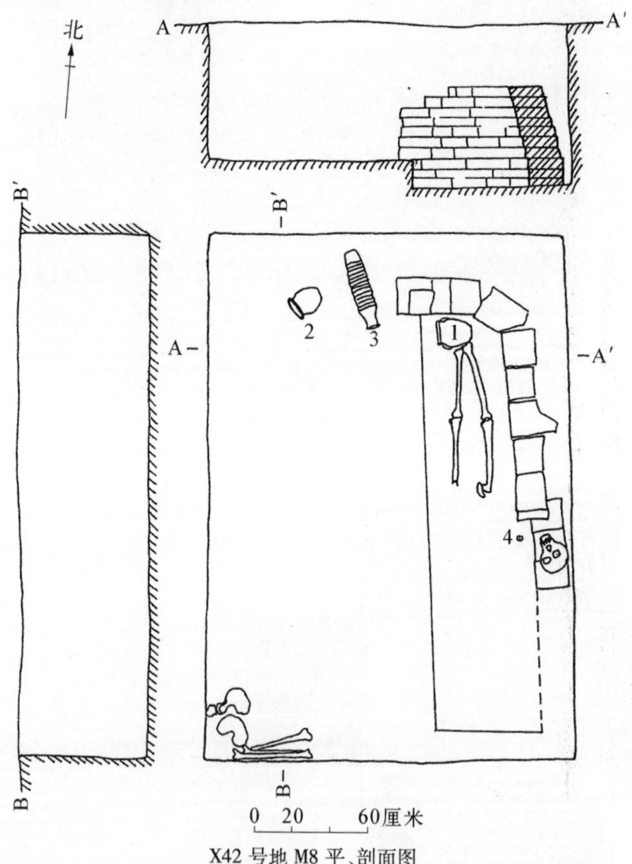

X42 号地 M8 平、剖面图

图一四　亦庄 M8

1、2. 陶罐　3. 鸡腿瓶　4. 铜钱

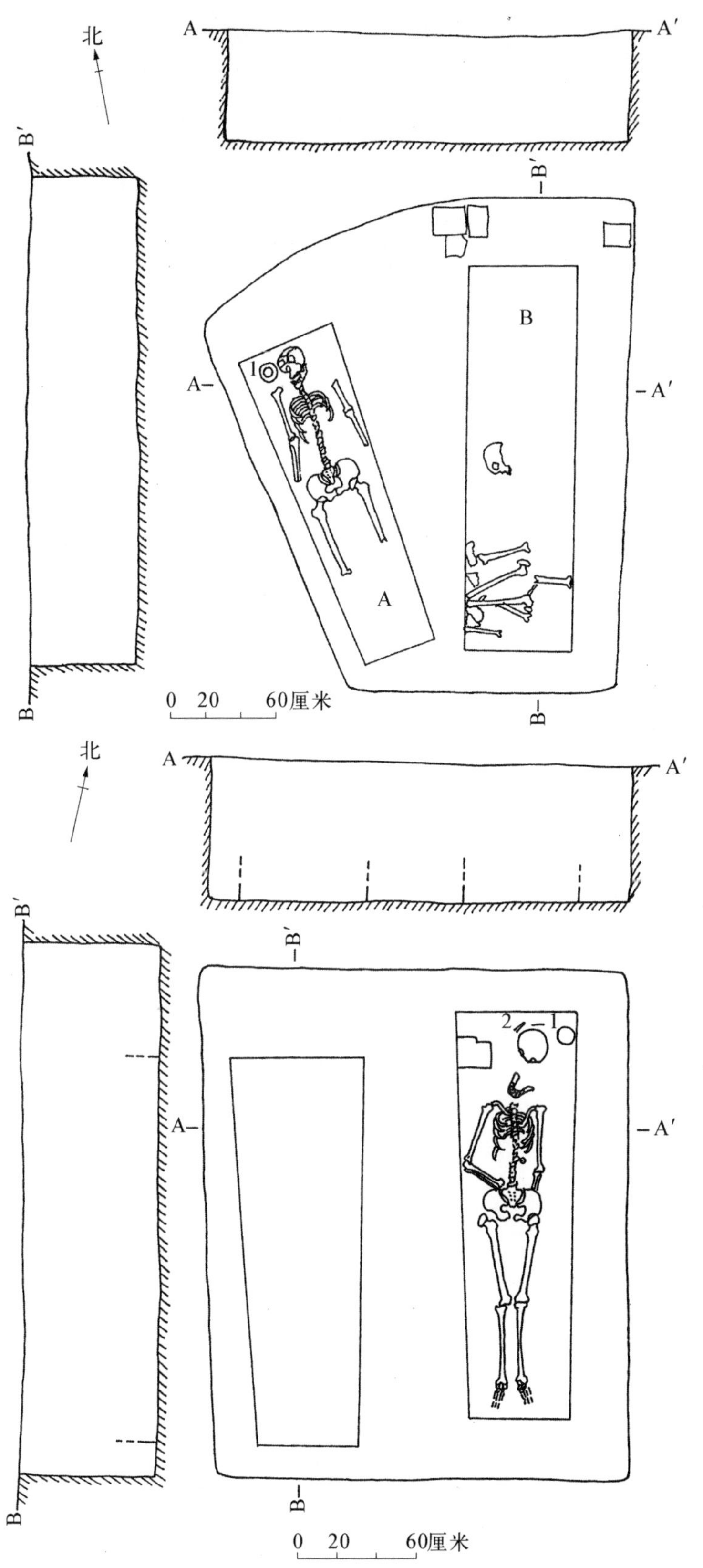

X42 号地 M15 平、剖面图

图一五　亦庄 M15

1. 双系瓷壶

X42 号地 M16 平、剖面图

图一六　亦庄 M16

1. 铜簪　2. 铜钗

《明史·公主传》校补四则

盛会莲

【关键词】明史;公主

《明史》卷一二一《公主传》是我们研究明代公主的重要文献,然其记载仍有不少可商榷之处。东耳曾发表《〈明史·公主传〉考辨一则》,对景帝一女说进行了考订,指出景帝应有二女①。实际上,《明史·公主传》中的讹误还有不少,兹选四则进行勘误,期抛砖引玉,以就教于方家。

1. 明宣宗有三女

《明史》卷一二一《公主传》载:

> 宣宗二女。顺德公主,正统二年下嫁石璟。璟,昌黎人。天顺五年,曹钦反,璟帅众杀贼,擒其党脱脱。诏奖劳。成化十四年奉祀南京,逾年卒。常德公主,章皇后生。正统五年下嫁薛桓。成化六年薨。②

按:《明英宗实录》载:正统八年春正月"癸酉,顺德长公主薨。公主,宣宗章皇帝长女,母皇后胡氏"③。《明宪宗实录》载:成化六年七月"戊子,常德大长公主薨。公主,宣宗章皇帝之第三女,母曰孝恭章皇后"④。则知宣宗应有三女。《太常续考·西山陵园事宜》载:"永清公主葬金山,即宣宗皇帝女也。"⑤显然,宣宗有三女,因永清公主早薨,故《明史》和《续文献通考》仅记宣宗二女⑥。永清公主实为宣宗第二女,而常德公主为宣宗皇帝第三女。《弇山堂别集》记作:"宣宗二女:正统二年,皇长女顺德长公主下嫁驸马石璟,主以八年薨,璟以成化十五年卒。十二年,第二女常德长公主下嫁驸马薛桓。主后进大长公主,成化六年薨。"⑦误,兹可并正之。

2. 明孝宗仅有一女

《明史》卷一二一《公主传》载:

> 孝宗三女。太康公主,弘治十一年薨,未下嫁。永福公主,嘉靖二年下嫁邬景和……永淳公主下嫁谢诏。⑧

按:《续文献通考》载:"孝宗三女,太康公主,早薨。永福公主,嘉靖二年下嫁邬景和。王圻《续通考》云嘉靖四年主薨。永淳公主,下嫁谢诏。王圻《续通考》云嘉靖元年下嫁,未几主薨。臣等谨按:王圻《续通考》孝宗女全(阙),而云睿宗有四女,长宁为长,善化为二,皆早薨。又以孝宗女永福为三,永安为四,永安即下嫁谢诏之永淳主也。取以相证,大不符矣。"[⑨]然,据《万历野获编》载:"又有驸马都尉邬景和者,尚兴献帝第二女永福公主"[⑩]。"嘉靖六年,永淳公主及笄,选禁脔而得陈钊,既为仇家所讦罢矣,上命再选。盖主为兴献帝第四女,上加意怜爱之,必欲得佳偶。"[⑪]《明世宗实录》载嘉靖六年八月讨论对永淳公主之驸马谢诏授书教礼事宜时,世宗曰:"今公主乃我皇考亲女,为朕亲妹;驸马都尉谢诏作国家亲臣,焉可使之不读书知礼乎?"[⑫]世宗亲妹、世宗皇考亲女即睿宗女。显然《续文献通考》作者将王圻《续通考》明确记载的睿宗女永福公主和永淳公主考证给了孝宗。则《明史》关于孝宗女的记载应为:孝宗一女,太康公主,弘治十一年薨,未下嫁。《弇山堂别集》载:"孝宗一女。弘治十一年,皇女薨,追封太康公主,葬礼依蔚悼王。"[⑬]该书对孝宗女的记载无误。

3. 明睿宗有四女

《明史》卷一二一《公主传》载:

> 睿宗二女。长宁公主,早薨。善化公主,早薨。嘉靖四年,二主同日追册。[⑭]

按:永福公主和永淳公主应为睿宗女的史料根据已如上所引。《明世宗实录》载:嘉靖四年七月"戊寅,追封恭穆献皇帝嫡弟(第)一子岳怀王,嫡弟(第)一女为长宁长公主,庶弟(第)二女为善化长公主"[⑮]。则永福公主应为睿宗兴献帝第三女。《万历野获编》载永福公主为兴献帝第二女有误。《明史》关于睿宗女的记载应为:睿宗四女。长宁公主,早薨。善化公主,早薨。嘉靖四年,二主同日追册。永福公主,嘉靖二年下嫁邬景和……永淳公主下嫁谢诏。《弇山堂别集》载:"睿宗皇帝四女,嫡第一女、庶第二女皆蚤薨。嘉靖四年追封一女为长宁长公主,二女为善化长公主。嘉靖二年第三女永福长公主下嫁驸马邬景和……嘉靖(阙)年第四女(阙)长公主下嫁驸马谢诏。"[⑯]该书对睿宗女的记载虽有残缺,但无误。

4. 明穆宗有七女非六女

《明史》卷一二一《公主传》载:

> 穆宗六女。蓬莱公主,早薨。太和公主,早薨。隆庆元年与蓬莱公主同日追册。寿阳公主,万历九年下嫁侯拱辰……永宁公主,下嫁梁邦瑞。万历三十五年薨。瑞安公主,神宗同母妹。万历十三年下嫁万炜。崇祯时,主累加大长公主……延庆公主,万历十五年下嫁王昺。[⑰]

按:《太常续考·西山陵园事宜》载:"蓬莱公主、太和公主、栖霞公主俱葬金山,以上三公主皆穆宗皇帝女也。"[⑱]则栖霞公主亦应为穆宗女。《明神宗实录》亦载:隆庆六年九月辛亥,"追皇第七妹为栖霞公主"[⑲]。神宗妹即穆宗女。1955 年在董四墓出土了《栖霞公主圹志》,志曰:公主名尧姜,隆庆六年(1572 年)九月薨,谥曰栖霞公主,十二月九日葬于金山之原。则栖霞公主实为穆宗第七女。

以上四则为笔者的粗浅考订,不妥处请方家批评指正。

注释:

① 东耳:《〈明史·公主传〉考辨一则》,《史学月刊》1990 年 4 期,第 42 页。

②《明史》卷一二一,中华书局 1974 年标点本,第 3671 页。

③《明英宗实录》卷一〇〇,中研院历史语言研究所 1962 年校印本,第 2019 页。

④《明英宗实录》卷八一,中研院历史语言研究所 1962 年校印本,第 1577 页。

⑤ [明] 不著撰人:《太常续考》卷四,文津阁《四库全书》本。

⑥《续文献通考》卷二〇三《帝系考·公主》,北京,商务印书馆 1936 年影印本,第 4405 页。

⑦ [明] 王世贞:《弇山堂别集》卷三六《郡王·公主》,台北,台湾学生书局 1965 年影印,第 1602–1603 页。

⑧《明史》卷一二一,第 3674 页。

⑨《续文献通考》卷二〇三《帝系考·公主》,第 4405 页。

⑩ [明] 沈德符:《万历野获编》卷四,北京,中华书局 1959 年校印本,第 117 页。

⑪ 补遗卷一,第 809 页。

⑫《明世宗实录》卷七九,中研院历史语言研究所 1962 年校印本,第 1763 页。

⑬《弇山堂别集》卷三六《郡王·公主》,第 1606–1607 页。

⑭《明史》卷一二一,第 3674 页。

⑮《明世宗实录》卷五三,第 1322 页。

⑯《弇山堂别集》卷三六《郡王·公主》,第 1606–1607 页。

⑰《明史》卷一二一,第 3675–3676 页。

⑱《太常续考》卷四,第 538 页。

⑲《明神宗实录》卷八,中研院历史语言研究所 1962 年校印本,第 204 页。

(本文有三则分别载于《中国典籍与文化》2009 年 4 期、2010 年 1 期)

北京毛家湾出土的明代龙泉官窑瓷器

李永强

【关键词】毛家湾;陶瓷考古;龙泉官窑

龙泉窑是我国制瓷历史较长的窑系之一,其制瓷工艺在各大名窑中独树一帜,堪称青瓷史上的巅峰。传统观点认为,龙泉窑在宋元时期达到鼎盛,入明后逐渐衰落。但零星的文献记载显示,龙泉在明初曾设立过官窑,少量的龙泉窑传世精品,也与文献隐隐契合。直到2005年,随着枫洞岩窑址的发现与发掘,明代龙泉官窑瓷器才逐渐被学界认识。几乎与此同时,北京毛家湾瓷器坑也出土了一批与之基本雷同的龙泉青瓷,对探讨明代龙泉官窑瓷器不无裨益。兹介绍如下。

器形有碗、盘、福寿瓶、福寿壶、花盆、盆托、盏托、高足碗、钵、盒等,器类丰富,品种多样。造型端巧,胎土淘练精细,青釉莹润似玉。其中的部分器物能够复原。

碗　有大小两种规格,皆裹釉垫烧,底心一周涩圈。大碗残破仅剩碗底,不可复原,其形制不详。小碗均作撇口弧腹,口径18.4厘米。两种形制的碗,其内壁及底多刻折枝花卉纹,光素无纹者少量。

盘　均作撇口,浅弧腹。裹釉垫烧,底心一周涩圈。内底在双圈内刻折枝花卉纹,内壁刻缠枝花卉,外壁光素(图一)。

花盆　分撇口和折沿两种。撇口者,外口沿下饰一周裙裾状花边,深腹,圈足,底心一圆形出水孔。外壁施豆青釉,内壁施半釉。外壁刻划缠枝花卉纹,颈部刻仰莲瓣纹,两组纹饰间用一凸弦纹相隔,内壁及底足露胎处呈均匀红褐色。口径15.8、底径7.9、高14.4厘米(图二)。折沿者,作敞口,口沿呈八角形,深腹。沿面饰排列整齐的“S”形刻划纹一周,外壁八个开光内分别刻划八种折枝花卉。口径23厘来。

盆托　可分为撇口和敛口两种。撇口者,浅盆形腹,饼形底,下接三云头足。内底涩胎泛橘红色,沿面饰一周卷草纹,腹壁刻缠枝花卉纹。口径15.6、底径5.2、高5.1厘米(图三)。敛口者,扁腹较浅,下接三矮兽面足,饼形底。腹壁上、下端各饰一周稀疏鼓钉纹,内底心涩胎。口径16.2、底径6.1、高5.7厘米(图四)。

盏托　侈口,浅腹斜收,圈足,内底接托圈,底足通透。光素无纹,足脊露胎泛红褐色。口径15.2、足径5.2、圈径7.8、高5.4厘米(图五)。

钵　敛口,浅腹斜收,瘦底,小圈足。光素无纹,底足露胎泛红褐色。口径13.7、足径4.9、高

5.1 厘米。

盒　圆形,子母口,直壁浅腹,平底。外壁饰刻划卷草纹,口沿及外底心露胎泛红褐色。口径14.2、足径12、高5厘米(图六)。

福寿瓶　不可复原,模制,腹壁有竖向接痕。丰肩,扁腹,腹部弧收,高圈足外撇。腹壁两侧凸起桃形开光,分别模印“福”、“寿”字,旁侧饰模印灵芝纹。足端刮釉。残高12厘米(图七)。

福寿壶　不可复原,模制,竖向接胎。鼓腹,腹壁扁平,圈足,腹壁一侧有把或流的残痕。腹壁两侧凸起桃形开光,内饰模印“福”、“寿”字,开光外模印石榴、牡丹。足端刮釉。足径6.7、残高11.7厘米(图八)。

这批瓷器胎质细腻白净,器形制作规整。釉层厚薄适度,均经过多次施釉,釉汁莹润,釉色均匀柔和,玉质感强。器物口沿部位以及外壁转折处,釉薄略现灰白色。成形技法多样,碗盘等圆器均以轮制法,福寿瓶、壶等造型复杂的器物,器身采用半剖的模制法,竖向粘合牢固后再与底足、口颈拼接。烧造过程中,针对不同的器物,采取了多种垫烧方法。碗、盘底足裹釉,采用环状支具垫烧,底心的涩圈十分规整。盆托则用的是与饼形底大小一致的支具,其余花盆、盏托、钵、盒、壶、瓶器物等,均足端刮釉垫烧。

装饰手法主要有刻花和模印。刻花多施于碗盘器里以及花盆、盆托的外壁,题材均为折枝或缠枝花卉。刀法娴熟,线条流畅。纹饰轮廓线因积釉显深绿色,轮廓线外釉色稍浅,两相映照,极具层次感与立体感,几可与官窑青花纹饰的工整细腻相媲美。模印仅见于福寿瓶和福寿壶,成形和印花一次完成。

这批瓷器年代特征十分接近,应属同时期器物,具有明显的明代早期风格。刻花碗盘与龙泉枫洞岩窑址出土的同类器物基本相同,而据该窑址最初发现者及发掘者的研究,这类瓷器多属永乐朝遗物。折沿花盆,外壁在开光内刻8株折枝花卉的风格,与北京故宫博物院藏宣德青花折枝花卉纹花盆相近,二者年代也相去不远。与福寿瓶、福寿壶可资对比的器物,有出土于山东邹城鲁荒王朱檀妃戈氏墓的瓶和壶,该墓下葬于明正统六年,因此正统六年是这类凸花福寿瓶、壶的年代下限,或许能早至宣德朝。

《大明会典》和《明宪宗实录》等文献表明,龙泉窑在明代曾烧造宫廷用瓷,但迟迟未能发现相关实物及窑址。枫洞岩窑址的发现和发掘,确认了窑址和一批明代龙泉官窑瓷器,正好和文献记载相印证。毛家湾瓷器坑位于明代皇城的西北,与皇城仅一墙之隔,且坑内出土有相当数量的官窑瓷器。毛家湾瓷器的来源,与明代宫廷处理残瓷碎片不无关系,上文介绍的这批龙泉窑瓷器,极有可能出自明代宫廷。枫洞岩窑址的发掘,使学界究明了龙泉官窑的生产环节,而龙泉官窑瓷器在毛家湾出土,又证实了这些瓷器确实为宫廷所使用。二者相得益彰,将使明代龙泉官窑瓷器这一全新的认识更加坚实可靠。

(原载于《收藏家》2009年第1期)

图一 龙泉窑青瓷盘

图二 龙泉窑青瓷花盆

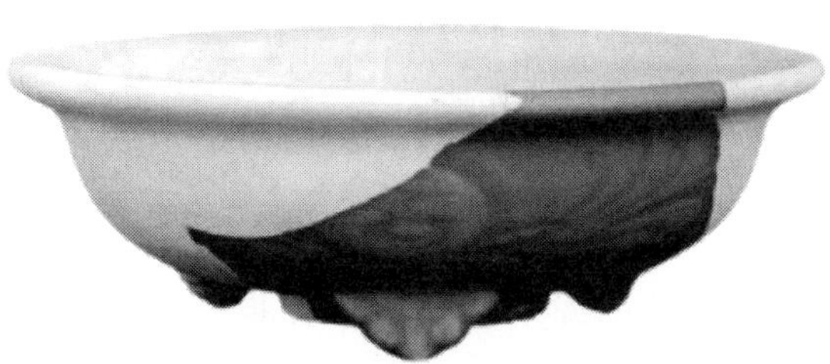

图三 龙泉窑青瓷盆托

图四 龙泉窑青瓷盆托

图五 龙泉窑青瓷盏托

图六 龙泉窑青瓷盆

图七 龙泉窑青瓷福寿瓶

图八 龙泉窑青瓷福寿壶

明赵胜墓志考

贾利民　张中华

【关键词】朝阳区;赵胜;墓志;考释

2007年4月在北京朝阳区发现的明赵胜墓出土有墓志一合①。此墓志文内容翔实,所涉史事众多,极具研究价值,笔者结合相关文献试作考释,疏漏之处,敬请方家指正。墓志录文如下。

明故荣禄大夫太保兼太子太傅昌宁伯赠昌宁侯谥壮敏赵公墓志铭/资善大夫太子少保兵部尚书兼翰林院学士知制诰兼修国史经筵官泰和尹直撰文/奉天翊卫推诚宣力佐理武臣特进光禄大夫右柱国侍经筵掌右军都督府事总兵官太傅兼太子太师保国公睢阳朱永书丹/奉天翊卫推诚宣力武臣特进光禄大夫掌后军都督府事总兵官太保兼太子太傅襄城侯历阳李瑾篆盖/国朝膺/天御宇百二十载内安外攘丰亨熙豫固由/圣明继作于上而亦文武夹辅于下之所致肆惟英桓果毅之才环伟颀硕之资入则缨冠佩玉位保傅仪百辟出则绾章持/节总师旅敌王忾使/朝廷有所恃而安夷狄有所惮而不敢发者盖世有其人焉若太保兼太子太傅昌宁伯赵公其一也乃兹已矣呜呼惜哉/公讳胜字克功姓赵氏系出汉充国之裔世居河朔至伯父赤考再兴国初始徙家永平之迁安遂占籍焉/太宗文皇帝靖难师兴赤以谋略从征有功授永平卫百户殁于战阵无嗣再兴袭升千户永乐庚寅北征大破虏酋本牙失/里杀败阿鲁台余众升指挥佥事洪熙改元复以征虏功升指挥使寻卒公袭甫髫龄赖母王夫人矢节育教底于成立/恒念父遗言我生为壮士而志弗就尔长须努力报国亢宗毋负奇男子也由是刻志励行事母极孝敬始终无违礼正/统己巳虏寇犯京畿公率兵出西直门扼其冲突躬履战阵斩首无算虏遂奔遁景泰庚午擢佥都闻名以发闻/英庙复辟录公旧劳加佥前军都督府事佩刀侍卫天顺戊寅选管三千营操辛巳秋曹孽叛逆公擒获居多迁都督同知时/虏寇深入陕西固原公充左参将率师往剿败之/今上嗣统命兼果勇营典操推恩给诰进阶荣禄大夫褒荣三代成化乙酉重建承天门公董军应役既讫工适山西边徼有警命公佩平胡将军印统兵往援次雁门关报虏已遁乃还明年秋往征延绥/河套虏酋闻风渡河趋大同纳款入贡师旋即/命典操耀武营戊子夏建州毛怜海西诸夷弗靖廷议请以公总镇之乃佩征虏前将军印杖节以往至则申严号令简阅/军士调度有方屡奏克获赐勑奖谕辛卯春召回总典五军营壬辰春调三千营是夏至甲午秋两奉/制勑佩印总师北征虏辄远却丙申总督军士浚筑京城垣堑兼葺东直门城楼升后军都督府左都督戊戌冬加太子太/保癸卯秋/勑封昌宁伯岁食禄千锺丙午冬加太保兼太子太傅丁未春/皇贵妃薨公奉勑董工造坟于/天寿山之西南朝夕督视触冒暑寒遘疾舆归遂不治是岁七月朔也讣闻/上恻然嗟悼特赙钞二万贯给麻

茔白粲有差辍视朝一日/敕所司为造茔域遣官谕祭者屡追封昌宁侯谥壮敏恤典渥矣公生永乐庚子后正月之朏享年六十有八曾祖宝山祖/保洎父俱赠荣禄大夫同知都督府事曾祖妣陈祖妣阎妣王及原配李继冉俱赠夫人二夫人先卒葬昌平县太平乡/之原子男一瑄娶金吾前卫千户□文次女以舍人选侍/春官诏赐冠带先公一年卒女二长适都指挥白玺次适定西侯蒋公仲子骙孙男三长鉴娶怀宁侯孙公泰长女恩授/冠带次钺次锡女三曾孙女二俱在室鉴卜以卒之秋九月初六日奉公柩启夫人之封窆焉前事具公世出行实请予/铭维公早袭勋阶茕茕孤子乃克笃志奋兴闲习武略涉猎儒书累膺简命佩符建节东征北伐英威勇誉声闻夷狄所/至虏辄闻风奔遁靡敢抗迎乃不穷追远袭侥功启衅所谓不战而屈人之兵厥勋懋焉矧平居总操督工简教有方抚/恤周至士卒感悦立朝行已慎重无违缙绅推敬是宜朝廷倚重凡奉敕遣出辞还见辄有白金文绮宝镪饩醴之/赐至锡蟒衣玉带岁节/恩意尤多而卒也赙禭塟祭封爵加谥有隆无杀始终荣哀何其盛哉予与公同朝久知公深去秋参典邦政两偕公考阅/武学官舍诸生相欢竟日益见公之忠亮端凝信为国之干城而于古名将奚忝然则铭于予宜铭曰/皇明奠安泰山盘石曰惟文武笃棐励翼桓桓赵公系出充国世有闻人储休委泽粤若公考早世兄职从我/文皇勋阶累积公自幼孤式克修饬武略究通体貌轩特虏寇薄郊慨然奉檄乃率虎旅乃肆鹰击乃佥都阃英誉炫赫/先帝录劳崇登显陟出则总操入则侍直/今上倚毗宠恩弥益屡佩印符屡奉制敕东征北伐所向无敌或闻风遁或受俘首恬不邀功边不启隙惠周师徒威詟夷狄/帝曰汝胜久树勋绩予维汝嘉其进封伯公拜稽首曰敢忘德报德维何委身戮力营星俄陨尚劳敦役讣闻/九重良深悼惜恤典渥优荣哀何极太平之原郁郁松柏撮迹勒铭永贲窀穸昌宁之号于昭千亿东吴杨润镌

一

赵胜不仅在《明史》中有传②,而且《明宪宗实录》中的记载也颇为详备③。另外,该篇墓志文字还曾被收录于明徐纮所著的《明名臣琬琰录》④,经比堪,二者相差多达40余处。

首先,《明名臣琬琰录》所收缺漏较多。如对其子赵暄、其孙赵鉴的婚配情况没有提及,对其祖母、曾祖母的记载混淆在一起,而这些应是赵胜家族谱系的重要内容。出土墓志载“二大人先卒”,可知赵胜有两位夫人,这也与发掘的墓葬情形相符。而诸如将“都督同知”作“都同知”、“进阶荣禄大夫”作“进荣禄大夫”等异文也为数不少。

其次,错讹之处较多,如“环伟”作“宏伟”、“庚午”作“庚子”、“果勇营”作“义勇营”、“东直门”作“西直门”等。墓志所载赵胜的入葬日期为九月初六日,《明名臣琬琰录》则记为八月二十日,结合此书对书丹者、篆盖者、镌刻者及家族资料记载的阙如,推测这些内容应为镌刻时才加入的内容。

明焦竑《国朝献征录》⑤中也节录了一部分志文, 580余字,仅记述了赵胜的生平部分,其中字词的差异有10余处。

二

赵胜身历六朝,是明朝由盛转衰,由前期向中期过渡的亲历者,参与了很多重大政治事件与军事战役。

1. 关于其父赵再兴与赵胜升迁

据墓志记载,赵再兴从靖难期间袭职到永乐八年北征蒙古之前的八年间,官职未变。赵胜在袭职永平卫指挥使后到正统末北京保卫战之前,其间约20年,官职未变。而这两个间隔正好反映了明朝卫所制度,即世兵制与世官制的结合。文献记载:"天下既定,度要害地,系一郡者设所,连郡者设卫。其军皆世籍。"[⑥]又分"世官九等,皆有袭职,有替职。其幼也,有优给。其不得世也,有减革,有通革"。[⑦]赵再兴袭升千户、赵胜袭为永平卫指挥使正是对这种世官制的反映。

2. 关于景泰、天顺、成化年间京营的改制

"于谦创立团营,简精锐,一号令,兵将相习,其法颇善。宪、孝、武、世四朝,营制屡更,而威益不振"。[⑧]景泰、天顺、成化年间是明京营性质、编制等发生重大变化的时期。

明宪宗继位后,便恢复团营建置,并增加为12个,赵胜开始担任新团营果勇营坐操。但新团营旋置旋废,罢团营不久,明宪宗又"寻选得一等军十四万有奇。帝以数多,令仍分十二营团练,命侯十二人掌之,各佐以都指挥,监以内臣,提督以勋臣,名其军曰选锋。不任者仍为老家以供役,而团营之法又稍变"。[⑨]而重立团营的目的就是为了让团营专门用于训练和准备作战上,让三大营从事工役。

但《明宪宗实录》载:"命都督同知赵胜、工部尚书王复统五军、三千、神机三营官军五千、十二团营一万五千修京师。"[⑩]由于三大营军丁缺额较大,最后只能让团营的官兵也参与这些土木工程。从此团营训练的机会越来越少,而被役使的时间越来越长。"(成化十九年)保国公朱永等奏:团营见军共九万三千四百有奇,各处更番赴工者五万二千,下场者二万四千六百,操练者仅一万六千七百而已,劳役频繁,不遑蓄锐。"[⑪]成化末年团营已经完全失去了其本来的宗旨,作为京营主要将领的赵胜,则见证了这一转变。

3. 赵胜"佩印征伐"与"夤缘得封"

《明史·赵胜传》中对赵胜评价为"屡督大师,未见敌,无功,夤缘得封,名大损"。据王世贞《弇山堂别集·永乐以后功臣侯伯年表》的统计,在明宪宗统治的23年中,进封了1个公爵、2个侯爵、7个伯爵(世袭为公侯伯爵的除外)[⑫]。其他人所授爵位均由军功,赵胜屡次征伐却劳而无功,却也能封伯赠侯,这是一个值得重视的问题。

在古代武将得以封爵,应该是非常荣耀的事情,但是墓志中仅用"敕封"2字,并未言明因何得封。又《弇山堂别集》中载:"赵胜以修京城功,封禄一千石,流爵。二十三年薨,孙鉴为指挥使。"[⑬]明王圻修《续文献通考》时也因此说赵胜因修京城功而得以封为伯爵。但清《钦定续文献通考》则认为:"按孙镗传言镗封伯时,董兴、曹义、施聚、赵胜皆冒封予世券。考胜是时仅超迁都督佥事,其后胜屡督大师,未见敌无功。成化十九年之封,以夤缘得冒边功耳。"[⑭]

考察墓志,无论是"营建说"还是"夤缘说",都未能窥透赵胜封伯的真正原因。笔者认为真正

的原因是赵胜多年为官、为将之道的必然结果。

宪宗刚继位就让赵胜“进阶荣禄大夫、褒荣三代”，其后屡掌京营、佩印征伐、营建万贵妃墓等。朱永等备受宪宗宠信的3人为其撰文、书丹，可见赵胜在朝内与同僚的关系非常紧密。赵胜的姻亲也不乏世爵世禄的高官显族，而更为重要的是赵胜个人在“英庙复辟”、“曹孽叛逆”等事件中的表现。

墓志说：“帝曰汝胜，久树勋绩。予维汝嘉，其进封伯。公拜稽首，曰敢忘德。报德维何，委身戮力。营星俄陨，尚劳敦役。”赵胜这种任劳任怨的勤勉态度也深得宪宗皇帝的赞赏。而赵胜也是由于以68岁高龄监修万贵妃墓时不幸坠马而亡⑮。

4. 赵胜家族谱系及婚配

墓志的出土完善了赵胜家族的谱系，使其上推下延至7代，补充了史料记载在这方面的不足。由于赵胜在其30岁后升迁很快，其子女的婚姻情况对此也有所反映。例如，长子赵暄只是娶了正五品金吾前卫的女儿，长女嫁给了正三品都指挥白玺，而其次女与长孙的婚配对象，一个是定西侯蒋琬的第二子蒋骙，另一个是怀宁侯孙泰之女。而这正是赵胜后期官职屡升，备受宠信的结果。

附：赵胜家族及婚配谱系

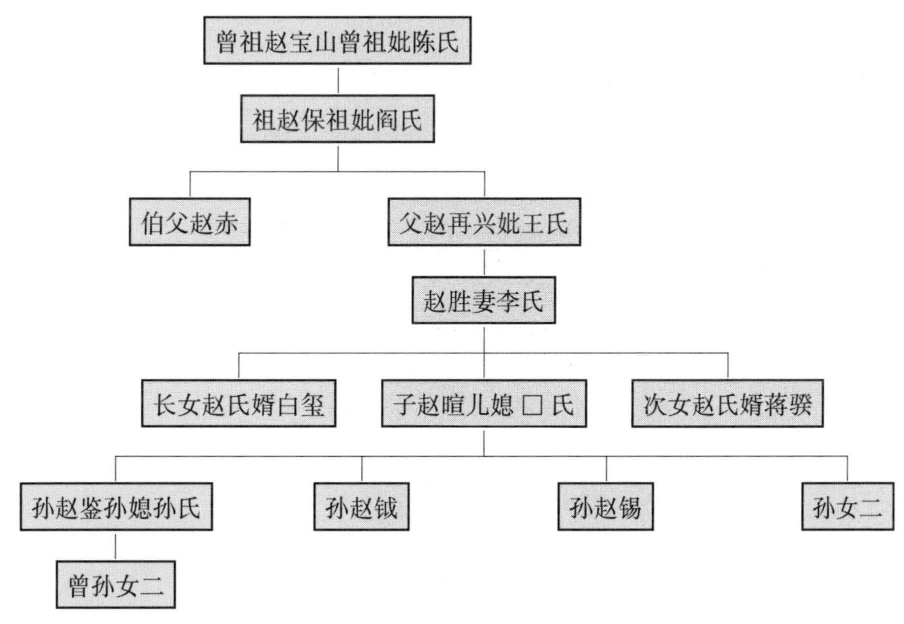

注释：

① 北京市文物研究所：《北京市朝阳区明赵胜夫妇合葬墓发掘简报》，《文物》2008年第9期。

②《明史》卷一百七十三，中华书局，1974年。

③《明宪宗实录》卷二九二。

④［明］徐纮：《明名臣琬琰录》，《文津阁四库全书》，商务印书馆，2006年。

⑤［明］焦竑:《国朝献征录》,台湾学生书局,1965 年。

⑥ 同②卷九〇《兵志二》。

⑦ 同②卷七二《职官志一》。

⑧ 同②卷八九《兵志一》。

⑨ 同⑧。

⑩ 同③卷一五一。

⑪ 同③卷二四〇。

⑫［明］王世贞:《弇山堂别集》卷三八《永乐以后功臣公侯伯表》,中华书局,1985 年。

⑬ 同⑫。

⑭《续文献通考》卷二〇九《封建考》。

⑮ 关于赵胜的死因,《明史·赵胜传》载"营万贵妃茔,堕崖石间死"。《明宪宗实录》卷二九二载"行崖石间,坠马而卒"。墓志称之为"触冒暑寒,遘疾舆归,遂不治",应是委婉的说法。

(原载于《文物》2008 年第 9 期)

北京市的清代王府

盛会莲

【关键词】清代；亲王；郡王；王府

王府是北京作为清代帝都所遗留下来的较为重要的物质文化遗存之一。辽、金、元、明诸代也都以北京为都。贞祐三年（1215 年），蒙古人攻陷金中都后，毁拆金中都，新建元大都，金代的王府没有一处存留下来。元、明两代实行藩王外封制，王府一般建在封地。元代中期，在大都开始出现王府，“文明门，即哈达门，哈达大王府在门内，因名之。”①另外，元代史籍中还提到“兴圣宫迤南”有燕邸②，即燕王府。在明都南京时，今北京为燕王坐镇，其府邸建在元旧内殿隆福宫（今中海）。明迁都北京后，燕王府邸被改建成西宫，在京城新建十王府，但均未能保存下来，仅留下了十王府、十王府街、王府井大街等地名。

清代自皇太极开始，即对宗室进行分封，当时的宗室王爵分为九等。在都城沈阳的皇宫周围曾建有十余座王府③。清灭明后，于顺治元年定鼎北京，沈阳的王府除一座因主人原因被废外，其余随迁，并在北京新建了更气派的王府。同时，还重新分封诸子。清代统治者认识到“封而不建，实万祺不易之常法”④，遂确定了“诸王不赐土，而其封号但予嘉名，不加郡国”⑤的原则，诸王没有封地，不外出就藩，只受封吉祥的名号，获赐在京城建府邸居住。顺治六年，又将宗室王爵调整为十二等。顺治十年（1654 年）确定了袭封制度，即亲王、郡王一子袭封，其余诸子及贝勒以下诸等封王之子降级受封，奉恩将军之子孙世授奉恩将军。此后历朝清帝登基，都例行对宗室进行分封，分封制度也不断详细、完备。按清代的制度，在王公府邸中，只有亲王、郡王的住所称“府”，贝勒、贝子以下的住所只能称作“第”、“邸”或“宅”。但在清代后期，这种限制逐渐松弛，贝勒、贝子的住所也有称“府”的，如涛贝勒府、棍贝子府等。在本文中，王府也包括贝勒、贝子、镇国公、辅国公等皇族子孙的府邸。

据统计，顺治年间，被分封或晋升为亲王、郡王的宗室有 8 人，被封为多罗贝勒的 3 人，贝子 18 人。加上镇国公、辅国公等，总计 96 人⑥。此后历朝清帝继续册封皇子、皇孙，其中从顺治到嘉庆朝，册封的亲王和郡王就有 45 人⑦。王梓先生对清代诸帝皇子封王的情况进行了统计，其结果为：清代诸帝共有皇子 115 人（含嗣子），其中 11 人继承帝位（4 人登基前被封为亲王），被封为亲、郡王者 37 人，袭亲、郡王者 5 人，被追封为太子、亲王、郡王者 12 人。另有 20 位皇族子孙被清代诸帝“功封”或“恩封”为亲、郡王⑧。被封王者即可获赐在京城建府邸居住，京城的王府即随着封王的增加而增加。据嘉庆时礼亲王《啸亭杂记》载,从顺治至嘉庆朝,京城共有王公府邸 89 所,有确切位置可指的 78 所。乾隆十五年(1750 年),《京城全图》中标注的王府总计 42 所。至光绪二十五年(1899 年),有记载可查的辅国公以上府邸共有 50 所。有些王府后来被改为寺庙,如顺治初年的睿亲王(摄政王)多尔衮府,康熙三十三年(1694 年)被改建为玛哈噶喇庙,乾隆四十年(1775 年)重修,次年改名为普度寺。世宗胤禛即位前的府邸于雍正三年(1725 年)被改为雍和宫,乾隆九年(1744 年)又被改为喇嘛庙。怡亲王允祥的府邸于雍正八年(1730 年)允祥死后被改为贤良寺。辛亥鼎革,清室覆亡,诸王丧失俸禄,遂变卖府邸以维持生计,王府随之纷纷败落。大多数王府在变卖后被不断地拆改、添建,部分沦为居民大杂院,逐渐支离破碎,多数已失原貌,甚至残毁殆尽。据 1959 年北京市文物局文物工作队的普查登记,当时北京尚有清代王府 55 处。之后,随国家建设需要,多数王府被拆除。至 2006 年底,北京有址可寻的王公府邸共 46 座⑨,其中孚王府、恭王府及花园、醇亲王府和淳亲王府即英国使馆旧址等 4 座王府被公布为全国重点文物保护单位,郑王府、礼王府、克勤郡王府、顺承郡王府、恒亲王府、宁郡王府、和敬公主府、庆王府、醇亲王府、涛贝勒府、僧王府等 11 座王府被公布为北京市文物保护单位。另外,循郡王府、敬谨亲王府和那王府等 3 座王府旧址被公布为北京市文物保护单位的名称分别为“东城区方家胡同 13 号、15 号四合院建筑”、“清学部”和“东城区国祥胡同 2 号四合院建筑”。

清代王府集中分布于北京内城,但也有个别例外情况。清初摄政王多尔衮的睿亲王府和阿济格的英亲王府设在皇城,在他们被议罪削爵后即不再为王府。睿王府被改建成缎匹库和吗哈噶喇庙(乾隆年间改名为普度寺),英王府改建为光禄寺⑩。此后,宗人府于顺治十五年四月二十日(1648 年 5 月 21 日)上疏曰:“皇城为皇上宸居,诸王在内居住,所属人员,往来出入,难以稽察,应迁居于外”,得到谕准⑪。但乾隆帝四女和嘉公主的府邸仍设在了皇城中,且一直沿用至光绪朝(光绪百日维新时在此设京师大学堂,现京师大学堂建筑遗存中公主府正殿仍存)。另外,也有设在城外的王府,即昌平区的理亲王府。因允礽是圣祖第二子,且是两立两废的皇太子。世宗即位后,封其子弘皙为理郡王,诏于昌平郑家庄平西府村建府。雍正六年(1728 年),弘皙晋封为理亲王,仍以此为府,这是清代唯一一座不在京城内的王府,离京城有 10 余公里。乾隆四年(1739 年)弘皙被削爵圈禁于景山,数年后,该府为内务府拆除。除以上例外外,北京的清代王府呈拱卫皇城之势遍布于北京内城。现存 46 座王公府邸及遗址中,有 21 座位于东城区,它们是孚王府、宁郡王府、淳亲王府、诚亲王府旧址、惠亲王府、和亲王府(即段祺瑞执政府旧址)、惇亲王府遗存(恒亲王府)、循郡王府、和敬公主府、贝子溥伦府、贝子弘旿府、镇国公溥芸府、承恩公志钧府、承恩公桂祥府、科尔沁亲王僧格林沁府、蒙古王那彦图府、普度寺(摄政王多尔衮府)、肃亲王新府遗存、理郡王府遗存、贝子奕谟府花园遗存及载涛旧居(贝勒载涛宅)等。有 25 座位于西城区,它们是恭王府及花园、郑王府、礼王府、克勤郡王府、庆王府、醇亲王府(摄政王府)、仪亲王府、醇亲王府(南府)、顺承郡王府、阿拉善王府、奎公府、棍贝子府、魁公府、霱公府、魏公府、永瑆府、涛贝勒府、洵贝勒府、敬谨亲王府、绵德府以及庄亲王府和平安里遗址、恂郡王府(老虎庙,残留西南角一小段府墙)、端王府、定亲王府等。

王府是仅次于皇宫的建筑群,其修建要按照一定的等级标准进行,关于王府的等级规格,在崇德、顺治迄光绪各朝都有规定，其中顺治和乾隆年间的府制规定较为详尽，《大清会典》有载[12]。王府的基本格局是东、中、西三路并列，东、西两路的住房和花园限制得并不严格，可自由配置。中轴线上的建筑是体现府邸等级差别的所在，要按制度布置前殿后寝，一般为南北向，以正殿为中心。亲王、郡王府共五重殿宇，贝勒以下四重。朝内大街的孚王府布局与《大清会典》规制基本契合，是最典型的清代王府建筑。王府占地4.4万平方米，建筑布局分三路，中路为礼仪空间，是王府的核心所在，保存最好，自南而北依次为宫门五间、银安殿七间（两侧有翼楼各七间）、后殿五间、后寝七间、后罩楼七间。殿堂均为绿琉璃瓦顶，配房为灰筒瓦绿剪边顶，府内有戏台。西路是生活居住区，东路为府库、厨厩及执事、侍从房舍，现已难窥旧貌。原外垣大门开在朝阳门内北小街，现大门为后建。宁郡王府规模不大，但前殿后寝及形制都很完备，是一处较好的郡王府实例。恭王府是北京市现存王府中保存最完整的一处，其建筑质量之精粹，后花园景物之幽美，在晚清王府中是比较突出的。其花园又名萃锦园。今虽历经沧桑，其风貌犹存。

违越府制的情况也不少。进入北京后，满洲贵族开始大规模地修建府邸，多有逾制行为，以致清政府不得不宣布："王府营建，悉遵定制。如基过高，或多盖房屋者，皆治以罪。"[13]皇子分府有时也并不按规制进行，如康熙帝二十二子贝勒允祜府基本同于亲王府，二十三子贝勒允祁府介乎亲王府与郡王府之间。康熙帝三子诚亲王允祉之子弘曝受封贝子而又准其按王府形制兴建新府[14]。刘大可、吴承越的《清代的王府》一文指出：入关后修建的清代王府没有一处完全达到典章制度的规定，但同时这些王府在某些方面又具有规制上没有提及的特点。端王府是端郡王载漪的府邸，但在格局上却是亲王府的规格。至晚清，除孚、醇王府外，多数承袭改建或新建王府趋于简化朴实，如位于灯市口西街的惠亲王府，已无楼的建制，主要殿堂改歇山顶为硬山顶，斗拱形式也由重拱简化为单拱或无斗拱。再如有权势的恭亲王，其府正门、后寝也是硬山顶，其后楼建成转角楼数十间，更是突破成文规定，这反映了当时国家财力的不支和府建规制的松弛。永瑆贝勒府从建筑布局、大门规格和主体建筑覆仰合瓦来看，其规格不高，因为建府时的府主仅为镇国将军，后继者虽晋封贝勒，但并未按规制重修府第。现府门基本仍维持原状，院内建筑已于2002年基本拆除。

获赐之王府由工部负责建造，"亲王册封外藩，工部题明，遣官营造府邸"[15]。如裕亲王府、恭亲王府，诚亲王府、和亲王府由内务府奉旨筹建。其余获赐建府之诸王，需自行筹资兴建，"其余府第多系自造，大略相等"[16]。但通常情况下，一些官员往往会资助钱款或用料，朝廷也会拨部分款项进行修建。如礼亲王杰书建府，康熙皇帝即下旨命天下资助，甚至府中陈设也系官员献纳。所赐建和承袭改建的王府往往结合所在地段尽可能按王府规制进行规划，设主轴线，分成几路建设，主轴线上的建筑一般为南北向，以正殿为中心，府四周围以城砖砌筑的上为筒瓦起脊式的高墙，墙尽端和转角处安有吻兽；府大门旁置石狮子，府大门前置前庭院（即狮子院）、影壁或在大门内增设二门，以免大门临街。

从各种记载及现存实物来看，所有王府的总体布局大致相同，只是局部稍有差别。多数王府因各种原因，尚且达不到规定的标准。如西黄城根南街的礼亲王府后寝超标，但前庭翼楼和后殿间数则不达标。礼王府建于清康熙初年，坐北朝南，嘉庆十二年（1807年）毁于大火，后由当时袭爵的昭梿重建，即今之府邸。中路现存四进院落和后罩楼。东路部分改建，尚保存原建格局；西部花园无存。逾制现象,似仅有大木仓胡同的郑亲王府一例,《大清会典 · 工部》记其“殿基逾制,又擅用铜狮、龟、鹤,罚银二千两”,《清史稿》本传言其因府第逾制“罢辅政”。郑王府建于清初,后有扩建,坐北朝南,分东、西两部分,东部是王府的主要建筑,现存府门五间,辟门三,宫门五间,正殿五间,东西翼楼,后寝七间(后为纪念孙中山先生改名逸仙堂),东西配殿各五间,后罩楼已拆除;西部为花园,称“惠园”。民国年间被改为中国大学,现仅存“惠园”碑。若按王府规制衡量,也只是基高逾制,擅用了不该用的铜狮等饰物,而其大殿、东西配楼、后殿、后罩楼等均不足规定的标准,更接近郡王府。若按照府制来衡量,裕亲王府是最标准的一座亲王府,该府为敕建,完全按照规定修建。在郡王府中,恂郡王府中路的主要建筑是很标准的一座郡王府。贝子溥伦府的建筑格局并不符合清初规定的贝子府制度,说明清代后期王公数量增加,很多府第是用民间大宅改造,王公的身份只能在大门上有所表现。

王府多附带花园,《道咸以来朝野杂记》记载:“京师园林,以各府为胜,以太平湖之旧醇王府,三转桥之恭王府,甘水桥北岸之新醇王府,尤以二龙坑之郑王府为最有名。其园甚钜丽,奥如旷如,各极其妙。”[17]直到清朝末年,郑王府花园——惠园还闻名遐迩,为清代北京最著名的王府花园之一。《京师坊巷志稿》载:“惠园在西单牌楼郑亲王府,引池叠石,饶有幽致,传是李笠翁手笔。园后为雏凤楼,楼前有池,其后即内宫门楼。后有瀑布,高丈余,其声琅然可听。”[18]现尚存留的有恭王府之萃锦园,醇王府之渌水园(今宋庆龄故居)。恭王府还在府外另建了一所小花园,即鉴园。棍贝子府花园的规模、气势和景色,在京城所有王府花园中无与伦比,该府还获特恩引玉河水进府,因此花园中的湖水源于积水潭。现棍贝子府原有建筑大部分拆除,仅存三间卷棚歇山筒瓦顶的花厅、两幢硬山过垄脊的重楼以及湖与假山。棍贝子府花园现为西城区文物保护单位。清代王府中一般都有自己的戏台,如恭王府东路院北的主体建筑就是一座大戏楼,戏台有台柱、台顶和上下场门,著名演员谭鑫培、王瑶卿、杨小楼等都曾在此登台献艺。现存王府保存有大戏台的虽然不多,但皇帝赐园中的戏台多有明确记载,这也是王府文化的一大特色。

若从封袭情况看,清代王府可分为世袭罔替和世袭递降两种,世袭罔替即封王子孙每次可有一人按原爵袭封。纵观清代封王,世袭罔替之封王又有两种情况,即清初以佐命殊勋受封之八大铁帽子王和后来“以天潢近支得封”的四大恩封世袭罔替亲王。八大铁帽子王即郑亲王、礼亲王、庄亲王、豫亲王、肃亲王、睿亲王、克勤郡王和顺承郡王府。四大恩封世袭罔替亲王为醇亲王府、怡亲王府、恭亲王府和庆亲王府。在十二家世袭罔替的王府中,有八家在西城区,有三家在东城区。从一个侧面印证了王府分布的东富西贵说。

世袭递降指封王子孙袭爵需世降一等,也因为此,清代王府存在一府数主的情况。如恩封世袭罔替的醇亲王府有南、北二府,南府的前身是荣亲王府,北府曾是成亲王府。恭亲王府原是庆亲王老府。巽亲王府是礼亲王府的一部分,康熙五十二年废,乾隆朝改建为定亲王府,今九三学社内的古建筑当为府中遗迹。诚亲王府后被赐给了慎郡王。果亲王府后被赐给瑞亲王府,其袭爵之贝子只得迁至卓公府。老恭亲王府被清廷征建海军部后,袭爵人德茂迁至西城区学院胡同的德公府。怡亲王府有三座,帅府园的第一座怡亲王府在始封王允祥死后被雍正帝改成贤良寺;朝阳门内北大街路北的第二座怡亲王府在1861年宫廷政变中府主被慈禧处死,府邸被收回改赐予孚郡王。东单北极阁三条的第三座怡亲王府原为宁良郡王弘晈的府邸,因为同治三年所复之怡亲王爵由宁良郡王四世孙镇国公载敦袭,故宁郡王府成了新怡亲王府。恒亲王府继袭至奕奎时,已是镇国公爵,而此时的仁宗第三子绵恺已晋爵为惇亲王,正需分府,于是恒亲王府被改赐为惇亲王府。諴亲王府于同治八年(1869 年)被赐给荣安固伦公主,同治十三年(1874 年)荣安公主病卒后,王府后又被转赐给恭忠亲王奕訢之女荣寿公主,被称作大公主府。新中国成立后在此开设了中医院,1985 年,北京市中医院建楼时,大公主府被按原府建筑格局迁建至密云白河郊野,现为密云县博物馆。棍贝子府在清代京城诸多王公府第中称谓最多,有诚亲王府、固山贝子弘(暻)府、庄静固伦公主府、四公主府、土默特郡王府等。

总之,清代王府是清代政治制度、建筑规制的见证,是皇家文化的重要组成部分,也是中国传统文化的一个方面,具有重要的历史、科学、艺术价值。它们是一座座小皇宫,严格按规制而建,中轴设计,左右对称,前朝后寝,奢华壮美,这是诸多王府建筑的共同特色。同时,它们又是北京城内一批顶级的四合院,其建筑格局、彩画装饰、内部设置等方面,既有类似于皇宫的地方,也与民间的四合院有不少相通之处。可以说,北京的王府文化体现了皇家文化与民间文化的交融。

注释:

① 《析津府志辑佚 · 城池街市》,页 2,北京古籍出版社,1983 年。

② 《元史》卷一三八《燕铁木儿传》,页 3332,中华书局,1976 年。

③ 参《盛京城阙图》,中国第一历史档案馆藏。

④ 《清朝文献通考》卷二四六《封建考》,页 7041 上,商务印书馆,1936 年。

⑤ 赵尔巽等撰《清史稿》卷二一五《列传二 · 诸王传一 · 序》,页 8936,中华书局,1977 年。

⑥ 杨学琛、周远廉著《清代八旗王公贵州兴衰史》页 149,辽宁人民出版社,1986 年。

⑦ 吴建雍《清代京师王府与王公生活》,刊恭王府管理中心编《清代王府及王府文化国际学术研讨会论文集》页 218,文化艺术出版社,2006 年。

⑧ 王梓《王府》,页 13 - 19,段柄仁主编北京地方志 · 风物图志丛书,北京出版社,2005 年 7 月。

⑨ 《中国文物地图集 · 北京分册》,科学出版社,2007 年。

⑩ 参清 · 朱一新《京师坊巷志稿》卷上,页 30 - 32,北京古籍出版社,1982 年。

⑪ 《清实录》第三册《世祖实录》卷一一六,页 905 - 906,中华书局,1985 年。

⑫ 参见《钦定大清会典事例 · 工部》。

⑬ 《钦定大清会典则例》卷一二七《工部 · 府第》。

⑭ 王梓《王府》,页 31 - 32。

⑮ 《钦定八旗通志》卷一一五《营建四 · 京城营建规制四》。

⑯ 《钦定八旗通志》卷一一二《营建一 · 京城营建规制一》。

⑰ 崇彝《道咸以来朝野杂记》第 96 页,北京古籍出版社,1982 年。

⑱ 《京师坊巷志稿》卷上,页 128。

(原载于《北京文博》2008 年 1 期)

中国考古六十年——北京市

夏连保　黄坤玉等

一、60年的考古历程

北京地区的现代考古前奏，最早是1918年由瑞典学者安特生在对周口店猿人遗址的调查和试掘中奏响的。1949年北平和平解放时，为了保护城内的文物古迹，中共北平军事委员会特设了文物部，从国民党手中接管故宫博物院、清代的皇家园林以及其他古代建筑，可以说是新中国文物保护工作的开始。1951年7月，北京市文物调查组成立，在全市范围内开展了第一次全面的文物普查工作，真正拉开了北京地区现代考古工作新的一幕。

北京市文物调查组成立伊始，就有计划地组织人员对当时所属的11个区县地上文物及古代墓葬、古遗迹进行登记，登记的总数量达到7 445项。在开展文物普查的同时，还有计划地重点对金中都进行了考古调查，对明代万历皇帝陵进行了考古发掘，对董四墓村明代妃嫔墓做了清理。1962年，北京市文物工作队在房山县进行田野考古调查时，发现了琉璃河西周遗址，并在刘李店及董家林两地进行了小规模的试掘。

"文化大革命"开始以后，北京市的文物考古事业进入了一个缓慢发展的阶段。根据北京市文物研究所所藏文物普查档案统计，在"文革"中被砸毁的佛像有700多尊、石碑121通，甚至还有54公里长城多处被拆毁。1984年全市第二次文物普查登记资料结果表明，文物已锐减到19个区县共1 457项。即使在考古工作遭遇严冬的情况下，文物工作者仍然从炼钢炉前抢救出金属文物117吨，从废纸堆中抢出图书资料320余万吨，从查抄物资集中点里选出的各类文物53.8万件。其间，还对元大都遗址和大葆台西汉墓进行了断断续续的发掘。1972年，国家文物事业管理局、北京大学历史系考古专业、北京市文物管理处的有关人员，再一次对琉璃河遗址进行了全面的勘察，并在1973年由北京市文物管理处与中国科学院考古研究所、房山县文教局等单位共同组成了琉璃河考古工作队，对遗址进行了长达数年的大规模发掘。此前，史学界对《史记·燕召公世家》记载的"周武王之灭纣，封召公于北燕"中的北燕封地的具体位置一直众说纷纭，琉璃河遗址的发现与发掘成果，对周初封燕问题的认识及周初燕都的具体定位，起到了关键的作用。

改革开放以后，北京地区的文物考古工作也迎来了一个新的发展机遇。其主要表现在以下几个方面：

一是考古工作逐步走上了法制化、规范化的轨道。1982 年 11 月 19 日,全国人大常委会颁布了《中华人民共和国文物保护法》,文物考古步入了有法可依的正轨。1984 年,为了配合全国的文物普查工作,文物工作者首先在全市范围内开展了第二次全面的文物普查,发现了第一次文物普查未曾登记的文物 4 772 项。1984 年 5 月,中华人民共和国文化部颁布了《田野考古规程(试行)》,1985 年 5 月,北京市文物研究所正式成立,主要负责北京市的田野考古工作。

二是随着科学技术的飞速发展,考古学与其他各学科的联系也越来越紧密。一些先进的考古思想和理念也不断传入我国。

1985—1991 年,北京市文物研究所就广布于辽西地区的以含曲刃青铜短剑为主要特征之一的夏家店上层文化与分布于冀北山地一带以含直刃匕首式青铜短剑为其主要特征的另一文化,在分布地域、文化内涵、埋葬制度以及文化性质上的区别问题,组织专题研究,并组织了山戎课题组在北京市北郊军都山地带开展田野调查与考古发掘。这项为解决学术问题而主动开展的考古调查与发掘工作,最终取得了较为理想的成果。

三是随着全国城市基本建设的飞速发展,北京作为首都,城市基本建设更是呈现出点多、面积广、速度快的特点,配合城市基本建设的田野考古工作全面铺开。北京市文物研究所科学组织人员,积极应对。把田野考古、文物保护与深入开展科学研究三者紧密结合起来。在注重配合城市基本建设工程考古的同时,还树立了大遗址保护的观念,目前琉璃河商周遗址和金陵遗址两项大遗址保护工程已经启动。

二、追寻远古时代先民的足迹

远古时代是指史前人类使用文字之前的历史时代,学术界一般将其划分为两个阶段,即旧石器时代和新石器时代。北京地区的史前时代,占据了北京历史 99.3% 的时间,是一个非常漫长的历史发展过程。如前所述,从 1918 年瑞典学者安特生对北京周口店古猿人遗址的试掘开始,到 1949 年新中国成立,中、外科学家对北京地区远古时代历史发展脉络的追寻,就一直没有停止过。

(一) 旧石器时代的北京先民

新中国成立以后,北京地区旧石器时代的田野考古工作大体可以分为两个阶段。第一个阶段自 20 世纪 50 年代到 70 年代末,主要由中国科学院古脊椎动物与古人类研究所主持,就周口店遗址开展了多学科研究。第二阶段是 20 世纪 90 年代开始至今,主要由北京市文物研究所、中国科学院古脊椎动物与古人类研究所等多家单位在全市范围内进行广泛的田野调查,新发现了一批旧石器时代遗存。迄今发现的北京地区旧石器时代各阶段遗址和石器出土地点约 48 处,涉及北京 9 个区县,大多数集中于山区、半山区,平原地区只发现 3 处。北京地区旧石器时代文化可以分为早、中、晚三个时期。早期大约属于地质时代的中更新世,绝对年代为距今 60—20 万年前,当时的北京人已进入直立人阶段。中期在地质时代属于晚更新世初期,大约距今约 20 万年—10 万年,当时的北京人已进入早期智人阶段。晚期属于地质时代的晚更新世晚期,距今约 10 万年—2

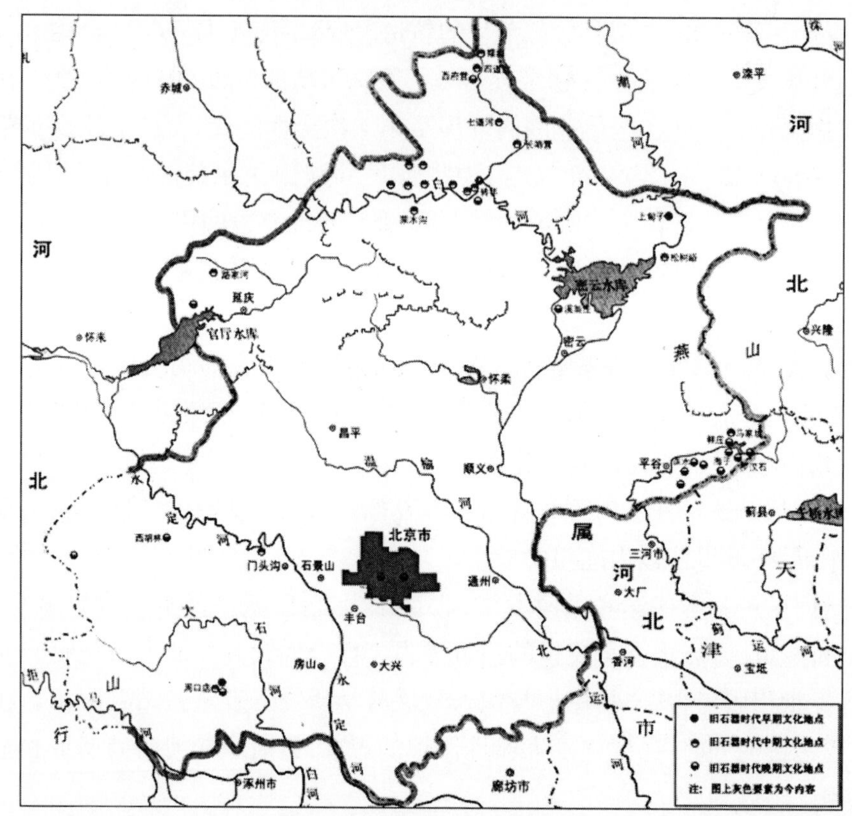

北京地区旧石器地点分布图

万年，此时的北京人已进入晚期智人阶段。

北京地区旧石器时代早期的遗址迄今发现的地点有4处，为周口店第一地点、第十三地点、第十三A地点和密云上甸子乡黄土梁地点。其中，第十三、第十三A地点于20世纪30年代进行发掘，发现了丰富的哺乳动物化石、用火遗迹和少量石制品，其所代表的时间晚于山西、河北、云南等地已发现的旧石器早期遗址；黄土梁地点是1991年新发现的一处旷野类遗址，位于潮河右岸的三级阶地。标本采集自红色砾石和亚黏土中，发现了50余件石制品，包括石核、石片、刮削器、砍砸器和有人工加工痕迹的石块等，加工水平低而粗糙，加工方式均为背向加工，与北京人的文化有着密切关系。

北京地区旧石器中期人类活动遗址目前发现22处。比较典型的有周口店新洞、周口店第十五地点及平谷县马家坟等。周口店新洞距周口店第一地点约70米。1973年2月，中科院古脊椎动物与古人类研究所对新洞的堆积物进行清理，发现一颗保存完整的人类牙齿化石，称之为“新洞人”，证明了在北京猿人之后与山顶洞人之前，周口店一带人类活动一直绵延未绝。在新洞中发现2件磨过的骨片标本，是迄今我国发现的最早的磨制骨质品，代表了一种新的磨制工艺技术的开端。马家坟地点位于平谷县东部约21公里，出土石制品19件，地面采集7件，多为小型石片，其中5件为石片加工的刮削器，长度在40毫米以下。加工原料以石英岩和燧石为主，采用锤击法打片，偶见砸击法。修整石器的方式多为向背面加工。

北京地区旧石器晚期遗存分布比较广泛，已发现的有房山周口店山顶洞、田园洞，密云东智，延庆佛峪口，怀柔杨树下、东帽湾，平谷罗汉石、马家屯、上堡子、刘家沟、海子、泺水、小岭、豹峪、甘营、夏各庄和安固，门头沟西胡林和齐家庄，朝阳双桥，王府井东方广场，西城西单中银大厦等22处。除此之外，还在阜城门、上地等地点发现了披毛犀下颌骨、古菱齿象象牙等古生物化石。

周口店山顶洞遗址发现于20世纪30年代，在遗址发掘区的西南，因洞穴位于龙骨山顶，因而称之为山顶洞。山顶洞据其形状和堆积，分为洞口、上室、下室和下窨四个部分。接近洞口的上室较为宽阔，有烧过的灰烬，可能是住宿的地方。下室狭小阴暗，集中摆放着人骨，人骨旁边有不少红色的赤铁矿粉末和装饰品，当为有意识的埋葬，可以认定就是当时的墓地，这也是迄今中国境内发现的最早墓地。山顶洞出土石器数量为25件，原料主要是脉石英、其次为砾岩和燧石，使用锤击法和砸击法打片。在遗址中还发现大量的碎骨片和一些打击的骨器和有磨痕的下颌骨，以1枚骨针和1件有磨痕及刻纹的鹿角棒尤为精美。骨针的出现意味着当时已可以用兽皮缝制原始衣服，抵御严寒。在山顶洞文化层中，还发现了很多鲤鱼骨和一条长约3尺的青鱼骨，说明鱼类也是山顶洞人食物的主要来源之一。据研究，与北京直立人相比，山顶洞人的脑容量增加，平均1 393毫升，在现代人的变异范围之内，脑内动脉分支也与现代人接近，说明智力发达程度已同现代人接近。男性平均身高1.74米，女性平均身高1.59米，高于北京直立人。从铲形门齿这一显著特征来看，周口店地区发现的北京人、新洞人、山顶洞人之间存在着一定的继承关系，他们在原始蒙古人种的形成和东方文化的起源过程中起到了重要的作用。这一时期文化发展的另一重要标志，是山顶洞出土的大量装饰品。考古工作者在人骨化石附近已采集到的装饰品有石珠、钻孔砾石、孔鱼骨、穿孔兽牙、骨管、穿孔海蚶壳等141件，当属随身的佩饰、坠饰类，说明当时人类已经有明确的爱美观念。利用加速器质谱^{14}C测年法对山顶洞的年代再次进行测定，得出的年代为距今2.7万年左右。

新中国成立以来发现的旧石器时代晚期古生物化石有相当一部分是与人类活动遗迹共存的。大多数地点的标本无冲磨和风化痕迹，表明这些古生物骨骼在当时应属于原地较快掩埋的，据此推测在当时人类已频繁活动于河岸和丘陵地区，在进行采集和狩猎时，就近制作生产工具，短期停留后离去。北京东城区东方广场就是这样的一处旧石器晚期人类临时活动的重要遗址。东方广场遗址面积约2 000平方米，考古发掘揭露面积约780平方米，1996年12月—1997年8月发掘并进行了重要遗迹的迁移。出土标本近2 000件，其中石制品占700余件，有石核、石片、石锤、石钻、刮削器及雕刻器等，以石片器为最多。另有一些骨器，其上有人工砸击和刻划的痕迹，或附着有赤铁矿粉。遗址上还有烧骨、烧石及木炭、灰烬等人类用火的遗迹。同时出土的还有牛、马、鹿、兔、鸵鸟等动物化石。^{14}C年代测定数据之一为距今24 030 ± 350年。可知旧石器时代晚期的人类已经越来越频繁的到平原地带活动，不断地增强生活能力，为最终走出洞穴做好了准备。

东方广场遗址烧火遗迹

(二) 新石器时代的北京先民

北京地区在不晚于1万年前已开始进入新石器时代。新石器时代的地质年代属全新世,这一时期的人们逐渐使用研磨的方法制造石器,开始制作陶器、定居生活固定化、产生原始农业并饲养家畜。在此基础上,人们从山洞中迁徙出来,选择平原地区定居。也就是说,这一时代的先民已从依赖天然赏赐进入到一种主动的生产经济阶段。北京地区的新石器时代考古资料,全部都是在新中国成立以后获得的,目前已发现的遗址、墓葬和零散遗存点约有40余处,较早时期的有门头沟东胡林遗址、怀柔转年遗址等,绝对年代在距今约1 1000—9 000年前。

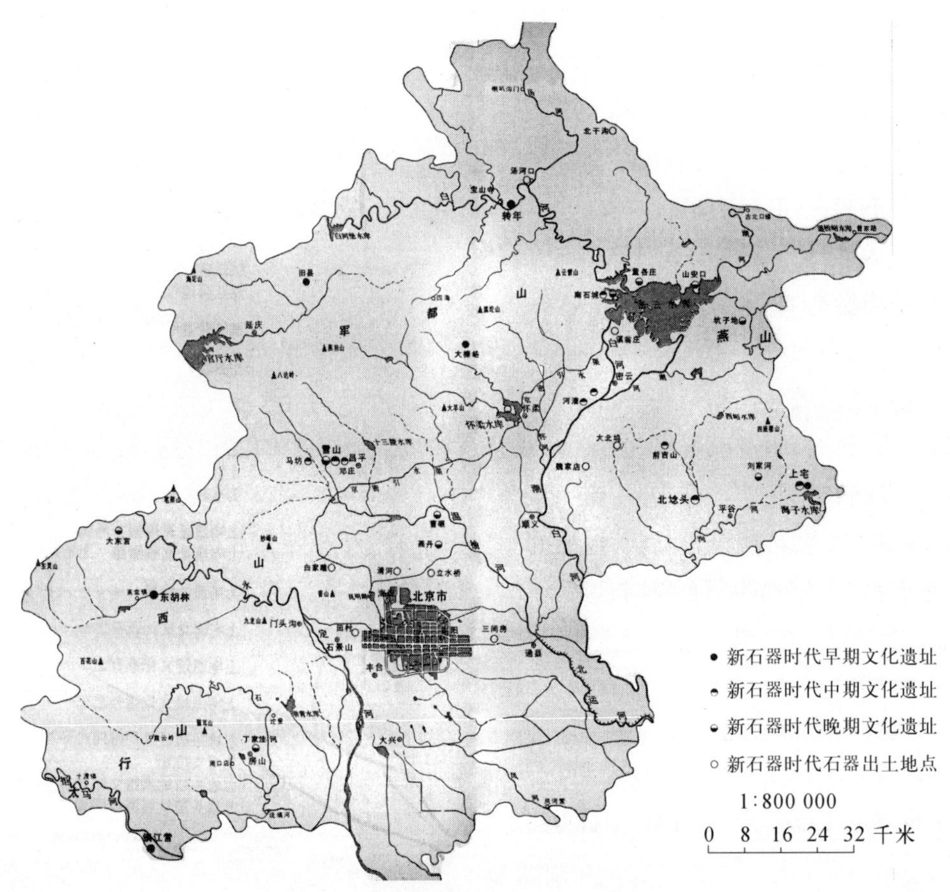

北京地区新石器时代遗址分布图

东胡林遗址位于门头沟区斋堂镇东胡林村西,处在黄土高原和华北平原的过渡地带,现存面积约3 000平方米。1966年在该遗址发现新石器时代墓葬1座,墓内葬2名成年男性和1名16岁左右的少女。少女属一次葬,两男性骨骼杂乱,属二次葬。少女高约165厘米,颈部有穿孔螺壳项链,腕部戴有骨镯。因人骨发现在马兰黄土上,处于全新世黄土的底部,所以推断该遗址应属新石器时代早期遗址。2001年—2006年,北京市文物研究所与北京大学考古文博学院又对该遗址的西南部进行了连续发掘,发掘面积总计270平方米。用^{14}C及热释光测年方法测出东胡林遗址的年代大致在距今11 500—9 000年间,属于新石器时代早期。

通过数次对东胡林遗址的发掘,共清理新石器早期墓葬2座,另有半具被扰动的人骨架及灰堆13座、灰坑5座,还有人类活动面、烧烤面、石器加工地点等重要遗迹,获得了石器、陶器、骨器、蚌器、动物骨骼等大量遗物。出土的石制品可分为打制石器、磨制石器、细石器、小石器四类;发现陶器计有60余片,多为器物腹片及底片,亦有少量口沿残片。陶片多为红、褐色,因烧制火候不高,大多数颜色斑驳。器表多为素面,少数饰有附加堆纹、压印纹。从陶片的断面看,有泥条盘筑法和泥片贴筑法。从器形看,一般为平底器,未见圜底器,主要有盆(盂)、罐等;骨制品有锥、尖状器、笄等;出土的骨梗石刃器和骨鱼鳔十分精美,皆用动物肢骨制成。蚌制品主要是用蚌壳或螺壳制作的装饰品,一般在一端或两端穿孔,可供系挂;动物骨骼数量较多,多为鹿类动物的肢骨及颚骨、牙齿等,还发现有猪骨、大型禽类骨骼等。表明当时人类获取食物的方式是以狩猎为主;墓葬形制为竖穴土坑墓,M1葬式为仰身直肢。人骨的鼻与口间,随葬一件磨制而成的棍状玉石制品,初步鉴定为方解石。墓葬M2保存完好,葬式为仰身屈肢。头向东北,在墓主人的头部放置1件磨光小型石斧。根据地层关系断定,M2在时代上晚于M1,但仍属新石器时代早期墓葬。颈部及胸腹部发现有多枚穿孔小螺壳,应为墓主人生前佩挂之物。东胡林人将遗骸掩埋在黄土台地上,说明当时的人们可能已离弃世代居住的岩洞,开始在河畔的台地上,开辟新的劳动和生活区域。保存完好的古人类遗骸的发现填补了自山顶洞人、田园洞人以来,北京地区人类发展史的一段空白,为了解全新世以来人类的发展与演化提供了科学的依据。

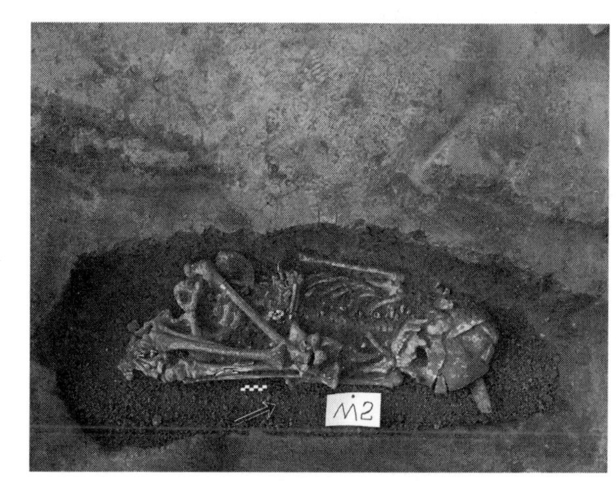

东胡林墓葬M2

新石器时代中期较为重要的遗址有平谷上宅遗址、北埝头遗址,密云县燕落寨遗址及镇江营遗址等,绝对年代在距今约9 000—7 000年前。

上宅遗址位于平谷县城东北17公里处,金海湖镇上宅村西北,1984年北京市第二次文物普查时所发现,1985—1988年,北京市文物研究所和平谷县文管所对遗址进行了正式发掘。遗址自上而下可分为8层,其中③~⑧层为新石器时代文化层,主要遗迹为一条灰沟,出土陶器1 000余件,皆为手制,有的以“贴筑法”成型。器壁较厚,火候不均,颜色不纯。灰陶多采用“盘筑法”,器壁较薄,陶质以夹砂和夹滑石陶为主,质地疏松,火候不高。还有少量泥质陶,以红褐居多。大多数陶器表面都有纹饰,主要有抹压条纹、刮条纹、压印之字纹、篦点纹、剔刺麻点纹和刻划纹等。陶器以平底器为主,造型较简单,另有一些圜底器和圈足器,主要器形为深腹罐和各式钵;出土的石器约有2 000余件,大多为打制、琢制或磨制的大型石器,以盘状器和单面起脊的斧状器数量最多。细石器多数是用间接打法制成的长条形石片,其种类有石镞、尖状器、刮削器、石刃等。此外还有打猎用的掷球、弹丸以及捕鱼工具,雕刻工艺品小石猴、小石龟、小石鱼等。推断遗址年代,大约在公元前5400—公元前4300年前后,差不多经历了1 000多年时间。

北埝头遗址位于平谷县城西北7.5公里的大兴庄乡北埝头村西台地上,现存面积约6 000平方米。1984年,北京市文物工作队和平谷县文物管理所对遗址进行了发掘,发现半地穴式房址10座。房址平面呈不规则的椭圆形,直径4米以上,室内无明显门道。每座房址居住面中部埋有一两件深腹罐,内存灰烬和木炭,靠墙的地面上发现较多的陶、石器。这批居住房址的分布比较密集,单体房屋的面积也比较大,室内地面经过烘烤,从发现的几个柱洞的位置看,可以推测当时的房屋是一种篱笆墙式的半地穴建筑。

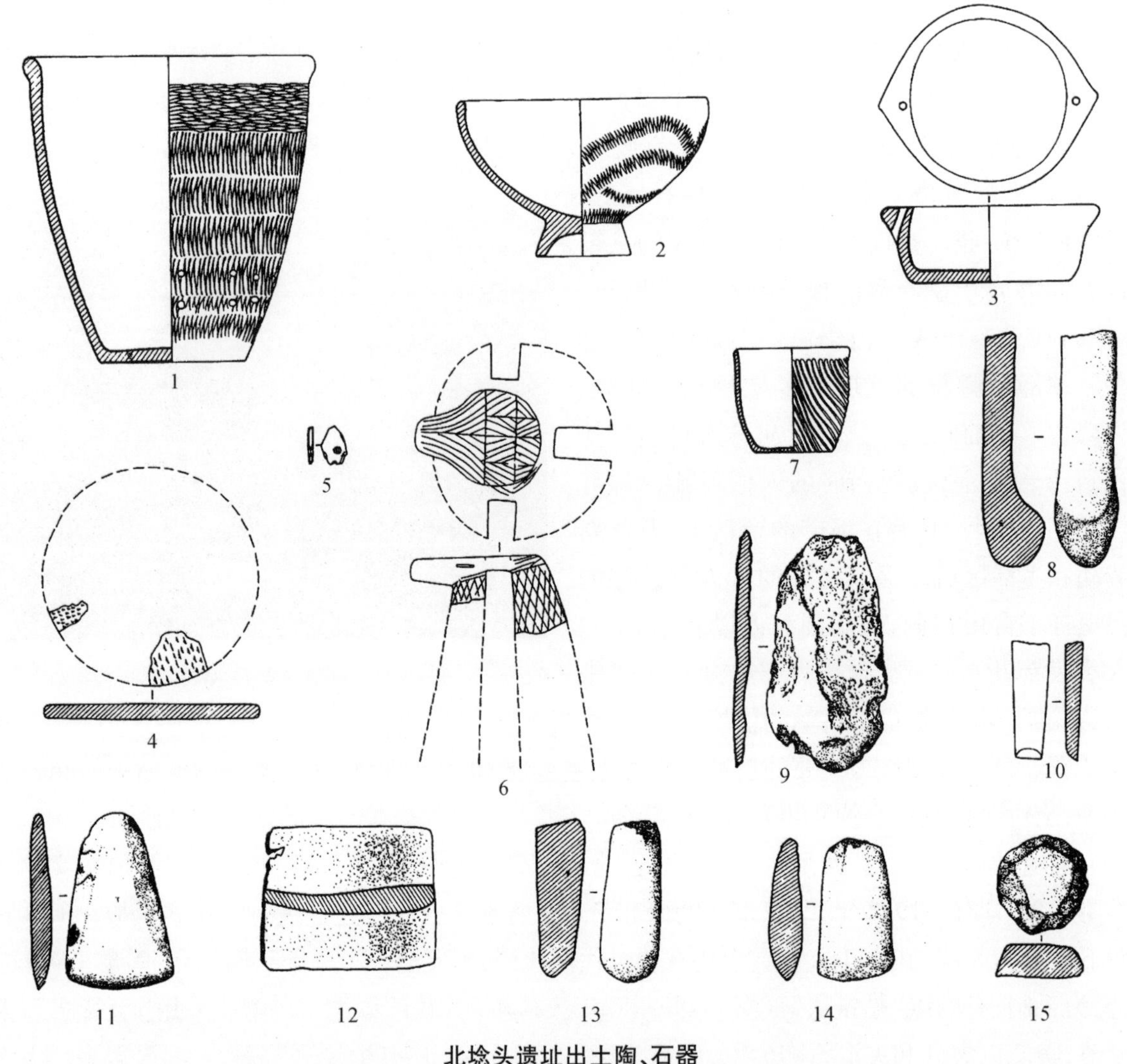

北埝头遗址出土陶、石器

北埝头遗址主要遗物为陶器和石器。陶器完整器不多。陶质以夹砂为多,泥质陶很少,夹砂陶一般都掺滑石粉,陶色多褐色及红褐色。陶器全部手制,以泥条盘筑为主。陶胎较为厚重,厚薄均匀。由于火候不均,同一个体上往往有不同颜色。陶器上为缀合裂隙而钻孔的现象较为普遍,钻孔皆外大内小。纹饰以压印的"之"字纹数量最多,其次为划纹、刮条纹、篦点纹等,素面陶较少。器类中常见中大口深腹陶罐、圈足碗、鸟首镂空支座、圆陶饼等;石器计73件,细石器约占三分之一,由硬度较高的燧石石料打制而成,采用直接或间接打击,有一些石器的刃部经过二次

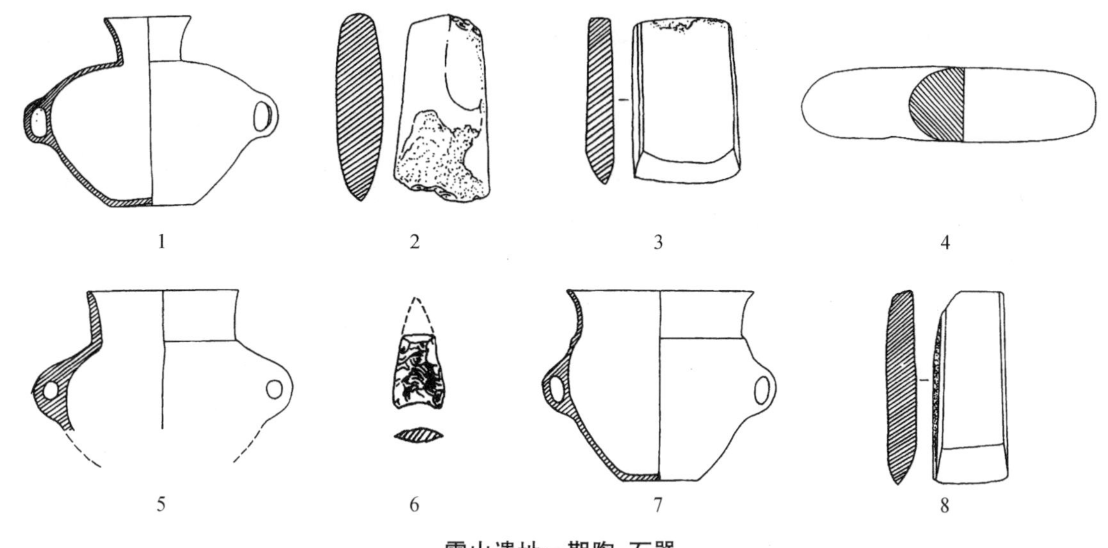

雪山遗址一期陶、石器

加工。器形有石镞、石刀、尖状器、刮削器等。大型石器有磨石、石斧、石铲、石磨盘、石磨棒等。制作方法以磨制为主,其次为打制和琢制。

北京新石器时代晚期遗存的典型代表有雪山遗址。该遗址位于昌平县城西4公里的雪山村,1982—1983年进行发掘,文化遗存分为两期。一期的石器种类有斧、凿、刀、磨棒、环、镞等。陶器以夹砂褐陶为主,其次是一种掺贝粉的泥质红陶,纯泥质陶很少。陶器的火候较低,陶质较疏松,陶色也深浅不一,在一件器物上,褐陶多数是红褐相间或者是灰褐相间。所有陶器中,除一件陶罐上饰有几组不规则的划纹以外,其余都是素面陶。陶器皆为手制,器类主要是罐。红陶钵和红陶黑彩陶片透露出中原仰韶文化和北方红山文化的某些信息。推测此期遗存的时代大约相当于仰韶或红山文化晚期。

雪山二期遗存发现有半地穴式房址地基3座,灰沟一条。房基呈椭圆形,东南方向开有斜坡门道。F3门道中部和地面上发现有柱洞痕。室内地面中部有平石一块,与门道柱洞相对,可能为柱础石。室内面上有灶址,周围有木炭屑及陶、石遗物。灰坑皆为椭圆形锅底状,以H16为代表。此期遗存的陶器以夹砂褐陶为主,也有相当数量的泥质灰陶,其次有泥质黑陶、灰陶和红陶。还有少数白陶,因出土都是碎片,所以无法说明器形。器表纹饰以绳纹为主,其次是篮纹、弦纹、方格纹、附加堆纹等。大型器物为泥条盘筑、快轮修整,小件陶器则为快轮制陶,一些陶罐底部留有偏心涡纹。典型陶器有高领深腹罐、夹砂褐陶鬲、曲腹盆、平底盆、器盖、鼎、斝、曲腹碗、豆、纺轮等。石器以石斧数量最多。由于雪山二期文化与雪山一期文化内涵相差较大,有研究者认为,来自豫北一带的中原龙山文化北上,形成了雪山二期文化。雪山二期文化与雪山一期文化属不同的文化谱系,应反映了共工氏北迁的历史传说。

三、青铜时代的北京人生活

大约在公元前2000年左右,北京地区进入青铜时代,即历史上的夏至西周这一历史阶段,历史学家通常也将这一时代称之为“三代”。公元前 1045 年,周武王灭商后,分封周王室同姓贵族召公于北燕,即今天的北京及周围地区。

北京地区的夏商周考古工作,始于 20 世纪 60 年代,此后,特别是 70 年代以来,取得了重大的突破。迄今已发现的夏商周时期重要遗址和墓葬有夏家店下层文化遗址、张营遗址、镇江营与塔照遗址、龙坡遗址、琉璃河遗址、夏家店下层文化墓葬、刘家河商墓、琉璃河西周燕国墓地、白浮村西周木椁墓、金牛村墓葬等。此外,还有一些其他零散发现。随着田野发掘所获得的考古信息的不断增多和考古学文化的确立,目前学术界对这一时期的年代谱系认识日趋完善。研究表明,北京地区夏商周时期的考古学文化,主要包括了夏家店下层文化、张家园上层文化、商文化以及西周燕文化等几个部分。

夏至商早期,北京地区的原始文化属夏家店下层文化的范畴。在昌平区雪山村、下苑和张营,密云县燕落寨、凤凰山,平谷区刘家河,房山区塔照村、镇江营、西营和刘李店等都曾发现此类遗存。

1978 年,北京市文物管理处对平谷县刘家河村附近遗址进行调查和小面积试掘,在刘家河村东南、海子北干渠附近土坡断崖上,清理夏家店下层文化灰坑 1 座。灰坑的西半部已被破坏,形状呈椭圆形,坑内堆积分四层。出土陶器以泥质和夹砂的黑衣陶为主,其次是夹砂褐陶。素面磨光陶的数量最多。纹饰以绳纹为主,其他仅有少量附加堆纹和篮纹等。器形有罐、盆、盘、碗等。从陶器特征看,灰坑的年代应属于夏家店下层文化偏早阶段。

1986 年,在拒马河流域开展考古调查过程中,房山区南尚乐乡塔照村、镇江营、西营三处遗址的地表,发现有夏家店下层文化的陶片。

北京地区的夏家店下层文化,因其多属发掘其他时代遗址时的偶然发现,资料较为零散,目前比较单纯、完整的夏家店下层文化的遗址还未能发现。

比夏家店下层文化略晚的遗址中,以夏商之际的昌平张营遗址、商代中晚期的平谷区刘家河商墓最为重要。

张营遗址位于昌平区东约 4.5 公里张营村东的平缓坡地上,1984 年北京市第二次文物大普查时发现。1989 年 3—6 月、2004 年 3—5 月,北京市文物研究所与昌平县文物管理所对张营遗址进行了抢救性试掘。两次发掘面积总计 1 570 平方米,发现夏商时期灰坑 122 座、房址 6 座、陶窑 1 座、灶址 11 座、墓葬 1 座、瓮棺葬 3 具、灰沟 1 条。出土完整或可复原的陶器约 90 件,石器约 334 件,骨、角器约 30 件,铜器 17 件,玉器 10 件。另外,还获取了大量的陶、石、骨器标本和可供鉴定种属的动物骨骼标本等。

张营遗址发现的各类生产工具中,用于农业生产和农作物加工的工具如斧、铲、刀、磨盘、石杵等和用于制陶、纺织等日常生产、加工的工具如陶拍、陶垫、陶纺轮等所占比重较大,而与渔猎等有关的工具如鱼钩、网坠等所占的比重较小,由此可知,张营遗址的社会经济形态是以原始农业为主,同时兼营渔猎业。另外,斧、刀、镰、磨盘、石杵等始终是遗址主要的生产工具,一段、二段与三段遗存中出土的生产工具的种类比例变化不大,张营遗址这种生产工具的稳定性表明,经济因素在其社会发展中变化得相当缓慢。

张营遗址发现的房址按形制分为圆形半地穴式和方形地面式两种。建筑形式比较简单，一座房址一般由居室、灶、门、柱洞等部分组成，部分房址还残存有墙壁。居室面积一般不超过13平方米。居住面多为黄土垫底，也有细砂垫底，均经烧烤。半地穴式房址F1主室平面呈葫芦形，由西南至东北形成三级踩踏台阶面。内壁有12个横向灰孔斜入进壁，可能是为了防潮而搭建交叉树干形成的痕迹。在主室之西、南最上层台面还各有一个近椭圆形灰坑，可能是与F1一体的次室或偏室建筑。因遗址破坏较为严重，房址数目较少，分布散乱，整个聚落在空间分布上没有呈现出明显的规律性。从所揭露的房址和灶址存在的若干差别推断，该聚落内部阶层或有一定分化，社会内部各组织单位地位并不平等。发现的1座墓葬与居址范围没有分离，因数量太少，无法了解当时埋葬习俗等有关情况。从两次发掘情况来看，张营遗址的经营是由南至北不断游移、扩大的过程。张营遗址面积较小，其性质为一般村落。

墓葬M6为长方形竖穴土坑墓，带生土二层台，东西向，墓底有黑灰色的木棺痕迹，木棺底部有一层青灰色的膏泥。人骨架1具，头向东，仅存股骨。随葬器物有陶罐、折腹盆、玉饰等。另一座墓葬W3的瓮棺平面为椭圆形，剖面呈锅底状或斜坡状，由2件陶器对接而成，瓮棺内仅存儿童牙齿1枚，出土器物有陶瓮、罐、鬲。张营遗址中的夏、商文化遗存，可分为三个阶段：一段的年代大致为夏代中期至晚期，二段的年代在夏末商初之际，三段的年代自二里岗上层至白家庄期。

张营遗址的文化内涵复杂，至少表现出曾受到中原、内蒙古中南部及东部、辽西、晋中及冀北等周邻地区的文化辐射，其中中原、北方两大文化阵营的对峙是最主要的方面，但遗址主要的

文化因素明显更与北方系统相近，而与永定河以南地区者差异较大。

镇江营与塔照遗址地处华北平原和长城地区的连接点上，隶属于北京市房山区南尚乐乡。1986—1990年，北京市文物研究所连续5年对两遗址进行了发掘。两个遗址的揭露面积共计2 170平方米，分属新石器时代和夏商周时代。其中夏商周时代有五种文化，一至五期分别为塔照一期遗存、塔照二期文化、张家园上层文化、西周燕文化、东周燕文化。从陶器器形、制陶传统看出，塔照一期遗存、塔照二期文化、张家园上层文化一脉相承，是西周封燕前的当地土著居民的文化，与商文化有着密切的联系；西周燕文化是西周封燕后的文化，对土著文化采取先排斥后融合的态度。

北京地区的张家园上层文化，其命名始于天津蓟县张家园遗址，商末覆盖了永定河南北区域，目前北京地区发现的地点有房山区镇江营遗址、琉璃河遗址，平谷区韩庄，顺义区牛栏山等。张家园上层文化可区分为三段，14 C树轮较正数据为公元前1408—前930年，经历了商末至西周中期的阶段。分布区域可东至滦河沿岸，北到承德一线，西止太行山，南达大清河。在这样大的范围内，永定河以南地区与商文化和周文化首先发生碰撞，而永定河以北地区与北方的文化有着更密切的联系，因此张家园上层文化客观上有区分地方类型的可能性。由夏家店下层文化、塔照二期文化一脉相承而来的张家园上层文化，商末达到鼎盛时期。有专家考证，该文化具备建立国家政权的实力，否则很难抵御商文化的强大攻势。商王乙、辛之前，燕国的族徽就出现在金文中，如果商代有燕国存在，那必定是张家园上层文化建立的古国。

北京地区商代文化遗存发现较少，比较典型的有平谷县城东北14公里处的刘家河墓葬。该

墓为南北向,似有二层台,墓底有红黑相间的泥状物。青铜礼器出土于南端的二层台上,金饰、玉饰、铜人面饰及铁刃铜钺等均出于墓葬底部。墓中出土金、铜、玉、陶、铁等文物40多件,是迄今北京地区发现的年代最早的商代中期的文物。出土的云雷纹小方鼎的形制、花纹,与郑州出土的2件大方鼎相近;弦纹鼎、鬲、鸟首鱼尾纹盘、盉等,形制与湖北盘龙城李家嘴墓出土的器物基本相同;饕餮纹鼎具有郑州二里岗上层器物的特点;三羊罍与郑州白家庄二号墓所出铜罍相似;铁刃铜钺与河北藁城台西村出土的标本基本相同;人面纹铜饰与安阳西北岗出土的人面铜饰相似。与上述殷商青铜文化因素伴存的,还有另外一种属于北方青铜文化因素的器物,如1对扁喇叭口式金臂钏和1件扁喇叭口的环钩形金耳环等,明显地与夏家店下层文化同类器物相似,表明刘家河这批青铜器遗存,至少包含两种文化因素,而装饰品的形式风格与佩戴部位,是最能反映民族特性的,所以,这里的中原殷商青铜礼器很可能是属于外来输入文化因素,而以扁喇叭口式金臂钏和金耳环等看似少数的土著文化因素,才是真正体现其文化性质的本质的固有文化因素。

刘家河墓葬的年代和文化性质,目前学术界尚存在不同意见,有的定位商代中期,有的认为应属夏家店下层文化遗存,有的认为可能为肃慎、燕亳或附近其他方国的遗存。根据该墓所出青铜礼器的总体特征,其时代推定在商代中晚期至殷墟早期阶段。从该墓出土的质量很高、工艺精致的金臂钏和金耳环,还有象征权力的铁刃铜钺,以及16件一套的成组青铜礼器分析,该墓墓主应为商代中晚期至晚期前段北方某方国的一位握有重权的贵族首领人物。

夏家店下层文化在北京消失后,北京地区已进入商代晚期。据文献记载,在商代晚期,北京地区有孤竹与燕亳两个著名的部族。这两个部族是商王朝北方的附属国,也是北方的屏障,它们与商王朝有密切联系。

西周燕文化以镇江营遗址最为典型。遗址西周时期文化堆积,叠压在相当于商代的先燕土著文化之上,又被春秋时期的灰坑打破。从地层、房址、灰坑的相互打破和叠压情况分析,这一时期的文化堆积至少可分为三层,为北京地区西周遗址的分期提供了地层资料。

在镇江营遗址发现的房址较少且破坏严重,大部分房址只有垫土痕迹,形状不够规整,还有更多零星的与房址和垫土相关联而已被破坏的柱洞。房址基本平地起筑,内外套间,修建前地面均经过细致铺垫,整平地面后挖柱洞,较好的柱洞填土经分层夯实、烘烤形成坚实的柱础,柱础的平面呈现同心圆形,剖面锅底形,每层夯土厚薄均匀。居住面叠压在立柱周围填土之上,分层夯实。西墙处建有烧灶,并有烟道通向墙外。灰坑平面多为圆形,其次为长方形和不规则形。有的坑底出有兽骨,有的坑壁留有掘土工具痕迹。剖面直壁平底、袋形、锅底形、盆形等,其中圆角长方形灰坑形状规整,一侧多有柱洞,底部经铺垫加工,应是贮藏用的窖穴。

镇江营遗址出土遗物较丰富,陶器有鬲、罐、簋、盆、甑、拍等,还有骨簪、骨镞、骨锥、骨梭、铜镞等。陶质中含细砂,掺少量云母粉和粗砂粒,表面多呈灰色,有相当数量的褐色胎质,泥质灰陶较少。豆、簋等较细腻的泥质陶器轮制成形,鬲、罐、盆等胎质略粗的陶器采用泥片套接法,在器物的折沿、颈、肩、中腹、靠底的部位都可看出接茬的痕迹。除小型罐、簋器表素面外,一般都滚印整齐的竖绳纹,有的加弦纹隔断绳纹,器形中最常见的是袋足鬲,其次为罐、盆,簋较少,豆更少见。袋足鬲、矮足跟鬲、侈口罐、四系罐、多孔甑、高圈足簋等为常见的陶器组合。遗址中出有卜骨，背面经过平整和钻凿，正面刻出米粒大小的两行数字，专家鉴定为易经卦象。

镇江营遗址西周燕文化的初期曾与张家园上层文化的最晚期并行过一段时间，但前者很快覆盖了整个遗址，迫使张家园上层文化的人们离开了家园。镇江营遗址与琉璃河遗址在陶器方面共性较多，是燕文化的组成部分之一。

琉璃河遗址位于北京市西南43公里处的房山区琉璃河镇以北地区，范围包括洄城、刘李店、董家林、黄土坡、立教、庄头等村落周围。遗址东西长3.5公里，南北宽1.5公里，面积5.25平方公里。1958年，北京市进行文物大普查时发现该遗址。1962年，北京市文物工作队在房山县琉璃河公社北部的洄城、刘李店、董家林、黄土坡、立教、庄头村周围发现了商周时期遗址，并在刘李店、董家林村进行了小规模试掘。此后，一直到2002年，北京市文物管理处、中国社会科学院考古研究所、房山县文教局等单位共同组成的琉璃河考古工作队，以及北京市文物研究所与北京大学考古系等多家单位先后对琉璃河遗址进行了多年的调查和发掘，发掘面积大致超过20 000平方米，在遗址内不仅发现了城址、城墙、护城河、大型宫殿类建筑遗迹、居址、房基、灰坑、窖址、铸铜作坊遗迹、各类墓葬、车马坑等各类遗迹，而且获得了上万件的重要文物。其聚落格局主要分为居住址、城址和墓葬区三部分。根据发掘积累的资料可知，城址位于遗址中部的董家林村及其周围，略呈长方形，南半部被河水冲毁，城址现存形状呈“门”字形。东西长约829、南北残长300余米。由于城址的最南端发现一处残存的城墙内护坡，推测南、北城墙的距离应有700米左右。城

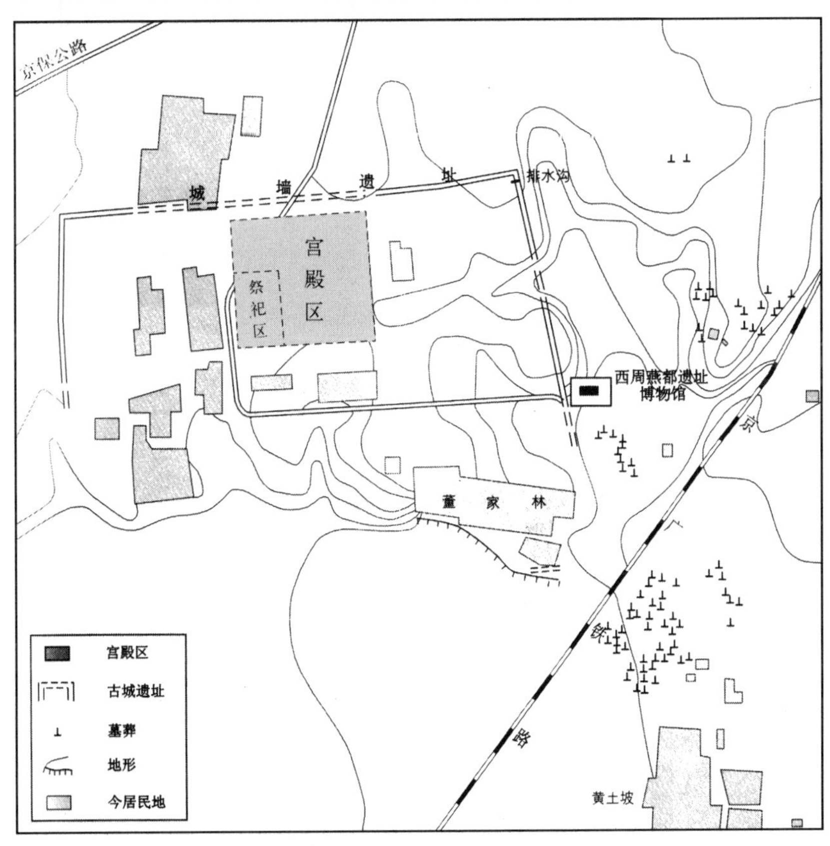

琉璃河西周燕都遗址平面图

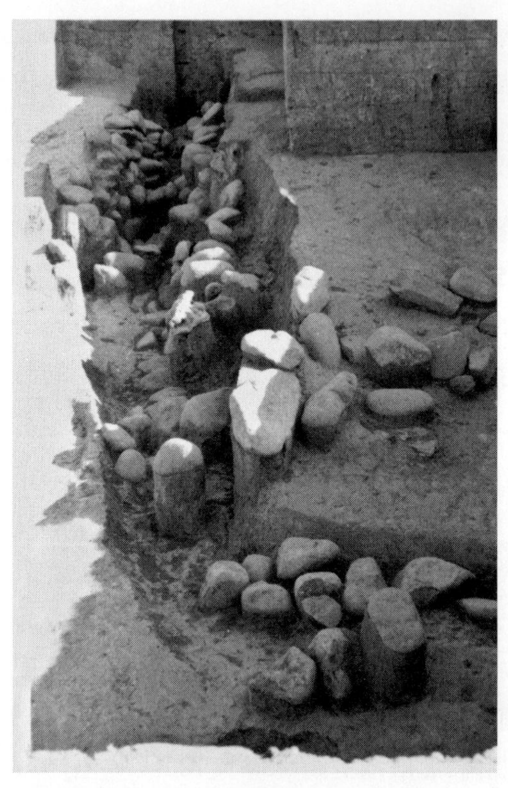
排水沟

墙外发现有城壕。城墙的部分地段挖有基槽,大部平地起筑,采用分段、分层夯筑的方法,分为主墙和内外护坡,主墙基宽3米左右,夯打坚实,模板夯筑的痕迹清晰,板宽20厘米,夯层亦厚20厘米,此种筑城方式是西周燕都城的建筑特点之一。内外护坡夯打稍差,城外有宽3米的护城河,形状不规整,深度相对较浅,水面较宽,为城址的防卫设施。东城墙的北端发现一条卵石铺就的排水沟,东西向,用卵石砌成,沟底西高东低,沟口无盖板的痕迹并打破城墙夯土。城中偏北有夯土台基6处,应为宫殿区。在夯土台基的中部偏西,还发现1处平面呈长方形的水井,井四壁皆由方木垒砌,上部只发现朽木痕迹。城址内还发现西周时期的板瓦、筒瓦,瓦上一般带有瓦钉,应是大型建筑上的遗存。在宫殿区周围还发现西周时期的陶质绳纹水管,这些都足以证明,在燕都城内曾存在过经规划的大型建筑。宫殿区的西南是祭祀遗迹,有的祭祀坑中葬有整头的牛或马,出有很多经过钻、凿的卜甲、卜骨,其中一片刻有“成周”2字,为琉璃河遗址的分期与断代提供了新的依据。城内西北部为手工业作坊区和平民生活区。城内陶器的器类比镇江营遗址丰富,如原始青瓷器、仿铜陶礼器、铸铜的陶模和陶范。

琉璃河遗址的文化堆积分为早、中、晚三期,分别相当于西周早、中、晚期。早期周文化、商文化、张家园上层文化共生。中期以后,商文化、张家园上层文化逐渐消失殆尽。

四、东周时期的燕文化与玉皇庙文化

北京地区在东周时期属于燕国的境域。燕国自西周初年就封在今北京地区,根据《史记》的记载,西周初年“周武王之灭纣,封召公於北燕”。也就是说,到平王东迁的时候,燕国已经在这里存在了大约300余年,其都城所在地过去一直未能准确确定其位置。自1958年琉璃河遗址被发现以后,才知道当时的燕国都城就在今北京市房山区琉璃河镇董家林村。

考古学的发现和研究表明,东周初年乃至整个春秋时期,当时的北京地区始终存在着南北两个不同系统的考古学文化,一个是位于北京南部的燕文化,另一个则是位于北部燕山山地间的“玉皇庙文化”。这意味着当时在北京地区很可能存在着两个不同的政治、经济、文化实体。从目前的考古发现来看,春秋时期燕国的境域或许并不能够覆盖今天的整个北京地区,春秋时期燕文化的遗存,大部分分布在今北京西南部的房山区境内,如镇江营与塔照遗址、丁家洼遗址、前后朱各庄遗址等,只有一处发现于顺义区境内,而该处遗存的年代已经到了春秋晚期到春秋战国之际;“玉皇庙文化”主要集中分布于北京市延庆县北部的军都山等燕山余脉的山前地带,主要遗址有玉皇庙墓地、葫芦沟墓地、西梁垙墓地等。春秋时期是玉皇庙文化的繁盛时期,这种繁盛的局面可能一直持续到春秋战国之际。

进入战国以后,随着玉皇庙文化向北、向东——主要是向今河北省怀来、滦平等地的迁移,燕国的境域基本完全覆盖了今天的北京地区,甚至还向东北等地有了较大的扩展,考古发掘资料表明,当年的燕国长城已经延伸到了今天的辽宁、河北、内蒙古等境内,证实了文献记载的战国时期燕国向北开疆拓土的事实,而文献记载的上谷、渔阳、右北平、辽西、辽东等燕北五郡的大致范围内,也发现了较多战国时期燕文化的遗存,基于这些发现,我们可以说,战国时期的今北京地区,基本是燕国一统的局面。

(一)东周燕文化的重要考古发现

东周燕文化来源于本地传统的西周燕文化,但又明显不同于西周燕文化,是一个崭新的考古学文化。从目前的研究来看,东周燕文化大致形成于春秋中期,目前北京地区所见的春秋时期遗存以房山镇江营与塔照遗址、丁家洼遗址等聚落遗址为代表,其代表性的遗迹为圆形、方形以及不规则形等各类灰坑,房山前后朱各庄遗址还发现了一座升焰型陶窑,代表性的文化遗物是燕式高足陶鬲、近乎平裆的袋足陶鬲、折沿深腹圜底陶釜、细高柄陶豆、折沿盆等陶器,陶器表面以不同形式的绳纹为主要装饰纹饰;北京地区春秋晚期至战国时期的燕文化遗存发现数量较多,其中包括城址、聚落遗址、墓葬、窖藏等各种类型的遗存。

东周时期的城址多经考古调查或小规模的发掘,主要见于房山区,年代基本集中于战国时期。主要有窦店战国城址、蔡庄城址、长沟城址等。

窦店战国城址位于拒马河支流大石河东岸,隶属北京市房山区窦店镇,一度被称为“芦村城址”。1957—1990 年,河北省文物工作队、北京市文物工作队及其后来的北京市文物研究所等单位先后对此城址进行了调查或小规模试掘。至 1990 年的考古工作开展时,窦店战国城址的南城墙还残存了高于地表 6~7 米的墙体,根据残存的墙体和地表以下的墙体基础,大致明确了该城址的轮廓。从已发表的调查报告中可以得知,该城最早的建筑和使用年代不晚于战国早期,是东周燕国境内一处重要的城镇。城依水而建,后世因河道的变迁使城址的北墙被毁,东西两道城墙也因为靠近村庄而遭到严重的破坏,只有南城墙保存情况较好。从残存的城墙遗迹可以得知,该城占地面积约 128 万平方米,周长约 4 500 米,城平面近方形,残存的每面城墙各开设一座城门。城墙均为夯土墙体,墙体宽度约为 16 米。战国早期,燕国为了抵御齐、赵,建造了这座城池,该城在战国晚期进行过一次全面的整修,汉代在此基础上设置了良乡县,北魏时弃大城更筑小城,作为良乡县治,大城至此遂废。城内外一些地方可能存在冶铁遗址和建筑基址。调查和试掘过程中,还发现了一些灰坑和陶罐、陶釜、板瓦等遗物。蔡庄城址位于周口店西南与河北省涞水县交界处,在顺拒马河右分支向下约 2.5 公里的一块高敞台地上。1959 年初文物普查时发现。城大体呈正方形,长、宽各约 300 米。现仅存东、西、南三面,东南、西南两城角,保存尚完整,高约 3.5 米。南墙和西墙中部各有一处向外突出,或为城门。南墙突出处遗有豁口,顺豁口处直入城内河沿,有深沟一道,将城内耕地分作两半,或为原城内街道久经雨水冲刷而致。城墙为版筑。遗址地表散布有大量陶器残片,均为夹砂陶,包括红、灰两种,纹饰以粗绳纹为主。采集到的标本有青石镰残段、兽面纹半瓦当、夹砂红陶鬲足、汉五铢铜钱等。当地村民还曾发现过瓮棺墓、铜铁箭镞等。由此推测,该城址可能建于战国而沿用到汉代。长沟城址位于房山县城西南约 15 公里,距长沟村东约 250 米,城为方形,每面长约 500 米。土城墙大部被毁坏,仅东南角较完整。出土灰陶瓮口沿、兽面纹半瓦当、夹砂红陶系的敞口折沿深腹圜底釜、钵口沿等,从出土遗物判断,城址的时代可以早到战国时期,至汉代可能还在使用。

北京地区发现的东周时期的聚落遗址多属零星发现,2005 年房山南正遗址的发掘属于规模较大的,包括灰坑、灶址、窑址等遗迹,内涵较为丰富。南正遗址战国晚期的遗存包括灰坑 11 座、灰沟 3 条、灶 1 座、陶窑 5 座。灰坑的形状有不规则形、近长方形、椭圆形、圆形等 4 类;灰沟均为长条形;灶的结构简单,平面近椭圆形,底和壁残存红烧土痕迹。南正遗址发现的战国晚期陶窑,大致可以分为升焰窑和半倒焰窑两类,其中升焰窑 3 座,半倒焰窑 2 座。陶窑一般长 4.92 ~ 6.45 米、宽 3.1 ~ 4.85 米,全倒焰窑一般仅存操作间、窑门、火膛,火膛以上部位均被破坏无遗。半倒焰窑保存情况略好,一般由操作间、窑门、火膛、窑室、烟道各部分组成。南正遗址是近年北京地区发现的为数不多的战国(包括两汉)时期的聚落遗址。

考古发现的东周时期的墓葬主要有顺义龙湾屯春秋战国之际的墓葬、怀柔城北战国时期墓地、昌平半截塔村战国墓、昌平松园村战国墓、通县中赵甫村战国墓、房山岩上墓葬区战国墓葬等。这一时期的墓葬均为长方形竖穴土坑墓葬,所见葬具以木质棺、椁为主,少量为形制简单的瓮棺葬墓,墓葬表现出不同的社会阶层,其中包括若干出土成套青铜礼器的贵族墓,这些贵族墓除青铜礼器外,还出土青铜兵器、车马器等,其余大量则为随葬仿铜陶礼器或仅见一般日用生活陶器的普通民众墓,还有一些不随葬器物的贫民墓葬。燕文化的铜器,包括青铜礼器、兵器、车马器等,器型包括鼎、豆、壶、盘、匜、簋、敦、钫、灯、戈、剑、镞、车軎、盖弓帽等,这些器类均见于中原东周时期的考古学文化,但其造型均带有本地燕文化的特色,如器盖的兽钮风格、细高柄盖豆、椭圆体簋、三环钮敦等,铜器表面装饰的各类兽纹、狩猎纹等也是北方长城地带流行的纹饰。各类仿铜陶礼器与所见铜礼器形态近似,而独具特色的燕式高足陶鬲也存续至战国晚期,并不断演化出新的形式。另外,各类遗址、窖藏中出土了大量尖首刀、“郾”字刀币,也是燕文化具有代表性的遗存。

另外根据数十年来的考古发掘资料粗略统计,在北京的 15 个区县范围内,都出土过燕国金属铸币,具体出土地点有 40 余处,表明约当春秋晚期,金属货币即已开始在燕、赵地区铸行。这是北方地区社会生产力和商品交换关系获得较大发展的重要标志。刀币,作为燕国最主要的金属铸币形制,在春秋、战国之际及整个战国时期,不仅在燕都所在的腹地,而且在其邻近地区和其文化影响所及地区,都有广泛的分布。其流布地域包括今北京、天津地区和河北、辽宁、吉林、山西、山东、河南、陕西等省和内蒙古自治区,以至远及朝鲜半岛南部、日本九州等地。

(二)玉皇庙文化的重要考古发现

玉皇庙文化是一支独立的考古学文化,有着十分鲜明的特色。迄今为止,发现出土富有典型山戎文化特色的直刃匕首式青铜短剑等遗物的地点已有十余处，如延太县大柏老乡（旧县）常里营、古城村葫芦沟、西梁垙，靳家堡乡玉皇庙，永宁乡东灰岭、新华营，清泉铺乡马蹄湾，康庄乡大营村，以及西拨子乡东河滩等。出土器物数量较多，种类也比较丰富，包括青铜器、金器、玉石器、陶器、蚌器等，其中青铜器可以分为容器、兵器、工具、车马器、装饰品等几类，金饰品、玉石器、陶器数量较少，主要器形包括青铜短剑、铜刀、铜镞、铜车軎、铜马衔、铜豆、铜锛、铜凿、铜带钩、铜锥、铜锥管、铜牌饰、铜泡、铜坠饰、铜耳环、铜扣、金饰件、玉璜、玛瑙环、绿松石珠、石珠、蚌片、陶罐等，就目前发现而言，玉皇庙文化在北京地区局限于延庆县北部八达岭以北的军都山带。根据墓中出土器物与其他文化中发现的同类器物比较，学术界普遍认为玉皇庙文化存续的年代，大致在西周晚期到春秋晚期或春秋战国之际，其后就大致退出了今北京的范围，而转向河北宣化、怀来、滦平等地。

玉皇庙墓地全景

玉皇庙文化在北京地区的考古发现，以墓葬为主要形式，以葫芦沟墓地、玉皇庙墓地、西梁垙墓地等三处墓地为代表。

玉皇庙文化在墓葬方面的共同特点，一是墓地基本依山而建，而且都比较集中于东坡和东南坡，而没有在西坡和南坡的，说明当时玉皇庙文化生活圈里的人已经在选择茔地上，有了自己共同的文化和风俗习惯。二是墓葬均为竖穴土坑墓，平面近长方形，绝大多数死者都是单人仰身直肢葬，还有少量的屈肢葬、俯身葬等；死者的头向，绝大多数朝东，少数南北向墓，死者皆头朝北。三是玉皇庙文化呈东西向的墓葬中，约有四分之一到二分之一存在覆面习俗，死者面部一般遗有覆面铜扣，而在南北向的墓葬中则未发现有这种习俗。四是呈南北向的墓葬不仅均无葬具，而且几乎有一半没有任何随葬品,少数有随葬品的,数量和种类也十分贫乏,说明南北向墓葬的人与东西向墓葬的人相比,地位相对比较低也相对比较贫困。五是玉皇庙文化的墓葬在墓圹填土中发现有殉牲,主要是牛、羊、狗,以殉狗最为普遍。殉牲方式,是将牲畜杀死后,只取头和腿作象征性祭牲,并不像中原地区和燕国等诸侯国家贵族墓葬那样,皆以杀殉整体牲畜为祭牲形式。牲头和牲腿的摆放形式,多是将牲腿放在下边,牲头置于牲腿之上,一般是以一只牲腿加上一个牲头,代表一个牲畜。祭牲陈放位置,绝大多数都集中陈置于墓东端死者头上方的填土中。六是玉皇庙文化的墓葬中,一部分属于儿童和婴儿的墓葬都比较集中地分布于墓地的一个区域,墓葬皆为长方形竖穴土坑墓,彼此间很少有打破关系,表明葫芦沟墓地在最初营造之始,就有族群既定的墓地使用布局规划。

玉皇庙墓地出土青铜礼器

玉皇庙文化的墓地中出土的随葬品,主要有青铜器、陶器、石器、玛瑙器和骨器,其中青铜器数量较多,包括兵器、工具以及各种形式的装饰品。出土陶器的墓约占墓葬总数的一半,大多是每墓随葬1件陶器,陶系与器类都比较简单。随葬的青铜器,以直刃匕首式青铜短剑、铜刀、铜带钩、弹簧式铜丝耳环和动物纹铜牌饰,最富文化特色。特别值得一提的是,在墓地南区出土了数例尖首刀币,这不但使青铜刀的发展轨迹序列更为清晰,而且为探索春秋战国之际燕、齐、赵地区的铜刀币起源问题,提供了新的资料。墓地中出土的铜饰牌皆为写实动物纹浮雕图像,佩戴在死者颈部,这也是中原地区和燕文化以及辽西地区东胡文化中罕见的。

五、汉唐时期的军事重镇

汉唐时期在考古学上一般是指秦朝建立之后至北宋建立之前这段时间,而就北京地区而言,这个时期的结束是在后晋天福三年(938年),时后晋高祖石敬瑭将幽云十六州之地献给契丹,北京地区自此进入契丹政权的统治时期。汉唐时期,北京地处北方草原文化与农耕文化的融合、过渡区,是各朝的北部边陲重镇,历朝历代对其在地理位置上的重要战略意义都十分重视,因此,这一时期在考古学上呈现出鲜明的军事色彩与民族融合特点。

(一)汉唐时期北京地区的城址

新中国成立后,北京地区在汉唐城址的考古发现上取得了重大进展,两汉10个县城、西晋蓟城、唐幽州城城址的具体位置通过考古调查和发掘已经基本得到确定。作为北方重镇与民族融合的重要区域,这一时期北京地区发现的城址所体现的军事防御功能与民族贸易中心的特征尤为强烈。

西汉建立后,实行郡、国并行制度,郡和王国以下设县,现在的北京地区在当时分属于涿郡、广阳、上谷和渔阳等四郡十五个县的统属之下。东汉基本沿袭西汉旧制,北京地区时属涿郡、广阳、上谷、渔阳、右北平等五郡十四县的管辖之下。自20世纪50年代始,至今已发现两汉时期的县城城址10余处,这些城址分布较为密集,其中,较为重要的大致有6处,即朱房村古城、蓟城、良乡、广阳、西乡、阴乡等县城城址,这些城址多为战国或西汉时期修筑,东汉时期继续沿用。1954—1958年,考古工作者在清河镇西约1公里的朱房村,发现了一座古城,并先后5次对该城址进行了不同规模的发掘,城墙遗址大小基本符合秦汉时期的县城规制,推测可能是秦汉时期防御胡人的重要军事基地和贸易集散地,但目前该城在汉代的名称尚无法确定。1956年,在北京的宣武门至和平门一带发现最为密集的战国至西汉陶井群,据其地理位置,基本可以推断两汉时期的蓟城在宣武门至和平门一带。1959年,在今房山区窦店镇西侧发现一座古城遗址,经考证为汉良乡故城。1962年,在位于房山区良乡镇东4.5公里的广阳城村调查时,发现村东南有一段长约40、高约4米的残土城墙,经考证确系为汉广阳城旧址。1962年,在房山区长沟镇东侧,发现一保存较好的城址,从城址规制和城中采集物判断,该城址为汉西乡县故城。2001年7—9月,北京市文物研究所和大兴区文物管理所对大兴县芦村古城进行了考古调查和勘探,调查者依据现场调查和历史文献记载,认为该城址为汉阴乡县城遗址。

1974年,为配合白云观西的基建施工,北京市文物工作队对《水经注》中记载的"蓟丘"做了发掘工作,经清理发现这是一座城墙的西北转角遗址,在清理过程中,又发现3座东汉中、晚期的墓葬,其中2座位于城墙残墙夯土层之下,为城墙所压,另外一座可能为城墙修筑时破坏,这种现象说明城墙的筑造要晚于东汉。由此,可以确定该城墙建在东汉中晚期之后,北魏之前,当为东晋蓟城城址。1965年在八宝山以西约500米处,发现了西晋华芳墓,出土墓志记载华芳墓的埋葬地点在"燕国蓟城西二十里",因此可以大致确定西晋蓟城的西城垣位置在今北京市石景山区会城门村稍东一带地方。

隋文帝统一全国后,废燕郡存幽州。隋亡,自称幽州总管的隋将罗艺归于唐,唐改涿郡为幽州,治蓟城(又称幽州城)。唐玄宗天宝元年(742年),幽州改称范阳郡,仍设治蓟城。安史之乱安禄山、史思明先后称帝,相继以范阳(幽州)为都,安史之乱平定后,改范阳郡为幽州,以蓟城为州治。根据60年来考古发现的部分的唐代墓志,结合房山石经题记,已基本可以复原唐代幽州城的城址四至:东墙约在今法源寺东墙的南北延长线上,西墙大致在今会成门村稍东一带,南墙大致在今白纸坊东西街一带,北墙约在今头发胡同一线。幽州城内部分巷坊的名称虽已经明确,但具体位置目前尚难以确定。此外,已发现的唐代墓志与房山石经题记对于幽州城郊的蓟、幽都、潞、昌平、良乡等五个县属乡村(里)均有记载,其中蓟县7乡15村、幽都县9乡11村(里)、昌平县4乡4村(里)、潞县1乡2村(里)、良乡县5乡18村(里)均有记载,这些乡村(里)的一部分具体位置已大致考证。

(二) 汉唐时期北京地区的墓葬

建国以来,北京地区田野考古发现的汉唐时期墓葬计有 80 余处,广泛分布在今北京城区与各郊县,而两汉与唐代墓葬占了绝大数量。其中可以确定为两汉墓葬的点共发现 40 多处,墓葬约 1 540 多座,既有等级较高的燕国诸侯王及王后墓,也发现了数量众多的墓葬群。唐代的墓葬大部分已遭到盗毁,许多墓中仅存墓志,这类墓葬约有数十座,除此以外,还清理了唐墓约 30 余处,这些墓葬中最为典型的是少数民族首领墓葬的发现,为研究唐代幽州地区的民族关系与羁縻府州制度提供了实证材料。考古发现的魏晋北朝墓葬较少,共清理 13 处 19 座,主要分布在海淀、顺义、石景山、延庆、房山等五个区县。

在北京地区考古发掘的两汉墓葬中,位于今丰台区郭公庄的大葆台汉墓和位于北京市石景山区老山教练车场东南环路北侧的石景山老山汉墓,是迄今发现的两座最高等级的墓葬。

大葆台汉墓共发掘墓葬两座,发现于 1974—1975 年。两座墓均坐北朝南,平面呈凸字形,墓坑口大底小,形如斗状。1 号墓由封土、墓道、甬道、外回廊、黄肠题凑、前室、后室等部分组成,是目前国内发现最大的西汉时期的"黄肠题凑"墓,墓主是一位身着玉衣的男性,葬具为二椁三棺。2 号墓位于 1 号墓的西侧,封土压在 1 号墓封土之上,形制与 1 号墓相同,墓主为一位年龄在 20 ~ 25 岁之间的女性。从两墓的"明堂"、"梓宫"、"便房"、"黄肠题凑"规制、玉衣与随葬遗物分析,两座墓的年代应在西汉中晚期之间,且 2 号墓较 1 号稍晚,墓主当为燕国(广阳国)某位诸侯王。另外,墓中出土了针刻"二十四年五月丙辰丞"字样的纪年漆器,采用的是诸侯王在位纪年的方法,按文献资料记载,燕国(广阳国)诸侯王中在位 24 年以上的有四位,即燕康王刘嘉、燕王刘定国、燕剌王刘旦与广阳顷王刘建。墓中随葬有大量的西汉五铢钱,未见王莽时期的钱币。按五铢钱的实行,是在汉武帝元狩五年(前 118 年),据此墓主下葬年代当在汉武帝元狩五年以后,而燕

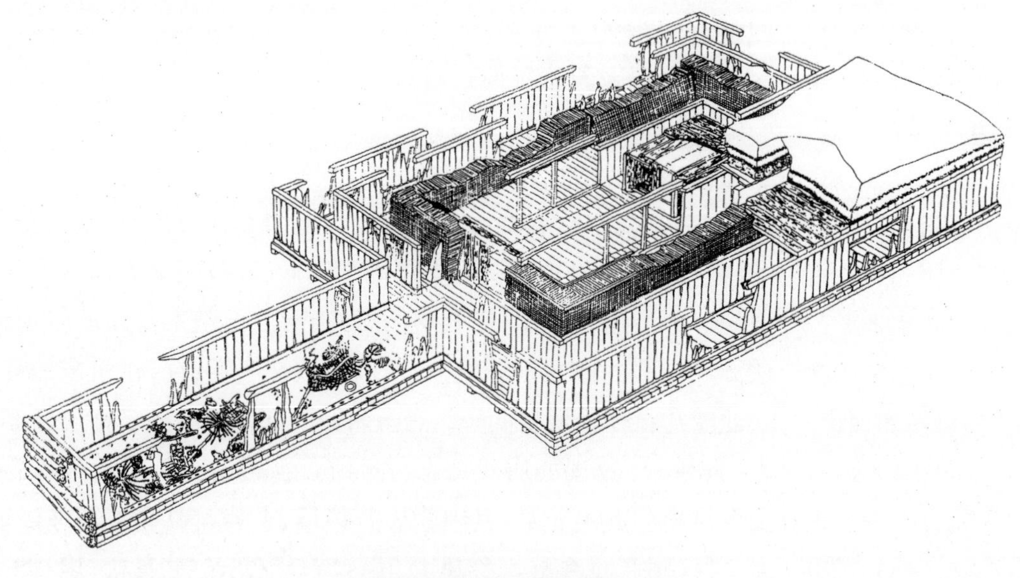

大葆台 1 号墓木结构复原示意图

康王刘嘉死于景帝前元五年(前 152 年),燕王刘定国死于武帝元朔二年(前 127 年),皆在行五铢钱之前,因此两人可以排除。燕剌王刘旦企图谋反,昭帝将其赐死,刘旦死后葬于“梁山”,即今石景山,也可以排除。因此,大葆台 1 号墓主当为元帝时广阳顷王刘建,2 号墓主当为广阳顷王王后。两墓为夫妻并穴合葬,即所谓“同坟异藏”。

石景山老山汉墓

石景山老山汉墓是 1999 年考古工作者发现在这里有盗墓活动而被发现的。2000 年北京市文物研究所组织考古人员对其进行发掘清理。该墓为凿岩而成的长方形竖穴岩坑墓,由封土、墓道、墓坑、外回廊、黄肠题凑、内回廊、前室、后室等部分组成,规模、形制、棺椁层数与大葆台汉墓相同,但无殉葬车马,表明老山汉墓墓主的入葬年代当在汉成帝废除殉葬乘舆车马禽兽制度之后。考古发掘初期,部分学者根据文献资料中戾陵及燕剌王旦之陵位于梁山的记载,推断该墓有可能是燕剌王刘旦之墓。后吉林大学边疆考古中心鉴定墓主骨骼为女性,加之下葬时间在汉成帝废除殉葬乘舆车马禽兽制度之后,按文献资料记载,燕王刘旦王后随旦自杀于昭帝时,故研究者否定了墓主为燕王刘旦王后的可能,认为墓主可能是成、哀时期的广阳穆王刘舜的王后或广阳思王刘璜的王后。

老山汉墓漆纹局部

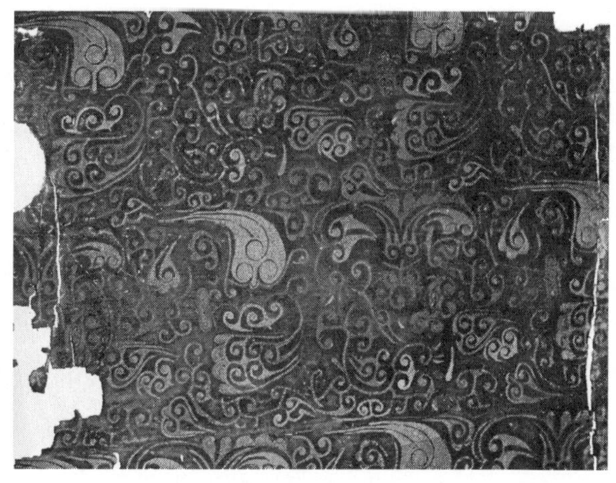

老山汉墓出土丝织品

此外,北京地区还发现了大量两汉时期的墓葬群,较为大型的墓葬群情况如下:1959 年至 1960 年,北京市文物工作队在怀柔县城北发掘两汉墓 30 座,其中西汉墓 21 座、东汉墓 9 座。1960 年北京市文物工作队在昌平白浮村发掘汉墓 46 座,均为中小型墓,时代主要为西汉初期、西汉中期和新莽前后。1960 年 3—5 月,北京市文物工作队在昌平史家桥村发掘汉墓 48 座,主要为西汉早期、西汉中期和新莽至东汉早期墓。1960 年,北京市文物工作队在昌平半截塔村发掘两汉墓 21

座,其中西汉墓16座,东汉墓5座,时代定为西汉早、中期和东汉晚期。2005年11月—2006年5月,配合南水北调工程在房山区南正村北南正遗址墓葬区,发现东汉砖室墓23座。2006年12月—2007年1月,北京市文物研究所在平谷区杜辛庄村东北,发掘两汉墓葬21座,发掘者认为墓葬时代为西汉中晚期和东汉中晚期。2007年7—9月,在延庆县延庆镇南辛堡村东,发掘东汉砖室墓22座。2007年4—6月,在大兴区亦庄开发区10号地鹿圈镇鹿圈村,发掘汉墓59座,其中,王莽至东汉初期竖穴土坑木椁墓2座,东汉时期墓57座。2007年12月至2008年1月,在丰台区王佐镇银河星座居住小区内,发掘汉代墓葬37座,时代跨西汉中、晚期和东汉。

北京地区考古发现的魏晋北朝时期墓葬较少,共有13处,其中魏晋时期9处,北魏、北齐各2处。魏晋9处墓葬分布在海淀区清河镇、海淀区八一小学、海淀区景王坟、海淀区八宝山、顺义县马坡公社大营村、石景山老山南坡、石景山八角村、房山区小十三里村和延庆县东王化营村等地。发现的北魏2处墓葬,为房山区长沟镇南正村北魏纪年墓和大兴黄村镇小营村北魏墓。北齐的2座墓葬,其一在怀柔县韦里村,据出土的墓志,墓主为傅隆显;其二在西城区王府仓。魏晋北朝时期较为典型的墓葬当数西晋华芳墓,该墓位于北京西郊八宝山迤西约500米许,发现时间为1965年。华芳墓墓室平面呈长方形,由墓室和墓道两部分组成。墓道在墓室南端偏左,砌成拱券形。墓道中设有二重石门和四堵封门砖墙。墓内出土华芳墓志一方,墓志内容丰富。该墓早年被盗,出土随葬器物不多,其中较为重要的是一把骨尺,出土时长24.2厘米,是标准晋尺,为研究西晋计量单位和经济提供了重要资料。据墓志记载,下葬地点在“燕国蓟城西二十里”,以该尺折算则蓟城的西垣当在今会城门村稍东一带地方,恰好印证“蓟丘”处发现的残破城址即西晋蓟城。

北京地区已发掘的唐代墓葬数量较多,墓主既有下层民众,也有官员富室,但最有历史意义、反映唐代幽州地区民族融合特点的当属史思明墓与归义王李诗与其妻的合葬墓。史思明是唐代“安史之乱”的主要发动者之一,1966年在丰台区林家坟村西发现了史思明的墓葬,1981年考古工作者对该墓进行了抢救性发掘。发现该墓为单室,仿帝陵形制,用汉白玉石条砌成,墓室前设有20余米长的斜坡式墓道,墓道内填满石料,并发现有石像生的残断手臂,墓室两侧各设有一耳室,东侧耳室已毁,唯西耳室残存,耳室内有壁画残迹。该墓随葬品除60年代搜集到的铜牛、嵌金铁马镫外,还出土了40余枚玉册。1993年北京市文物研究所在房山县医院,对唐归义王李诗及妻合葬墓进行了发掘。该墓早年被盗,男主人墓志仅存志盖,上书“李府君墓志”;女主人张氏墓志则被完整地保存了下来。张氏墓志书有“唐故归义王李府君夫人故贝国太夫人清河张氏墓志铭”等字样。据两《唐书》记载,唐代共设了四个归义王,分别为西突厥处罗可汗、东突厥颉利可汗、史思明,以及奚族酋长李诗。这四人中除李诗外,其余三人均未取得唐朝国姓。且处罗可汗在唐高祖武德初年死于长安、颉利可汗卒于唐太宗贞观八年(634年)、史思明墓则已在北京丰台区林家坟发现,由此推知,在房山县医院出土的唐归义王李府君墓墓主当为李诗夫妇。唐代曾在幽州设立了众多的羁縻府州用于安置内附的少数民族部落,归义州便是其中一个用于安置奚族的羁縻州。史思明墓与李府君夫妇墓葬的发现,为研究唐代的藩镇与羁縻府州制度提供了重要史料。

（三）汉唐时期北京地区的宗教遗迹

据文献资料记载,佛教传入中国是在东汉永平八年。北京地区魏晋时期佛教已开始传播,隋唐以后信众广泛,房山石经刻经人数量众多、社会阶层广泛即是这种盛况的反映。

1977年北京市延庆县宗家营村社员耕地时,在距地表约30厘米的耕土层偶然发现了一尊鎏金铜佛造像。该造像为正面高浮雕释迦牟尼说法像,铜质、鎏金,表面光亮,除部分文字被戳损和背光丢失外,通体完好。造像底座背面自右至左刻铭:"大代□□□□□日弟子□德□□为□……"大部分字磨损,无法辨认。北魏拓跋部初建国时国号"大代",拓跋跬继代王后改国号为北魏,但这尊造像铭文的"大代",却是指拓跋跬改国号后的北魏。造像的形制特征也属于典型的北魏时期作品。

1981年房山县石经山雷音洞在修补时,发现隋代安置的佛舍利两粒,舍利用汉白玉大石函、青石函、汉白玉函、小型白玉函层层包裹,引起佛教界和社会的高度关注。云居寺石经始刻于隋代,时幽州智泉寺静琬法师秉承师父刻造石经的遗志,从隋炀帝大业中始刻,至唐贞观十三年(639年)去世,刻经不辍。其后历经唐、辽、金、元、明各代,历时千余载,均有续刻,现寺中存有石刻大小经版共计14 278块,镌刻佛教典籍1 122部,3 500余卷,堪称世界上最巨大的文物宝库之一。这些经文后常附有题记,共约六千余则,记载着刻经时间以及发起人等内容,尤以唐代的题记最为丰富。寺内还有隋建的舍利塔,唐睿宗至玄宗年间修建的金仙公主塔和四座小石塔。云居寺、房山石经和塔群共同构成了我国佛教文化的一大宝库,被誉为"北京敦煌"。此次隋代石经山佛舍利的发现与房山石经为研究北京地区佛教兴衰与传播提供了丰富的一手资料。

六、辽、金、元时期的政治经济中心

大约在公元10世纪初期,由于中国北部少数民族的崛起,中国社会的政治格局发生了重大的变化。兴起于中国北方的契丹、女真等少数民族相继在北中国建立政权,北京地区的社会政治和经济地位随之也发生了重大的改变。从10世纪初到14世纪中叶,先是契丹统治者在得到燕云十六州之后,于公元947年改国号为大辽,以幽州为陪都,称南京,又称燕京。到辽圣宗开泰年间,辽在南京置析津府,治所也在南京。其后,金人南迁,在原辽南京的基础上建立金中都,正式在北京建都。元朝建立后,又在原金中都的北部,建元大都。北京地区由汉唐时期的边镇,逐步上升为局部政权直至全国的政治、经济、文化中心,历史地位不断提升。

（一）辽金元城址考古

1. 辽南京城址

新中国成立以后,考古工作者对辽南京城的考古调查研究取得了很大的进展。根据文献资料及考古调查和发掘资料研究,辽南京城是在唐幽州城旧址上加以修建而成的,大致位于今北京市西南部的宣武和丰台区,由大城和皇城组成。据《悯忠寺重修舍利记》称"悯忠寺在大燕城内东南隅,子城之东”,按今之法源寺即当年悯忠寺旧址,据此可以推测燕京东城墙当在此寺的东边。《日下旧闻考》记载,乾隆三十五年(1770 年)在海王村发现了辽御史大夫李内贞墓志。据文献记载,辽海王村原是辽南京城东门外郊区的一个小村落,而当时的海王村就是今北京的琉璃厂。1953 年在姚家井,发掘一座唐墓,出土了一方唐信州刺史“河东薛府君”墓志。根据墓葬多在城外的一般规律,由此墓南北直线延伸,恰与法源寺接近,故基本确定辽南京的东城垣在法源寺以东。又根据在复兴门外铁旗杆庙附近出土的唐元和元年幽州大都督府录事参军蓟州刺史陆日岘妻王氏墓志记载,陆日岘妻“葬于蓟北归仁乡刘村之原”。而白云观后身有版筑败垣二小段,附近出土许多方石,很可能就是当时的城墙基石。由此败垣向东直线延伸,迄头发胡同,向西延伸达会城门村,似即燕京城北面。因此可证辽南京城北垣在复兴门南,即今会城门村一线。同样,结合文献和考古资料,考古工作者基本确定其南城垣大致与右安门城墙相近,西城垣在今会城门东。

辽南京皇城位于城西南隅,幅员五里,四面均有门。《辽史 · 地理志》云:“西城颠有凉殿,东北隅有燕角楼。”凉殿遗址大体在西城垣南端,而燕角楼的位置,据《京师坊巷志稿》曰:“今南北烟阁经三里许,皆以燕角楼得名。北烟阁直抵西便门,正如辽史所云东北隅也。”现在广安门内有南北线阁胡同,即南北烟阁旧址。

2. 金中都城址

对于金中都的考古调查及清理工作始于 20 世纪 50 年代,当时在修建广安门火车站时曾发现几百座辽墓,以护城河与之相隔的陶然亭正北也发现了金代建筑遗址,出土沟纹砖以及石球等,根据墓葬一般在城外,石炮弹一般储存在城边作防守的规律,基本确定金中都的东城墙在直贯陶然亭南北一线不远,发现的建筑遗址可能就是东墙遗迹。金中都的北垣与辽南京北垣重合,东北转角在今宣武门内翠花街,今白云观西 1 公里有会城门,是北垣西边的门。西垣的北端在会城门东不到半公里的地方,南端在今万泉寺西南的凤凰嘴村,南北端之间有断断续续的城墙遗迹,1992—1994 年的北京西厢工程发现地下遗迹 700 余米。南垣的西南转角在今凤凰嘴村,东南转角在今永定火车站东南的四路通,两端之间一段由西向东的凉水河,曾作为金中都的南护城河,其岸可见断续土丘状城墙。1991 年发现的金代水关遗址,基本确定了南垣出水口的具体位置。这些考古发现资料,基本都与文献记载相吻合。

金中都水关遗址

据文献资料记载,金帝完颜亮天德五年(1153

年),金朝正式迁都燕京,改名中都。金中都城位于今北京城西南部,是金统治者仿照北宋“皇城位于城中央”的设计,同时扩大都城规模,以辽南京城为基础,向东、西、南三面扩建而成的。扩建后的金中都形成宫城、皇城和外城三重相套,皇城位于大城的中央偏西部,宫城位于皇城中部的布局。

金中都的皇城与宫城也是在辽南京皇城的基础上增建和扩建而成的。皇城四周城墙均在原辽南京皇城之外;宫城按照北宋开封都城设计,九重宫殿均配置在从应天门到拱辰门的中轴线上。1990—1991年的西厢考古工程,发现夯土13处、路土9处、水井和墓葬10余处。从鸭子桥到椿树馆街之间发现连续的大片夯土区,最大的一片南北长70、东西残长60米。夯土区由南而北应是应天门、大安门、大安殿遗址,仁政殿在其北。又据《金史》,大定二十八年所记仁政殿是辽的旧殿,推测金宫城的中轴线很可能也是辽皇城的中轴线。

金中都在建筑过程中,利用了辽南京旧有的存在坊墙的坊,与新建的无坊墙的坊交错分布,使金中都的各坊分布多不规则。正如研究者所言,“金中都属于辽南京旧城的部分仍保留了唐以来封闭里坊制的痕迹,新扩建的东、西、南三面则是新规划开放式街巷”。

3. 元大都城址

元世祖忽必烈继承皇位后,为适应当时的统治形势,定都燕地,并于至元四年(1267年)开始在金中都的东北方修建大都都城。至元二十四年(1287年),筑城工程全部完工。

元大都城的修建利用了金代离宫的旧有基础,都城的布局安排,大体沿袭了金中都的做法,外郭城、皇城、宫城三重城套合组成,规模宏大,形制整齐,既是当时全国的政治中心,也是闻名世界的国际大都会。元大都后直接为明清北京城所继承,直至今天北京的许多街道和胡同仍保留着元大都布局的旧迹。

根据对元大都的考古调查、勘探以及发掘资料,元大都外郭城平面为长方形,经实际勘测,北城垣长6 730、东城垣长7 590、西城垣长7 600、南城垣长6 680米,周长共约28 600米,这与史料中记载的“城方六十里”、“周长二十四英里,每边为六英里”大体相吻合。元大都北面的城墙和东西两面城墙的北段,至今地面上仍旧保存有遗迹,即今北京北二环外的所谓“土城”。元大都东西两面城墙的南段,与明清北京城的东西城墙一致;南城墙的位置在今东西城长安街的南侧。1969年发现的和义门瓮城城门遗址中保留较为完整的铁“鹅台”(即承门轴的半圆形铁球)和《营造法式》的记载完全一样,为考古发现中仅见的实例。这座城门在明代继续使用了60多年,明太祖洪武十四年(1381年)曾重修一次,到明英宗正统元年(1436年)重建北京各城门、瓮城时,才被废弃而包入西直门箭楼下的城墙内。元大都皇城俗称“阑马墙”,位于大都城南部的中央地区。宫城偏于皇城东部,南门约在今故宫太和殿,北门在今景山北。

近些年来对元大都的考古工作最重要的有两项。2002年在元大都北土城花园路段的西部清理了一处水关遗址,南北向穿通土城,用砖石垒砌而成。2007年玉河遗址的发掘中,发现了一处元代的堤岸遗址,下层为石结构,上层为夯筑而成。

(二) 辽金元时期的墓葬考古发现

据初步统计,北京地区辽金元时期考古发掘的墓葬共约260余座,形制主要有砖室墓、石椁墓、砖石混筑墓和土坑墓四类。其中砖室墓沿用时间较长,三个时代均有较多发现,而以辽代为最。发掘的辽墓90%以上为砖室墓,墓内多见壁画、仿木结构建筑、影作桌椅、斗拱等。墓葬平面形制分为长方形、正方形、圆形、六角形、八角形灯,其中圆形单室墓最多,数量达100余座,重要的有洪茂沟董匡信夫妇合葬墓、丰台镇王泽夫妇合葬墓、石景山区韩佚墓、李继成夫妇合葬墓、大兴区青云店辽墓、亦庄开发区辽墓、门头沟龙泉务辽金墓、大兴区新城北区16号地辽金墓等。此外,还有圆形前后两室墓如百万庄辽墓;圆形多室墓如丰台区辽赵德钧夫妇合葬墓等。金代砖室墓较为重要的如石景山八角村墓、延庆张山营墓等;元代如耶律铸夫妇合葬墓,由墓道、墓门、前室、前室的东西侧室、后室及后室的东西侧室组成,规模宏大。2007年1—3月,北京市文物研究所在密云县文物管理所的协助下,配合基本建设考古工程抢救性发掘的密云县大唐庄墓地,共清理8座属辽代晚期的墓葬。2007年1—5月,北京市文物研究所在丰台区抢救性发掘了两座规模较大的辽代墓葬。其中M1保存相对较好,为砖结构多室壁画墓,由墓道、天井、前室、东西耳室、后室组成。据出土的墓志铭文记载,M1为刘六符及四位夫人合葬墓。按之《辽史》,刘六符的社会关系和家世,在五代到辽世都是相当显赫的。他本人在辽兴宗、道宗朝也官至太尉、兼侍中,墓中出土的墓志铭,对研究五代至辽朝的社会政治史具有着相当的历史意义。

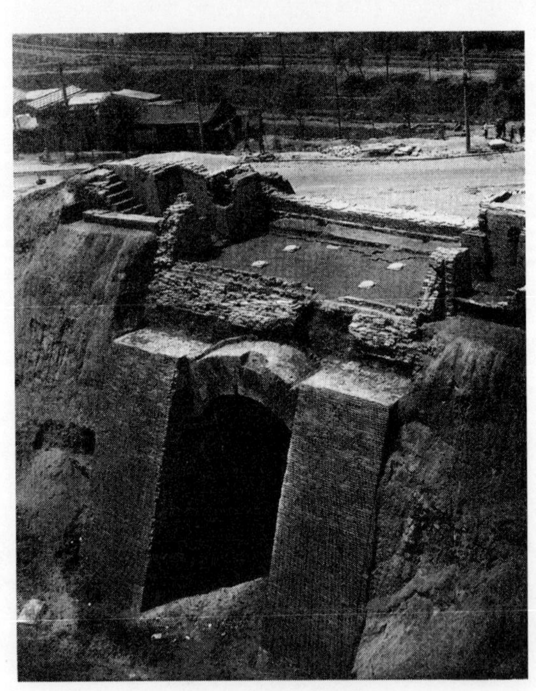
和义门翁城城门遗址

北京地区考古发现的金代墓葬中,石椁墓占据着主流地位。这一类墓葬年代多为金代中晚期,墓主以女真贵族居多。石椁大多由六块石椁板构成,构成方式为四壁各砌立四块椁板,底和顶各用一块。这类石椁墓推测应当属于女真普通贵族阶层的墓葬形制。女真贵族中品官较高的有椁室,由八块或十块石椁板构成,一般为四壁立砌四块,底和盖则各使用两块或三块石椁板。石料一般是青石,也有规格较高的汉白玉石质的,如乌古论元忠夫妇合葬墓。已发现的这类石椁墓的墓主有加赠金紫光禄大夫、驸马都尉,其妻为太祖第二女毕国公主的乌古论窝论,以及其子尚书右丞相、驸马都尉、任国公,其妻为世宗长女鲁国大长公主的乌古论元忠。还有虽系汉族,但其妻都是女真贵族的石宗壁,曾官定威将军,官正五品。在丰台王佐M1和通县石宗璧妻纥石烈氏墓中,还发现石椁四角各置一鹅卵石,在纥石烈氏墓所葬木匣内,发现有毡毯衬套,充分反映了女真的葬俗特点。近年来发掘的鲁谷金墓有双重石椁的墓例,如鲁谷金墓M35,外椁由五块青石板组成,未见底板,椁壁以榫卯结构相连接。内椁的椁盖为覆斗形,椁身由一整块青石凿成,素面。墓志一合,青石制,出土时放置于外椁盖上方。

砖石混筑墓在金、元时期也有一定数量的发现,只是该类墓例不多。金代的砖石混筑墓主要有门头沟永定金墓 M2 和丰台王佐 M2,分别为砖石混筑和砖圹石盖的形制。元代有海淀颐和园元墓、朝阳酒仙桥元墓、石景山金顶街元墓等,有单室、双室、三室墓及多室墓等形制。

土坑墓在辽、金、元三个时期均有少量发现,规模较小,形制较为简单。辽代和元代各发现 2 座。近年来大兴亦庄发掘的一批墓葬为金代土坑墓增加了新材料。

耶律铸墓葬全景

在对辽金元墓葬的考古发掘中,金代皇陵是近年来北京金代考古的最重要发现之一。金陵位于房山周口店镇西北十余里的龙门口村北大房山下。这是有史以来在北京地区营建的第一个封建王朝的帝王陵墓群。明天启二年(1662 年),统治者惑于形家之说,对金陵进行了毁灭性破坏。满清入关后,虽曾派人对金陵进行了部分修建,但历经 300 余年的风雨,陵区内的地面建筑早已荡然无存。

新中国成立以后,在金陵的主陵区内不断发现金代墓葬,并有零散文物出土。如 1971 年初,在周口店坟山村,曾出土 6 具石棺,在随葬品中发现鎏金面具 1 件;1972 年 12 月,长沟峪煤矿在陵区兆域内的猫耳山断头峪基建施工中发现一组石椁墓,由 5 具石椁组成十字形,主墓正中,石椁东西向,椁内有一具柏木红漆残棺,外壁用银钉嵌錾精美华丽的火焰云龙纹,棺内瘗葬 11 件精致的雕花玉佩和花鸟饰件;1978 年冬,在金陵主陵区内的陪葬墓中,出土宋化三彩琉璃枕一件;1986 年北京市文物研究所再次对金陵进行了历时三年的考古调查,发现了大量的汉白玉、青石花岗岩等建筑构件。2001 年春,北京市文物局责成北京市文物研究所对金陵主陵区进行全面考古调查,并在 2002 年 6 月,经国家文物局批准,对主陵区进行考古勘查和试掘,通过一年多的田野考古工作,基本了解了主陵区地上地下遗存的具体位置、形制和结构等,根据田野考古调查和发掘资料可知,金陵主陵区的平面布局以神道为中心轴,两侧对称分布,由石桥、神道、石踏道、东西台址、东西大殿、陵墙及地下陵寝等组成。此次对金陵的清理和试掘,还基本确定了《金史》中记载的十帝陵的位置,最重要的收获是清理了金太祖睿陵地宫和坤厚陵,还发现了睿宗景陵碑。金太祖睿陵地宫为

金陵遗迹分布图

石圹竖穴,平面长方形,内共瘗葬4具石椁,M6－1、2为两具青石素面椁,南北向放置于地宫西侧。M6－3、4为汉白玉雕凤纹、龙纹石椁,东西向放置于地宫中部偏北。坤厚陵由五个石椁组成,三个东西向,两个南北向。主墓石椁中有木棺一具,棺两侧为四角云纹嵌云龙卷草纹,石椁淤土中及残骨上有水银。

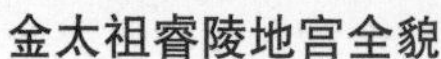

金太祖睿陵地宫全貌　　凤纹石椁拓片　　团龙纹石椁拓片

(三) 辽金元时期的宗教遗迹考古调查和发掘

根据文献记载,早在辽南京时期,北京地区的佛教即得到了空前的发展,城内外庙宇相望,古塔林立。到了金中都时期,城内更是“僧居佛寺,冠于北方”。随着历史的发展和朝代的更迭,大量的辽金元时期的佛教寺庙早已不存,因此,新中国成立以来的考古调查和发掘中,这一时期的佛教遗迹的发现,就成了辽金元时期考古发现的一大收获。

在北京地区发现的辽金元佛教遗迹中,塔基的发现是最多的一项。已发掘的辽代塔基最主要的有房山区云居寺南塔塔基、密云县冶仙塔塔基、顺义县净光舍利塔塔基、通州辽代塔基地宫等共计7处。金代时期的塔基有丰台区瓦窑村塔基和房山县坨里乡上万村的“土寺”塔基。2008年北京市文物研究所在大兴康庄发掘的25座塔基,是国内迄今为止考古发现的最大规模的塔基,均为砖塔,塔上部已被破坏,塔基形状可分为方形、圆形、六边形等。塔基前有踏道,塔基四周有散水,塔座转角处用经过加工磨制成各种样式的砖砌成。其中1座大型塔基前不仅有踏道,而且有祭台和经幢座。出土瓷器主要有瓷香炉、白釉杯、黑釉茶盏、白瓷盘、白釉印花瓷碟、白釉印花瓷碗、白瓷杯、黑釉茶盏、白釉长颈瓶等。另外还出土有石菩萨、铜菩萨、舍利盒、描金皮盒、石块等。

此外,较为重要的宗教遗迹是20世纪70—80年代对昌平银山宝塔群所做的考古调查,确认了该宝塔群中七座宝塔的建筑年代,为金代五座,元代两座。这是当年北京地区的一座以墓塔为主体的寺院,当时认为可能是金中都延圣寺的下院和塔院。后据90年代的考古清理,证明银山塔林的塔与寺庙不是同时期的建筑,后者年代大约在元末或明初。

(四) 辽金元时期的窑址与窖藏

北京地区墓葬中出土的大量陶瓷器,除了来自外地窑口烧造之外,也有一部分是自己生产的，近些年发现的辽金元时期的窑址已经证实了这一点。

20世纪90年代，北京市文物研究所、中国文物研究所、门头沟区文物保管所等单位组成联合考古队，对北京市门头沟区龙泉务窑址进行了大规模的科学发掘，发掘面积1 278平方米，发现窑炉13座，作坊2处，出土窑具及各类可复原的器物8 000余件。龙泉务窑是现存唯一一处从辽代早期到辽末金初最完整的制瓷手工业遗址，通过对该窑场的性质及窑场的遗迹、遗物所代表的契丹文化与汉文化关系的研究，认为龙泉务窑为民窑性质，部分精细产品及建筑构件专供辽代贵族及上层统治者享用。龙泉务窑的发掘证实了辽代陶瓷手工业的中心在辽的燕京地区，进而说明辽南部地区（燕云十六州）是辽代经济的中心。此外，辽金元时期较为重要的窑址还有密云县小水峪瓷窑、房山区磁家务窑、密云庄窝瓷窑、大兴县元代烧炭窑址、海淀白琉璃窑址等，以民窑居多。

建国60年以来，北京地区考古发现的辽金元时期的窖藏遗迹数量较多，内容丰富，大致可以分为钱币窖藏、铁器窖藏和生活用具窖藏三大类。

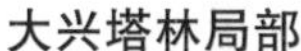

大兴塔林局部

银山塔林

辽金时期钱币窖藏有较多发现，共计15处，出土大量的跨时期的铜钱，其中以北宋钱为多。重要的如2002—2003年在金皇陵发现的铜钱窖藏，位于金世宗小宝顶西侧20余米。这些铜钱直接埋于土坑中，坑口直径约60、深35厘米，铜钱码放整齐，出土时用绳串联的痕迹清晰可辨。此窖共藏钱币2 255枚，年代从西汉直至金大定年间数量不等。顺义县尹家村乡北大段村出土宋铜钱256公斤，全部装在一个陶罐内。在平谷县东高村乡西高村西北，出土宋钱150公斤。

铁器窖藏如1961年发现于房山县焦庄村的一处金代窖藏，共出土铁器64件，包括生产工具、生活用具两类。生产工具有锄、铡刀、镰刀、钩镰、铧、犁镜、镐、耘锄、斧、矛头、长柄刀等，以及笼头、马衔、链等车马具。生活用具有铛、流勺、扁担钩、菜刀、锁、辅首座、钩、环、支架、剪刀、三足釜等。此外，在西便门外石桥东断崖上发现一处埋藏17件铜器的窖藏。有龙纹圆盒、扁壶、托子、火盆、水注、铜龟、八角洗等，经研究可能是寺庙的祭器。

元代窖藏多为生活用具窖藏。如在房山区良乡南街发现一处窖藏，开口距地表深约3米，出土器物共计 52 件,其中瓷器 35 件、铁器 13 件、铜器 4 件。这些器物大部分放在两口大缸内,均为实用器,有的器物还经过修补。

三类窖藏中,钱币窖藏较为引人注意。钱币窖藏历代有之,然数量之多,范围之广,莫过金代,铜钱的埋藏方法,比较一致。其盛装器大多为陶、瓷、铁等不同质地的生活用具或生产工具。入藏时,通常用麻绳串连成串,层层叠放,可见是一种有目的、有计划、有准备的活动。对金代钱币窖藏的出现,有学者研究认为,交钞的贬值与铜钱的难得,是珍藏铜钱的前因;铜钱短缺迫使金政府制定的严格的铜禁政策是其间接原因,金末的蒙金战争是金代铜钱窖藏的最直接原因,是很有说服力的。

七、明清时期的首善之区

公元 1421 年,明永乐帝迁都北京,自此,北京成为继辽金元之后明清两代的政治、经济、文化中心,也成为全国的首善之区,至今给人们留下了这一时期的无比丰富的物质文化遗产。

北京地区的明代考古起步于 20 世纪前半叶有关学者对明北京城及宫苑的考古调查研究和中国营造学社对十三陵、长城进行的考古调查研究。而清代的考古则因为长期受厚古薄今观念的影响,一直没有得到应有的重视。新中国成立后,北京地区的明代考古工作有了较大的进展。而清代的考古则直到 20 世纪 90 年代以后,才逐渐引起了人们的普遍关注。

(一) 明代城垣考古

根据文献记载,明代的北京城是在元大都基础上修筑的。洪武元年(1368 年)明军攻占元大都不久,出于军事防御目的,废弃大都城北部,在北城墙南 2.5 公里一线,新筑城墙,其余三面城墙则继续沿用元大都土城垣。同时拆毁元故宫,改大都为北平府。永乐十五年营建新宫城。永乐十七年展筑南城垣,十八年正式迁都北京。正统元年(1436 年)为城墙内外壁包砖,嘉靖三十二年(1553 年)又在内城以南增筑外城,北京城广渠门的建筑格局从此固定了下来。

20 世纪 60 年代,为配合大规模城墙拆除工程,考古工作者对明北京城的内城垣进行了局部的发掘清理;1998 年改建平安大道时在北海中学发现一段明皇城北墙基础;2001 年,北京市文物研究所又对明皇城遗址公园进行了勘探和发掘,大致明确了皇城东墙的走向及建筑结构,并发现了东安门、望恩桥燕翅等重要遗迹多处。通过对内城城垣的解剖,基本弄清了明北京城内城以及皇城城垣的结构和砌筑方法。如东西城墙由内到外可分为四层。第一层为元代用纯黄土夯筑的土心部分;第二层为明代夯土层,包筑在元代夯土层上;第三层为明代夯土层,为掺杂大量砖头、瓦片和明代瓷片的灰渣土;第四层即为内外墙皮的包砖层。不过内城四垣因修筑年代不同,其结构也有所不同。

明代北京外城城垣的规制比内城城垣小。外城垣的土墙心均以黄土夯筑而成,每隔四五层黄土夯层,则夹夯一层碎砖头瓦片与土的混合物,其厚大约在 10 厘米左右。从土心的断面看,没有明显的二次夯筑现象。外城垣的基础部分随地势的高低而深浅不同,有的地段深达 2.5 米,有的地段仅深 1 米左右。外城垣内、外壁包砖,全部是用白灰浆砌筑的大城砖,外包皮砖层厚近 1

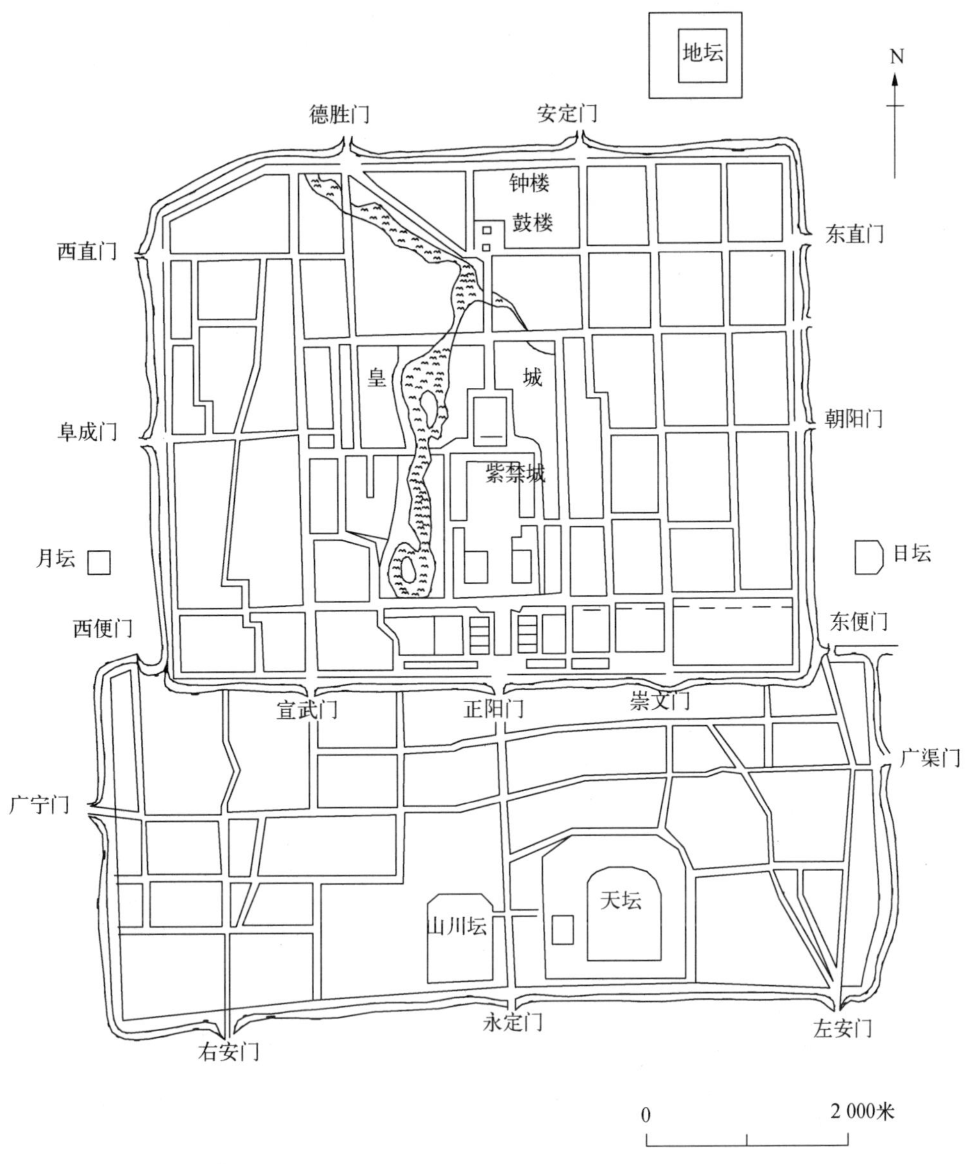

明代北京城平面图

米,内包皮砖层厚0.7米左右。城垣上顶部的构造与内城相同,是在厚20厘米左右的三合土夯层上海墁一层大城砖。内、外包皮城砖的下部亦垫有2~3层衬基大条石。

(二)明代陵寝考古

明朝在北京建立的帝陵共有两处,分别为十三陵和景泰陵。十三陵位于北京昌平区以北10公里的天寿山,从明成祖朱棣至崇祯帝朱由检,除景泰帝别葬金山外,其余十三个皇帝均埋葬在这里,合称十三陵。另外十三陵还葬有从成祖到崇祯帝的十三位皇帝的皇后,少数享有特殊礼遇的嫔妃也从葬于此。景泰陵则除葬有在“夺门之变”中被废的景泰帝外,还葬有早夭的诸王、公主以及不从葬的嫔妃。

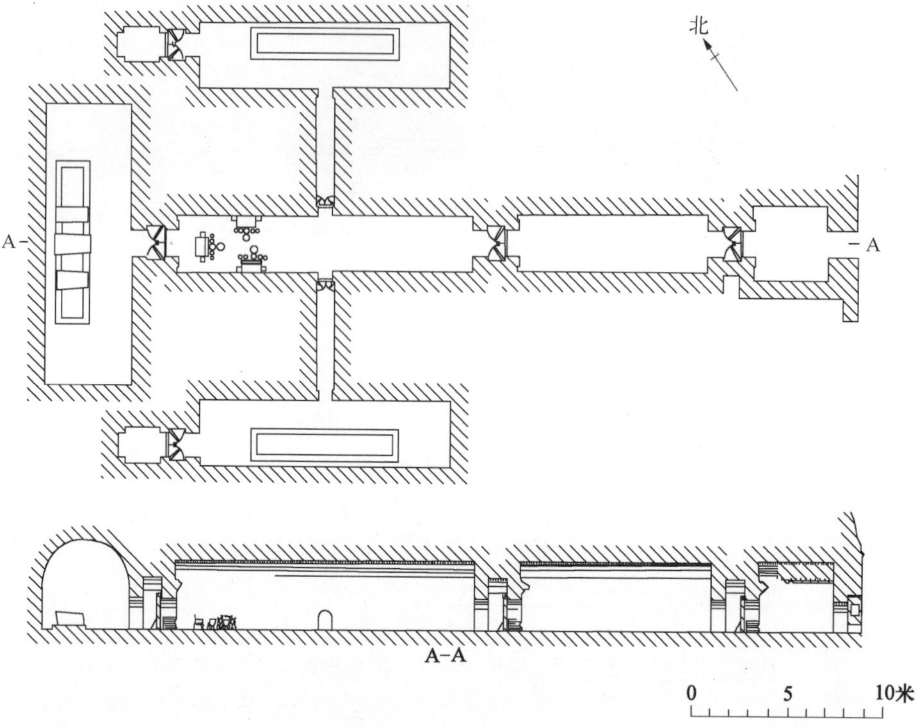

明定陵地宫平剖面图

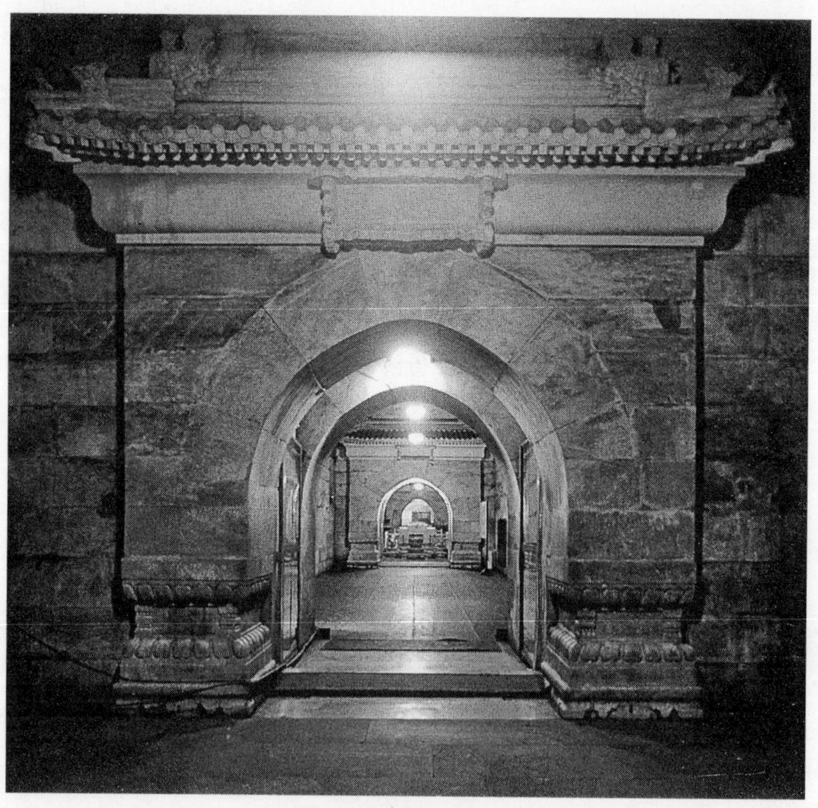

定陵地宫

1956年,北京市文物调查组和中国科学院考古研究所联合对位于十三陵中部偏西的大峪山下明神宗朱翊钧与其孝端皇后王氏及孝靖皇后王氏的合葬陵墓定陵进行发掘,发掘历时2年多,共出土文物2 648件。根据发掘资料,定陵宝城城墙内径216米,平面略呈圆形,城中填以黄土,夯实,宝城正中的宝顶由白灰掺黄土夯筑而成。宝顶之下就是玄宫。自玄宫入口向内依次建有砖隧道和石隧道,隧道末端是金刚墙,墙面下设进入玄宫的通道。玄宫由五殿组成,均为起券石室,中轴线上为前、中、后三殿,另外两殿位于中室横轴线上。中殿西端设石神座三座,神座从左至右依次是孝端皇后、万历皇帝和孝靖皇后,三座神座前均有黄琉璃五供,五供前均置长明灯。两配殿中,靠北侧处各有宝床一座。两殿内均无任何随葬品。后殿是玄宫中的主殿,为放置帝、后棺椁之处。随葬器物多置于棺椁内和棺床上。随葬品包括纺织品、衣物、金银器、铜锡器、瓷器、琉璃器、玉石器、漆木器、首饰、冠带和配饰、梳妆用具、木俑、武器和依仗、谥册、谥宝、圹志等。这些随葬物的出土,对研究明代帝陵的丧葬制度、丧葬思想及礼仪制度,对研究明代的各类工艺技术、帝后冠服制度等都有很高的价值。到目前为止,定陵是明帝陵中唯一一座经过考古发掘的陵墓。

此外,1989年12月,为配合十三陵主神道复原工程,北京市文物研究所、古建研究所联合对十三陵主神道进行了试掘。试掘范围南起大碑楼、北至棂恩门(龙凤门),全长1 060米。共发现3段原主神道,均为卵石路面,宽度3.84米,以明代大砖竖砌双层或单层砖牙子。卵石路面厚0.1米,其下为褐色砂土,夹有碎石。在大碑楼南北两侧距今地表0.25~0.3米处,均清理出卵石路面,路牙子有的为双层砖,有的为单层砖。在神道石像生卧、立两麒麟之间,也清理出一段卵石路面,路牙子为双层砖,外层是整砖,里层是半砖。据文献记载,这条南起大碑楼、北至棂恩门的神道,应是明代宣德年间形成的,嘉靖年间曾大修过。《明实录》也记载长陵神道确曾以石铺道,但这段总神道是否就是长陵神道,目前仍需要有待新的考古资料出现来证明。

(三)明代嫔妃墓的考古发掘

明代的嫔妃墓地在北京有两处,一在十三陵内,另一在西郊金山,即今北京海淀区青龙桥西北。从葬在十三陵的嫔妃较少,其身份也可分为两种,一种是明早期(英宗朝以前)的嫔妃,二是生前显赫一时、死后受到特殊礼遇。除此之外,其余的明代嫔妃死后皆葬金山。

1951年8—11月,在董四墓村发掘出两座明代妃嫔墓。一号墓葬天启帝的3个妃子,二号墓葬万历帝的7个内嫔。通过发掘,初步摸清明代妃嫔墓葬结构形制。另外,也证实了明代妃嫔多人合葬一墓的相关记载。

1963年,在镶红旗发现7座成化帝的妃子墓。这7座墓均已在早年被盗毁,都是南北向,在金山阴坡并列成一横排。地上宝顶部分已无存,仅残存灰土渣残痕。墓室形制相同,平面均呈"工"字形,砖石结构。玄宫由墓门、前室、后室等部分组成。前室中央设宝座,其前置五供和万年灯。后室中央设有大理石棺床,上置一具棺椁。棺床中央有方孔,内实黄土。墓门为整块青石或大理石制成,正面雕兽头铺首,背面刻有半圆凸起以承托自来石。前、后室顶部两坡平铺方砖,脊饰已无存。

通过对董四墓村和镶红旗营妃嫔墓的发掘,证实了明代不从葬的妃嫔俱葬金山的文献记载。

出土的妃嫔圹志有16合,是明史研究罕见而难得的实物资料。有学者根据妃嫔圹志等资料,对明代妃嫔制度和宫廷生活进行了探索与研究,同时订补了有关历史典籍。

(四)明代的贵族墓葬

建国以来,在明代墓葬的考古发掘中,还发现了其他一些比较大型的墓葬,其墓主或为龙子龙孙,金枝玉叶,或为皇亲国戚,豪门显贵,如1957年发掘的位于右安门外关厢的万贵夫妇合葬墓,1961年发掘的南苑苇子坑正德皇帝的岳父、庆阳伯夏儒夫妇合葬墓,1977年发掘的位于北京西郊八里庄慈寿寺塔西北约1公里处的李伟夫妇合葬墓,2001年9月发掘的位于北京海淀区香山路明宪宗长子墓,2007年4月发掘的位于朝阳区奥运村地区的明代昌宁侯赵胜夫妇合葬墓,2007年9月发掘的位于北京市丰台区北京西站南广场东南部的李文贵墓,2008年6月发掘的位于朝阳区十八里店乡的德清公主夫妇墓等等。这些墓葬的发现,对于研究明代社会外戚的政治和经济生活,皇子与公主的葬制以及明代官制、兵制及社会生活等,都有着十分重要的价值。另外2005—2007年在朝阳区王四营乡华能热电厂院内发掘的明怀柔伯施聚家族墓地,共清理墓葬5座,5座墓葬呈"人"字形按长幼序列排列,为研究明代宗法制度和家族墓葬"昭穆制度"提供了

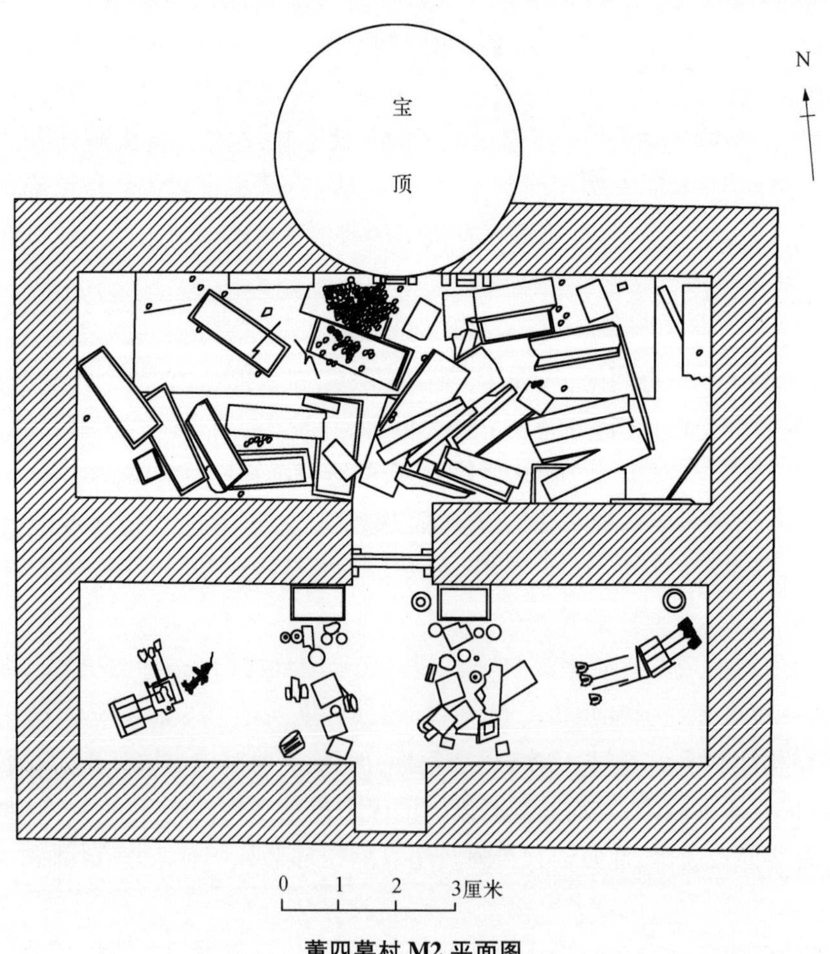

董四墓村 M2 平面图

资料,如此典型且等级又高的明代家族墓地,在北京地区考古发现中尚属首见。

(五)明代太监墓

太监是人造的第三性,是古代封建社会中的一个特殊群体。明代太监数量众多,设在宫廷的以太监为主体的衙门就有十二监、四司、八局,统称“二十四衙门”,另外还有一些非常设宦官机构,负责监军、采办、征税、开矿等任务。除宫廷使用宦官外,宗室和王公贵族也大量任用宦官。有明一代,阉党专权,明朝的灭亡就与宦官的专权有着直接的关系。这些宦官大多在北京终老,因此北京地区的太监墓数量颇丰,形成一种独特的文化现象。从发掘的太监墓的丧葬文化现象可折射出这个群体的一些生活特征。

自1950年以来,北京地区发现了大量明代中晚期的太监墓葬,据不完全统计,总数不下百余座。今广安门以北、西便门以南地带,曾发现许多塔墓,可能是明太监的丛葬区。墓葬建筑规模大小不一,随葬品也多寡不等,但一般都建有石制或砖制的长方形墓室,内置木棺,随葬品有陶瓷器具和小件玉佩饰,都有墓志出土。另外较重要的有香山饭店发现的太监刘忠墓、地质力学研究所太监墓、北京工商大学太监墓以及北京射击场太监墓地、国家体育总局射击射箭运动管理中心射击场内市政工程M1、门头沟区潭柘寺太监墓等。

(六)明代长城考古调查

明长城是为防御北方游牧民族而修建的防御工事,规模宏大,历来为文物工作者所关注。1949年以前,就有学者开始了对明长城的研究,但大多停留在对文献史料的考证上。自1952年郭沫若先生提出要维修长城主要遗址的意见后,文物局开始派专家对明长城各线进行初步普查。1981年,国家文物局派出4个小组,对明长城进行全线实地勘察。近年来,北京市文物研究所还对明代长城的一些遗址做了考古发掘工作,获得了大量的第一手材料。经过几次大规模的调查、勘测,目前已对其分布、走向、结构和保存状况有了基本了解。

北京地区明长城呈半环状分布在北部山区,从东到西横跨平谷、怀柔、门头沟、昌平四区及密云、延庆两县。据2005年以前调查,北京地区明代长城全长约629公里,其中主干线长城539公里,支线长城长95公里,全线共有城台(包括墙台、敌台或战台)1 325座,关口120余座。

从山海关蜿蜒而来的长城,经辽宁、河北、天津,在平谷区金海湖镇红石门村大松木顶进入市界,沿平谷区与河北省兴隆县界向西北至将军关、黄松峪,经南独乐河,向北经山东庄等6个乡镇19个自然村,至镇罗营镇北水峪村北山,进入密云县大城子镇下栅子村,东北至新城子花园村,向西偏北至冯家峪镇白马关村,再折向南偏西,随山脊走势至西田各庄镇西沙地村,共11个镇54个村庄,进入怀柔区怀北镇大水峪村。向西经神堂峪、慕田峪,在怀柔区黑坨山以南旧水坑附近,长城分成两支:其一,呈北西走向,经延庆县的四海黑汉岭、刘斌堡以北,由白河堡出市界进河北赤城;其二,南西走西,分成南北两线:北线沿延庆海子口、东灰岭、小张家口、八达岭而达青水顶;南线从怀柔区旧水坑西南开始,经黄花城进延庆县龙泉峪后不见。北线构筑于延庆盆地南缘,南线构筑于军都山中。两者在青水顶汇合后,继续向西南延伸,在禾子涧以北再度分成南、北两线。

八达岭长城—北路北四楼

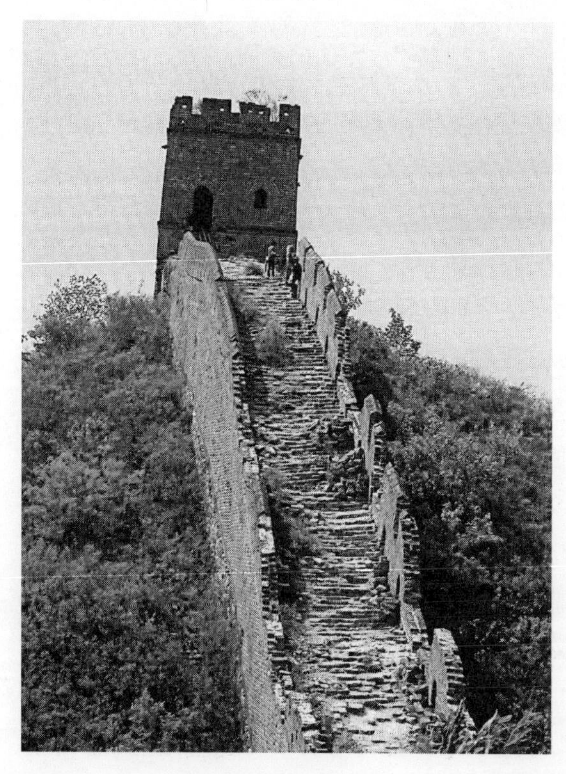

司马台西 14 台

北线在黄楼洼越出市界后在镇边城以西重新进入市界,在笔架山、广坨山等地中断;而后在沿河城附近复出,经黄草梁、东灵山越出市界,然后向河北省易县、山西灵丘方向延伸。南线沿禾子涧、郭定山、老峪沟、大村一带东山脊南延,至得胜寺中断。

将军关—墙子路—古北口—白马关—慕田峪—黄花城—八达岭青水顶—笔架山—东灵山,这一线构成北京长城的主体,保存较完好。城台最为密集,墙体高大宽厚,气势雄伟。墙体建筑以砖包结构为主,石砌山墙次之,山险墙也有多处分布。九眼楼—四海—暴风顶—白河堡一线长城主要是砖石结构墙体,城台分布均等,并兼有山险墙的分布。旧水坑—东灰岭—西拨子—青水顶一线墙体主要以砖石墙为主,石砌墙次之,仅局部有少量山险墙。城墙大部严重损坏,其中仅西拨子附近墙体、女墙及垛口完整,砖石齐全,虽然残留不多,仍然不失为北线长城的代表。

（七）明代其他考古发现

2005 年 7—8 月，北京市文物研究所与西城区文物管理所联合对发现于西城区毛家湾 1 号院内的明代瓷器坑进行了抢救性考古发掘。出土了大量瓷器残片。仅收归北京市文物研究所的就达 85 万片，另有 200 余箱暂存于西城区文物管理所，总数逾 100 万片。

这批瓷器大部分属明代早、中期产品，也有少量元、辽金、唐代瓷器。窑口较多，至少涉及到景德镇窑、龙泉窑、磁州窑、钧窑四大窑系，另有少量瓷器不能确定窑口。出土瓷器中无完整器，但有大量可复原器，普遍带有使用痕迹。其中的绝大部分属于民窑产品，仅有极少量官窑瓷器。除瓷器残片外，坑内还出土个别骨牌、猪下颌骨、石雕等遗物。

另外，2007 年 4 月—2008 年 5 月，根据北京市文物局的批示，北京市文物研究所对万宁桥至北河沿大街段的玉河遗址进行了考古发掘。此次玉河遗址的发掘，对探讨古玉河的走向、建造年代及河道变迁等问题都有重要意义，并能够为古代北京漕运和水源、供排水系统、环境变迁的研究提供新资料。

（八）清代考古

20 世纪 90 年代以前，北京地区发掘的清代重要墓葬，见诸记载的主要有以下几处：1952 年在车道沟发掘的洪承畴墓和在右安门外祖家庄发掘的福建总督祖泽溥墓，1953 年在人民公墓发掘的常宁园寝，1961 年在海淀门头村发掘的杰书园寝，1962 年 7 月发掘的位于小西天的四座清墓，1964 年在安定门外发掘的五座清火葬墓，1965 年发掘的清仁宗嘉庆皇帝第四女庄静固伦公主和第三女庄敬和硕公主园寝，1977 年在中央气象局发掘的一座清火葬墓、1979 年在西郊政治干校和公安印刷厂之间发掘的一处清火葬墓等。另外还有位于恩济庄茔地的清末大太监李连英墓和位于北京市朝阳门外高碑店乡西花营村荣家茔地内的荣禄墓，这两座墓的发掘年代大约在“文化大革命”期间，由于考古资料的缺失，具体时间未详。

20 世纪 90 年代后，随着大量基建工程的开展，清代考古渐渐走进人们视野，目前所涉及的主要有墓葬、园林水系、宫苑署邸和寺庙宫观等方面。

根据已发表的资料统计，北京地区已发掘的清代墓葬有 41 处，近 2 000 座，其中比较重要的有 1993 年 8—10 月，对清河永泰庄墓地的发掘，共清理出一处墓园基址和清代墓葬 8 座，根据出土墓志盖上刻文并结合文献记载，推测此墓地为祖大寿之子祖泽润的家族墓地。2004 年 11—12 月，对位于北京市丰台地区的刘秉权墓地进行的调查及清理工作。2005 年 6 月，对位于朝阳区高碑店乡光辉桥东通惠河北 40 米左右的和硕和嘉公主园寝的发掘，清理发现了碑楼

清代玉河堤岸遗址

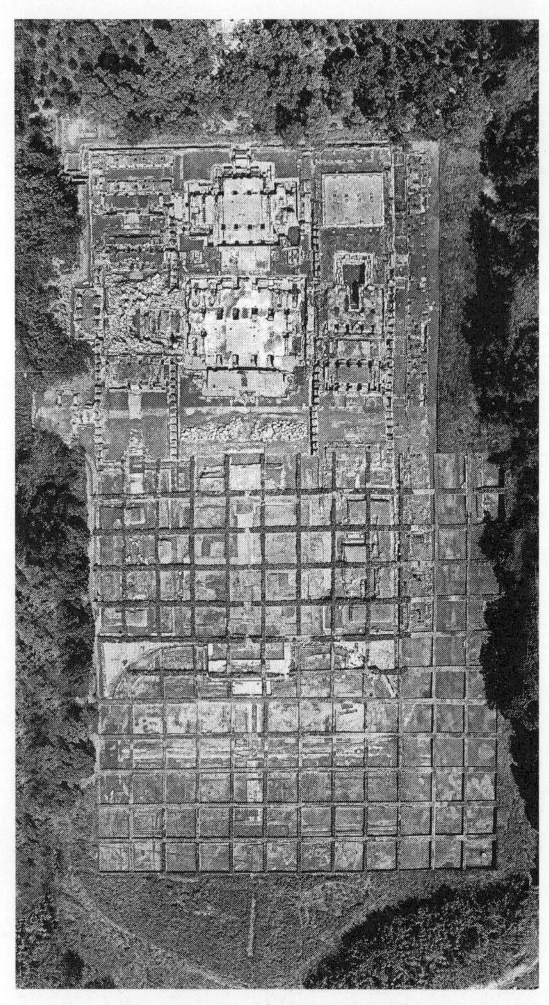

畅春园大宫门遗址发掘现场

基础、泊岸基础和2处石像生基础。

此外,北京市文物研究所近年来组织科研人员对清代园寝制度进行了深入的研究工作,在此基础上,2008—2009年间,完成了对近300个清代园寝的考古调查。清代园寝是包括清代历朝帝王的妃子、公主在内的宗室王公贵族等有封爵人员的墓葬,是清王朝独特的一种丧葬文化现象。清园寝大多分布在北京地区,也有一部分分布在河北、天津、辽宁、吉林、内蒙等周边省市。这些园寝目前多数已随着历史的变迁而被毁,故通过考古调查来尽可能还原其历史的真实面貌,就成为一项十分迫切的重要工作。

近年来在北京地区的考古中,对清代的园林水系遗址的考古调查的发掘工作,也是一项非常重要的内容。1994—2008年间,北京市文物研究所共勘探和发掘清代园林水系遗址12处,其中7处遗址位于圆明园遗址内,另外5处遗址分别是畅春园大宫门建筑遗址、西花园石桥遗址(位于万泉河桥以西)、金台西照遗址(位于东三环中路北侧)、香山静宜园来清轩遗址和玉河遗址。从这些遗址中清理出的不仅有宫殿、斋、堂、亭、轩、楼、馆、榭、寺庙等建筑基址,还有广场、假山、水池、水闸、桥、道路等遗迹。圆明园内的七处遗址分别是含经堂遗址、长春园宫门遗址、藻园遗址、北夹墙遗址、水闸遗址、正觉寺天王殿遗址和正觉寺门前道路等遗址,其中,含经堂遗址和长春园宫门遗址有研究性的发掘报告发表。在玉河遗址发掘中,清理出了清玉河堤岸及其河道和两座便桥遗址。

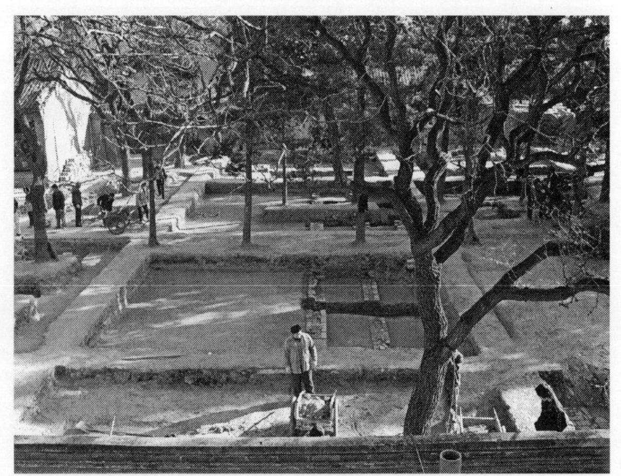

恭王府银安殿遗址发掘现场

2003—2007年间,北京市文物研究所发掘清理的清代宫苑署邸遗址包括故宫内西河沿遗址,清理出建筑基址、水井、灶、灰坑和排水沟等遗迹,并出土了大量纪年器物,如瓷器残片、铜钱、琉璃瓦等;在恭王府,清理出银安殿庭院基址及东路乐道堂庭院南侧的垂花门基址,此次清理发掘对研究清恭王府的建设布局、形制、规模有重要意义；在学署国子监处，清理出国子监祭酒院落、西厢琉球学馆基址和国子监街路面及牌楼月台等遗迹。

在对清代寺庙宫观的考古发掘方面，2004—2008 年间，北京市文物研究所先后发掘清理的寺庙宫观遗址包括天宁寺钟楼遗址、崇文区夕照寺遗址、玉河庵遗址、平谷丫髻山碧霞元君祠遗址和北顶娘娘庙遗址等。

夕照寺前殿基址

国子监祭酒院落后轩遗址

（执笔：第一至四部分夏连保；第五部分董坤玉；第六部分丁利娜；第七部分张利芳。）

（原载于《中国考古六十年》文物出版社，2009 年）

考古简报

北京华能热电厂墓地发掘简报

北京市文物研究所

华能热电厂墓地位于北京市朝阳区王四营乡,墓地东邻东五环路,西距华能北京热电有限责任公司发电车间60米,北起绿化队办公楼,南至热电厂大院南围墙(图一)。继2005年首次发掘后[①],2007年9~10月份,北京市文物研究所再次对该墓地进行了考古发掘,共清理墓葬21座(编号M1~M21,图二)。现将此次发掘情况简述如下。

一、墓 葬 形 制

此次清理的21座墓葬,以清代墓葬为主,金代、明代墓葬数量较少,另有少量搬迁墓。现按时代分别举例介绍。

(一) 金墓

仅发现1座,编号M6。圆形砖室墓,顶部坍塌,残毁严重。墓口距地表深0.7米,墓底距地表2米。由墓道、甬道、墓门、墓室、棺床等部分组成。斜坡状墓道位于墓门的南端,南北长2.5米,东西宽0.98米。甬道残高0.5米,长0.64米。墓门残高0.5米,宽0.98米。圆形墓室直径2.26米,墓壁残高0.94米,采用一层平砖加一层竖砖叠砌而成。墓室东北砌有方形棺床,南北长1、东西宽1.1、高0.22米。墓底不见铺地砖。该墓为火葬墓,烧骨及随葬品凌乱分布于墓底和棺床上。推测烧骨及随葬品原置于棺床上,后因进水漂浮而失去原位。出土随葬品有1面铜镜、2只瓷碟,60余枚铜钱、2块鹅卵石,另有一些碎蛋壳和鸡骨。铜钱相互串联呈椭圆状分布,部分铜钱上粘附有丝织物朽痕。铜镜的西侧见有两块长方形木条残痕(图三;彩版一)。

(二) 明墓

共清理4座,编号分别为M10、M12、M17、M18,分为单人葬、双人合葬和三人合葬。均为竖穴土圹墓,有木棺,葬式均为仰身直肢。

M10　墓向10°,墓口距地表0.5米,南北长2.88米,东西宽2.2米,墓底距地表深2.82米。M10为夫妻合葬墓。内葬双棺,棺木保存较好。西棺内葬一男性,随葬有铜钱10余枚。东棺内葬一女性,随葬有1件绿釉陶罐。

M12　墓向 0°,墓口距地表深 1 米,南北长 2.1、东西宽 1.04 米,墓底距地表深 3.6 米。内葬单棺,棺木保存较好。墓主为男性(彩版二)。出土随葬品有 1 付玉带、1 根金耳勺。另在脚厢外的填土里发现 1 面铜镜。

M17　墓向 20°,墓口距地表深 0.4 米,南北长 4、东西宽 2.4 米,墓底距地表深 3.6 米。M17 为夫妻合葬墓。西棺内葬一男性,随葬有 1 付玉带、2 枚银质冥币、1 只金耳环。东棺内葬一女性,随葬有 1 只金耳钉、1 根金耳勺、10 余枚银质冥币、10 枚铜钱。另在高出墓室南侧的二层台上出土墓志一盒(图四;彩版三)。

M18　墓向 15°,墓口距地表深 1 米,南北宽 2.4、东西长 3.1 米,墓底距地表深 2.85 米。内葬三棺,棺木和骨架保存较差,均随葬有数枚铜钱。

(三)清墓

共计 12 座,编号为 M2、M3、M4、M5、M7、M11、M13、M14、M15、M16、M19、M20。均为竖穴土圹墓,有单人葬和双人合葬之分别。

M2　墓向 350°,墓口距地表深 0.8 米,南北长 2.36、东西宽 1.2 ~ 1.4 米,墓底深 1.8 米。单棺内葬一男性,随葬 1 件黑釉瓷罐和 1 件红陶灯盘(图五)。

M3　墓向 0°,墓口距地表深 0.8 米,南北长 2.5、东西宽 2.8 米,墓底深 1.6 米。双棺合葬,东棺为男性,仰身直肢,西棺为女性,曲肢侧身朝向男性。出土 1 件瓷罐和 6 枚铜钱。

M4　墓向 310°,墓口距地表深 0.8 米,南北宽 0.70、东西长 2.3 米,墓底深 2 米。单棺葬,棺木已朽,骨架保存较差。出土 1 根银簪、2 枚铜钱。

M5　墓向 270°,墓口距地表深 0.9 米,南北宽 1.20 ~ 1.26、东西长 2.36 米,墓底深 2.4 米。单棺葬,棺木已朽,骨架保存较差。出土 1 付银耳环,3 枚铜钱。

M7　墓向 70°,墓口距地表深 0.9 米,南北长 2.4、东西宽 0.9 ~ 1.2 米,墓底深 1.9 米。单棺葬,棺木及骨架保存较好。无随葬品。

M11　墓向 15°,墓口距地表深 0.5 米,南北长 2.84、东西宽 2.2 米,墓底深 2.3 米。双棺合葬,棺木及骨架西棺保存较好,东棺较差。出土 3 枚铜钱。

M13　墓向 20°,墓口距地表深 0.9 米,南北长 2.6、东西宽 2.45 ~ 2.6 米,墓底深 2.5 米。双棺合葬,棺木及骨架保存较差。出土 3 根银簪、1 付银耳环、1 件陶罐和数枚铜钱。

M14　墓向 70°,墓口距地表深 1.1 米,南北宽 1.82 ~ 2.08、东西长 2.6 ~ 2.68 米,墓底深 1.7 米。双棺合葬,棺木及骨架保存较差。出土有铜簪、灰陶罐以及数枚铜钱。

M15　墓向 355°,墓口距地表深 0.8 米,南北长 2.74、东西宽 2.45 米,墓底深 1.9 米。双棺合葬,棺木及骨架保存较差。出土有银簪和数枚铜钱。

M16　墓向 300°,墓口距地表深 0.8 米,南北宽 1.72 ~ 1.8、东西长 2.48 米,墓底深 1.95 米。M16 为夫妻合葬墓。北棺内葬一男性,随葬 1 枚铜钱,南棺内葬一女性,随葬有银簪 1 件、银耳环 1 只。

M19　墓向 30°,墓口距地表深 0.8 米,南北长 2.60、东西宽 1.90 ~ 2.10 米,墓底深 1.80 米。

双棺合葬，棺木已朽，骨架保存较差。西棺随葬有1件铜卡、1枚铜钱，东棺随葬有1枚铜钱。

M20　墓向40°，墓口距地表深0.8米，南北长1.78、东西宽0.50～0.52米，墓底深2.04米。单棺葬，棺木已朽，骨架保存较差。随葬有灰陶罐1件。

（四）搬迁墓

共清理四座，编号为M1、M8、M9、M21。均为长方形竖穴土圹，墓向无规律，一般长2.5～2.8、宽1.1～1.9、深1.7～3.4米。不见葬具、骨架和随葬品。推测为迁出葬。

二、随葬器物

此次发掘出土的随葬器物，按质地分为玉、瓷、铜、金、银、陶器，另有1盒汉白玉墓志。

玉器，为两条玉带，分别出自M12和M17。

M12:3，共计20块。玛瑙质，浅粉红色，有层状纹理，透明度较好。素面，正面抛光，背面钻有穿鼻。可分为长方形、桃形、圆角圭形、长条形四种。玉带宽3.1、厚0.49厘米。个别玉带板还粘附有绿色铜锈（彩版四）；M17:1，共计20块。均为白玉质，素面，正面抛光，背面钻有穿鼻。也分为长方形、桃形、圆角圭形、长条形四种。出土时保持原有连缀顺序，三台部位还有一件鎏金铜带扣。玉带宽3.5、厚0.6厘米（彩版五）。

瓷器，两只瓷碟，均出自M6。

M6:2，白胎，白色釉面局部有浅褐色斑，口沿一周涩胎无釉。浅弧腹，平底圈足，足脊满釉。口径9.3、足径3.2、高1.7厘米（彩版六）；M6:3，灰白胎，器里施酱黑色釉，底心一周涩圈，外壁仅口沿施釉，其余部位涩胎。肿唇，浅弧腹，平底圈足，口沿部位残。口径9.3、足径4.3、高2.5厘米（彩版七）。

铜器，包括铜镜和铜钱。

铜镜共三面。M6:1，光素无纹，无镜钮，宽平缘，直径20.3、厚0.7厘米（彩版八）；M17:2，形制较小，窄缘略卷，半球形镜钮，钮外饰一周花叶纹，直径7.9、厚0.5厘米（图六，1；彩版九）；M12:1，形制小，窄缘略卷，银锭形钮，钮外饰一周花卉纹，直径5.6、厚0.6厘米（图六，2；彩版一〇）。

铜钱数量较多，仅M6就出土60余枚。此次出土的铜钱年代最早的有王莽时期的“货泉”，最晚的为清代晚期的“同治重宝”。钱文有“五铢”、“货泉”、“大定通宝”、“天圣元宝”、“熙宁元宝”、“元祐通宝”、“政和通宝”、“弘治通宝”、“同治重宝”等（M3:2、M3:3、M6:4、M6:5、M6:6、M6:7、M6:8、M18:2、M14:2）。

“货泉”M3:2，残缺，圆郭方穿，穿正面两侧篆书“货泉”，钱径2.3厘米，穿径0.7厘米，厚0.1厘米（图七，1）。

“五铢”M3:3，残缺，圆郭方穿，穿正面两侧篆书“五铢”，钱径2.5厘米，穿径1.0厘米，厚0.1厘米（图七，2）。

“大定通宝”M6:4,完整,正面真书“大定通宝”,瘦金体,对读,钱径2.5厘米,穿径0.6厘米,厚0.2厘米(图七,3)。

“天圣元宝”M6:5,完好,正面真书“天圣元宝”,环读,钱径2.5厘米,穿径0.7厘米,厚0.2厘米(图七,4)。

“熙宁元宝”M6:6,完好,正面真书“熙宁元宝”,环读,钱径2.3厘米,穿径0.7厘米,厚0.2厘米(图七,5)。

“元祐通宝”M6:7,完好,正面行书“元祐通宝”,环读,钱径2.9厘米,穿径0.8厘米,厚0.2厘米(图七,6)。

“政和通宝”M6:8,完好,正面隶书“政和通宝”,对读,钱径2.5厘米,穿径0.7厘米,厚0.1厘米(图七,7)。

“弘治通宝”M18:2,完好,正面楷书“弘治通宝”,对读,钱径2.5厘米,穿径0.7厘米,厚0.2厘米。(图七,8)。

“同治重宝”M14:2,完好,正面楷书“同治重宝”,对读,背面穿上下楷书汉文“当十”,左右为满文“宝泉”,钱径2.6厘米,穿径0.8厘米,厚0.4厘米(图七,9)。

金器,包括金勺、耳环、耳钉等。

金勺M12:2,柄分两截,一端为长六棱锥形,粗端连串珠状短颈,短颈另一端连半球形勺。长10.5厘米。也可做发簪用(彩版一一)。

金耳环M17:3,金质,圆形,手工打造,通体素面,直径1厘米。

金耳钉M17:4,金质,圆柱体,顶部冒形,尾尖,长0.8厘米。

金勺M17:5,耳挖形首,体细长,尾圆尖,长7.9厘米。

银器,包括银簪、银质冥币、银耳环等。

银质冥币M17:6,M17东馆所出。较薄,系用银箔剪成,呈不规则的圆形,直径2.3厘米,穿亦为不规则方形,径0.4厘米。

银簪M13:1,簪头为圆形,可分两层。上层直径1.3厘米,用银丝在圆环内掐成“寿”字,下层直径2.3厘米,正面錾刻月华锦纹,背面錾刻“振元”二字。簪体为圆锥形,长12.7厘米(彩版一二)。

银耳环M13:3,一端为蘑菇首状,一端尖细,弯曲呈“S”形。长2.5厘米。

陶器,包括陶罐、灯盘等。

陶罐M2:1,灰白胎,胎质硬,肩部及上腹施黑釉,釉色均匀光亮,下腹及底足露胎。口径7.8、底径7.3、高9.9厘米(图八,1;彩版一三)。

M3:1,灰白胎,口沿施黄褐色釉,其余部位涩胎。圆唇,弧腹,平底。口径10.4、底径7.5、高10.7厘米(图八,2)。

M10:1,灰白胎,口沿及肩部施黄褐色釉,其余部位涩胎。圆唇,斜折肩,平底。口径8.7、底径7.5、高12厘米(图八,3)。

M13:4,泥质灰陶,斜方唇,溜肩,平底。光素无纹。口径9.9、底径8.2、高10.6厘米

(图八,5)。

M14:1,泥质灰陶,斜方唇,溜肩,平底。光素无纹。口径 9.3、底径 6.5、高 10.1 厘米(图八,4)。

M20:1,泥质灰陶,斜方唇,竖颈,溜肩,平底。光素无纹。口径9.6、底径5.7、高10.2 厘米(图八,6)。

灯盘 M2:2,浅黄褐色,陶质疏松,敛口,腹部斜收。形制较小,口径6.3、底径4.1、高3 厘米。

墓志　出土于 M17 东棺南侧的二层台上。汉白玉质,50.7 厘米见方,盖、志厚度分别为 8 和 7.5 厘米,带字面相对扣合,外施铁箍两道。志盖正面阴刻"明故怀柔伯太夫人萧氏之墓",4 列 12 字,篆体。墓志竖刻志文 24 行,足行 23 字,共计 484 字。兹录于后。

明故懷柔伯妻太夫人蕭氏墓志銘
賜進士奉政大夫通政参議前翰林編修廣陽趙昂篆
賜進士承德郎尚寶司丞前兵科給事中京口蔣敵書
征仕郎中書舍人汝寧王棟篆
太夫人姓蕭諱善果其先順天之香河人金吾右衛揮使貴
之長女母劉恭人咸有令德篤生太夫人端靜純厚長于女
紅粗知詩書大義孝于所生父母其鐘愛之年才弱冠為擇
佳配得先懷柔伯施公榮以歸之太夫人入門能盡婦道事
其舅姑如事其所生敬其夫如賓待其群小如己出閨門之
間嚴整周詳人無閑言至教諸子弟心雖慈而程課尤切每
以古之忠臣孝子為諭必欲俾諸成人而后已成化乙酉公
奄棄太夫人哀毁幾絶泣曰我忍為未亡人者孫兒子女故
也于是勉強綜理家政凡百需費皆太夫人主之迨其弟鑒
襲膺伯爵躬被
誥封光榮煊赫為時所慕而太夫人益增□敬謹之心愈老
而愈篤焉嗚呼若太夫人者可謂能持盈守成女中之君子
者歟宜古今之所罕得也太夫人生于永樂乙丑十月廿二
日卒于成化辛卯六月初七日享年六十有三子男一即鑒
娶陶氏揮使俊之女有賢行女二長適燕山右衛都指揮陸
忠次適燕山前衛揮使彭晟孫男二六兒七兒將十以卒之
年八月二十日葬朝陽關六里屯祖塋之原先期鑒衰經
具狀請予言以銘諸墓銘曰
猗歟夫人　冰玉其姿　相夫教子　敬而且慈
龍章鸞誥　用詔令儀　閉此玄室　休光永垂

三、结　语

此次发掘的 21 座墓葬,年代上起金代,下迄明、清,墓地沿用时间长。除 4 座搬迁墓外,其余大部分墓葬均随葬有铜钱或墓志等纪年材料,年代较为清楚,可作为判明该地区金、明、清时期墓葬形制和葬俗的可靠标志。

此次发掘的重要收获是出土的三座明代墓葬(M17、M18、M12)。M17 出土的墓志明确表明东棺的墓主为怀柔伯施荣的夫人萧氏,则 M17 西棺的墓主为第二代怀柔伯施荣无疑。M12 随葬玉带和铜镜的风格,与 M17 一致,其墓主也必袭怀柔伯爵位。

结合 2005 年发掘的施聚、施鉴墓[②],表明这 5 座墓葬同属明代怀柔伯家族墓地。萧氏墓志中

“葬朝阳关六里屯祖茔之原”一语,说明施氏家族有族葬地。各墓葬排列有序,第一代怀柔伯施聚葬在北端正中,以施聚为中心,其子、孙中袭怀柔伯爵位者呈“人”字形葬在他左、右。左列(即东边)第一排,葬施聚之子、第二代怀柔伯施荣及其夫人萧氏。右列(即西边)第一排,葬施聚之孙、第三代怀柔伯施鉴。这种聚族而葬且长幼排列有序的葬式,与史书记载的“昭穆制度”相吻合。如此典型且等级又高的明代家族墓地,在北京明代考古发现中尚属首见。

M12、M17 出土的铜镜,镶嵌于棺木外,且形状小,镜面铸、磨质量均较差,不具有实用价值,应是随葬用的冥镜,用以镇邪驱恶。明人所撰《五杂俎》中就有关于随葬冥镜的记载,正好与考古发掘相印证。这两面冥镜的出土,为确定此类传世品的年代及用途提供了可靠的证据。

注释:

① 北京市文物研究所:《北京华能热电厂明墓发掘简报》,《文物春秋》2006 年第 6 期。

② 同上。

发掘:李永强　刘风亮
绘图:张济发　刘晓贺
整理:古艳兵　刘晓贺
照相:李永强　韩宜林
执笔:李永强　刘风亮　孙勐

(原载于《文物春秋》2006 年第 6 期)

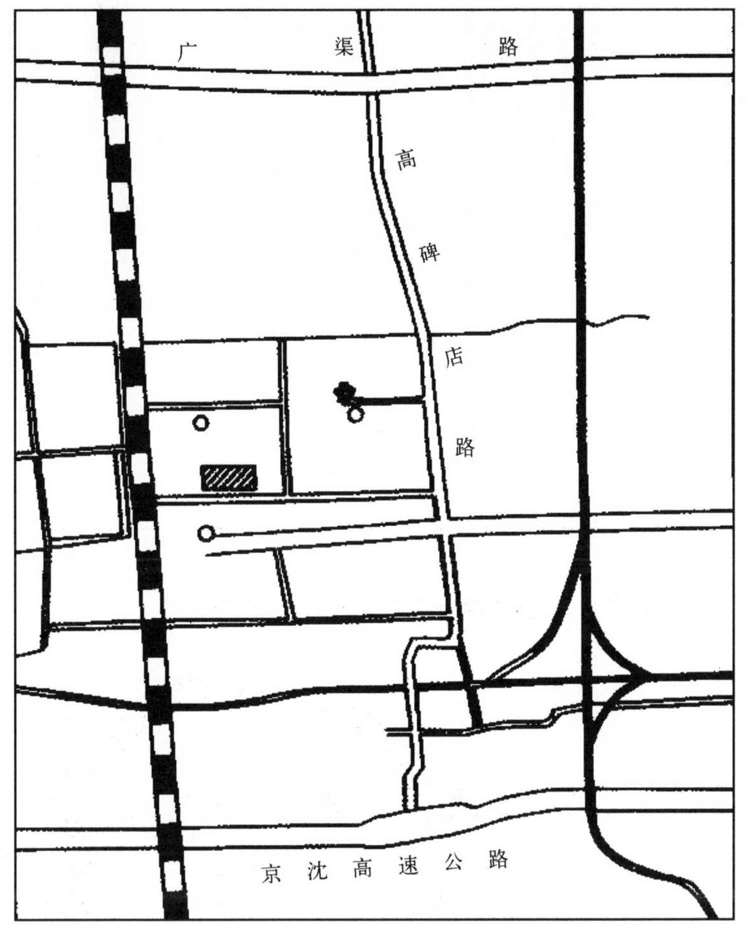

图一 华能热电厂墓地位置示意图

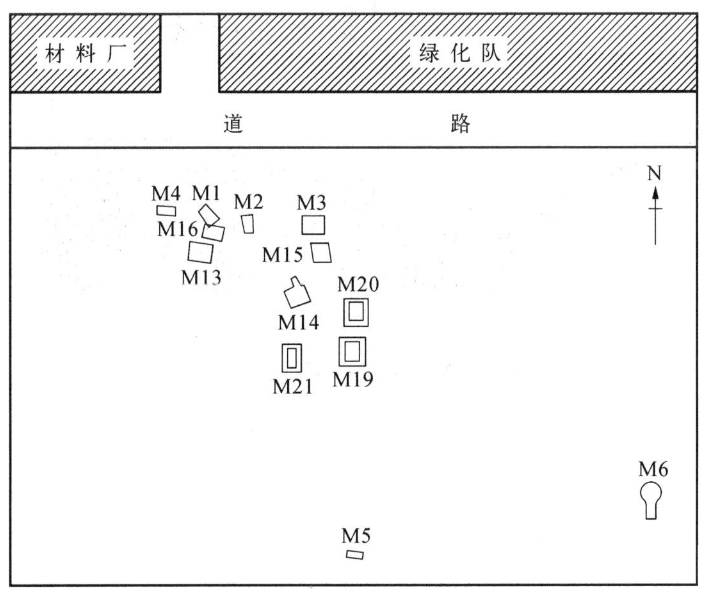

图二,1 北京华能热电厂墓地Ⅰ区墓葬分布图

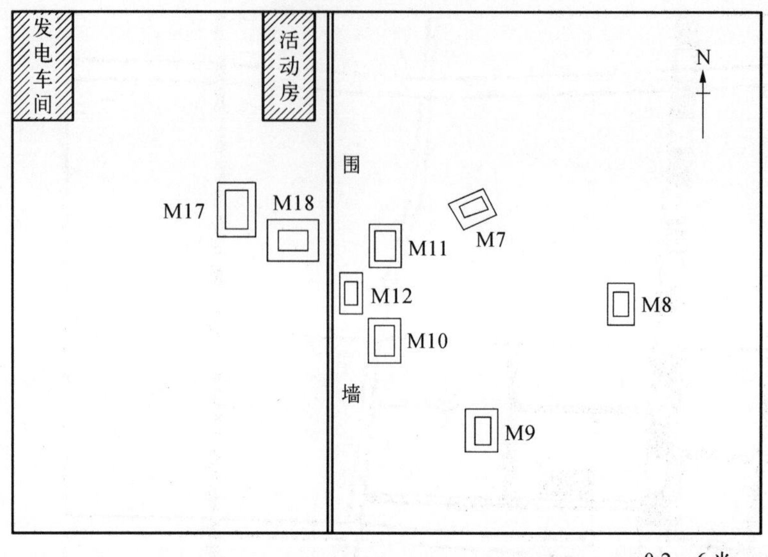

图二,2　北京华能热电厂墓地Ⅱ区墓葬分布图

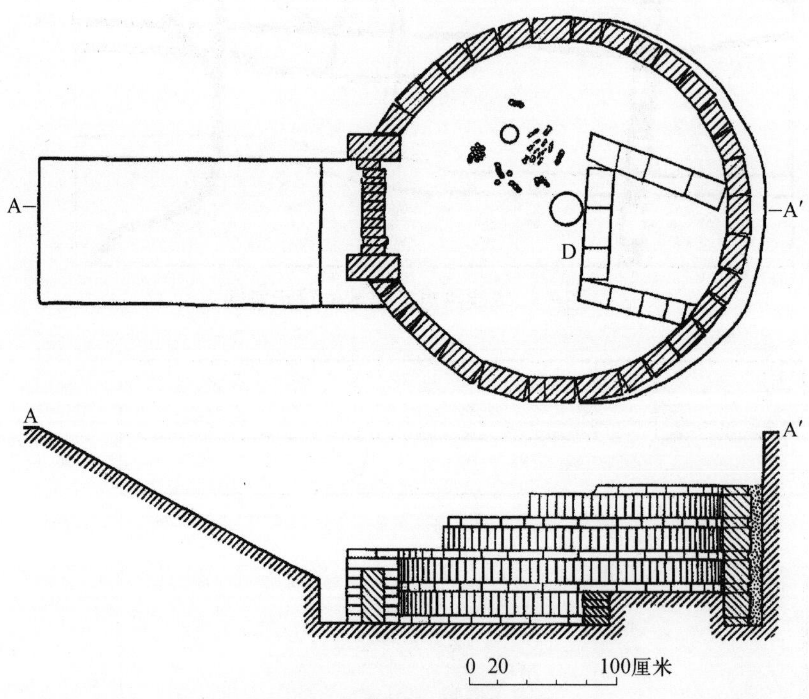

图三　M6 平、剖面图

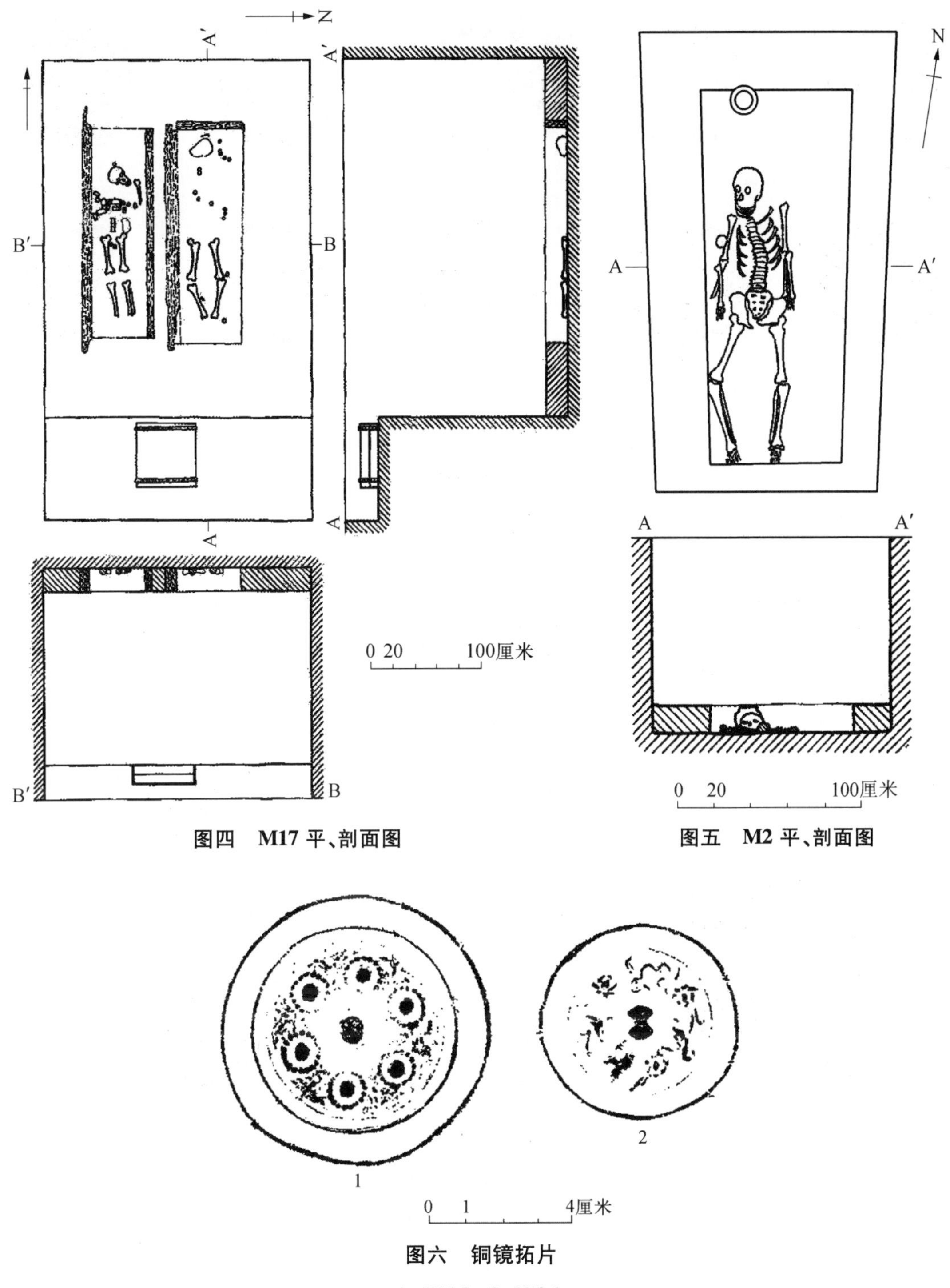

图四　M17 平、剖面图

图五　M2 平、剖面图

图六　铜镜拓片

1. M17:2　2. M12:1

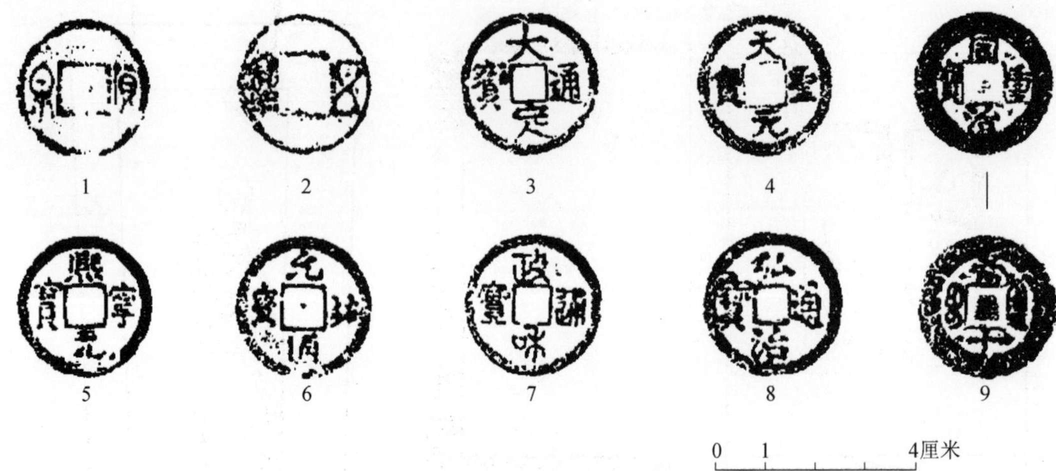

图七　铜钱拓片

1. 货泉(M3:2)　2. 五铢(M3:3)　3. 大定通宝(M6:4)　4. 天圣元宝(M6:5)　5. 熙宁元宝(M6:6)　6. 元祐通宝(M6:7)　7. 政和通宝(M6:8)　8. 弘治通宝(M18:2)　9. 同治重宝(M14:2)

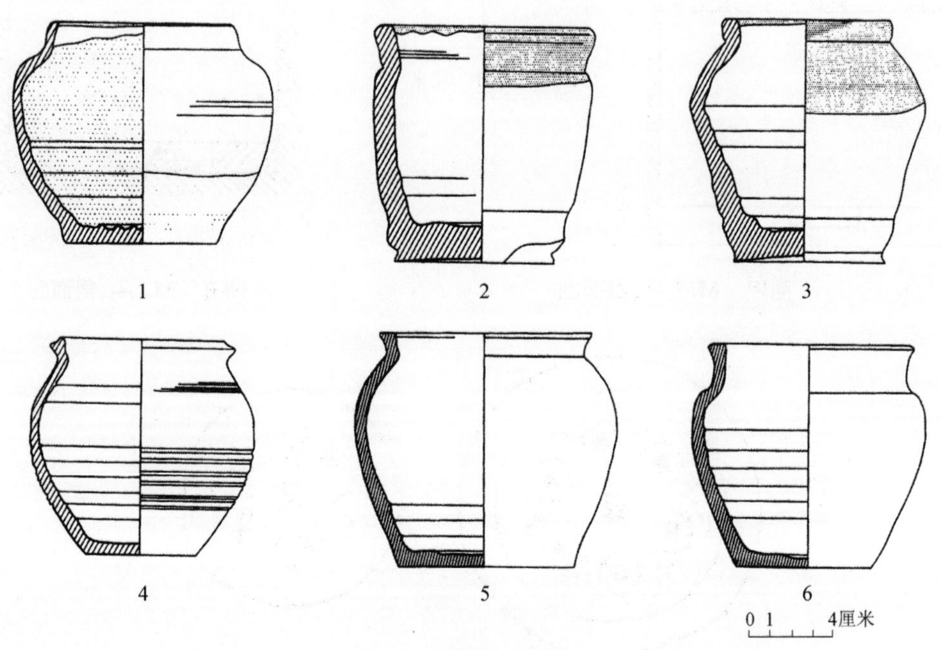

图八　墓葬出土陶罐

1. M2:1　2. M3:1　3. M10:1　4. M14:1　5. M13:4　6. M20:1

北京市延庆县四海镇火焰山营盘遗址发掘简报

北京市文物研究所　延庆县文物管理所

北京市延庆县四海镇火焰山营盘遗址位于北京市延庆县四海镇石窑村东南3公里的火焰山上(图一)。遗址北望黑坨山,南北为陡坡,西为断崖,东北与西北方向分别与外长城相连,东接九眼楼(彩版一,1)。遗址面积约4 400平方米,地理坐标为北纬40°28′52″、东经116°29′52″,海拔高度1 058～1 085米。

2006年4月1日—5月19日,北京市文物研究所和延庆县文物管理所对火焰山营盘遗址进行了发掘清理,共布10米×10米的探方13个,个别探方根据需要进行了扩方,揭露了大面积相联的建筑基址。此外,为了进一步明确遗址内建筑之间的关系,清理了庙台和北敌楼,实际发掘清理面积共计1 600余平方米(图二;彩版一,2;彩版二,1、2)。

一、地层堆积

营盘遗址范围内的遗迹普遍位于表层土下或裸露于外,地层堆积比较简单,只有一层。这一层堆积土色灰黑,土质松软,主要由腐殖质构成,厚0～0.45米,出土遗物以砖块、建筑构件、兵器、瓷片为主。根据出土的近现代遗物表明遗址废弃至今一直有人类在遗址内活动。

二、遗　　迹

营盘遗址遗迹主要有城墙、城门、房屋基址、北敌楼和庙台五部分,北敌楼和庙台分别位于北城墙和南城墙外侧。

(一) 城门

城门一处,位于T0207和T0307,门向303°。现存城门由三部分组成,分别是城门前的台阶和平台、城门洞、城门内甬道(彩版三,1)。

城门前平台近方形,长3.3、宽3、残高1.5米,周边用加工过的石条和石块平铺而成,中间填充碎石块和黄土,台面用石块平铺而成,平台西侧设有马道,马道为台阶式,清理出台阶3级。平台台面低于门洞地面,故设有2级台阶与门洞基石相连,门洞基石同门洞地面一致,由平台登3级台阶步入城门。城门前台阶每层高0.15、长1.25、宽0.40米。马道台阶由石块干垒,每层高0.18、残长1.3、宽0.42米。

城门门洞前后端之间界线明显,门洞前端用加工过的大石条做基础,且高出门洞地面两层,由此可见,门洞的前端是为了加固后端所建,由此推断该城门有时间早晚之差别,故分为早、晚两期。

1. 早期城门

由城门和城门内甬道两部分组成。城门略窄于城门甬道,整体平面呈"凸"字形。

城门位于甬道的前端,平面呈长方形,长1.40、宽1.55米,自下而上的修筑方法是:用长短不一的条石垒砌基础;基础之上两侧翼墙用青砖错缝平砌;券顶部分残缺,残留部分用三层青砖券制成拱形,而且每层拱券之间平砌一层,即所谓的三伏三券。券顶至地面的水平高度为2.20米。整个缝隙之间用糯米浆泥铺垫,外用白灰勾缝。

甬道位于城门的东端,平面呈长方形,长4.50、宽2.05米。其修筑方法同城门结构。顶部已坍塌,残高1.80米。从残存迹象可看出该甬道顶应高于城门券顶。

2. 晚期城门

晚期城门其建筑方式与早期城门相同,拱券顶部已坍塌,其残存高度1.25~2.00米,进身1.55米,宽度与早期城门宽度相同。从坍塌端面看出该期城门与早期城门互不衔接,由此可推断它的作用是为了加固早期城门免遭破坏而修筑。

(二)城墙

营盘遗址城墙周垣轮廓较为清楚,共分五段,大体呈不规则五边形,周长约263.6米,其中东城墙长约22.4米,南城墙长约88米,西南城墙长约45米,西城墙长约64.8米,北城墙长约43.4米。除城门为砖砌外,城墙部分皆为石块干垒修筑,部分城墙发现以石条为基础。城墙均有不同程度的坍塌,城垣残存高度1.5~6.5米。城墙上窄下宽,断面呈梯形,顶宽1~2.5米,基宽3~6米。

整个遗址内发现马道三处,均为台阶式,皆用石块干垒而成。第一处马道位于城门内北侧,残留共8级,由此马道可登上西城墙;第二处马道位于南城墙北侧,残留12级,由此可登上南城墙;第三处马道位于南城墙南侧,每一级均由石条垒成,共37级,由此可登上西南城墙和庙台。

(三)房屋遗迹

营盘城内正对城门有一条道路将城内分为南北两部分。此次发掘主要清理了营盘遗址的北部大部分和南部的一小部分,清理部分约占城内面积的75%。除庙台发现房屋基址2座外,城内北部发现房屋基址12座,编号F1~F12,南部发现房屋2座,编号为F13、F14。现将F1、F12、F13、

F14 详述如下：

1. 一号房基（F1）位于营盘城内的北部偏中，坐北朝南，方向 218°，由前月台、正房及北踏道三部分组成，仅存基础部分（图三；彩版三，2）。

月台位于房址的南端中部，平面呈长方形，南北长 5.80、东西宽 4.75 米，四壁均用不规则形石块垒砌，残高 0.12～0.26 米，内侧用碎石块与青砖块铺砌墁地。

正房位于月台北端，平面呈长方形，东西长 20.5、南北宽 6.65 米，四壁基础均用石块叠压垒砌包边，内用规格为 0.30×0.30×0.05 厘米的青砖叠压错缝封砌。四壁墙体均宽 0.30、残高 0.30～0.45 米。在房址的中部北端发现相互对称的柱础及柱坑五个，依次编号为柱 1～5，由此推断该房址内的南端也应有相互对称的柱础。据此柱网分布可知该房址为面阔三间进深三间的无廊式建筑，即正厅和东西套间。正厅前后有门并相互对称，而且正厅北门发现有门槛朽痕。西配间北部设有火炕，已被破坏，东西长 3、南北宽 1.1、残高 0.21 米。室内地面用规格为 0.36×0.17×0.09 米的长方形和 0.30×0.30×0.08 米的方形青砖十字错缝墁地。

踏道位于正房的北端中部，平面呈长方形，四壁用青砖叠压砌制，内用不规则形石块填砌。东西长 1.6、南北宽 1、残高 0.18 米。

2. 十二号房基（F12）位于营盘城内北部偏西，北距 F11 约 3.5 米，南邻 F4。该房址坐北朝南，方向 220°。平面呈长方形，东西长 9、南北宽 4 米，其建筑规格为面阔三间进深一间。仅存墙基部分，四壁墙基均用不规则形石块叠压垒砌，基础宽 0.45～0.80 米、残高 0.40～0.32 米（图四）。

3. 十三号房基（F13）与十四号房基（F14）并列位于营盘城内南部偏北的东端，坐北朝南，方向 223°。仅存基础部分，且南北相连，墙基均用不规则形石块叠压垒砌。墙基宽度不一，宽 0.50～2、残高 0.15～0.75 米。两座房址均把门设置在东南角，各宽为 1 米。同时在室内西南角皆设置火炕。F13 内炕床为方形，边长为 1.65、残高 0.65 米；F14 内炕床为长方形，南北宽 1.75、东西长 3、残高 0.40 米。两炕床皆用不规则形石块砌制（图五）。

（四）北敌楼

北敌楼位于北城墙外侧，其西北部塌毁，顶部东边残长 9.7、南边长 9.55、西边残长 2.75、残高 6.3 米，其四周为条石错缝砌制，内用石块加白石灰填充；其上发现有残存墙基和火炕遗迹，出土遗物有铁弹丸（彩版五，2）。因北敌楼与北城墙之间堆积大量石块及碎砖，故未清理至底，该敌楼应依吊桥与北城墙相互连接且能起通行与御敌的两大作用。

（五）庙台

庙台位于南城墙外（图六；彩版四，1），东、南、西三面为断崖，其台面之上建有 F15 和 F16。F16 距城墙 3.5 米，此建筑坐北朝南，方向 215°。该建筑西墙基础已被破坏，其他三面保存较好，前有廊道。整个建筑柱础石共发现柱础 5 处，即室内 1 处，门两侧各 1 处，前廊 2 处，东西三排每 2 处一排相互对称。础石为下方上圆，边长在 0.45～0.55 米之间，鼓径在 0.25～0.30 米之间。前廊长 7.00、宽 1.20 米,廊外有 0.80 米的散水;东墙残长 5.80、宽 0.55、残高 0.24 ~ 0.56 米;后墙残长 4.95、宽 0.75、残高 0.28 ~ 0.56 米。砖长 0.40、宽 0.18、厚 0.07 米。F16 用石块做基础,青砖砌制墙体,墙体的筑造方法为里外单砖错缝平铺包砌,中间填充青砖碎块,每层砖之间用白灰粘连。基础内外各有 6 厘米的收分。前廊和室内地面均用青砖错缝墁地,只残存少部分。根据柱网的分布情况,F16 为前出廊的方形建筑。推测 F16 应为庙宇。

另外,F16 和城墙之间清理出房屋基础一处,编号 F15,此房坐北朝南,方向是 216°。F15 依城墙而建,以城墙作其后墙,东西长 4.20、南北宽 2.50 米,该房基础及墙体均用石块垒砌,墙宽 0.40 ~ 0.60、残高 0.25 ~ 0.50、房门宽 0.95 米。房内东南角设有火炕,已被破坏,只残存底部,此房址应为庙宇的附属建筑物(彩版四,2)。

三、出 土 遗 物

营盘遗址出土器物以兵器和建筑构件为主,生活用品也有发现,另在城门外采集到一块石匾。

(一) 石匾

采集:1,已残为五块,拼接后长 87、宽 50、厚 21 厘米。石匾正中阳刻楷书"威嚴"二字,笔法遒劲刚健、大气磅礴。其两侧阴刻楷书两竖行,右侧为"欽差懷隆兵備按察使胡立"十一字,左侧为"万历岁次戊午□秋吉旦"十字,一字缺。四周饰以阳刻牡丹缠枝纹(彩版五,1)。

(二) 兵器

主要有石弹丸、铁弹丸、手雷和火铳等,以质料可分为铁质兵器和石质兵器。

1. 铁质兵器

手雷　共 22 件。生铁铸造,表面锈蚀,一端作球形,有短柄,其口沿有引信孔。依据柄的长短可以分为两型:

A 型　柄较短。标本 T0204①:1,口径 1.5、柄端长 1.5、壳厚 1 ~ 1.1、腹径 9,通高 9.5 厘米,引信孔长 0.8、宽 0.6 厘米,重 1.05 千克(图七,3;彩版六,1);标本 T0207①:2,口径 2.2、柄端长 1.5、壳厚 0.6 ~ 0.9、腹径 7.5、通高 9.2 厘米,引信孔长 0.8、宽 0.5 厘米,重 1 千克(图七,2);标本 T0307①:6,口径 2.4、柄端长 1.6、壳厚 0.6 ~ 1、腹径 9、通高 10 厘米,引信孔长 0.8、宽 0.5 厘米,重 1.15 千克(图七,1)。

B 型　柄较长。标本 T0406①:2,口径 2.2、柄端长 2.5、壳厚 0.6 ~ 0.8、腹径 7.2、通高 10.5 厘米,引信孔长 0.8、宽 0.8 厘米,重 1.12 千克(图七,4)。

铁蒺藜　共 75 件。生铁铸造,表面腐蚀,有四根伸出的铁刺,铁刺相接处有孔(彩版六,3)。标本 T0307①:1,每根铁刺长 4.3 厘米,重 0.15 千克。

铁弹丸　共236件。生铁铸造,表面锈蚀,球形。根据大小可分为三档。大铁弹丸32件,标本T0307①:8,直径6.5厘米,重1.3千克;较大的铁弹丸49件,标本T0207①:10,直径4.6厘米,重0.23千克(图七,5);小铁弹丸155个,标本T0207①:1,直径1.7厘米,重0.07千克(图七,6)。

三眼铁铳　共2件。生铁铸造,表面锈蚀,由三支单铳绕柄平行箍合而成,成品字形,各有突起外缘,共用一个尾部。标本T0306①:3,铳身有三道箍,箍宽1.2厘米,单铳外径4、内径2.2厘米。药门为一圆孔,孔径0.5厘米。柄端扁平,弯曲,上残留一圈铁环,一铁钉从铁环和柄端穿过,铁钉两端有垫片。柄端长20、通常47.5厘米(彩版六,4)。

2. 石质兵器

石弹丸　共156件。质料为灰白石,球形,表面光滑。根据大小可分为两档。大石弹丸38件,标本T0307①:4,直径7厘米,重0.5千克(图七,7;彩版六,2);小石弹丸118件,标本T0207①:6,直径4.5厘米,重0.35千克(图七,8)。

(三)建筑构件

除各种规格的砖外,出土数量较多的是板瓦、筒瓦、瓦当及脊饰等建筑构件。

板瓦　泥质灰陶,长方形弧状,表面多为素面,背面饰布纹。标本T0609①:3,残长15.6、宽10.5、厚0.7厘米。

筒瓦　泥质灰陶,前部瓦唇圆钝,套接部位较长,表面多为素面,背面饰布纹。标本T0609①:5,长27、宽12、厚0.7厘米。

瓦当　均呈圆形,泥质灰陶。纹饰均为兽面纹。标本T0609①:2,残,兽面纹瓦当。灰陶。边缘较宽,饰凸及联珠纹。当面中心饰凸出的兽面。直径9、边缘宽1.1厘米(彩版七,2)。

脊饰　均为泥质灰陶,均不可复原。标本T0402①:2,莲花纹建筑构件,为一盛开的莲花状,直径17、厚7厘米(图七,9;彩版七,1);标本T0402①:6,叶纹建筑构件,为一枝叶状,长26、宽8、厚5厘米(彩版七,3);标本T0402①:7,作莲蓬形状,长13、宽11、厚6厘米(彩版七,4)。标本T0402①:8,兽首形,长15、宽9、厚7厘米(彩版七,5)。

(四)瓷器

发现瓷片均为青花瓷,有一定数量的有款的瓷片,可辨器形均为碗、盘。

青花瓷碗(残片)　标本T0404①:3,矮圈足,足口外敛内敞,底部较平坦,足底心书"成化年制"四字款两行,外饰单线圈。底径5.6、残高2.5厘米。标本T0406①:3,内底饰折枝纹,外有双线圈,矮圈足,足口外敛内敞,底部较平坦,足底草书"宣德年造"四字款两行,有双线圈纹。底径8、残高4厘米(彩版八,1、2)。标本T0408①:2,可复原。敞口,弧腹,饰青花缠枝纹。矮圈足,足口外敛内敞,无款。口径21、底径7、高12.3厘米(彩版九,1)。标本T0506①:3,内底勾勒折枝纹,内壁下腹饰双线纹,矮圈足,足口外敛内敞,外底乳凸,底心草书"宣德年造"四字款两行,外有双线图。底径9、残高5厘米(彩版八,5、6)。标本T0607①:5,内底饰老叟抚琴图,矮圈足,足口外敛内敞,外底突起,足心草书“大明成化年造”六字款两行,外有单线圈。底径8.3、残高3厘米(彩版八,3、4)。标本T0607①:11,矮圈足,足口外敛内敞,足心草书“大明成化年造”六字款两行,款字外有单线圈。底径6.5、残高3.9厘米。标本T0607①:8,矮圈足,足口外敛内敞,足心草书“大明成化年造”六字款两行。底径7.5厘米,残高4.5厘米(彩版九,2)。

青花盘(残片)　标本T0305①:4,内底正书“寿”字款,外有双线圈,勾勒牡丹纹。矮圈足,足口外敛内敞,底部较平坦,足底草书“大明年造”四字款两行。底径10.3、残高4厘米(彩版九,3、4)。标本T0408①:1,内底勾勒如意云纹,勾勒双线圈,一粗一细,线圈外饰花草纹。矮圈足,底部较平坦,底心勾勒单线圈,底径12.5、残高3厘米(彩版九,5、6)。

(五)其他

石杵　共2件。青灰石质,顶平,有孔,底弧形,较为光滑。标本T0404①:3,顶径13.5、顶圆孔径3、深3.5、通高12.5厘米(图七,10)。

石砚　1件。标本T0508①:1,残,灰白石质,仅残留墨池部分,墨池内依然有黑色的墨痕。残长10、宽12.8、高3厘米(彩版七,6)。

顺治通宝　1枚。标本T0612①:1,小平钱,方穿,宽郭,钱面文为“顺治通宝”,对读,背穿左右为满文。直径2.7、穿径0.6、郭宽0.35厘米。

四、结　语

此次发掘出土的器物有兵器、建筑构件、石器、铜钱、瓷器等,其中石匾出土于西城墙外,是此次发掘出土器物中惟一有明确纪年的器物。石匾的纪年文字为“万历戊午”,为万历四十六年(1618年),为营盘遗址的年代上限。

由于四百年以来的自然作用和人为破坏,遗址内房屋建筑损毁严重,不过通过这次考古发掘清理,基本搞清了遗址内及周围城墙上的建筑情况。城内建筑由城内南北向的一条道路分为两部分,大部分建筑在北半部。建筑物均依山势而建,故形成建筑物与建筑物之间高差达到27米。城内建筑分为南北两部分,大部分建筑在其北半部。主体建筑F1,位于南北中轴线上,该建筑群体有正房和厢房7座,共计13间。F1为正房,坐北朝南,是中轴线上的主体建筑。F4~F7为附属建筑,即东西厢房。F6、F7为东厢房,F4、F5为西厢房。F2、F3位于F1北侧,由于在F2内发现有灶址,因此推测这F2、F3为厨房。另外在遗址北部建筑群内设有东、西垮院。西垮院清理房址3座(F10、F11、F12),F10为西房,F11、F12为正房,坐北朝南,共计7间。东垮院清理房址2座(F8、F9),F8为正房,坐北朝南,F9为厢房,共计4间。F1可能为营盘城内将领居住,厢房及其他房屋可能是其他各级士兵居住,可见营盘内房屋的布局有一定的规划。

在三处城角发现有条石基础,分别是东城墙与南城墙相接处,南城墙与西南城墙相接处,西南城墙与西城墙相接处。从当地人那里了解到,数十年以前,这三处都曾建有敌楼,北敌楼亦曾完好,城门上亦有城门楼。经过时代的变迁,曾经存在于城墙上的敌楼、门楼等已荡然无存。不过根据当地人的回忆,可以推断营盘遗址城墙上曾建有四处敌楼,一处城门楼,可谓建筑壮观,防守严密。而从铁弹丸、石弹丸和铁蒺藜等多出土于西城墙附近及北敌楼可知北面乃防卫御敌的关键所在。

通过此次发掘,基本搞清楚了营盘遗址范围内北部区域及庙台等处的房屋的布局情况,揭示了营盘遗址内军队武器装备情况,丰富了对明代长城军事防御体系的认识。

领队:袁进京
发掘:于璞 刘伟 赵铭岩 何东来 张绪武 赵博安 朱文军
高空摄影:王殿平
现场摄影:于璞
器物摄影:何东来
绘图:赵博安 张绪武 朱文军
执笔:于璞 赵铭岩 何东来 刘伟

(原载于《北京文博》2007 年第 3 期)

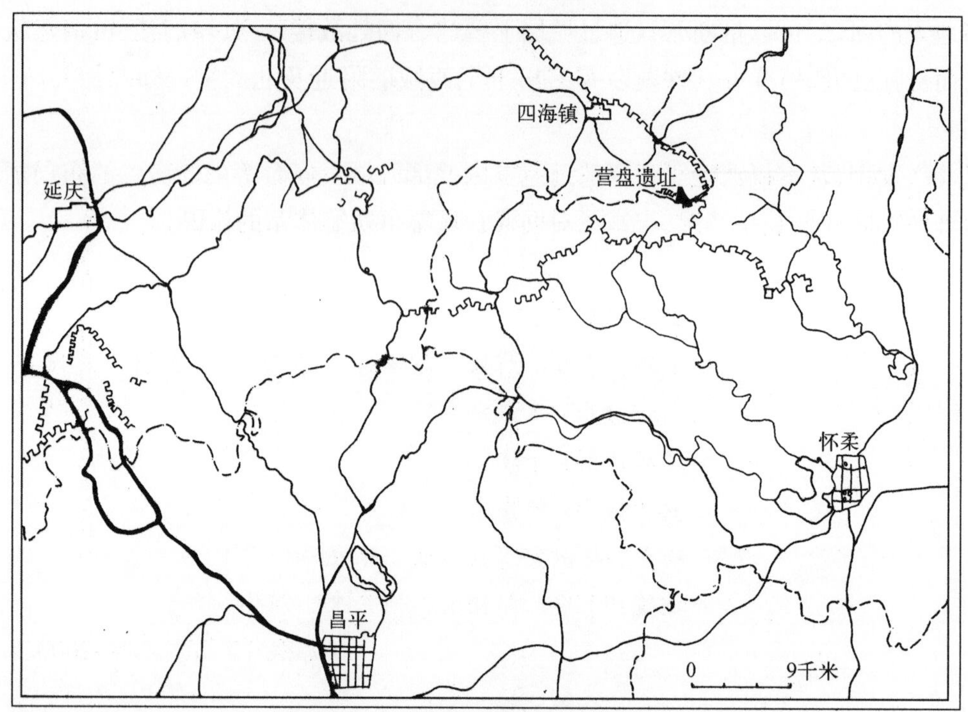

图一　火焰山营盘遗址位置示意图

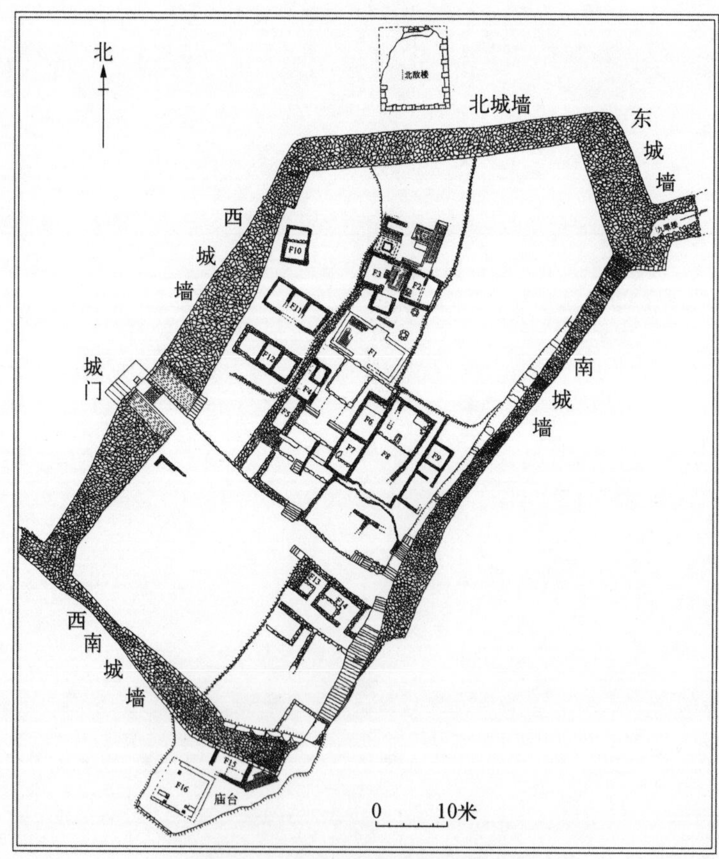

图二　火焰山营盘遗址总平面图

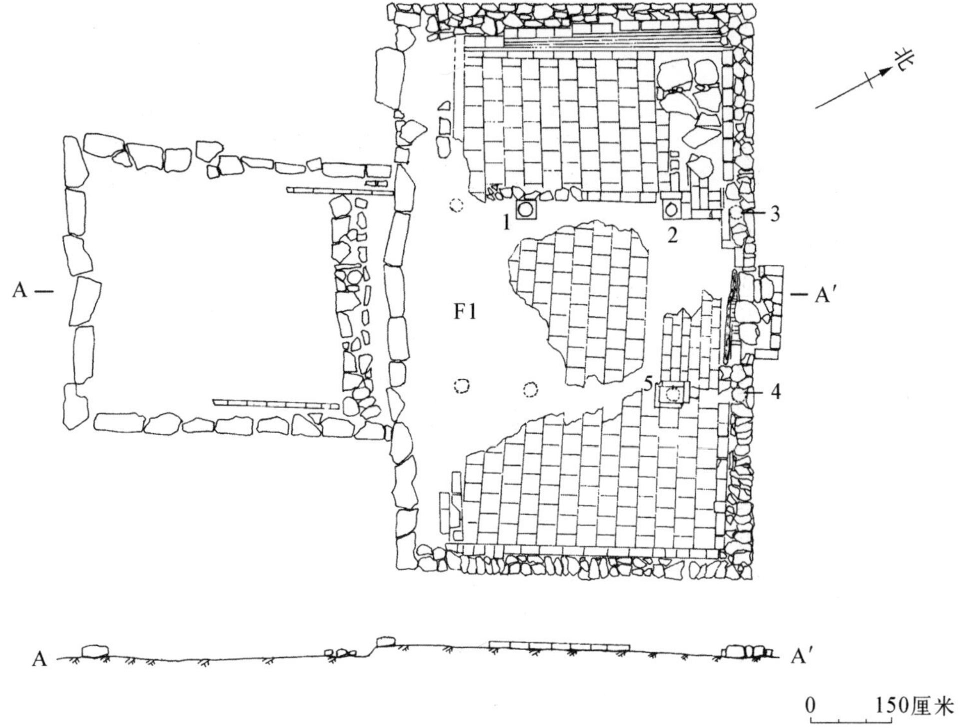

图三　F1 平、剖面图

1、2. 柱础　3、4、5. 柱础坑

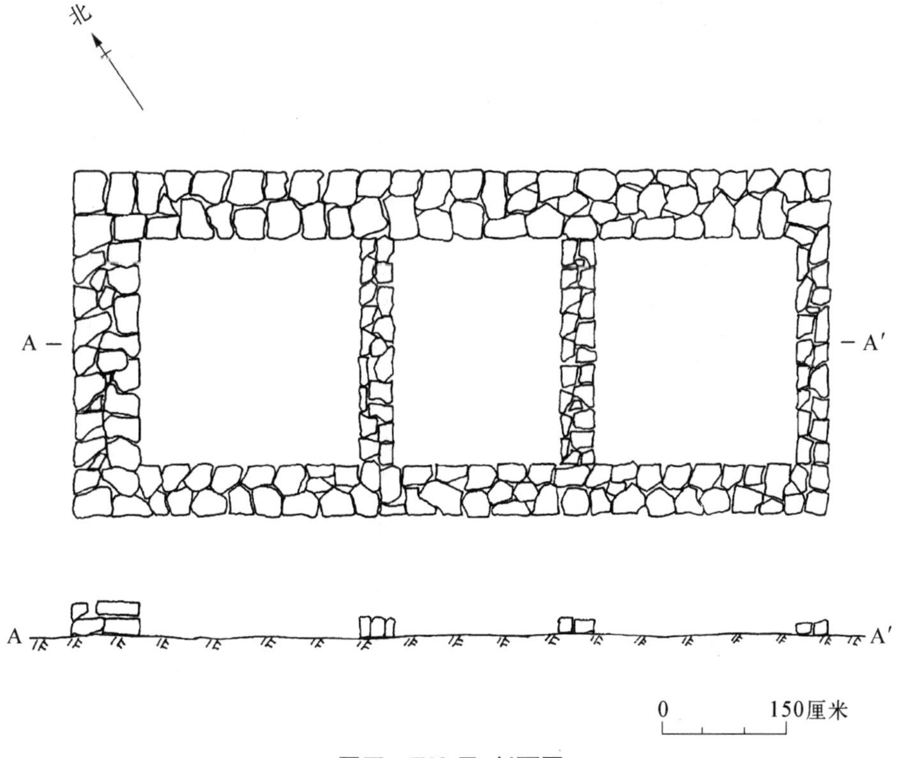

图四　F12 平、剖面图

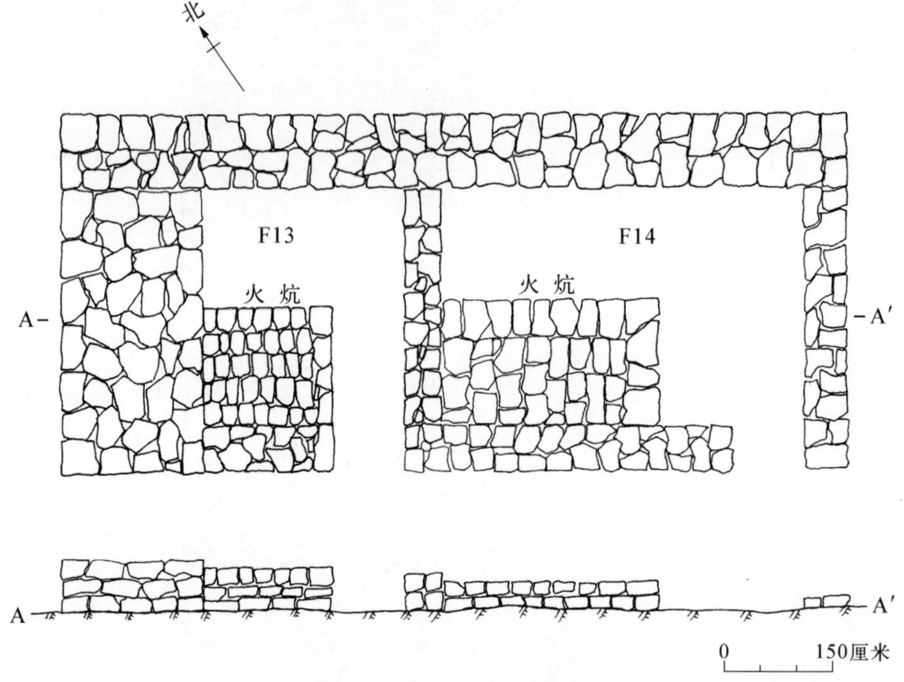

图五　F13、F14 平、剖面图

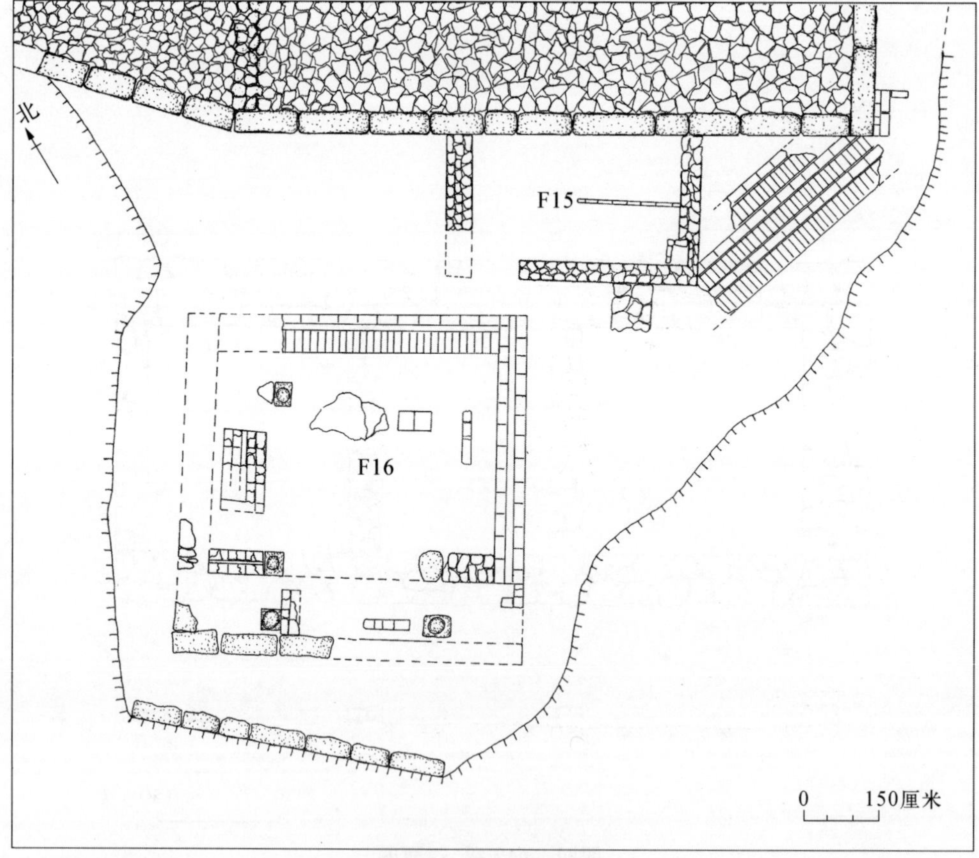

图六　庙台平面图

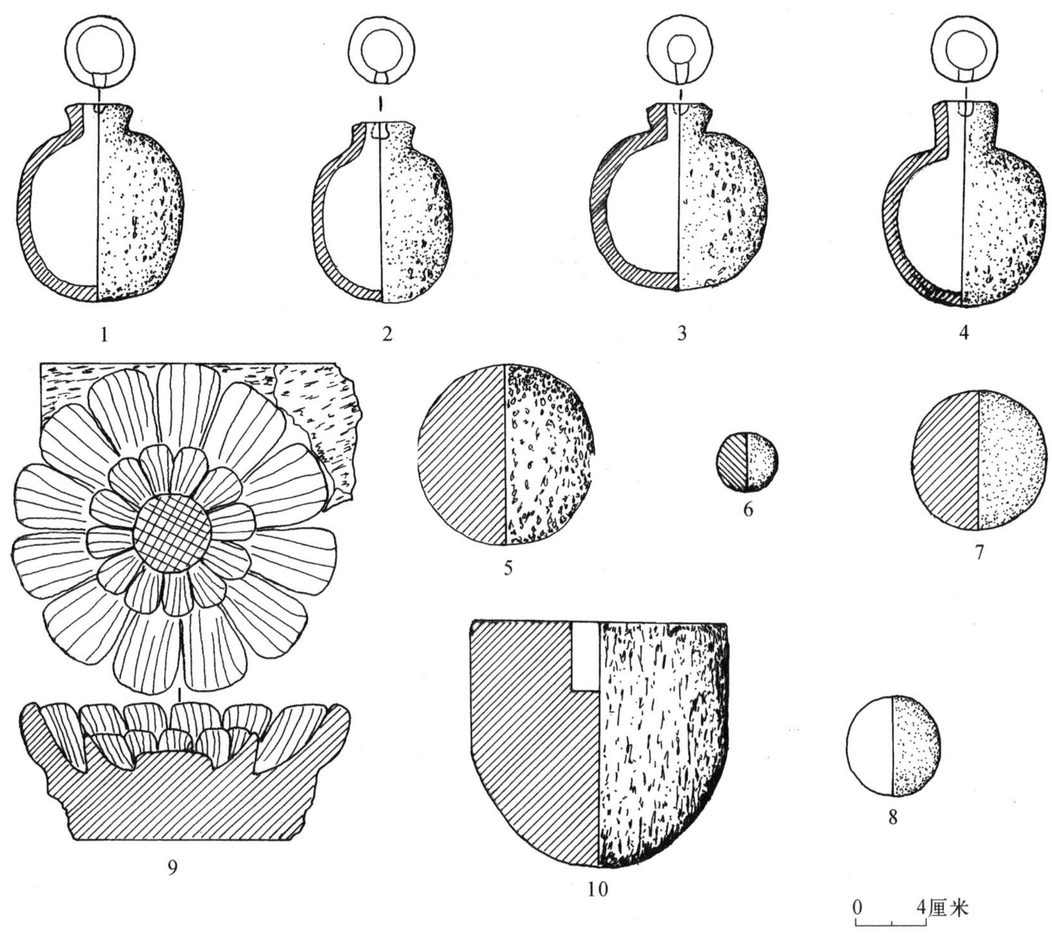

图七 出土遗物

1～4. 手雷（T0307①:6、T0207①:2、T0204①:1、T0406①:2） 5、6. 铁弹丸（T0207①:10、T0207①:1） 7、8. 石弹丸（T0307①:4、T0207①:6） 9. 莲花纹建筑构件（T0402①:2） 10. 石杵（T0404①:3）

门头沟区龙泉务村 80 亩拆迁用地考古发掘简报

北京市文物研究所

2005 年北京市门头沟区水担路工程占用龙泉务村东部、永定河西岸部分村民住宅用地，故龙泉务村在配合水担路工程的同时，施行旧村改造，于该村西部辟地 80 亩以作替代宅基用地。根据上世纪 60 年代于此所作考古普查，确定该村所在区域为文物保护区。由此，2005 年 5—11 月，北京市文物研究所配合水担路工程，于龙泉务村东部进行了大面积考古发掘，清理出大面积辽、金时期瓷窑遗址。同时，于此次开展工作的村西 80 亩宅基用地范围内发现了一批古代墓葬，并对部分墓葬进行了发掘清理，清理出一批与村东部瓷窑遗址同时期的辽、金墓葬（发掘报告正在整理）。但由于各种客观原因，当时的考古发掘工作未能全部展开。此次门头沟区龙泉务村 80 亩拆迁用地考古发掘工作，系 2006 年 3—5 月，北京市文物研究所为配合门头沟区政府水担路施工工程中拆迁重建工作，而对 2005 年该村西部 80 亩拆迁用地考古发掘未完区域进行的第二次考古发掘。

此次发掘区域位于门头沟区龙泉务村西北部山前台地之上，发掘区西起蒋山砣山东侧山脚，向东不足三百米即南北贯穿龙泉务村的“八米道”公路，东距永定河 0.5 公里，南接龙泉务村。墓葬群则分布于“八米道”公路西侧的南北 500 米，东西 230 米的南北长、东西窄的狭长区域（图一）。现将此次发掘情况简报如下。

此次发掘布方面积 11 500 平方米，布探方 685 个，实际挖掘 $10 \times 10\ m^2$ 探方 74 个、$2 \times 10\ m^2$ 探方 2 个，挖掘面积 7 440 平方米。共发掘墓葬 94 座，除 7 座墓葬未确定年代外，其余均为清代墓葬（图二；彩版一）。

一、墓 葬 形 制

此次发掘的墓葬形式均为长方形竖穴土圹墓，皆开口于①层下，葬式大部为仰身直肢葬，另有个别仰身曲肢葬。主要以合葬墓为主，单棺墓葬相对较少。

1. 单棺墓葬

单棺墓葬共有三十八座。此仅以 M64 为例。

M64　位于发掘区的北中部，北邻M65，东西向，方向110°。该墓为长方形竖穴土圹式墓葬。墓口距地表深0.3米，长2.6米，宽1.5~1.6米，深1.2米，内填黄红色花土，土质一般。墓圹内置单棺，葬具已朽，棺痕长1.85米，宽0.55~0.65米，残高0.2米。骨架头向西，面向上，保存状态不太好，葬式为仰身屈肢葬，墓主人为男性。（图三，M64平、剖面图）。

2. 双棺合葬墓

双棺合葬墓共51座，此仅以M90为例。

M90　位于发掘区的南部，北邻M89，南北向，方向37°。该墓为长方形竖穴土圹式墓葬。墓口距地表深0.6米，长2.38米，宽1.68米，深1.85米，内填花土，土质较硬，墓圹内置双棺，葬具已朽。M90为一夫妻合葬墓，其东棺长1.74米，宽0.57~0.63米，残高0.14米；西棺长1.96米，宽0.62~0.65米，残高0.15米。双棺内骨架保存较完整，侧身直肢，东棺为女性，西棺为男性，墓内填土界线明显，东棺打破西棺。（图四，M90平、剖面图）。

3. 三棺墓葬

三棺合葬墓共4座，此仅以M93为例。

M93　位于发掘区南部，北邻M92，南邻M94，南北向，方向11°。该墓为长方形竖穴土圹式墓葬，墓口距地表深0.9米，长2.6米，宽2.26~2.88米，墓底距地表深1.9米，内填花土，土质较松。墓圹内置3棺，棺木已朽。其东棺长1.84米，宽0.52~0.71米，残高0.20米；中棺长1.74米，宽0.54~0.62米，残高0.08米；西棺长1.72米，宽0.54~0.71米，残高0.16米。三棺内骨架保存基本完整，根据该墓的墓葬形制以及3棺内骨架，初步推断M93应为一夫多妻制的夫妻合葬墓。其西棺墓主人为男性，东棺、中棺墓主人为女性（图五，M93平、剖面图）。

二、出 土 器 物

此批墓葬全部是一般平民墓葬，随葬品主要是日常生活用品，出土器物主要有陶器、瓷器、玉器、骨器、铜钱及头饰等。

1. 陶瓷器

M90:1　青花瓷碗（残，复原）

撇沿，浅弧腹，圈足底、挖足过肩。内底与器身以青花描绘缠枝莲花图案。足底有满文四字底款，未识。外饰双圈纹。胎薄质坚硬，通体施釉，釉色莹润有光泽，泛淡青色。口径11.5厘米，底径4.3厘米，通高5.4厘米（图六，1）。

M33:5　青花瓷盘

侈口，斜折腹，圈足底。器表仅描绘两支简笔花叶作饰。器口内壁饰深蓝釉一周，底部中心用青花描绘花篮花卉图案，外饰双圈纹。胎薄质细，通体施釉，釉色莹润有光泽，足口无施釉。口径 10.4 厘米,底径 6.4 厘米,通高 2.3 厘米(图六,2)。

M65:1　青花瓷盘

侈口,浅弧腹,圈足底,内底略凹,中书“寿”字,外饰双圈纹。器身内壁以青花描绘缠枝图案,器表饰对称三点,以为装饰。通体施釉,釉色莹润有光泽,微泛青色。口径 13.4 厘米,底径 8.2 厘米,通高 3 厘米(图六,3)。

M47:1　青花瓷碗

撇沿,弧腹,圈足底、挖足过肩,内底与器身描绘圆形“寿”字图案,足底有满文四字款。外饰双圈纹。内壁口沿与下腹处均饰双圈纹。胎略薄,质坚硬,通体施釉,釉色莹润有光泽,泛淡青色。口径 12.4 厘米,底径 4.6 厘米,通高 6.3 厘米(图六,4)。

M38:2　青花瓷碗

撇沿,斜弧腹,圈足底。口沿出饰双圈纹,器身以青花描绘花卉图案。胎略厚,质稍粗,通体施釉,釉色莹润有光泽,器表有大小不等的开片。口径 14.4 厘米,底径 5.4 厘米,通高 6.1 厘米(图六,5)。

M73:1　四系罐

敛口,鼓腹,斜弧收,璧形底,口部有对称四系,腹上部饰一周凸棱和篦点纹组合。挂酱釉,内满釉,外施釉不及底,釉色莹润有光泽。口径 8.6 厘米,腹径 10.8 厘米,底径 6.5 厘米,通高 8.5 厘米(图七,1;彩版二)。

M30:1　瓷罐

敞口,平沿,尖唇,短束颈,鼓腹斜收,平底略上凹,内壁饰 8 周凸弦纹。红胎,挂黄釉,内施满釉,外施釉不及底且釉色微泛青。口径 9.3 厘米,腹径 12.6 厘米,底径 8.5 厘米,通高 12.6 厘米(图七,2)。

M5:3　黑釉瓷罐

敛口,丰肩,腹斜收,矮足,璧形底。挂黑釉,釉厚,口内壁施釉一周,器表施釉不及底。白胎,胎厚质略粗。口径 9.9 厘米,肩径 11.2 厘米,底径 7.8 厘米,通高 8.2 厘米(图七,3)。

M42:1　瓷碗

侈口,曲腹折收,圈足底,足口外敞。白胎,胎厚质粗,内满白釉,外饰酱釉,器表施釉仿紫定,釉色莹润而有光泽,内壁有崩裂纹。内外底部均无施釉。口径 15.6 厘米,底径 6.7 厘米,通高 6.45 厘米(图七,4)。

M74:1　双系罐

敛口,鼓腹,斜弧收,璧形底,口部饰对称双系,上腹饰一周凸棱和篦点纹组合。白胎,挂酱釉,内满釉,外半釉,釉色莹润而有光泽。口径 8 厘米,腹径 10.4 厘米,底径 6.1 厘米,通高 8.8 厘米(图七,5)。

M79:1　绿釉陶罐

直口,平沿,尖唇,短颈,折肩,腹弧收,小平底略上凹,肩腹处有对称双系。泥质红陶,挂绿釉,内满釉,外施釉不及底。口径 10 厘米,腹径 12 厘米,底径 7.3 厘米(图七,6)。

M28:2　蒜头瓶

口残，长束颈，腹略鼓，大平底略上凹。灰白胎，胎薄质粗，施黑釉，颈部内壁挂黑釉，器表施釉不及底，釉色莹润有光泽。口径2.2厘米，腹径7.1厘米，底径5.6厘米，残高10.1厘米（图七，7）。

M21:1　瓷罐

敛口，口部变形，短颈，丰肩，深鼓腹略弧收，大平底。灰白胎，胎厚质次粗。挂黑釉，内满釉，外半釉，釉色莹润有光泽。口径10.6厘米，腹径16.6厘米，底径11.8厘米，通高16.1～16.3厘米（图八，1）。

M62:4　瓷罐

敛口，鼓腹弧收，璧形底，颈部有对称双系。胎厚质细，挂黑釉，内施满釉，外施半釉，釉色莹润有光泽。口径8.5厘米，腹径11.6厘米，底径6.8厘米，通高10.5厘米（图八，2）。

M24:3　瓷罐

直口微敞，短颈，溜肩，腹斜弧收，璧形底，肩部饰一周凹弦纹。灰胎，胎厚，质略粗。挂酱釉，内满釉，外半釉，釉色莹润。口径11厘米，腹径16.8厘米，底径11.8厘米，通高14.7厘米（图八，3）。

M34:1　陶罐

直口，短颈，折肩，腹斜弧收，璧形底，内壁饰凸弦纹。泥质黄陶泛淡红色，夹砂，器表有火烧痕迹。口径8.6厘米，腹径7.2厘米，底径8.4厘米，通高15.1厘米（图八，4）。

石珠：

标本M24:2，圆形，白色，石质略粗，器身饰细弦纹，上部有一圆孔，与左右两侧中部对称圆孔相互斜通。直径1.9厘米，孔径0.3厘米（图一一，5）。

2. 头饰

扁方：

M90:2－3，银质，呈长方形。首部卷曲，线刻如意纹，方体正面上端刻圆形篆书“寿”字（字迹不清）和花卉图案（花瓣纹路清晰），方体正面线刻花鸟图案。背面无饰，有“德兴”二字款。通长15.45厘米（图九，1）。

M83:4－1，银质，呈长方形。首部卷曲，线刻一蝙蝠，翅尖内收；方体正面上部线刻圆形篆文“寿”字，下部又线刻一双翅开张的蝙蝠。“蝠”同“福”音同，寓意吉祥。背面无饰，有“天有”、“足纹”二款。通长13.2厘米（图九，2）。

M92:1－3，银质，呈长方形。首部卷曲，线刻如意纹，方体正面上部线刻圆形篆文“寿”字，下部线刻蝙蝠。背面有款。通长13.2厘米（图九，3）。

手形簪：

M47:2－2，银质，簪首为一手形，五指微曲，指节清晰，掌心嵌一银珠，簪体上部为四节长方形，錾刻细线纹，下部为柱状圆锥形。通长11.3厘米（图九，4）。

M81:1－4,银质,簪首为一手形,手腕以上用鎏金银丝镶嵌编制,不见骨节指甲,五指圆润细长,微曲;下部呈如意云纹状,切饰四个对称圆孔;簪体为柱状圆锥形。通长15.45厘米(图九,6)。

禅杖形铜簪:

M91:2－4,簪首用铜丝缠绕成六面禅杖形,下套铜环;杖顶为葫芦形宝瓶;簪体为银质柱状圆锥形。禅杖型簪取意佛教法器,意示佛加庇护。通长14.65厘米(图九,7)。

花簪

M93:2 鎏金,簪首分为三部分,下部用五片铜叶托起五个连体缠枝花篮,呈梅花状;中部用铜丝掐捏成带叶小花;上部用铜丝缠绕成花蕊状,花蕊内镶嵌一白色宝石。簪体为柱状圆锥形,银质,锥部略残。通长(残)13.4厘米(图一〇,1;彩版三)。

吉祥字簪:

M93:2－2,簪首用鎏金铜丝缠绕成六瓣镂空莲花状托,中空,托面突起成弧,内镶嵌"福"字;托背面錾刻团花状;簪身为柱状圆锥形。通长14厘米(图一〇,2)。

M92:1－2,铜银合铸,簪首为铜质,呈十六瓣花形托,簪头顶部略隆起成弧,中心圆形圈内镶嵌草体"寿"字,簪首背面有"顺义"二字款;簪身为银质柱状圆锥形。通长13.5厘米(图一〇,3)。

M92:1－1,铜银合铸,簪首为铜质,呈十二瓣花卉形托,托面向上隆起成弧状,中部圆形圈内镶嵌一"福"字,背面为团花状。簪身为银质柱状圆锥形。通长12.5厘米(图一〇,4)。

M82:4－4,铜银合铸。簪首为铜质莲花座形平托,托上边缘錾刻五只距离对等的蝙蝠,中部突起呈弧面,内镶嵌篆书"寿"字,托身中空。托背面有款,字迹不清。簪体为银质柱状圆锥形。通长9.9厘米(图一〇,5)。

耳挖簪:

M29:3－1,银制,上半部鎏金,俗称:"一丈青。"簪体为扁平形,上宽下窄,端部非锐。鎏金部采用镂空法雕铸,图案自下而上为常春藤托幸福结,结上为一花架,上置一花篮,篮内一朵盛开莲花,图案整体雕琢细腻逼真。耳挖部于簪顶,为扭绳状,端部为耳勺,勺部已残,器物残长21.4厘米(图一二,1)。

花钿:

M81:3,铜质鎏金,钿首直径1.47厘米,锤揲成团花形,由三层花瓣构成,花瓣逐层隆起以显示立体感觉,最上花瓣呈含苞状,但未刻出花瓣。钿身为柱状圆锥形,花钿通长8.14厘米(彩版四)。

押发:2/1

M47:2－1,银质,模制,扁平形,两端收尖成柳叶状,两端饰对称浮雕"蝠"、"鱼"图案,两者之间腰部正中为篆书"寿"字,"蝠"、"鱼"图案寓意富裕美满。背面錾刻行书二"天恩"字款。通长8.4厘米(图一一,1;彩版五)。

M82:4－1,银质,扁平形,两端收尖成柳叶状,中部收腰,整体剖面似"弓"形。压发正面两端均饰以锤揲而成的浮雕蝙蝠和三组凸起的浮雕变形“寿”字,底以篦点纹作地;中部线刻花叶形纹饰并以外弧形隆起作界间隔腰、体。背面中部錾刻“万源”、“足纹”二款。通长9厘米(图一一,3)。

银坠饰:

M47:2,环呈“S”形,坠饰呈长方形,上下两端正反均錾刻如意云纹和盛开的莲花图案;中部正反两面线刻楷书“福”“寿”二字。通长2.9厘米(图九,5)。

鎏金发钗坠饰:

M93:7,呈亚腰形,器身用鎏金铜丝绕成缠枝花状;上部为花托,托上錾刻叶脉文;器身下端饰三个对称椭圆形环,与托身连为一体。通高1.95厘米,宽2.4厘米(图九,8)。

鎏金蝶饰:

M93 :6,用锤揲工艺制成花托和花瓣的鎏金蝶饰,花瓣和托面上錾刻联珠纹,柄为“S”形(图九,9)。

耳环:

M91:3,铜质,用铜片锤揲成蝙蝠形,与蝠首后环状钩施焊使成一体,图案为蝠抱寿。蝠翅环抱一圆形变形书体“寿”字,抱寿双翅与寿之间镂空。通长4.05厘米(图一一,2)。

戒指:2枚

M81:3,银质,整体为椭圆形,戒面呈长方形,方内錾刻“吉羊”二字款,《说文解字·段注》:羊与祥通,故此“羊”即“祥”字。戒面两侧錾刻花卉图案。直径1.65~1.8厘米(图九,10)。

M93:2-1,2件,鎏金,扁圆形,戒面呈马鞍状、锤揲花卉图案。直径2厘米(图一一,4)。

手镯:

M92:3,银质,圆环形,镯头端面成圆形,镯身厚度不一。直径6.4~7.2厘米(图一二,2)。

3. 铜钱

此次发掘中出土铜钱币较多,在此仅选择部分有代表性的加以描述如下:

M94:1-2,唐,开元通宝,小平钱,隶书,顺读,方穿,郭狭,光背。直径2.5厘米(图一三,1)。

M13:2-1,北宋,熙宁元宝,小平钱,楷书,旋读,方穿,郭狭,光背磨郭。直径2.2厘米(图一三,2)。

M13:2-2,北宋,至道元宝,小平钱,草书,旋读,方穿,郭略阔,光背磨郭。直径2.3厘米(图一三,3)。

M13:2-5,北宋,皇宋通宝,小平钱,篆书,方穿,顺读,郭狭,光背略磨郭。直径2.5厘米(图一三,4)。

M76:1-1,北宋,大观通宝,小平钱,楷书,顺读,方穿,郭狭,光背,略磨郭,钱体较轻,肉薄。直径2.3厘米(图一三,5)。

M76:1-2,北宋,元丰通宝,小平钱,行书,旋读,方穿,光背略磨。直径2.3厘米(图一三,6)。

M76:1-3,北宋,太平通宝,小平钱,隶书,顺读,方穿,郭狭,光背无文。直径2.35厘米(图一三,7)。

M94:1－1,北宋,祥符通宝,小平钱,楷书,旋读,方穿,郭略阔,光背。直径2.5厘米(图一三,8)。

M11:1－1,明,万历通宝,楷书,顺读,郭阔,背面无文。直径2.6厘米(图一三,9)。

M13:2－3,明,嘉靖通宝,小平钱,楷书,顺读,方穿,郭狭,光背无纹。直径2.4厘米(图一三,10)。

M13 :2－7,明,天启通宝,小平钱,楷书,顺读,方穿略小,光背无文和背穿上背"户"字两种。直径2.5厘米(图一三,11)。

M13 :2－6, 明,崇祯通宝,小平钱,楷书,顺读,光背无文。钱体较轻,肉薄。直径2.4厘米(图一三,12)。

M13:2－4,清,顺治通宝,小平钱,楷书,顺读,方穿,郭阔,背文川左右为满汉文"宝""东"局名。直径2.7厘米(图一三,13)。

M43:1－1,清,康熙通宝,顺读,方穿,郭阔,背文穿左、右满汉文局名各一字"宝""东"二字,钱体软轻,肉薄。直径2.5厘米(图一三,14)。

M15 :1－1,清,雍正通宝,宋体,顺读,方穿,郭阔,背文穿左、右为满文"宝""泉"局名。直径2.6厘米(图一三,15)。

M18:1－1,清,乾隆通宝,制钱,宋体,顺读,郭阔,背穿左、右为满文"宝""泉"局名。直径2.55厘米(图一三,16)。

M93:1－2,清,乾隆通宝,宋体,顺读,方穿,郭略阔,背文穿左、右为满文"宝""苏"局名。直径2.4厘米(图一三,17)。

M20 :1－2,清,嘉庆通宝,宋体,顺读,郭阔,背穿左、右为满文"宝""泉"局名。直径2.4厘米(图一三,18)。

M43:1－2,清,咸丰通宝,宋体,顺读,方穿,郭狭,背文穿左、右为满文"宝""泉"局名,穿上下为汉文"当十"二字。直径2.2厘米(图一三,19)。

M20 :1－3,清,同治重宝大钱,楷书,顺读,阔孔,背文穿左、右为满文"宝""泉"局名,穿上下有当值分别为"当十"。直径2.8厘米(图一三,20)。

M31:1－1,清,光绪重宝,背文穿左右为满文"宝直"局名,穿上下有当值分别为"当"、"拾"(或"十")两种。直径2.3厘米(图一三,21)。

M37:1－1,清,光绪通宝,顺读,宋体,阔孔,背文穿左、右为满文"宝""泉"局名。直径2.40厘米(图一三,22)。

M93:1－1,清,光绪通宝,楷书,顺读,方穿,郭阔,背文穿左、右为满文"宝""直"局名,穿上有月。直径2.45厘米(图一三,23)。

M37:1－2,日本,宽永通宝,钱体较轻,肉薄,顺读,楷书,郭狭,方穿,光背,略磨郭。直径2.25厘米。该钱币为日本宽永三年(1626年)始铸,使至明治初期,该钱币于日本流通二百余年,亦是当时流入我国数量较多的一种外国钱币(图一三,24)。

三、墓葬搬迁情况

发掘期间从村民处了解到，上世纪50年代和70年代因政府的建设及土地平整等诸原因，曾有过两次较大规模的祖茔搬迁行为。同时，在发掘过程中我们也确认，共有57座墓已被迁移。

其中已全部迁移的墓葬共51座。部分迁移的情况发生于多棺合葬墓，包括双棺合葬墓中仅迁移其中一棺，三棺合葬墓墓圹中仍放置一棺或两棺。只进行部分迁移的墓葬共有6座。

四、家族墓葬

家族墓葬主要有三组，均为清代墓葬，其中A、B两组位于发掘区中部，C组位于发掘区南部。三组家族墓葬均以人字形排列，位于中部的A、B两组墓葬规模较小，其方向均为由西向东排列，位于南部的C组规模较大，方向由北向南排列。

A、B两组墓葬均位于发掘区中部偏北，两组墓葬恰好同在一东西轴线上，间隔约三十米，A组偏西，由十一座墓葬组成，其墓葬编号为M69、M24、M11、M23、M18、M19、M70、M68、M67、M66、M65。B组偏东，仅由五座墓葬组成，墓葬编号为M20、M21、M22、M58、M60。C组共由18座多棺墓葬排列构成，排列非常规整，墓葬编号为M89、M88、M87、M86、M85、M84、M83、M82、M81、M80、M79、M78、M77、M90、M91、M92、M93、M94。

五、时代不明墓葬

在发掘和整理当中，我们发现M11、M24、M64、M66、M67、M69、M76由于出土随葬品仅为钱币，出土钱币最早有北宋“天禧元宝”，最晚为“万历通宝”，除此无其他可供推断年代的随葬品，而晚期墓葬可以出早期钱币，仅据随葬钱币这一孤证，我们认为尚不足以确定墓葬年代。

六、结语

此次发掘表明，该区域内的墓葬基本是以家族的形式集中分布，零散墓葬较少，其中人字形排列的家族墓葬比较典型。我们将人字形排列的墓葬群分为A、B、C三组。

根据发掘情况看，A、B两组墓葬规模较小，仅初具规模，另外此两组家族墓的后裔似已不在此居住。而C组墓葬不仅规模大，墓葬排列齐整，该家族墓的后裔子孙仍在龙泉务村居住，为该村望族。如C组墓葬这样的规模，同时又保存如此完整的平民家族墓葬并不多见。

人字形的排列形式应该是昭穆制度在民间丧葬习俗中的反映，《周礼·春官宗伯·冢人》曰：“先王之葬居中，以昭穆为左右。……令国民族葬，而掌其禁令，正其位，张其度数。”《郑注》曰：“族葬个从其亲……位谓昭穆也……”从文献中可以看出，在西周时期平民亦是依循“昭穆”的宗法制度,按辈次排列墓冢。随着社会历史的发展变迁,在平民当中,这一左昭右穆式的排列顺序已经成为了人们固定式的丧葬惯习。门头沟区龙泉务村 80 亩拆迁用地考古发掘所出现的人字形排列墓葬,恰反映了所谓"族葬个从其亲"的家族式埋葬形式,这为研究古代以家族为主体的丧葬习俗提供了一定的材料。

领队:李华
发掘:李华　邹晓天
执笔:邹晓天　孙建国
绘图:孙建国
照相:王殿平　邹晓天
整理修复:张志伟　田宝玉

(原载于《北京文博》2007 年第 4 期)

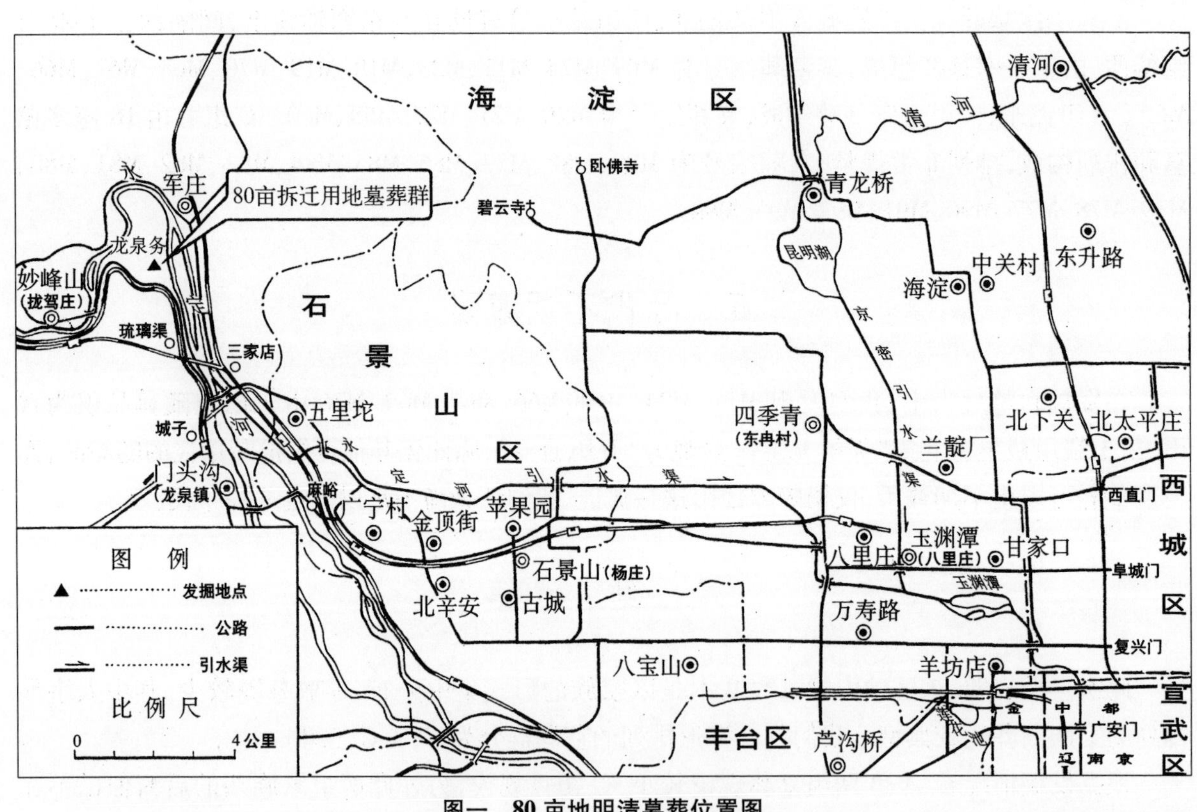

图一　80 亩地明清墓葬位置图

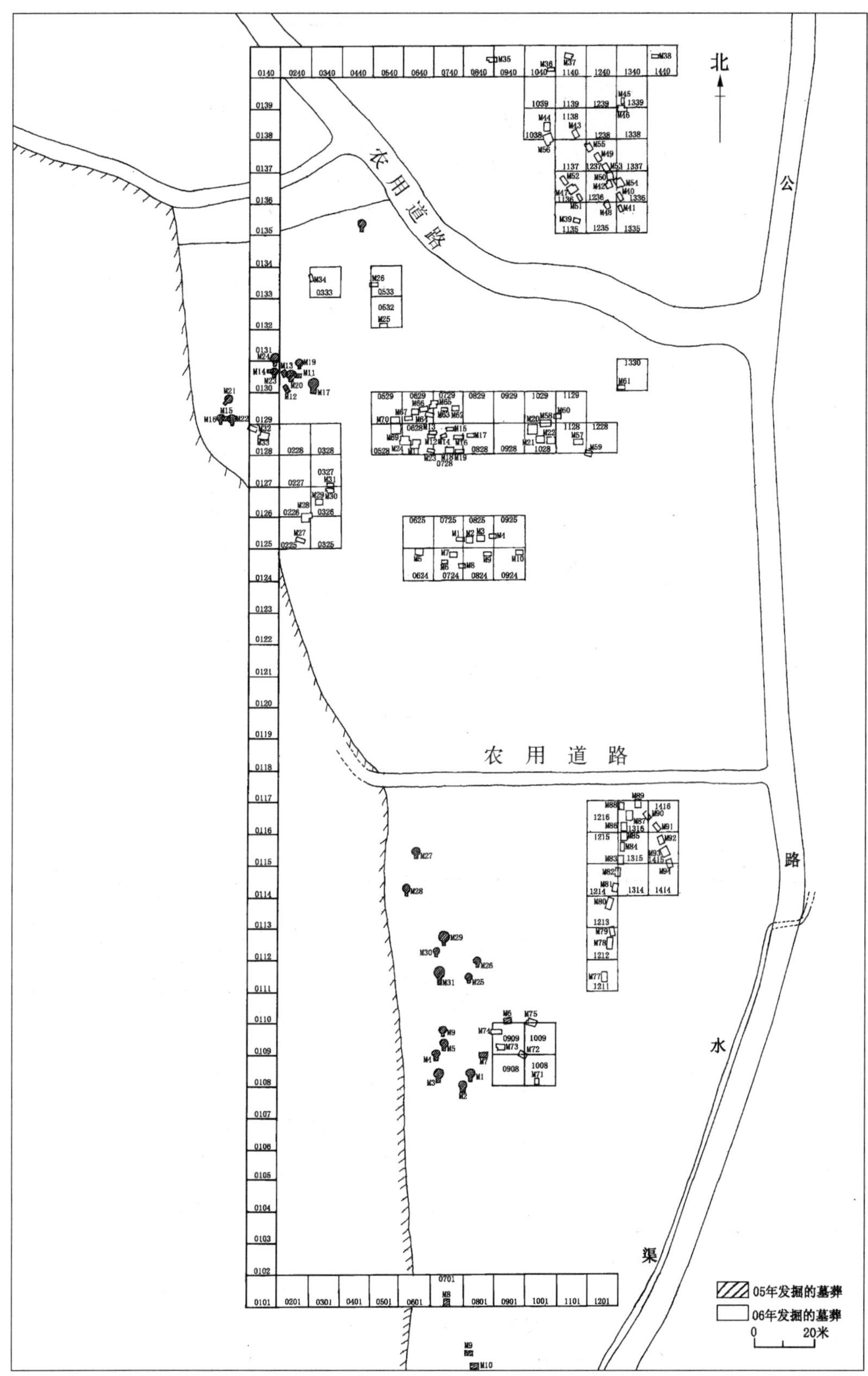

图二　80亩拆迁用地墓葬分布图

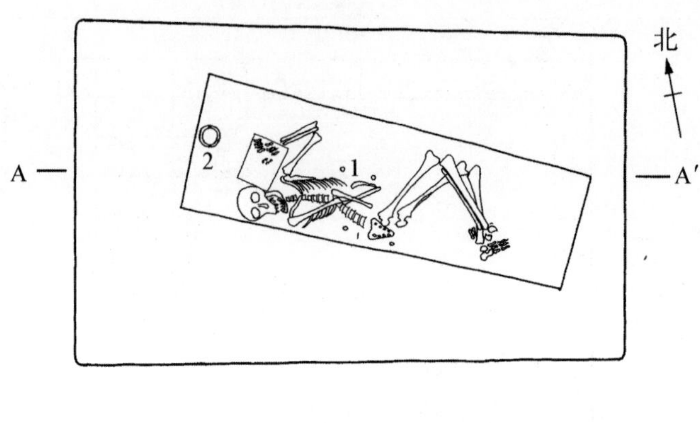

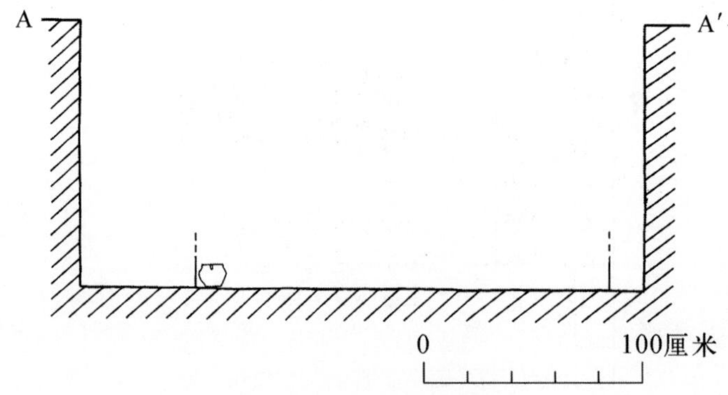

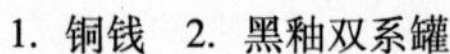

图三　M64 平、剖面图

1. 铜钱　2. 黑釉双系罐

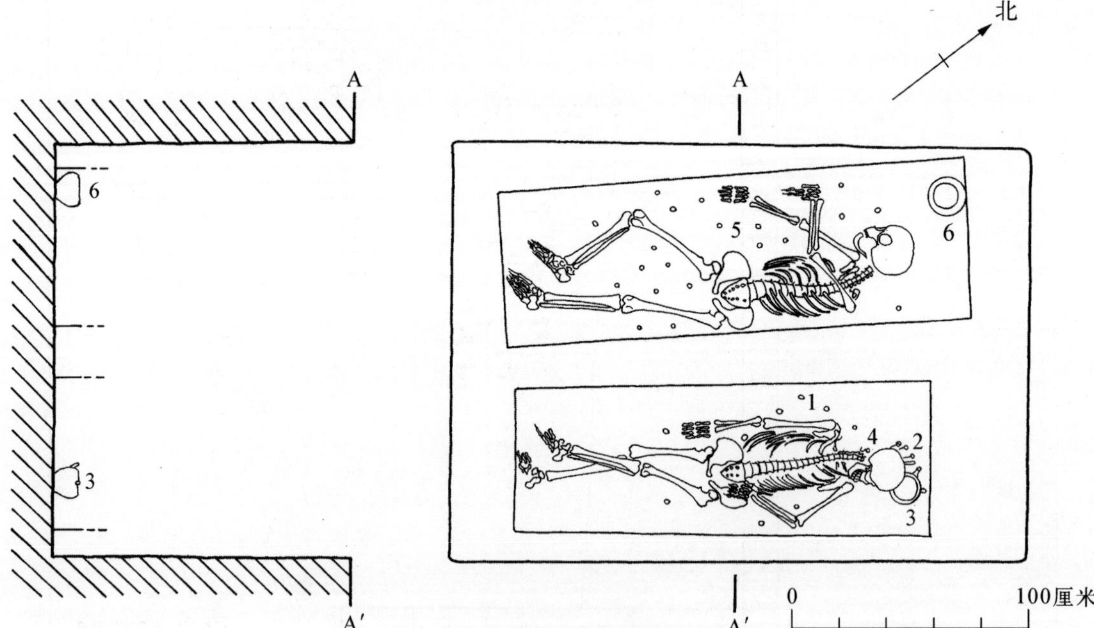

图四　M90 平、剖面图

1. 铜钱　2. 发簪　3. 陶壶　4. 耳环　5. 铜钱　6. 陶罐

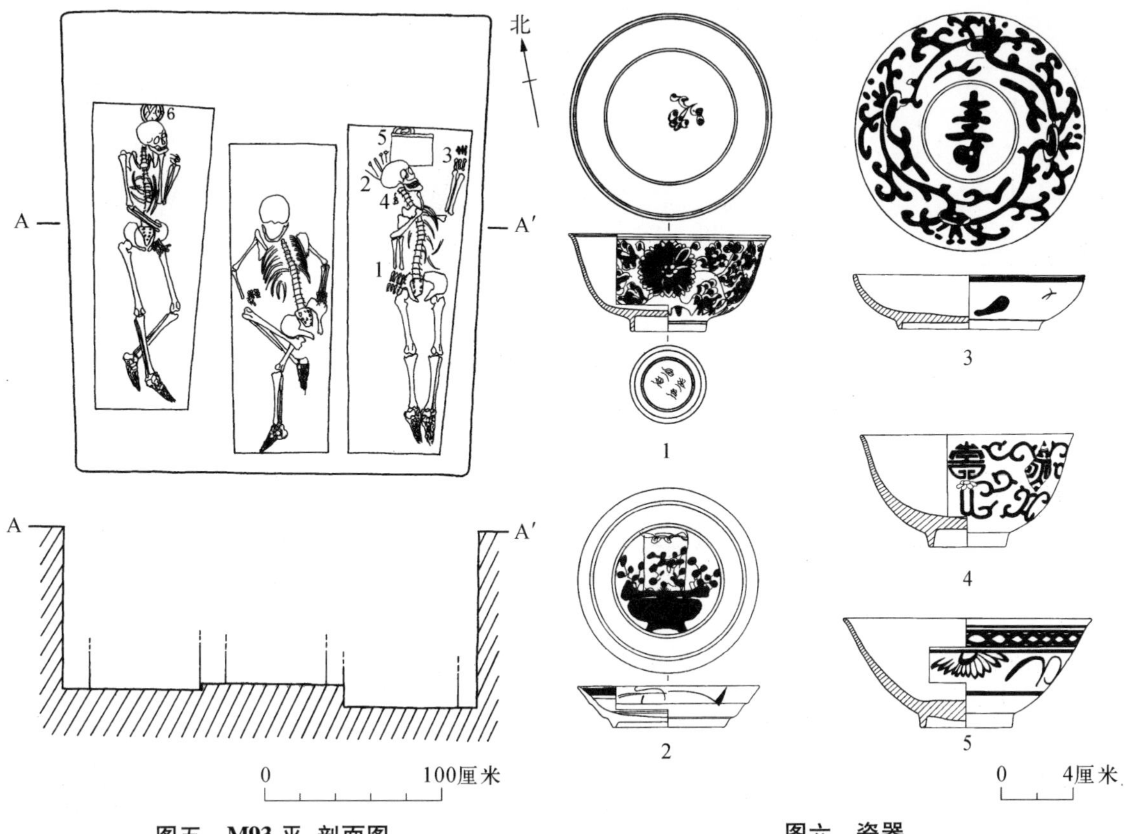

图五 M93平、剖面图

1. 铜钱 2. 发簪 3. 戒指 4. 耳环 5. 陶壶 6. 陶罐

图六 瓷器

1. 青花碗(M90:1) 2. 青花瓷盘(M33:5) 3. 青花瓷盘(M65:1) 4. 青花瓷碗(M47:1) 5. 青花瓷碗(M38:2)

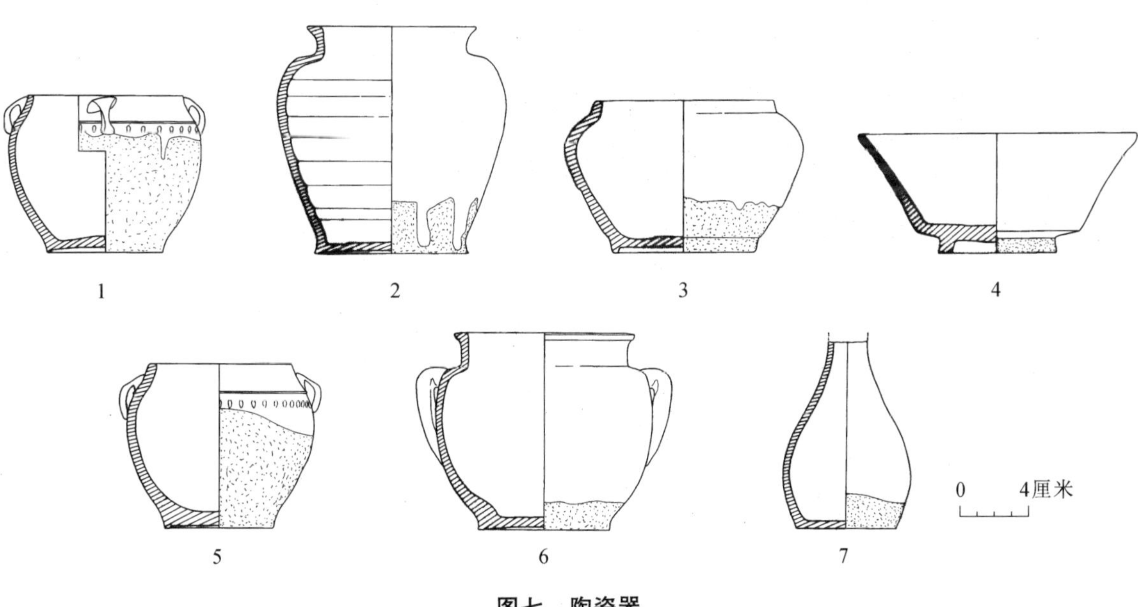

图七 陶瓷器

1. 四系罐(M73:1) 2. 瓷罐(M30:1) 3. 黑釉瓷罐(M5:3) 4. 瓷碗(M42:1) 5. 双系罐(M74:1) 6. 绿釉陶罐(M79:1) 7. 蒜头瓶(M28:2)

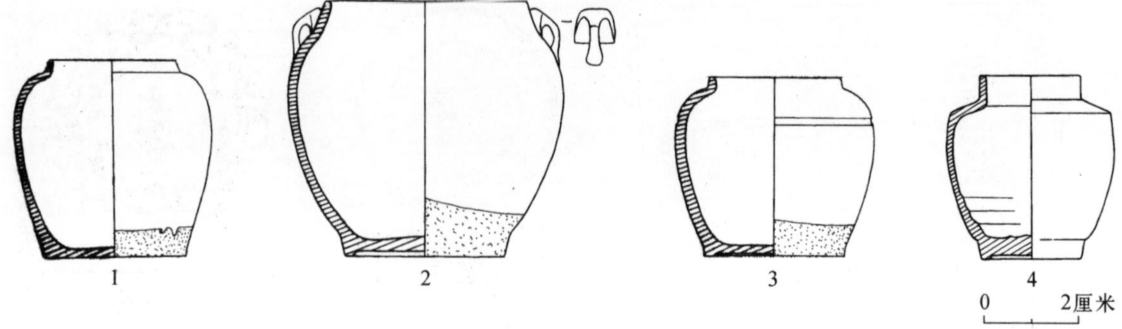

图八　陶瓷器

1. 瓷罐(M21:1)　2. 双系罐(M62:4)　3. 瓷罐(M24:3)　4. 陶罐(M34:1)

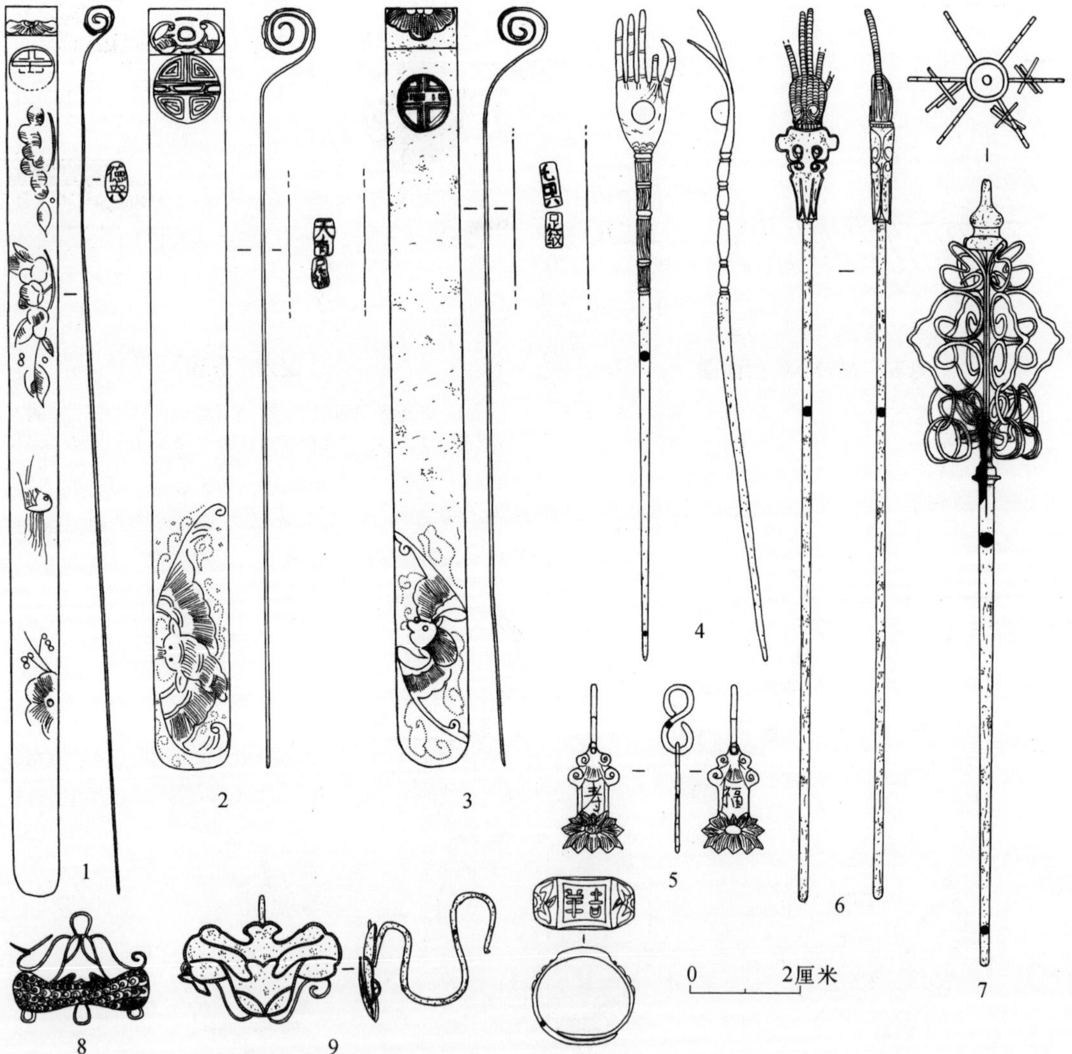

图九　金银器

1. 扁方(M90:2-3)　2. 扁方(M83:4-1)　3. 扁方(M92:1-3)　4. 手形簪(M47:2-2)　5. 银坠(M47:2)　6. 手形簪(M81:1-4)　7. 禅杖形簪(M91:2-4)　8. 发簪坠(M93:7)　9. 蝶饰(M93:6)　10. 戒指(M81:3)

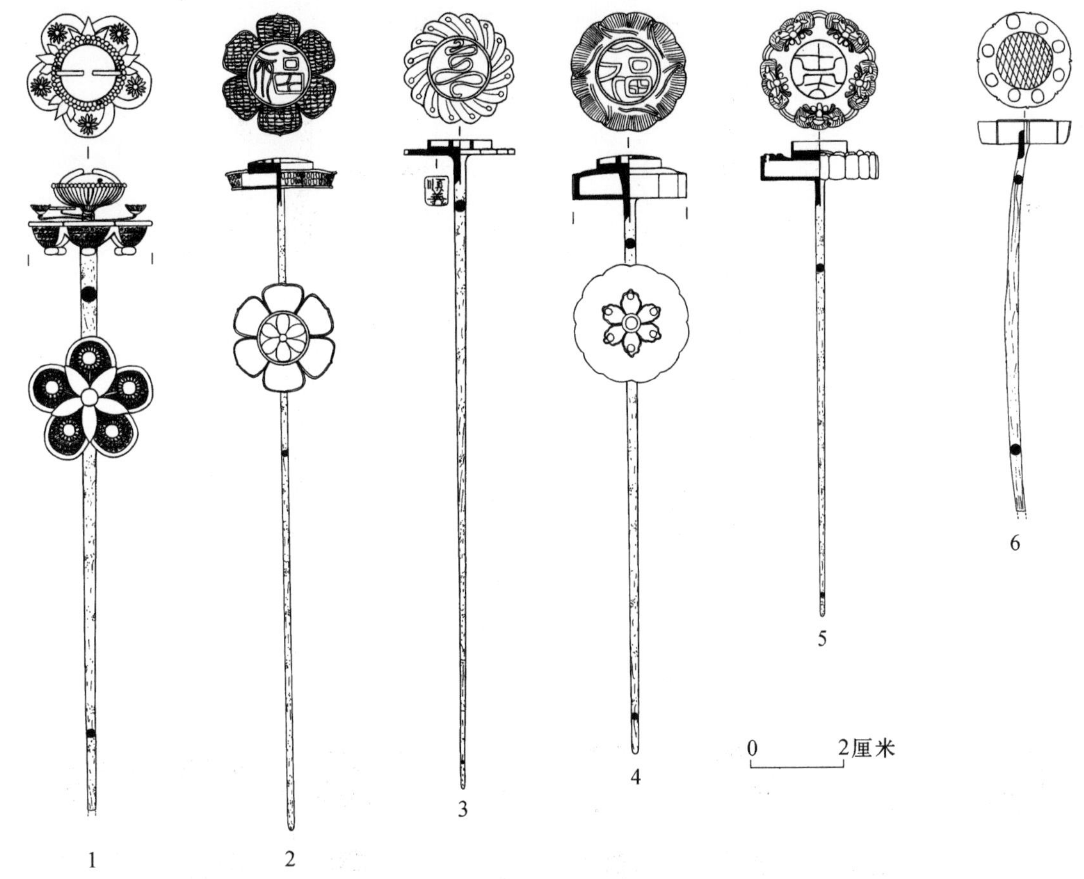

图一〇 金银器

1. 铜簪(M93:2) 2. 铜簪(M93:2－2) 3. 铜簪(M92:1－2) 4. 铜簪(M92:1－1) 5. 铜簪(M82:4－4) 6. 骨簪(M5:2)

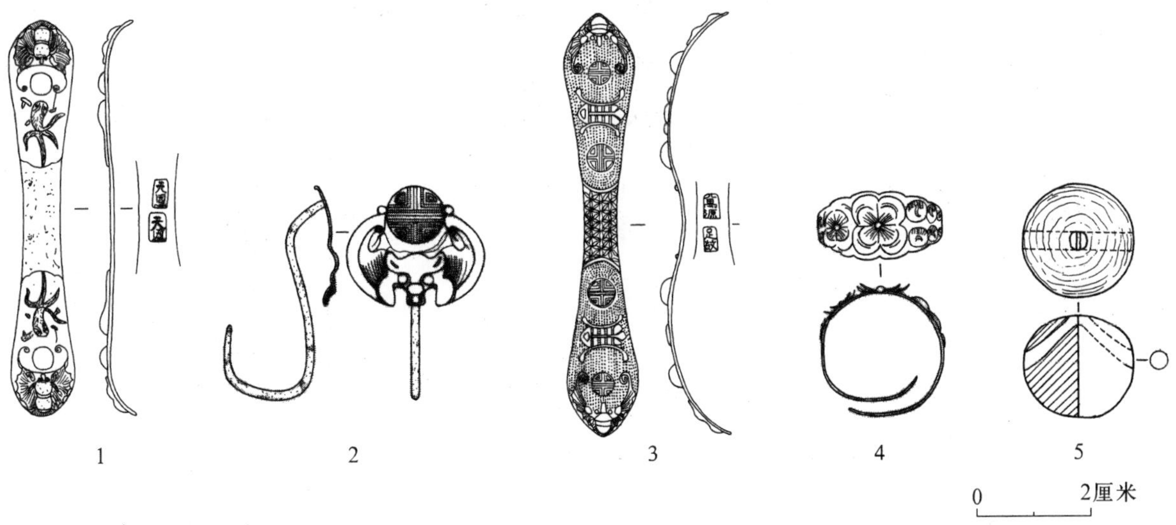

图一一 金银器

1. 押发(M47:2－1) 2. 耳环(M91:3) 3. 押发(M82:4－1) 4. 戒指(M93:2－1) 5. 石珠(M24:2)

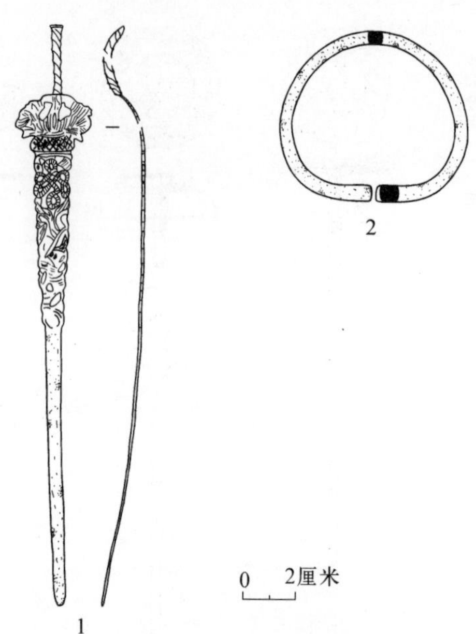

图一二　金银器

1. 发簪(M29:3-1)　2. 手镯(M92:3)

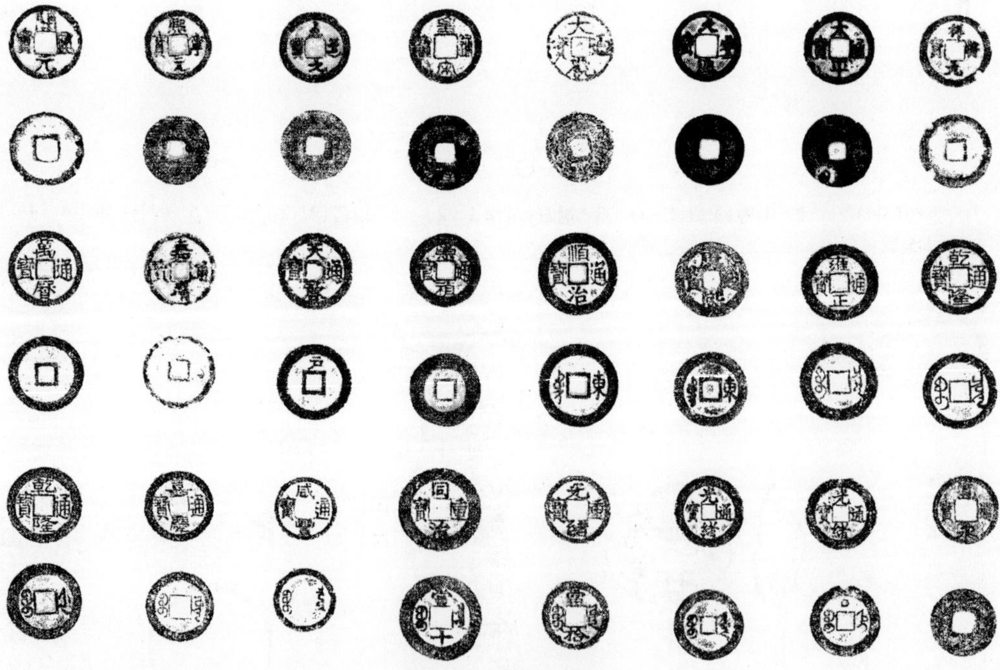

图一三　铜钱拓片

1. 开元通宝(M94:1-2)　2. 熙宁元宝(M13:2-1)　3. 至道元宝(M13:2-2)　4. 皇宋通宝(M13:2-5)　5. 大观通宝(M76:1-1)　6. 元丰通宝(M76:1-2)　7. 太平通宝(M76:1-3)　8. 祥符通宝(M94:1-1)　9. 万历通宝(M11:1-1)　10. 嘉靖通宝(M13:2-3)　11. 天启通宝(M13:2-7)　12. 崇祯通宝(M13:2-6)　13. 顺治通宝(M13:2-4)　14. 康熙通宝(M43:1-1)　15. 雍正通宝(M15:1-1)　16. 乾隆通宝(M18:1-1)　17. 乾隆通宝(M93:1-2)　18. 嘉庆通宝(M20:1-2)　19. 咸丰通宝(M43:1-2)　20. 同治重宝(M20:1-3)　21. 光绪重宝(M31:1-1)　22. 光绪通宝(M37:1-1)　23. 光绪通宝(M93:1-1)　24. 宽永通宝(M37:1-2)

先农坛神仓唐墓发掘简报

北京市文物研究所

2006 年 3 月,在北京市宣武区先农坛神仓北侧的绿化工程建设过程中发现元代墓碑一块(见附录),北京市文物研究所闻讯后即赶往,并配合施工,对该施工区域进行拉网式文物勘探。在勘探过程中发现古代墓葬两座(图一),编号为 XSM1、XSM2,随即对其进行细致地清理发掘。其中编号 XSM1 保存基本完整,出土器物虽少,但具有典型的时代特征,现将发掘情况简报如下:

一、墓 葬 形 制

XSM1 位于先农坛神仓北大门东南约 70 米,为单室砖券墓,平面呈“凸”字形。其筑墓程序是:先从地表下挖一个前面带有竖穴式阶梯状的长方形土圹,然后在土圹底部四周下挖一宽 0.18 米、深 0.04 的基槽,墓室全部用规格为 37×17×5 厘米的青灰色细绳纹砖顺基槽营建,墓室壁与土圹之间缝隙用黄褐色花土填实,地表未见封土。整个墓葬由墓道、墓门、墓室组成,方向 190°(图二,图三)。

墓道位于墓门南端,平面呈长方形,长 0.70 米,宽 0.76 米。墓壁平直整齐,墓口距地表 0.70 米,深 0.44 米。墓道内修筑两步台阶:第一步台阶高 0.18 米,第二步台阶高 0.26 米,此两步台阶表面较平整,经过踩实和拍打。

墓门位于墓室南端,南、北分别与墓道、墓室相接。平面呈长方形,而且上阔下窄,面宽 0.76 米,进深 0.26 米。墓门顶部已残缺,两壁先用青砖平砌一层,其上用青砖“一竖两平”式叠压垒砌,砌至 0.62 米时开始起券,从残缺情况可看出该墓门为拱形券顶。墓门残高 0.82~0.88 米。墓门内用青砖横斜向砌制成“人”字形封堵(图四)。

墓室位于墓门北端,南宽北窄,底阔,壁面向内倾斜略弧,平面呈梯形,整体似“船”形。墓室东西两壁皆用青砖“两平一竖”式砌制,而且在砌至 0.58 米时开始内收;北壁用青砖“一竖四平”式叠压砌制,在砌至 0.18 米时开始向内逐层内收,同时四壁在砌至 0.80 米时用单砖叠压平砌开始起券券筑墓顶,券顶部分在发掘之前已被破坏;墓底中部用三排青砖铺砌:东侧两排为并列错缝横铺,西侧一排为纵铺。墓底到室顶残高 0.88~1.0 米,长 2.19 米,宽 0.50~1.29 米。该墓内葬置两具骨架,应为夫妻合葬墓,头均北向,西侧一具面向东,另一具面向西,骨架凌乱不堪,其葬式不详,未见用棺痕迹。

二、随葬器物

XSM1由于墓顶已被破坏,且历经岁月,整个墓室内已淤满泥土。随葬品均埋于泥土之中,出土遗物共5件,有陶器、瓷器、蚌饰、铁器、铜器,除一件蚌饰放置于墓门口内侧外,其余均放置于墓室内东西两侧。

陶器盖1件(XSM1:6)。帽形、帽沿略变形,泥质灰陶、轮制、火候高。帽径12.3厘米、通高4厘米(图五,3;彩版一)。

瓷碗1件(XSM1:3,残、复原)。敞口、斜腹、假圈足略内凹。青灰胎,胎略厚质粗,挂白釉,内壁施满釉,外壁施半釉,胎釉厚,无光泽,轮制。口径13.8厘米,底径7厘米,通高3.9厘米(图五,1;彩版二)。

蚌壳2件(XSM1:4、XSM1:5)。形制相同,灰白色,扇形(图五,5;彩版三)。

铁剪1件(XSM1:1,残)。锈蚀严重,锻制,弹压式,交股,环曲柄。全长17.2厘米(图五,4;彩版四)。

铜镜1件(XSM1:2)。八瓣菱花形,内切圆形,圆形钮,内区下凹,边缘隆起,素面,胎厚,笨重粗糙,镜面略鼓,镜身锈蚀严重,镜面抛光度较差。直径12厘米,胎厚0.6~1.3厘米;钮径1.5~2厘米,高0.9厘米,钮孔0.7厘米(图五,2;彩版五)。

三、结　　语

XSM1的墓葬形制在北京地区发现不少,但发表的不多[①],它与《中国南方隋唐墓的分区分期》中B型Ⅱ式[②]、河北晋县唐墓[③]、江苏无锡发现唐墓[④]相似。皆为先挖近似的土圹,再用砖叠砌券筑墓室。墓室内未砌置棺床,不设置棺床的习俗在晚唐时期已基本消失[⑤]。同时该墓在用砖纹饰方面与其他地区又有所不同(彩版六):南方地区则常见叶脉纹、花草文、小花纹、莲花纹及画像砖等等[①];中原和北方地区则常见细绳纹砖,如河北晋县唐墓[③]、郑州地区发现的几座唐墓[⑥]、河南偃师杏园村的两座唐墓[⑦]、北京市发现的几座唐墓[⑧]等。另外,该墓与中原和其他地区的大型唐墓相比,墓葬形制规模较小,券制单一,应为一般平民墓葬。

XSM1因被严重扰乱,出土器物较少。其中出土的半釉假圈足白瓷碗烧制粗糙、胎釉较厚,应为民窑烧制,而假圈足器形则盛行于六朝—中唐时期。同时出土的铁剪与《辽宁朝阳五座唐墓》[⑨]、《朝阳双塔区唐墓》[⑩]内出土的铁剪形制完全相同。另外该墓内出土的素面八瓣菱花形铜镜与《唐镜分期的考古学探讨》[⑪]中的Ⅱ型、《历代铜镜纹饰》[⑫]中的135号铜镜相同。而素面菱花形铜镜在盛唐时期比较多见,做工细腻,镜面抛光度较强;中唐时期数量下降;到了晚唐期制作粗陋,抛光度普遍较差,并且出土较少。

上述墓葬形制、器物风格都具有典型唐代时期的特征,虽然没有发现确切的纪年资料,但根据其墓葬形制及器物特征,我们认为该墓葬年代应为晚唐时期。此次发掘对我们了解北京地区晚唐时期墓葬的营造形式及葬俗等提供了一定的参考依据。

附　录

该施工区域内发现一元代墓碑。该碑身顶部呈弧形,下呈长方形,底出榫(已残),通高192厘米,宽62厘米,厚9.1厘米(彩版七)。碑文"大元"二字横列,余碑文及碑款皆竖向排列。碑文为阴刻楷书,字体工整、疏朗。碑文于碑面中央,两列共20字。碑款一列,于碑文左侧,字体与碑文同但小于碑文,其月日间未填日数,故款为29字,全碑共计51字。全文如下:

大元　承直郎大都路达鲁花赤

都总管府判官刘公之墓

泰定四年二月　日奉议大夫河东陕西等处都转运监使司判官刘泽立石

由于在施工过程中墓碑位置已被移动,而且施工区域有限,后经拉网式勘探,但未发现与该墓碑相应的墓葬。

现根据碑文记载略释如下:墓碑主人刘姓,生前为大元承直郎大都路达鲁花赤、都总管府判官。据《元史·志第四十·百官六》:"大都路都总管府,秩正三品,达鲁花赤二员,都总管一员,副达鲁花赤二员,同知二员,治中二员,判官二员,推官二员,经历二员,知事二员……。国初,为燕京路,总管大兴府。中统五年,称中都路。至元九年,改号大都。二十一年,始专置大都路总管府,秩从三品,置都达鲁花赤、都总管等官。二十七年,升为都总管府,进秩正三品,领府一、州十有一。凡本府官吏,唯达鲁花赤一员及总管、推官专治路政,其余皆分任供需之事,故又号曰供需府焉"。[13]达鲁花赤为蒙语译音,意为"掌印官",系元代官职。该官制于成吉思汗十八年初置,朝廷各部、院及各路、府、州、县均置达鲁花赤,由蒙古人或色目人担任正官,以掌实权。元时,汉人不得委任此职正官。该官制别置总管、知府、州尹、县尹、提举、万户、千户、元帅及宣抚、安抚、招讨诸司为达鲁花赤之副。据《元史》记载判官为正六品,则是协助正官办事的官员。该碑为泰定四年(1327年)二月,奉议大夫河东陕西等处都转运监使司判官刘泽所立。

注释:

① 报告正在整理之中。

② 权奎山:《中国南方隋唐墓的分区分期》,《考古学报》1992年第2期。

③ 石家庄地区文物研究所:《河北晋县唐墓》,《考古》1985年第2期。

④ 无锡市博物馆:《江苏无锡发现唐墓》,《文物资料丛刊》1982年第6期。

⑤ 徐殿魁:《洛阳地区隋唐墓的分期》,《考古学报》1989年第3期。

⑥ 郑州市文物工作队周军、郝红军、于宏伟:《郑州地区发现的几座唐墓》,《文物》1995年第5期。

⑦ 中国社会科学院考古研究所河南第二工作队:《河南偃师杏园村的两座唐墓》,《考古》1984年第10期。

⑧《北京市发现的几座唐墓》,《考古》1980年第6期。

⑨ 张洪波、贾宗梁:《辽宁朝阳五座唐墓》,《北方文物》1994年第3期。

⑩ 辽宁省文物考古研究所、朝阳市博物馆:《朝阳双塔区唐墓》,《文物》1997 年第 11 期。
⑪ 徐殿魁 :《唐镜分期的考古学探讨》,《考古学报》1994 年第 3 期。
⑫ 河北省文物研究所:《历代铜镜纹饰》中的 135 号铜镜,1967 年河北省怀来县征集。
⑬《元史 · 志第四十 · 百官六》。

执笔:孙建国　邹晓天
绘图:孙建国　石磊
摄影:王殿平　刘风亮
(原载于《北京文博》2008 年第 1 期)

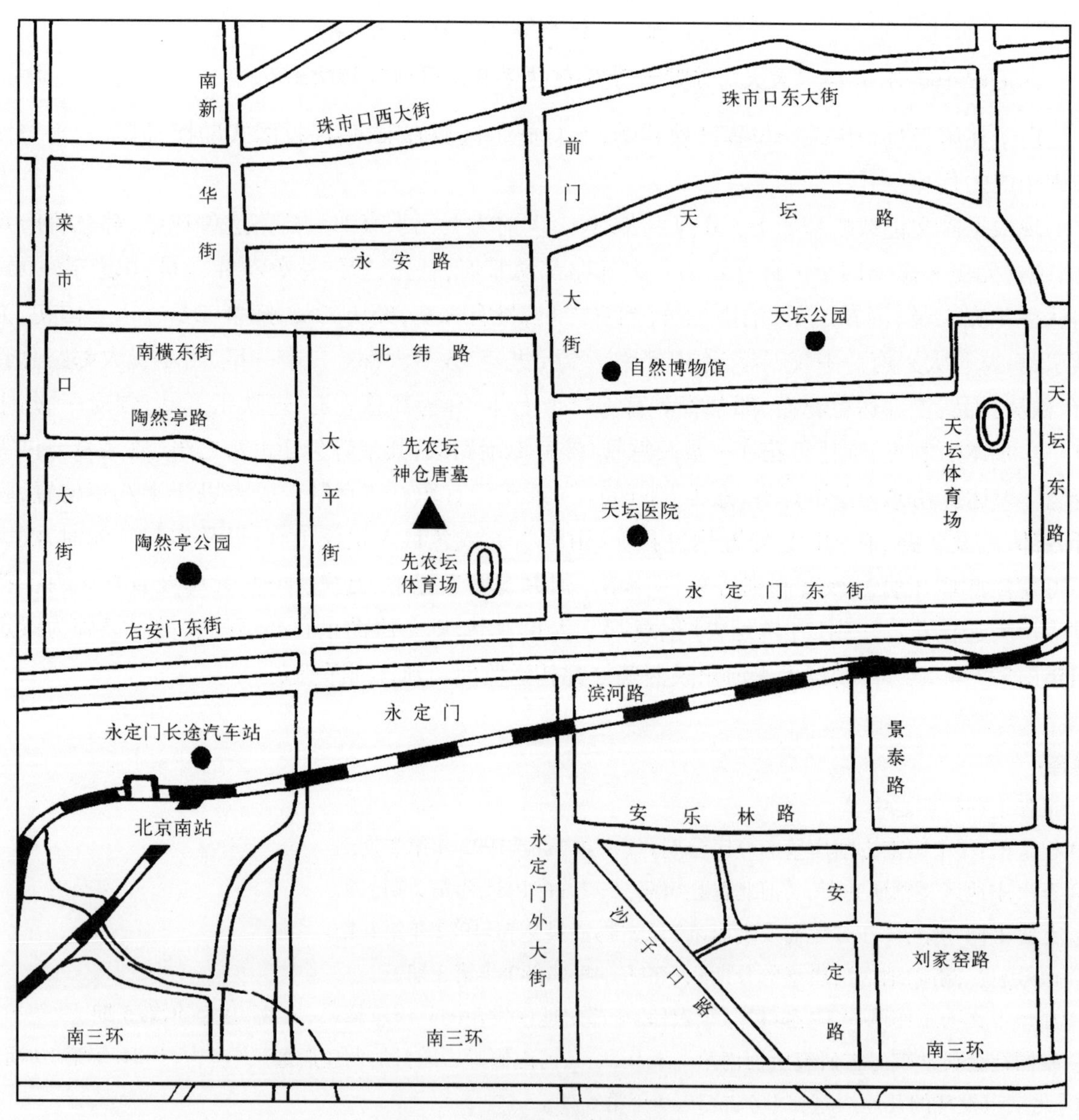

图一　先农坛神仓唐墓位置图

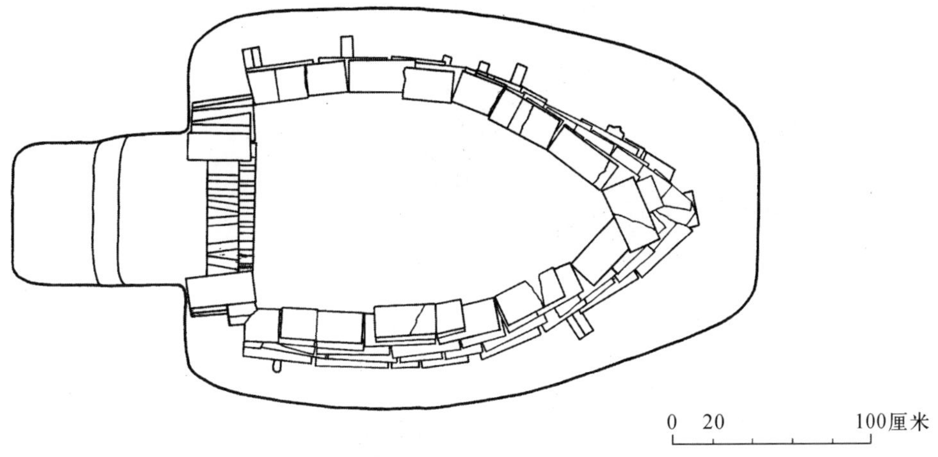

图二　XSM1 俯视图

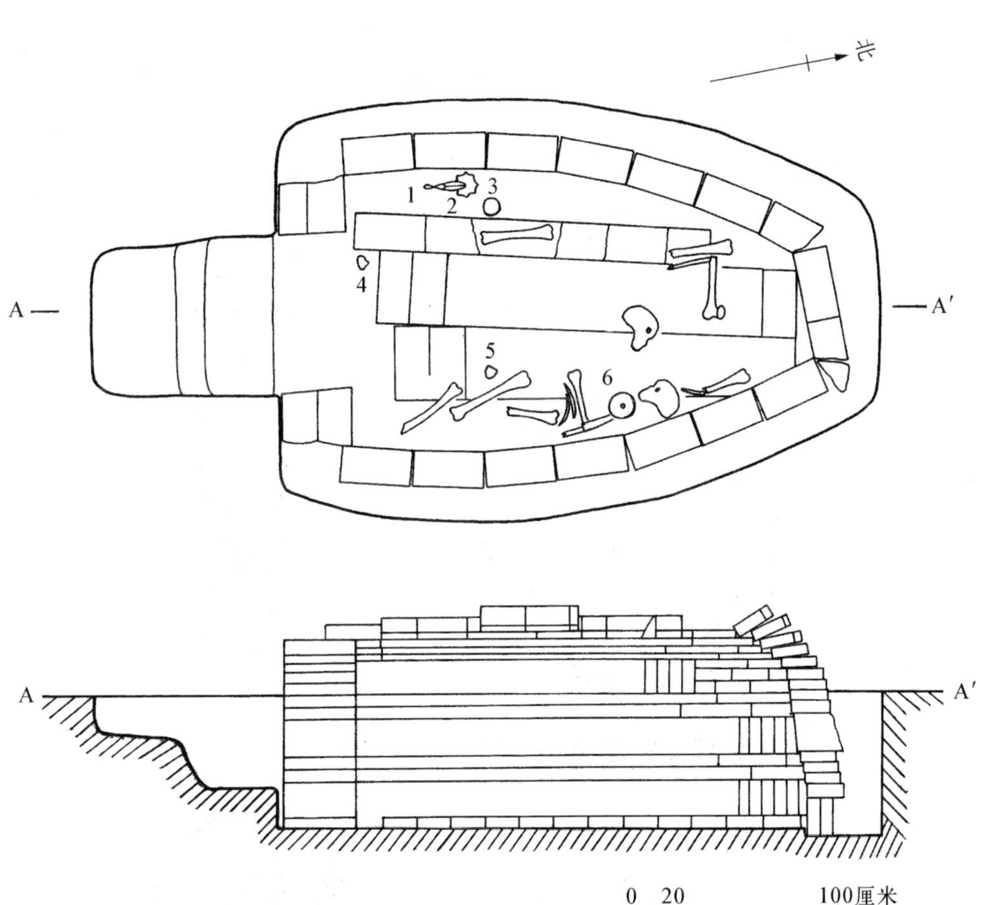

图三　XSM1 平、剖面图

1. 铁剪　2. 铜镜　3. 瓷碗　4～5. 蚌壳　6. 陶器盖

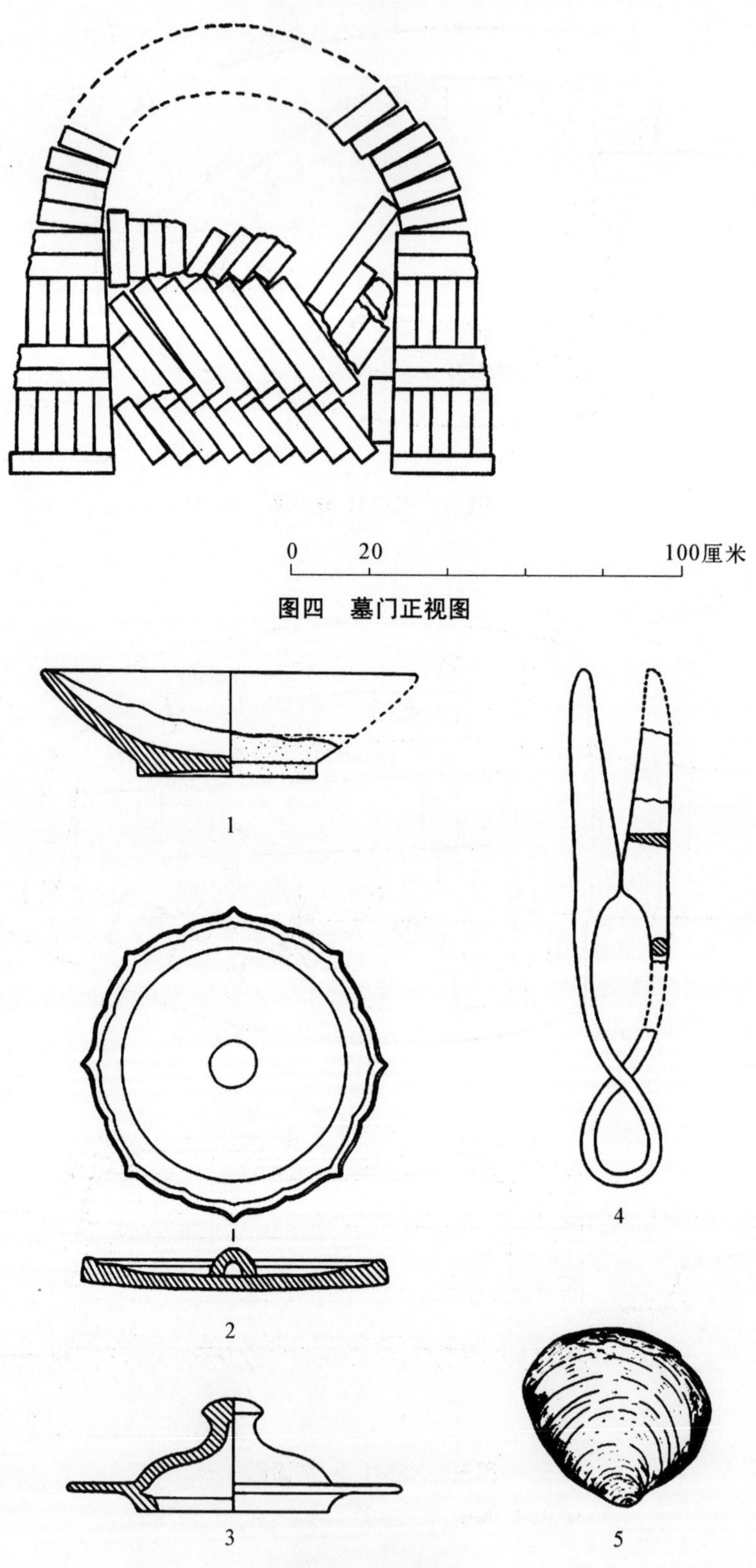

图四　墓门正视图

图五　出土器物

1. 瓷碗(XSM1:3)　2. 铜镜(XSM1:2)　3. 陶器盖(XSM1:6)
4. 铁剪(XSM1:1)　5. 蚌壳(XSM1:4,XSM1:5)

北京市崇文区夕照寺遗址发掘简报

北京市文物研究所

夕照寺位于北京市崇文区夕照寺中街13号,西邻北京市崇文区教委,东邻夕照寺街,南邻光明西街(图一)。

2006年6月,北京市文物研究所为配合崇文区的规划建设,对夕照寺遗址进行了考古发掘工作。此次发掘面积计1 280平方米,共清理出前殿、东配殿、西配殿、东朵殿、西朵殿等5处建筑基址,山门遗址因位于夕照寺中街现马路下面未做发掘(图二)。现将发掘情况简报如下。

一、建 筑 基 址

1. 前殿

前殿位于夕照寺院内南部,北距中殿16.7米。大殿基址坐北朝南,保存基本完整,东西面阔3间计9.5米,南北进深6.35米。其中明间面阔3米,东西两侧次间面阔2.75米。平面上分布有东西向5排、南北向4列柱础,现残存柱础石13个,边长0.4~0.5米,厚0.07~0.08米。南墙基宽0.65米,北墙基宽0.73米,东墙、西墙基宽均为0.53米。南墙和北墙基上残存有压面石,宽约0.35米。大殿南北侧均设有廊道,各宽1米。经解剖,殿内基础厚0.9米,素土夯筑,共分8层。西墙基现残存青砖13层,高1米,青砖尺寸可分为三种:长0.26米,宽0.13米,厚0.04米;长0.29米,宽0.14米,厚0.06米;长0.31米,宽0.15米,厚0.075米。砖基下为夯土基槽,宽1.2米。夯土总厚1米,共分8层,每层厚10~13厘米。其中上部3层为夯筑三合土,三合土下为5层黄褐色夯筑素土(图三;彩版一)。

殿基南北两侧中部均发现有踏跺,南侧踏跺系用石条砌成,直接叠压于散水砖面上,东西长1.5米,宽0.35米,高0.25米。北侧踏跺残存石踏跺1阶,东西残长1.80米,宽0.35米,高0.23米。

殿基的南、北、西侧均发现有散水,坡度3°,用青砖两丁一顺铺成,宽约0.4米,外侧用竖砖包边(彩版二)。

通往山门的甬道与大殿南侧踏步相连,残长1.1米,宽2.5米(彩版三)。通往中殿的甬道与北侧踏步相连,残长约1米,宽2.8米。院内地面残存青砖铺砌。

2. 东配殿

东配殿位于中殿东侧,坐东朝西,平面呈长方形,通面阔 38.5 米计 12 间,进深 6.10 米,方向 92°(图四)。配殿四周残存柱础石 8 个,边长 0.35 ~0.4 米,厚 0.08 ~0.1 米。经发掘,西墙宽 0.4 米,东墙宽 0.55 米,南墙宽 0.45 米,北墙宽 0.6 米,所用青砖一般长 0.28 米,宽 0.14 米,厚 0.6 米。其中西墙基上残存有压面石,宽 0.4 米。经解剖,东墙墙基系用青砖砌成,现存 5 层,残高 0.37 米,其下为夯土基槽,宽 1.05 米,内夯筑三合土,总厚 0.9 米,共分 11 层,每层厚 0.082 ~0.09 米。除北部 5 间外,南部 7 间均设有拦土墙,经解剖,拦土墙基槽宽 1.1 米,内夯筑素土,厚 0.58 米,共分 5 层,每层厚 0.1 ~0.12 米。

从北端起第 2、4、6 间前均残留有踏跺遗迹,其中第 4 间残留有石踏跺一阶,直接叠压于散水之上,长 1.30 米,宽 0.40 米,厚 0.12 米。第 2 间踏跺处西侧残存有甬道,残长 1.5 米,宽 3 米,用边长 0.4、厚 0.05 米的方砖错缝平铺,外侧用竖砖包边(彩版四)。

东配殿西墙外侧残存有散水,用青砖铺成,残长 44 米,残宽 0.45 ~0.75 米,坡度 3°。用青砖两竖一横错缝平铺,外侧用竖砖包边。

3. 西配殿

西配殿位于中殿西侧,坐西朝东,平面呈长方形,方向 272°。南半部整个被水泥基础破坏,我们仅清理出北部的一段基址共 8 间,南部已被现代建筑全部破坏,南北残长 27.10 米,东西宽 7.30 米。北墙基与东配殿的北墙同在一条直线上,前墙距东配殿西墙 2.30 米(图五)。整个西配殿仅残存柱础石 1 个,边长 0.55 米,厚 0.18 米。经发掘,东墙宽 0.50 米,西墙宽 0.60 米,北墙宽 0.60 米,所用青砖大多长 0.45 米,宽 0.22 米,厚 0.8 米。经解剖,西墙基下为三合土夯土基槽,宽 1.20 米,夯土厚 0.67 米,共 7 层,每层厚 0.1 ~0.12 米。现存 8 间基础内共发现有 6 道承重拦土墙,拦土墙下为三合土夯土基槽,上口宽 1.10 米,底部宽 1 米。夯土厚 1.08 米,共分 9 层,每层厚 0.10 ~0.12 米(彩版五)。

从北端起第 7 间前残存石踏跺 1 阶,长 1 米,宽 0.4 米,高 0.22 米,直接叠压在散水上。石踏跺下及两侧残存有散水一段,残长 2.5 米,宽 0.36 米,外侧用 1 行竖砖包边。石踏跺前还残存有砖铺甬道,残长 0.44 米,宽 2.5 米。

4. 东朵殿

东朵殿位于夕照寺正殿东北侧,坐北朝南,方向 2°。该殿东墙和北墙已不存,残长 10 米,残宽 5.7 米,计南北进深 2 间,东西面阔 3 间。南墙基上残存一层宽 0.4、厚 0.12 米的阶条石,残长 10 米。西墙基残长 5.8 米,宽 0.58 米。由残存的柱础石可以看出,该殿前有走廊,宽 0.85 米。明间前正中残存石踏跺 1 阶,长 2.1 米,宽 0.45 米,厚 0.13 米。经解剖,该殿基础系三合土夯筑而成,夯土厚 0.53 米,共分 5 层,每层厚 0.1 ~0.12 米。三合土下为回填的灰渣和砂土。

西墙最高处残存 5 层青砖,残高 0.4 米,墙基下衬 3 层碎砖,碎砖下为夯筑三合土。柱础下系砖筑磉墩,共4层,厚0.35米。青砖下为夯筑三合土1层,厚0.12米(图六)。

5. 西朵殿

西朵殿位于夕照寺正殿西北侧,东距东耳房西墙20米,坐北朝南,方向2°。该殿北墙已不存,东西长11.1米,残宽5.40米,计南北进深3间,东西面阔3间(彩版六)。其中明间面阔4米,进深3.75米,东次间面阔3米,西次间面阔3.25米。东、西墙宽0.48米,各残存三层青砖,残高0.35米,内外侧用长方形青砖错缝垒砌,中间填以碎砖。南墙宽0.6米,高0.67米,其上有一层宽0.4、厚0.12米的阶条石。由残存的柱础石可知该殿有前、后廊,前廊宽0.8米,后廊由于压在隔壁单位墙下而只清理出部分柱础。在前廊及东、西次间内残存有铺地方砖,方砖边长0.35、厚0.5厘米。明间前正中残存石踏跺1阶,长1.55米,宽0.42米,厚0.1米(彩版七)。踏跺两侧残存有散水,用青砖两竖一横错缝铺砌而成,外侧用一行竖砖包边,宽0.45米。散水外侧还残存有砖铺甬道,残长1.90米,残宽0.4米(图七)。

经解剖,南墙基下为三合土夯土基槽,宽0.9米,夯土厚0.33米,共分3层,每层厚0.10~0.11米。三合土下为炉渣和砂土。柱础下系砖筑磉墩,共3层,厚0.4米。再下为2层夯筑三合土,厚0.30米。再下为炉渣和砂土(彩版八)。

二、结　　语

据《日下旧闻考》,夕照寺"在育婴堂东,创建年月无可考……顺治初已圮……今殿宇甚完整"①。又据《北京寺庙历史资料》,夕照寺坐落于外三区板厂一号,建于明万历年,清嘉庆三年蓄款重修,属私建②。从建筑形制结构和用材来看,清理出来的遗迹年代为清代,结合文献,应该不早于清嘉庆三年(1798年)。

通过本次考古发掘,我们对夕照寺院内建筑基址的分布、结构形制、营造方式和建造年代有了较明确的认识,为下一步的复建工作提供了一套翔实可靠的实物资料。

注释:

①[清]于敏中等编纂:《日下旧闻考》,北京古籍出版社,1981年。

②北京市档案馆:《北京寺庙历史资料》,中国档案出版社,1997年。该段资料属1928年调查资料。

执笔:刘风亮　杨菊
发掘:刘风亮　杨菊　李元聚
摄影:杨菊
绘图:李元聚

(原载于《北京文博》2008年第4期)

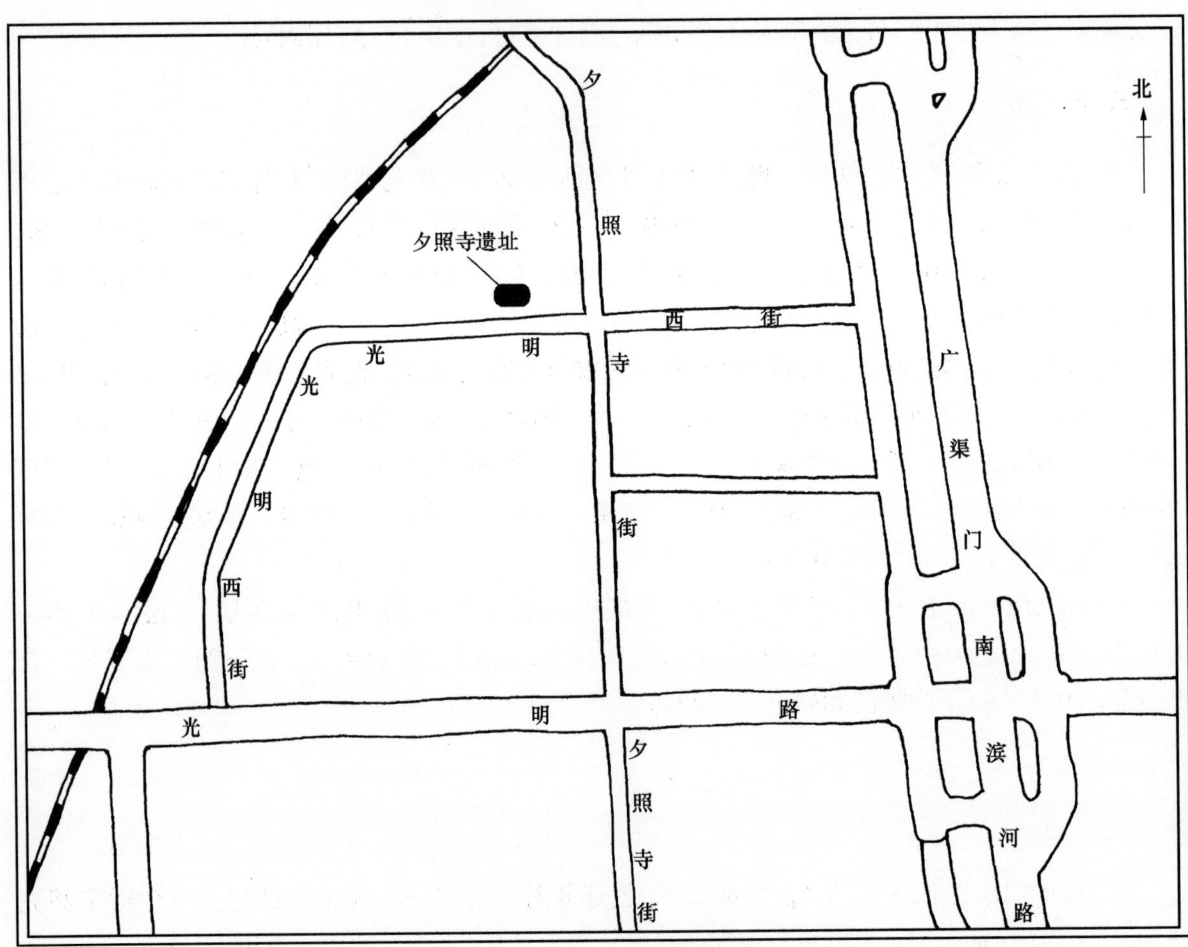

图一　夕照寺位置示意图

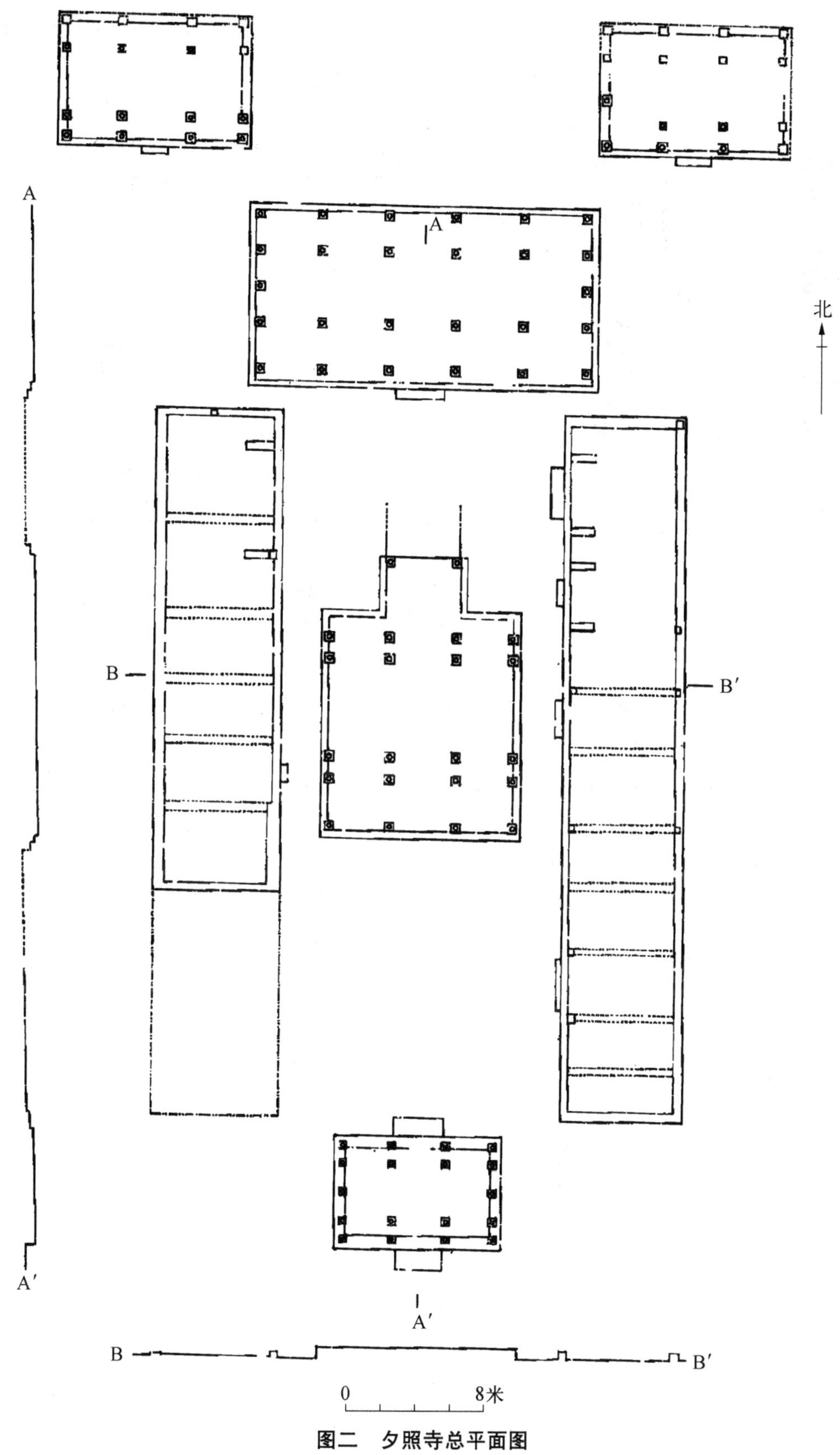

图二 夕照寺总平面图

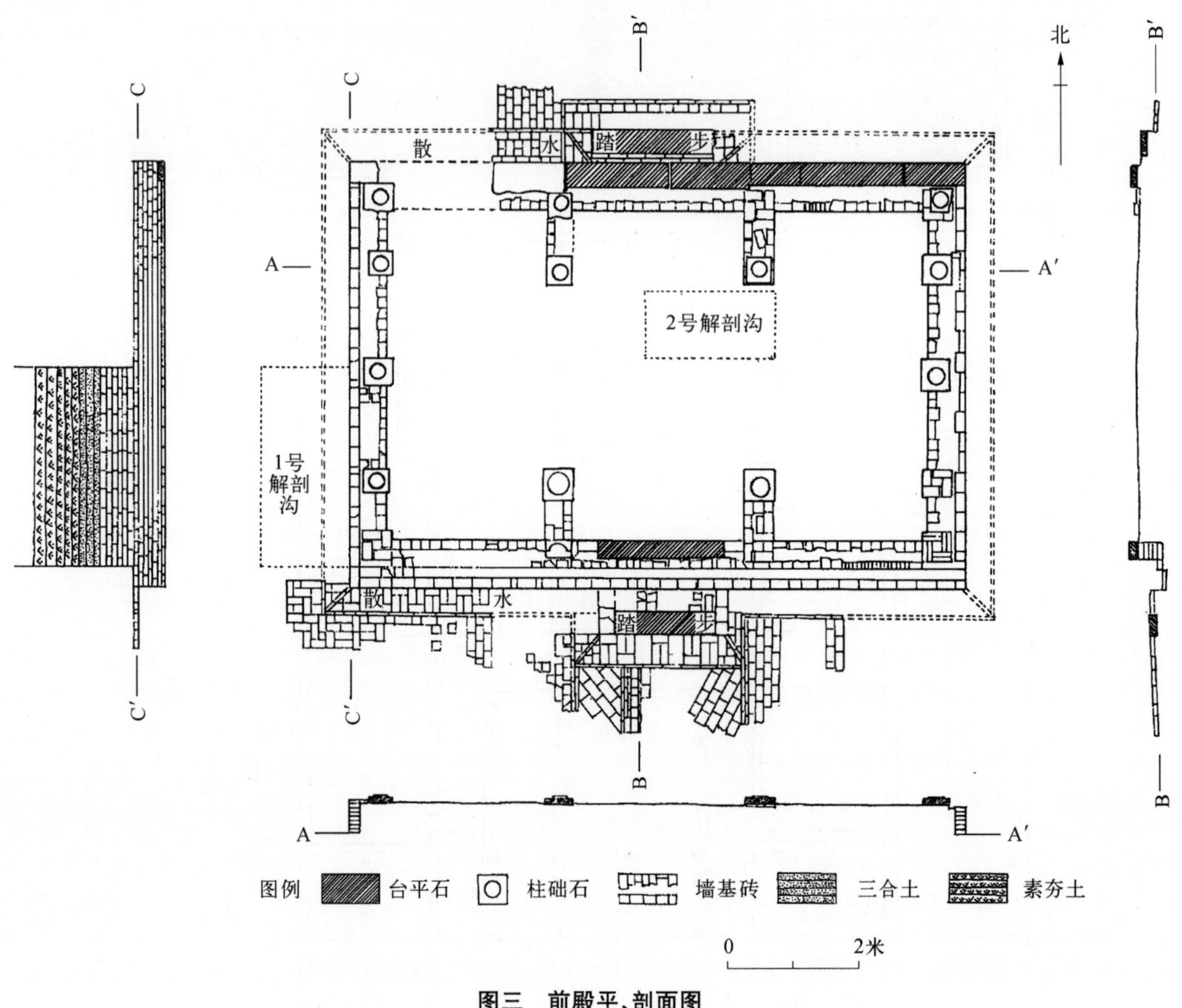

图三　前殿平、剖面图

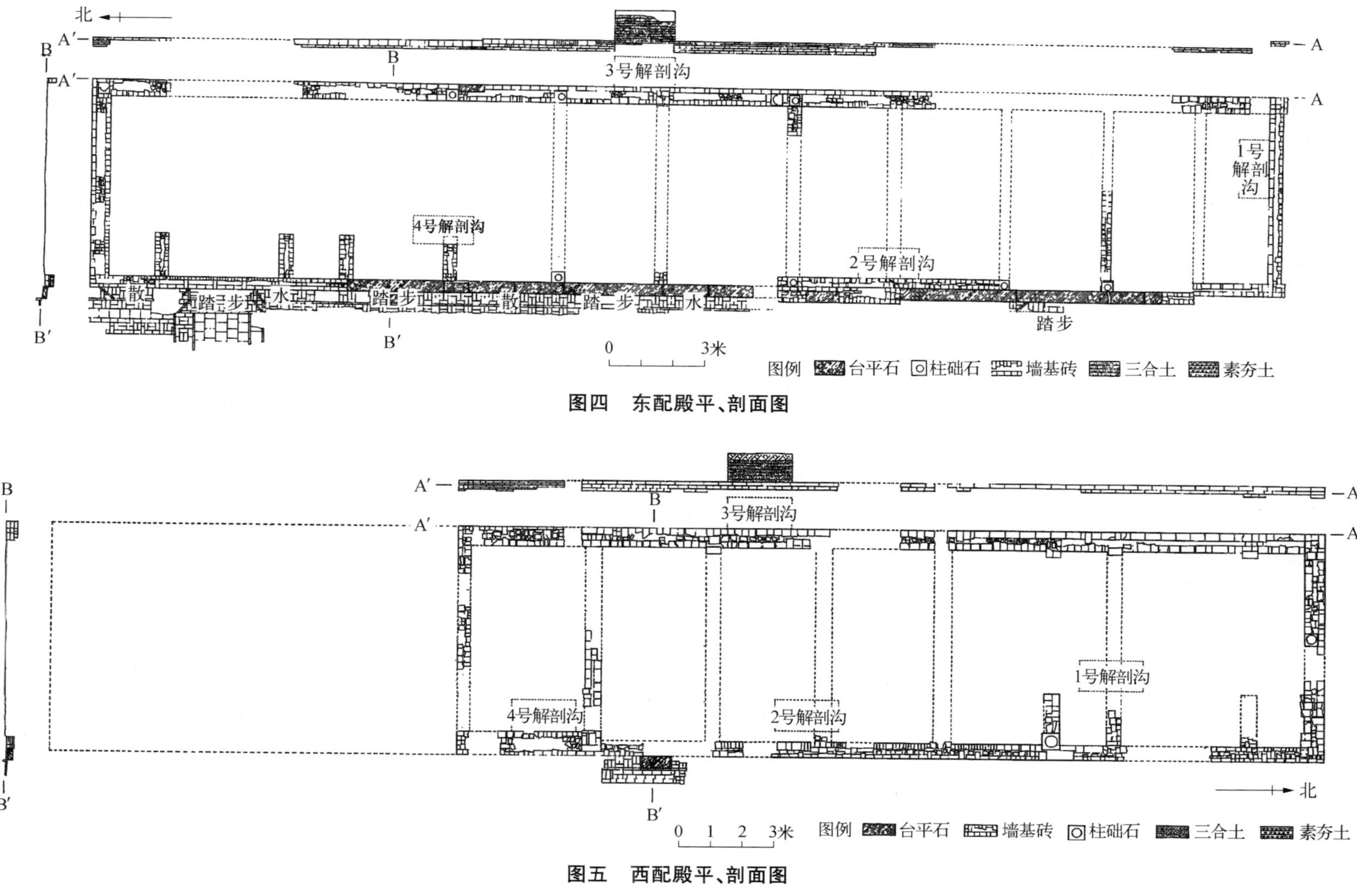

图四 东配殿平、剖面图

图五 西配殿平、剖面图

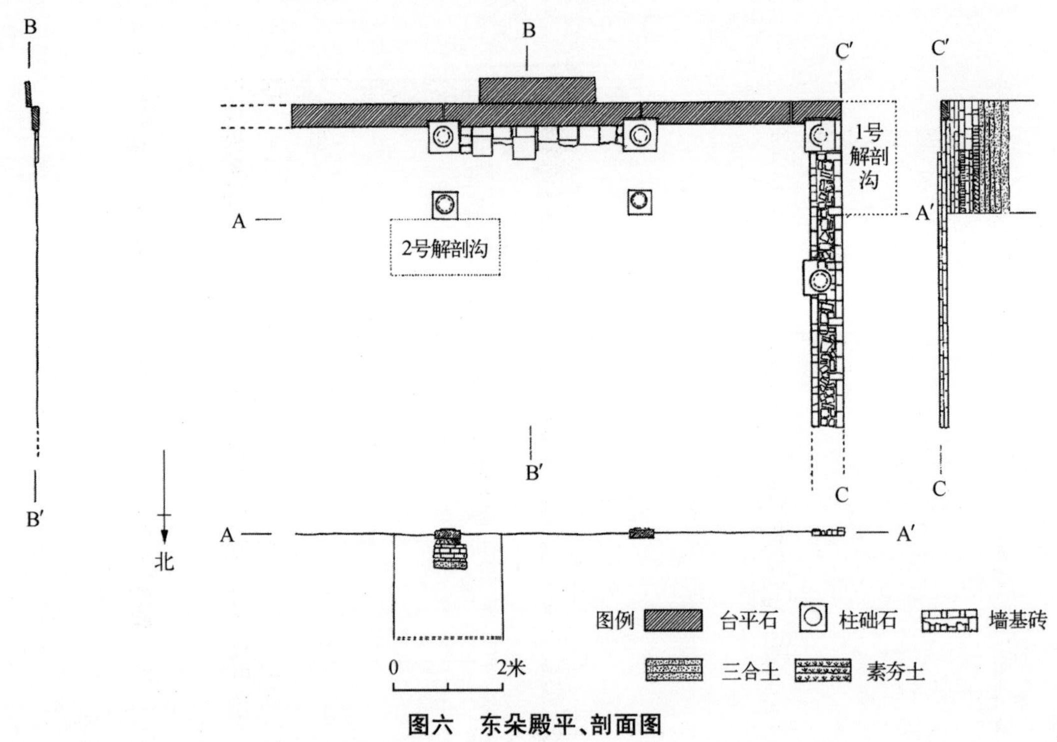

图六　东朵殿平、剖面图

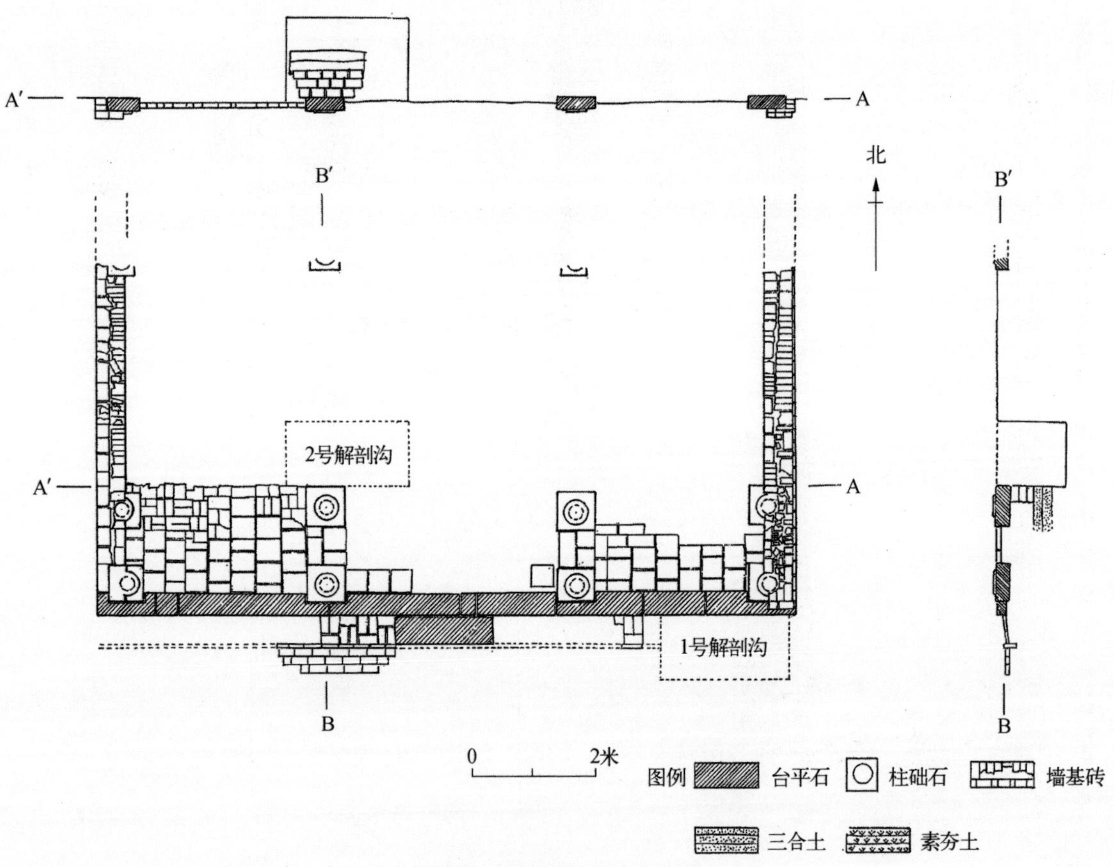

图七　西朵殿平、剖面图

北京天宁寺钟、鼓楼遗址试掘报告

北京市文物研究所

北京天宁寺位于北京市宣武区西北部,东邻天宁寺农副产品市场,西邻华电(北京)热电有限公司,北邻北京市唱片厂,南为天宁寺前街(图一)。2007 年 10 月 19 日至 11 月 5 日,北京市文物研究所受北京市佛教协会的委托,对天宁寺钟、鼓楼遗址进行了考古试掘工作,试掘面积 190 平方米,清理了 3 组建筑基础。现将此次试掘情况简报如下。

一、发掘位置及地层堆积

试掘范围在天宁寺院南部接引殿之南的东、西两侧花圃内,即 A、B 两区(图二)。

A 区和 B 区的地层堆积相同,都分为两大层,下面以 A 区西壁剖面为例予以说明(图三)。

第 1 层:耕土层,土质松软,黄褐色土,厚 0.22～0.25 米,包含有植物根系、砖块、瓦片和瓷片等。

第 2 层:近代层,土质致密坚硬,灰褐色土,距地表深 0.22～0.25 米,厚 0.05～0.21 米,包含有砖块、瓦片、木炭、瓷片和白灰等。F1、F2 开口于该层下。

二、遗　　迹

A 和 B 区共清理了 F1、F2 和 F3 三组建筑基础。

1. F1

F1 位于 A 区的南部,北距药师殿 42 米。开口于②层下,距地表深 0.27～0.42 米。坐东朝西,方向 277°。其西部压于天宁寺院内地面下而没有发掘,面阔 6.5 米,发掘部分进深 3.6 米(图四;彩版一)。

F1 南墙、北墙和东墙都是用大小不等的残砖砌成,用白灰加泥勾缝,其中南墙宽 0.4 米,残高 0.06～0.55 米;北墙宽 0.75 米,残高 0.05～0.45 米;东墙宽 0.4 米,残高 0.06～0.4 米。墙下有厚约 0.7 米的夯土,共分 4 层。

F1 地面为夯土,夯土用内含有碎砖、瓦片、青花瓷片、白瓷片的渣土加少量白灰打成,厚约

1.7 米，共分 11 层。夯层上见排列规整的圆夯夯窝，直径 0.05 米，深 0.02 ~ 0.04 米（彩版二）。夯土下为质地较硬的渣土，厚 1.5 ~ 2.25 米。其下为生土。

F1 东北角残留一磉礅，呈方形，边长 0.60 米，系青砖残块用白灰加泥土砌制，残留一层砖，高 0.06 米（彩版三）。

南、北、东三墙外均残留有散水，散水宽 0.6 米，用残砖块铺就，外用小青砖块包边，小青砖块规格为 0.24 ×0.12 ×0.04 立方米。

另外，在 F1 东北部有一南北向长方形凹槽，长 1.0 米，宽 0.5 米，深 0.43 米，东西两壁贴边砌砖，用途不明。

凹槽东侧有一方形砖台，砌于地面之上，边长 0.7 米，高约 0.32 米。砖的形制不同于 F1 墙砖，疑是晚于 F1 始建时期的遗存。

从位置和形制推测 F1 为天宁寺钟楼遗址。

2. F2

F2 位于 A 区北部，与 F1 相距 1.4 米，北距药师殿 31 米，北部被一现代房基破坏。开口于②层下，距地表深 0.25 ~0.45 米。坐东向西，方向 277°。其西部压在天宁寺院内地面下没有清理，面阔 9.8 米，清理部分进深 3.68 米（图五；彩版四）。

F2 基础夯制，厚 0.51 米，共分 4 层，每层厚 0.11 ~0.13 米。前两层为三合土，以下两层用渣土打成。夯土下为较硬的渣土，包含有砖块、瓦片、瓷片、白灰等，厚 2.9 米，以下为生土。

F2 南墙、北墙和东墙仅残存一层砖，残高 0.1 ~0.13 米，其中南墙和北墙宽 0.53 米，东墙宽 0.6 米，均以不同于 F1 的大青砖残块砌制，用白灰加泥勾缝。

从位置和形制推测 F2 为天宁寺药师殿东配殿遗址。

3. F3

F3 位于 B 区，北距弥陀殿 42 米，与 F1 相距 32 米。开口于②层下，距地表深 0.25 ~0.4 米，有一现代房墙基础南北向贯穿中部并打破 F3 南、北墙及其散水，一条现代小排水沟东西向贯穿中部并打破 F3 西墙及其散水，西部及西北角均有大石压于散水之上。坐西朝东，方向 97°。其东部压在天宁寺院内地面下没有清理，面阔 6.5 米，清理部分进深 3.6 米（图六；彩版五）。

南墙、北墙和西墙都是用大小不等的残砖砌成，用白灰加泥勾缝，宽约 0.4 米，其中南墙残高 0.06 ~0.25 米，北墙残高 0.05 ~0.28 米；西墙残高 0.06 ~0.4 米。

F3 地面为夯土，夯土用内含有碎砖、瓦片和瓷片的渣土加少量白灰打成，厚约 1.7 米，共分 11 层。夯土下为质地较硬的渣土，厚 2.36 米。其下为生土。

南、北、西三面台基外均残留有散水，散水宽 0.6 米，散水面距现地表 0.55 米，散水用残砖块铺就，外用小青砖块包边，小青砖块规格为 0.24 ×0.12 ×0.04 立方米。

与 F1、F2 不同的是，F3 上的青砖上多见沟纹。

从位置和形制推测 F3 为天宁寺鼓楼遗址。

三、结　　语

通过此次对天宁寺院内南部A、B两区的发掘,主要有以下几点收获。

1. 从A、B两区内清理的F1、F2和F3的位置与形制来看,应该分别是钟楼、药师殿东配殿和鼓楼的遗存。

2. F1、F2和F3的清理,使我们对天宁寺院南部的布局有了一个大致的了解。

3. 根据钟楼、鼓楼和东配殿的形制以及建筑材料,初步判断它们为清代遗存。

4. 通过此次发掘,为天宁寺钟鼓楼及东配殿的复建提供了科学的资料和依据。

执笔:朱志刚　张中华

(原载于《文物春秋》2008年第5期)

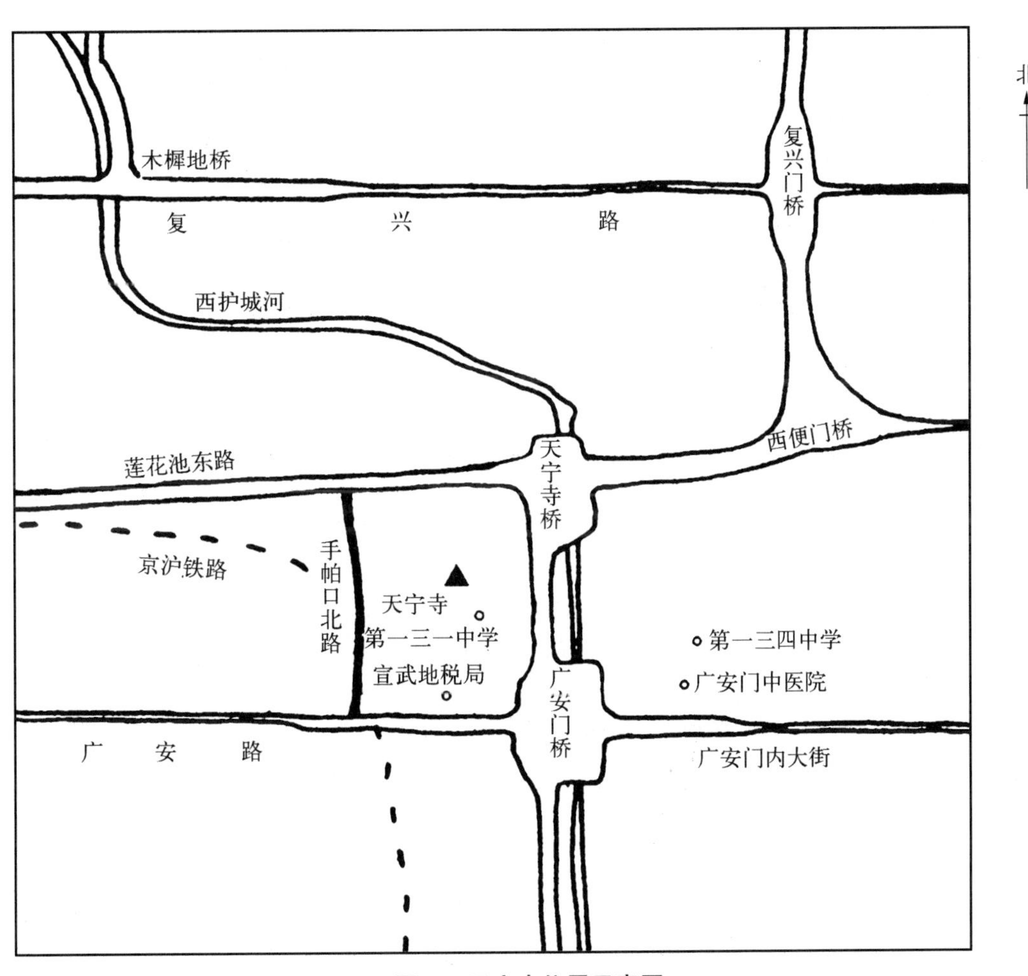

图一　天宁寺位置示意图

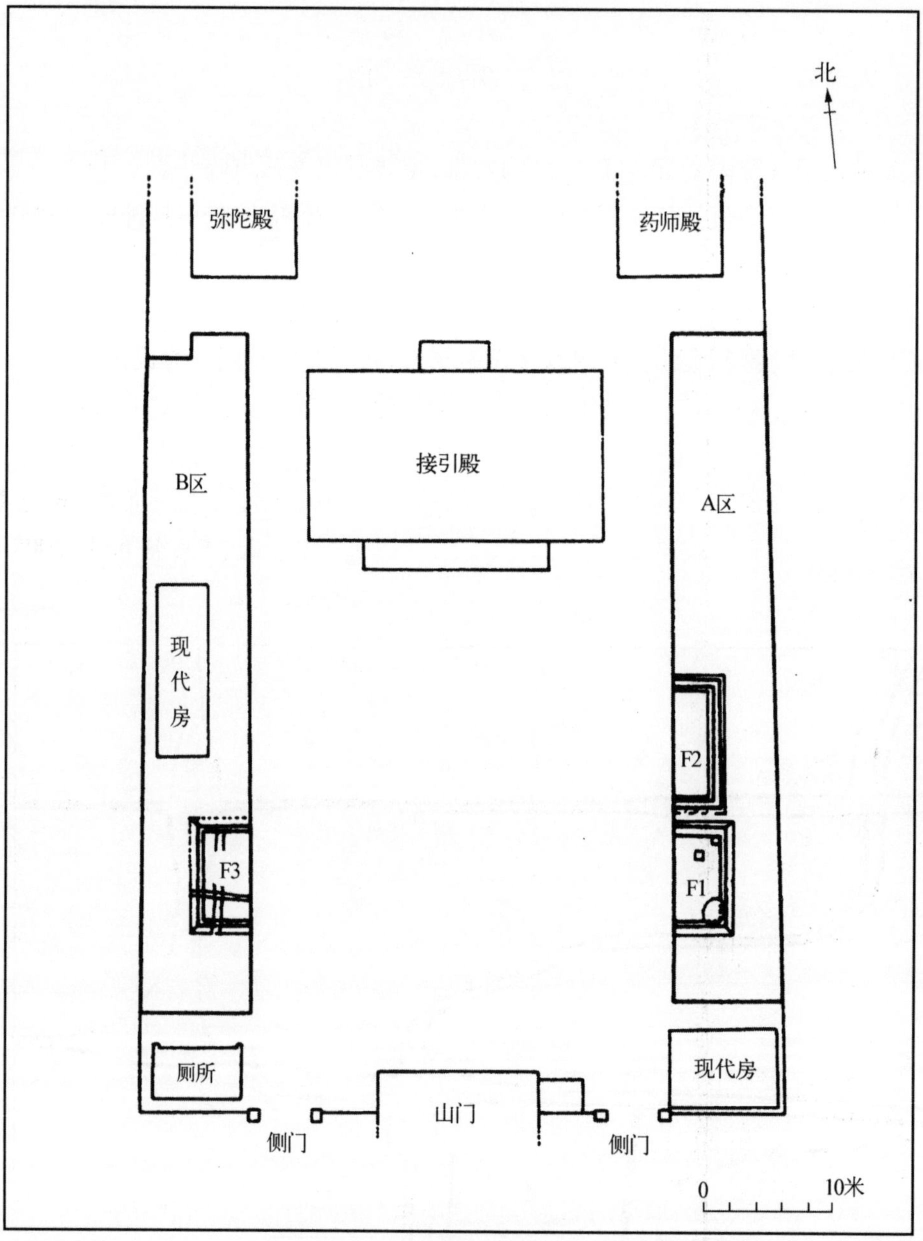
北
弥陀殿
药师殿
接引殿
B区
A区
现代房
F2
F3
F1
厕所
现代房
山门
侧门
侧门
0
10米

图二　试掘区总平面图

①
②
夯土
夯 土
渣 土
夯土
②
夯土
①
夯土
渣 土
0
250厘米

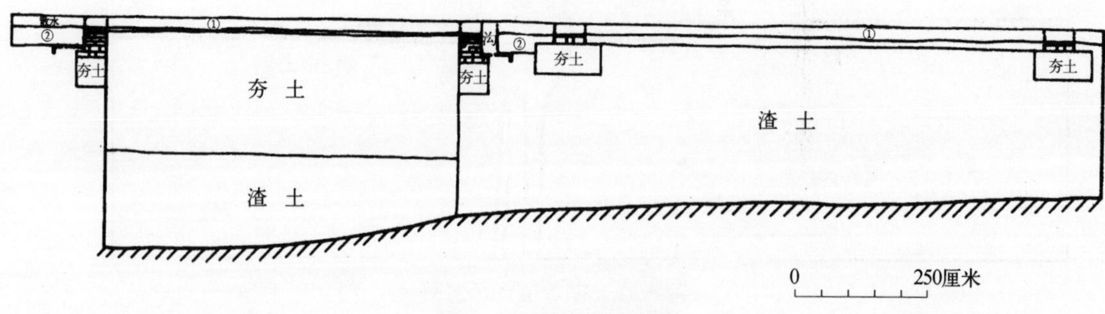

图三　A 区西壁剖面图

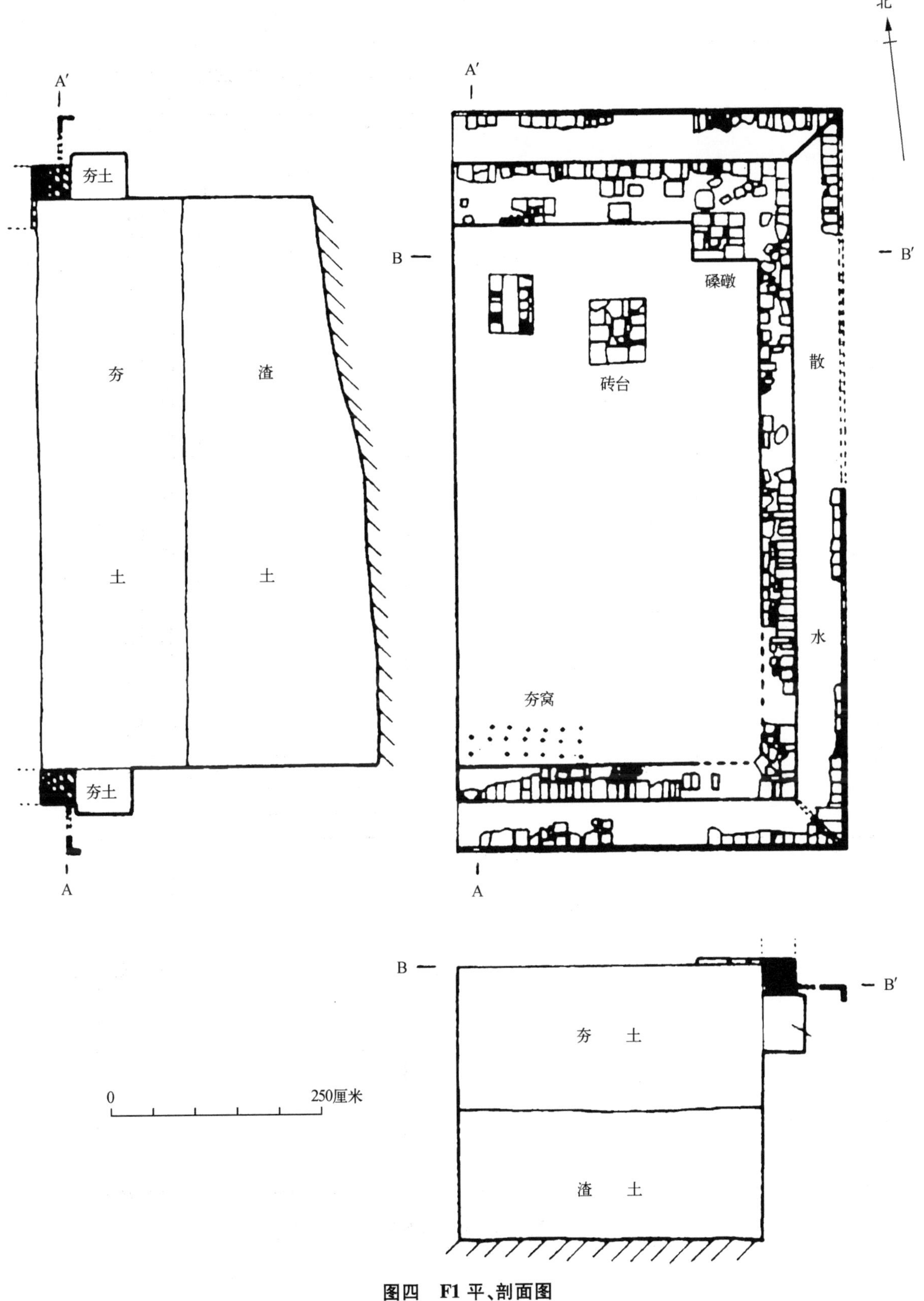

图四 F1平、剖面图

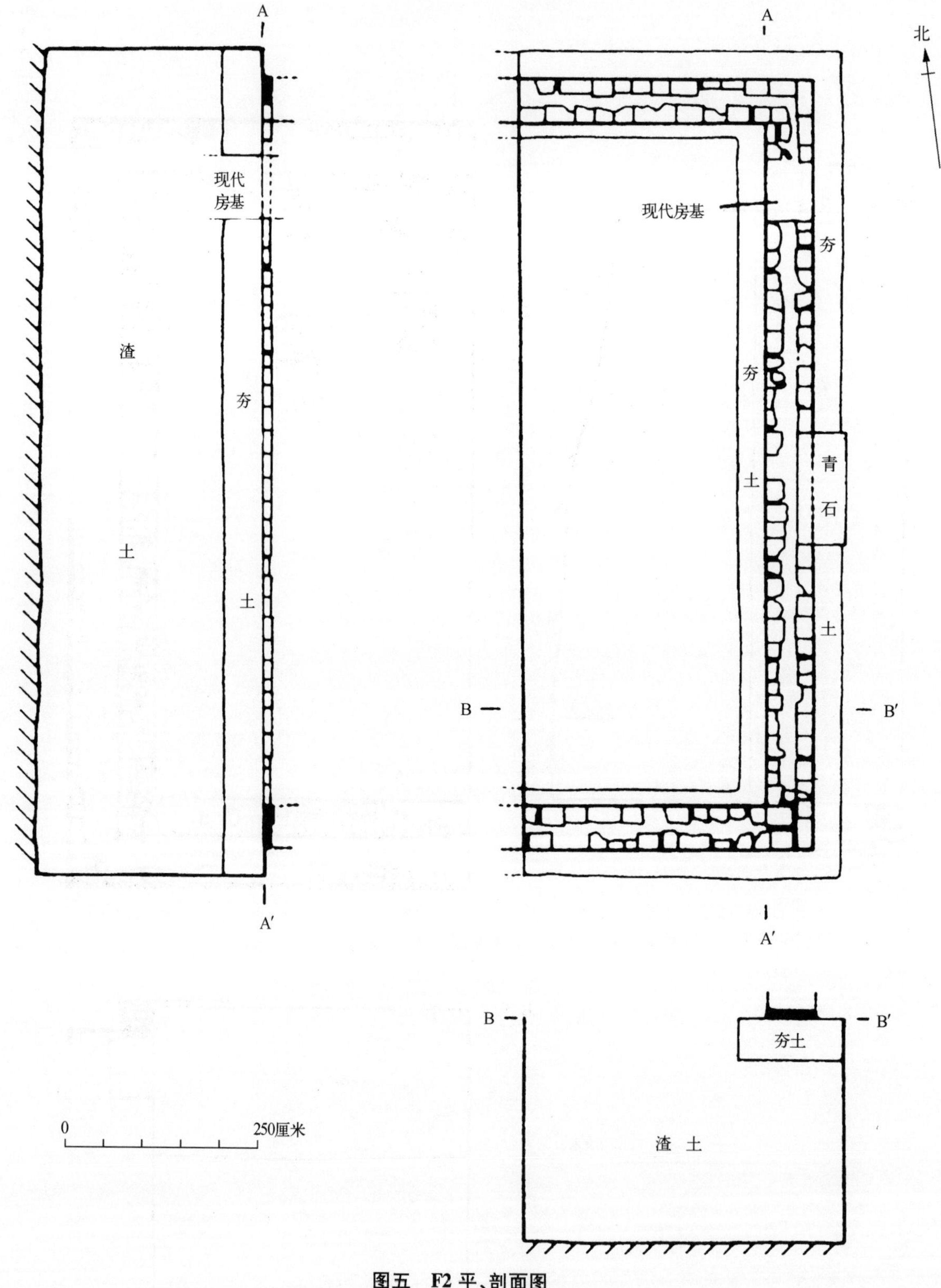

图五　F2 平、剖面图

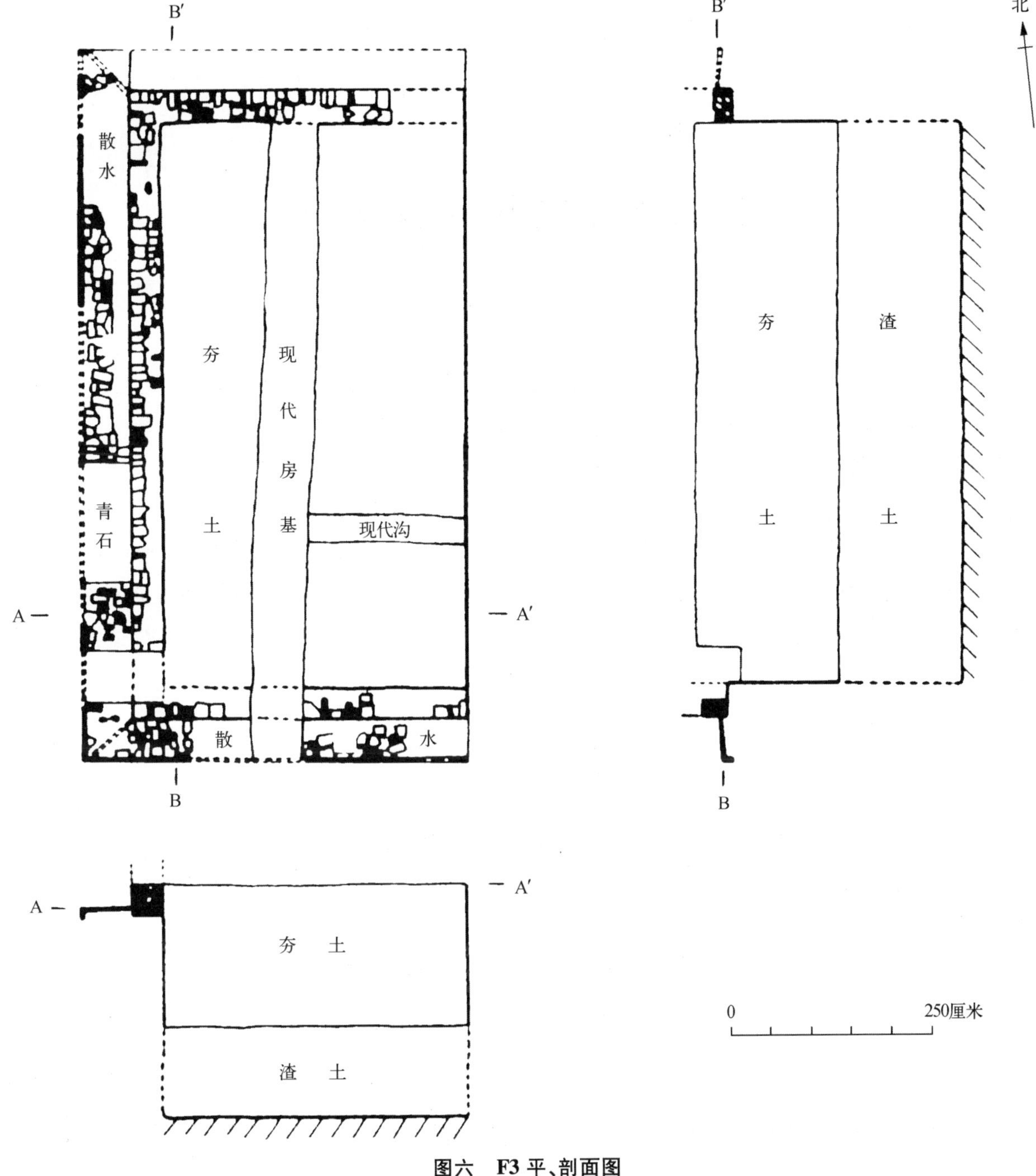

图六 F3平、剖面图

北京国子监街发掘简报

北京市文物研究所

北京国子监街又称成贤街,位于北京市东城区安定门内,长628米,宽6米。其东口接雍和宫大街,西口接安定门内大街,南为方家胡同,北为五道营胡同。国子监街上建有4座牌楼,由西向东依次为西"成贤街"牌楼、西"国子监"牌楼、东"国子监"牌楼和东"成贤街"牌楼。1984年,北京市文物局将国子监街定为"北京市文物保护单位"。2003年3月12日—3月16日,北京市文物研究所配合市政维修对国子监街进行了发掘,根据条件共开探沟7个。同年8月,北京市文物研究所配合维修工程进度又在国子监街发掘探沟5个。2007年8月,国子监街进行维修时在东"成贤街"牌楼下发现月台遗迹,北京市文物研究所遂对此进行了考古发掘。现将三次考古发掘成果简报如下:

一、发掘位置及地层关系

历次发掘均在国子监街上,2003年3月发掘的7个探沟由西向东依次为TG1-TG7,同年8月发掘的5个探沟由东向西依次为TG8-TG12,2007年8月的发掘地点东距雍和宫大街西沿15米。

国子监街地层堆积简单,最上层即为现在国子监大街柏油路面,此层下即为各类遗迹现象。

二、遗　　迹

国子监街交通繁忙,各次发掘均是配合工程进度,由于条件的限制,发掘地点较为分散。为叙述方便,本文以探沟为单位进行报告。

1. TG1、TG8、TG11、TG12

TG1、TG8、TG11、TG12分别位于西"成贤街"牌楼东侧、孔庙东南角的马路中部、国子监院墙西南角和国子监街西口东50米的路南侧,由于被近代管道破坏,柏油路面下全是渣土,不见任何遗迹。

2. TG2

TG2 位于西“国子监”牌楼以西 3 米，南出国子监街南道沿 0.35 米，东西长 2.5 米，宽 1.5 米。距地表 0.25 米深处发现一层竖砖，东西向错缝铺砌，由于中部被晚期堆积破坏分为东、西两部分。东部距东壁 0.4 米，残存青砖 5 行，长 0.43 米，宽 0.33 米。西部压于探沟西壁下，残存青砖 3 行，长 0.75 米，宽 0.20 米，西部砖层下压有旗杆石 1 件。青砖长 0.3 米，宽 0.14 米，厚 0.06 米（图一，彩版一）。

3. TG3

TG3 位于国子监大门西侧，南北长 3.8 米，东西宽 1 米。探沟北部为国子监大门西侧垂带，距南壁 0.35、深 0.51 米处发现有散水。散水系用一层青砖砌成，北侧砌一行竖砖包边，南部被破坏，残存一行平铺的青砖。散水东西两侧分别压于探沟东西壁下，东西长约 1.0 米，宽 0.20 ~ 0.30 米。青砖长 0.15 ~ 0.35 米，宽 0.17 米，厚 0.08 米（图二；彩版二）。

4. TG4

TG4 位于东“国子监”牌楼北夹杆石东 1 米，北出国子监街北道沿 0.75 米，东西长 2.2 米，宽 2 米。先后清理出牌楼前的礓礤、石条、散水和铺砖路面。

礓礤距西壁 0.4 米，北距散水 0.5 米。西高东低呈斜坡状，西端距地表深 0.23 米，东端距地表深 0.33 米。礓礤东西宽 0.37 米，南北长 0.74 米，南出探沟。

石条位于礓礤东侧，北侧和西侧与散水相连，距地表深 0.33 米。石条南北向平砌，长 1.25 米，宽 0.34 米，厚 0.13 米，南出探沟。

散水在石条东、北外侧，距地表深 0.35 米。用白灰顺砌的单行青砖平铺一层，外侧用单行竖砖包边。东侧散水长 1.78 米，宽 0.52 米，南出探沟。西侧散水残长 1 米，宽 0.52 米。青砖长 0.42 米，宽 0.21 米，厚 0.1 米。

铺砖路面距地表深 0.35 米，北接东侧散水，南距探沟北壁 1.50 米，南面和东面出探沟。发掘出的铺砖路面呈正方形，边长 0.55 米，南北向平砌一层青砖，北侧用单行竖砖包边。青砖长 0.42 米，宽0.21 米，厚 0.1 米。

5. TG5

TG5 位于东“国子监”牌楼南夹杆石东 2.4 米，国子监街北道沿南 5.14 米，东西长 2.0 米，宽 1.2 米。探沟西部距地表深 0.34 米处发现南北向散水，散水用一层东西向青砖铺就，东侧用南北向的单行竖砖包边，西、北部出探沟，南部被破坏，残长 0.85 米，宽 0.25 米。青砖长 0.42 米，宽 0.21 米，厚 0.1 米。散水东侧接一残石条。石条低于砖面 0.15 米，北部和东部被近代管道破坏，上部残，南北长 0.8 米，宽 0.2 米（图三）。

探沟东部的同一平面上清理出一旗杆石，旗杆石底部东、西、北侧平砌一层白灰勾缝的小青砖,平面距地表深0.64米。青砖长0.28~0.3米,宽0.14~0.15米,厚0.06米。

6. TG6

TG6在孔庙大门西侧,探沟南北长4.4米,宽1.0米。探沟北部为孔庙大门西侧的附属石构件及垂带,长2.46米。垂带南侧距地表0.1米深处发现2块东西向摆放的石条,其中北石条宽0.18米,南石条宽0.47米,厚0.1米,石条东西皆出探沟。石条下砌有两层青砖和残石片,砖厚5~6厘米,青砖下为0.27米的夯土,夯土下为三合土硬面。探沟南部被破坏比较严重,仅残存夯土底部的一层三合土硬面和南端三合土硬面上的几块青石块,三合土硬面距地表0.6米深(图四)。

7. TG7

TG7位于国子监大街东"成贤街"牌楼西侧、牌楼南夹杆石西3.1米,南出国子监南道沿0.35米,东西长2.0米,宽1.25米(图五)。

在探沟东部距地表0.23米深处发现一旗杆石,旗杆石西侧有三排东西向竖砌的青砖。青砖长0.2~0.3米,宽0.15米,厚0.06米。探沟其他部位已被破坏。

8. TG9

TG9位于国子监与孔庙院落相交接处,南北长3.7米,宽3.0米。在探沟北部距地表0.35米深处发现有与TG4结构相同的砖散水、条石和铺砖路面。探沟南部已被破坏(图六;彩版三)。

9. TG10

TG10位于国子监门前东侧,东西长1.2米,宽1.0米。在距地表0.4米深处发现有残存的三合土,厚0.07米。三合土下为夯土。

10. 东"成贤街"牌楼月台遗迹

国子监大街东"成贤街"牌楼位于北京市东城区国子监大街东端,东距雍和宫大街西沿15米,牌楼北端东侧有1984年9月北京市文物事业管理局所立"北京市文物保护单位国子监街"碑,南北两侧为商店(图七;彩版四)。

此处共清理出牌楼月台和夹杆石基础,其中遗迹两端因为分别压在国子监街两侧人行道下没有发掘,月台东西两侧均为现柏油路路基破坏。

月台遗迹位于现存的东"成贤街"牌楼下方,发掘部分长6.0米,宽2.65米,方向正北(彩版五)。共清理出南北向铺设的石条5排,石条厚约0.27米。其中中部的3排石条两端与牌楼夹杆石基础相接,长3.44米,宽2.0米,中间一排石条宽约0.9米,共有4块石条,最长者1.16米,最短者0.42米;其西侧的一排石条宽约0.48米,共有3块石条,分别长1.26、1.1、1.06米;其东侧的一排石条宽约0.6米,也铺设3块石条,分别长0.38、1.56、1.5米。最西侧与最东侧的石条由于两端都压在人行道下只清理了6.0米长,其南北两端内侧是夹杆石基础,其中西侧一排宽约0.3

米，共清理出石条7块；东侧一排宽约0.34米，共清理出石条5块（彩版六）。从月台西侧剖面看，月台石条下即为三合土基础（彩版七）。

南北两个夹杆石相距4.54米，其基础间距3.44米。其中南侧的夹杆石基础系用整块石板做成，其南半部分由于压在人行道下而没有发掘，已清理部分长1.2米，宽2.0米，厚度不详。石板中间凿方形洞以安放夹杆石，清理部分长0.66米，宽1.02米。北侧的夹杆石基础也是用整块石板做成，其北半部分由于压在人行道下而没有发掘，已清理部分长1.34米，宽2.0米，厚度不详。石板中间亦凿方形洞，清理部分长0.8米，宽1.02米。

三、遗　　物

三次发掘出土的遗物较少，仅发现有绿琉璃瓦当和旗杆石。

1. 绿琉璃瓦当　1件。

出土于东“成贤街”牌楼月台东侧，已残，残长8.5厘米，残宽5.5厘米，厚1.5厘米，当面浮雕龙形残（彩版八）。

2. 旗杆石　3件。都为正方形，中间有椭圆形柱洞。

TG2:1，边长0.64米，厚0.25米，中间有一椭圆形柱洞，长径0.42米，短径0.37米，深0.03米。

TG5:1，边长0.64米，厚0.24米，中间有一椭圆形柱洞，长径0.42米，短径0.37米，深0.03米。

TG7:1，边长0.65米，厚0.23米。中间有一椭圆形柱洞，长径0.42米，短径0.35米，深0.03米。

四、结　　语

通过三次对国子监街的考古发掘，我们主要有以下收获：

1. 根据东“成贤街”牌楼月台遗迹和TG4的清理，基本上弄清了国子监街上牌楼地下部分的结构。牌楼系两柱一间式，正东西方向。夹杆石相距4.54米，坐落于用整块石板做成的基础之内。牌楼月台用南北向的石条砌成，月台宽2.65米，长度不详。月台东西两侧为用石板凿成的礓磋，方便上下月台。礓磋外侧用石条加固，再外侧又用青砖砌散水。

2. 根据发掘前的实地调查，在国子监的原路面中部发现有东西向摆放的石条。从TG4和TG9的发掘情况来看，当时的国子监街路面两侧应该是铺有青砖，青砖外用竖砖包边，其路边应该与夹杆石内侧齐，路面宽约4.54米。TG6的发掘情况表明，路面青砖下应该是三合土，三合土下为素夯土。

3. TG2、TG5和TG7都出土了旗杆石，且旗杆石周围都砌有青砖，它们的位置在路面范围的两侧，也就是说当时国子监街两侧应该分布有旗杆。

综上所述,国子监街最下面先用素夯土做基础,夯土上为三合土,其上为路面。路面中间砌东西向的石条,石条两侧铺青砖并包边。街两侧则有旗杆,重要节日或庆典时大街两侧应该是彩旗飘飘。

三次发掘均是配合市政维修,发掘面积不大,但是基本上弄清了国子监街原路面和牌楼的结构,为古代国子监的研究提供了不可多得的实物资料。

执笔:刘风亮　韩鸿业

(原载于《文物春秋》2008 年第 6 期)

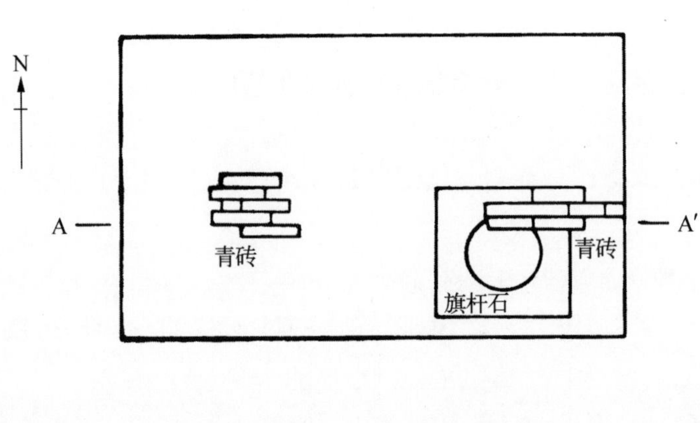

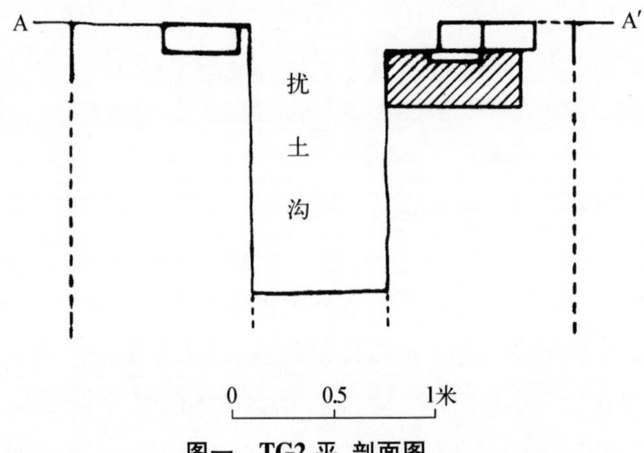

图一　TG2 平、剖面图

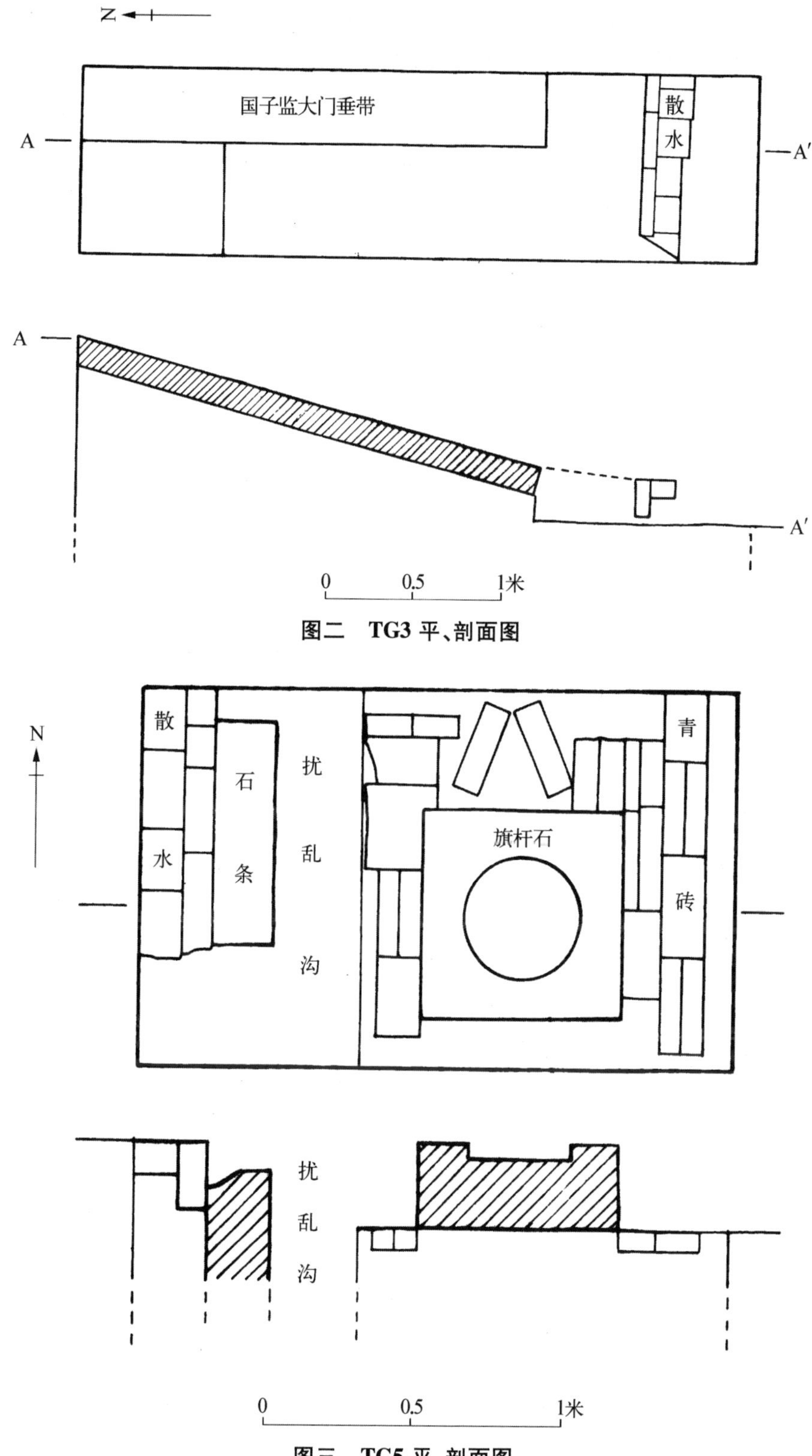

图二　TG3 平、剖面图

图三　TG5 平、剖面图

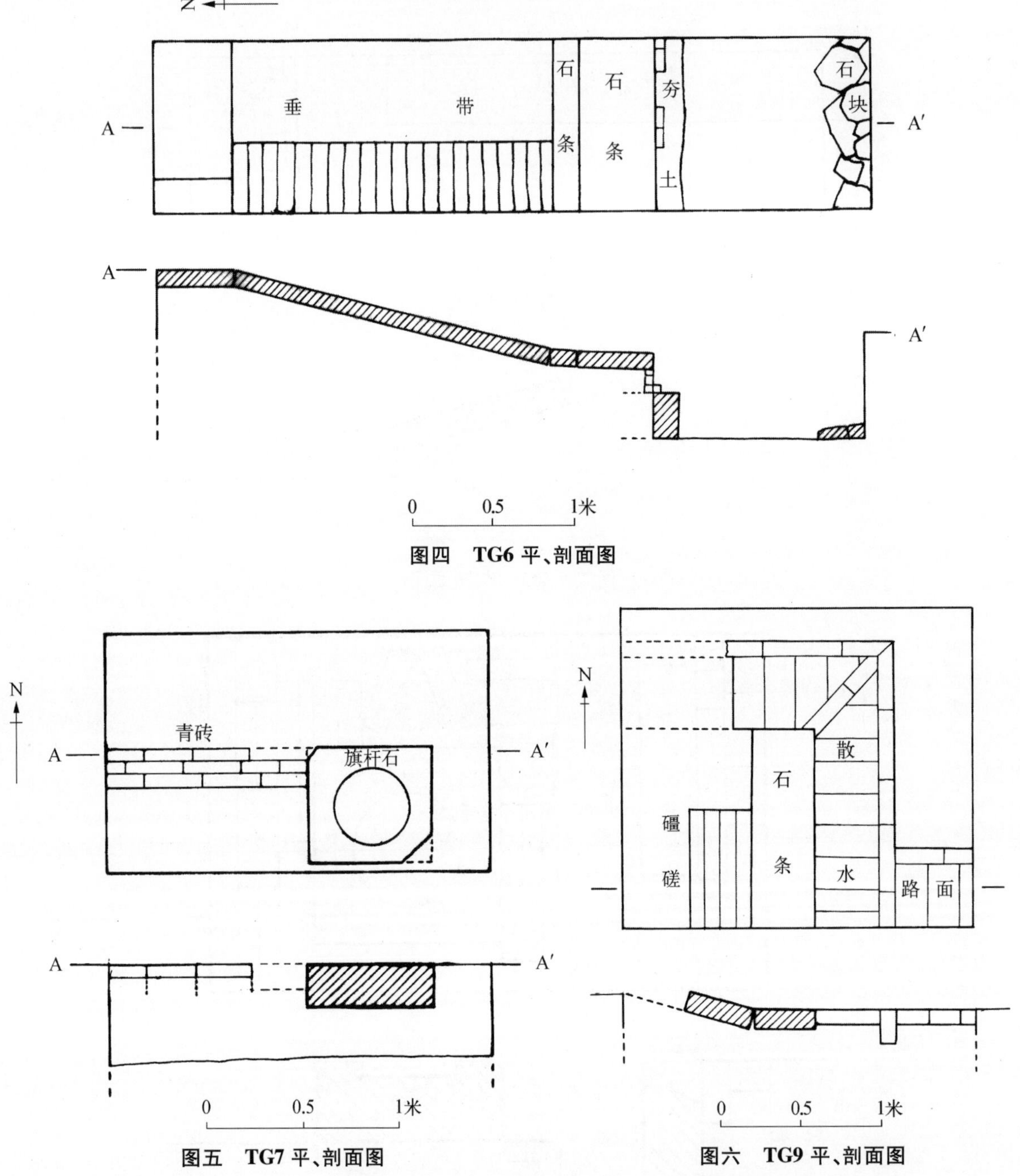

图四　TG6 平、剖面图

图五　TG7 平、剖面图

图六　TG9 平、剖面图

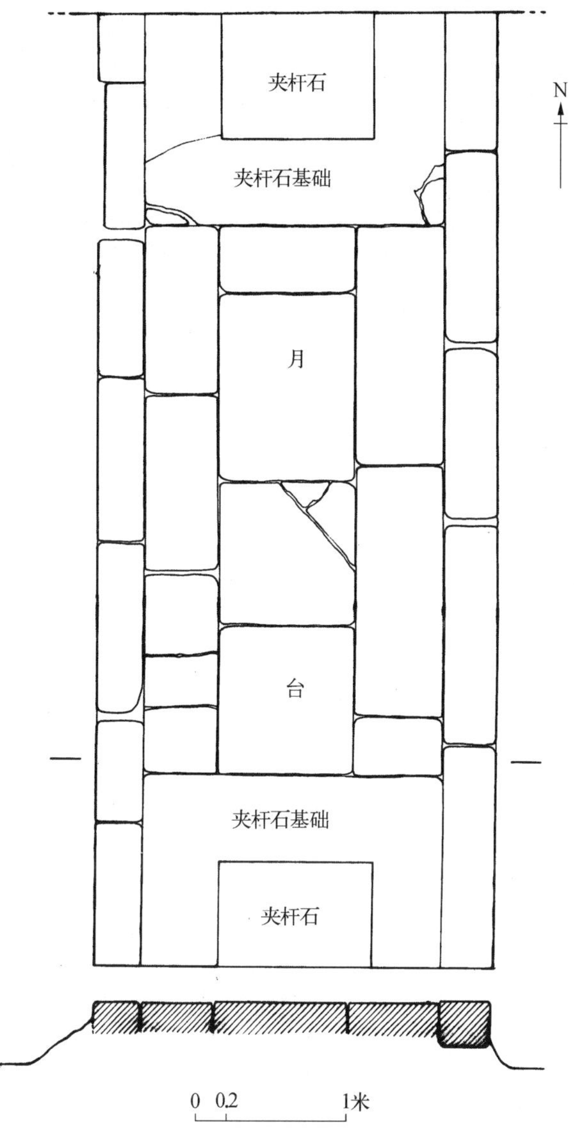

图七　东"成贤街"牌楼月台遗迹平、剖面图

明昌宁侯赵胜夫妇合葬墓发掘简报

北京市文物研究所

2007 年 4 月 8 日，北京朝阳区奥运村地区绿化隔离带工程施工过程中发现一座砖石混砌墓葬（编号 M1），北京市文物研究所随即派业务人员赶赴现场勘查，发现在 M1 东南侧另有一座小型砖室墓（编号 M2）。次日，北京市文物研究所对这两座墓葬进行了抢救性考古发掘，其中 M1 为明代昌宁侯赵胜夫妇合葬墓，为近年来北京地区发掘的明代墓葬中级别较高的墓葬，现将该墓的发掘情况简报如下。

一、墓 葬 概 况

该墓葬位于北京市朝阳区奥运村绿化隔离带内，南邻北五环路，北邻清河，东邻林翠路（图一）。M1 为砖石混砌墓，方向 110°，平面呈曲尺形，南北长 4～5.2 米，东西宽 2.1～3.7 米，由前室、中室、后室三部分组成，用石板封顶。该墓早期曾被盗（图二）。

前室位于墓葬北部，平面呈长方形，东西长 3 米，宽 1.36 米，高 1.3 米。东、西、北三壁用平砖错缝砌制，南壁以一层石条、一层平砖的方法逐层垒砌而成。墓室中部用平砖错缝垒砌一棺床，平面近梯形，东西长 2.1 米，宽 0.65～0.75 米，高 0.20 米。棺床北端外侧见一头骨。墓底错缝平铺青砖，顶部南北向平铺四块石板，石板长 1.76 米，宽 0.9～1.05 米，厚 0.14 米。北壁设一小型甬道与中室相通。前室墓顶西北角放置墓志 1 合。前室仅随葬有铜钱。

中室平面呈长方形，东西长 3 米，宽 1.3 米，高 1.3 米，东、西、南三壁用平砖错缝砌成。墓室内置一木棺，已朽，棺木痕迹平面呈梯形，长 2 米，宽 0.45～0.6 米。棺中有人骨一具，保存较完整，仰身直肢葬，棺底有一层白灰。墓底错缝平铺青砖，顶部南北向平铺五块石条，石条长 1.6～2.45 米，宽 0.4～1.04 米，厚 0.14 米，其中东部两块石条已断裂坍塌于室内。中室南壁和北壁各有一小型甬道分别与前室和后室相通，甬道用石条砌成，东西宽 0.28 米，进深 0.38 米，高 0.38 米，顶部呈拱形。中室西南角随葬有白瓷罐 1 件，头骨顶侧发现金簪 1 件，头骨右侧随葬有铜饰件，尸骨腰部随葬玉带 1 条，右股骨外侧随葬银元宝 1 件，左股骨外侧出土银元宝 1 件和银簪 1 件，尸骨下发现铜钱若干（彩版一）。

后室位于墓葬南部，平面呈长方形，东西长 1.24 米，宽 0.74 米，高 1.1 米，东、西、南三壁用平砖抹白灰错缝砌成。墓室内仅见有骨灰。墓底错缝平铺青砖，墓室顶部平铺一块石板，长 1.6

米,宽0.86米,厚0.12米,石板下抹有白灰。后室仅随葬有铜钱。

二、出 土 器 物

M1出土器物有金器、银器、瓷器、玉器、铜器、铜钱和墓志等,介绍如下。

1. 金簪 1件,M1:8,长12厘米,簪首花骨朵形,直径0.9厘米(图三,1;彩版二)。

2. 银器 3件

银元宝 2件,M1:2,中间凹、两头翘似船形,长6.4米,宽2.9~4.1厘米(图三,4;彩版三)。

银簪 1件。M1:4,长8.6厘米,簪首有孔(图三,2;彩版四)。

3. 瓷罐 1件,M1:6,直口,平沿圆唇,短束颈,溜肩,鼓腹,平底。釉色乳白莹润,胎质细腻,施釉不及底,底部施白色化妆土。口径11厘米,最大腹径19.5厘米,底径9.2厘米,高20.4厘米(图三,3;彩版五)。

4. 玉带 1条,M1:5,共由20块带板组成,素面,正面抛光较好玻璃质感强,厚0.6厘米,背面皆有对穿小孔,小孔中残留铜丝。其中三台1块,长方形,长6.9厘米,宽2.6厘米;辅弼4块,长条形,长2.6厘米,宽1.2厘米;圆桃6块,桃形,长2.8厘米;鱼尾2块,圭形,长7.3厘米,宽2.6厘米;排方7块,长方形,长5.8~6.8厘米,宽2.6厘米(图四;彩版六)。

5. 铜饰件 M1:7,已朽,不辨形制。

6. 墓志 1合,M1:7,志盖、墓志均为汉白玉质,正方形,长0.74、宽0.74、厚0.14米。志盖阴刻"大明故荣禄大夫太保兼太子太傅赠昌宁侯志壮敏赵公之□",5列25字,篆书。志文计44行,满行48字,共1 562字,楷书(图五,图六)。

7. 铜钱 105枚

其中钱文清楚的有89枚,计有"五铢"、"开元通宝"、"淳化元宝"、"咸平元宝"、"景德元宝"、"祥符元宝"、"天禧通宝"、"天圣元宝"、"至道元宝"、"皇宋通宝"、"至和元宝"、"嘉祐通宝"、"治平元宝"、"治平通宝"、"熙宁元宝"、"元丰通宝"、"元祐通宝"、"绍圣元宝"、"大观通宝"、"政和通宝""正隆元宝"等21种。其他钱文漫漶不清者16枚(图七,表一)。

表一 M1出土铜钱统计表

类 别	读 法	始铸年代	数 量	备 注
五 铢		前73	3	图七,4
五 铢		东汉	1	图七,5
开元通宝	顺 读	621年	6	图七,3
淳化元宝	旋 读	990年	2	
咸平元宝	旋 读	998年	6	
景德元宝	旋 读	1004年	4	图七,1

续表

类　别	读　法	始铸年代	数　量	备　注
祥符元宝	旋　读	1008 年	2	图七,8
天禧通宝	旋　读	1017 年	5	
天圣元宝	旋　读	1023 年	7	图七,7
至道元宝	旋　读	995 年	1	
皇宋通宝	顺　读	1039 年	6	图七,10
至和元宝	旋　读	1054 年	1	
嘉祐通宝	顺　读	1056 年	1	
治平元宝	旋　读	1064 年	3	图七,15、17
治平通宝	顺　读	1064 年	2	图七,20
熙宁元宝	旋　读	1068 年	10	图七,2、9、16
元丰通宝	旋　读	1078 年	9	图七,13
元祐通宝	旋　读	1086 年	10	图七,14、18
绍圣元宝	旋　读	1094 年	4	
大观通宝	顺　读	1107 年	1	图七,6
政和通宝	顺　读	1111 年	4	图七,11、12
正隆元宝	旋　读	1156 年	1	图七,19
不　详			16	

三、结　　语

通过对明代赵胜墓葬的发掘和研究,我们得到以下认识。

1. 墓葬的年代和性质

M1 为多室砖石混砌墓,前、中、后室以甬道相连。这种多室砖石墓或砖墓与明代蕲国公康茂才墓①、驸马都尉赵辉墓②等相似,据《大明会典》记载:“公侯亡故……咨工部造办冥器、棺椁及拨人匠、砖石造坟。”③赵胜、康茂才、赵辉等人都官居正一品,都有公、侯等爵位,因此他们的墓葬应该由工部统一按照一定的规制建造。据墓志记载,赵胜之原配为李继冉,其“二夫人先卒”,赵胜“卒之秋九月初六日奉公柩,启夫人之封窆焉”,可见赵胜与其二夫人是合葬于一起的,那么作为原配的李继冉也应合葬于此,三个墓室应当分属于三人。由于二夫人先卒,其地位较低,墓穴应当是赵胜为她修建的,等到赵胜死后,工部按照公、侯规制为他营造墓穴,就可能要比二夫人之墓穴要大;据墓志,李继冉封夫人,地位也要比二夫人高。由此可以推测,中室腰围玉带的死者应为赵胜，相对较小的后室内的骨灰应属于二夫人，前室的死者应是李继冉。据墓志，赵胜于明宪宗成化二十三年（1487年）去世当年埋葬，可见M1始建年代为二夫人死后，重建年代当在1487年。

2. 赵胜生平

据《明史》和墓志，赵胜字克功，今河北迁西县大黑汀村人，父名再兴。伯父赵赤因靖难有功封永平卫百户，赵赤战死无后，再兴袭升千户。再兴于指挥使任上死后，赵胜袭职。正统末年，因抵御鞑靼有功进都指挥佥事。天顺初年，因"夺门"功超迁都督佥事。又因击曹钦进同知，后从白圭却孛来。成化改元，山西告警，拜将军。次年复出延绥御寇。成化四年充总兵官，镇辽东。久之，进左都督，加太子太保。十九年封昌宁伯。后加太保兼太子太傅。最后因营万贵妃茔堕崖死。赠侯，谥壮敏[④]。

3. 关于铜钱

M1中随葬了数量较多的铜钱，其中又以宋代铜钱居多，占75.2%，多达18种。明代虢国公俞通海之弟俞通源墓中共出土铜钱100枚，其中就有淳化元宝、咸平元宝等16种宋代铜钱[⑤]，与赵胜墓的情况非常相似，这是一个值得注意的现象。

赵胜墓的发掘具有重要意义。首先，该墓为近年来北京地区发掘的明代规格较高的少数墓葬之一，其墓葬形制、葬俗和随葬品为研究明代前期高等级墓葬的重要标尺之一。其次，墓志中的诸多内容为研究明代葬制、兵制、官制、军事和经济等提供了新资料。再次，志文纠正了《明史》、《明实录》、《明名臣琬琰录》中诸多因传抄而致的舛误，起到了证经补史的作用。最后，志文对研究赵胜生平、赵氏家族世系和故交也具有重要作用。

注释：

① 南京市博物馆：《江苏南京市康茂才墓》，《考古》1999年第10期。

② 南京市博物馆：《江苏南京市南郊两座大型明墓的清理》，《考古》1999年第10期。

③［明］李东阳：《大明会典·丧礼》，广陵书社，2007年。

④《明史·赵胜列传》，中华书局，1974年。

⑤ 南京市博物馆、雨花台区文化局：《江苏南京市戚家山明墓发掘简报》，《考古》1999年第10期。

执笔：刘风亮　张中华

（原载于《文物》2008年第9期）

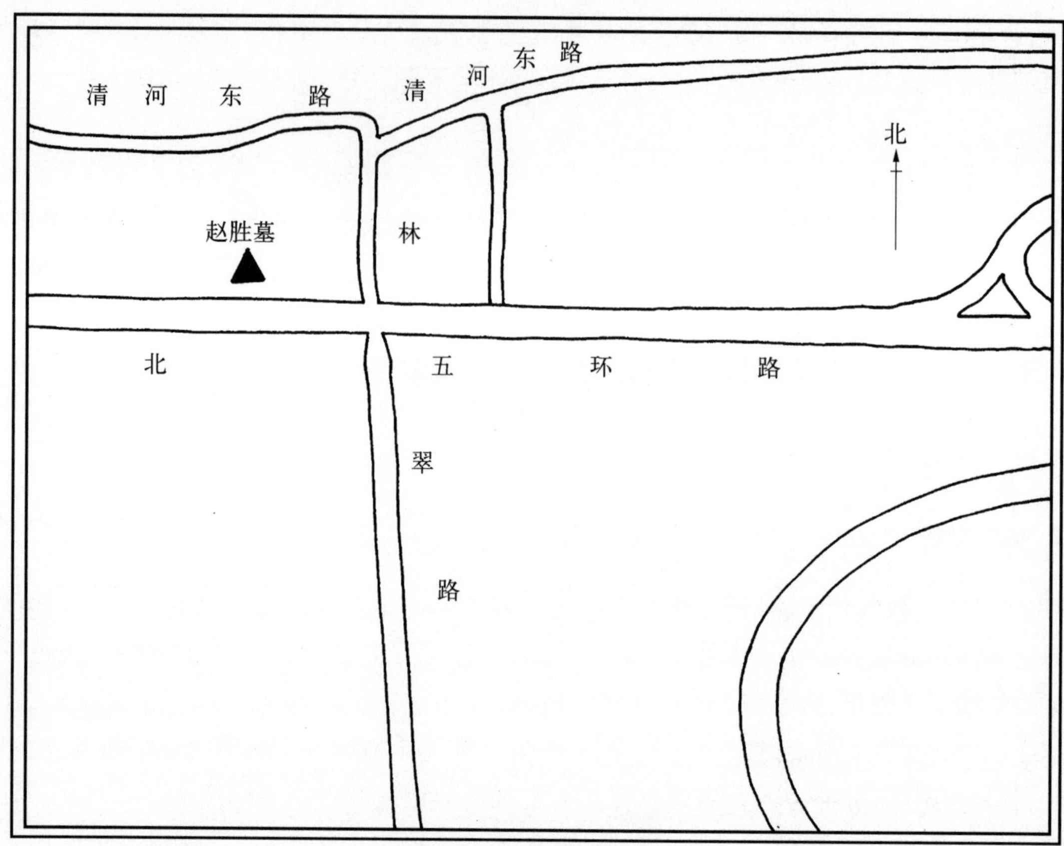

图一　赵胜墓位置示意图

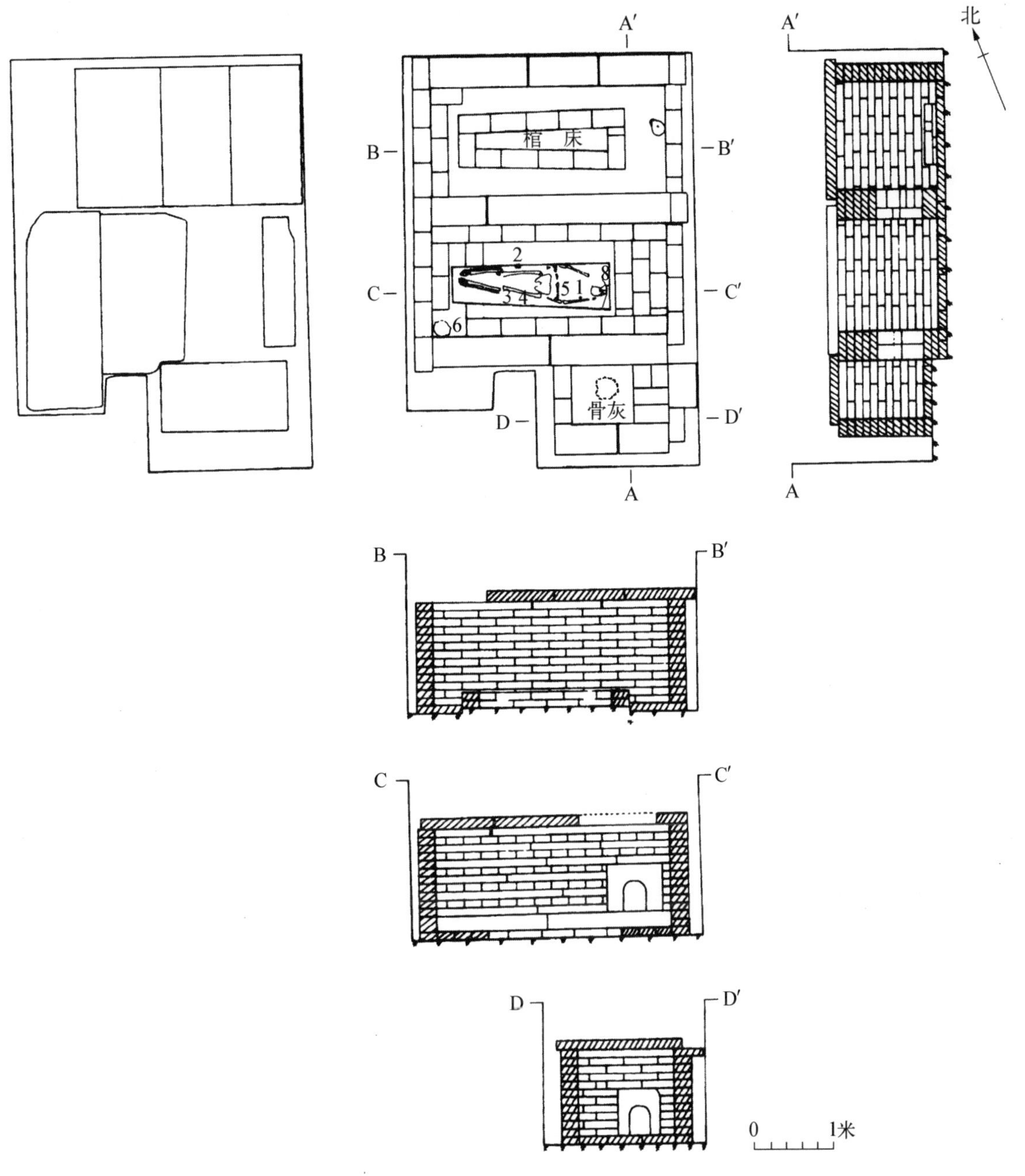

图二 M1 平、剖面图

1. 铜钱 2、3. 银元宝 4. 银簪 5. 玉带 6. 白瓷罐 7. 铜饰件 8. 金簪

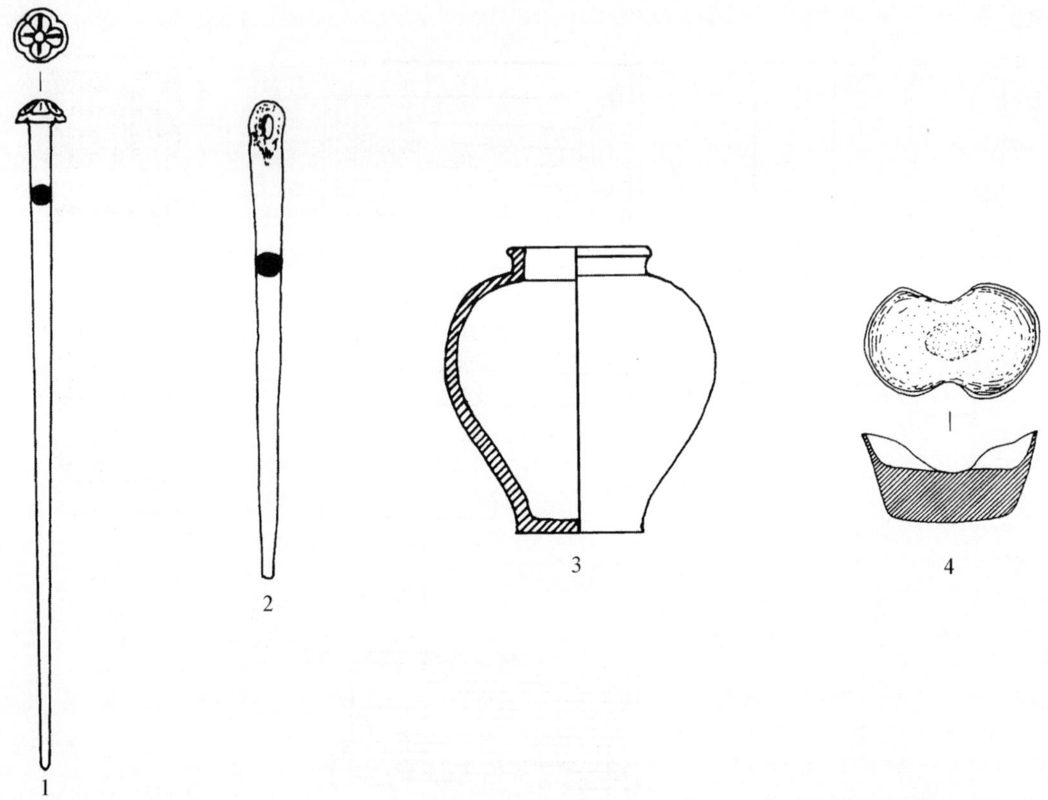

图三　出土器物

1. 金簪(M1:8)　2. 银簪(M1:4)　3. 白瓷罐(M1:6)　4. 银元宝(M1:2)　(1、2 为 2/3,3 为 1/6,4 为 1/3)

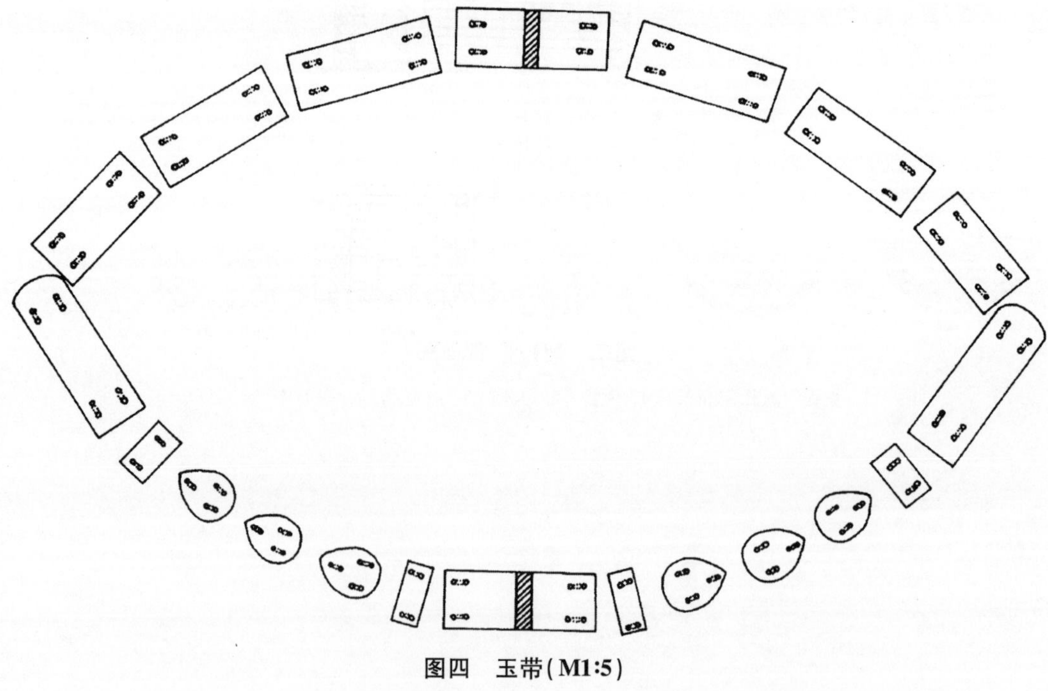

图四　玉带(M1:5)

图五　墓志盖铭文拓片

图六　墓志铭文拓片

图七　部分铜钱拓片

明中军都督府左都督李文贵墓葬

北京市文物研究所

2007年9月11日,北京西站南广场地下车库及商业工程施工过程中发现古代墓葬一座,北京市文物研究所随后对该座墓葬(编号M1)进行了考古发掘。M1墓主人为明代万历皇帝之舅中军都督府左都督李文贵,该墓等级较高,出土文物精美,兹将该墓资料简报如下。

一、墓 葬 介 绍

李文贵墓位于北京市丰台区北京西站南广场的东南部,南邻广安路,东邻马连道北路,西邻北京西站南路(图一)。

该墓葬大部分已被破坏,平面长方形竖穴土圹墓,方向5°。墓口距地表深1.10米,墓底距地表深2.60米,南北长5.30米,残宽2.62~2.80米(图二;彩版一)。

墓室内残留有1棺1椁。椁用长条形木板围成四壁,四角以铁钉连接,残长2.70米,宽1.29米,残高0.25米,厚0.06米。木棺只残存棺底,长2.28米,宽0.95~1.00米,系用三个厚0.16米的长条形木板拼合而成,然后在左右两侧凿宽约0.14米的沟槽嵌入木板作棺的两壁;棺的前后挡板厚约0.06米,亦被嵌入棺底沟槽中。

棺内骨架及随葬品已被扰乱,头向及葬式均不明。棺底铺一层铜钱,墓志1合已被置于墓外,木棺后端挡板前随葬银元宝1件,填土中还出土有玉带板、玉花、玉饰件、金玉耳坠、金玉珠宝花簪、金耳坠、金耳钉、金花饰件、银锭和珍珠等。

二、出 土 遗 物

李文贵墓葬虽然已被破坏,但仍出土了一批精美文物,除了数量众多的铜钱外,还有其他文物22件(对),质地有金、银、铜、玉、珍珠等。

1. 玉带板 1件

M1:1,长条形,正面阴线刻折枝花鸟纹,背面有两对对穿小孔,长4.3、宽2.1、厚0.7厘米(图三,1;彩版二)。

2. 银元宝 1件

M1:2,中间凹,两头翘呈船形,长3.8、宽2.6~3.2厘米(图三,5;彩版三)。

3. 金玉珠宝花簪 1件

M1:3,簪首顶部有两个凤凰对立,口衔瑞草;中央镶嵌一朵玉雕牡丹,以宝石作花蕊已缺失;尾部以瑞草围绕一錾刻"寿"字;簪首周围有8个金花,花托上各镶嵌宝石一颗,宝石仅残存2颗。通长19.2厘米,簪首长8.4米,簪脚长10.8厘米(图四;彩版四)。

4. 金耳坠 1对

M1:4,耳坠为五瓣花朵形,系在轮廓内填丝做成,两侧中央各镶嵌一颗红宝石作花蕊。花朵顶部焊接圆形金片,金片一侧錾刻"万"字,一侧錾刻"寿"字。耳坠以金丝连于金钩上。通长6.1厘米,耳坠长3.0、宽2.1、厚0.45~1.0厘米(图三,8;彩版五)。

5. 金耳钉 1对

M1:5,由五瓣花朵和金钩组成,系在轮廓内填丝做成。总长2.6厘米,金花直径1.5厘米(图三,7;彩版六)。

6. 金玉耳坠 1对

M1:6,耳坠两侧面雕成蝴蝶采菊花状,花蕊以金镶宝石做成。耳坠用金丝连于金钩上。通长6.8厘米,玉坠长3.4、宽2.0、厚0.5厘米(图三,6;彩版七)。

7. 玉花 4件

M1:7,以玉雕成五瓣花朵形,中央有一小孔,直径3.2、厚0.5厘米(图三,2;彩版八)。

8. 小玉花 1件

M1:11,以玉雕成五瓣花朵形,中央有一小孔,直径1.2、厚0.25厘米(图三,4;彩版九)。

9. 玉饰件 1件

M1:12,长2.3、宽1.0、厚0.25厘米,中部有一小孔(图三,3;彩版一〇)。

10. 珍珠 2件

M1:13,直径0.4厘米。

11. 金花饰 6件

M1:14,由花托、花萼、五个花瓣、花丝、花蕊组成,花瓣轮廓内填金丝,花蕊宝石已缺失(彩版一一)。

12. 金花　2 件

M1:20,由花托和五个花瓣组成,花瓣轮廓内填金丝,花托中央有一小孔。直径 1.1 厘米(彩版一二)。

13. 铜钱　680 枚

绝大多数为“万历通宝”,个别是“元丰通宝”和“祥符元宝”(图五)。

14. 墓志

M1:22,青石质,墓志与盖皆长 0.82、宽 0.8、厚 0.17 米,四周边框内均阴线刻云龙纹。志盖上篆刻“明戚畹特进荣禄大夫中军都督府左都督敬山李公墓志铭”,六行共 24 字。墓志正面阴刻志文共 38 行,行 3 ~ 44 字不等,残存 1 037 字(图六、七)。由墓志铭可知,墓主人为明荣禄大夫中军都督府左都督李文贵,字德卿,别号敬山,系明代万历皇帝生母李太后兄长。录文如下:

□□□□□大夫中军都督府左都督敬山李公墓志铭」□□□禄大夫太子太保礼部尚书兼文渊阁大学士知」制诰福唐叶向高撰」□□大夫柱国少保兼太子太保后军都督府掌府事英国公古汴张惟贤书」□禄大夫柱国三奉勅纂修玉牒侍经筵前奉勅」□献使宗人府掌府事驸马都尉都人侯拱宸篆」都督敬山李公属」慈圣皇太后一本兄弟分处国舅尊崇贵甲天下公天性仙去于万历十六年二月初六日越今二十四祀窀穸」始告成而窆马而悬率之石未之刻犹子武清伯公恐公硕德嘉善湮没无闻持所行状丐志于予用垂永久」予耳公甚悉未可以却谨志而铭之按状公姓李讳文贵字德卿别号敬山公先山西平阳翼城人当」文皇帝靖难高祖政从征遂于附畿漷县奠厥居马曾祖纲祖玉俱以公父伟安国公爵赠武清侯公乃安国公仲」子也安国公行已恂恂谊高闾闬脍炙人口一日就枕伏梦神示之曰尔祖尔父世有积德注名南宫」上帝业已降一大贵人俾尔子孙世世凭宠沐恩以五侯七贵相纵拟之前万石君家而福更绵之也既寤闻空中」箫管声彻异香霭霭隐若见众玉女拥一翠辇下者状而」圣母生矣长入侍」庄皇帝诞育」今上聪明齐圣坐享太平历年未艾其福泽渊源何如公始以戚畹授锦衣指挥至万历十二年加升中军都督府」左都督后诰封特进荣禄大夫十四年」圣驾亲阅寿官命公伯仲处守赏赉无算夫公分属内戚职托肺腑位亦崇矣禄亦侈矣而公挹损谦抑」处高若下处丰若约居恒自守无论弗敢挟势凌人即声色狗马无取于娱性也一时缙绅大夫弹冠者无不」拟公以申伯阴马之俦谊亲被福无限即进秩如公父未可量者居无何中道告殂是日公有疾弗豫整冠束」带危坐中堂呼家人约伯兄武清侯公而语之曰予今日病恐不起矣身历显荣固无恨于七尺劳劳所深歉」者累被世泽」圣母并」皇上宏恩未尽犬马万一恳恳丹心吾其瞑目乎哉唯吾兄其图之语毕而卒至于家务之纷沓诸子之稚幼曾不」一语及之矣斯时」圣母闻讣哀痛」圣上悼惜罢朝追赠奠赙视诸戚有加且虑公殡于中,或亦风水未利葬勿令草草后事须得善地而藏之卜之」历年始得地于京之西城南广宁门外真空寺东地广数顷山明水秀庶亦可已」圣母慨发帑金为公营一穴令武清伯公董其事阅二岁而始成公得年四十去」钦□葬公于此卜期是在万历三十九年十二月十九日也距公生于嘉靖壬寅年三月初十日公原配俞氏以公」爵封夫人子二长诚鎰左都督娶大司马张公瓒□女次诚锪锦衣千户娶锦衣都督同知陈公胤征女女二」一适平江伯勋官陈启善俱侧室钱出次适戚畹恩官陈正语侧室王出孙一时芳夫外戚之家代不乏人凭」权取败亦代不乏人而公独恬退雅逸没时犹蒙」圣母垂慈鸠工营墓生荣死哀亿万载不朽固可铭也铭曰于铄李公秩进大督峨冠佩玉美济庭除遡诞祥源庆」衍华诸居宠思危持盈色沮昔已仙游」帝心倾注佳城勅成葱葱郁郁神栖魄适永依兹土矧有公子世称麟趾箕裘克缵」皇恩勿替统□□□□□戚里」

三、结　　语

1. 墓葬性质及年代

李文贵墓葬系竖穴土坑墓,有椁有棺,规格较高。从发掘情况看,该墓已经被破坏,虽说只清理出一椁一棺,但墓葬中还出土了耳坠、耳钉、金玉珠宝花簪等饰品,可见该墓应为男女合葬墓。据墓志内容,李文贵元配俞氏因贵之爵位受封夫人。据《明史·职官志》,外内命妇视夫若子之品,李文贵官居一品,则俞氏应为一品诰命夫人。《武清侯赠太傅安国公谥庄简李公行状》也记载,俞氏为一品夫人①。据《明史·礼志》记载:"命妇一品,冠花钗九树;两博鬓,九钿。"该墓出土的金玉珠宝花簪应该是所谓的九树花钗,另外还有若干宝钿(镶有宝石的金饰件),符合一品夫人的礼制。因此该墓应该为李文贵及俞氏合葬墓。

墓志记载李文贵"仙去于万历十六年二月初六日"即1588年,但由于李太后痛惜他的去世并虑及他是中年夭折,下令要为他找一处风水宝地,历年才在广宁门(清代因道光帝名爱新觉罗·旻宁,为避讳而改为广安门)外真空寺东找到符合条件的墓地,后来又赖李太后资助历两年才建成。墓志又提到经过卜算,其下葬的佳期是"在万历三十九年十二月十九日"即1611年,因此,该墓的完成年代不晚于1611年。

2. 李文贵生平

据墓志记载,李文贵字德清,别号敬山,漷县人(今通州漷镇),生于嘉靖壬寅年即嘉靖二十一年(1542年),去世于万历十六年(1588年)。他先是因为外戚的身份被授锦衣指挥,据《明史·职官志》,为世官九等中的第一等②。万历十二年加升中军都督府左都督,据《明史·职官志》,朱元璋初设行枢密院自领兵事,又置诸翼统军元帅府,不久罢枢密院,改置大都督府,洪武十三年,始改都督府为五军都督府即中、前、后、左、右军都督府,每府设左、右都督各一名,官居正一品③。其后,李文贵又被诰封为特进荣禄大夫,据《明史·职官志》,"特进荣禄大夫"为武职散阶三十等中的第二等,正一品初授特进荣禄大夫,升授特进光禄大夫④。

3. 李氏家族世系及姻亲

据墓志,《武清侯赠太傅安国公谥庄简李公行状》和《明史》,李文贵原籍山西平阳翼城人(今山西临汾市翼城县),高祖李政,从明成祖靖难,定居漷县。曾祖李纲、祖李玉,皆因李伟侯爵赠武清侯。父李伟,万历元年封武清伯,十年进武清侯,十一年卒并赠安国公。李伟长子文全、二子文贵、三子文松,慈圣太后为长女,另有一次女。慈圣太后为穆宗贵妃,万历皇帝生母。文全万历十二年袭武清伯,三十六年卒;文全子铭诚,万历三十七年袭武清伯,四十五年进武清侯,天启七年加太师,崇祯十一年卒;铭诚子国瑞,崇祯中期袭爵,与其庶兄国臣争产并以借饷事悸死;铭诚另一子国观亦因犯事被诛;国瑞子存善崇祯末袭伯,一女适外戚周奎孙。李文贵官至中军都督府左都督,娶妻俞氏,封一品夫人;长子诚镃,官至左都督,娶妻兵部尚书张瓒女;次子诚锪,官千户,娶妻都督同知陈胤征女,而李伟次女嫁给平江伯陈王谟之子胤征,两家可谓姑表作亲;长女适陈启善,次女适陈正语。李文松先是为指挥使,后进御马监太监[⑤]。

4. 史料记载的舛误

据墓志,李文贵于万历十二年加升中军都督府左都督,而《皇明异典述》记载:"万历十年……指挥李文贵俱升左都督。"[⑥]应该是《皇明异典述》有误。

墓志记载万历十四年圣驾亲阅寿宫,命李文贵兄弟处守京师,此事的日期与《明神宗实录》的记载有差,"十三年九月壬辰,敕武清伯李文全、太子少保兵部尚书兼都察院右都御史掌院事赵锦:朕兹恭谒祖宗陵寝,阅视寿宫,特命尔等居守"。另外《明神宗实录》还记载万历十六年九月万历又一次"敕武清伯李文全……朕……阅视寿宫,特命尔等居守"。[⑦]李文贵去世于万历十六年二月,那九月皇帝关于居守的命令里就不会有他了,也就是说李文贵参与居守京师是在万历十四年而不是十三年,因此《明实录》记载有误。

北京市西客站李文贵墓葬的考古发掘,对研究明代皇亲国戚的墓葬形制及埋葬习俗来说是不可多得的考古资料,也为研究明代时期社会生活及手工业水平提供了非常珍贵的资料。尤其是李文贵墓志的出土,对研究明代官制、兵制、李文贵家族都极具价值,可以与史料相印证并有所补充。

注释:

① [明] 焦竑:《国朝献征录》,台湾学生书局,1965 年。
②《明史 · 职官志》,中华书局,1974 年。
③ 同②。
④ 同②。
⑤ a. [明] 王世贞:《皇明异典述 · 卷七》,全国图书馆文献缩微复制中心,2004 年;b.《明史 · 李伟传》、《明史 · 李太后传》、《明史 · 外戚恩泽侯表》,中华书局,1974 年;c. 同①。
⑥ 同⑤a。
⑦《明实录》,中研院历史语言研究所校印。

执笔:刘风亮

(原载于《文物》2008 年第 9 期)

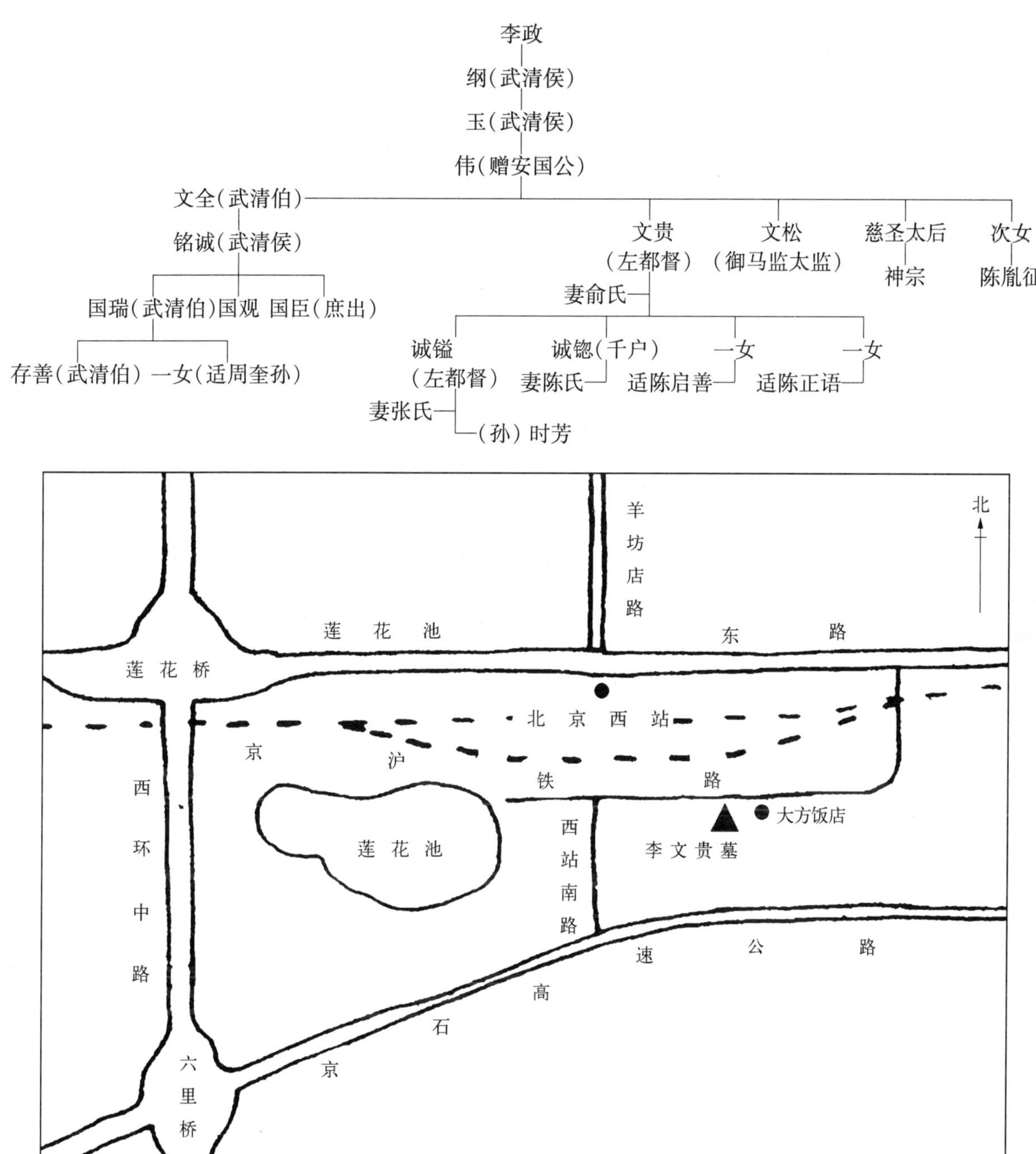

图一　李文贵墓位置示意图

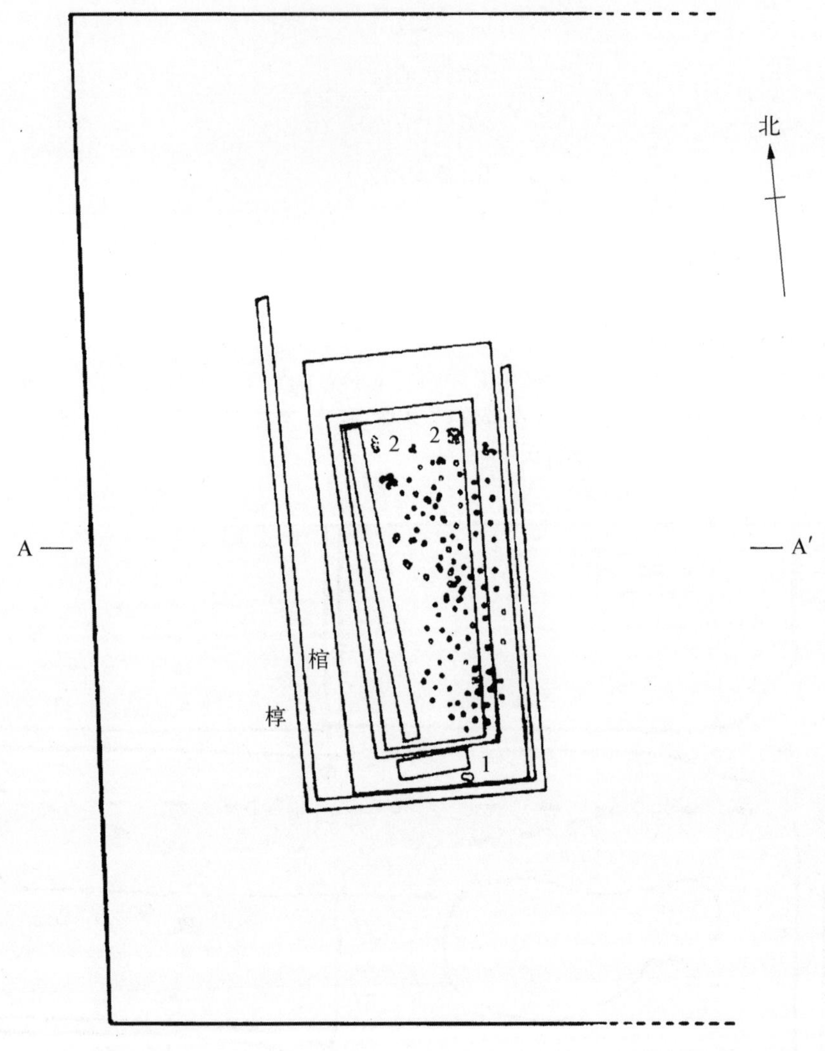

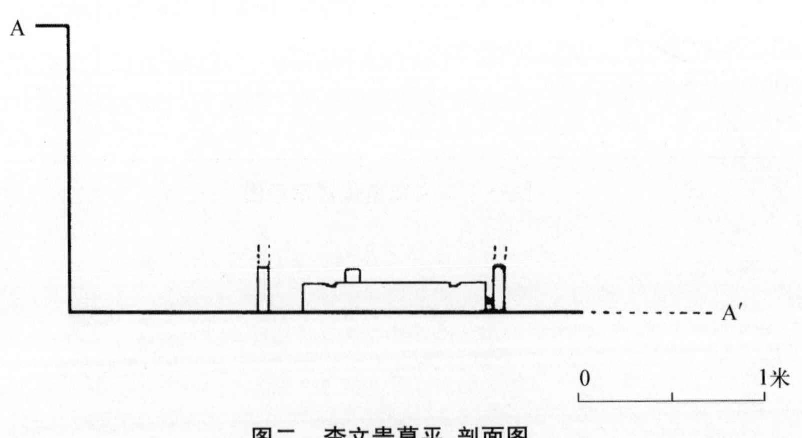

图二　李文贵墓平、剖面图

1. 银元宝　2. 人骨

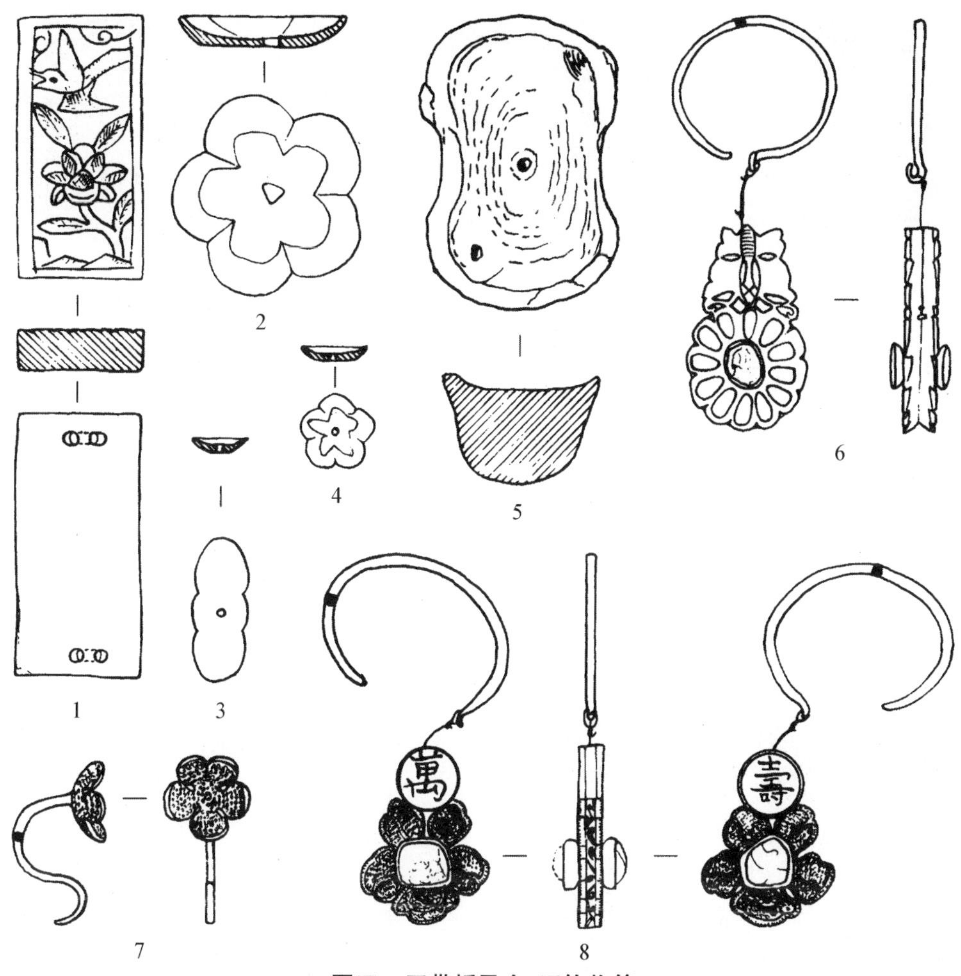

图三　玉带板及金、玉饰物等

1. 玉带板（M1:1）　2. 玉花（M1:7）　3. 玉饰件（M1:12）　4. 小玉花（M1:11）　5. 银元宝（M1:2）　6. 金玉耳坠（M1:6）　7. 金耳钉（M1:5）　8. 金耳坠（M1:4）（5 为 6/7，余为 2/3）

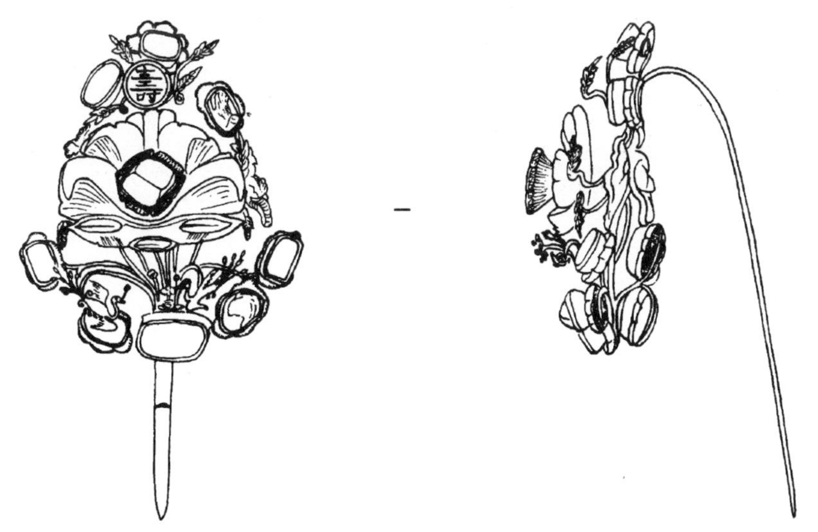

图四　金玉珠宝花簪（M1:3）

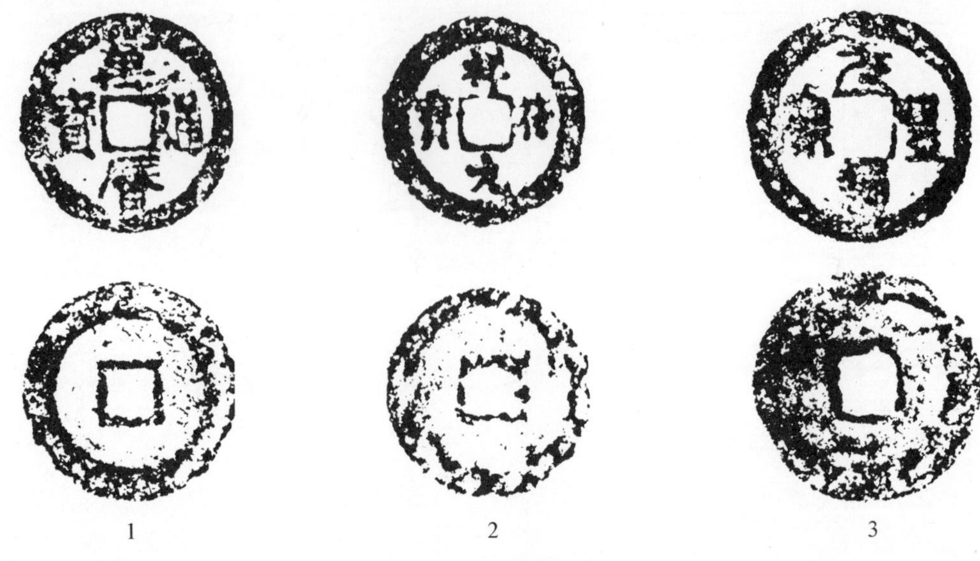

1　　2　　3

图五　铜钱拓片

1. 万历通宝（M1:21）　2. 祥符元宝（M1:37）　3. 元丰通宝（M1:45）（均为原大）

图六　李文贵墓志盖拓片

图七　李文贵墓志拓片

北京丫髻山碧霞元君祠遗址发掘报告

北京市文物研究所

碧霞元君祠遗址东北距北京市 75 公里，西北距平谷区政府驻地 23.5 公里，坐落于平谷区刘家店镇北吉山村西北部的丫髻山上，地理坐标为北纬 40°04′、东经 115°33′，海拔 361 米（图一；彩版一）。丫髻山因其两峰高耸若少女丫髻而得名，当地百姓又称之为“东大山”，曾被御封为“护国天仙宫”、“金顶”、“畿东泰岱”、“近畿福地”、“灵应宫”等称号。2001 年，碧霞元君祠被公布为北京市文物保护单位。2003 年，丫髻山古建筑被列入 2008 人文奥运修复计划中。2007 年 7 月 6 日～10 月 4 日，北京市文物研究所对该遗址的部分建筑基础进行了考古发掘，共清理了 4 组建筑基础，发掘面积 450 平方米。下面报道此次考古发掘情况。

一、建 筑 基 址

该遗址共分为两区，即Ⅰ区和Ⅱ区。Ⅰ区位于丫髻山西顶，Ⅱ区位于西顶南侧断崖下的山门西侧坡地上。两区共清理出 F1 和 F2、F3、F4 等 4 组建筑基础，都叠压于近现代渣土之下。

（一）Ⅰ区

Ⅰ区共清理出 1 组建筑基础及其排水道，编号 F1。F1 位于碧霞元君祠的东南侧，南侧和东侧为断崖，方向 340°。F1 系先依山顶地势垫石块、砖块、土夯平作基础，呈曲尺形，南北长 11.2 米，东西宽 10.9 米（图二；彩版二）。

F1 墙基都用大小不等的石块加三合土砌制而成，其中南墙基宽 0.75 米，残高 0.05 米，墙基上残留两块青砖，青砖长 26、宽 14、厚 5 厘米；北墙基宽 0.6～0.73 米，残高 0.1 米；东墙基北段由于悬崖坍塌残宽 0.25 米，南段宽 0.8 米，残高 0.1 米；西墙基宽 0.52～0.63 米，残高 0.1 米，上面残存三层大青砖，用三合土南北向错缝平砌，青砖长 39、宽 19、厚 9 厘米。

F1 共分 5 间，其中坐东向西者 3 间，坐南向北者 2 间，各间以柱础为界，进深都是 4.45 米。面向西之三间，面阔 9.8 米，其中由北向南第一间面阔 3.2 米，第二间面阔 2.6 米，第三间面阔 4.0 米。面向北之两间，面阔 5.2 米，其中由西向东第一间面阔 2.7 米，第二间面阔 2.5 米。房间内铺有三合土，厚 0.1 米。F1 西侧及北侧设有走廊，走廊柱础与房间柱础分别对应，其中北侧走廊宽 1.3 米，西侧走廊宽 1.3 米。柱础一般呈方形，边长 0.4～0.5 米；古镜圆形，直径 0.25～0.4 米。

走廊前有散水,残存部分匝边砖和铺地砖。西侧散水前残存一级台阶,石条长1.6、宽0.4、高0.25米。

坐南朝北之由西向东第一间房内中部偏西处有一暗排水道,水道口距地面深0.2、宽0.25、高0.25米,底部为厚约0.08米的三合土,两壁用大小不等的青砖错缝平砌,上砌不规则石块和大青砖。青砖规格有三种:分别长28、宽14、厚5厘米,长24、宽11、厚4厘米,长38、宽19、厚8厘米。

(二)Ⅱ区

Ⅱ区位于山顶南侧断崖下的山门西侧坡地上,最高处与Ⅰ区高差约22米。Ⅱ区共清理了高低错落相连的3组建筑基础,编号F2、F3和F4。其共同的特点是依山坡地势垫石块、砖块、土夯平作基础,其厚度因地势而异,上面再夯三合土;墙均用大小不等、形状不规则的石块加三合土砌成虎皮墙;方向都是353°(图三;彩版三)。

1. F2

F2位于山门西侧,坐南朝北,西与F3相连,南墙外为悬崖。平面呈东西向长方形,东西长16.2米,南北宽5.6米,共五间,其中一明间、两次间、东西稍间各一(图四;彩版四)。

南墙沿悬崖用石块修建成虎皮墙,宽0.6米,残高0.35~0.8米,墙面上先抹一层麦秸泥,外再抹一层白灰。房间内地面为三合土,不见铺地砖。

房址北侧存有2排柱础,其中南排残存3个,北排4个。柱础方形,边长0.41米;古镜圆形,直径0.25米。南侧残存有1个柱洞,平面呈长方形,长0.41米,宽0.33米。

明间面阔3.4米,进深3.4米。

东次间面阔3.2米,进深3.4米。东墙长3.6米,宽0.45米,残高0.4米。北墙残长2.35米,宽0.4米,残高0.06米。

西次间面阔3.2米,进深3.4米。西墙长3.6米,宽0.4米,残高0.6米。北墙仅余痕迹,宽0.4米。

东稍间被破坏严重,不见东墙和北墙,进深3.4米,面阔2.6米(残)。

西稍间面阔2.85米,进深3.4米。西墙长4.2米,宽0.6米,残高1.6米。北墙仅余痕迹,宽0.4米。

在明间、两次间和西稍间北侧设有走廊,宽1米,内、外柱各5个。走廊内用青砖或方砖铺地。走廊外侧残留有用石板铺就的散水,宽0.3~0.45米。

F2内共发现炕3个。

K1位于东次间东部,平面长方形,南北长3.15米,宽1.9米,残高0.05米。其东南角在东次间和东稍间隔墙上设一火道,长0.45、宽0.25、深0.2米,应是从东稍间向K1供暖所用,但由于东稍间被破坏严重,其内没有找到灶。

K2位于西次间西部,底部被破坏。从南墙和西墙烟熏痕迹看,南北长3.15米,宽1.9米,高0.4~0.5米。其西南角在南墙壁上开有一个烟囱,进深0.38、宽0.3、高0.55米。

K3 位于西稍间南部,平面长方形,东西长 2.85、宽 1.7 米,残高 0.4 ~0.5 米。炕的东壁上砌一层青砖,其下抹一层麦秸泥,外再抹一层青灰(彩版五)。

2. F3

F3 位于Ⅱ区中部,坐南朝北。东邻 F2,西邻 F4,其南墙临崖而建。F3 地面比 F2 高 1.25 米,比 F4 低 2.65 米。F3 平面呈东西向长方形,长 6.55、宽 5 米。面阔两间,因受地势限制,门向东。其南墙宽 0.7 米,残高 0.15 ~1.4 米(图五)。

东间面阔 2.65 米,进深 4.1 米。其东北部为台阶。东墙宽 0.6 米,残高 2 米,直接砌在山体上,墙面先抹一层麦秸泥,外再抹一层青灰。

西间面阔 2.72 米,进深 3.2 米。地面用石块铺砌,石块下有 0.1 米厚的三合土,再下为山体。北墙紧贴山体而砌,宽 0.33 ~0.8 米不等,残高 0.8 ~1.75 米。墙面上抹一层麦秸泥,然后从地面向上 0.95 米高抹一层青灰,青灰以上抹一层白灰。西墙紧贴 F4 东墙,直接砌在山体上,宽 0.6 米,残高 0.35 ~1.45 米。墙面上先抹一层麦秸泥,外再抹一层白灰。

F3 墙内共有 9 个柱洞,直径在 0.17 ~0.2 米之间,残深 0.05 ~1.7 米,柱洞底部都垫有石块。

F3 东北角设有台阶,与 F2 走廊相连,系由 F2 走廊到 F3 的通道。共 6 级,长约 1 米,宽 0.25 ~0.46 米,高 0.18 ~0.25 米。

3. F4

F4 位于Ⅰ区西部,坐南朝北。东与 F3 相邻,南墙外为悬崖。平面呈长方形,长 17.2 米,宽 5.5 米。共分五间,即一明间、两次间和东西稍间。南墙宽 0.6 米,残高 0.4 ~0.7 米(图六;彩版六)。

房址北侧存有 2 排柱础,每排 4 个,共 8 个。柱础方形,边长 0.4 米;古镜圆形,直径 0.25 米。南侧分布有 1 排柱洞,共 6 个,平面均呈圆形,直径 0.23 米。

明间面阔 3.3 米,进深 3.3 米,地面上残留有铺地石。

东次间面阔 3 米,进深 3.3 米,地面残留有铺地石,石块大小不均。其东墙宽 0.4 米,残高 0.55米。北墙用青砖砌就,大部分残,宽 0.25 米,残高 0.06 米。其东北角有灶,灶之北有灶台。

西次间面阔 3 米,进深 3.3 米,大部分地面残留有铺地石。西墙宽 0.4 米,残高 0.4 米。北墙用青砖砌就,宽 0.25 米,残高 0 ~0.36 米。房间西南部为一炕和一灶。

东稍间面阔 2.85 米,进深 4.2 米。门道向西从走廊进入,宽约 0.9 米。北部地面残留有铺地砖,大部分为三合土,南部为一土炕。东墙紧贴 F3 西墙,宽 0.7 米,残高 0.5 ~0.7 米。北墙被破坏严重,宽 0.45 米,残高 0.05 ~0.35 米。

西稍间面阔 2.85 米,进深 4.2 米。门道向东从走廊进入,宽约 0.9 米。北部用青砖铺地,南部为一土炕。西墙宽 0.6 米,残高 0.05 ~0.4 米。北墙宽 0.45 米,残高 0.25 米。

在明间和两次间北侧设有走廊,宽 1 米,内、外柱各 4 个。走廊内用青砖南北向错缝铺地。

F4 前侧有宽约 0.2 米的阶条石,西稍间前侧的阶条石保存较好。

阶条石北侧有一东西向的排水道,高于地面,长 7.6、宽 0.16、高 0.18 米。

F4 之北有一附属建筑,坐北朝南,其北墙系利用崖壁,平面呈不规则形,面阔 13.8 米,进深因崖壁凸凹而宽窄不同,最宽处 3.5 米,最窄处仅 1.8 米。东墙残长 1.6、宽 0.6 米,残高约 0.45 米。西墙与 F4 西稍间西墙相接,长 3.1、宽 0.4 米,残高约 0.35 米。西墙上留有西向的门道,宽 0.7 米,应是通往山之西平台所用。大部分地面上铺有石块,少数地方铺砖。其中部崖壁下有一灶。

由于地势的限制,从 F3 到 F4 没有通道。F4 附属建筑之东有一长方形平台,东西长 3.6 米,宽约 2.4 米,地面铺石块。平台之东有三级台阶,分别用石条或石块砌筑,长 2.15 米,宽 0.25 ~ 0.35 米,高 0.17 ~ 0.23 米。这三级台阶再往东、往下堆满了从悬崖上坍塌下的石块等,从地势看应通往山门。此处的平台和台阶应是从山门到 F4 的通道。

F4 及其附属建筑内共发现了灶 3 个、炕 3 个。

Z1 位于东次间东南角,仅留痕迹。平面长方形,南北长 1.3、宽 0.9 米。中部为灶膛,平面圆形,直径 0.7 米。灶后有一通道与东稍间内的 K4 相连,应是为其供暖所用。Z1 北侧有一土台,半圆形,直径约 0.65 米,残高 0.38 米,应是放厨具所用。

Z2 位于西次间东南角,仅残留底部一层砖。平面长方形,南北长 1.5、宽 0.9 米。此灶应是为 K5、K6 供暖所用。

Z3 用残砖加泥砌筑,位于 F4 附属建筑的中部崖壁下,其北部进入崖壁内凹之处。灶台平面长方形,南北长约 1.3 米,宽约 0.9 米,残高 0.3 ~ 0.4 米。灶门向东,宽 0.3 米。火膛圆形,直径 0.6 米。灶台之西凸出部分为烟道,东西长 0.5 米,宽 0.2 ~ 0.25 米(彩版七)。

K4 位于东稍间南部,已残,平面长方形,残存部分东西长 2.85 米,宽 1.4 米,残高 0.3 米。从烟熏痕迹看,实际宽 1.85 米。

K5 位于西次间南部,平面长方形,东西长 2.1、宽 1.65 米,残高 0.45 米。北侧抹有青灰,底部有一层平砖。其东南部有一近方形洞,宽 0.18、高 0.2 米,呈斜坡状进入 Z2 内,应是 Z2 为 K5 供暖设置。

K6 位于西稍间南部,平面长方形,东西长 2.85 米,宽 1.75 米,残高 0.2 ~ 0.35 米。正面用不同规格的青砖错缝平砌,残留 4 层(图九;彩版八)。

二、遗　　物

该遗址出土遗物比较单一,主要是铁质筒瓦和板瓦,比较完整的有铁筒瓦 1 件和铁板瓦 1 件。

F2:1,铁筒瓦,瓦身长 26 厘米,宽 12 厘米,厚 1 厘米;瓦头长 4 厘米,厚 0.5 厘米(图七,1;彩版九)。

F2:2,铁板瓦,长 28 厘米,一端宽 20 厘米,一端宽 18 厘米,厚 0.4 厘米(图七,2;彩版一〇)。

三、结　　语

《日下旧闻考》记载:“县东南九十里有丫髻山,二峰高耸,上有碧霞元君祠。”①

唐贞观六年(632年)始有道士于丫髻山西顶结庐修炼。元代改为碧霞元君庙。明嘉靖年间,重修碧霞元君殿,明世宗敕赐"护国天仙宫"门额。清初曾进行大规模扩建。康熙年间撤铁瓦殿,改建大殿三间②。现存康熙御制丫髻山玉皇阁碑记载:"自元明以来,号为近畿福地。"清时每年四月内务府或王公大臣都来朝山进香,康熙皇帝六十大寿的万寿道场在丫髻山举行,康熙、乾隆、道光等皇帝也曾多次驾临丫髻山。丫髻山庙会自明代兴起,京畿各地信民于此期间纷纷来此进香许愿,为华北四大庙会之一。后丫髻山大部分建筑毁于战火。③

从清理出的房址、炕的形制来看,这些遗迹时代不早于清朝,这与文献记载丫髻山建筑群曾于清代被改建是符合的。《光绪顺天府志》记载,明嘉靖年间,有王姓老媪,发愿修建,以山高风烈,瓦易飘失,募化铁瓦建成铁瓦殿④。此次发掘出土了铁质板瓦和筒瓦,可见铁瓦殿确实存在过。

根据F1的位置和形制,初步判断F1为碧霞元君殿的东配殿。F4及其附属建筑内都设有灶,应该为斋房。F2和F3内都有火炕遗存,推测为道士或香客住房。

通过此次考古发掘,我们对丫髻山的建筑布局、形制及年代有了一个比较明确的认识,也为将来进行规划、保护提供了依据。

注释:

① [清] 于敏中等编纂:《日下旧闻考》,北京古籍出版社,1981年。

②《平谷县志》编纂委员会:《平谷县志》,北京出版社,2001年。

③ 北京市平谷区文化委员会:《平谷文物志》,民族出版社,2005年。

④ [清] 周家楣、缪荃孙:《光绪顺天府志》,北京古籍出版社,1987年。

发掘:朱志刚 刘风亮 张中华

照相:刘风亮 张中华

执笔:张中华

(原载于《文物春秋》2009年第1期)

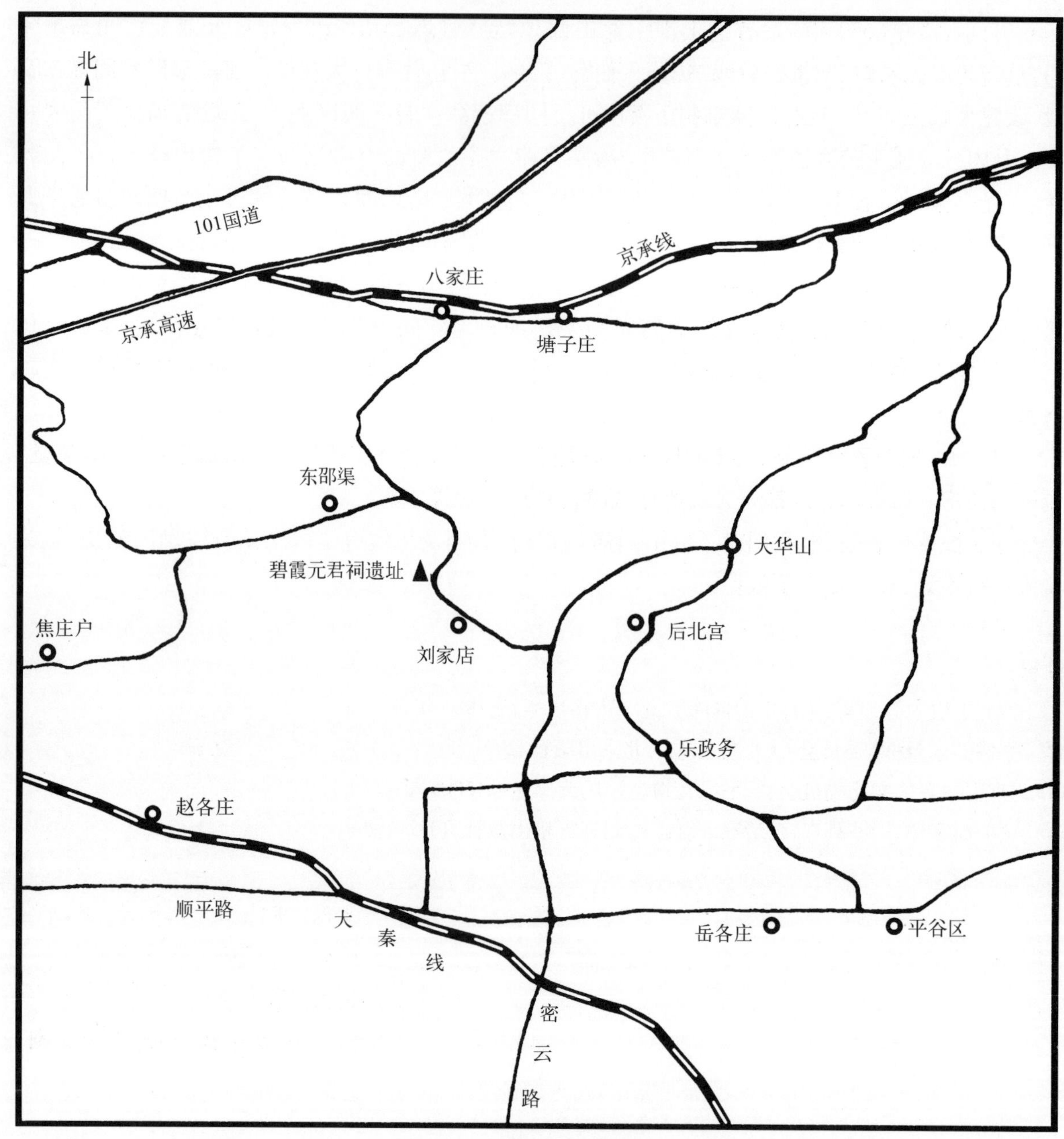

北
101国道
京承线
八家庄
京承高速
塘子庄
东邵渠
大华山
碧霞元君祠遗址
焦庄户
后北宫
刘家店
乐政务
赵各庄
顺平路
大
秦
线
岳各庄
平谷区
密
云
路

图一　遗址位置示意图

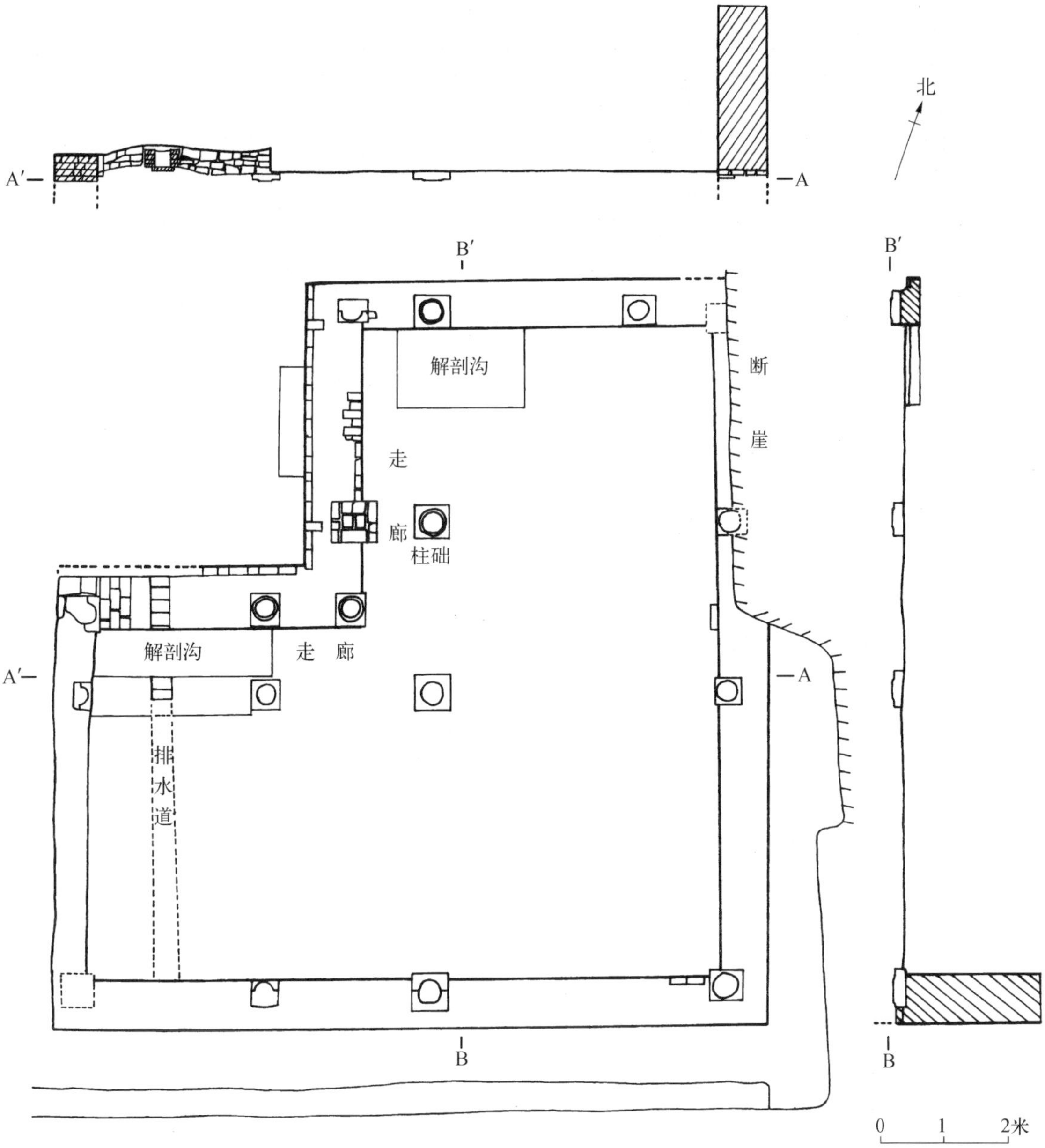
北
A′
A
B′
B
解剖沟
走
廊
柱础
断
崖
解剖沟
走 廊
排
水
道
0 1 2米

图二 Ⅰ区 F1 平、剖面图

北
断 崖
断 崖
Z3
K6
K5
Z2
F4
Z1
K4
F3
炕
K2
F2
K1
K3

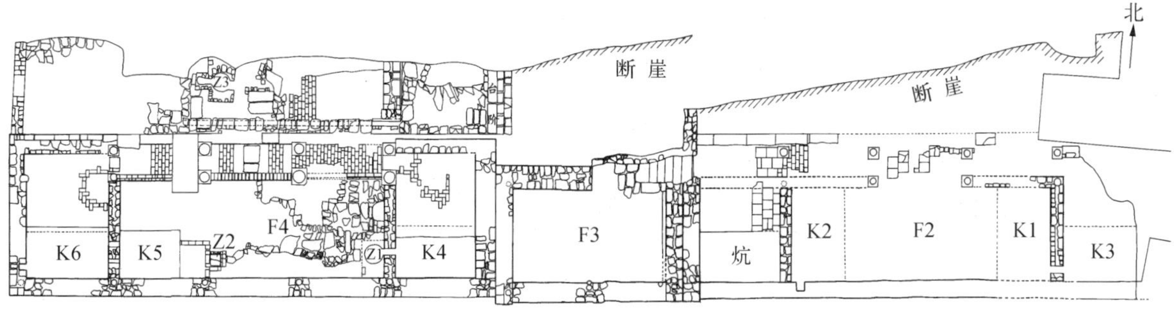

图三 Ⅱ区总平面图

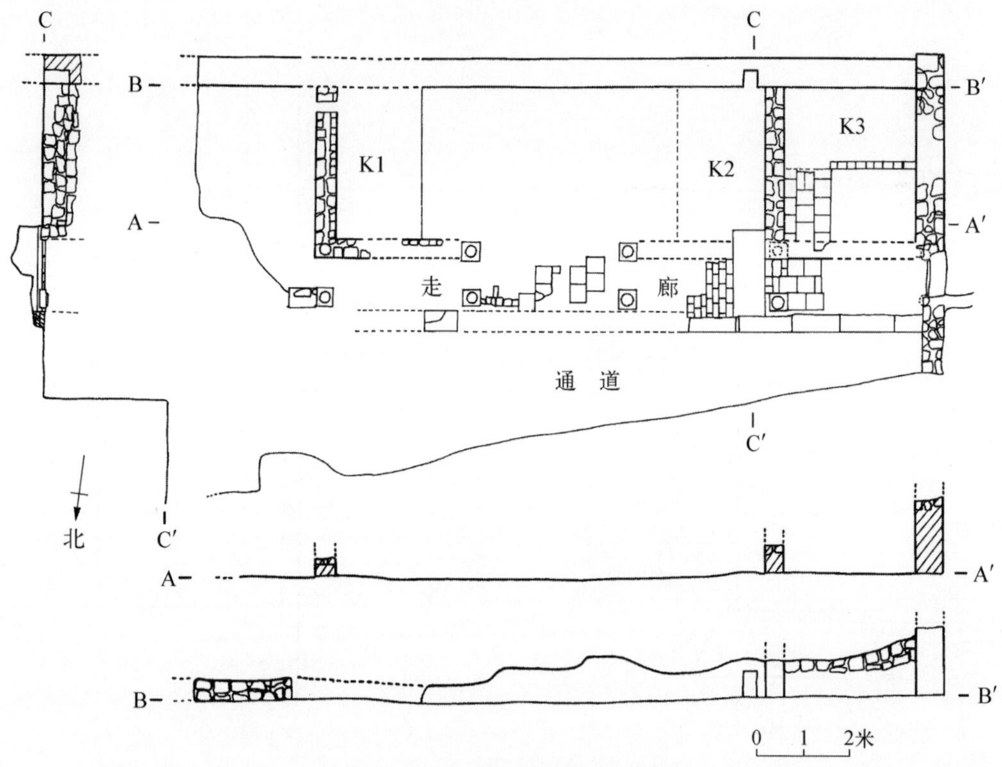

图四　F2 平、剖面图及南壁正视图

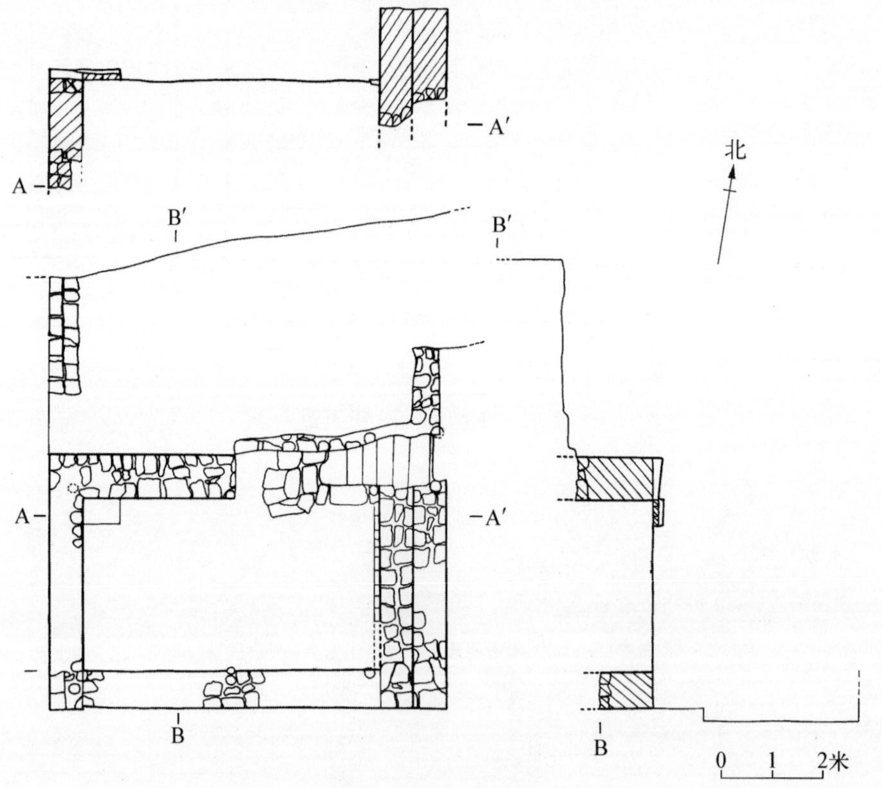

图五　F3 平、剖面图

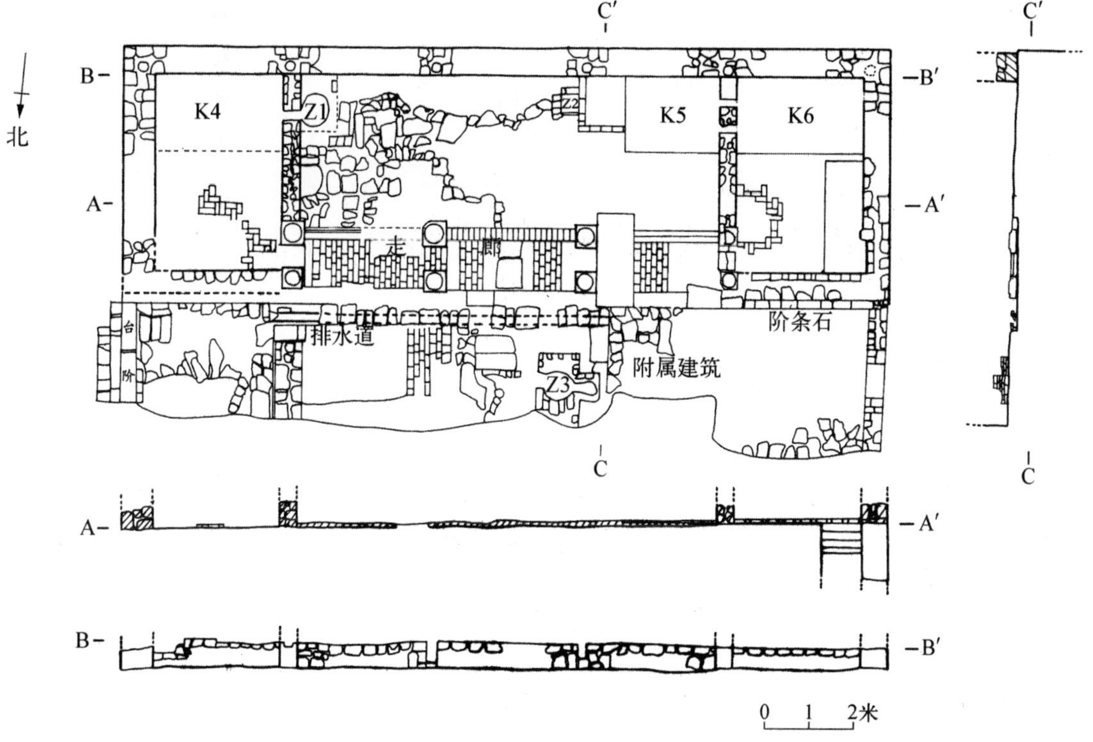

图六 F4 平、剖面图及南壁正视图

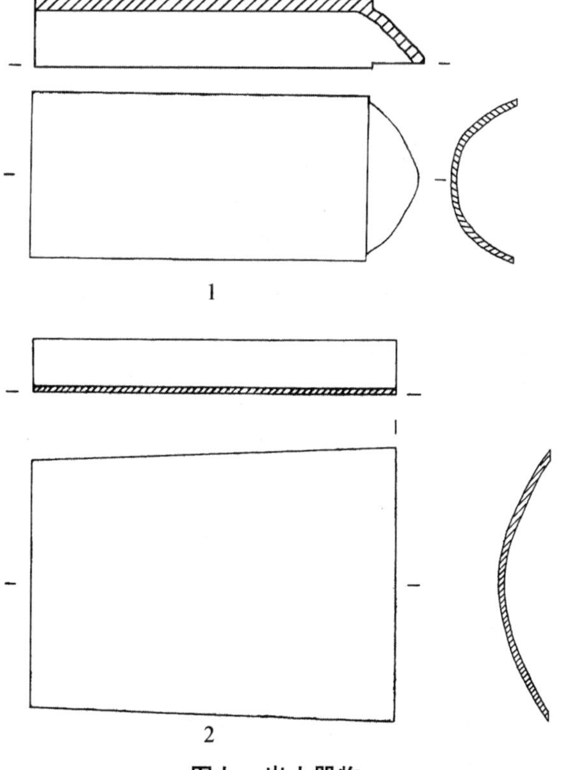

图七 出土器物

1. 铁筒瓦(F2:1) 2. 铁板瓦(F2:2)

通州新城基业项目墓葬发掘简报

北京市文物研究所

新城基业项目墓葬区位于北京市通州区城关镇(图一)。地理坐标为北纬 39°52′45″,东经 116°39′50″,海拔 11 米。为配合新城基业项目工程建设,做好地下文物的保护工作,2007 年 8 月至 9 月,北京市文物研究所对该项目占地区域进行了抢救性考古发掘。共清理明清时期墓葬 27 座(图二),现将发掘情况简报如下。

一、墓 葬 形 制

本次发掘清理的 27 座墓葬,均为竖穴土圹墓,南北向或东西向排列。依据内葬人数多寡,可分为单人葬墓、双人合葬墓、三人合葬墓及迁葬墓。其中,单人葬墓 6 座,编号分别为 M1、M3、M4、M8、M19、M27。双人合葬墓 13 座,编号分别为 M2、M6、M7、M14、M15、M16、M17、M20、M21、M22、M23、M24、M26。三人合葬墓 1 座,编号为 M5。迁葬墓 7 座,编号分别为 M9、M10、M11、M12、M13、M18、M25。以下择其典型加以介绍。

M1　位于发掘区的东南部,开口于②层下。长方形竖穴土圹墓,东西向,方向 285°。墓口距地表深 0.8 米,墓口距墓底深 0.9 米。东西长 2.6 米,南北宽 0.9 ~ 1 米。内填花土,土质稍松。单人葬,棺木已朽,棺残高 0.24 米。骨架保存较好,仰身直肢。随葬品有陶罐、铜钱(图三)。

M5　位于发掘区的东南部,开口于②层下。长方形竖穴土圹墓,东西向,方向 45°。墓口距地表深 1 米,墓口距墓底深 0.8 米。东西长 2.6 ~ 2.8 米,南北宽 3.32 ~ 4 米。内填花土,土质较硬。三人合葬,棺木已朽,棺残高 0.38 米。骨架保存较差,仰身直肢。随葬品有釉陶罐、瓷罐、铜钱(图四)。

M6　位于发掘区的东南部,开口于②层下。长方形竖穴土圹墓,东西向,方向 60°。墓口距地表深 1 米,墓口距墓底深 0.98 ~ 1.4 米。东西长 3 米,南北宽 1.5 ~ 2.1 米。内填花土,土质较硬。双人合葬,棺木已朽,棺残高 0.1 ~ 0.5 米。骨架保存较差,仰身直肢。随葬品有釉陶罐、铜钱(图五)。

M20　位于发掘区的中部,开口于②层下。长方形竖穴土圹墓,南北向,方向 350°。墓口距地表深 0.7 米,墓口距墓底深 0.4 米。南北长 2.5 米,东西宽 1.24 ~ 1.5 米。内填花土,土质疏松。双人合葬,棺木已朽,棺残高 0.2 米。骨架保存较好,仰身直肢。随葬品有瓷罐、铜钱(图六)。

二、随葬器物

出土的随葬器物有陶器、瓷器、银器、铜器、玉器、骨器等,分别介绍如下。

1. 陶器 9件,均为罐。依形制特征分为二型。

A型 3件。泥质红陶罐。

M1:1,直口,平沿,方唇,直颈微束,溜肩,圆鼓腹,圈足。口径11.8厘米,底径7.7厘米,高13.4厘米(图七,1)。

M2:1,直口微侈,平沿,方圆唇,束颈,斜肩,圆鼓腹,圈足。口径9.8厘米,底径6.4厘米,高12.7厘米(图七,2)。

M7:1,侈口,折沿,方圆唇,微束颈,斜肩,折腹斜收,平底,腹部饰四道凹弦纹。口径9.8厘米,底径7.3厘米,高11.2厘米(图七,3)。

B型 6件。釉陶罐。

M5:1,直口微敛,平沿,方圆唇,束颈,斜肩,上腹外鼓,下腹弧收,平底,腹部饰八道凹弦纹。口沿至上腹部施绿釉,有流釉现象,口沿釉色剥落严重,下腹部及底部未施釉。口径11.8厘米,底径8厘米,高13.3厘米(图七,4)。

M6:1,侈口,折沿,方圆唇,束颈,弧腹,下腹内收,平底,腹部饰五道凹弦纹。口沿至上腹部施酱釉,下腹部及底部未施釉。口径10.4厘米,底径7.2厘米,高10厘米(图七,5)。

M6:2,侈口,折沿,方圆唇,束颈,上腹微鼓,下腹弧收,平底,下腹饰两道凹弦纹。口沿至肩部施浅绿釉,下腹部及底部未施釉。口径9.8厘米,底径7厘米,高10.7厘米(图七,6)。

M15:1,直口,平沿,方唇,束颈,圆肩,上腹外鼓,下腹弧收,平底,下腹饰三道凹弦纹。口沿至上腹部施黄釉,下腹部及底部未施釉。口径9.2厘米,底径8.3厘米,高13厘米(图七,7)。

M16:1,体施黄釉,口沿不施釉。侈口,折沿,方圆唇,束颈,上腹外鼓,下腹弧收,平底,腹身中部有一道凸棱。口沿至上腹部施黄釉,釉色光亮,下腹部及底部未施釉。口径10.8厘米,底径7.8厘米,高11.1厘米(图七,8)。

M17:1,侈口,折沿,方圆唇,束颈,斜肩,上腹外鼓,下腹斜收,近底部微外敞,平底,腹身饰两道凹弦纹。口沿至上腹部施绿釉,部分已剥落,下腹部及底部未施釉。口径9.1厘米,底径7.2厘米,高11厘米(图七,9)。

2. 瓷器 5件。

瓷罐 3件。依形制特征分为三型。

A型 1件。M5:2,直口,平沿,方圆唇,双扳耳残,圆鼓腹,圈足,腹部饰两道凹弦纹。颈部至上腹部施黑釉,口沿、下腹部及底部未施釉。口径8厘米,底径6.4厘米,高10.9厘米(图八,1)。

B型 1件。M8:1,直口,平沿,方圆唇,直颈,圆肩,上腹外鼓,下腹弧收,圈足。内、外壁施黑釉,外壁底不施釉,口部釉色稍有剥落。口径9.4厘米,底径10.8厘米,高14.8厘米(图八,2)。

C型 1件。M20:1,直口,平沿,方唇,斜颈微束,圆肩,上腹外鼓,下腹弧收,平底,腹身饰数道弦纹。通体施白釉,泛青,口沿施酱釉。口径7.8厘米,底径7.9厘米,高14.5厘米(图八,3;彩版一)。

瓷碗　1件。M3:1,敞口,圆唇,斜弧腹,圈足。内、外壁施酱釉,釉厚。口径15.8厘米,底径6厘米,高7.4厘米(图八,4;彩版二)。

3. 银簪　4件。依形制特征分为二型。

A型　3件。簪身为圆柱锥形,簪首作圆帽形,上有螺旋纹。M15:2,长11.3厘米(图九,4)。M15:3,长11.4厘米(图九,5)。M16:2,长10.9厘米(图九,6;彩版三)。

B型　1件。M14:1,簪体呈扁平状,下端尖形,簪首为钮状。长9.6厘米(图九,2)。

4. 玉扳指　M26:1,圆筒形,器壁较厚,素面。高2.8厘米(图九,7;彩版四)。

5. 骨簪　M14:3,簪身为圆柱锥形,顶端截平,颈部收束成箍。长7.9厘米(图九,3)。

6. 铜簪　1件。M14:2,簪身为圆柱锥形,簪首作圆帽形。长11.3厘米(图九,1)。

7. 铜钱　有唐国通宝、宋元通宝、咸平元宝、祥符元宝、天圣元宝、元丰通宝、嘉靖通宝、万历通宝、天启通宝、崇祯通宝、弘治通宝、宣德通宝、隆庆通宝、顺治通宝、康熙通宝、雍正通宝、乾隆通宝等。以下以M7出土铜钱为例加以介绍。

唐国通宝　1枚。M7:2,小平钱,圆形,方穿,窄郭,钱面文为“唐國通寶”,上下右左对读。直径2.33厘米,穿径0.59厘米,厚0.08厘米(图一〇,1)。

宋元通宝　1枚。M7:3,小平钱,圆形,方穿,宽郭,钱面文为“宋元通寶”,上下右左对读。直径2.42厘米,穿径0.63厘米,厚0.08厘米(图一〇,2)。

祥符元宝　1枚。M7:4,小平钱,圆形,方穿,宽郭,钱面文为“祥符元寶”,右旋读。直径2.48厘米,穿径0.57厘米,厚0.07厘米(图一〇,3)。

天圣元宝　1枚。M7:5,小平钱,圆形,方穿,窄郭,钱面文为“天聖元寶”,右旋读。直径2.49厘米,穿径0.72厘米,厚0.09厘米(图一〇,4)。

元丰通宝　1枚。M7:6,小平钱,圆形,方穿,宽郭,钱面文为“元豐通寶”,右旋读。直径2.42厘米,穿径0.58厘米,厚0.09厘米(图一〇,5)。

弘治通宝　2枚。标本M7:7,标本小平钱,圆形,方穿,窄郭,钱面文为“弘治通寶”,上下右左对读。直径2.47厘米,穿径0.54厘米,厚0.12厘米(图一〇,6)。

万历通宝　6枚。小平钱,圆形,方穿,宽郭,钱面文为“萬曆通寶”,上下右左对读。标本M7:8,直径2.5厘米,穿径0.52厘米,厚0.09厘米(图一〇,7)。标本M7:9,直径2.24厘米,穿径0.55厘米,厚0.16厘米(图一〇,8)。标本M7:10,直径2.45厘米,穿径0.51厘米,厚0.14厘米(图一〇,9)。

天启通宝　20枚。小平钱,圆形,方穿,宽郭,钱面文为“天啟通寶”,上下右左对读。标本M7:11,直径2.66厘米,穿径0.47厘米,厚0.08厘米(图一〇,10)。标本M7:12,背穿上为一“户”字。直径2.61厘米,穿径0.48厘米,厚0.12厘米(图一〇,11)。标本M7:13,直径2.39厘米,穿径0.52厘米,厚0.08厘米(图一〇,12)。标本M7:14,直径2.25厘米,穿径0.48厘米,厚0.07厘米(图一〇,13)。

崇祯通宝　4枚。小平钱,圆形,方穿,宽郭,钱面文为“崇禎通寳”,上下右左对读。标本M7:15,直径2.45厘米,穿径0.51厘米,厚0.11厘米(图一〇,14)。标本M7:16,直径2.28厘米,穿径0.53厘米,厚0.1厘米(图一〇,15)。

三、结　　语

竖穴土圹木棺(椁)的墓葬形制是北京地区明清时期墓葬常见形制。釉陶罐、银簪等器物是北京地区明清时期墓葬中常出器物,其中,陶罐M1:1与奥运村工程出土者M15:1①形制基本相同;瓷罐M5:2与昌平遗址北区出土者M76:1②形制基本相同;瓷罐M20:1与五棵松篮球馆工程出土者M40:1、奥运村工程出土者M21:1③形制基本相同;骨簪M14:3与奥运村工程出土者M12:4④形制基本相同。墓葬出土数量较多的铜钱中,万历通宝、天启通宝、崇祯通宝为明代晚期铜钱,顺治通宝、康熙通宝、雍正通宝为清代早期铜钱,综合墓葬形制方面,此批墓葬应属于明代晚期至清代早期这一阶段。

该批墓葬的清理,进一步丰富了人们对北京地区明清时期墓葬的认识,为研究明清时期墓葬的形制特点及其所反映的当时社会生活提供了一定的实物资料。

注释:

① 北京市文物局、北京市文物研究所:《北京奥运场馆考古发掘报告》,科学出版社,2007年。

② 北京市文物研究所:《昌平张营遗址北区明清时期墓葬发掘简报》,《北京文博》2008年第2期。

③ 北京市文物局、北京市文物研究所:《北京奥运场馆考古发掘报告》,科学出版社,2007年。

④ 北京市文物局、北京市文物研究所:《北京奥运场馆考古发掘报告》,科学出版社,2007年。

执笔:张智勇　周宇

绘图:杨科明　刘缀生

摄影:张智勇　韩宜林

(原载于《北京文博》2009年第1期)

通州新城基业项目墓葬登记表

墓葬	时代	方向	墓葬			葬具	随葬品	备注
			形制	长(m)	宽(m)			
M1	明	285°	长方形竖穴土圹墓	2.6	0.9~1	单棺	陶罐1件、铜钱6枚	
M2	明	335°	长方形竖穴土圹墓	2.3	1.44~1.64	双棺	陶罐1件、铜钱3枚	
M3	明	0°	长方形竖穴土圹墓	2.6	1.1~1.4	单棺	瓷碗1件	
M4	明	70°	长方形竖穴土圹墓	2.4	1.2	单棺	铜钱30枚	
M5	清	45°	长方形竖穴土圹墓	2.6~2.8	3.32~4	瓮棺	釉陶罐1件、瓷罐1件、铜钱59枚	
M6	清	60°	长方形竖穴土圹墓	3	1.5~2.1	双棺	釉陶罐2件、铜钱9枚	
M7	明	55°	长方形竖穴土圹墓	3.2	2.64~3.36	双棺	陶罐1件、铜钱36枚	
M8	清	357°	长方形竖穴土圹墓	2.14	0.68~0.82	单棺	瓷罐1件	
M9	不明	350°	长方形竖穴土圹墓	2.4	1.1~1.2	不明	无	迁葬墓
M10	不明	345°	长方形竖穴土圹墓	2.5	1.35	不明	无	迁葬墓
M11	不明	350°	长方形竖穴土圹墓	2.7	1~1.1	不明	无	迁葬墓
M12	不明	80°	长方形竖穴土圹墓	2.3	1.72~2	不明	无	迁葬墓
M13	不明	60°	长方形竖穴土圹墓	2.6	1.08~1.2	不明	无	迁葬墓
M14	明	80°	长方形竖穴土圹墓	2.92~3.1	2.1~2.28	双棺	银簪1件、铜簪1件、骨簪1件、铜钱37枚	
M15	清	70°	长方形竖穴土圹墓	2.3	1.6~1.8	双棺	釉陶罐1件、银簪2件	
M16	清	80°	长方形竖穴土圹墓	3.3	2.5	双棺	釉陶罐1件、银簪1件、铜钱2枚	
M17	清	340°	长方形竖穴土圹墓	2.5	2.6	双棺	釉陶罐1件、铜钱3枚	
M18	不明	320°	长方形竖穴土圹墓	2.2	2.6	单棺	无	迁葬墓
M19	清	0°	长方形竖穴土圹墓	2.9	1.6~1.8	单棺	铜钱4枚	
M20	清	350°	长方形竖穴土圹墓	2.5	1.24~1.5	双棺	瓷罐1件、铜钱3枚	
M21	清	0°	长方形竖穴土圹墓	2.4~2.6	1.4~1.6	双棺	铜钱3枚	
M22	清	355°	长方形竖穴土圹墓	2.5~3	1.6要~1.8	双棺	铜钱3枚	
M23	清	355°	长方形竖穴土圹墓	2.6	1.6~1.8	双棺	铜钱4枚	
M24	清	4°	长方形竖穴土圹墓	2.6	2.6~2.74	双棺	铜钱2枚	
M25	不明	180°	长方形竖穴土圹墓	2.3	1.4~1.5	不明	无	迁葬墓
M26	清	170°	长方形竖穴砖室墓	2.5	1.9~2.1	双棺	玉扳指1件	
M27	清	45°	长方形竖穴土圹墓	2.56	1	单棺	铜钱2枚	

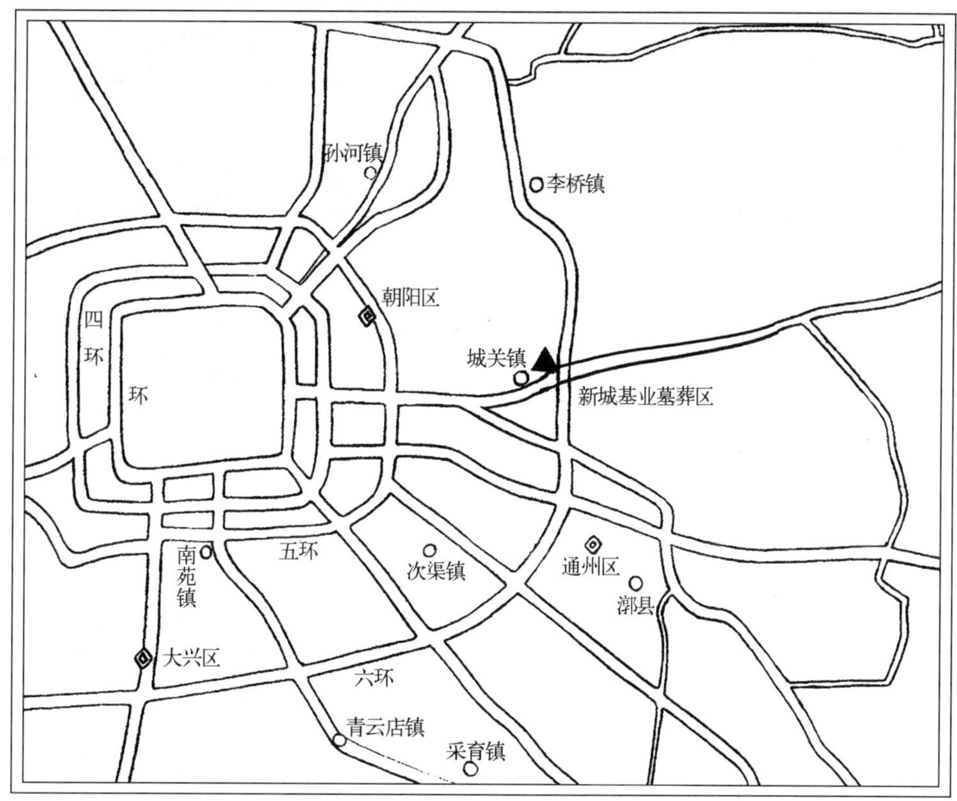

图一　新城基业墓葬区位置示意图

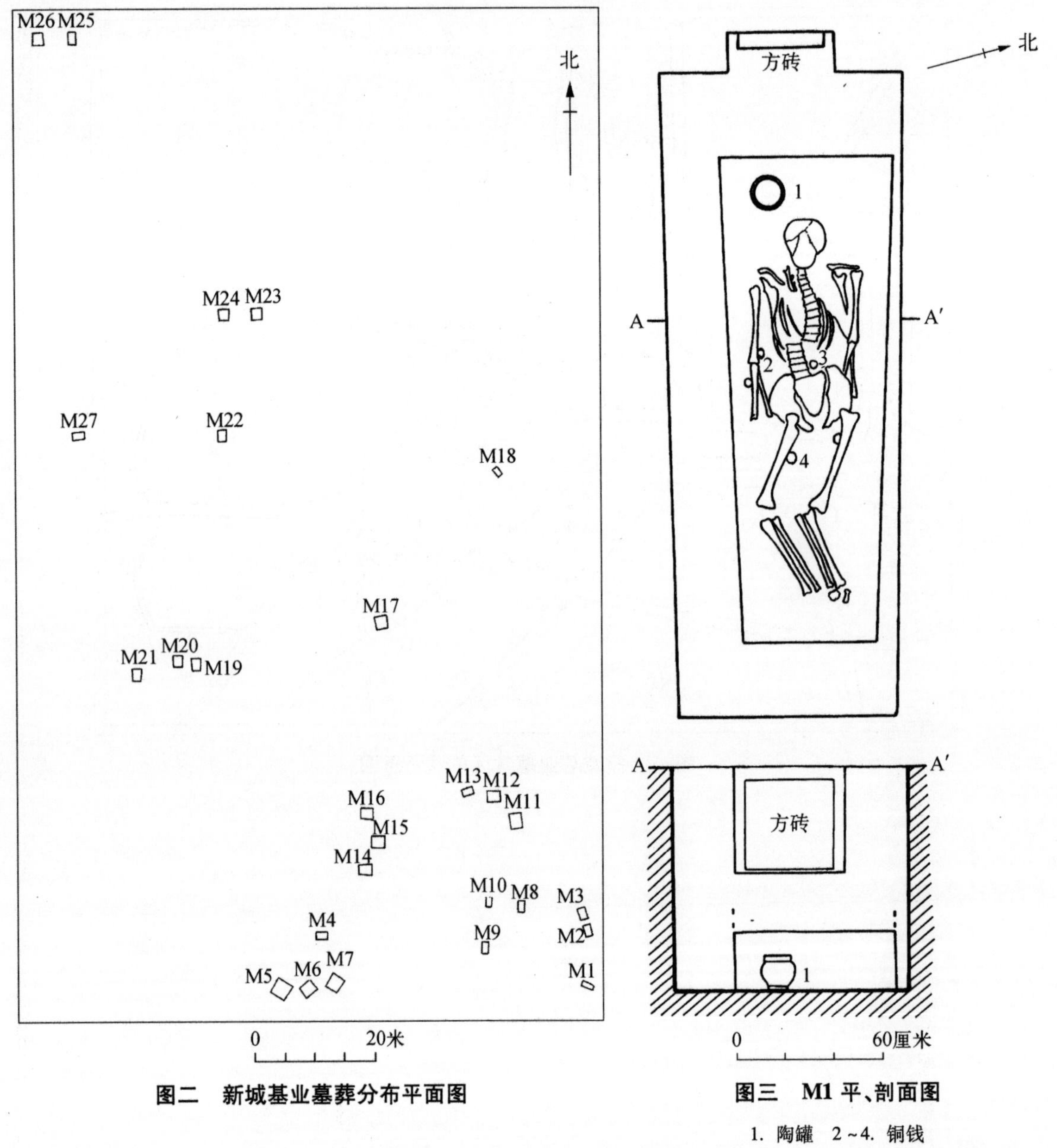

图二　新城基业墓葬分布平面图

图三　M1 平、剖面图

1. 陶罐　2～4. 铜钱

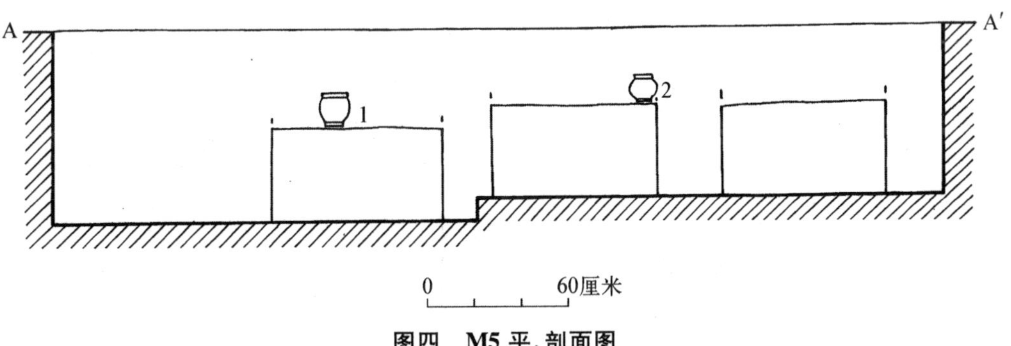

图四 M5 平、剖面图

1. 釉陶罐 2. 瓷罐 3～10. 铜钱

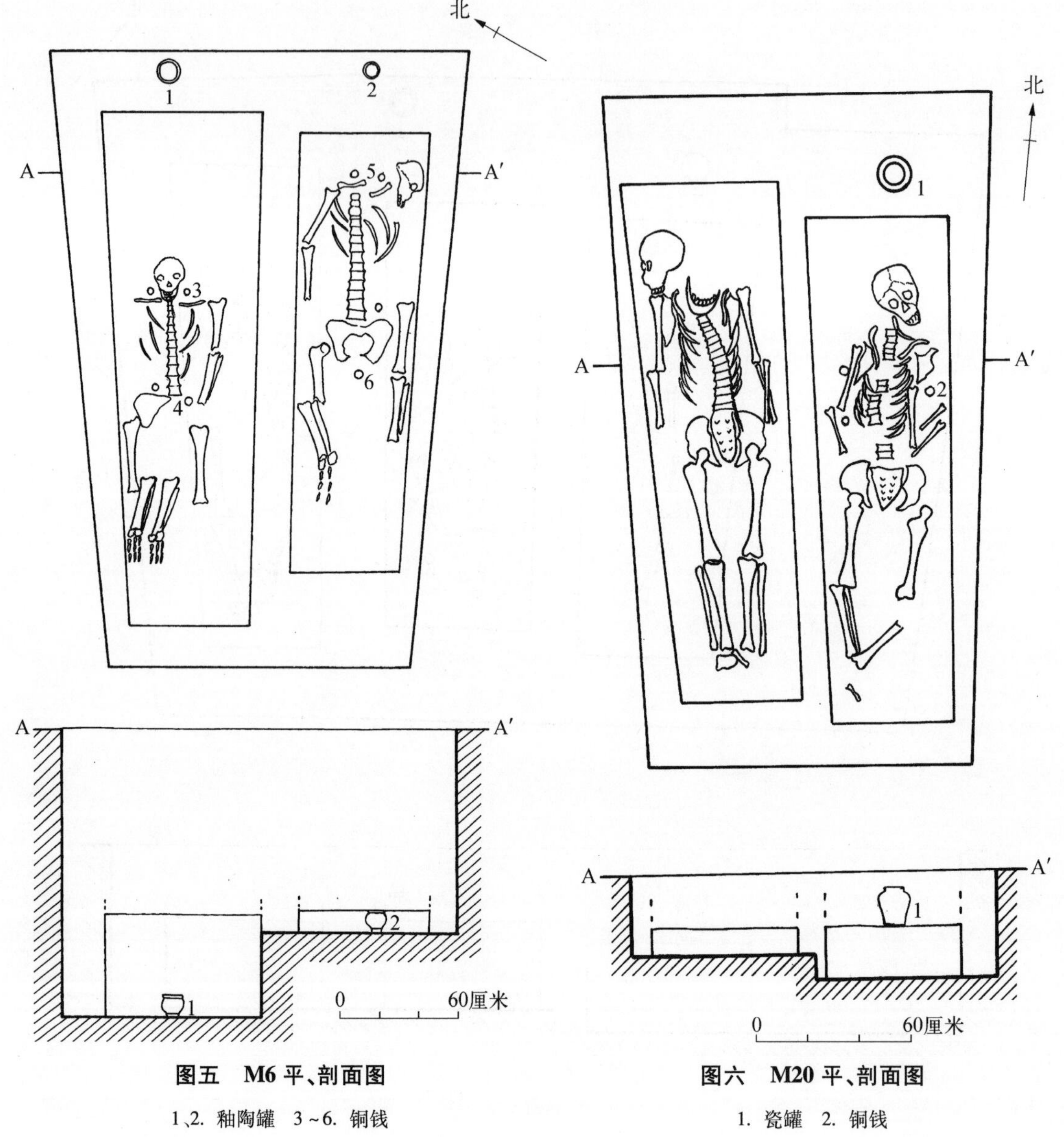

图五　M6 平、剖面图

1、2. 釉陶罐　3～6. 铜钱

图六　M20 平、剖面图

1. 瓷罐　2. 铜钱

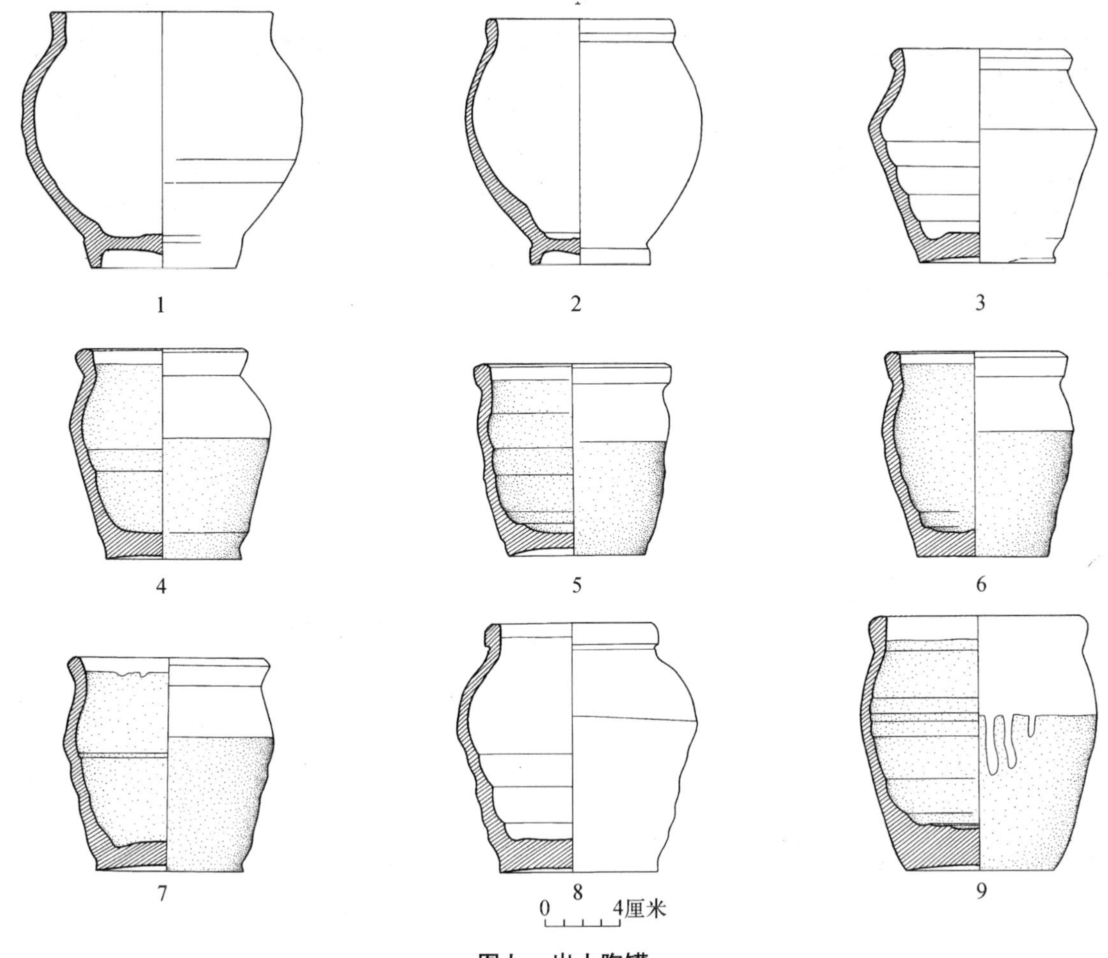

图七 出土陶罐

1. M1:1 2. M2:1 3. M7:1 4. M5:1 5. M6:1 6. M6:2 7. M15:1 8. M16:1 9. M17:1

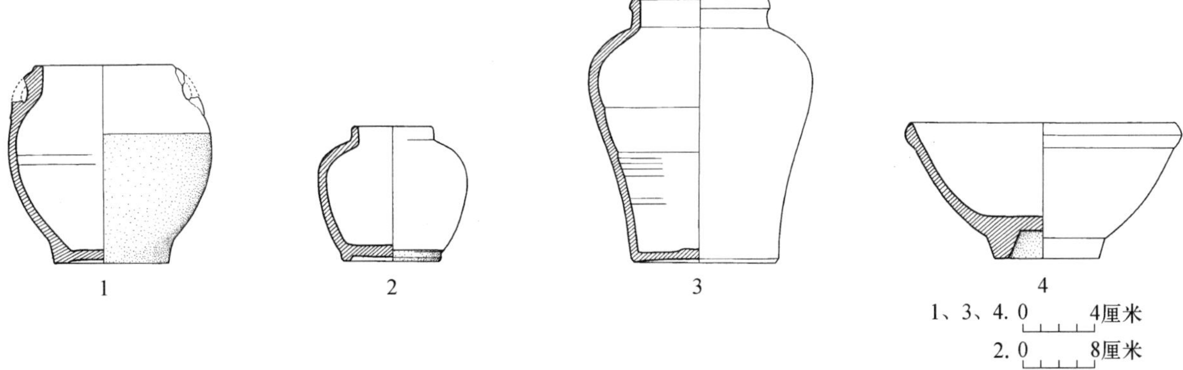

图八 出土瓷器

1～3. 瓷罐(M5:2、M8:1、M20:1) 4. 瓷碗(M3:1)

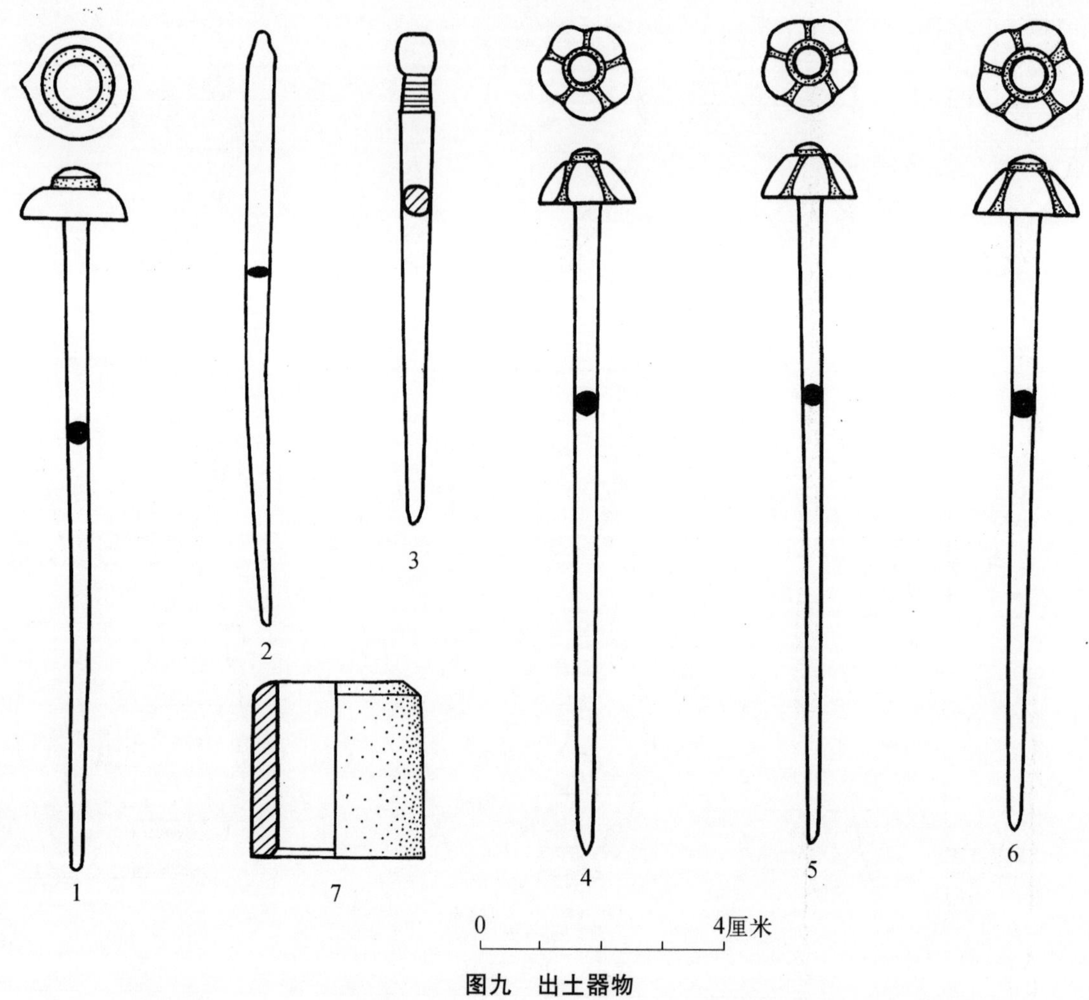

图九　出土器物

1. 铜簪(M14:2)　2、4~6. 银簪(M14:1、M15:2、M15:3、M16:2)　3. 骨簪(M14:3)　7. 玉扳指(M26:1)

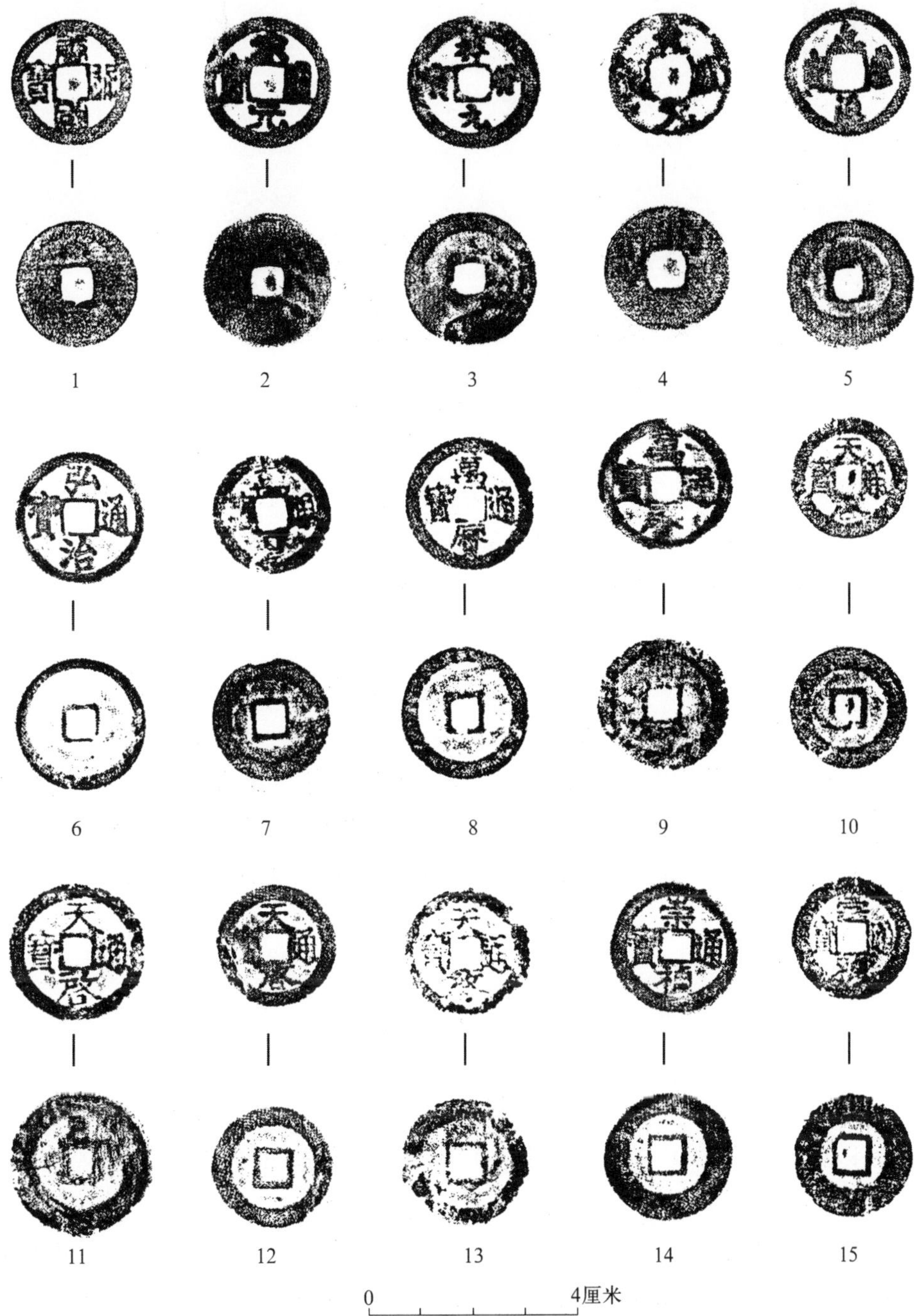

0 4厘米

图一〇　M7 出土铜钱

1. 唐国通宝(M7:2)　2. 宋元通宝(M7:3)　3. 祥符通宝(M7:4)　4. 天圣通宝(M7:5)　5. 元丰通宝(M7:6)　6. 弘治通宝(M7:7)　7～9. 万历通宝(M7:8、M7:9、M7:19)　10～13. 天启通宝(M7:11、M7:12、M7:13、M7:14)　14、15. 崇祯通宝(M7:15、M7:16)

密云县新城云西污水处理厂发现的几座古代墓葬

北京市文物研究所

此次考古发掘系北京市文物研究所与密云县文物管理所为配合密云县云西污水处理厂建设工程而进行的考古工作。2006年7月19日—8月3日,对该工程预建区域进行了考古勘探,发现了三座古代墓葬,并进行了清理发掘(图一)。现将发掘情况简报如下。

一、位置与地貌

发掘区位于密云县西田各庄镇大辛庄村南,云西开发区东南部污水处理厂域内,开发区东西主干道南侧。发掘区中部为一宽约9米的农用道路东西贯穿,将发掘区分为南北两个区域。南部区域为农耕用地,地势比较平坦规整;北部为荒地,略低于南侧区域,地势坑洼不整。

二、墓葬结构

三座墓葬编号为M1、M2、M3(图二)。其中M1和M2位于北侧发掘区,M3位于南侧发掘区。三座墓葬均损毁严重,其中M3已基本损毁殆尽,亦无随葬物残存,故无法判断其年代时期。

M1 位于北侧发掘区域,开发区东西主干道南约30米处,东西向,方向82°。该墓破坏严重,墓葬底部已与地表平,墓葬南北长11.80米,东西方向,由于西侧墓道已损,东侧被一现代坑打破,残宽8米(彩版一)。根据清理发掘,我们了解到墓葬由墓道、墓室两部分构成,墓室又由前室、主墓室(1)(2)及前室南北各一的耳室构成(图三)。

墓道位于墓室西侧前室正中,损毁严重,仅存部分墓道底部痕迹,长度已无法判明,墓道残宽0.84米。

前室部分呈正方形,边长3.15米,根据墓道位置可知墓门位于西壁正中,墓门宽0.80米。东壁置并行的主墓室(1)(2)墓室门,南北两侧分别于西起2.18米处,置宽0.97米南北相对的耳室墓门。前室损毁严重,墙体仅个别处残留一层错缝平砌墙砖,墙体宽0.30米。室内平铺一层地砖,仅残存极少部分。

主墓室位于前室后的墓葬东部,分由南北并列的两间墓室构成,其面积大致相同。北侧为主墓室(1),南侧为主墓室(2)。其中间由隔墙南北分开,隔墙西端宽0.84米,向东渐窄,东端被现代坑打破处残宽0.62米,隔墙平面呈楔形,隔墙现仅存一层错缝平砌墙砖。两墓室门则均依中隔墙分别开置。

主墓室(1)呈东西向前窄后部略宽的长方形,东西长约3.22米,宽1.80~1.84米。墓室东侧部分被一现代坑破坏。墓室门位于墓室西侧,依中隔墙开于墓室西南角,宽0.98米,墓门甬道长1.4米。地面有残存平铺地砖。墓室北墙残部仅剩错缝平砌的一层墙砖,墙体宽0.30米。

主墓室(2)布局结构、砌筑形式及保存状态与主墓室(1)相同,墓室东西长约3.22米,宽1.74~1.80米,前窄后宽,墓室门依中隔墙开于墓室西北角,门阔0.97米,墓门甬道长1.4米。

耳室于前室南北各一,依前室对称而置,均为南北长、东西窄的长方形。

北耳室南北长3.26米,东西宽2.58米,残高0.20米,该室略大于南耳室。墓室南墙不与前室北墙共用,其间相隔0.56米,故在墓室门处形成约1.34米的甬道。墓室门依墓室东墙开于墓室东南角,门宽0.90米。根据该墓室四壁残墙,可知砌筑方式为两平一竖式。地面残留有少量平铺地砖。

南耳室南北长2.46米,东西宽1.80米。该墓室与北耳室同样为独立修建,有耳室北墙,与前室间隔0.28米,从而于墓室门处形成约0.90米的甬道。墓室门依墓室东墙开于墓室东北角,与北耳室门相对,门宽0.78米。该墓室西墙已被破坏,南墙和东墙尚残存一层错缝平砌墙砖,北墙在平砌之上还残部分竖砌墙砖,从而可知砌筑法与北耳室相同亦为两平一竖式。墙宽0.30米。地面有平铺地砖。

M1用砖为30×15×5.5厘米细绳纹青砖。

M2 位于发掘区北部,M1南偏西约50米处,已残,其顶部、墓门及墓室东壁大部已荡然无存,仅存墓室西壁、北端封堵及东壁北端的一部分(彩版二)。该墓为南北向单室砖券墓,由墓道和墓室两部分组成,方向6°(图四)。

墓道于墓室南端,平面呈南窄北宽的梯形,长0.90米,宽0.60~0.82米,深0.62~0.82米,呈北高南低的坡状。

墓门位于墓室南端,南、北分别与墓道、墓室相连接,已被严重破坏,仅残存墓门西侧底部一层支墙门砖。门宽0.48米,进深0.33米。

墓室位于墓门北侧,由墓室及棺床组成。墓室南北长2.96米,南端东西宽1.32米,北端东西宽0.94米。墓室南端略宽于北端,底阔,其平面似船形,东西壁外弧,北端平齐。墓室西壁、北端堵封及东壁北端残部均由单面细绳纹青砖两平一竖式砌筑,从墓底砌至0.22米时墓壁开始渐向内收。墓室上部被完全破坏,墓口距地表0.20米,墓底距地表1.02米,墓室残深0.82米。墓室内不见铺地砖。

棺床置于墓室西侧,沿墓室西壁而建,南端距墓门0.49米,北端顶墓室北封堵墙,南北长2.5米,东西宽0.67~0.98米,高0.22米。棺床南端至墓门用土垫起一北高南低斜坡,上平铺一层青砖,北端坡顶与棺床床面平齐。棺床修建方法为,墓圹内预留作为棺床的土台,后用四层单面细绳纹青砖沿土台错缝平砌边框,再以相同青砖一层平铺床面。

该墓用砖为33×16.5×5.5厘米单面细绳纹青砖。

三、随 葬 器 物

在对M1、M2这两座已被严重破坏的残墓进行清理的过程中,分别出土了少量随葬器物及古代钱币。

首先在对M1的清理过程中,于墓前室东端、主墓室(1)(2)的中隔墙前即西侧约0.30米第二排铺地砖下发现一把单刃环首直背青铜刀(图五),并在刀的附近发现了六枚五铢铜钱,亦于铺地砖下。环首刀长40厘米,宽2.4厘米。出土时刀已断为四节,并严重锈蚀。

于刀首附近出土六枚五铢铜钱(图六)。钱径2.5厘米,币厚0.12厘米,小篆顺读,穿宽0.9厘米,光背无文。

对M2的清理当中,在棺床南端与墓门之间靠西壁处发现一柄长曲柄铜勺(图七)。勺柄在从勺部往上7.1厘米处折断,铜勺全长27.6厘米,柄长24.7厘米,勺柄中部手持处正面有13道錾刻出的涩手横纹。其保存状态除柄部断折外,基本良好,并未锈蚀。

四、结 语

此次的清理发掘虽未发现墓志等文字性可供判断年代的随葬物,但可以根据墓葬形制、出土器物、钱币及用砖等具有比较明显时代标志的情况,对墓葬作一基本推断,分析如下:

(一) 墓葬形制

1. M1的规模较大,虽破坏严重,但残存的部分基本上仍可比较完整地反映出该墓葬的结构特征,其结构与甘肃武威滕家庄东汉末期汉墓的形制基本相同[①],与洛阳烧沟M14东汉墓也十分相似[②],只是M1的后室较其更为宽阔,并以隔墙分成二室,另外同北京亦庄经济开发区79号地墓10、博兴路墓6等东汉时期墓葬[③]均为同一类型。这种规模较大的多墓室墓葬形式在东汉后期的中原及北方地区都比较多见,具有比较典型的时代特征。

M1的墓葬用砖,与北京亦庄经济开发区79号地M2、M6,兴业街M3等东汉时期墓葬用砖的规格等均相同[同注③]。

2. M2的这种坐北朝南、棺床靠西壁、平面呈船形、墓室东西壁外弧、墓道极短的小型单室砖券墓葬形制,具有比较典型的唐代中晚期墓葬的特征。在河北和北京地区时有发现,如河北晋县北张里村唐墓[④]、北京先农坛所出唐墓[⑤]等。而这种形制的唐代墓葬在中原地区并不多见[⑥]，而在南方地区较多，根据《中国南方隋唐墓的分区分期》[⑦]，该墓与其 B 型Ⅱ式应为同一类型墓葬。

（二）随葬器物

1. M1 所出单刃环首直背青铜刀，亦可称为削刀、拍髀，其长度 40 厘米仍属削刀范围[⑧]，《释名·释兵》曰："短刀曰拍髀，带时拍髀旁也。又曰露拍，言露见也。"[⑨]1957 年，河北磁县讲武城东汉时期墓葬中，就曾出土过与此几乎完全相同的环首刀[⑩]。

出土五铢钱的币径、币厚及穿径均与东汉五铢钱轻、薄等特征相吻合[⑪]，故推断为东汉时期钱币。

2. M2 所出长曲柄铜勺，勺柄扁方修长弯曲，其外形与河南偃师杏园村唐代晚期的"李景由"墓所出鎏金银勺[⑫]完全相同，只是粗糙简陋，应为普通平民日常生活器具。但相同的外形也反映出一定的时代特征。

综上所述，我们初步推断 M1 应为东汉时期墓葬，M2 为唐代中晚期墓葬。

另外，在对 M1 出土环首刀清洗时发现此刀柄部，环首下 3.9 厘米处曾断折，而由一枚铆钉进行过铆接修复（彩版三）。由此可知此刀在作为随葬物时就已经是残刀了。仅一枚铆钉铆接刀柄，其强度必大打折扣，若要保证强度至少须用铆钉两枚方可得固。可见既作随葬物品，也就大概即可了。而以铆接技术铸接、修补铜器，商周时期已有。但以铆钉进行平面对接修复的技术始于何时，我们尚未查得相关资料。

此外，该刀发现于铺地砖下，刀柄向南，刃部向西，非常规矩地平放于墓底，可见当时应当是有意且很郑重地置于墓圹之内的。然而，这一现象或许反映了某种驱凶避邪的意义，是否别处亦有发现，从而具有一定的普遍性，这一以利器及钱币置于墓下的"习俗"始于何时？我们未加以考证，不得而知，或还须进一步研究考证。现仅公布材料于此。

注释：

① 甘肃省博物馆：《甘肃武威滕家庄汉墓发掘简报》，《考古》1960 年第 6 期。

② 洛阳市文物工作队：《洛阳烧沟西 14 号汉墓发掘简报》，《文物》1983 年第 4 期。

③ 北京市文物研究所编：《北京亦庄考古发掘报告 2003—2005》，科学出版社。

④《河北晋县唐墓》，《考古》1985 年第 2 期。

⑤《先农坛神仓唐墓发掘简报》，《北京文博》2008 年第 1 期。

⑥《洛阳地区隋唐墓的分期》，《考古学报》1989 年第 3 期。

⑦ 权奎山：《中国南方隋唐墓的分区分期》，《考古学报》1992 年第 2 期。

⑧ 林巳奈夫：《漢代の文物》一〇 武器、旌旗·"削"，京都大學人文科學研究所。

⑨《释名》，汉刘熙撰。此处转引清、朱骏声撰《说文通训定声》豫部第九、百四三（武汉市古籍书店影印，1983 年 6 月版）。

⑩ 河北省文物管理委员会：《河北磁县讲武城古墓清理简报》，《考古》1959 年第 1 期。

⑪ 唐石父主编《中国古钱币》,上海古籍出版社,2001 年 12 月版。

⑫ 中国社会科学院考古研究所河南第二工作队:《河南偃师杏园村的六座纪年唐墓》,《考古》1986 年第 5 期。

领队:李华

执笔:邹晓天

照相:王殿平　邹晓天

绘图:刘缀生

(原载于《北京文博》2009 年第 1 期)

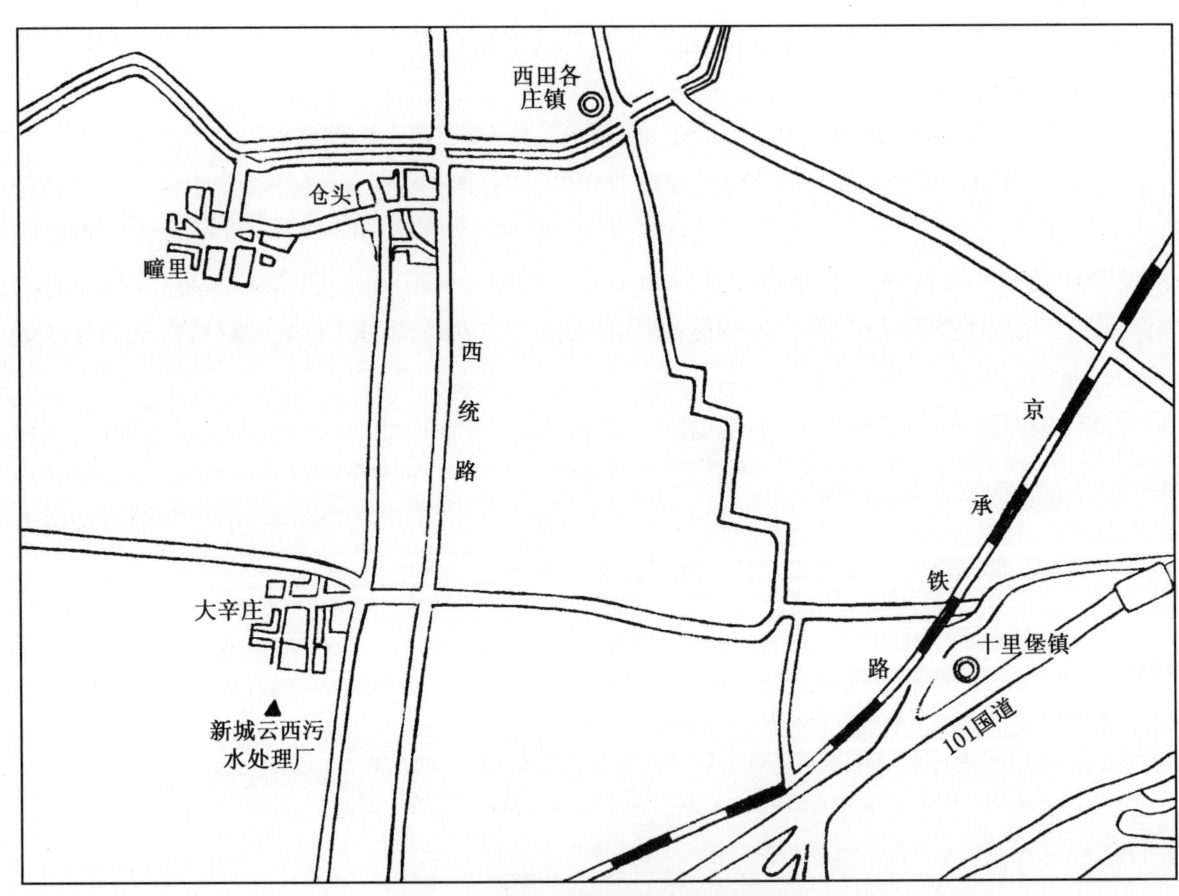

图一　新城云西污水处理厂位置图

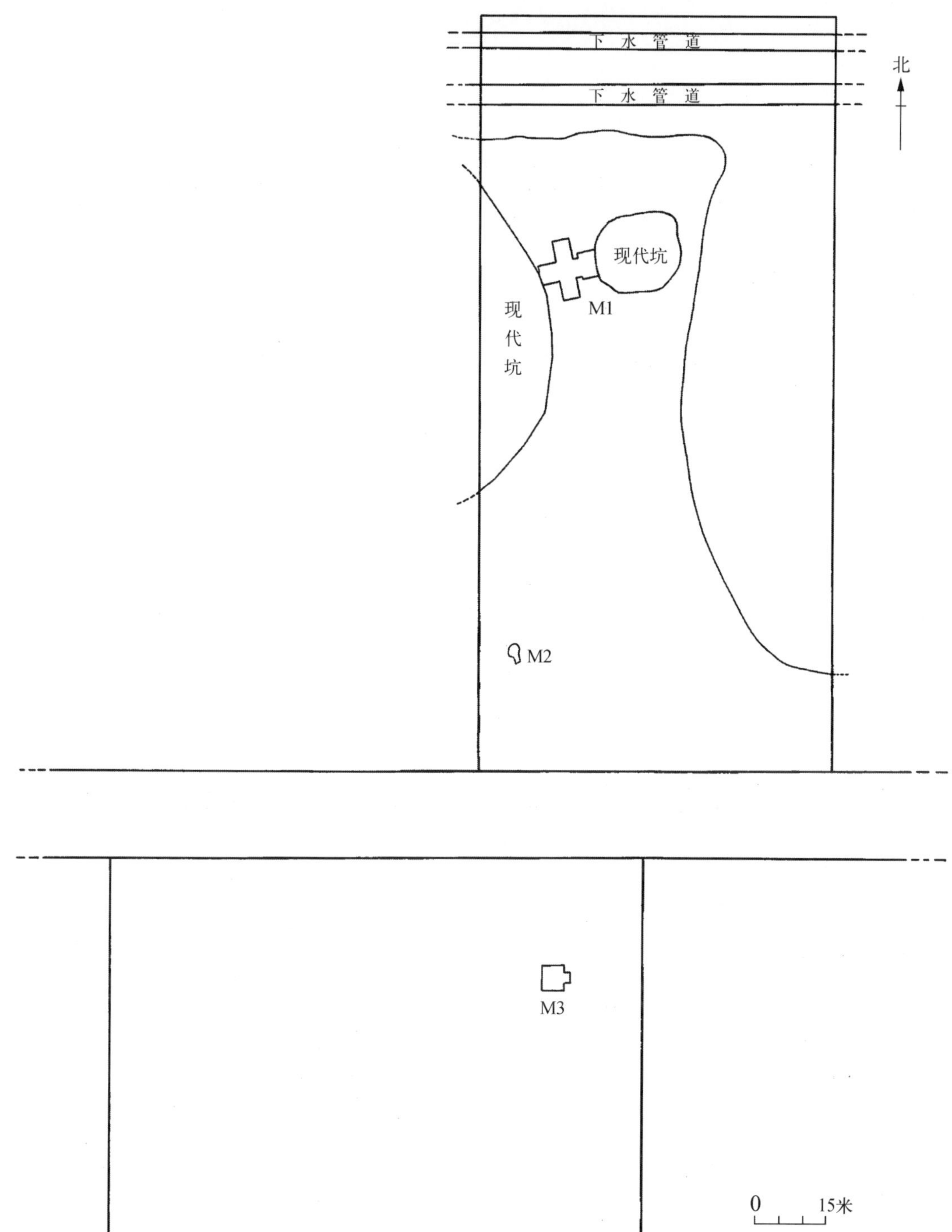

图二　密云新城云水处理厂工程墓葬分布图

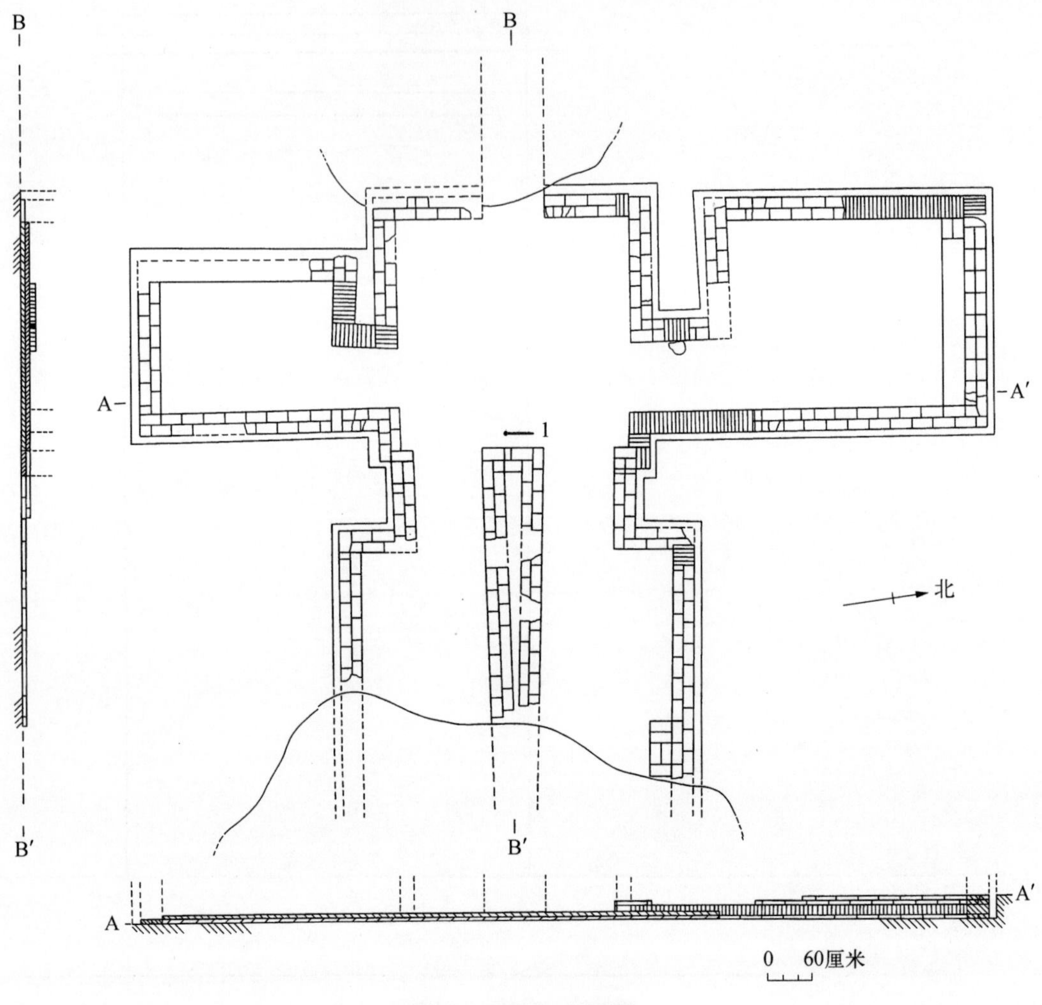

图三　M1 平、剖面图

1. 铜刀

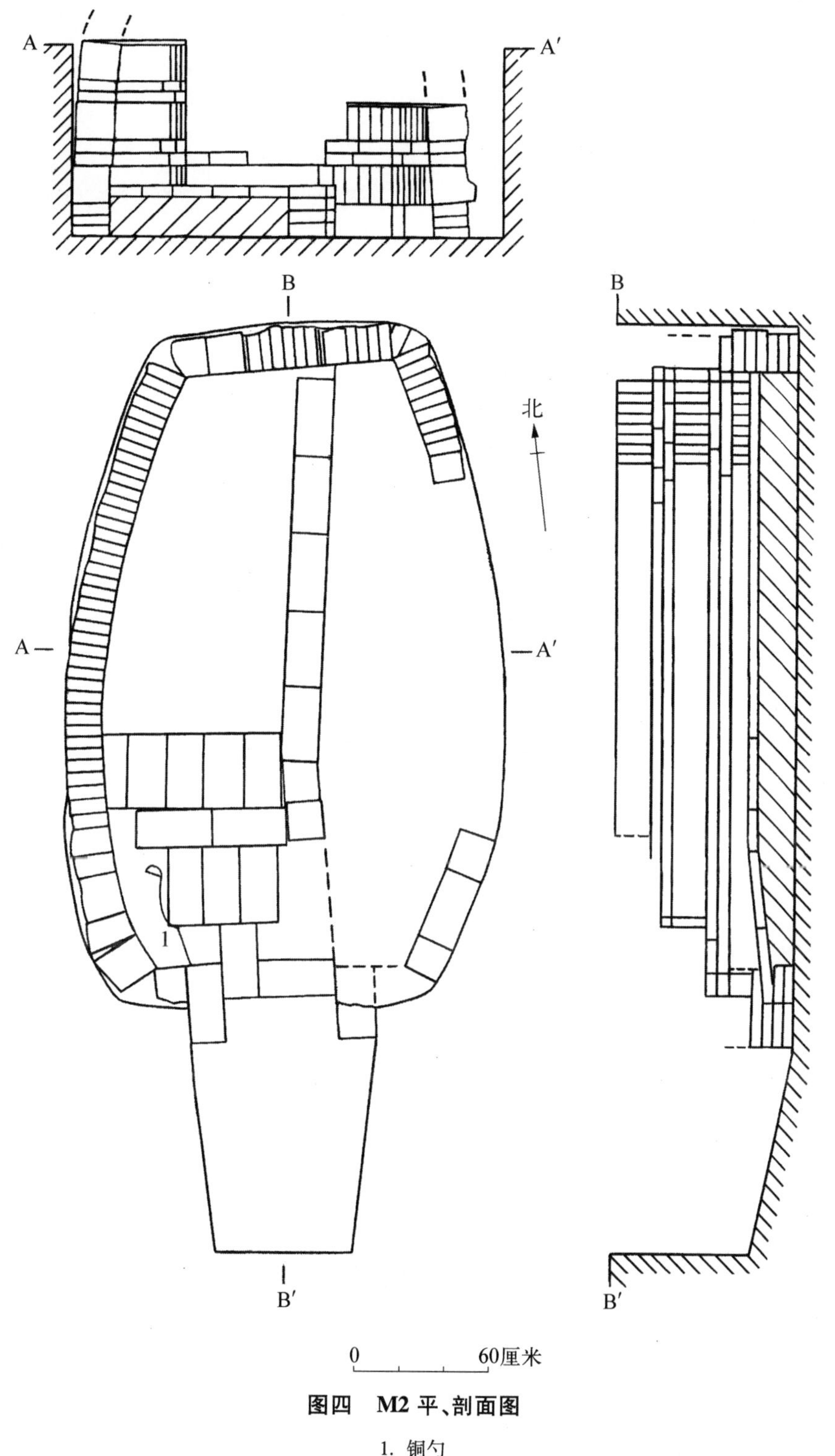

图四 M2平、剖面图

1. 铜勺

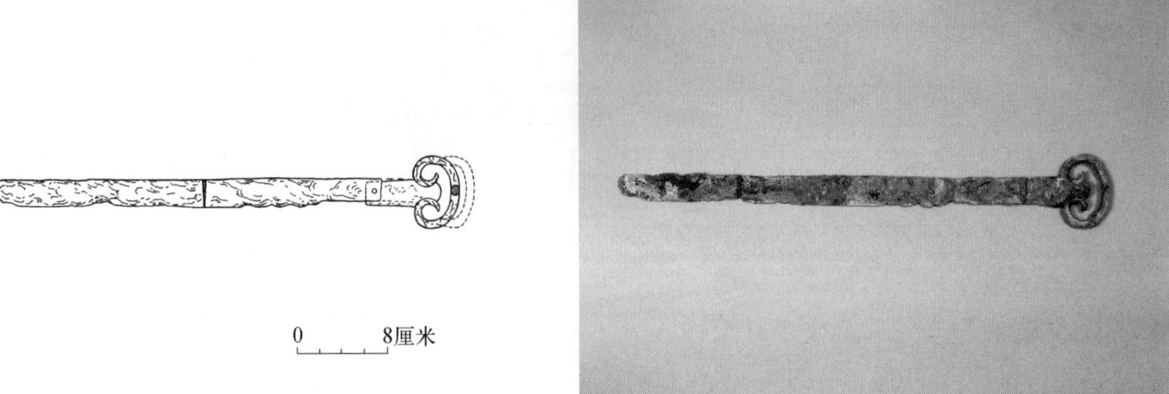

图五　M1 出土铜刀

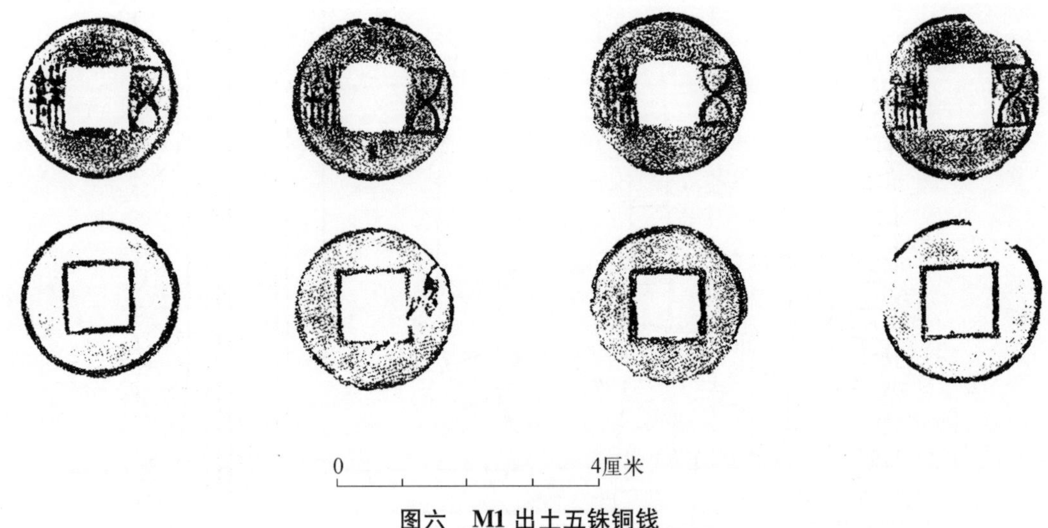

图六　M1 出土五铢铜钱

图七　M2 出土铜勺

北京市密云县石桥小区
商住楼工程考古发掘报告

北京市文物研究所　密云县文物管理所

2007 年 11 月 29 日—2007 年 12 月 4 日，为配合北京市密云县石桥小区商住楼工程建设，北京市文物研究所在密云县文物管理所的协助下，对密云县石桥小区商住楼工程用地范围内考古勘探发现的古墓葬进行了考古发掘。发掘地点位于北京市密云县檀营街东侧，南邻旧密古路，地理位置为东经 116°52′00.73″、北纬 40°23′02.59″，海拔高度约 77 米（图一）。此次发掘的 6 座古墓葬均为清代墓葬（图二），可分为双棺墓、三棺墓和瓮棺墓。现将发掘情况报告如下。

一、双 棺 墓

双棺墓共有 4 座，分别为 M1、M2、M3、M5。

M1　位于发掘区的西南部，南邻 M5，开口于②层下，打破生土，南北向，方向 359°。长方形竖穴土圹墓，南北长 1.91 米，东西宽 1.2 米。墓口距地表 1.03 米，墓底距墓口 0.66 米，内填花土，土质较松。内置双棺，棺木腐朽，仅显棺线痕迹。西棺长 1.44、宽 0.47 ~ 0.56、残高 0.22 米，棺内骨架保存较好，头向北，面向上，葬式为仰身直肢，性别不详。东棺长 1.72、宽 0.5 ~ 0.55、残高 0.22 米，棺内骨架保存较好，头向北，面向西，葬式为仰身直肢，性别不详（图三）。

随葬品　东棺出土铜扣 3 件，“道光通宝”7 枚；西棺出土“开元通宝”5 枚，“嘉庆通宝”15 枚。

铜扣　3 件。东棺出土。标本 M1∶1，形状、大小相同。扣体呈桃形，顶部两环相连，通体素面。扣体直径 0.7 厘米，通长 1.7 厘米（图六，6）。

开元通宝　5 枚。西棺出土。标本 M1∶4，小平钱，方穿，钱面文为“開元通寶”，对读，背面有月牙纹。直径 2.40、穿径 0.7、郭宽 0.20 厘米（图一一，1）。

道光通宝　7 枚。东棺出土。标本 M1∶2，小平钱，方穿，钱面文为“道光通寶”，对读，背穿左右为满文。直径 2.40、穿径 0.60、郭宽 0.30 厘米（图一一，3）。

嘉庆通宝　15 枚。西棺出土。标本 M1∶3，小平钱，方穿，钱已锈蚀，钱面文为“嘉庆通宝”。直径 2.4、穿径 0.60、郭宽 0.30 厘米（图一一，2）。

M2　位于发掘区的西南部，南邻 M6，北邻 M3，开口于②层下，打破生土，南北向，方向 358°。长方形竖穴土圹墓，南北长 2.6、东西宽 1.56 ~ 1.84 米。墓口距地表 0.95 米，墓底距地表深 2.15

米,内填花土,土质较松。内置双棺,棺木腐朽严重,仅显棺线痕迹。西棺长1.8、宽0.41~0.61、残高0.2米,棺内骨架保存较差,头向北,面向上,葬式为仰身直肢,性别为男。东棺长1.95、宽0.49~0.52、残高0.13米,棺内骨架保存较好,头向北,面向上,葬式为仰身直肢,瓷碗覆盖在头骨上,性别为女(图四)。

随葬品　西棺出土双系瓷罐1件,铜扣5件,"嘉庆通宝"9枚;东棺双系瓷罐1件,银押发1件,银簪1件,瓷碗1件,铜扣7枚,"咸丰通宝"29枚。

双系瓷罐　2件。标本M2:1,西棺出土。米黄色粗胎,酱褐色釉,外壁肩部以下无釉。圆唇,直口,鼓腹,圈足。领与肩处有两对称桥形耳。口径8.2、底径6.2、通高9.6厘米(图七;彩版一,3)。标本M2:4,东棺出土。残,米黄色粗胎,酱褐色釉,外壁上腹部以下无釉。圆唇,直口,鼓腹,圈足。领与肩处有两对称桥形耳,两耳已残。口径8.4、底径6.4、通高9.2厘米(图一二,6)。

瓷碗　1件。东棺出土。标本M2:7,残,米黄色胎,外壁白釉泛黄,内外壁均施釉,内壁施化妆土。外壁饰黑色草叶纹,内壁上部有两周弦纹。圆唇,敞口,弧腹,底残。口径15.8、残高5.1厘米(图五,1)。

铜扣　12件。标本M2:2,西棺出土。5件大小、形制相同,扣体呈桃形,顶部有一环,通体素面。扣体直径1.2厘米,通长2.1厘米(图六,7)。标本M2:8,东棺出土。7件大小、形制相同,扣体呈桃形,顶部两环相连,通体素面。扣体直径1.2厘米,通长2.6厘米(图六,9)。

银押发　1件。东棺出土。标本M2:5,两端宽扁尖锐,中间稍有收腰,上有錾刻有花卉和如意云纹,背面有款"天元足纹"。长12.2厘米(图六,4;彩版一,2)。

银簪　1件。东棺出土。标本M2:6,簪首作如意云纹形,上錾刻如意云纹,簪体中部略宽,正面錾刻花卉纹,簪体背面亦錾刻花卉纹,簪尾尖锐,为锥形。通长11.6厘米(图六,5)。

咸丰通宝　29枚。东棺出土。标本M2:9,小平钱,方穿,钱面文为"咸豐通寳",对读,背穿左右为满文。直径2.10、穿径0.60、郭宽0.20厘米(图一一,5)。

嘉庆通宝　9枚。西棺出土。标本M2:3,小平钱,方穿,钱面文为"嘉庆通寳",对读,背穿左右为满文。直径2.30、穿径0.60、郭宽0.20厘米(图一一,4)。

M3　位于发掘区的西南部,南邻M2,开口于②层下,打破生土,南北向,方向2°。长方形竖穴土圹墓,南北长2.8米,东西宽1.58~2.06米,墓口距地表0.95米,墓底距地表深1.2米,内填花土,土质较松。内置双棺,棺木腐朽严重,仅显棺线痕迹。西棺长2.06、宽0.62~0.78、残高0.24米,棺内骨架保存较好,头向北,面向上,葬式为仰身直肢,性别为男,骨架腹部上盖一瓦,瓦长0.24、宽0.18~0.2米。东棺长1.78、宽0.4~0.64、残高0.17米,棺内骨架保存较差,头向北,面向西,葬式为仰身直肢,性别为女(图八)。

随葬品　西棺出土瓷碗1件,铜扣2枚,"嘉庆通宝"4枚;东棺出土银簪2件,双系瓷罐1件,铜扣3枚,"乾隆通宝"21枚,"道光通宝"20枚。

瓷碗　1件。西棺出土。标本M3:1,残,米黄色粗胎,黑褐色釉,通体施釉仅圈足无釉,有滴釉现象。施化妆土。尖唇,敞口,弧腹,矮圈足。口径14.7、底径5.6、通高4.3厘米(图五,2;彩版一,6)。

双系陶罐 1件。标本M3:6,东棺出土。残,米黄色粗胎,酱褐色釉,外壁上腹部以下无釉。圆唇,直口,鼓腹,圈足。领与肩处有两对称桥形耳,已残。口径8.6、底径6.4、通高9.8厘米(图一二,5)。

铜扣 5件。标本M3:2,西棺出土。2件大小、形制相同。扣体呈桃形,顶部有一环,通体素面。扣体直径1.1厘米,通长1.6厘米(图六,10)。标本M3:4,东棺出土。3件大小、形制相同。扣体呈桃形,顶部有一环,通体素面。扣体直径1.1厘米,通长1.8厘米(图六,8)。

鎏金银簪 2件。东棺出土。标本M3:5-1,簪体呈圆锥形,簪头作花瓣形,花叶用垒丝表示脉络,中间有一篆体"寿"字,长11.5厘米(图六,2)。标本M3:5-2,簪体呈圆锥形,簪头作花瓣形,花叶用垒丝表示脉络,中间有一 隶书"福"字,长11.5厘米(图六,1;彩版一,1)。

嘉庆通宝 4枚。西棺出土。标本M3:3,小平钱,方穿,钱面文为"嘉庆通寳",对读,背穿左右为满文。直径2.50、穿径0.60、郭宽0.3厘米(图一一,7)。

乾隆通宝 21枚。东棺出土。标本M3:7-1,小平钱,方穿,钱面文为"乾隆通寳",对读,背穿左右为满文。直径2.2、穿径0.6、郭宽0.13厘米。

道光通宝 20枚。东棺出土。标本M3:7-2,小平钱,方穿,钱面文为"道光通寳",对读,背穿左右为满文。直径2.35、穿径0.6、郭宽0.30厘米(图一一,6)。

M5 位于发掘区的东南部,北邻M1,开口于②层下,打破生土,南北向,方向358°。长方形竖穴土圹墓,南北长2.3、宽1.4~1.95米,墓口距地表0.95米,墓底距地表深2.35米,内填花土,土质较松。内置棺木腐朽,仅显棺线痕迹。西棺长1.7、宽0.32~0.74、残高0.15米,棺内骨架保存一般,头向北,面向不清,葬式为仰身直肢,棺木底部铺有一层白灰,性别为女。东棺长1.8、宽0.48~0.68、残高0.15米,棺内骨架保存一般,头向北,面向东,葬式为仰身直肢葬,性别为男(图九)。

随葬品 西棺出土铜簪1件,银簪3件,双系瓷罐1件,"乾隆通宝"12枚;东棺出土双系瓷罐1件,"乾隆通宝"9枚,"雍正通宝"5枚。

双系瓷罐 2件。标本M5:3,西棺出土。残,米黄色胎,黑釉,轮制。方唇,直口,圆肩,鼓腹,下腹弧收至底,矮圈足。领与肩处有两对称桥形耳,两耳已残。通体施黑褐色釉仅器底无釉,素面。口径8.4、底径6.2、通高10.4厘米(图一二,4)。标本M5:5,东棺出土。米黄色胎,黄褐色釉,轮制。方唇,直口,圆肩,鼓腹,下腹弧收至底,矮圈足。领与肩处有两对称桥形耳。通体施黄褐色釉。口径8、底径6.6、通高11.2厘米(图一二,1;彩版一,4)。

银扁方 1件。西棺出土。标本M5:7,残,簪首卷曲,簪体呈扁平状,通体素面。残长8.5厘米(图一〇,2)。

银簪 3件。西棺出土。标本M5:2,1对,大小、形制相同。簪体扁平,簪首微曲,上饰竹节纹,簪体中部饰花卉纹,竹节之间残留有镶嵌的绿松石,簪尾尖锐。长12.4厘米(图一〇,1)。标本M5:6,簪体为圆锥形,簪首残,簪首为银丝缠绕的五面行禅杖,下套银环,杖顶为葫芦形。禅杖为佛教用品,一般指僧人所用的手杖。残长16.1厘米(图一〇,3)。

乾隆通宝 12枚。西棺出土。标本M5:1,小平钱,范铸,外圆郭,内方穿,钱面文为"乾隆通寳”,对读,背穿左右为满文。直径 2.5、穿径 0.50、郭宽 0.30 厘米(图一一,9)。

乾隆通宝　9 枚。东棺出土。标本 M5:4－1,小平钱,范铸,外圆郭,内方穿,钱面文为“乾隆通寳”,对读,背穿左右为满文。直径 2.2、穿径 0.6、郭宽 0.20 厘米(图一一,8)。

雍正通宝　5 枚。东棺出土。标本 M5:4－2,小平钱,范铸,外圆郭,内方穿,钱面文为“雍正通寳”,对读,背穿左右为满文。直径 2.70、穿径 0.6、郭宽 0.30 厘米(图一一,10)。

二、三 棺 墓

三棺墓 1 座,为 M4。

M4　位于发掘区的东南部,开口于②层下,打破生土,南北向,方向 359°。长方形竖穴土圹墓,南北长 3.04、宽 1.28 米,墓口距地表 0.95 米,墓底距地表深 2.75 米,内填花土,土质较松。墓底北部内置三棺,棺均长为 0.82 米、宽 0.3 米、棺木厚 0.07 米,棺木腐朽,棺内置骨灰。棺木下用青砖平铺而成,青砖南北长 1.2、宽 1.16 米。青砖尺寸为 0.32×0.16×0.06 米。无随葬品(图一三)。

三、瓮 棺 墓

瓮棺墓 1 座,为 M6。

M6　位于发掘区的东南部,北邻 M2,开口于②层下,打破生土,南北向,方向 358°。长方形竖穴土圹墓,南北长 2.86,宽 0.8～1.24 米,墓口距地表 1.05 米,墓底距地表深 1.81 米,内填花土,土质较松。内置三棺,西为木棺,东为两瓮棺。木棺南北长 1.98、宽 0.66～0.86、残高 0.3 米,棺木腐朽,棺木厚 0.08 米,骨架保存一般,头向北,面向上,葬式为仰身直肢葬,性别为女性;瓮棺位于墓葬东部,其土圹呈长方形,东西长 0.68、宽 0.53、深 0.41 米,其底部高出木棺底部 0.34 米;瓮棺可分为东西两棺,西棺高 0.3、直径 0.3 米,上有圆形盖已残;东棺高 0.29、直径 0.29 米,上口覆盖一块不规则的石块,石块长 0.45、宽 0.32、厚 0.08 米。瓮棺内均有骨灰(图一四)。

随葬品　木棺出土铜环 4 件,双系瓷罐 1 件,“乾隆通宝”17 枚;瓮棺出土瓮罐 2 件,双系瓷罐 1 件。

双系瓷罐　1 件。标本 M6:3,残,木棺出土。米黄色粗胎,酱褐色釉,外壁肩部以下无釉。圆唇,直口,鼓腹,圈足。领与肩处有两对称桥形耳。口径 8.4、底径 6.6、通高 11 厘米(图一二,2)。

酱釉瓷罐　1 件。标本 M6:4,瓮棺出土。米黄色胎,通体施黑褐色釉仅器底无釉。轮制。方唇,直口,圆肩,鼓腹,下腹弧收至底,矮圈足。口径 8.8、底径 7、通高 10.2 厘米(图一二,3;彩版一,5)。

瓮罐　2 件。瓮棺出土。标本 M6:5,米黄色胎,轮制。唇口,短束颈,折肩,鼓腹,腹部缓收,胫部略外撇,平底。盔帽式盖,扁圆钮。外壁及唇施酱釉,有光泽。内壁施酱紫釉。口径16.8、底径 27、通高 39.5 厘米(图一五,1)。标本 M6:6,米黄色胎,轮制。尖圆唇,直口,折肩,腹微鼓,底略内凹。器体施黄褐色釉,腹部有两道弦纹。口径17.4、底径21.6、通高30厘米(图一五,2)。

铜环 4件。木棺出土。标本M6:2,呈环形,直径1.7厘米(图六,3)。

乾隆通宝 17枚。木棺出土。标本M6:1,小平钱,范铸,外圆郭,内方穿,钱面文为"乾隆通寶",对读,背穿左右为满文。直径2.2、穿径0.6、郭宽0.13厘米。

四、结　　语

本次发掘共清理墓葬6座,均为长方形竖穴土圹墓,其中双棺墓4座,三棺墓1座,瓮棺墓1座。根据墓葬形制和随葬品判断,均为清代墓葬。这批墓葬均为小型墓,形制较为单一,随葬品不丰富,规格等级较低,应为平民墓。葬具为木棺或瓮棺。葬式为仰身直肢,头向北。在双棺葬中,以男女合葬为主,从出土器物判断男性多葬于西棺,女性多葬于东棺。出土文物种类较多,有鎏金银簪、银簪、银押发、银扁方、双系陶罐、双系瓷罐、酱釉瓷罐、瓷碗、瓮罐、铜钱等。这批随葬品和北京其他地区出土随葬品在种类上差别不大,但双系瓷罐、双系陶罐等双系容器在这批墓葬中普遍出现,这是这批墓葬的一大显著特点。在北京其他地区也有明清时代的双系容器出土,但数量较少,较为分散,少有这样集中出土的情况。这一特征或许和明清时代密云县的生活习惯等有关系。

通过对这批墓葬的发掘,可以对北京市密云县平民墓葬的形制、葬具、葬式等丧葬习俗有一定程度的了解,为进一步研究该地区当时社会发展状况提供了宝贵的实物资料。

发掘:于璞　李华
整理:刘晓贺
绘图:杨科民
器物摄影:韩宜林
执笔:于璞　李华

(原载于《北京文博》2009年第2期)

北京市密云县石桥小区商住楼工程墓葬登记表

墓葬	时代	方向	墓　室			葬具	随葬品	备　注
			形　制	长(m)	宽(m)			
M1	清代	359°	长方形竖穴土圹墓	1.91	1.20	双棺	东棺出土铜扣4件,道光通宝1枚。	
M2	清代	358°	梯形竖穴土圹墓	2.60	1.56～1.84	双棺	西棺出土双系瓷罐1件,铜扣5枚,嘉庆通宝9枚;东棺出土双系瓷罐1件,铜押发1件,铜簪1件,白瓷碗1件,铜扣7枚,咸丰通宝29枚。	
M3	清代	2°	梯形竖穴土圹墓	2.80	1.58～2.06	双棺	西棺出土瓷碗1件,铜扣2枚,嘉庆通宝4枚;东棺出土银簪2件,双系瓷罐1件,铜扣3枚,乾隆通宝21枚,道光通宝,20枚。	
M4	清代	359°	长方形竖穴土圹墓	3.04	1.28	三棺	无	
M5	清代	358°	梯形竖穴土圹墓	2.30	1.4～1.95	双棺	西棺出土铜簪1件,银簪3件,双系瓷罐1件,乾隆通宝12枚;东棺出土双系瓷罐1件,乾隆通宝9枚,雍正通宝5枚。	
M6	清代	358°	梯形竖穴土圹墓	2.86	0.8～1.24	三棺	木棺出土铜环4件,双系瓷罐1件,乾隆通宝17枚;瓮棺出土瓷瓮罐2件,双系瓷罐1件。	

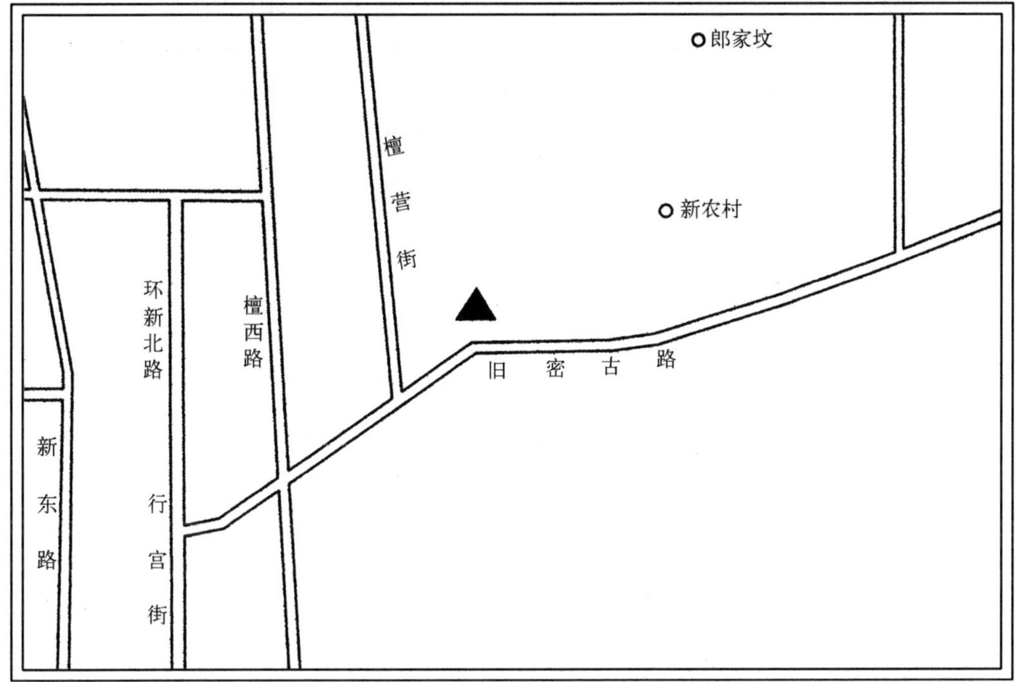

图一 发掘地点位置示意图

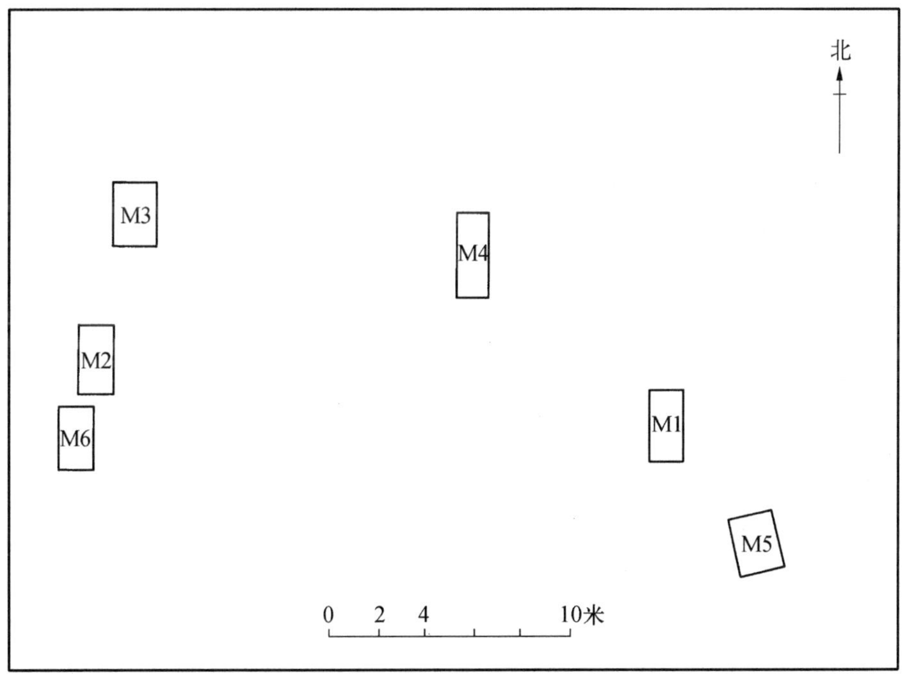

图二 墓葬分布图

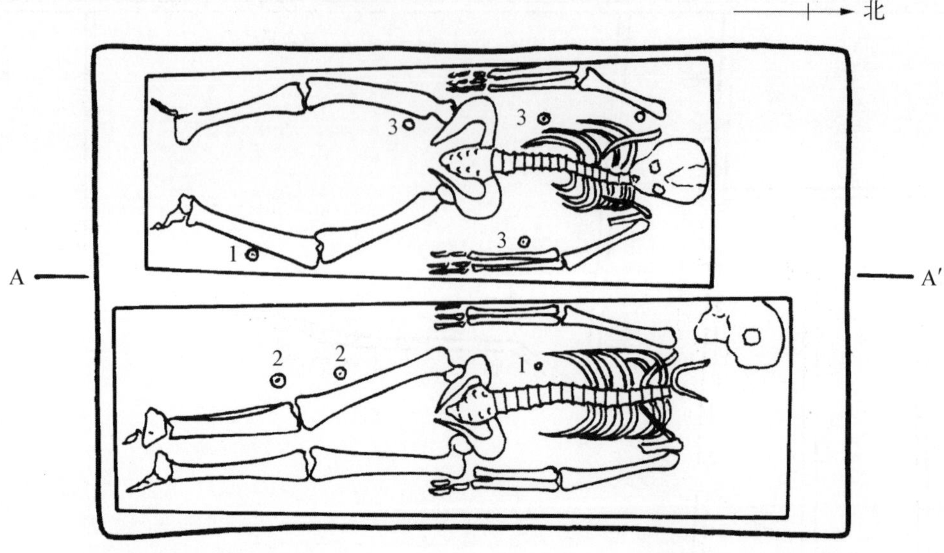

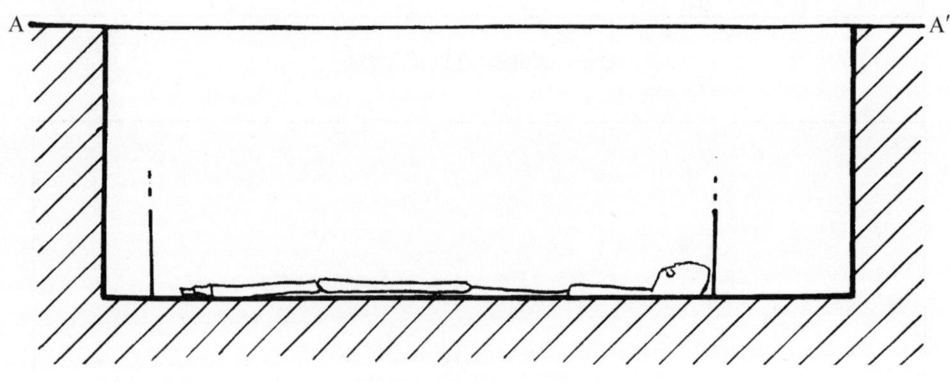

图三　M1 平、剖面图

1. 铜扣　2、3. 铜钱

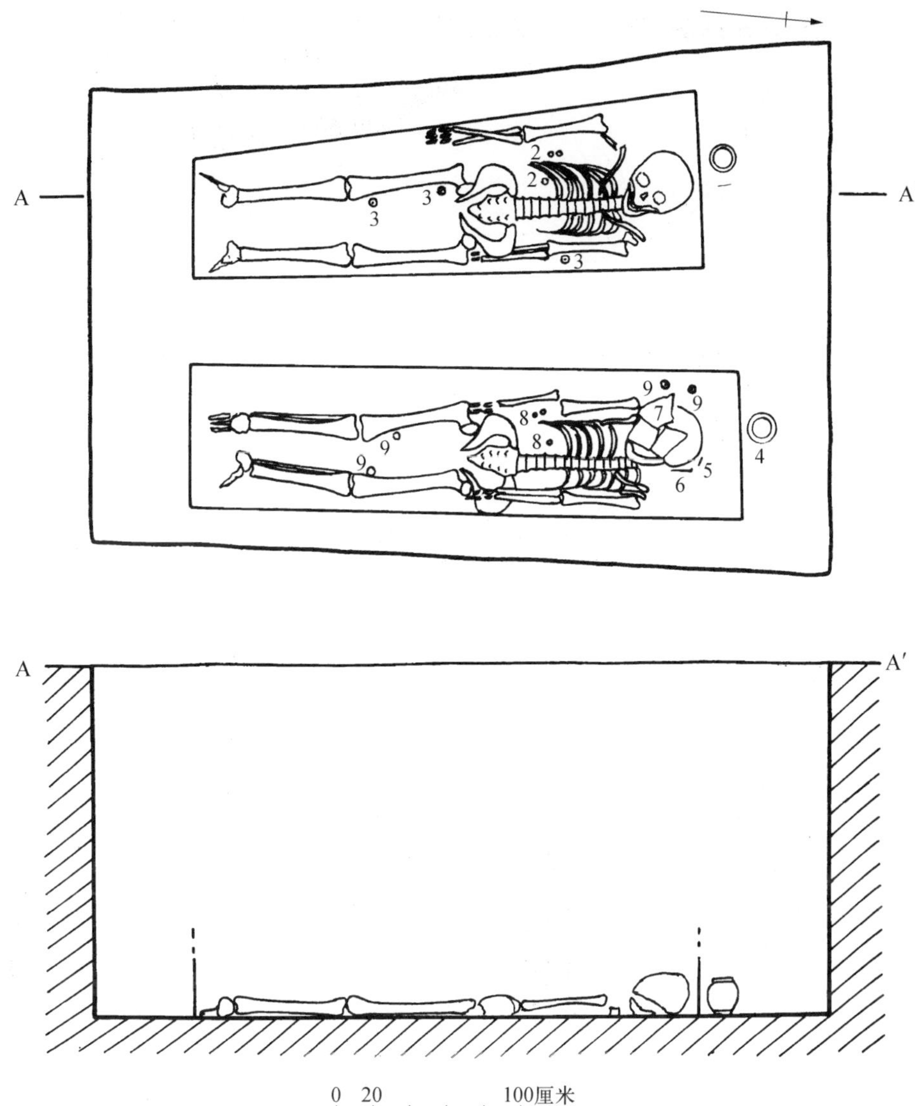

图四　M2平、剖面图

1、4. 双系瓷罐　2、8. 铜扣　3、9. 铜钱　5. 银押发　6. 银簪　7. 黄釉瓷罐

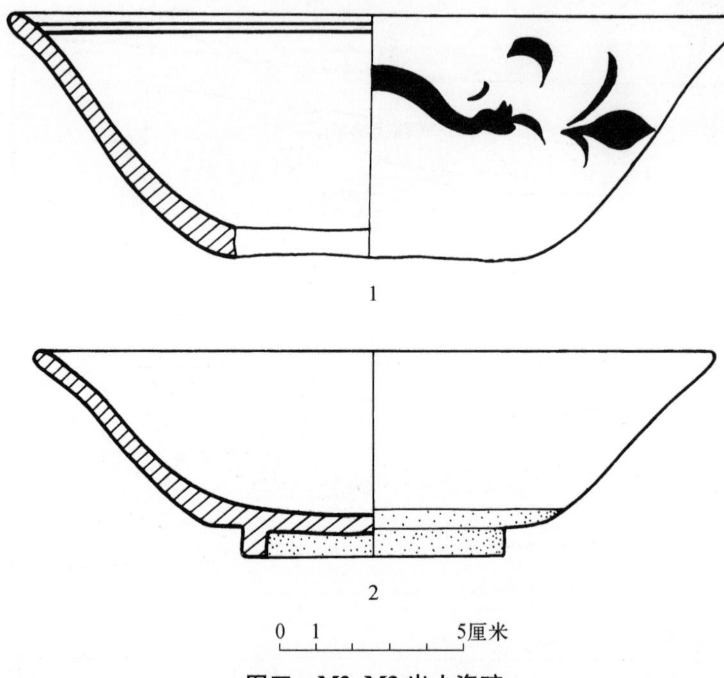

图五　M2、M3 出土瓷碗

1、2.（M2:7、M3:1）

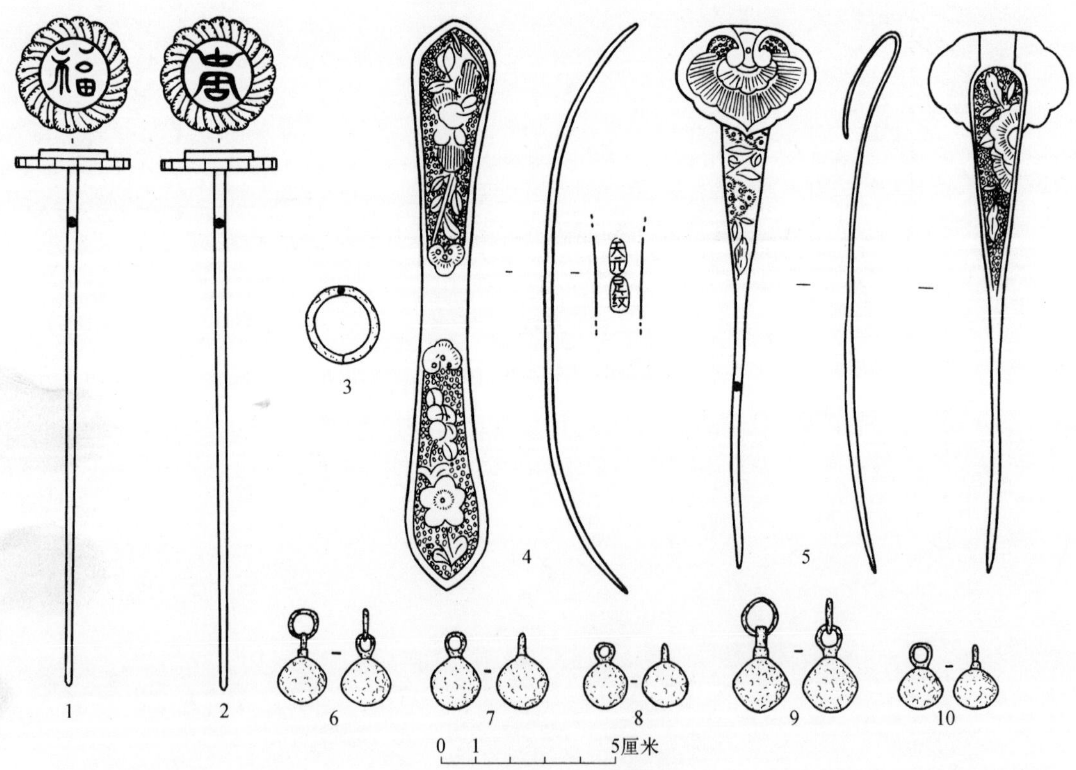

图六　M1～M3、M6 出土器物

1、2. 鎏金银簪（M3:5－2、M3:5－1）　3. 铜环（M6:2）　4. 银押发（M2:5）　5. 银簪（M2:6）　6～10. 铜扣（M1:1、M2:2、M3:4、M2:8、M3:2）

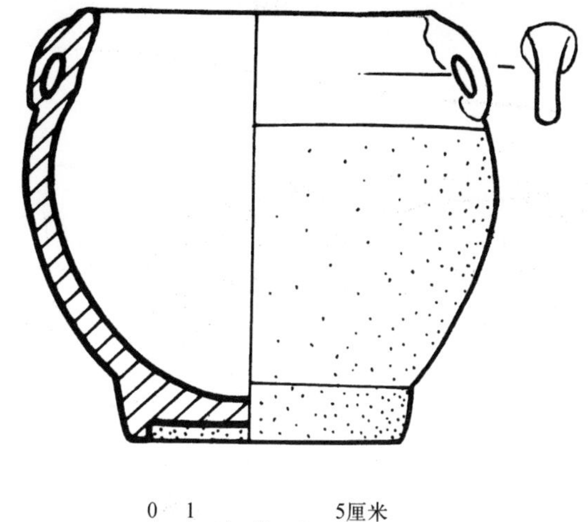

图七 M2出土双系瓷罐(M2:1)

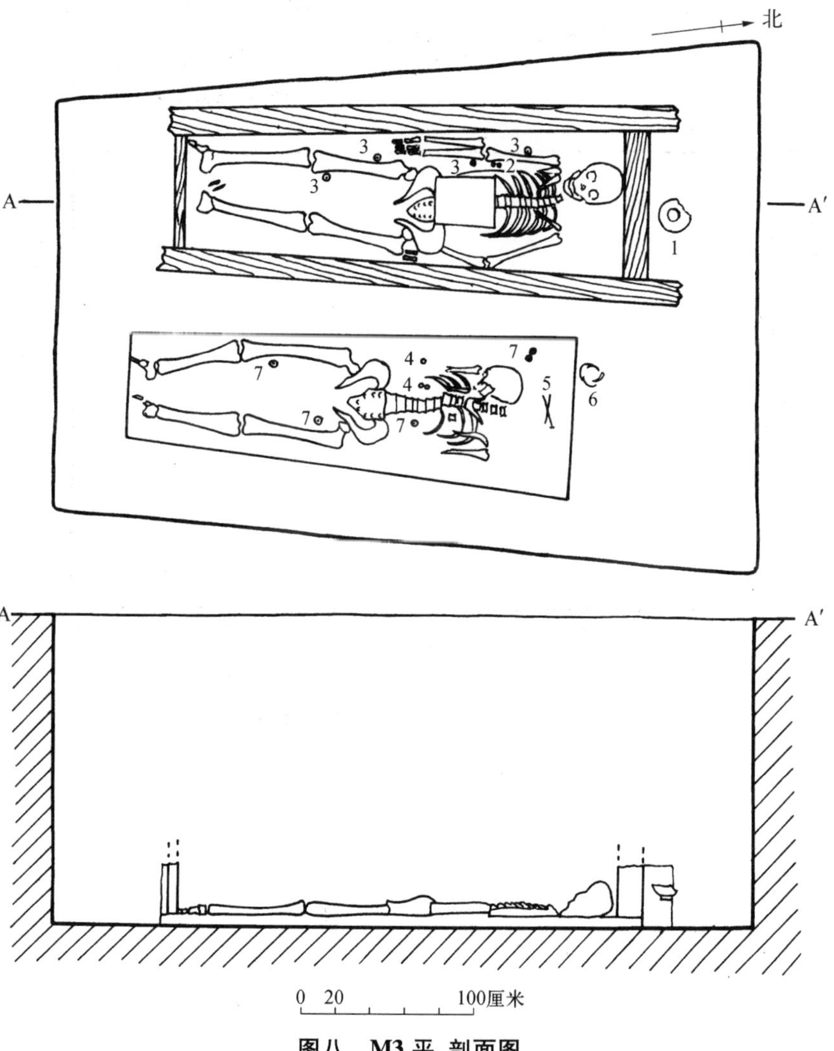

图八 M3平、剖面图

1. 瓷碗 2、4. 铜扣 3、7. 铜钱 5. 银簪 6. 双系陶罐

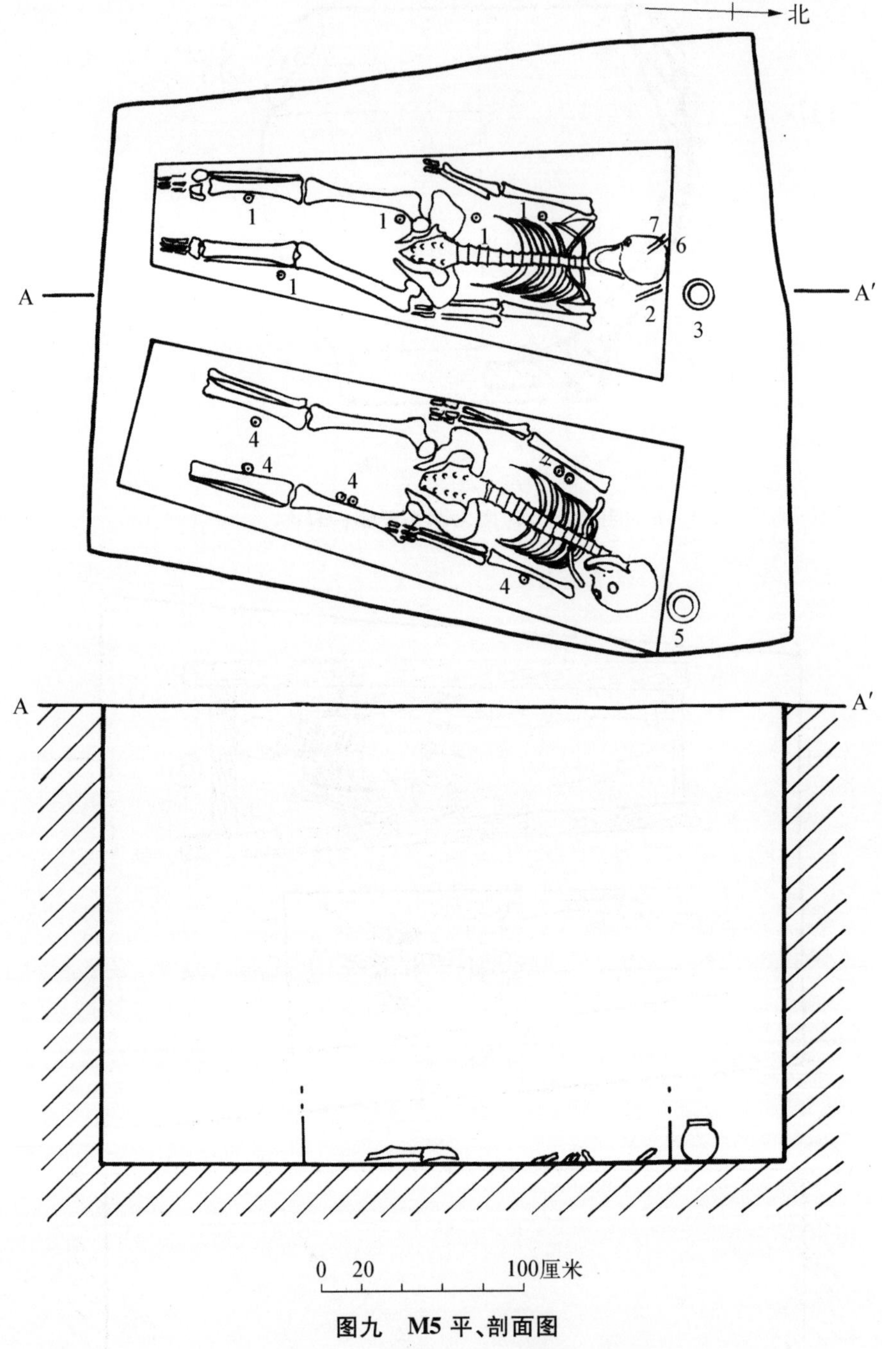

图九　M5 平、剖面图

1、4. 铜钱　2、6. 银簪　3、5. 双系瓷罐　7. 铜簪

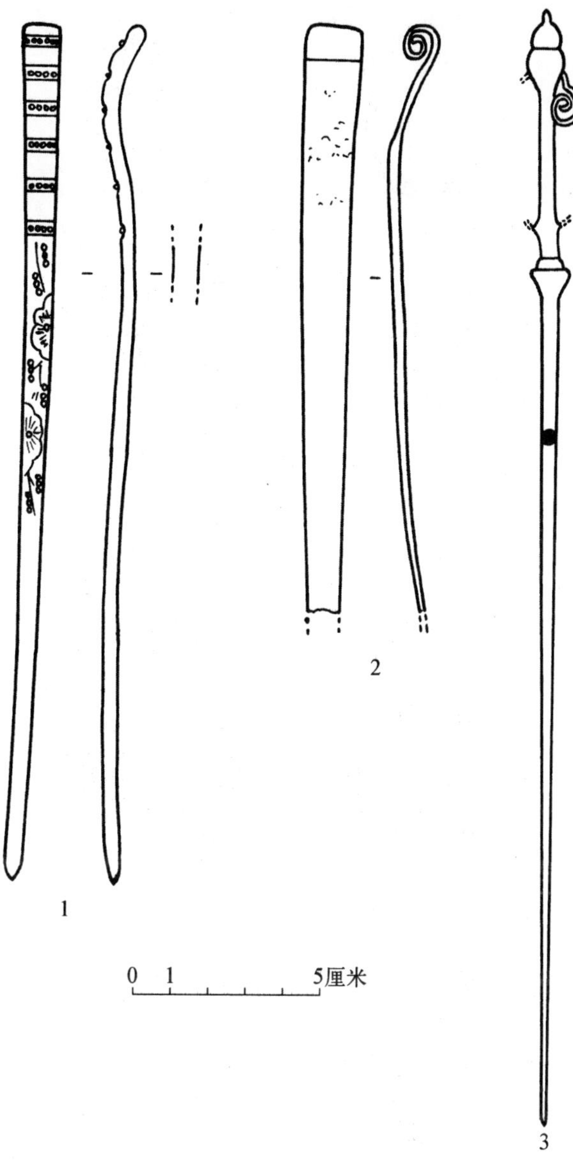

图一〇 M5出土银器

1、3. 银簪(M5:2、M5:6) 2. 银扁方(M5:7)

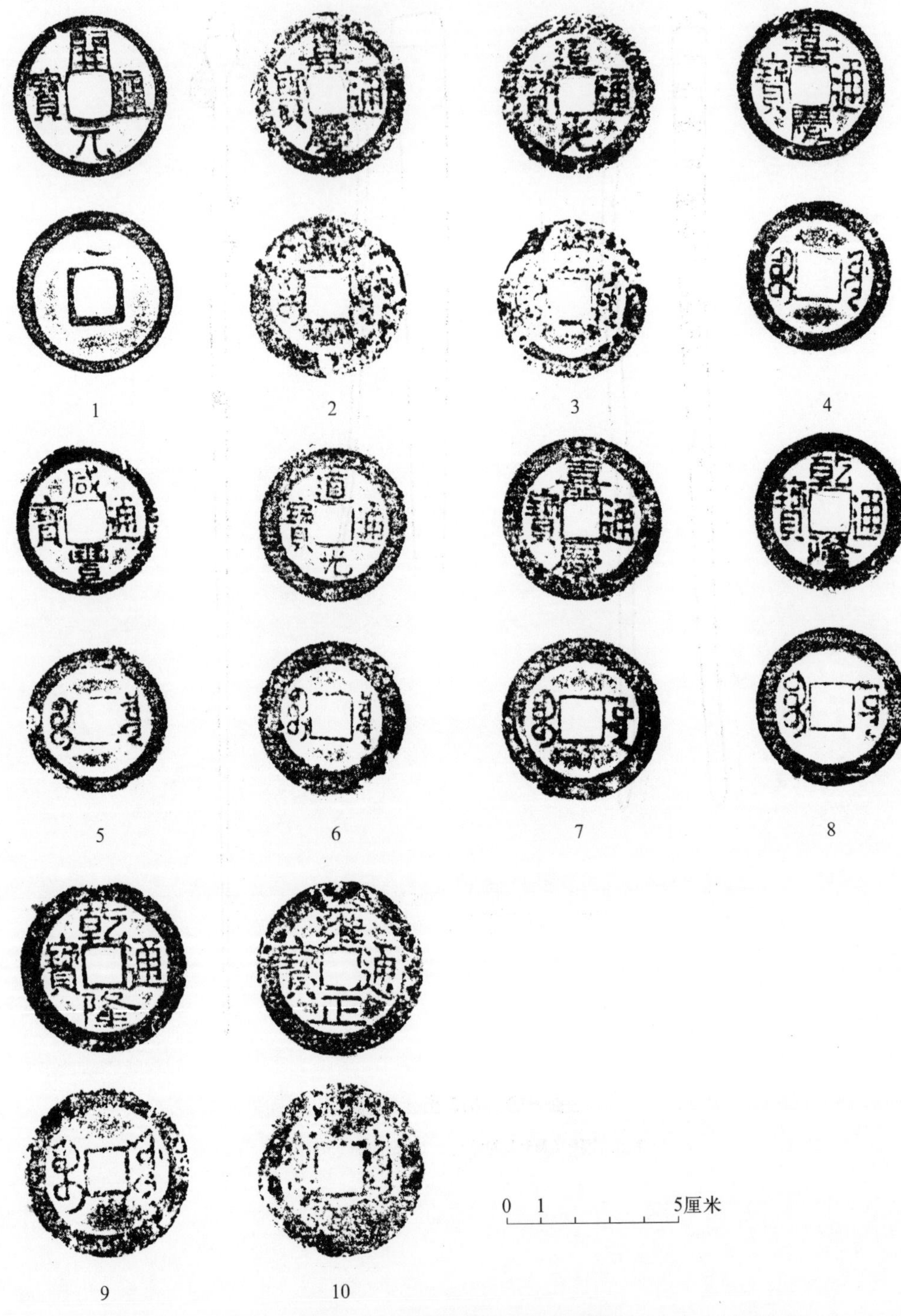

图一一　M1～M3、M5 出土铜钱

1. 开元通宝(M1:4)　2、4、7. 嘉庆通宝(M1:3、M2:3、M3:3)　3、6. 道光通宝(M1:2、M3:7－2)
5. 咸丰通宝(M2:9)　8、9. 乾隆通宝(M5:4－1、M5:1)　10. 雍正通宝(M5:4－2)

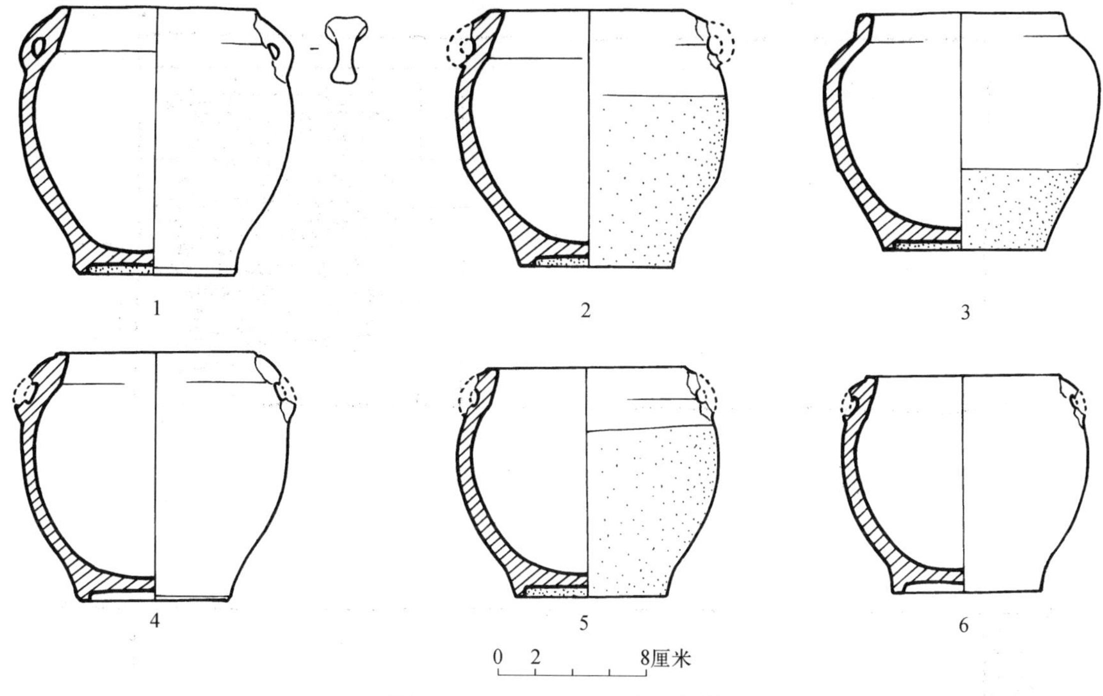

图一二　M2、M3、M5 出土瓷罐

1、2、4～6. 双系瓷罐（M5:5、M6:3、M5:3、M3:6、M2:4）　3. 酱釉瓷罐（M6:4）

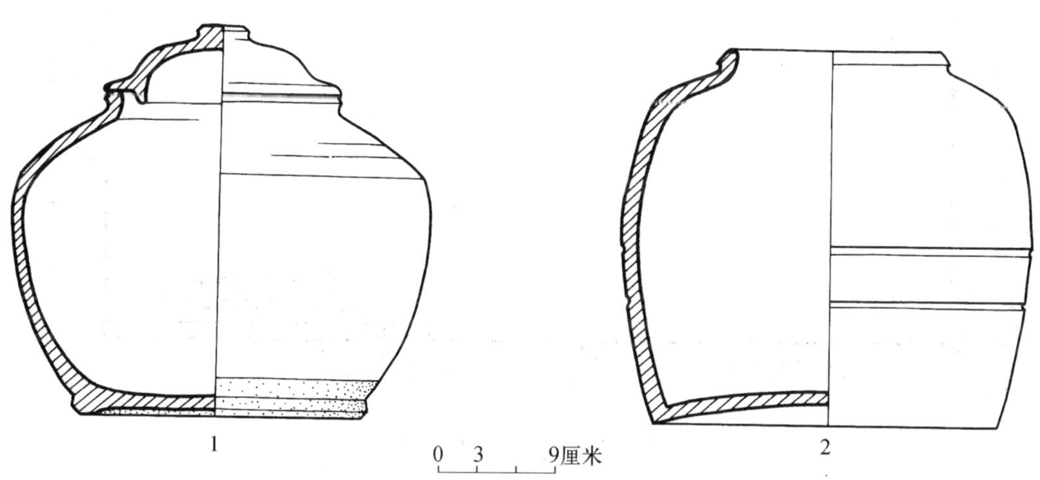

图一五　M6 出土瓷罐（M6:5、M6:6）

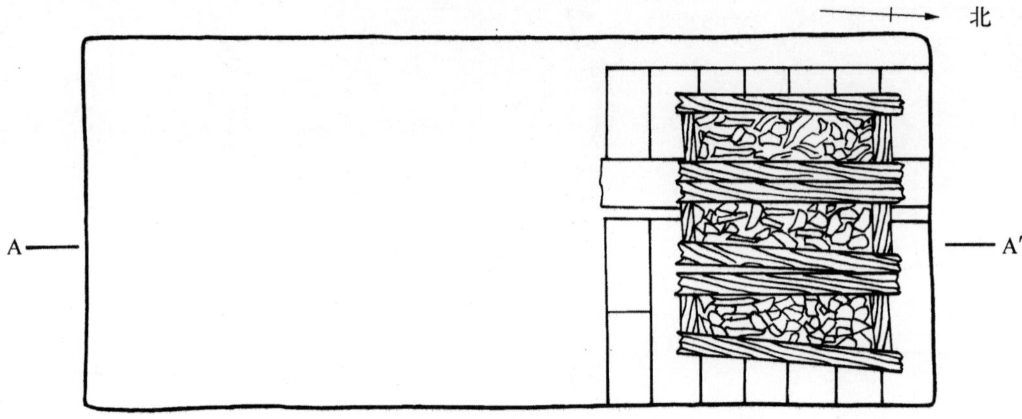

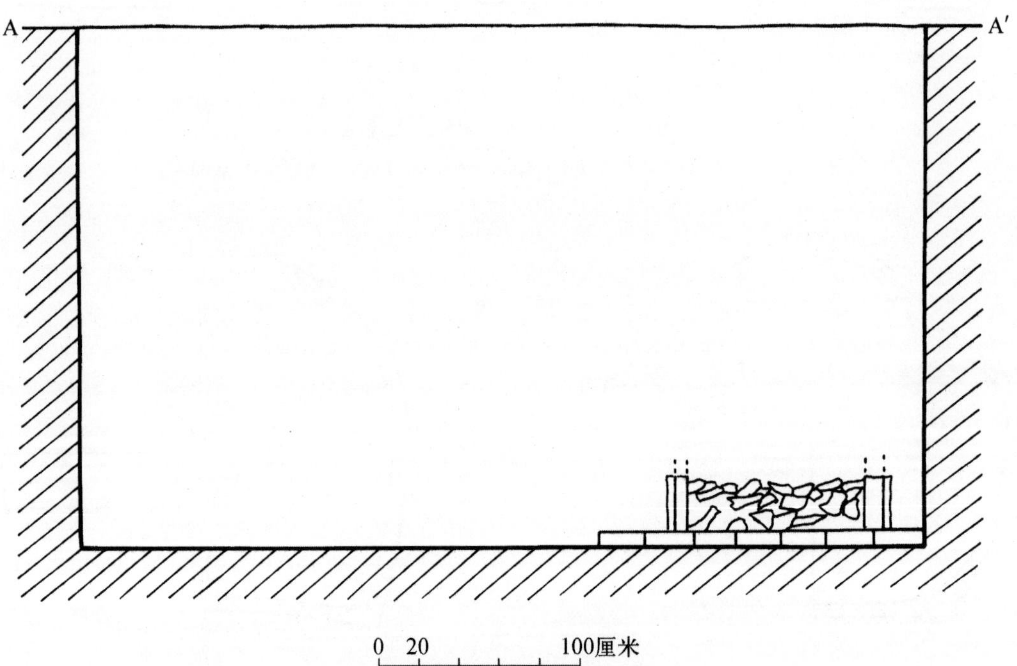

图一三 M4 平、剖面图

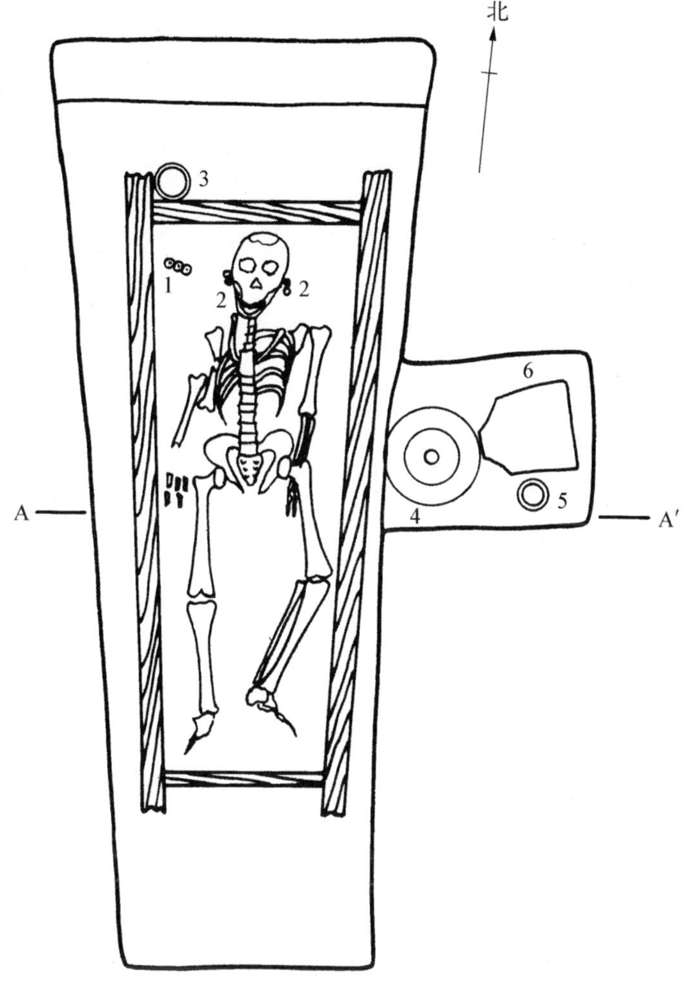

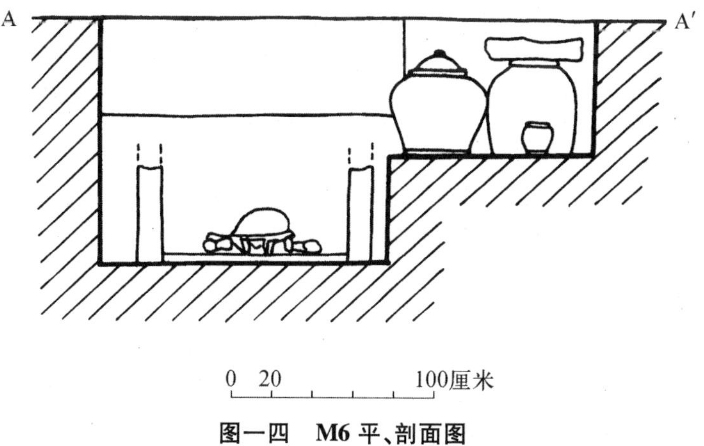

图一四 M6 平、剖面图

1. 铜钱 2. 铜环 3. 双系瓷罐 4. 酱釉瓷罐 5、6. 瓮罐

北京西站南广场墓葬发掘简报

北京市文物研究所

西站南广场墓葬区位于北京西站南广场东侧(图一)。地理坐标为北纬39°53′28″,东经116°19′04″,海拔45米。为配合西站南广场地下车库及商业工程建设,2007年10月北京市文物研究所对该工程占地区域进行了抢救性考古发掘,清理明清时期墓葬16座(图二),现将发掘情况简报如下。

一、墓 葬 形 制

本次发掘清理的16座墓葬,均为竖穴土圹墓,按时代分为明代墓葬、清代墓葬两大类。

(一) 明代墓葬　2座,编号分别为M15、M16。

M15　位于发掘区中北部,竖穴土坑墓,近长方形,南北向,方向6°。墓口距地表深0.8米,墓底距地表深1.7米。东西长5.7米,南北宽3~3.75米。内填花土,土质较松。墓内置五棺,葬具为木棺及内外椁。五棺东西排列,由西向东叙述:西棺(1),棺木已朽,长1.9米,宽0.7~0.9米,残高0.1米。棺内骨架保存较差,头向北,面向上,仰身直肢。西棺(2),一棺一椁。棺木已腐朽,残留棺痕长1.73米,宽0.3~0.45米,残高0.08米;外椁已腐朽,内椁长1.98米,宽0.54~0.7米,高0.66米,厚0.04~0.08米;棺内骨架保存较差,头向北,面向西,仰身直肢。中棺棺木已腐朽,长1.5米,宽0.48~0.58米,高0.18米,厚0.05米。棺内骨架保存较差,头向北,面向上,仰身直肢。东棺(1),一棺一椁。棺木已腐朽,残留棺痕长1.85米,宽0.38米,残高0.05米;外椁已腐朽,内椁长2.38米,宽0.96~1.05米,高0.76米,厚0.06~0.08米;棺内骨架保存较好,头向北,面向西,仰身直肢。东棺(2),棺木长2米,宽0.56~0.68米,高0.32米,厚0.04米。棺内骨架保存较差,头向北,面向上,仰身直肢。随葬品有陶罐、瓷罐、玉带、铜钱等(图三)。

M16　位于发掘区的东端,西邻M15。长方形竖穴土圹墓,南北向,方向360°。墓口距地表深1.3米,墓底距地表深2.32米。东西长4.2米,南北宽3.2米。双棺合葬,东西并排,头北足南,仰身直肢。葬具为木棺及内外椁。西棺外椁:已腐朽,残留椁痕迹,长3.15米,宽1.1~1.38米,残高0.8米;西棺内椁长2.4米,宽0.9~1.16米,残高0.8米。椁盖残损严重,残厚0.18~0.2米,侧板残厚0.06~0.08米,挡板残厚0.04~0.05米。底板残厚0.07米。西棺:已腐朽,残留棺痕迹,长1.7米,宽0.5~0.57米,残高0.06米。东棺外椁已腐朽,残留椁痕迹,长2.6米,宽

1.08～1.1米,残高0.62米。东棺内椁长1.94米,宽0.76～0.8米,残高0.62米,椁盖残厚0.1米,侧板残厚0.04～0.05米,挡板残厚0.03～0.04米,底板残厚0.04米。东棺已腐朽,残留棺痕迹长1.57米,宽0.5～0.52米。东西两棺内骨架保存较差,头向北,面向上,仰身直肢。西棺男,东棺女。内填花土,土质较松。随葬品有青花瓷罐、玉带、玉带钩、玉饰、木饰、铜钱等(图四)。

(二)清代墓葬 14座,编号分别为M1～M14。

依据内葬人数多寡,可分为单人葬墓、双人合葬墓及迁葬墓。其中,单人葬墓3座,编号分别为M1、M2、M4。双人合葬墓4座,编号分别为M5～M7、M14。迁葬墓7座,编号分别为M3、M8～M13。以下择其典型加以介绍。

M5 位于发掘区中西部,西邻M4,东邻M6。长方形竖穴土圹墓,南北向,方向4°。墓口距地表深0.6米,墓底距地表深0.8米。南北长2.4～2.5米,宽1.7米。内填花土,土质疏松。双人合葬,棺木已朽;东棺痕长1.94米,宽0.44～0.6米;西棺痕长2.02米,宽0.44～0.6米。骨架保存较差,头北足南,面向上,仰身直肢。随葬品有银扁方、铜烟斗、铜钱等(图五)。

M14 位于发掘区中东部,竖穴土圹墓,南北向,方向350°。墓口距地表深0.7米,墓底距地表深1.2米。南北长1.98～2.1米,东西宽1.8米。内填花土,土质较松。墓葬内置双棺,已朽,东棺痕长1.84米,宽0.44～0.58米;西棺痕长1.88米,宽0.48～0.6米。棺内骨架保存较差,头向北,面向上,仰身直肢。随葬品有瓷罐、银簪、银耳环、铜簪、铜钱等(图六)。

二、随 葬 器 物

出土的随葬器物有陶器、瓷器、银器、玉器、木器、铜器等,分别介绍如下。

1. 陶器 4件,均为罐,分为二型。

A型 2件。泥质灰陶。侈口,折沿,尖唇,束颈,溜肩,上腹外鼓,下腹弧收外敞,平底。

M8:1,口径10.6厘米,底径9.2厘米,高12.8厘米(图七,1)。M8:2,口径11.6厘米,底径8.8厘米,高12.8厘米(图七,2)。

B型 2件。釉陶罐。侈口,圆唇,束颈,斜肩,上腹外鼓,下腹弧收,平底。

M15:1,口沿至上腹部施酱黄釉,釉色不均,部分已剥落,局部有流釉,下腹部及底部未施釉。口径9.8厘米,底径6.7厘米,高11厘米(图七,3)。M15:2,口沿至上腹部施浅绿釉,下腹部及底部未施釉。口径10厘米,底径7.6厘米,高12.1厘米(图七,4)。

2. 瓷器 7件,均为罐。

M2:1,敛口,平沿,方圆唇,微束颈,溜肩,颈及肩部左右两侧置双耳,圆鼓腹,圈足。外壁颈部及肩部施酱釉,口沿、腹部及底部未施釉;内壁施酱釉。口径8.3厘米,底径6.2厘米,高9.5厘米(图七,5)。

M9:1,直口,沿微折,尖唇,束颈,圆肩,上腹外鼓,下腹弧收外敞,平底。体施薄层浅绿釉,釉不及底,部分已剥落。口径9.2厘米,底径9.3厘米,高13.1厘米(图七,6)。

M11:1,直口,平沿,方圆唇,直颈微束,溜肩,上腹外鼓,下腹弧收,平底。通体施白釉,泛青,口沿施酱釉。口径 8.1 厘米，底径 8.6 厘米，高 14 厘米（图七，7；彩版一）。

M14:1，侈口，平沿，方圆唇，微束颈，平肩，上腹外鼓，下腹弧收外敞，平底。通体施薄层浅绿色釉，部分已剥落。口径 8.1 厘米，底径 8.7 厘米，高 11.4 厘米（图七，8）。

M15:3，口沿、上腹施黑釉，下腹不施釉。敛口，斜颈，圆肩，圆鼓腹，圈足，平底。颈部至上腹部施黑釉，口沿、近底部及底部未施釉。口径 7.2 厘米，底径 8 厘米，高 10.6 厘米（图七，9）。

M15:4，青花瓷罐。通体施白釉，泛青。侈口，方圆唇，微束颈，圆肩，圆弧腹，圈足。颈部至肩部为一组云朵图案，腹部由上、中、下三组图案组成。上为一组院落、树木；中间为一组母子图案，少儿正在习武，母亲一旁观看：1）少儿头向正面，双臂张开，右腿抬起，母亲双臂抱拢，侧面向左，面对少儿；2）少儿侧面向左，屈身，右臂举过头顶，左臂伸开，双腿微屈，母亲双臂抱拢，正面微向右；3）少儿头向正面，右臂举过头顶，左臂伸开，双腿直立，母亲双臂抱拢，侧面向左，面对少儿；4）少儿侧面向左，屈身，双臂合拢，双腿合并，母亲双臂抱拢，正面微向右。下为一组花草、土堆、石等图案。无盖。口径 6.15 厘米，腹径 12.25 厘米，底径 8 厘米，高 12.4 厘米（图八，1；彩版二）。

M16:1，青花瓷罐。通体施白釉，泛青。直口，平沿，方圆唇，直颈，圆肩，圆鼓腹，圈足。颈部饰云雷纹，器身饰凤凰和缠枝花卉纹，无盖。口径 7.6 厘米，底径 9.6 厘米，高 18.6 厘米（图八，2；彩版三）。

3. 银器　6 件，有扁方、簪、耳环。

银扁方　2 件。簪首卷曲，簪体扁平，末端为圆弧状。M5:1，长 16.5 厘米（图九，1）。M5:2，长 15.4 厘米（图九，2）。

银簪　2 件。M12:1，簪首为耳挖，颈部稍细，有五道凹弦纹。簪体细直，呈圆锥形，上部有数道斜凸弦纹。长 17 厘米（图九，3）。M14:2，簪首残，下有一道凸棱，簪体为圆锥形。长 12.8 厘米（图九，4）。

银耳环　2 件。通体造型呈“C”形，环身分节，上浮雕以花卉、圆圈等图案，一端呈尖锐状，一端作扁圆形。M14:3，长 9.85 厘米。M14:4，长 9.85 厘米（图九，5、6；彩版四）。

4. 玉器　有玉带、玉带钩、玉饰。

玉带　1 幅。M15:5，色呈青白，玉质柔和细腻，温润晶莹，抛光润滑平整，有几块带有黄色的沁斑。由十九块带板组成，其中长方形八块，长 6.4 ~ 7 厘米，宽 5.6 厘米；长条形四块，宽 1.9 厘米，两块长 5.9 厘米，两块长 5.4 厘米；桃形五块，高 5.25 厘米，宽 5.5 厘米；圭形獭尾两块，长 9 厘米，宽 5.85 厘米。采用减地透雕方法雕琢出麒麟纹样，留有边框。麒麟作奔跑状，头部高高昂起，双目圆睁，两须弯曲，角立于脑后；体为鹿身，鱼鳞皮，带有双翅；四肢健硕，马蹄；牛尾上扬。在麒麟主体纹样之外还雕有云纹。背面带有对钻的 2 ~ 5 个穿鼻，供穿丝以连缀于丝带之上。麒麟，亦作“骐麟”，俗称“四不像”，是中国古代传说中的一种动物、神的坐骑，与龙、凤、龟共称为“四灵”。从其外部形状上看，鹿身，牛尾，马蹄（史籍中有说为“狼蹄”），鱼鳞皮，一角，角端有肉，黄色，被称为圣兽王，是吉祥神兽，主太平、长寿①。整幅玉带制作工艺精湛，极富动感（图一〇；彩版五）。

玉带　2 幅。M16:2，色呈青白。由二十块带板组成，其中长方形八块，长 5.85 ~ 8.45 厘米，宽4.8~5.1厘米;长条形四块,宽1.75厘米,两块长5.1厘米,两块长4.95厘米;桃形六块,高4.2厘米,宽4.6厘米;圭形獭尾两块,长14.8厘米,宽5.05厘米。采用减地透雕方法雕琢出云龙纹样,留有边框。龙首昂起,张口瞪目,两角呈"八"字形,立于脑后;身躯修长,弯曲转折,在云中盘旋游动;龙爪飞舞,刚劲有力。龙的神态形象生动,威武凶猛。在云龙主体纹样之外还雕有鸟、花朵等纹样。背面带有对钻的2~5个穿鼻,供穿丝以连缀于丝带之上。龙纹是中国古代玉带饰使用较多的装饰纹样。整幅玉带刻画生动,纹饰层次丰富(图一一;彩版六)。M16:3,色呈青白,局部有土蚀之后留下的黄色斑。由二十块带板组成,其中长方形八块,长6.6~7.35厘米,宽5.05厘米;长条形四块,长5.05厘米,两块宽2.3厘米,两块宽2.05厘米;桃形六块,高4.7厘米,宽5.2厘米;圭形獭尾两块,长14.45厘米,宽5.1厘米。采用减地浅浮雕方法雕琢出松、鹿、灵芝、云、山、花朵等纹样,留有边框。一棵松树下几只鹿或立或卧,或低头或昂首,有的嘴里衔着灵芝,与云、山、花朵浑然一体,相映成趣。背面带有对钻的2~5个穿鼻,供穿丝以连缀于丝带之上。松树象征着君子品行高洁。鹿本身便是兽中驯良者,有力、善跑,大有益于人;在民间,鹿还以长寿仙兽的形象出现,在多种场合用以表达祝寿、祈寿的主题。此外,鹿还与"禄"谐音,象征福气、俸禄②。灵芝在中国传统文化观念中是一种仙境中的植物,被赋予仙物的色彩,象征长生长寿③。整幅玉带图案线条婉转流畅,松、鹿、灵芝构成一画,寓意深刻(图一二;彩版七)。

玉带钩 1套。M16:4,钩身透雕成展翅飞舞的蝙蝠,钩首分别作花朵形环及螭形首,环首相扣。长5.35厘米,最大宽2.2厘米,厚0.5厘米(图一三,2;彩版八)。

玉饰 1件。M16:5,整体呈花朵形,正面中间六个圆形凸钮组成花蕊,外有一周放射状椭圆形花纹,周边八组桃形体内饰卷云纹。背面正中有两个椭圆形孔,孔外为一圆环,上饰螺旋纹,周边八组桃形体内饰卷云纹。最大径6.9厘米,厚0.85厘米(图一三,1;彩版九)。

5. 木饰 1件。M16:6,残碎严重,无法复原。

6. 铜烟斗 1件。M5:3,整体为铜质,由烟锅、烟杆组成。烟锅平面呈圆形,烟杆为圆柱状,中间为通烟的孔道。烟杆分为两段,之间用藤木相连接,藤木大部分已朽。烟嘴缺失。烟锅直径2.05厘米,烟杆残长8.5厘米,通长10.7厘米(图九,7)。

7. 铜钱 有崇宁通宝、崇宁重宝、洪武通宝、万历通宝、天启通宝、崇祯通宝、康熙通宝、乾隆通宝、道光通宝、咸丰通宝、光绪通宝、同治重宝、光绪重宝等。以下以M15及其他墓葬出土铜钱为例加以介绍。

崇宁重宝 2枚。标本M15:6,大平钱,圆形,方穿,窄郭,钱面文为"崇寧重寶",上下右左对读。直径3.57厘米,穿径0.75厘米,厚0.15厘米。

洪武通宝 4枚。标本M15:7,大平钱,圆形,方穿,宽郭,钱面文为"洪武通寶",上下右左对读,背穿右有一字,字迹不清。直径3.05厘米,穿径0.62厘米,厚0.17厘米。

万历通宝 13枚。标本M15:8,小平钱,圆形,方穿,宽郭,钱面文为"萬曆通寶",上下右左对读。直径2.65厘米,穿径0.49厘米,厚0.13厘米。

天启通宝 12枚。小平钱,圆形,方穿,宽郭,钱面文为"天啟通寶",上下右左对读。标本M15:9,背穿上为一"户"字。直径2.63厘米,穿径0.55厘米,厚0.12厘米。标本M15:10,背穿上为一“工”字。直径2.63厘米,穿径0.49厘米,厚0.14厘米。

崇祯通宝 11枚。标本M15:11,小平钱,圆形,方穿,宽郭,钱面文为“崇禎通寶”,上下右左对读。直径2.68厘米,穿径0.55厘米,厚0.1厘米。

康熙通宝 2枚。标本M2:2,小平钱,圆形,方穿,宽郭,钱面文为“康熙通寶”,上下右左对读,背穿左右为满文。直径2.73厘米,穿径0.64厘米,厚0.13厘米。

乾隆通宝 4枚。标本M1:2,小平钱,圆形,方穿,宽郭,钱面文为“乾隆通寶”,上下右左对读,背穿左右为满文。直径2.54厘米,穿径0.57厘米,厚0.12厘米。

道光通宝 4枚。标本M5:4,残,小平钱,圆形,方穿,宽郭,钱面文为“道光通寶”,上下右左对读,背穿左右为满文。直径2.55厘米,穿径0.48厘米,厚0.18厘米。

咸丰通宝 1枚。M12:4,小平钱,圆形,方穿,宽郭,钱面文为“咸豐通寶”,上下右左对读,背穿左右为满文。直径2.23厘米,穿径0.51厘米,厚0.13厘米。

光绪通宝 2枚。M12:5,小平钱,圆形,方穿,宽郭,钱面文为“光緒通寶”,上下右左对读,背穿左右为满文。直径2.24厘米,穿径0.56厘米,厚0.12厘米。

同治重宝 3枚。M14:5,小平钱,圆形,方穿,宽郭,钱面文为“同治重寶”,上下右左对读,背穿上下为“當十”,左右为满文。直径2.59厘米,穿径0.54厘米,厚0.11厘米。

光绪重宝 1枚。M14:7,大平钱,圆形,方穿,宽郭,钱面文为“光緒重寶”,上下右左对读,背穿上下为“當十”,左右为满文。直径3.03厘米,穿径0.67厘米,厚0.19厘米。

8. 青砖 1块。M14:8,长方形,中间有一道凹槽,素面。长28厘米,宽14厘米,厚5.2厘米。

三、结 语

此次发掘的墓葬从形制及出土器物方面推断,应属于明清时期的墓葬。

明代墓葬葬具为木棺及内外椁,M15为五人合葬墓,从埋葬特点来看,应为先后埋葬在一起的。此前,在两座墓葬的正北因施工发现了一座墓葬,从墓中出土的墓志碑文可知,墓主人为明代万历皇帝舅父中军都督府左都督李文贵[④],那么此次清理的这两座墓葬和李文贵墓是否有关系呢?如果有关系又是怎样的一种关系呢?首先,从墓葬排列来说,M15、M16两座墓葬与李文贵墓皆为正南北向,三墓相邻,李文贵墓居北,两座墓葬紧邻其南且并排。由此,三座墓葬之间应有一定的关系,可能为家族墓葬。其次,从随葬器物来看,M15、M16均出土有玉带,“由于玉带与古代礼仪制度紧密相连,是身份地位的象征,所以凡出土玉带的墓葬多等级较高,墓主身份有皇帝、亲王和王妃、够品级的官员及命妇等”[⑤]。另据《明会典》记载,革带中以玉带最为珍贵,只有皇帝、皇后、妃嫔、皇太子、亲王、郡主、公、侯、驸马、伯及文武一品官才有使用[⑥]。两座墓葬虽未见墓碑或墓志铭,墓主人的具体情况无从推断,但从所出玉带及同出器物如玉佩饰、青花瓷罐等可知,墓主人的身份、地位应是很高的。再次,结合史料分析,李文贵家族世系及姻亲,简报[⑦]已作考证不再叙述。据《明史》[⑧]载,李文贵下有二子,长子诚镒,次子诚锪,二人均官居要职,诚镒官至左都督,娶妻兵部尚书张瓒女,诚锪官千户,娶妻都督同知陈胤征女。因两墓未出任何文字方面的记载,二人生平在此不作详细考证,仅结合此前考证及史料记载推测此二人可能为墓葬主人。综合以上分析,M15、M16墓主人可能即为李文贵之二子——诚镃、诚锪。

所清理的清代墓葬,从墓葬规模和随葬器物来看均为中小型墓葬,墓主人身份不高,应为当时平民阶层的墓葬。随葬器物中,瓷罐、釉陶罐、铜簪等器物是北京地区明清时期墓葬中常见器物,瓷罐M9:1与五棵松篮球馆M38:1、奥运村M25:1和M32:1形制相同,釉陶罐M15:1与五棵松篮球馆M44:1、国家体育馆M7:1形制相同。银扁方M5:1、M5:2与五棵松篮球馆M22:3和M36:4、国家体育馆M17:1[⑨]形制相同。

此批明清墓葬特别是两座明墓的发掘,为研究当时的墓葬形制、埋葬习俗及明代的家族墓葬提供了珍贵的考古资料。

注释:

① 袁珂:《中国神话传说词典》,上海辞书出版社,1985年。

② 袁珂:《中国神话传说词典》,上海辞书出版社,1985年。

③ 南京市博物馆:《明朝首饰冠服》,科学出版社,2001年。

④ 北京市文物研究所:《北京市丰台区明李文贵墓》,《文物》2008年第9期。

⑤ 虞海燕:《论考古出土的明代玉带之形制工艺》,《北京文博》2008年第1期。

⑥ 南京市博物馆:《明朝首饰冠服》,科学出版社,2001年。

⑦ 北京市文物研究所:《北京市丰台区明李文贵墓》,《文物》2008年第9期。

⑧《明史·职官志》,中华书局,1974年。

⑨ 北京市文物局、北京市文物研究所:《北京奥运场馆考古发掘报告》,科学出版社,2007年。

执笔:张智勇　刘风亮

绘图:刘缀生

摄影:张智勇　韩宜林

(原载于《北京文博》2009年第2期,题目有改动)

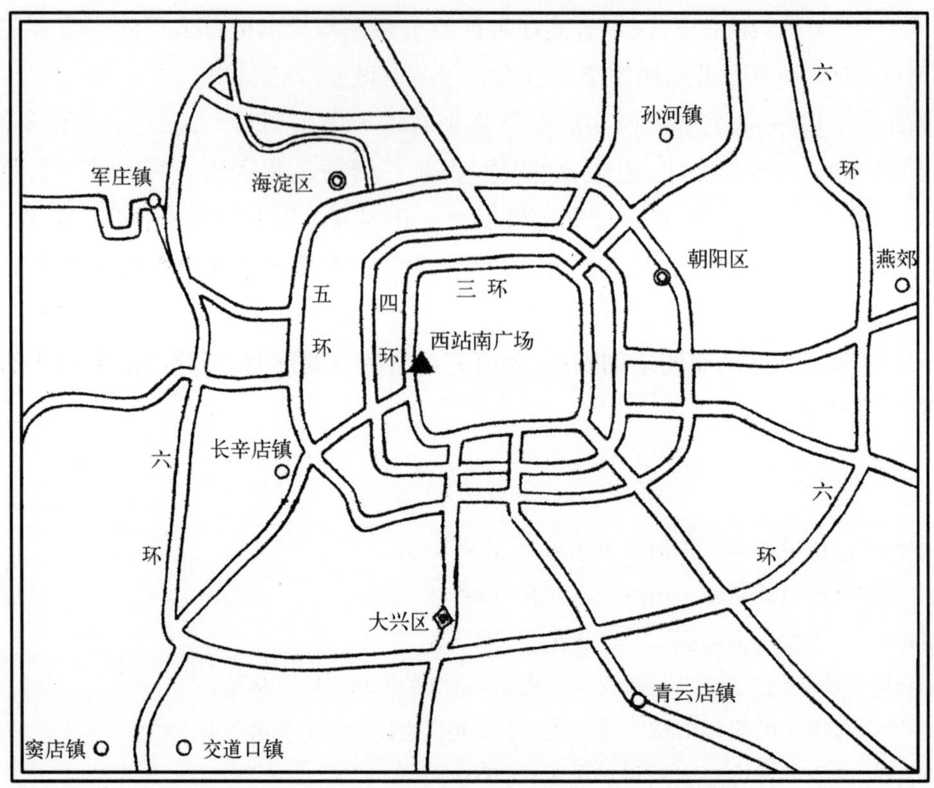

图一　西站南广场墓葬位置示意图

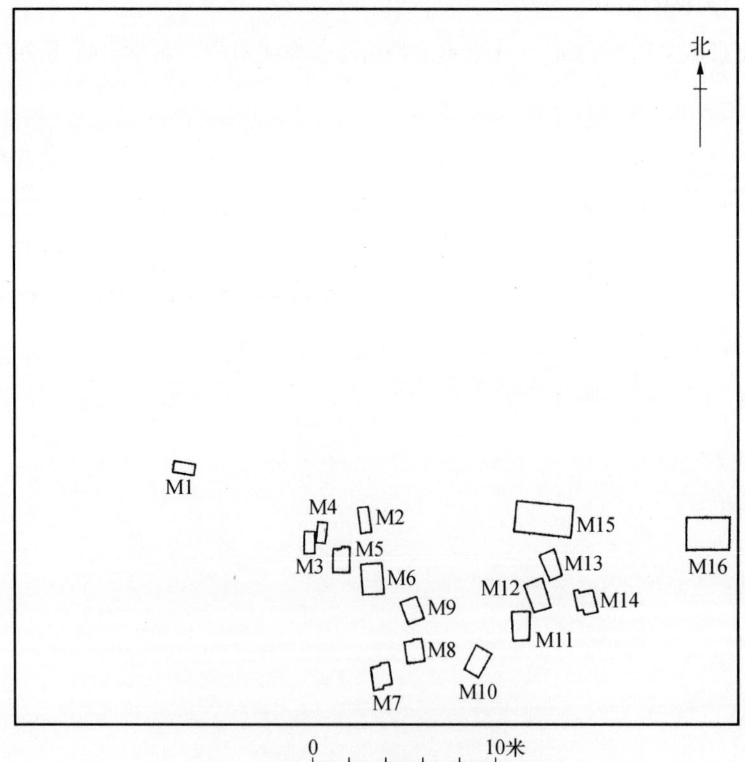

图二　西站南广场墓葬分布平面图

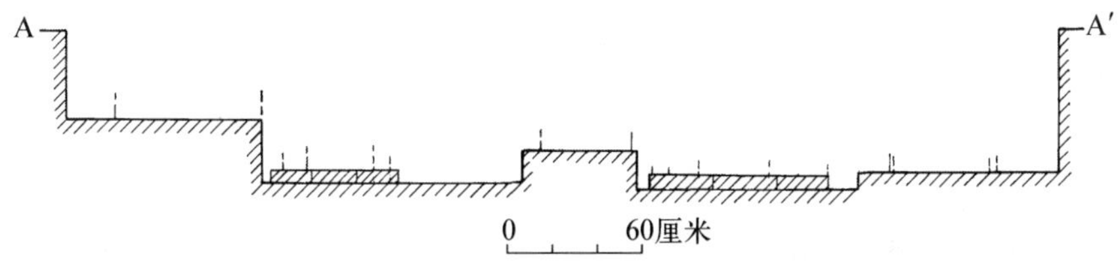

图三　M15 平、剖面图

1、2. 釉陶罐　3、4. 瓷罐　5. 玉带　6～11. 铜钱

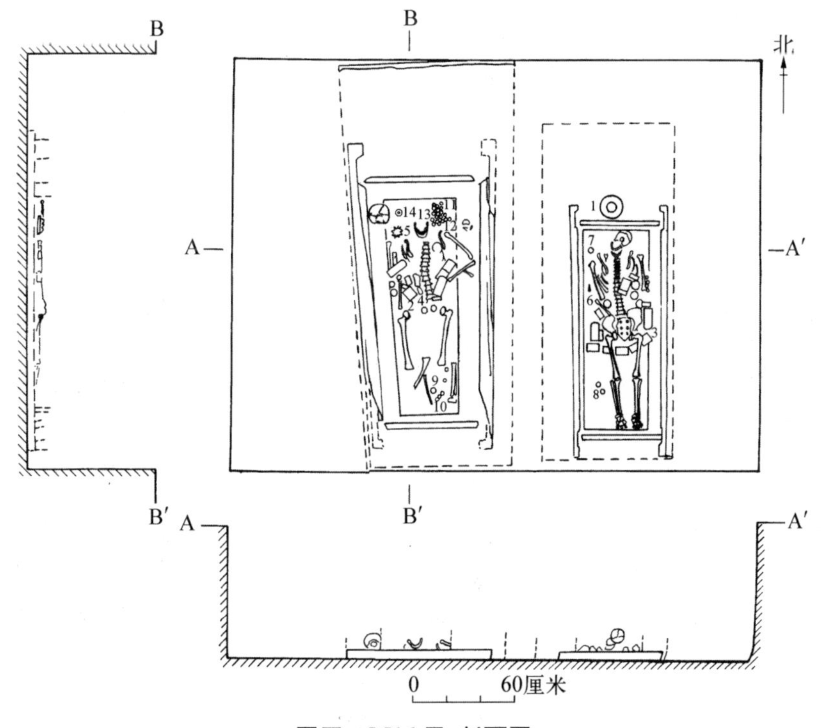

图四　M16 平、剖面图

1. 瓷罐　2、3. 玉带　4. 玉带钩　5. 玉饰　6. 木饰　7～14. 铜钱

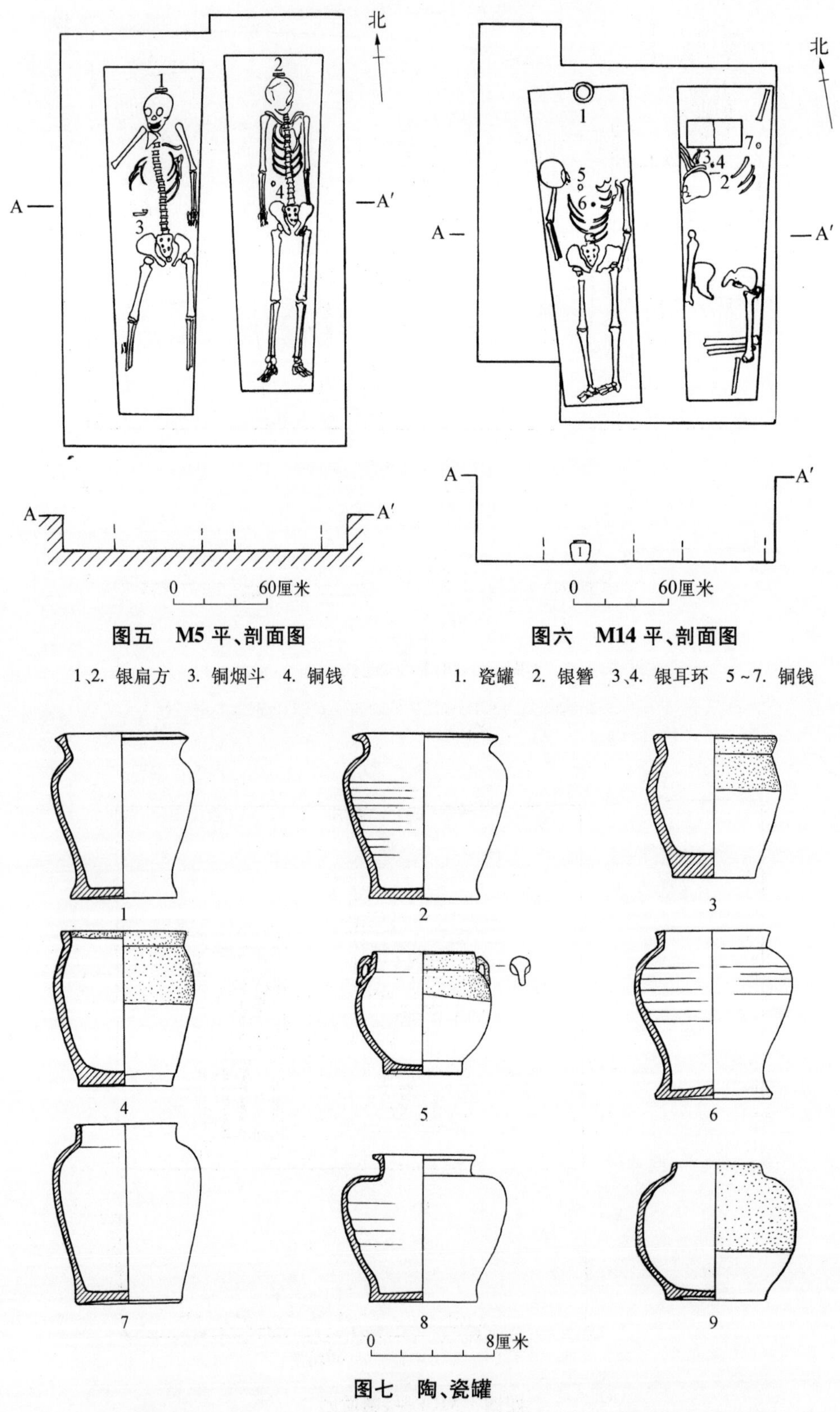

图五　M5 平、剖面图

1、2. 银扁方　3. 铜烟斗　4. 铜钱

图六　M14 平、剖面图

1. 瓷罐　2. 银簪　3、4. 银耳环　5～7. 铜钱

图七　陶、瓷罐

1、2. 陶罐(M8:1、M8:2)　3、4. 釉陶罐(M15:1、M15:2)　5～9. 瓷罐(M2:1、M9:1、M11:1、M14:1、M15:3)

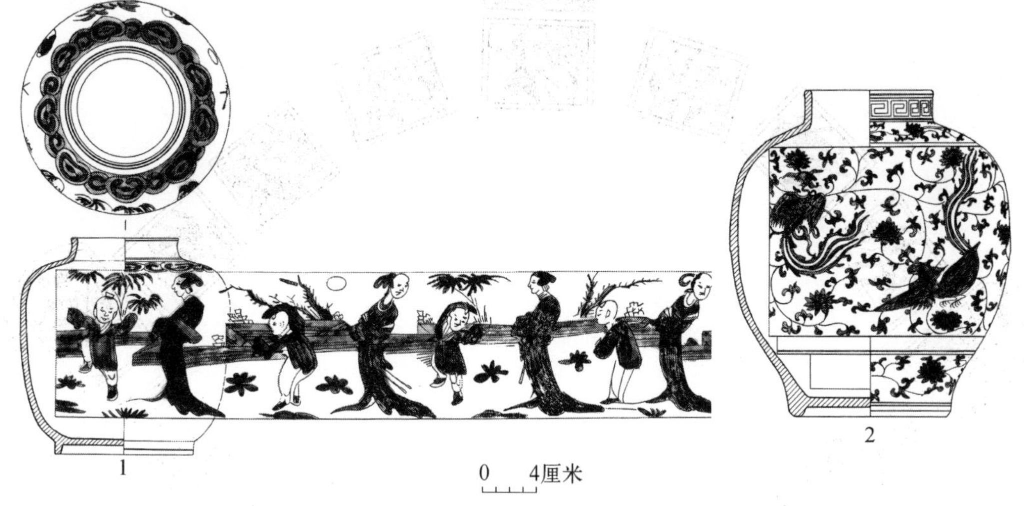

图八　青花瓷罐

1. M15:4　2. M16:1

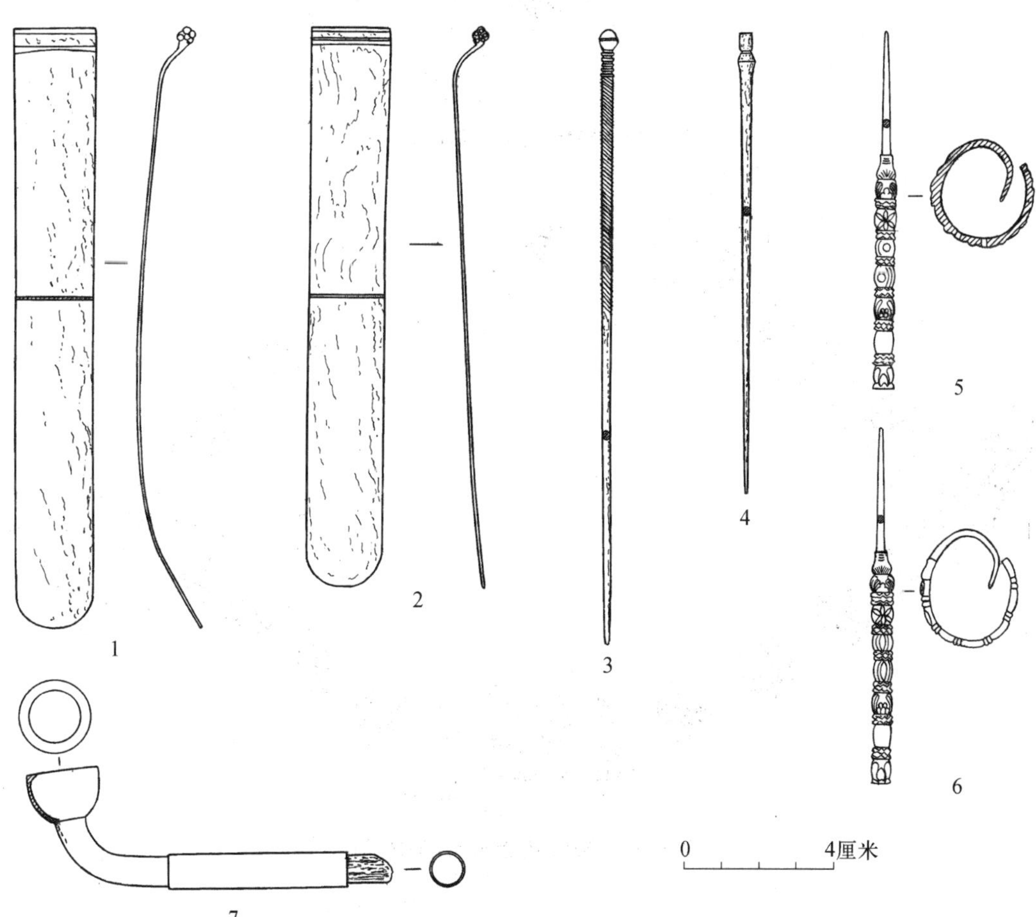

图九　银、铜器

1、2. 银扁方(M5:1、M5:2)　3、4. 银簪(M12:1、M14:2)　5、6. 银耳环(M14:3、M14:4)　7. 铜烟斗(M5:3)

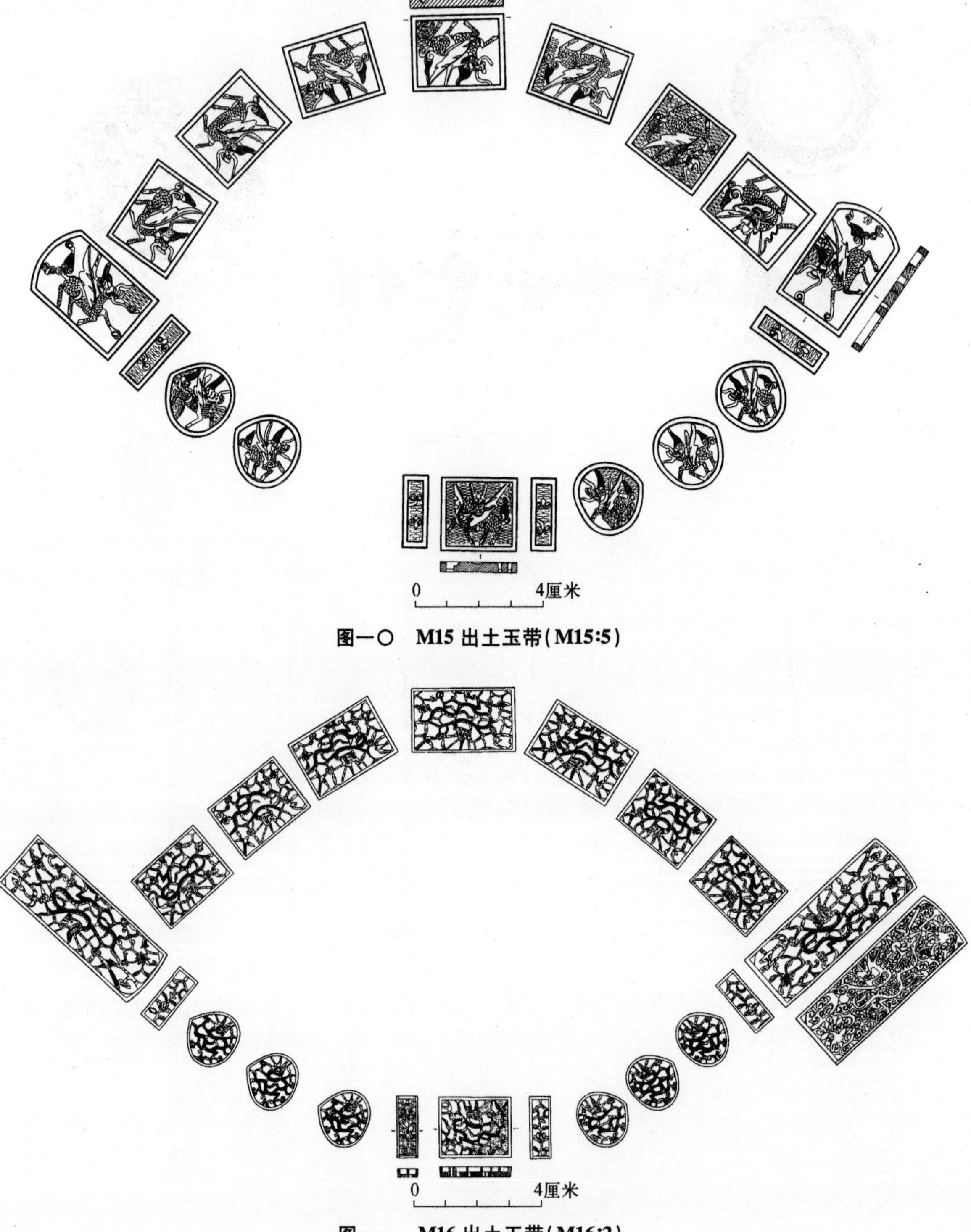

图一〇　M15 出土玉带(M15:5)

图一一　M16 出土玉带(M16:2)

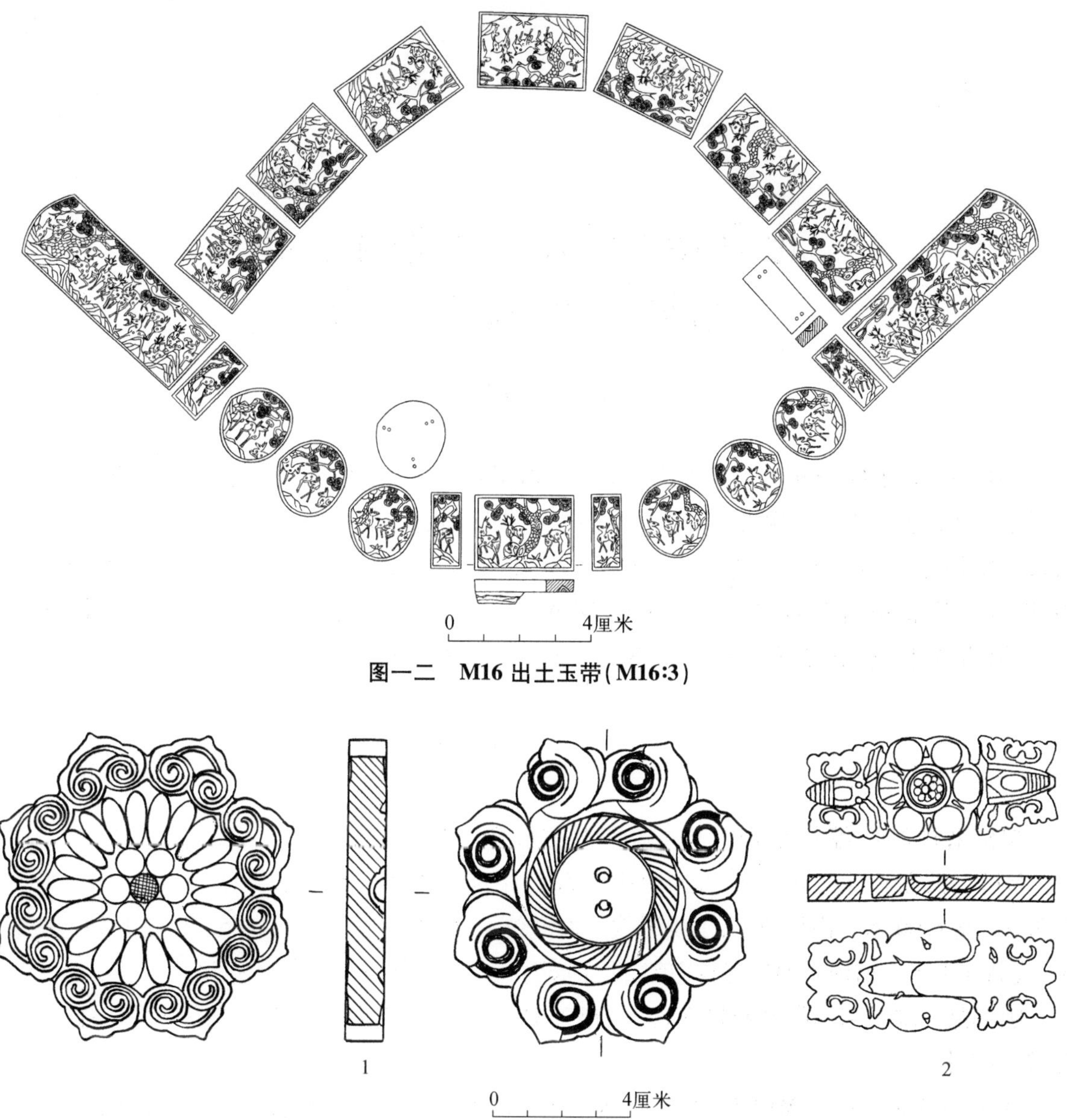

图一二　M16 出土玉带(M16:3)

图一三　M16 出土玉器

1. 玉饰(M16:5)　2. 玉带钩(M16:4)

北京市朝阳区北顶娘娘庙东侧墓葬发掘报告

北京市文物研究所

2007年11月14日至11月18日北京市文物研究所对朝阳区北顶娘娘庙东侧的清代墓葬进行了抢救性发掘工作。此次考古发掘地点位于朝阳区西北部的洼里地区，东邻中国国家体育场，西邻北顶娘娘庙，南邻南一路，北邻水立方（图一）。地理位置为东经116°23′5.50″、北纬39°59′20.58″，海拔高度49米。本次发掘清理的16座墓葬，均为竖穴土圹墓，可分为单棺墓、双棺墓、三棺墓、瓮棺墓和搬迁墓（图二）。现将发掘情况报告如下。

一、单 棺 墓

单棺墓共2座，编号为M12、M14，均为长方形竖穴土圹墓。

M12　长方形竖穴土圹墓，方向105°。墓口距地表1.50米，墓底距墓口0.45米。墓圹长2.70米，宽1.06米。内填花土，土质湿软。内置单棺，棺木已朽。棺长1.65米，宽0.43米～0.50米，残高0.1米。棺内骨架保存较完整，头东脚西，面向上，仰身直肢葬（图三）。

随葬品　珠子43颗，圆料饰5件，鼓形玉器1件，银镯3件，骨牌1套，铜指套1件，陶罐1件，铜钱5枚。

珠子　43颗。标本M12:1－1，2粒，玻璃质，粉红色，球形体，珠体中间通体钻小圆孔。直径1.2厘米、圆孔直径0.4厘米（图四，7）。标本M12:1－2，41粒，铜质，灰色，圆球形，顶部作环状，球体通体素面。直径0.3厘米、圆孔直径0.01厘米（图四，5）。

圆料饰　5件。标本M12:3－1，残，石质，乳白色，呈圆形，器边有人工打磨的痕迹。直径2.5厘米（图四，6）。标本M12:3－2，同上，直径2.9厘米（图四，3）

鼓形玉器　1件。标本M12:4，白玉质，乳白色，呈鼓状，上下端各饰凹弦纹及鼓钉纹各两周，腹部钻刻两圆孔，孔径0.3～0.4厘米，最大腹径1.9、高2.4厘米（图四，8；彩版一，2）。

银镯　3件（套）。标本M12:5，其中1件呈扁圆环状，外体饰竹节纹、回字纹、菱形纹，内阳刻“元吉”、“足纹”四字，直径5厘米。另2件形制相同，圆柱体环状，器体上饰竹节纹，直径4.7厘米。3件银镯由3个素面银质小圆环相连，直径1.7厘米，与小连环相连有三条银链，长4.9厘米，三条银链分别连接银质银锭、方胜、法螺牌饰各一件（图四，1；彩版二，4）。

银指套　2件。标本M12:8,2件,形制相同。银灰色,呈手指状,中间有孔隙,器体上刻有几何、梅花纹,长4.7厘米(图四,4;彩版二,1)。

骨牌　1套。标本M12:6,32块,骨质,长方体,正面钻刻圆点子,以不同方式排列的由2到12的点子。长3、宽2、厚0.7厘米(图五;彩版二,5)。

陶罐　1件。标本M12:9,轮制,泥制红陶,直口,圆唇,束颈,腹微鼓,下腹弧收,平底,通体素面。口径6.9、底径4.5、通高4.2厘米(图四,2)。

铜钱　5枚。有"乾隆通宝"、"康熙通宝"、"咸丰重宝"三种。

"乾隆通宝"2枚。标本M12:2-1,小平钱,范铸,外圆郭,内方穿,钱面文为"乾隆通寶",对读,背穿左右为满文。钱径2.2、穿径0.6、郭宽0.3厘米(图六,8)。

"康熙通宝"　1枚。标本M12:2-2,平钱,范铸,外圆郭,内方穿,钱面文为"康熙通寶",对读,背穿左右为满文。钱径2.5、穿径0.6、郭宽0.4厘米(图六,7)

"咸丰重宝" 2枚。标本M12:7,平钱,范铸,外圆郭,内方穿,钱面文为"咸豐重寶",对读,背穿左右为满文。钱径3.8、穿径0.9、郭宽0.2厘米(图六,5)。

M14　长方形竖穴土圹墓,方向5°。墓口距地表深1.50米,墓底距地表深0.70米,墓室长2.40米,宽0.96米~1.16米。内填花土,土质较松软,含有大量料礓石。内置单棺,棺木已朽。长1.80米,宽0.60~0.70米;人骨头北足南,仰身直肢,骨架保存较完整(图七)。

随葬品　陶罐1件,铜钱4枚。

陶罐　1件。标本M14:1,轮制,泥质红褐陶,直口,圆唇,束颈,直筒形腹,平底,红褐色粗胎,见修坏旋痕,仅口、颈部施浅绿色釉。口径9.8、底径8、通高10厘米(图八,6;彩版一,6)。

"乾隆通宝"4枚。标本M14:2-1,小平钱,范铸,外圆郭,内方穿,钱面文为"乾隆通寶",对读,背穿左右为满文。钱径2.2、穿径0.6、郭宽0.3厘米。

二、双棺墓

9座。编号为M1~M4、M7~M8、M13~M15。

M1　长方形竖穴土圹墓,方向190°。墓口距地表深1.50米,墓底距墓口1.20米。墓圹长3.25米,宽2.04~2.16米。内填花土,土质较硬。内置双棺,棺木已朽。东棺长1.88米,宽0.62~0.70米,残高0.2米;棺内骨架零乱,头南脚北,面向上,仰身直肢葬。西棺长1.74米,宽0.60~0.70米,残高0.20米;棺内骨架保存稍好,头南脚北,面向上,仰身直肢葬(图九)。

随葬品　骨簪1件、铜钱3枚。

骨簪　1件。西棺出土。标本M1:2,骨质坚硬,黄褐色。簪体扁平状,尾尖,簪上錾刻有三角纹和圆圈纹。通长15.9、宽0.1~1厘米(图八,2)。

铜钱　3枚。仅"乾隆通宝"一种。

"乾隆通宝" 1枚。西棺出土。标本M1:1,小平钱,范铸,外圆郭,内方穿,钱面文为"乾隆通寳”,对读,背穿左右为满文。直径2.2、穿径0.6、郭宽0.13厘米。

另外2枚磨损较甚,字迹不清,不便予以叙述。

M2　长方形竖穴土圹墓,方向170°。墓口距地表深1.50米,墓底距墓口0.80米。墓圹长2.56~2.68米,宽1.90~2.10米。内填花土,土质较松。内置双棺,棺木已朽。东棺长1.85米,宽0.58~0.65米,残高0.10米;棺内骨架保存较好,头南脚北,面向东,仰身直肢葬。西棺长1.85米,宽0.60~0.65米,残高0.20米;骨架保存较差,头南脚北,面向上,仰身曲肢葬(图一〇)。

随葬品　铜簪1件,银耳环5件,铜钱7枚。

铜簪　1件。东棺出土。标本M2:1,残,锈蚀严重。簪体扁平,略弧,通体素面。通长6.4、宽0.3~0.9厘米(图八,15)。

银耳环　5件。东棺出土。标本M2:2,5件形制相同,圆柱体环形对接,素面。直径1.7厘米(图八,11)。

铜钱　7枚。仅“乾隆通宝”一种。

“乾隆通宝”1枚。东棺出土。标本M2:3,小平钱,范铸,外圆郭,内方穿,钱面文为“乾隆通寳”,对读,背穿左右为满文。直径2.2、穿径0.6、郭宽0.13厘米。

另外6枚磨损较甚,字迹不清,不便予以叙述。

M3　长方形形竖穴土圹墓,方向195°。墓口距地表深1.50米,墓底距墓口0.70米。墓圹长2.80~3.00米,宽1.80~1.90米,深0.70米。内填花杂土,土质较硬。内置双棺,棺木已朽。东棺长1.95米,宽0.60米;棺内骨架凌乱,保存较差,头南脚北,面向不清,仰身直肢葬。西棺长1.94米,宽0.58~0.64米;棺内骨架凌乱,头南脚北,面向上,仰身直肢葬。两棺底部均铺垫有草木灰(图一一)。

随葬品　银耳环2件,铜钱1枚。

银耳环　2件。西棺出土。标本M3:2,2件形制相同,银灰色,圆柱体环形对接,素面。直径1.5厘米(图八,10)。

铜钱　1枚,为“康熙通宝”一种。

“康熙通宝”　1枚。西棺出土。标本M3:1,小平钱,范铸,外圆郭,内方穿,钱面文为“康熙通寳”,对读,背穿左右为满文。直径2.3、穿径0.6、郭宽0.12厘米。

M4　长方形竖穴土圹墓,方向180°。墓口距地表1.50米,墓底距墓口1.10米。墓圹南北长2.95米,宽2.00米~2.18米,深1.10米。内填花土,土质较硬。内置双棺,棺木已朽。东棺长1.87米,宽0.60~0.64米;棺内骨架保存较好,头南脚北,面向西,仰身直肢葬,骨下垫开条青砖一块,铺垫草木灰。西棺长2.04米,宽0.48~0.50米;棺内骨架保存较好,头南脚北,面向上,仰身直肢葬,铺垫白灰。(图一二)。

随葬品　仅铜钱2枚。

“乾隆通宝”1枚。西棺出土。标本M4:1,小平钱,范铸,外圆郭,内方穿,钱面文为“乾隆通寳”,对读,背穿左右为满文。直径2.2、穿径0.6、郭宽0.13厘米。另一枚残碎锈蚀,不便叙述。

M7　长方形竖穴土圹墓,方向345°。墓口距地表深1.50米,墓底距墓口1.00米。墓圹长2.70米,宽1.70~1.90米。内填花土,土质较硬。内置双棺,棺木已朽。东棺长1.95米,宽0.62~0.64米,残高0.20米;西棺长1.56米,宽0.46~0.60米,残高0.20米。两棺内骨架皆保存较完整,头向北,面向上,葬式为仰身直肢(图一三)。

随葬品　铜钱3枚。

"乾隆通宝"1枚。东棺出土。标本M7:1,小平钱,范铸,外圆郭,内方穿,钱面文为"乾隆通寳",对读,背穿左右为满文。直径2.2、穿径0.6、郭宽0.13厘米。另两枚残碎锈蚀,不便叙述。

M8　长方形竖穴土圹墓,方向175°。墓口距地表1.50米,墓底距墓口0.80米。墓圹长2.50~2.60米,宽1.74~1.94米。内填花土,土质湿粘。内置双棺,棺木已朽。东棺长1.94米,宽0.58~0.78米,残高0.20米;棺内骨架保存较好,头南脚北,面向西,仰身直肢葬。西棺长1.80米,宽0.62~0.64米,残棺存厚0.03~0.08米,残高0.15米;棺内骨架堆积在北部,较散乱,葬式不明(图一四)。

随葬品　银簪2件,银扁方1件,银耳环2件,鼻烟壶1件,铜钱8枚。

银簪　2件。西棺出土。标本M8:1,银灰色,莲瓣形簪首,簪体细长锥体,尾尖。通长12.6厘米(图八,4)。

银扁方 标本M8:2,银灰色,扁首卷成梅花形,扁体扁平略弧。簪首内侧刻有二字,不辨。通体素面。通长17.9、宽0.2~1厘米(图八,1)。

银耳环　2件。西棺出土。标本M8:3,2件形制相同,银灰色,圆柱体环形对接,环首为龙首形,尾端圆钝,衔于龙口。直径2、宽0.2~0.4厘米(图八,9;彩版二,2)。

鼻烟壶　1件。东棺出土。标本M8:4,残,侈口,束径,折肩,腹微鼓,下腹弧收,平底。器身饰青花牡丹纹。高7.5、底径2、口径1.5厘米(图八,5;彩版一,4)。

铜钱　8枚,有"乾隆通宝"、"嘉庆通宝"两种。

乾隆通宝　5枚。东棺出土。标本M8:5-1,小平钱,范铸,外圆郭,内方穿,钱面文为"乾隆通寳",对读,背穿左右为满文。钱径2.1、穿径0.6、郭宽0.2厘米(图六,4)。标本M8:3-3　东棺出土,小平钱,范铸,外圆郭,内方穿,钱面文为"乾隆通寳",对读,背穿左右为满文。钱径2.5、穿径0.6、郭宽0.3厘米(图六,6)

嘉庆通宝　1枚。东棺出土。标本M8:5-2,小平钱,范铸,外圆郭,内方穿,钱面文为"嘉慶通寳",对读,背穿左右为满文。钱径2.3、穿径0.6、郭宽0.2厘米(图六,3)。

大定通宝　1枚　标本M8:3-1,小平钱,范铸,外圆郭,内方穿,钱面文为"大定通寳",对读,背穿左右为满文。钱径2.4、穿径0.6、郭宽0.1厘米(图六,1)

至平元宝　1枚　标本M8:3-2,小平钱,范铸,外圆郭,内方穿,钱面文为"至平元寳",对读,背穿左右为满文。钱径2.4、穿径0.6、郭宽0.2厘米(图六,2)

另外3枚磨损较甚,字迹不清,不便予以叙述。

M13　长方形竖穴土圹墓,方向355°。墓口距地表1.50米,墓底距墓口0.90米。墓圹长

2.60 米,宽 1.70 ~ 1.80 米。内填花土,土质较湿软。内置双棺。东棺长 1.70 米,宽 0.46 ~ 0.52 米,残高 0.30 米;西棺长 1.70 米,宽 0.50 ~ 0.58 米,残高 0.10 米。两棺内骨架较零乱,头北脚南,面向西,葬式为仰身曲肢(图一五)。

随葬品　青白釉瓷罐 1 件,铜钱 17 枚。

青白釉瓷罐　1 件。东棺出土。标本 M13:2,轮制,方唇,直口,圆鼓肩,最大径在肩部,腹部缓收,细砂平底。器内外施青白色釉仅口部施酱釉,通体素面。口径 8、通高 13.4、底径 8.4 厘米。(图八,8;彩版一,3)

铜钱　17 枚。东棺出土。标本 M13:1,磨损较甚,字迹不清,不便予以叙述。

M15　长方形竖穴土圹墓,打破 M16,方向 6°。墓口距地表 1.50 米,墓底距墓口 0.20 ~ 0.50 米,墓圹长 2.70 米,宽 1.80 米。内填花土,土质湿软。内置双棺,棺木已朽。东棺长 2.10 米,宽 0.56 ~ 0.60 米,残高 0.30 ~ 0.50 米;棺内骨架保存较完整,头北脚南,面向上,仰身直肢葬。西棺长 1.84 米,宽 0.50 ~ 0.70 米,残高 0.10 米;棺内骨架保存较差,头北脚南,面向上,仰身直肢葬(图一六)。

随葬品　鎏金银簪 2 件,鎏金耳环 2 件,铜簪 1 件,陶罐 1 件。

鎏金银簪　2 件。东棺出土。标本 M15:1,残,鎏金,局部脱落,龙首形簪首,簪体扁平略弧,尾残。簪体上錾刻有"天化"二字。通长 10.6 厘米。标本 M15:2,形制与 M15:1 相同。通长 11.6 厘米(图八,12;彩版二,3)。

鎏金耳环　2 件。东棺出土。标本 M15:3,2 件形制相同。鎏金,呈圆柱体环形对接,素面。直径 1.5 厘米(图八,14)。

铜簪　1 件(残)。标本 M15:4,灰色,簪体细长为锥形,簪尾圆尖。残长 6.5 厘米(图八,16)。

陶罐　1 件。东棺出土。标本 M15:5,轮制,泥质红褐陶,敞口,方圆唇,束颈,溜肩,直筒形腹,平底,略内凹。红褐色粗胎,器外施浅绿色半釉,外壁腹部以下无釉。通体素面。口径 10.2、底径 9、高 10.2 厘米(图八,7;彩版一,5)。

三、三 棺 墓

1 座。编号为 M5。

M5　长方形竖穴土圹墓,方向 12°。墓口距地表 1.50 米,墓底距墓口 0.70 米,南北长 1.70 ~ 2.86 米,宽 2.68 ~ 2.70 米。内填花土,土质较松。内置三棺,二木棺一瓮棺。东棺长 1.87 米,宽 0.46 ~ 0.50 米,棺板厚 0.10 米,残高 0.19 米;棺内骨架保存稍差,葬式为仰身直肢。西棺长 1.88 米,宽 0.60 ~ 0.76 米,残高 0.05 米;棺内骨架保存较完整,葬式为仰身直肢。中棺为瓮棺,上盖方砖,边长 0.52 米,厚 0.07 米;瓮棺已残,内装灰色骨渣(图一七)。

随葬品 金耳环 6 件,银扁方 1 件,铜钱 5 枚,酱釉瓮 1 件。

金耳环　6 件。西棺出土。标本 M5:1,6 件形制相同。呈圆柱体环形对接,素面。直径 1.5 厘米(图八,13;彩版一,1)。

银扁方　1 件。西棺出土。标本 M5:2,残,银灰色,扁首卷成圆柱形,扁体扁平略弧。通体素面。通长 14、宽 0.5～0.9 厘米(图八,3)。

铜钱 5 枚。西棺出土 1 枚,东棺出土 4 枚。皆为"乾隆通宝"形制、大小近似。标本 M5:3,残,小平钱,范铸,外圆郭,内方穿,钱面文为"乾隆通寶",对读,背穿左右为满文。钱径 2.2、穿径 0.6、郭宽 0.2 厘米。

酱釉瓮棺 1 件(带盖)。标本 M5:4,已复原,直口,方圆唇,短束颈,平折肩,弧腹,下腹渐收,平底,露黄褐色粗胎,通体施酱釉,外壁施釉不及底,肩腹部饰六棱形纹两周,下腹饰凹弦纹十周。圆帽形盖,盖沿平直,敛口,盖钮微凸,顶平,盖与瓮棺以子母口形式扣合。瓮棺口径 20、最大腹径 39.2、底径 20.8、高 37.6、通高 42.8 厘米(图一八,1)。

四、瓮 棺 墓

2 座。编号为 M10～M11。

M16 竖穴砖室瓮棺墓,被 M15 打破,方向 280°。墓口距地表 0.04 米,墓底距地表 0.50 米,墓圹长约 1.42 米,宽约 1.22 米。砖室已残,底面平砖铺砌;周壁平砖顺砌而成,最顶层外侧加有顺砌砖边一排;顶部为大青砖封砌。残余砖室外长约 0.96 米,内长约 0.40 米,外高 0.48 米,内高 0.36 米。砖室内平置瓮棺,粗瓷带盖,内有青白色烧骨和四节木炭,木炭分别长 0.10 米、0.06 米、0.05 米、0.04 米,直径 0.04 米(图一九)。

出土瓮棺 1 件。

酱釉瓮棺 1 件(带盖)。标本 M16:1,敞口,方圆唇,短束颈,鼓腹,下腹弧收,平底,露黄褐色粗胎。通体施酱釉,外壁施釉不及底,上腹饰一周凸弦纹。圆帽形盖,盖沿平直,敛口,盖钮微凸,顶平,盖与瓮棺以子母口形式扣合。瓮棺口径 23.6、最大腹径 31.6、底径 23.6、高 24.4、通高 30.8 厘米(图一八,5)。

M10 方形竖穴土圹墓,方向 15°。墓口距地表 1.50 米,墓底距墓口 1.10 米,东西长 1.70米,宽 1.65 米。内填花土,土质较松。在距墓口深 0.48 米处有一长方形坑,东西长 1.05米,宽 0.54 米,深 0.52 米。坑口盖有方砖两块,东侧方砖边长 0.515 米,厚 0.07 米;西侧方砖边长 0.53 米,厚 0.08 米。两砖平面距墓口深 0.42 米。坑内放置有 2 个瓮棺,东西向。东侧方砖下盖一酱釉瓮棺,标本 M10:2,已残碎,残口径 18、底径 22、通高 44 厘米。西侧方砖下盖一黑釉瓮棺,标本 M10:1,口径 22、底径 22、通高 42 厘米。两瓮棺内装有白色烧骨(图二〇)。

葬具 出土瓮棺 2 件。西棺为黑釉瓮棺,东棺为酱釉瓮棺。均带盖。

黑釉瓮棺 1 件。标本 M10:1,轮制。直口,短束颈,平折肩,鼓腹,下腹弧收,平底,露黄褐色粗胎。通体施黑釉,釉色莹润光亮。外腹施釉不及底,肩腹部饰六棱形纹两周,底饰凹弦纹九周。圆帽形盖,盖沿平直,敛口,盖钮微凸,顶平,盖与瓮棺以子母口形式扣合。瓮棺口径 22.4、最大腹径 41.6、底径 21.6、高 36.4、通高 42.4 厘米(图一八,3)。

酱釉瓮棺 1 件。标本 M10:2,已复原,直口外侈,短束颈,平折肩,鼓腹,下腹弧收,平底,露黄褐色粗胎。通体施酱釉,外壁施釉不及底,有滴釉现象。圆帽形盖,盖沿平直,敛口,盖钮微凸,顶平,盖与瓮棺以子母口形式扣合。瓮棺口径 18、最大腹径 38.4、底径 22.8、高 36、通高 44 厘米(图一八,2)。

M11 长方形竖穴土圹墓,方向 70°。墓口距地表 1.50 米,墓底距墓口 1.10 米,东西长 1.80 米,宽 1.40 米。内填花土,土质较松。在距墓口深 0.54 米处有一长方形坑,南北长 1.02 米,宽 0.52 米,深 0.56 米。坑口盖有方砖两块,南侧方砖边长 0.52 米,厚 0.07 米;北侧方砖边长 0.50 米,厚 0.06 米。两砖平面与坑口齐平。坑内放置有 2 个瓮棺,南北向。南侧瓮棺,标本 M11:1,口径 21 米、底径 28、通高 53 厘米;北侧瓮棺,标本 M11:2,口径 27、底径 32、通高 57 厘米。两瓮棺内均装有烧骨(图二一)。

葬具 出土瓮棺 2 件。

黑釉瓮棺 2 件(均带盖)。标本 M11:1,南侧瓮棺。轮制。直口,短束颈,平折肩,鼓腹,下腹弧收,平底,露黄褐色粗胎。通体施黑釉,釉色莹润光亮。内腹饰圆涡纹两周半,外上腹饰六棱形纹三周,下腹饰凹弦纹十一周。圆帽形盖,盖沿平直,直口,盖钮微凸,顶平,盖与瓮棺以子母口形式扣合。瓮棺口径 21.2、最大腹径 48.8、底径 28、高 46.8、通高 52.8 厘米(图一八,4);标本 M11:2,北侧瓮棺。轮制。直口,短束颈,丰肩,鼓腹,下腹弧收,平底,露黄褐色粗胎。通体施黑釉,釉色莹润光亮。内腹饰圆涡纹四周,外下腹仅底处饰凹弦纹十二周。圆帽形盖,盖沿平直,敛口,盖钮微凸,呈荸荠状。盖与瓮棺以子母口形式扣合。瓮棺口径 27.2、最大腹径 49.2、底径 32、高 50、通高 57.6 厘米(图一八,6)。

五、搬 迁 墓

2 座。编号为 M6、M9。

M6 梯形竖穴土圹墓,方向 270°。墓口距地表 1.50 米,墓底距墓口 0.50 米,东西长 2.40 米,宽 1.20 米 ~ 1.34 米,深 1.10 米。内填花土,土质松软。该墓棺具及骨架早期搬迁。未发现随葬品。

M9 梯形竖穴土圹墓,方向 270°。墓口距地表 1.50 米,墓底距墓口 0.25 米,东西长 2.00 米,宽 1.30 米 ~ 1.40 米,深约 0.25 米。内填花土,土质较松。该墓棺具及骨架早期搬迁。未发现随葬品。

六、结 语

在这批墓中出土随葬品主要有玉饰、金饰、银饰、铜饰、骨器、瓷器、陶器等,具有较高的考古研究价值和艺术价值。M12 的墓主人随葬有骨牌,这在北京地区的明清墓十分少见,这可能代表了墓主人生前的一种嗜好。本次发掘清理清代墓葬 16 座,虽然数量较少,但是墓葬种类较为全面,有单棺墓、双棺墓、三棺墓、瓮棺墓和搬迁墓,其中瓮棺墓为火葬。这批墓葬均为小型墓,随葬品种类不丰富，规格等级较低，应为平民墓。根据墓葬形制和随葬品判断，年代应为清代中期。通过对北京奥林匹克公园中心区娘娘庙东侧清代墓葬的发掘，我们对该地区清代墓葬的形状、结构、特点有了一定的认识，并对该地区的古代丧葬习俗有了一定的了解，为进一步研究该地区的社会发展状况提供了珍贵的实物资料。

领队：郁金城
发掘：于璞　朱志刚
拓片：古艳兵　刘晓贺
绘图：杨科民
摄影：韩宜林
执笔：于璞　朱志刚

（原载于《北京文博》2009 年第 3 期）

北京市朝阳区北顶娘娘庙东侧墓葬登记表

墓葬	时代	方向	墓室			葬具	随葬品	备注
			形制	长(m)	宽(m)			
M1	清代	190°	长方形竖穴土圹墓	3.25	2.04～2.16	双棺	西棺出土骨簪1件，铜钱3枚。	
M2	清代	170°	长方形竖穴土圹墓	2.56～2.68	1.90～2.1	双棺	东棺出土铜簪1件，铜耳环5件，乾隆通宝1枚。	
M3	清代	195°	梯形竖穴土圹墓	2.8～3	1.8～1.9	双棺	西棺出土铜耳环2件，铜钱1枚。	
M4	清代	180°	梯形竖穴土圹墓	2.95	2～2.18	双棺	西棺出土铜钱2枚。	
M5	清代	12°	长方形竖穴土圹墓	1.7～2.86	2.68～2.7	三棺	西棺出土金耳环6件，银簪1件，铜钱5枚。	
M6	清代	270°	梯形竖穴土圹墓	2.4	1.2～1.34	不详	无	
M7	清代	345°	长方形竖穴土圹墓	2.70	1.7～1.9	双棺	东棺出土铜钱3枚。	
M8	清代	175°	长方形竖穴土圹墓	2.5～2.6	1.74～1.94	双棺	西棺出土铜簪2件，铜耳环2件；东棺出土鼻烟壶1件，乾隆通宝5枚，嘉庆通宝1枚，大定通宝1枚，至平元宝1枚。	

续表

墓葬	时代	方向	墓室			葬具	随葬品	备注
			形制	长(m)	宽(m)			
M9	清代	270°	梯形竖穴土圹墓	2	1.3~1.4	不详	无	
M10	清代	15°	方形竖穴土圹墓	1.70	1.65	瓮棺	西棺出土黑釉瓮棺,东棺出土酱釉瓮棺。	
M11	清代	70°	长方形竖穴土圹墓	1.80	1.4	瓮棺	黑釉瓮棺2件。	
M12	清代	105°	长方形竖穴土圹墓	2.70	1.06	单棺	珠子43颗,圆料饰5件,鼓形玉器1件,银镯3件,骨牌1套,铜指套1件,陶罐1件,铜钱5枚。	
M13	清代	355°	长方形竖穴土圹墓	2.60	1.7~1.8	双棺	东棺出土白釉瓷罐1件,铜钱17枚。	
M14	清代	5°	竖穴土圹墓	2.4	0.96~1.16	单棺	陶罐1,铜钱4枚。	
M15	清代	6°	长方形竖穴土圹墓	2.70	1.8	双棺	东棺出土金簪2件,鎏金耳环2件,铜簪1件,陶罐1件。	

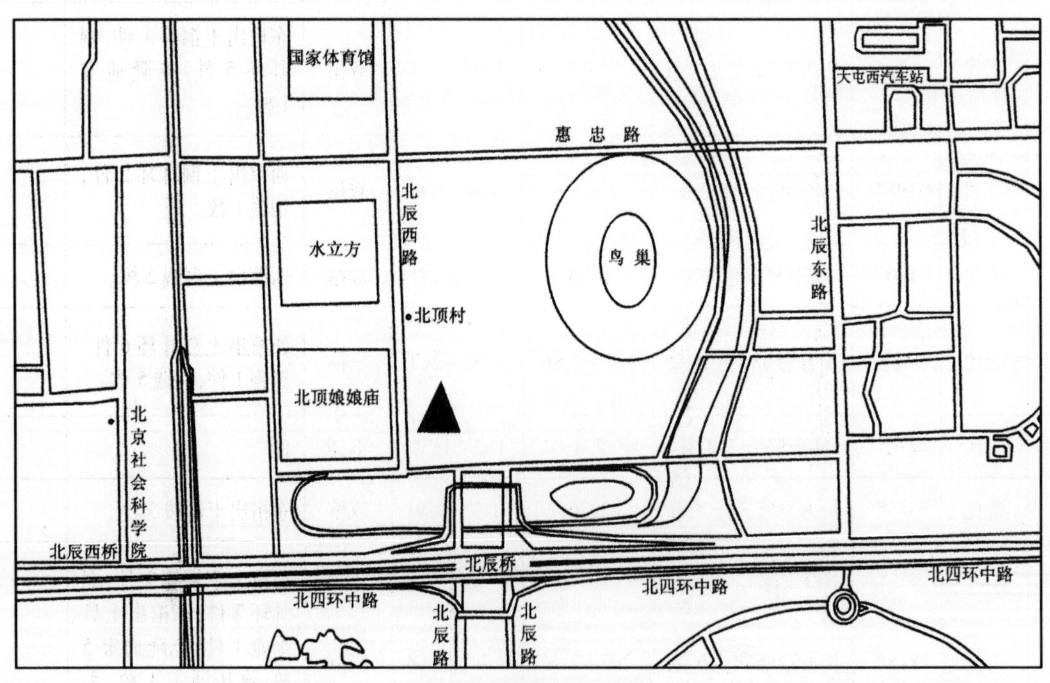

图一　发掘位置示意图

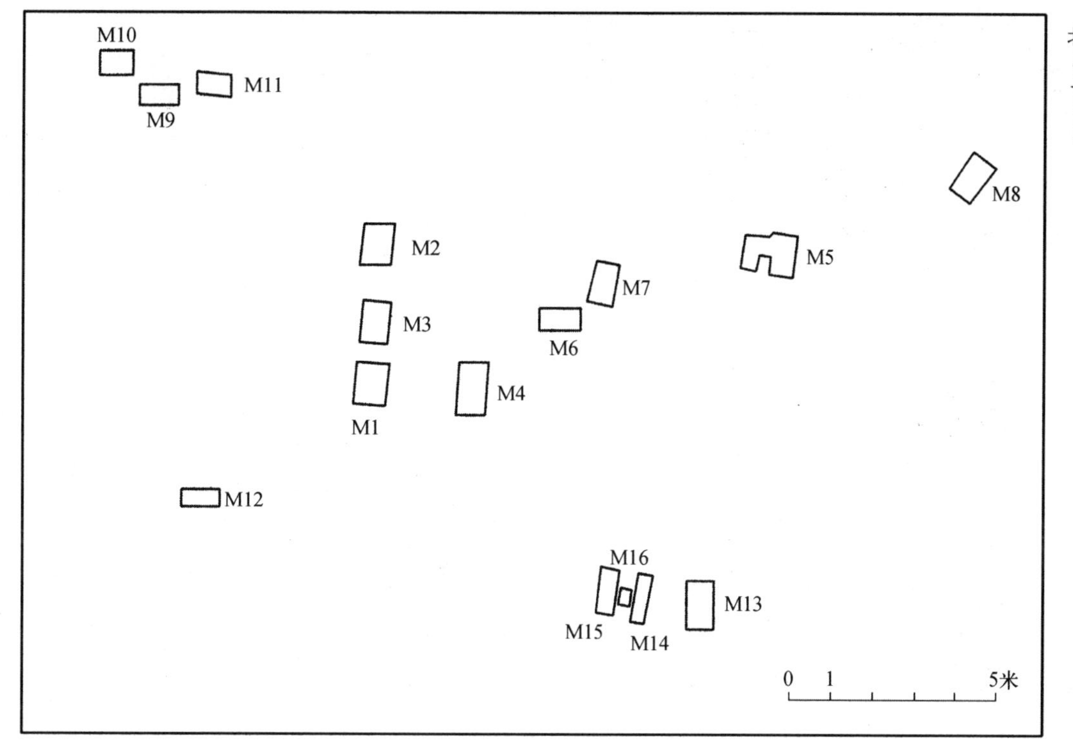

图二 墓葬分布图

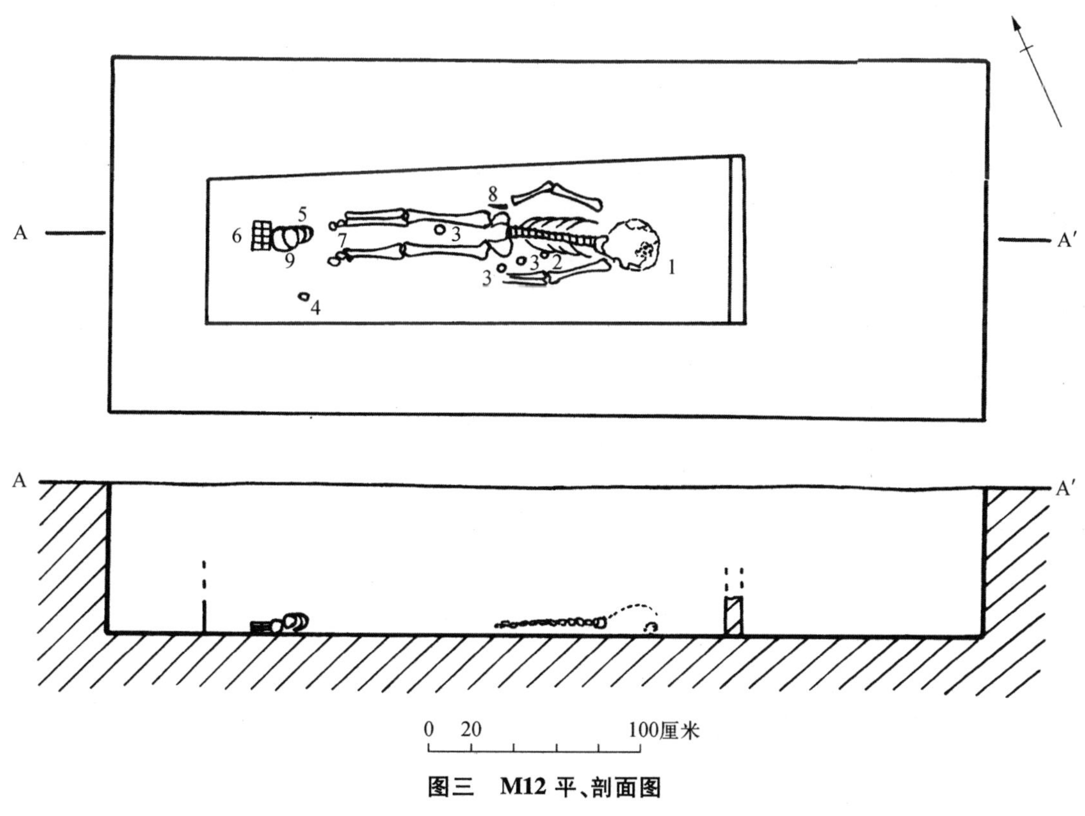

图三 M12平、剖面图

1. 珠子 2、7. 铜钱 3. 圆料饰 4. 鼓形玉器 5. 银镯 6. 骨牌 8. 银指套 9. 陶罐

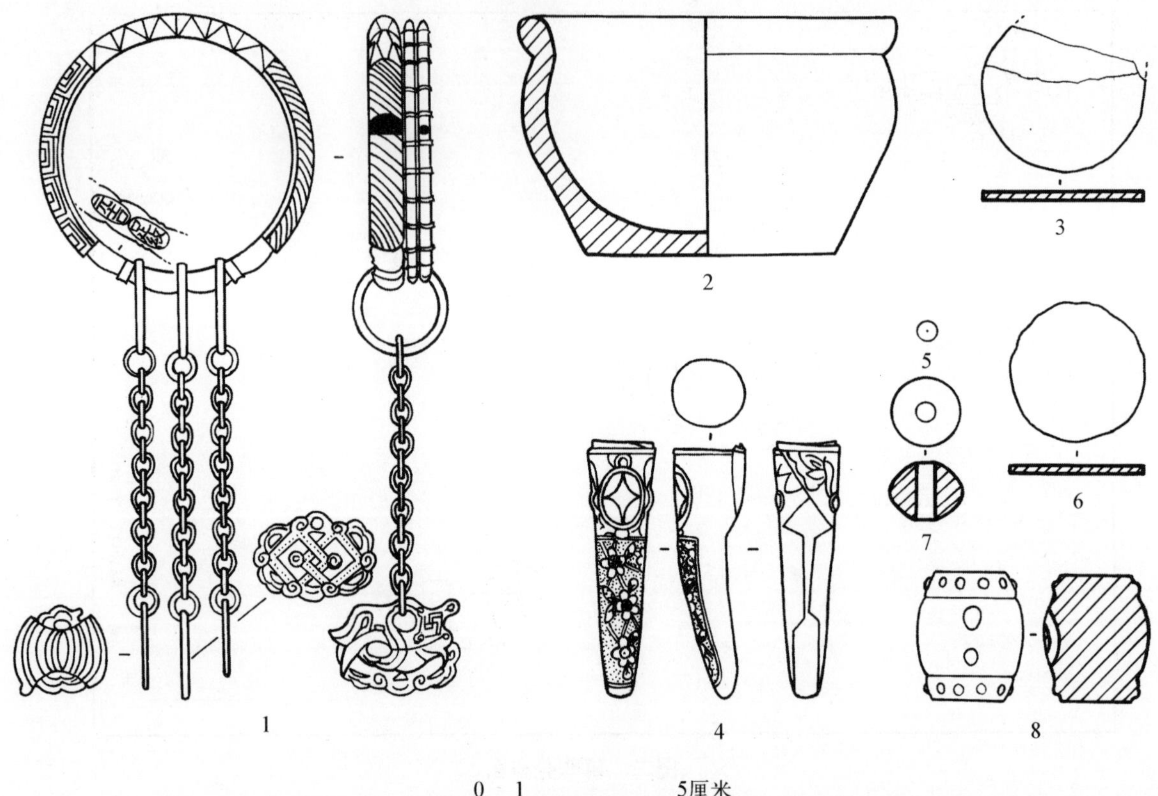

图四　M12 墓葬出土器物

1. 银镯(M12:5)　2. 陶罐(M12:9)　3、6. 圆料饰(M12:3－2、M12:3－1)　4. 银指套 M12:8　5、7. 珠子(M12:1－2、M12:1－1)　8. 鼓形玉器(M12:4)

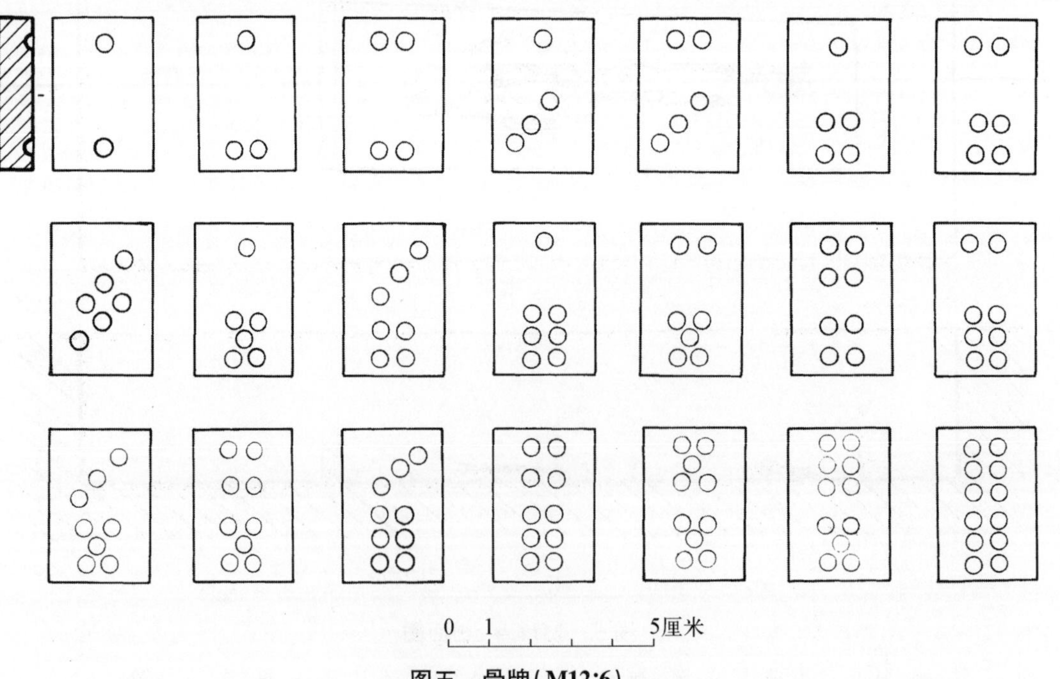

图五　骨牌(M12:6)

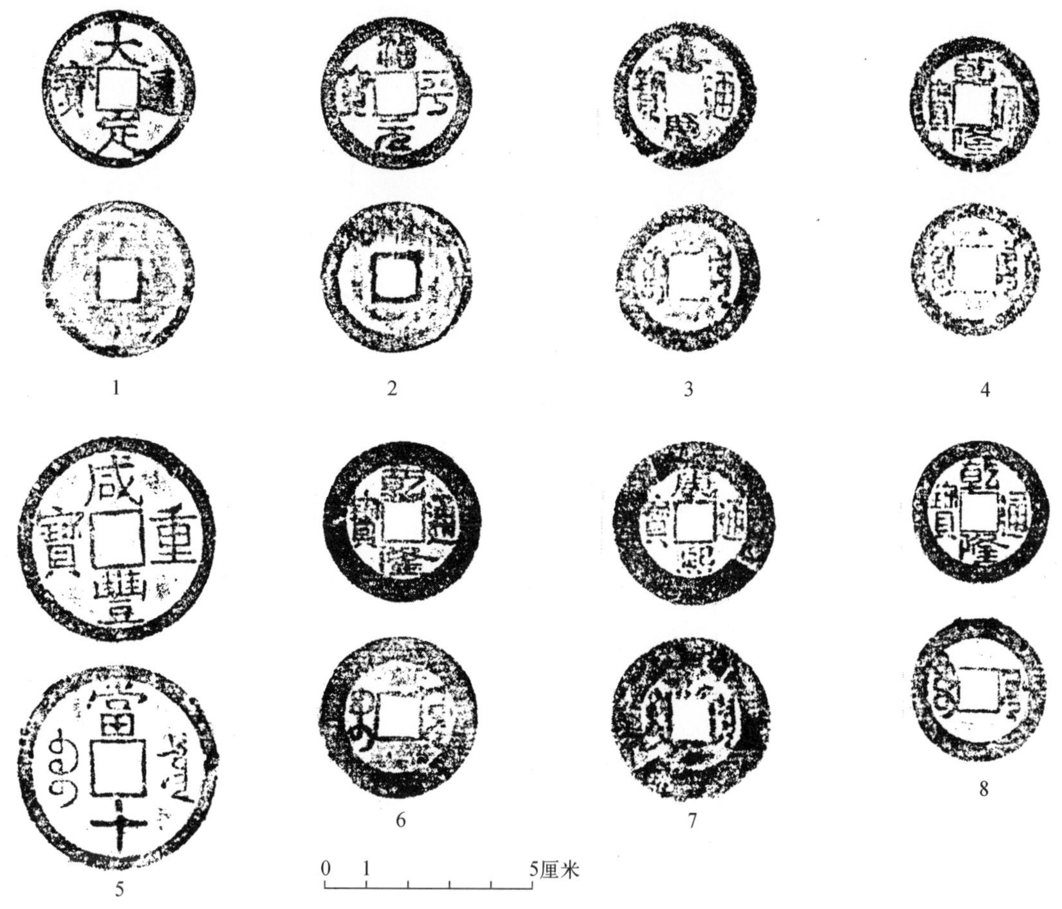

图六 墓葬出土铜钱

1～4、6.（M8∶3－1，M8∶3－2，M8∶5－2，M8∶5－1，M8∶3－3） 5、7、8.（M12∶7，M12∶2－2，M12∶2－1）

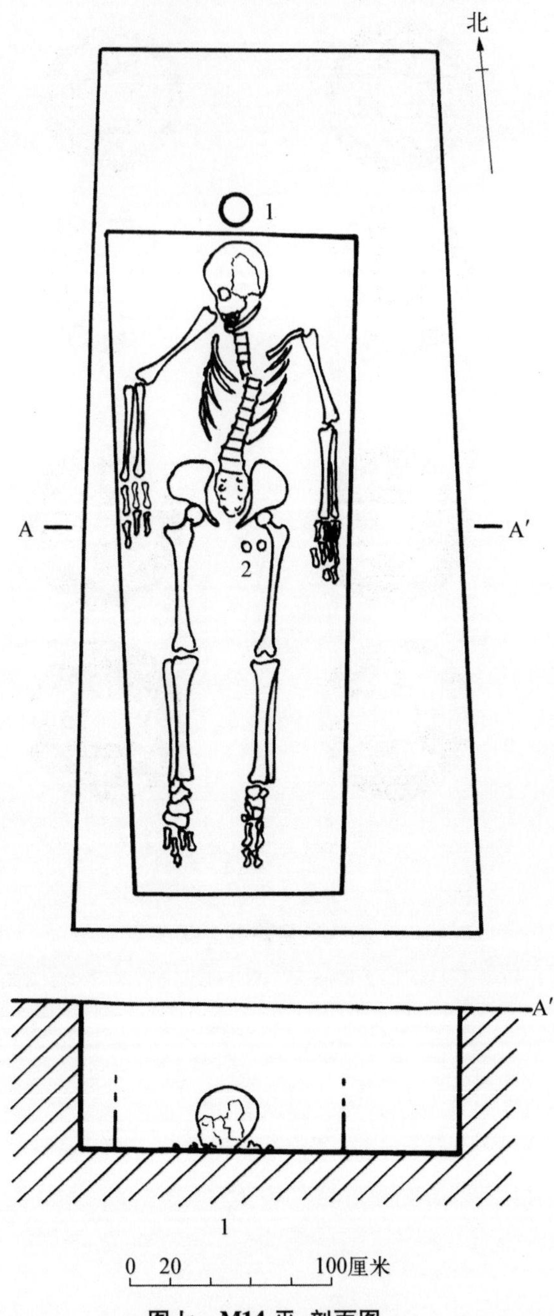

图七　M14 平、剖面图

1. 陶罐　2. 铜钱

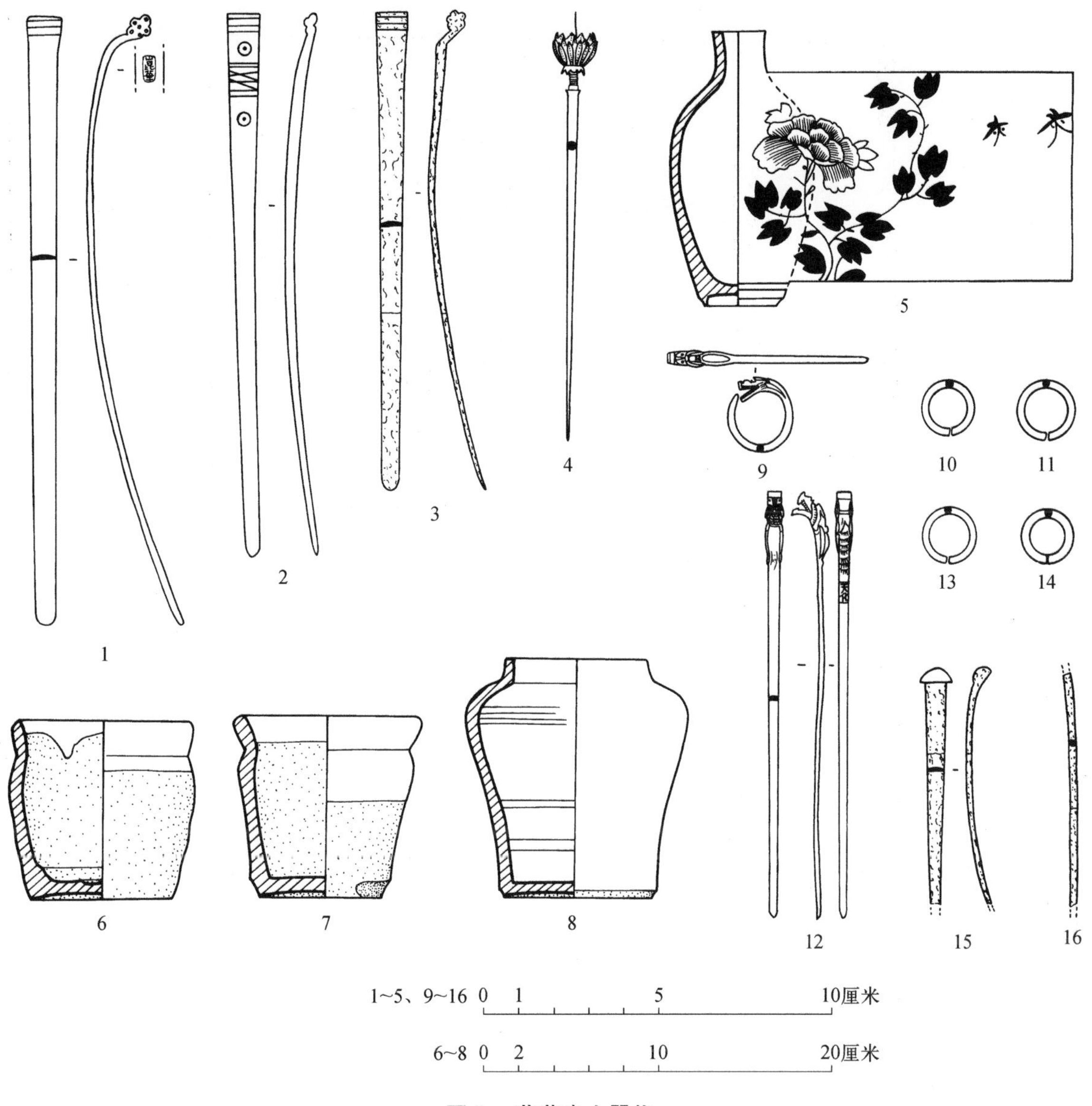

图八 墓葬出土器物

1、3. 银扁方(M8:2,M5:2) 2. 骨簪(M1:2) 4. 银簪(M8:1) 5. 鼻烟壶(M8:4) 6、7. 陶罐(M14:1,M15:5) 8. 青白釉瓷罐(M13:2) 9. 银耳环(M8:3) 10、11. 银耳环(M3:2、M2:2) 12. 鎏金银簪(M15:2) 13. 金耳环(M5:1) 14. 鎏金耳环(M15:3) 15、16. 铜簪(M2:1,M15:4)

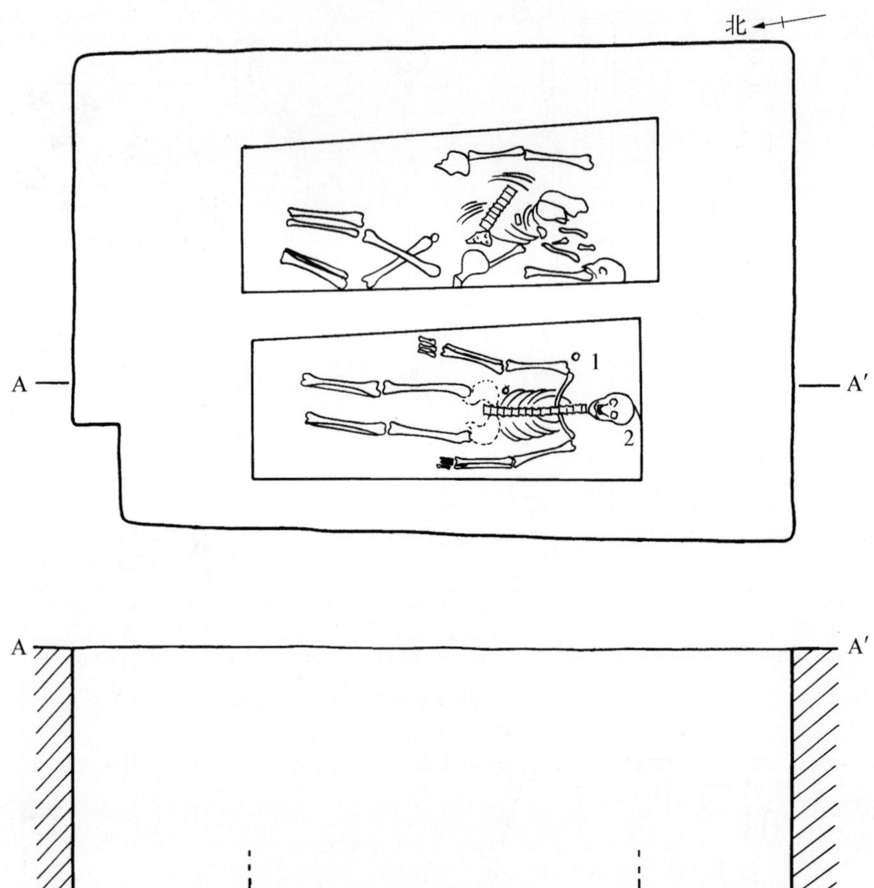

A　A′

0 20 100厘米

图九　M1 平、剖面图

1. 铜钱　2. 骨簪

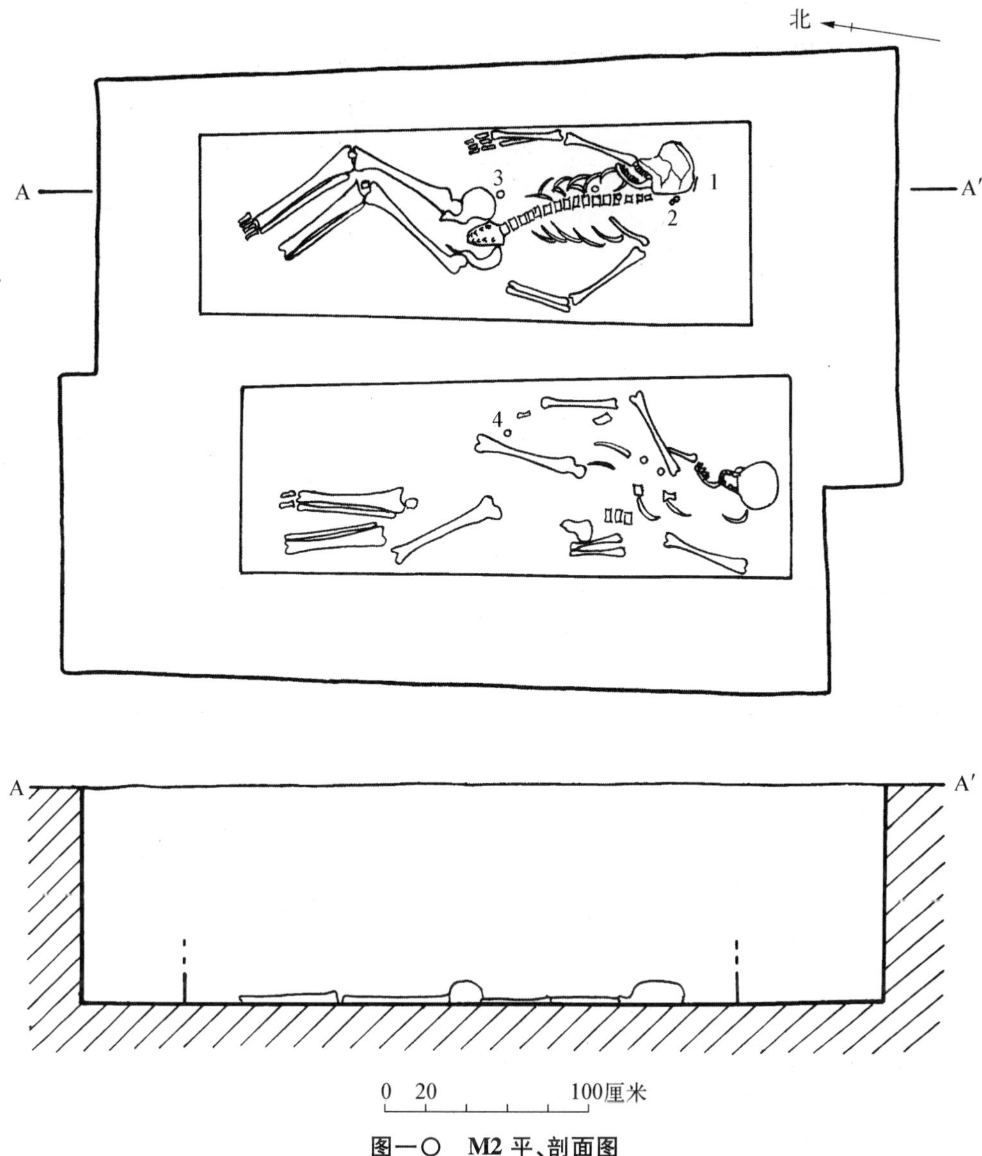

图一〇 M2 平、剖面图

1. 铜簪 2. 银耳环 3、4. 铜钱

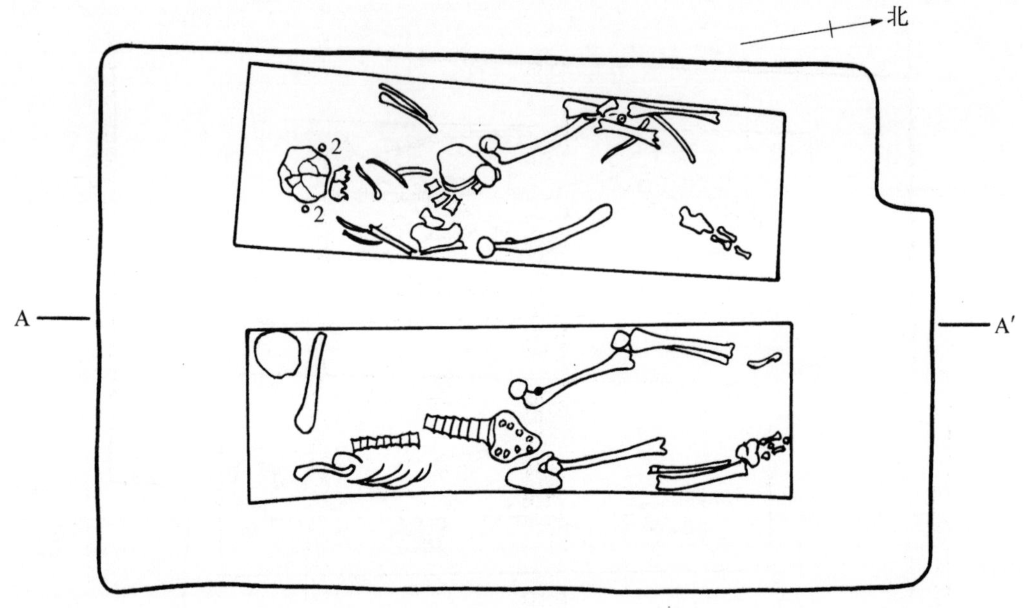

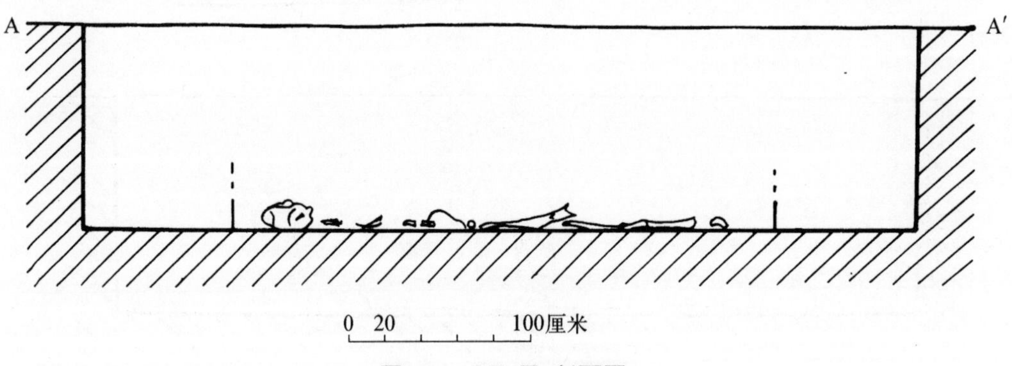

图一一　M3 平、剖面图

1. 铜钱　2. 银耳环

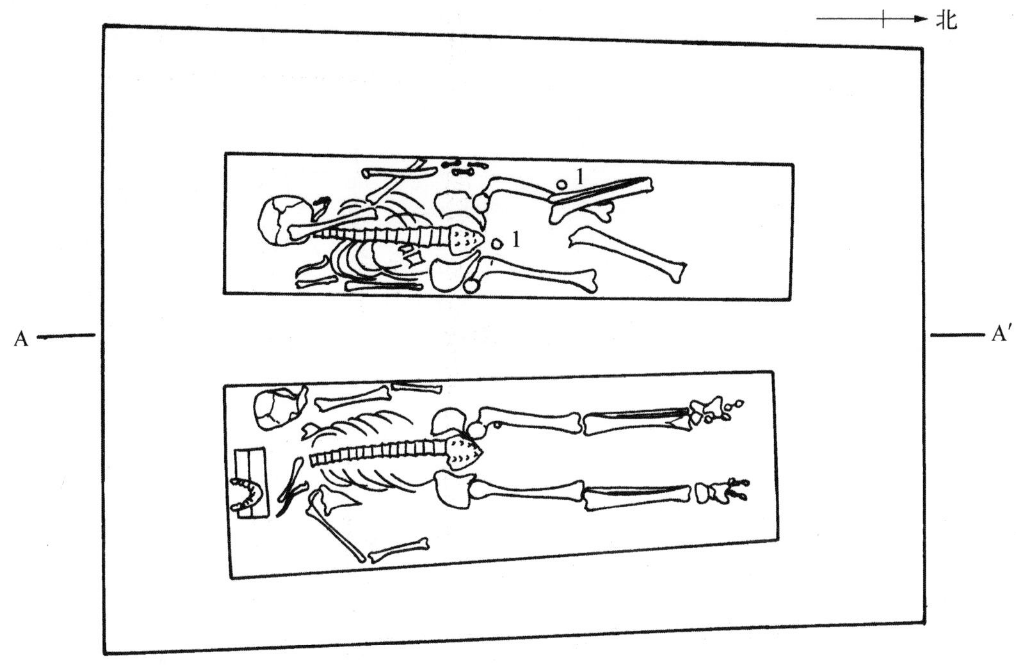

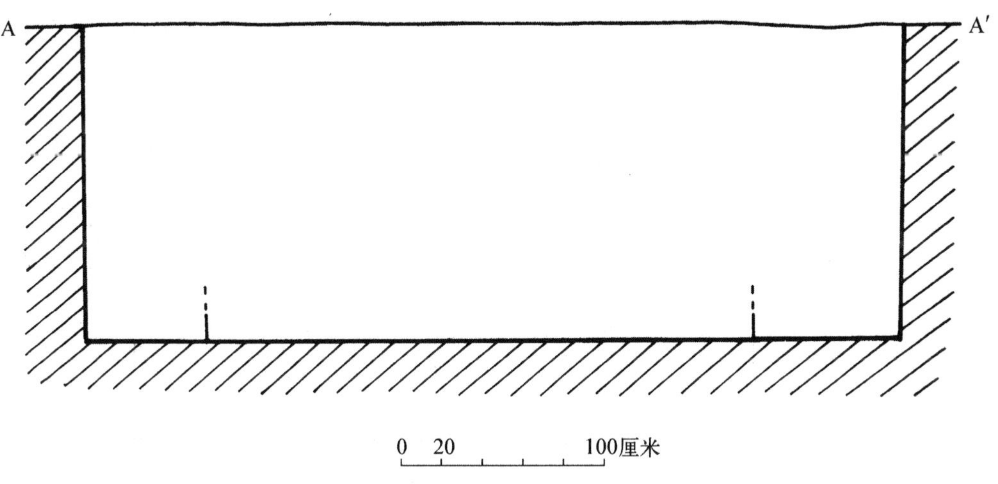

图一二 M4 平、剖面图

1. 铜钱

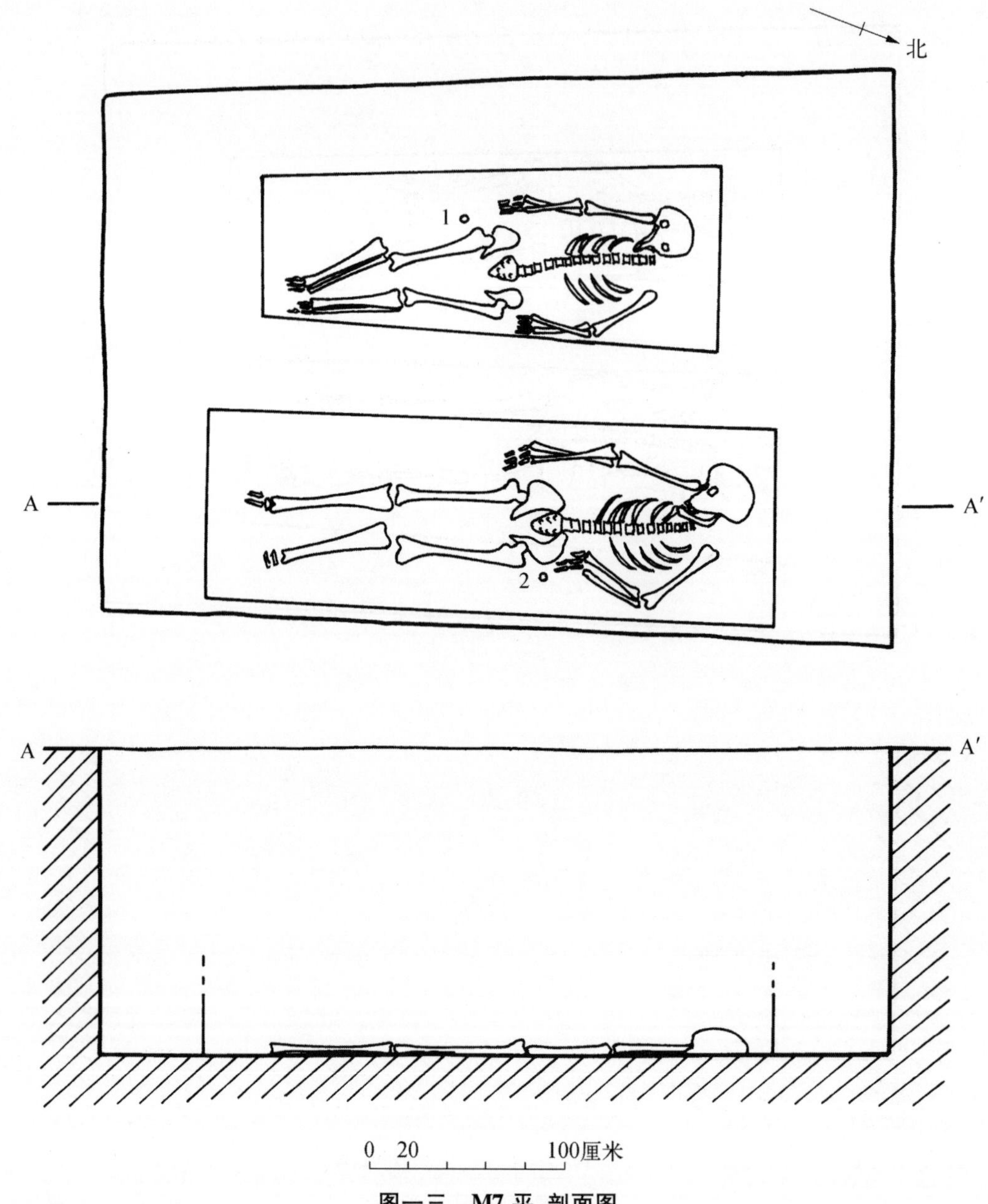

图一三　M7 平、剖面图

1、2. 铜钱

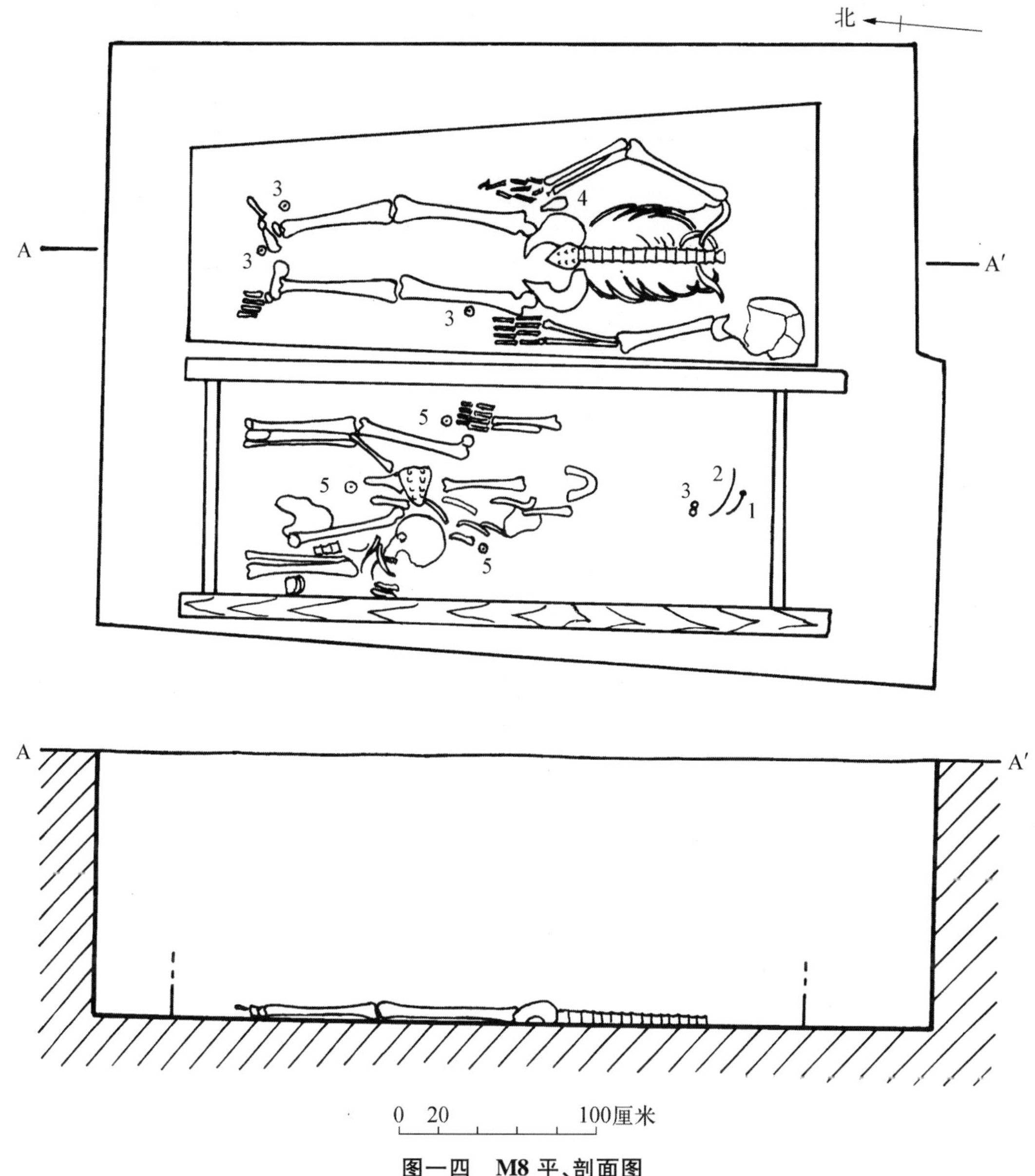

图一四 M8 平、剖面图

1、2. 银簪 4. 鼻烟壶 3、5. 铜钱

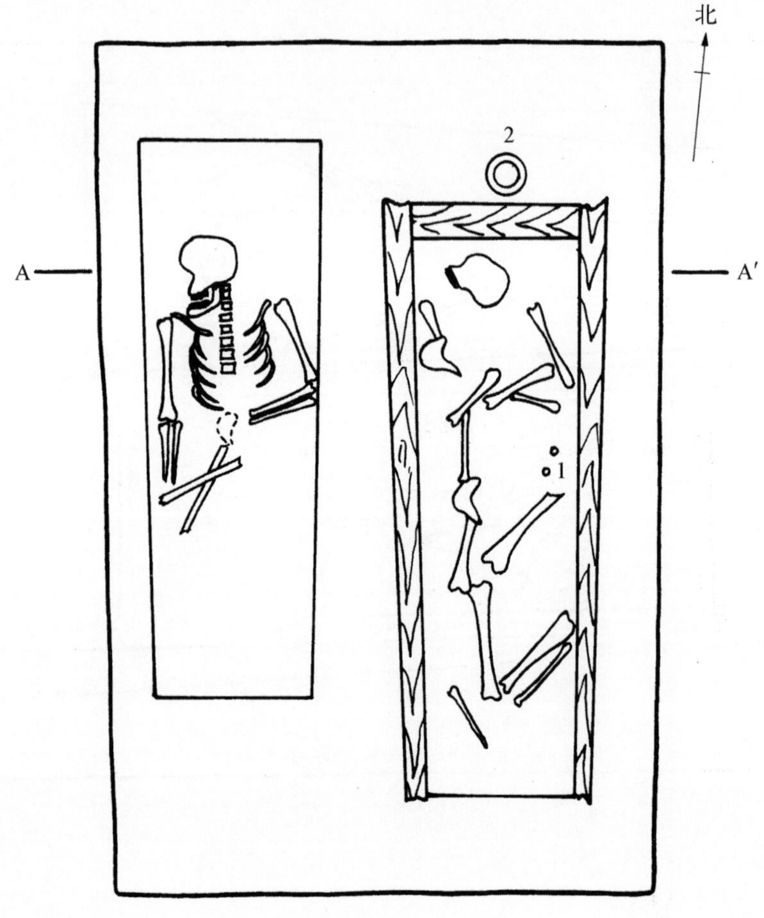

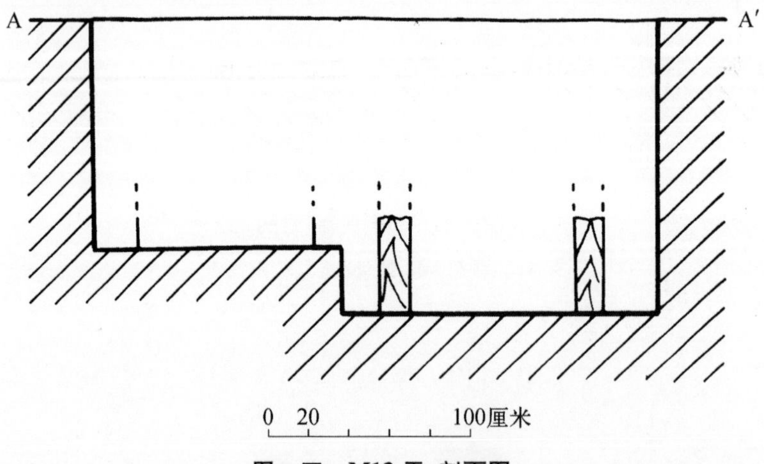

图一五　M13 平、剖面图

1. 铜钱　2. 青白釉瓷罐

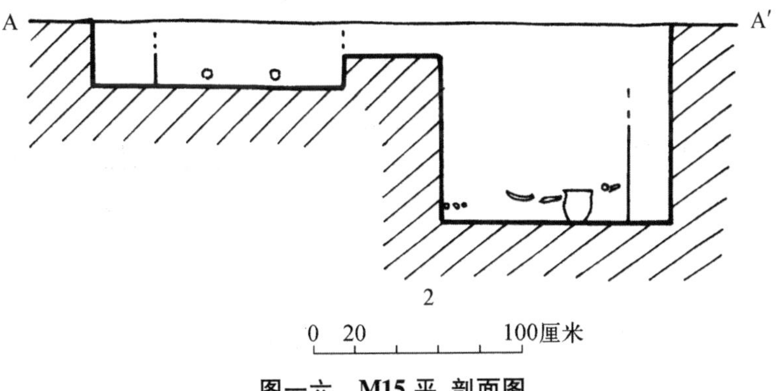

图一六 M15 平、剖面图

1、2. 鎏金银簪 3. 鎏金耳环 4. 铜簪 5. 陶罐

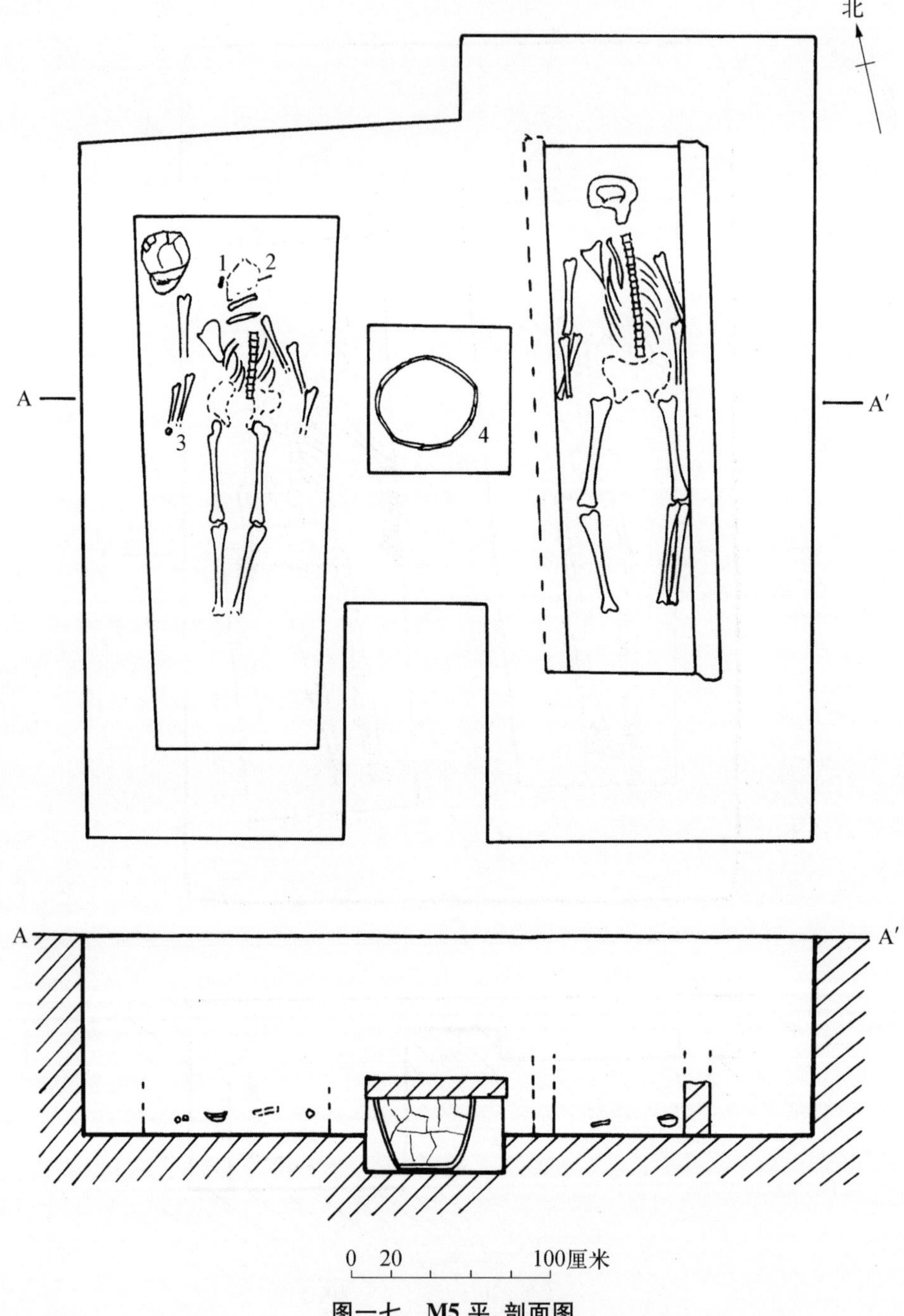

图一七 M5平、剖面图

1. 鎏金耳环 2. 银扁方 3. 铜钱 4. 瓮罐

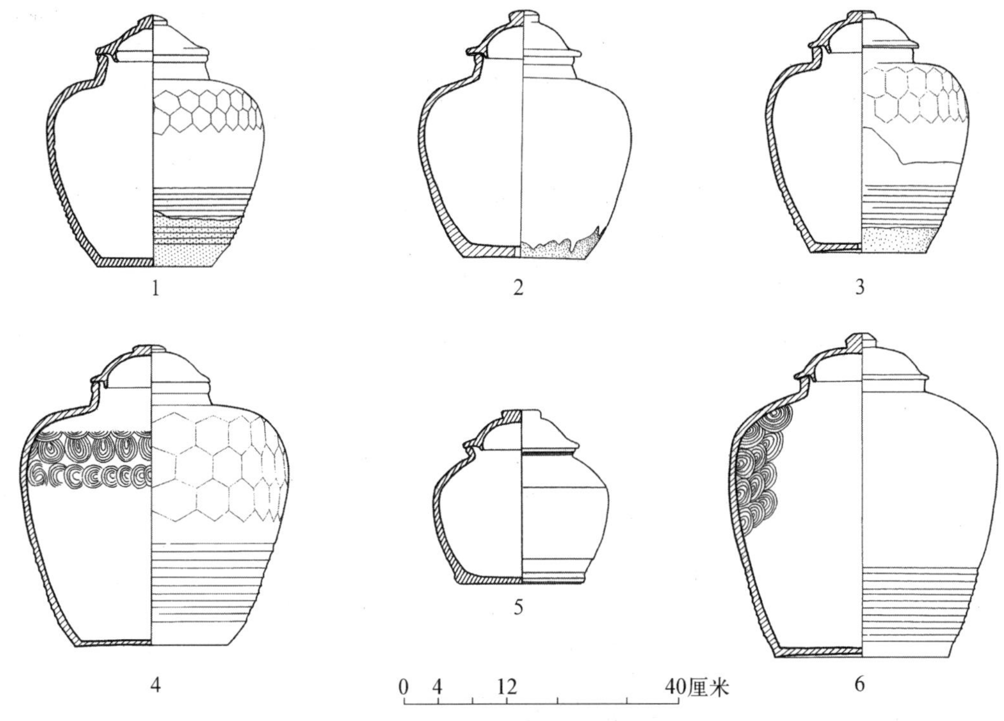

图一八　墓葬出土器物

1、2、5. 酱釉瓮棺（M5:4、M10:2、M16:1）　3、4、6. 黑釉瓮棺（M10:1、M11:1、M11:2）

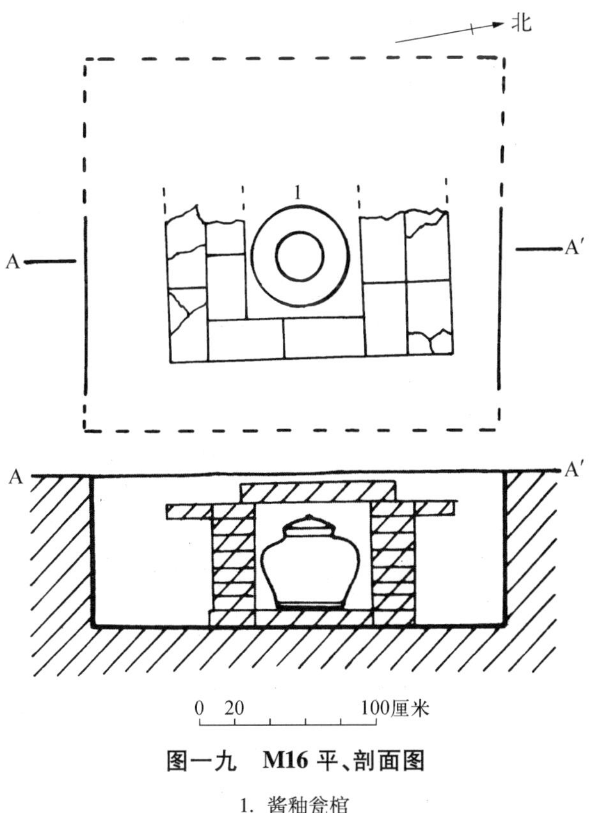

图一九　M16 平、剖面图

1. 酱釉瓮棺

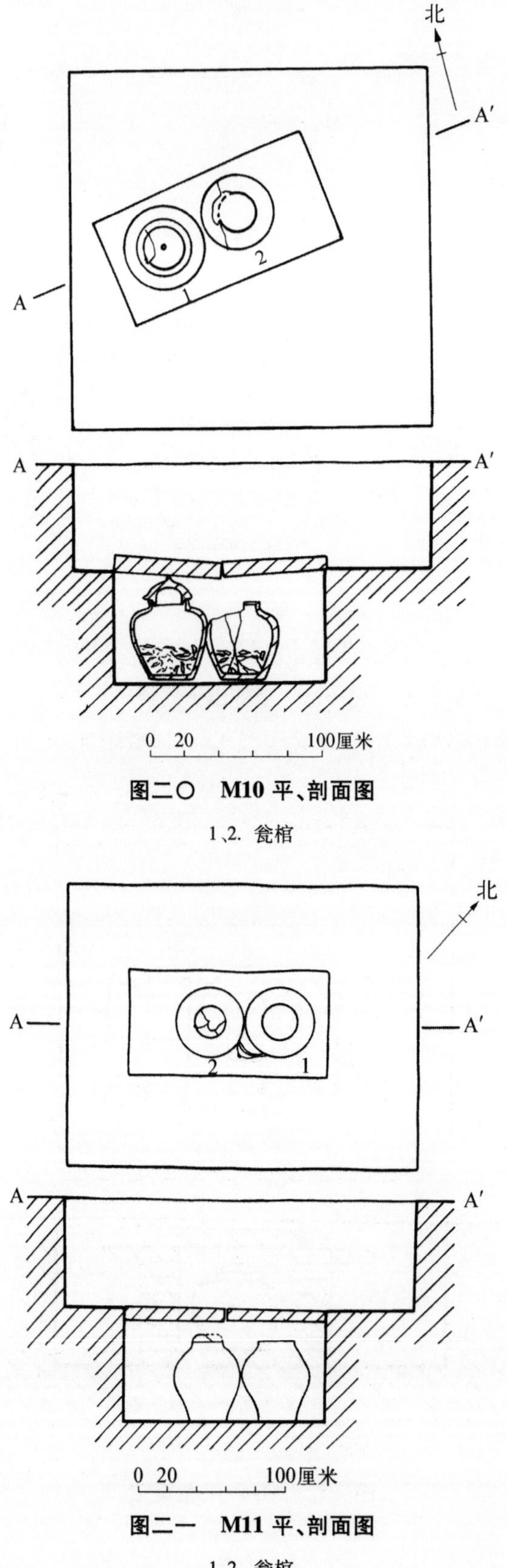

图二〇　M10 平、剖面图

1、2. 瓮棺

图二一　M11 平、剖面图

1、2. 瓮棺

彩版一　M6

彩版二　M12

彩版三　M17

彩版四　玛瑙玉带

彩版五　玉带

彩版六　白瓷碟

彩版七　黑瓷碟

彩版八　铜镜

彩版九　花叶纹铜镜

彩版一〇　花卉铜镜

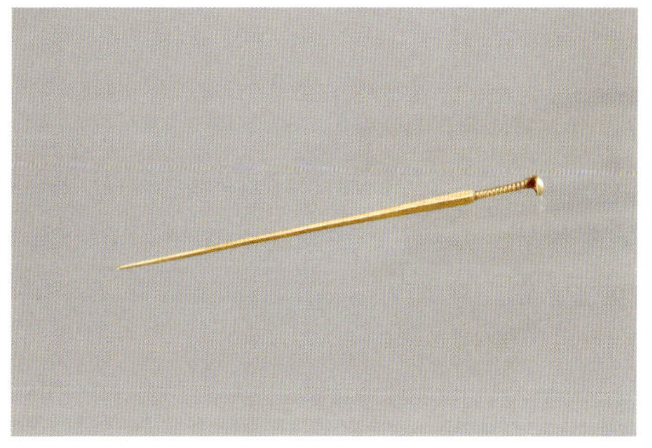

彩版一一　金勺

彩版一二　银簪

彩版一三　黑釉陶罐

北京市延庆县四海镇火焰山营盘遗址发掘简报

1. 营盘遗址与九眼楼航拍

2. 营盘遗址航拍

彩版一　延庆县四海镇火焰山营盘遗址

1. 营盘遗址发掘清理现场（南—北）

2. 营盘遗址内北部建筑基址（南—北）

彩版二　延庆县四海镇火焰山营盘遗址发掘清理现场及建筑基址

1. 城门

2. F1（东北—西南）

彩版三　延庆县四海镇火焰山营盘遗址城门

北京市延庆县四海镇火焰山营盘遗址发掘简报

1. 庙台（西南—东北）

2. F15（东北—西南）

彩版四　延庆县四海镇火焰山营盘遗址庙台、F15

1. “威嚴” 石匾（采集：1）

2. 北敌楼出土铁弹丸

彩版五　延庆县四海镇火焰山营盘遗址出土石匾、铁弹丸

1. 手雷（T0204 ①：1）

2. 石弹丸（T0307 ①：4）

3. 铁蒺藜

4. 三眼铳（T0306 ①：3）

彩版六　延庆县四海镇火焰山营盘遗址出土兵器

1. 莲花纹建筑构件（T0402 ①：2）

2. 兽面纹瓦当（T0609 ①：2）

3. 叶纹建筑构件（T0402 ①：6）

4. 莲蓬纹建筑构件（T0402 ①：7）

5. 兽首形建筑构件（T0402 ①：8）

6. 石砚（T0508 ①：1）

彩版七　延庆县四海镇火焰山营盘遗址出土建筑构件、石砚

1. 青花折枝花纹碗（T0406 ①：3）

2. 青花折枝花纹碗底款（T0406 ①：3）

3. 青花人纹碗（T0607 ①：5）

4. 青花人纹碗底款（T0607 ①：5）

5. 青花折枝花纹碗（T0506 ①：3）

6. 青花折枝花纹碗底款（T0506 ①：3）

彩版八　延庆县四海镇火焰山营盘遗址出土瓷碗

1. 青花缠枝花纹碗（T0408 ①：2）

2. 青花“大明成化年造”款碗（T0607 ①：8）

3. 青花“寿”字纹碗（T0305 ①：4）

4. 青花“寿”字纹碗底款（T0305 ①：4）

5. 青花如意云纹碗（T0408 ①：1）

6. 青花如意云纹碗底（T0408 ①：1）

彩版九　延庆县四海镇火焰山营盘遗址出土瓷碗、瓷盘

门头沟区龙泉务村80亩拆迁用地考古发掘简报

彩版一　航拍

彩版二　四系罐 M73

彩版三　铜簪 M93

彩版四　花钿 M81

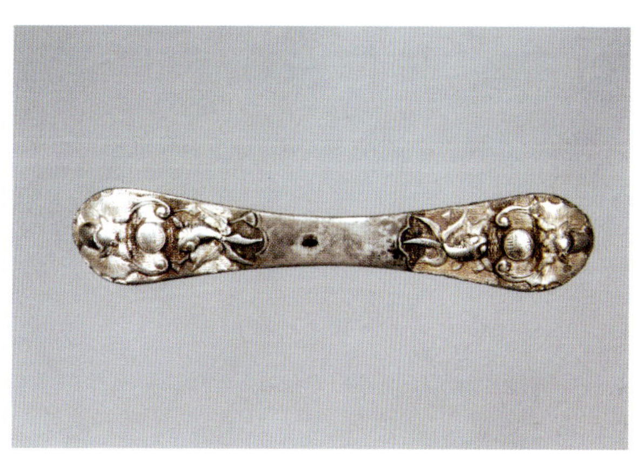

彩版五　押发 M47

先农坛神仓唐墓发掘简报

彩版一　陶器盖

彩版二　瓷碗

彩版三　蚌壳

彩版四　铁剪

彩版五　铜镜

先农坛神仓唐墓发掘简报

彩版六　墓砖纹饰拓片

彩版七　元代墓碑

北京市崇文区夕照寺遗址发掘简报

彩版一　夕照寺前殿西墙基础解剖（由北向南）

彩版二　夕照寺前殿西南角局部散水（由南向北）

彩版三　夕照寺山门与前殿相连接的残存甬路（由南向北）

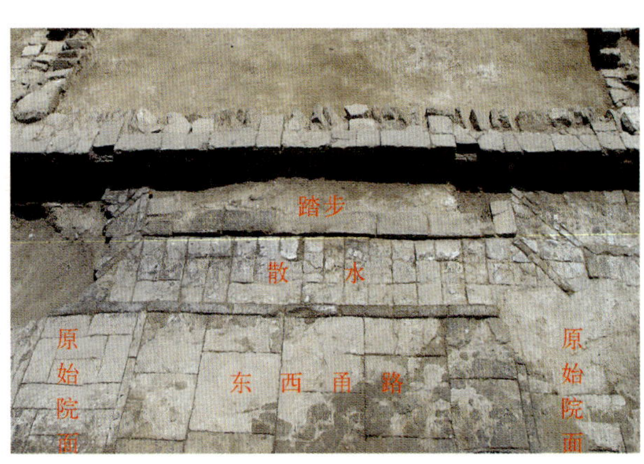

彩版四　夕照寺东配殿踏步、散水及地面（由西向东）

彩版五　夕照寺西配殿拦土墙局部解剖（由西向东）

彩版六　夕照寺西朵殿全景（由西南向东北）

彩版七　夕照寺西朵殿台阶（由西向东）

彩版八　夕照寺西朵殿柱础（由北向南）

北京天宁寺钟、鼓楼遗址试掘报告

彩版一　天宁寺钟楼遗址（由北向南）

彩版二　天宁寺钟楼内夯窝

彩版三　天宁寺钟楼内磉墩

彩版四　天宁寺 F2 局部（由北向南）

彩版五　天宁寺鼓楼遗址（由南向北）

北京国子监街发掘简报

彩版一　国子监街 TG2

彩版二　国子监街 TG3

彩版三　国子监街 TG9

彩版四　“成贤街”牌楼

彩版五　“成贤街”牌楼月台遗迹

彩版六　月台遗迹上石条

彩版七　月台遗迹下三合土

彩版八　绿琉璃瓦当

明昌宁侯赵胜夫妇合葬墓发掘简报

彩版一　墓葬中室发掘情形

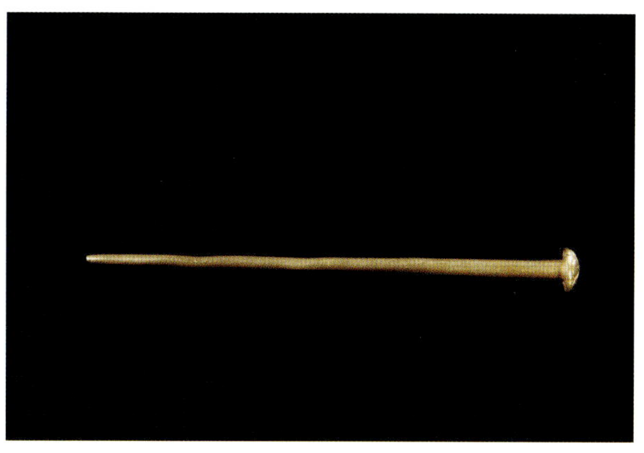

彩版二　金簪

彩版三　银元宝

彩版四　银簪

彩版五　瓷罐

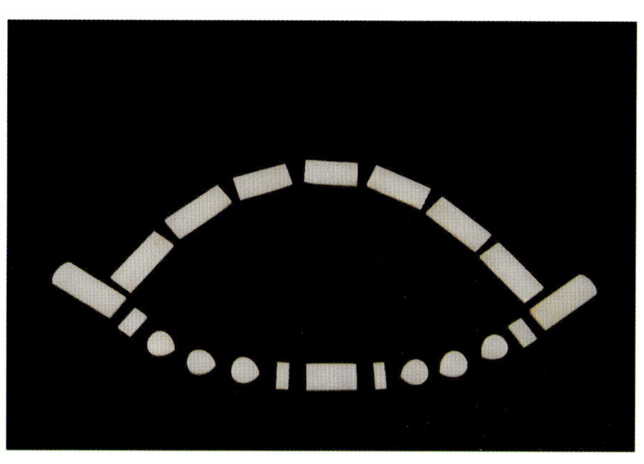

彩版六　玉带

明中军都督府左都督李文贵墓葬

彩版一　李文贵墓

彩版二　玉带板

彩版三　银元宝

彩版四　金玉珠宝花簪

彩版五　金耳坠

彩版六　金耳钉

明中军都督府左都督李文贵墓葬

彩版七　金玉耳坠

彩版八　玉花

彩版九　小玉花

彩版一〇　玉饰件

彩版一一　金花饰

彩版一二　金花

北京丫髻山碧霞元君祠遗址发掘报告

彩版一　丫髻山碧霞元君祠远眺（由南向北）

彩版二　丫髻山碧霞元君祠 F1（由西向东）

彩版三　丫髻山碧霞元君祠Ⅱ区全景（由东向西）

彩版四　丫髻山碧霞元君祠 F2（由北向南）

彩版五　丫髻山碧霞元君祠 K3

彩版六　丫髻山碧霞元君祠 F4（由北到南）

彩版七　丫髻山碧霞元君祠 Z3

彩版八　丫髻山碧霞元君祠 K6

彩版九　丫髻山碧霞元君祠出土铁筒瓦

彩版一〇　丫髻山碧霞元君祠出土铁板瓦

彩版一　瓷罐（M20：1）

彩版二　瓷碗（M3：1）

彩版三　银簪（M16：2）

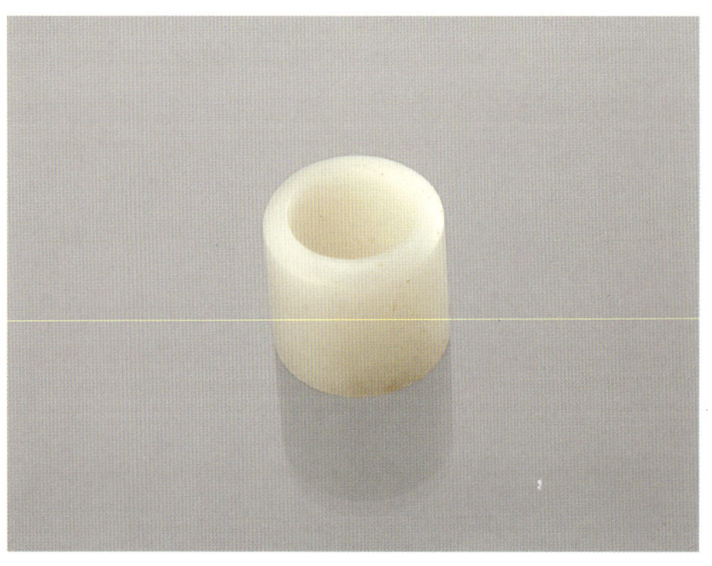

彩版四　玉扳指（M26：1）

密云县新城云西污水处理厂发现的几座古代墓葬

彩版一　M1 东汉墓

彩版二　M2 唐墓

彩版三　M1 出土环首刀

1. 鎏金银簪（M3∶5）

2. 银押发（M2∶5）

3. 双系陶罐（M2∶1）

4. 双系瓷罐（M5∶5）

5. 酱釉瓷罐（M6∶4）

6. 瓷碗（M3∶1）

北京西站南广场墓葬发掘简报

彩版一　瓷罐（M11∶1）

彩版二　青花瓷罐（M15∶4）

彩版三　青花瓷罐（M16∶1）

彩版四　银耳环（M14∶3、M14∶4）

彩版五　玉带（M15：5）

彩版六　玉带（M16：2）

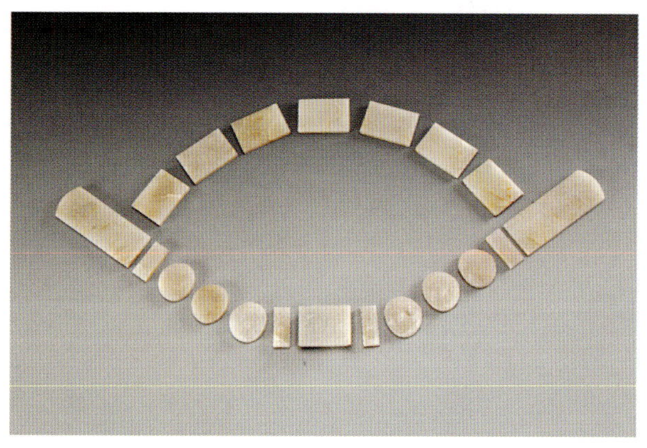

彩版七　玉带（M16：3）

彩版八　玉带钩（M16：4）

彩版九　玉饰（M16：5）

1. 金耳环（M5：1）

2. 鼓形玉器（M12：4）

3. 青白釉瓷罐（M13：2）

4. 鼻烟壶（M8：4）

5. 陶罐（M15：5）

6.　陶罐（M14：1）

彩版一　朝阳区北顶娘娘庙东侧墓葬出土器物

1. 银指套（M12∶8）

2. 银耳环（M8∶3）

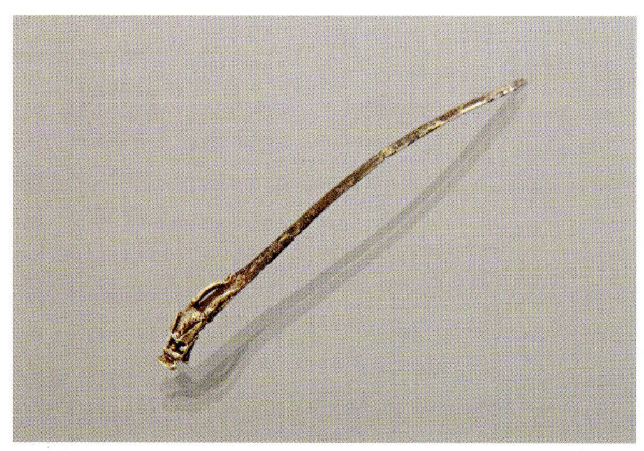

3. 鎏金银簪（M15∶2）

4. 银镯（M12∶5）

5. 骨牌（M12∶6）

彩版二　朝阳区北顶娘娘庙东侧墓葬出土银器、骨牌